조용석 알파로직 경찰학

2024 시험 완벽대비

기본서

- 출제 경향 완벽 반영
- 경행 경채 경찰 간부
- 완벽 학습 알고리즘

▶ 동영상 강의
프라임에듀넷 www.primeedunet.com

- 최신 제·개정 법령 완벽 반영
- 최신 출제경향 바탕 빈출되는 핵심개념 총정리
- 한 눈에 핵심 내용이 파악되는 체계적인 구성

이책의 머리말
PREFACE

본 교재는 2024년 경찰채용시험, 경위공채시험을 대비할 수 있도록
핵심적인 내용으로 구성하였습니다.

우선 출제경향을 살펴보면

첫째, 총론과 각론의 출제비율이 총론 50%와 각론 50%가 출제되었으나, 2022년부터는 총론 85%와 각론 15%로 예고되어 있습니다.

둘째, 기본적인 핵심사항들이 반복하여 출제되고 기존문제보다 조금 더 깊게 다루는 경향을 보이고 있습니다. 물론 변칙적인 문제가 출제가 되기도 하지만 70%이상은 기존의 기출문제와 관련된 문제와 관련된 것이고 30%정도는 변형된 문제와 개정법령, 사례형문제 등이 출제되고 있습니다. 핵심적인 내용을 반드시 이해하고 암기함과 동시에 변형된 문제에 대한 응용력을 갖춘다면 많은 양에 비하여 가장 자신있는 과목이 될 것으로 생각합니다.

본 교재의 특징은

첫째, 가장 기본적인 사항을 간결하게 정리하여 빠른 시간내에 핵심을 파악할 수 있도록 구성하였습니다. 최대한 학습량을 줄일 수 있도록 구성하였습니다.

둘째, 주로 승진기출문제, 채용기출문제, 경위공채기출문제 등을 분석하여 최근 출제경향을 반영하고자 하였습니다.

셋째, 기존의 경찰학개론에 외국경찰제도와 경찰행정법, 수사경찰을 추가적으로 반영하였고 출제비율의 맞춰 총론의 분량을 높이고 각론 분량을 낮추었습니다.

넷째, 2023년까지 시행될 법률과 규칙을 모두 반영하였습니다.

경찰학의 학습방법은

첫째, 전반적인 흐름을 이해해야 합니다. 우선 경찰학의 전반적인 맥락 또는 흐름을 파악하는 것이 중요합니다. 나무만 보고 숲을 보지 못하는 실수를 해서는 안됩니다.

둘째, 핵심사항는 반드시 정확하게 이해하고 기억해야 합니다. 첫글자 외우기, 두문자따기 등 다양한 방법들이 활용되고 있지만 정확하게 이해하지 못하거나 기억하지 못한다면 그것은 오히려 독이 될 수 있습니다. 그러므로 핵심사항과 암기사항은 반드시 이해하고 정확하게 기억할 수 있도록 해야 합니다.

셋째, 반복해야 합니다. 경찰학은 학습할 분량이 많다고들 합니다. 하지만 그것은 핵심내용을 파악하지 못하고 암기할 내용을 계속해서 반복하지 않기 때문이라고 생각합니다. 가장 중요한 것은 핵심사항을 가장 우선적으로 파악하고 암기해야 할 부분을 계속 무한정 반복하십시오. 그러면 경찰학은 즐거워지고 합격으로 여러분을 인도할 것입니다.

마지막으로 여러분 자기 스스로를 믿고 여러분들이 이루고자 하는 목표를 향하여 노력하십시오. 그러면 곧 그 결과는 여러분의 곁에 다가와 있을 것입니다.

교재출간을 오랜 동안 기다려 주신 수험생 여러분들에게 죄송한 말씀을 전하고 앞으로 여러분들의 합격을 위하여 좋은책(주)과 함께 항상 노력할 것입니다.

2023년 3월

편저자 조용석

이책의 목차
CONTENTS

PART 01 경찰학 총론

CHAPTER 01 경찰과 경찰학

알파 001 대륙법계 국가에서의 경찰개념 및 형성과정 ·········· 4
알파 002 관련판례 ·········· 5
알파 003 영·미의 경찰개념과 비교 ·········· 6
알파 004 형식적 의미의 경찰과 실질적 의미의 경찰 ·········· 7
알파 005 경찰의 분류와 특징 ·········· 8
알파 006 경찰의 기본적 임무 및 수단 ·········· 10
알파 007 경찰책임의 원칙 ·········· 14
알파 008 경찰활동의 기초 ·········· 15
알파 009 경찰의 관할 ·········· 16
알파 010 경찰의 기본이념 ·········· 18

CHAPTER 02 경찰윤리론

알파 011 사회계약설로부터 도출되는 경찰활동의 기준(코헨과 펠드버그) ·········· 19
알파 012 윤리교육의 목적 ·········· 20
알파 013 악법에 대한 견해 ·········· 20
알파 014 경찰(윤리)강령 ·········· 21
알파 015 바람직한 경찰모델 ·········· 22
알파 016 전문직업화 ·········· 23
알파 017 냉소주의의 문제와 극복방안 ·········· 24
알파 018 경찰의 부패 및 일탈 ·········· 24
알파 019 경찰공무원 복무규정(대통령령) ·········· 28
알파 020 부정청탁 및 금품등 수수의 금지에 관한 법률 ·········· 29
알파 021 경찰청 공무원 행동강령(경찰청훈령) ·········· 34

CHAPTER 03 한국경찰의 역사와 제도

알파 022 갑오개혁 ·· 55
알파 023 광무개혁 ·· 56
알파 024 경시청체제 ·· 56
알파 025 일제강점기의 경찰 ·· 57
알파 026 미군정하의 경찰 ·· 58
알파 027 독립이후 1991년 이전의 경찰 ·· 59
알파 028 1991년 경찰법 제정 이후의 경찰 ·· 60
알파 029 경찰의 표상 ·· 61
알파 030 경찰약사 ·· 63

CHAPTER 04 외국경찰의 역사와 제도

알파 031 영국 ·· 64
알파 032 미국 ·· 67
알파 033 독일 ·· 72
알파 034 프랑스 ·· 75
알파 035 일본 ·· 79
알파 036 중국 ·· 90

CHAPTER 05 경찰행정법

알파 037 경찰행정법 일반 ·· 92
알파 038 경찰조직법 ·· 114
알파 039 경찰공무원법 ·· 129
알파 040 경찰작용법 ·· 160
알파 041 행정상 손해배상 ·· 184
알파 042 행정쟁송 ·· 185

CHAPTER 06 경찰행정학

알파 043 인사행정 · 192
알파 044 재무행정 · 198

CHAPTER 07 기타 관리

알파 045 보안관리 · 204
알파 046 경찰장비관리규칙 · 210
알파 047 위해성 경찰장비의 사용기준 등에 관한 규정 · 214
알파 048 경찰 물리력 행사의 기준과 방법에 관한 규칙 · 216
알파 049 행정 효율과 협업 촉진에 관한 규정[시행 2021. 1. 5.] · · · · · · · · · · · · · · · · · · 220

CHAPTER 08 경찰통제 및 향후과제

알파 050 경찰통제의 필요성 · 223
알파 051 경찰통제의 분류 · 223
알파 052 감찰규칙 · 225
알파 053 경찰청 감사규칙[시행 2021. 5. 28.] · 232
알파 054 적극행정 운영규정[시행 2021. 1. 5.] · 233
알파 055 경찰청 적극행정 면책제도 운영규정[시행 2021. 1. 22.] [경찰청훈령] · · · · · · · · · · · 236

PART 02 경찰학 각론

CHAPTER 01 생활안전경찰

알파 056 범죄학 ·· 244
알파 057 지역사회 경찰활동(Community Policing) ··· 250
알파 058 풍속사범의 단속 ·· 252
알파 059 청소년유해업소 ·· 255
알파 060 아동·청소년의 성보호에 관한 법률 ·· 258
알파 061 성매매알선등행위처벌에관한법률 ··· 265
알파 062 총포·도검·화약류 등의 안전관리 ·· 268
알파 063 사행행위영업 단속(사행행위 등 규제 및 처벌 특례법) ····························· 272
알파 064 경범죄처벌법 ··· 273
알파 065 유실물법 ·· 276
알파 066 지역경찰의 조직 및 운영에 관한 규칙 ·· 278
알파 067 112종합상황실 운영 및 신고처리 규칙 ·· 285
알파 068 측위기술(LBS) 및 위치정보 조회 ··· 287
알파 069 순 찰 ··· 288
알파 070 민간경비업 ··· 289
알파 071 소년경찰 ·· 293
알파 072 실종아동 능 ·· 295

이책의 목차
CONTENTS

CHAPTER 02 수사경찰

알파 073 수사의 조건 ··· 298
알파 074 수사의 기본이념 및 제원칙 ··· 299
알파 075 가정폭력범죄의 처벌 등에 관한 특례법 ·································· 301
알파 076 성폭력범죄의 처벌등에 관한 특례법 ······································ 304
알파 077 아동학대처벌특례법 ··· 307
알파 078 마약류의 분류 ··· 316

CHAPTER 03 경비경찰

알파 079 경비경찰의 대상 및 특징 ·· 318
알파 080 경비경찰의 수단 ·· 320
알파 081 행사안전경비 ·· 321
알파 082 선거경비 ·· 322
알파 083 재난경비 ·· 323
알파 084 경찰비상업무규칙 ·· 327
알파 085 중요시설 경비 ··· 330
알파 086 테러취약시설 안전활동에 관한 규칙 ······································ 331
알파 087 국민보호와 공공안전을 위한 테러방지법 ································ 332
알파 088 다중범죄 ·· 334
알파 089 경호경비 ·· 335
알파 090 대테러 업무 ·· 337
알파 091 경찰작전 ·· 338
알파 092 민간경비 ·· 340
알파 093 청원경찰 ·· 341

CHAPTER 04 교통경찰

알파 094 도로교통법상 용어정의 ······ 343
알파 095 횡단보도 ······ 345
알파 096 어린이 보호구역 ······ 346
알파 097 서행 및 일시정지 ······ 347
알파 098 주정차금지 ······ 348
알파 099 앞지르기 금지 ······ 349
알파 100 긴급자동차 ······ 349
알파 101 긴급자동차 면허 및 교육 ······ 351
알파 102 음주운전 처벌기준 ······ 351
알파 103 교통정리의 원칙 ······ 353
알파 104 운전면허 ······ 354
알파 105 국제운전면허증 ······ 355
알파 106 임시운전증명서 ······ 356
알파 107 운전면허의 결격사유 및 응시기간 제한 ······ 357
알파 108 면허행정처분 ······ 359
알파 109 벌점기준 ······ 360
알파 110 운전면허 정지처분 개별기준 ······ 363
알파 111 교통사고 발생시 조치 ······ 365
알파 112 교통사고 관련 법령 ······ 366
알파 113 특례 12개항 사고 ······ 367
알파 114 신뢰원칙 ······ 368

이책의 목차
CONTENTS

CHAPTER 05 정보경찰

알파 115 정보일반 · 372
알파 116 정보의 순환과정 · 375
알파 117 신원조사 · 380
알파 118 공공기관 정보공개에 관한 법률 · 381
알파 119 집회 및 시위에 관한 법률 · 389

CHAPTER 06 보안경찰

알파 120 방첩일반 · 399
알파 121 비밀공작 · 403
알파 122 심리전 · 405
알파 123 국가보안법 · 407
알파 124 보안관찰 · 412
알파 125 북한이탈주민의 보호 · 420

CHAPTER 07 외사경찰

알파 126 외사일반 · 423
알파 127 외국인의 대한민국 국적취득(국적법) · 426
알파 128 외국인의 입국 · 427
알파 129 상 륙 · 428
알파 130 여권법 · 428
알파 131 사증(VISA) · 430
알파 132 외국인의 출국정지 · 433
알파 133 외국인의 체류 · 433

알파 134 외국인의 등록 ·· 435
알파 135 외국인의 강제퇴거 ·· 436
알파 136 국민의 입출국 ·· 437
알파 137 외교사절의 특권과 면제 ··· 438
알파 138 국제형사경찰기구 ··· 441
알파 139 인터폴 국제수배서 ··· 442
알파 140 국제형사사법공조 ··· 443
알파 141 범죄인인도 ·· 445

CHAPTER 08 기타활동

알파 142 경찰교육훈련 ·· 448
알파 143 가상공간의 경찰활동 ··· 449
알파 144 경찰홍보 ··· 451
알파 145 언론보도와 피해구제 ··· 452

조용석 알파로직 **경찰학**

PART 01

경찰학 총론

CHAPTER 01 경찰과 경찰학

알파 001 대륙법계 국가에서의 경찰개념 및 형성과정

1) 독일

형성 과정	고대		라틴어의 politia에서 유래한 것으로 도시국가(polis)에 관한 일체의 정치, 특히 **헌법**을 의미
	중세 (14~16C)	14C 말	프랑스에서 경찰이라는 개념은 국가목적·국가작용·국가의 평온한 질서 있는 상태를 의미
		15C 말	프랑스에서 독일에 도입된 경찰권이론은 '국민의 공공복리를 위해 강력력을 동원할 수 있는 통치자의 권한'으로 인정됨으로써 국가권력의 기초를 제공
		16C 초	1530년 제국경찰법 : **교회행정 권한을 제외한 일체의 국가행정**
	경찰국가 시대 (17~18C)		① 외교군정·재정·사법 제외한 내무행정의 전반을 의미 ② 17세기 베스트팔렌조약(1648, 사법행정이 분리) 이후 국가작용이 분화되기 시작 ③ 소극적인 치안유지 + 적극적인 공공복지의 증진을 위해서도 강제력을 행사
	1176년		퓨터(Johann Stephan Putter) "경찰의 임무는 급박한 위험의 방지이다. 공공복리의 증진은 경찰의 본래의 임무가 아니다"
	법치국가 시대 이후 (19C)		① 소극적인 위험방지분야에 한정 ② 1794년 프로이센 일반란트법 : 제10조 제2항 제17호는 "공공의 평온·안녕 및 질서를 유지하고, 또한 공중 및 그의 개개 구성원들에 대한 **절박한 위험**을 방지하기 위하여 필요한 조치를 취하는 것은 경찰의 직무이다"라고 규정 ③ 1882년 프로이센 고등행정법원의 크로이쯔베르크 판결 : 경찰의 임무에서 적극적 복지경찰 요소를 배제하고 소극적인 위험방지 분야에 한정 – 법해석상 확정되는 계기 ④ 1931년 프로이센 경찰행정법 : "경찰관청은 일반 또는 개인에 대한 공공의 안녕과 질서를 위협하는 위험을 방지하기 위하여 현행법의 범위 내에서 의무에 합당한 재량에 따라 필요한 조치를 취하지 않으면 안 된다"라고 규정
	현대국가 시대 (20C)		제2차 세계대전 이후 비경찰화 과정을 거치면서 협의의 행정경찰사무를 타 행정관청에 이관하여 경찰의 임무범위가 공공의 안녕과 질서유지라는 보안경찰의 임무에 국한

2) 프랑스

형성 과정	11C	사법권과 경찰권을 가진 프레보(국왕이 임명)가 파리에 등장
	14C	① 경찰권이론이 등장 ② 군주는 자구행위 특히, 개인간의 결투를 억제하기 위해 공동체의 원만한 질서를 보호할 권리와 의무를 가지고, 이를 위한 필수불가결한 조치를 경찰권에 근거하여 가지고 있었다. ③ '라 폴리스(La Police)'라는 단어로 대표. ④ 초기에는 '국가목적 또는 국가작용'을 의미 하다가 나중에 '공동체의 질서있는 상태 혹은 질서를 유지하는 행위나 그 조직'을 의미 ⑤ 14세말 이후 프랑스의 경찰개념이 유럽 각국으로 전파
	18C	1795년 죄와형벌법전 "경찰은 공공의 질서, 개인의 자유·재산안전을 유지함을 그 임무로 한다".
	19C	1884년 지방자치법전 "자치경찰은 공공의 질서·안전 및 위생을 확보함을 목적으로 한다". 경찰의 직무를 소극목적에 한정하고 있으나, 역시 위생사무 등 협의의 행정경찰적 사무가 포함

알파 002 관련판례

Blanco 판결	Blanco라는 소년이 국영 담배공장 운반차에 부상을 당하여 민사법원에 손해배상청구소송을 제기하였는데, 손해가 공무원에 의하여 발생한 것이라는 이유에서 행정재판소 관할로 옮겨진 사건으로 공무원에 의한 손해는 국가에 배상책임이 있고, 그 관할은 행정재판소라는 원칙이 확립되는 계기가 되었다.
Kreuzberg 판결	1882년 독일의 프로이센 고등행정법원이 베를린의 Kreuzberg 언덕에 있는 전승기념비 조망을 확보하기 위하여 주변 토지에 건축물의 높이를 제한한 베를린 경찰청장의 명령에 대하여 그러한 명령은 심미적 이유로 내려진 것으로 복지 증진을 목적으로 하는 것이므로 무효라고 함으로써 경찰의 임무는 위험방지에 한정된다는 사상이 법해석상 확정되는 계기를 만든 판결로 유명하다.
Escobedo 판결	변호인과의 접견교통권을 침해하여 획득한 자백의 증거능력을 부성한 판결이다.
Mapp 판결	미국 연방대법원의 1961년 'Mapp v. Ohio 판결' [367 U.S. 643 (1961)]로 불법수색과 불법압수로 수집한 증거는 피고인에게 불리하게 사용될 수 없다(위법수집증거배제법칙)는 판결
Miranda 판결	변호인선임권, 접견교통권 및 진술거부권을 고지하지 않은 상태에서 이루어진 자백의 증거능력을 부정하여, 자백의 임의성과 관계없이 채취과정에서 위법이 있는 자백의 증거능력을 배제되는 계기가 되었다.
띠톱판결	띠톱 판결은 경찰권의 행사여부는 원칙적으로 재량이지만, 일정한 상황하에서는 재량권이 영으로 수축되고 이 경우 개인은 경찰당국에 대해 해당 조치를 취할 것을 청구할 수 있는 권리인 무하자재량행사청구권, 즉 국민에게 경찰개입청구권을 인정한 판결이다

알파 003 영·미의 경찰개념과 비교

구분	영미법계 (경찰권 확대의 역사)	대륙법계 (경찰권 축소의 역사)
국가와 사회	협조관계(수평적 관계)	대립관계(수직적 관계)
경찰개념의 형성	경찰은 자치권을 부여받은 조직체로 인식 경찰의 기능과 역할을 중심으로 개념형성	통치권적 개념을 전제 경찰권의 발동범위와 성질을 중심으로 개념형성
경찰개념의 초점	• '경찰활동은 무엇인가'에 중점 • 경찰은 시민을 위하여 법을 집행하고 서비스하는 조직	• '경찰이란 무엇인가'에 중점 • 경찰은 일반통치권에 근거하여 국민에게 명령·강제하는 조직
행정경찰과 사법경찰의 구분	구분 ×	구분 ○
경찰조직	지방분권적, 민주적 자치경찰	중앙집권적, 관료적 국가경찰
경찰의 임무	소극적 보안목적에 국한 (국민의 생명·신체·재산의 보호)	소극적 목적 + 적극적 복리증진 (공공의 안녕과 질서유지)
경찰의 수단	비권력적 수단	권력적 수단

알파 004   형식적 의미의 경찰과 실질적 의미의 경찰

형식적 의미의 경찰 (조직·제도중심)	실질적 의미의 경찰 (작용·성질중심)
① **실정법상(정부조직법, 경찰법 등) 보통경찰기관**에 분배되어 있는 임무를 달성하기 위하여 행하여지는 모든 경찰활동 ② 조직을 중심으로 파악한 개념 ③ 법적인 개념	① 사회공공의 안녕과 질서를 유지하기 위하여 **일반통치권**에 의거, 국민에게 **명령·강제**하는 권력적 작용으로 **작용을 중심으로 파악** ② **학문상으로 정립된 개념(독일 행정법학)** ③ 건축허가와 같은 건축경찰활동이나, 유흥주점의 허가와 같은 위생 또는 영업경찰 활동 등

① 형식적 의미의 경찰과 실질적 의미의 경찰은 반드시 일치하지 않는다.
② 형식적 의미의 경찰이 모두 실질적 의미의 경찰은 아니다.
③ 실질적 의미의 경찰이 모두 형식적 의미의 경찰은 아니다.

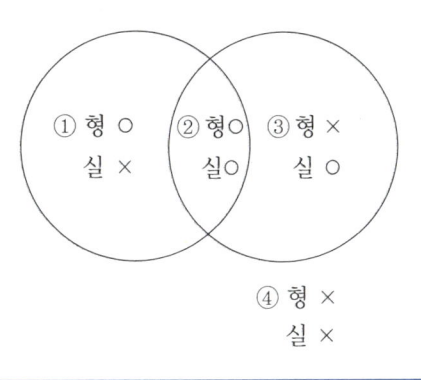

① 형 ○, 실 × = 사법(수사+형사), 정보, 보안(대공), 서비스, 교통·지리정보의 제공, 어린이 교통교육, 경찰방문, 경찰지도 등
② 형 ○, 실 ○ = 보안경찰(생활안전경찰, 교통경찰 등), 경찰하명, 경찰허가, 즉시강제(불심검문), 경찰상 강제집행 등
③ 형 ×, 실 ○ = 보건경찰, 위생경찰, 환경경찰, 건축경찰, 철도경찰, 경제경찰, 도로경찰
④ 형 ×, 실 × = 의회경찰, 법정경찰, 일반행정기관의 공공복리적 작용

알파 005 경찰의 분류와 특징

1 행정경찰과 사법경찰(목적)

행정경찰(광의)	사법경찰
① 행정경찰은 '실질적 의미의 경찰' 개념을 토대로 이루어진 규제행정을 말하는 것으로서 사회공공의 안녕과 질서유지를 그 직접목적으로 한다. ② 이는 일반통치권에 의거한 명령·강제라는 수단에 의해 국민의 자연적 자유를 제한하는 작용으로서 범죄예방을 주 임무로 한다. ③ 경찰청장 또는 주무부처장관의 지휘·감독을 받는다. ④ 현재·장래의 상황에 대하여 발동되며 경찰행정법이 적용된다. ⑤ 환경경찰, 산림경찰 등으로 불리는 행정이 포함된다.	① 사법경찰은 규제행정 중에서도 특히 범죄를 수사하고 범인을 체포·진압하는 전략적 수단의 실현을 말하는 것을 말하며 사법경찰관, 검찰수사관 등이 이에 해당된다. ② 사법경찰은 사법권의 작용으로서 경찰수사는 주로 국가수사본부장의 지휘를 받는다. ③ 과거의 상황에 대하여 발동되며 형사소송법이 적용된다.

2 보안경찰과 협의의 행정경찰(업무의 독자성)

보안경찰	협의의 행정경찰
① 보안경찰은 사회공공의 안녕·질서를 유지하기 위하여 다른 행정작용에 부수하지 않는 독립된 고유의 경찰작용을 의미한다. ② 교통·풍속·생활안전경찰 등 일반 공안의 유지를 사명으로 하며 경찰청장의 소관사무이다.	① 협의의 행정경찰은 다른 행정(외교·국방·재정 등) 작용에 부수하여 그 행정부문의 작용에 관하여 발생하는 장해를 방지, 제거함으로써 당해 경찰목적의 달성을 권력적으로 담보하는 특수한 경찰작용이다. ② 산업경찰·산림경찰·경제경찰·위생경찰·철도경찰·건축경찰 등 이는 제도상으로는 경찰이라고 불리지 않으며 각 주무부처장관의 소관사무이다.

3 예방경찰과 진압경찰(경찰권 발동의 시점)

예방경찰	진압경찰
① 경찰상의 위해가 발생하기에 앞서 발생할 우려가 있는 위해의 발생을 미리 방지하기 위한 경찰작용으로 행정경찰과 일치하나 이보다 다소 좁은 개념이다. ② 정신착란자·음주자의 보호조치, 총포·도검·화약류의 취급제한 및 가축 등의 도살처분 등이 그 예이다.	① 이미 발생한 경찰상의 장해를 제거하기 위한 경찰작용이다. ② 범죄의 제지, 범죄의 진압·수사 및 피의자 체포 등이 그 예이다.

4 평시경찰과 비상경찰(담당기관)

평시경찰	비상경찰
평온한 상태 하에서 일반 경찰법규에 의하여 보통경찰기관이 행하는 경찰작용	전국 또는 어느 한 지방에 비상사태가 발생하여 계엄이 선포될 경우에 군대가 병력으로 공공의 안녕과 질서를 유지하기 위하여 계엄법에 따라 행정사무의 일환으로 경찰사무를 관장하는 경우의 경찰작용

5 질서경찰과 봉사경찰(경찰활동의 질과 내용)

질서경찰	봉사경찰
① 질서경찰은 정부조직법 및 경찰법상에서 경찰조직의 직무범위로 확정한 것 중 주로 강제력을 1차 수단으로 사회공공의 안녕과 질서유지를 위한 법집행을 하는 경찰을 말한다. ② 범죄수사·다중범죄진압·교통위반자에 대한 통고처분, 경범죄처벌, 즉시강제 등	① 봉사경찰은 목적 면에서 질서경찰과 동일하면서 비권력적 수단으로 계몽·지도·서비스를 통하여 법집행을 하는 경찰을 말한다. ② 청소년선도·방범지도·교통정보제공·방범순찰·수난구호 등

6 국가경찰과 자치제경찰(권한과 책임소재)

구분	국가경찰	자치경찰
권한과 책임소재	국가	자치단체
장점	• 강력한 공권력 행사가 가능하고 비상시 유리 • 전국에 걸쳐 통일적으로 조직 운영·관리와 균등한 서비스 • 기동성과 능률성 발휘 • 타 행정부문과 협조·조정이 용이 • 전국적 통계자료가 정확	• 정치적 중립성·탄력성 • 지역 실정에 맞는 경찰조직 운영·관리 • 인권보장 및 주민 지향적 봉사경찰 • 자치단체별로 독립되어 있어 조직운영의 개혁이 용이
단점	• 관료화 우려와 정치적 중립이 미약 • 정부의 특수정책 수행에 이용되어 경찰 본연의 임무를 벗어날 우려가 있음 • 각 지방의 특수성·창의성이 저해됨 • 지역주민을 위한 봉사자 의식 희박 • 경찰에 대한 시민통제가 어려움 • 잦은 인사이동으로 인한 폐단이 발생	• 타 기관과의 업무협조가 곤란 • 전국적·광역적 범죄에 대한 대처가 어려움 • 집행력과 기동성이 약함 • 통일적·광역적 경찰활동 곤란 • 지방세력가의 경찰행정 개입으로 경찰부패 초래 • 통계자료의 정확성을 기하기 곤란

알파 006 경찰의 기본적 임무 및 수단

1 경찰의 기본적 임무

국가경찰과 자치경찰의 조직 및 운영에 관한 법률 제3조	경찰관직무집행법 제2조
경찰의 임무는 다음 각 호와 같다. 1. 국민의 생명·신체 및 재산의 보호 2. 범죄의 예방·진압 및 수사 3. 범죄피해자 보호 4. 경비·요인경호 및 대간첩·대테러 작전 수행 5. **공공안녕에 대한 위험의 예방과 대응을 위한 정보의 수집·작성 및 배포** 6. 교통의 단속과 위해의 방지 7. 외국 정부기관 및 국제기구와의 국제협력 8. 그 밖에 공공의 안녕과 질서유지	경찰관은 다음 각 호의 직무를 수행한다. 1. 국민의 생명·신체 및 재산의 보호 2. 범죄의 예방·진압 및 수사 2의2. 범죄피해자 보호 3. 경비, 주요 인사(人士) 경호 및 대간첩·대테러 작전 수행 4. **공공안녕에 대한 위험의 예방과 대응을 위한 정보의 수집·작성 및 배포** 5. 교통 단속과 교통 위해(危害)의 방지 6. 외국 정부기관 및 국제기구와의 국제협력 7. 그 밖에 공공의 안녕과 질서 유지

▶ **경찰의 사무**(국가경찰과 자치경찰의 조직 및 운영에 관한 법률 제4조)

① 경찰의 사무는 다음 각 호와 같이 구분한다.
   1. **국가경찰사무** : 제3조에서 정한 경찰의 임무를 수행하기 위한 사무. 다만, 제2호의 자치경찰사무는 제외한다.
   2. **자치경찰사무** : 제3조에서 정한 경찰의 임무 범위에서 관할 지역의 **생활안전·교통·경비·수사** 등에 관한 다음 각 목의 사무
      가. 지역 내 주민의 생활안전 활동에 관한 사무(시도조례로 정한다)
         1) 생활안전을 위한 순찰 및 시설의 운영
         2) 주민참여 방범활동의 지원 및 지도
         3) 안전사고 및 재해·재난 시 긴급구조지원
         4) 아동·청소년·노인·여성·장애인 등 사회적 보호가 필요한 사람에 대한 보호 업무 및 가정폭력·학교폭력·성폭력 등의 예방
         5) 주민의 일상생활과 관련된 사회질서의 유지 및 그 위반행위의 지도·단속. 다만, 지방자치단체 등 다른 행정청의 사무는 제외한다.
         6) 그 밖에 지역주민의 생활안전에 관한 사무
      나. 지역 내 교통활동에 관한 사무(시도조례로 정한다)
         1) 교통법규 위반에 대한 지도·단속
         2) 교통안전시설 및 무인 교통단속용 장비의 심의·설치·관리
         3) 교통안전에 대한 교육 및 홍보
         4) 주민참여 지역 교통활동의 지원 및 지도
         5) 통행 허가, 어린이 통학버스의 신고, 긴급자동차의 지정 신청 등 각종 허가 및 신고에 관한 사무
         6) 그 밖에 지역 내의 교통안전 및 소통에 관한 사무
      다. 지역 내 다중운집 행사 관련 혼잡 교통 및 안전 관리(시도조례로 정한다)

라. 다음의 어느 하나에 해당하는 수사사무(대통령령으로 정한다)
  1) 학교폭력 등 소년범죄
  2) 가정폭력, 아동학대 범죄
  3) 교통사고 및 교통 관련 범죄
  4) 「형법」 제245조에 따른 **공연음란** 및 「성폭력범죄의 처벌 등에 관한 특례법」 제12조에 따른 성적 목적을 위한 **다중이용장소 침입행위에 관한 범죄**
  5) 경범죄 및 기초질서 관련 범죄
  6) 가출인 및 「실종아동등의 보호 및 지원에 관한 법률」 제2조제2호에 따른 실종아동등 관련 수색 및 범죄

② 제1항제2호가목부터 다목까지의 자치경찰사무에 관한 구체적인 사항 및 범위 등은 대통령령으로 정하는 기준에 따라 시·도조례로 정한다.
③ 제1항제2호라목의 자치경찰사무에 관한 구체적인 사항 및 범위 등은 대통령령으로 정한다.

2 공공의 안녕과 질서에 대한 위험의 방지

(1) 공공의 안녕

의의	① "법질서의 불가침성, 국가의 존립과 국가기관의 기능성의 불가침성, 개인의 권리 및 법익의 불가침성" ② 집단적 요소+개인적 요소를 포함한 이중적 개념
법질서의 불가침성	① **공법(公法)규범의 위반** : 원칙적으로 개입O, 주관적 구성요건, 유책성 및 구체적 가벌성은 요하지 않는다. ② **사법(私法)규범의 위반** : 개입영역×(원칙), 법적 보호가 적시에 이루어지지 않고 경찰의 원조없이는 법을 실현시키는 것이 무효화되거나 사실상 어려워 질 경우에만 경찰이 개입할 수 있다(보충성의 원칙)
국가의 존립과 기능성의 불가침성	경찰은 가벌성의 범위 내에 이르지 아니하였을지라도 국민의 자유와 권리를 침해하지 않는 범위 내에서 수사·정보·보안·외사활동을 할 수 있다.
개인의 권리와 법익의 불가침성	① 공공의 안녕과 관련하여 경찰의 인간의 존엄성·명예·생명·건강·자유의 개인법익뿐만 아니라 사유재산적 가치 또는 무형의 권리도 보호하여야 한다. ② 개인은 효과적인 보호의 시기를 놓쳐 권리가 무효화될 우려가 있을 때에만 경찰에 원조를 요청할 수 있으며 이 경우에도 경찰의 원조는 잠정적 보호에 국한되어야 하고 최종적인 규제는 법원이 해야 한다.

(2) 공공질서

의의	공공사회에서의 각 개인의 행동에 대한 **불문규범의 총체**를 의미
성격	**시대에 따라 변화하는 상대적·유동적인 개념**이다.
한계	① 오늘날 거의 모든 생활영역에 대한 법적 전면규범화가 증가 추세를 보이고 있기 때문에 공공질서 개념의 사용가능 분야는 **점점 축소** ② 통치권의 집행을 위한 개입의 근거로서 사용될 수 있는 이 개념은 엄격한 합헌성을 요구받는다.

(3) 위험

의의	① 위험이란 "가까운 장래에 공공의 안녕과 질서에 손해가 나타날 수 있는 가능성이 개개의 경우에 충분히 존재하는 상태"를 말한다. ② 경찰법상의 손해란 보호받는 개인 및 공동의 법익에 관한 정상적 상태의 객관적 감소를 뜻하며, 보호법익에 대한 현저한 침해행위가 있어야만 한다.	
분류	구체적·추상적 위험 (현실성)	① **구체적 위험** : 개개의 경우에 존재하는 손해발생의 충분한 가능성이 있는 경우 ② **추상적 위험** : 구체적 위험의 예상가능성만을 일컫는다. 　㉠ **위험이 보호를 받게 되는 법익에 대해 필수적으로 존재해야 하는 것은 아니다.** 　㉡ 예를 들어 빨간 불에 차도를 건너는 자는 밤 시간이나 또는 차도에 차가 전혀 다니지 않는다거나 행인이 없었다고 하더라도 경찰책임자가 된다. 　㉢ 이와 같은 경우에도 구체적 위험 또는 경찰책임이 존재한다는 것을 알게 된다. 　㉣ 이는 법률위반행위, 법질서의 불가침성의 침해, 그리고 공공의 안녕의 보호법익인 도로교통을 침해하기 때문이다. → 경찰의 개입은 구체적 위험 내지 적어도 추상적 위험이 있을 때 가능
	주관적·객관적 위험 (위험에 대한 인식)	① **위험혐의** : 실제로 위험의 가능성은 예측이 되나, 실현이 불확실한 경우로 위험발생이 확실할 때까지 예비조치는 정당화된다. ② **외관적 위험** : 경찰이 의무에 합당한 사려 깊은 상황판단을 했음에도 불구하고 위험을 잘못 긍정하는 경우 ③ **오상위험(추정성 위험)** 　㉠ 이성적이고 객관적으로 판단할 때 위험의 외관도 그 혐의도 정당화되지 아니함에도 불구하고 경찰이 위험의 존재를 잘못 추정한 경우 　㉡ 외관적 위험이나 위험혐의의 경우와는 달리 경찰이 의무에 어긋나는 개입행위를 함으로써 손해배상의 문제가 발생한다.

▶ 현재의 위험 등

현재의 위험	손해를 발생시키는 위험상황이 시작되었거나 바로 직전인 경우
직접적 위험	① 집회에 대한 조치와 관련하여 사용되는 개념으로서, 위험상황이 그대로 진행되면 보호법익에 대한 손해가 발생할 고도의 개연성이 있는 상태 ② 우리 판례는 이를 '직접적이고 명백한 위험'이라 표현
중대한 위험	중대한 법익(국가의 존속, 생명, 중대한 재산적 가치 등)에 대한 위험
긴급한 위험	중대한 법익에 대한 위험인데, 이 경우 반드시 위험발생이 급박할 필요는 없다.
임박한 위험	다른 국가기관의 임무인 경우로서, 경찰이 즉시 개입하지 않으면 손해가 발생할 수 있는 위험
명백하고 현존하는 위험	① 미국 연방대법원에서 언론출판 등의 자유를 제한하는 기준으로 제시 ② 헌재 : 국가보안법 제7조 제1항 및 제5항에 대하여 다수의견(명백성의 원칙), 소수의견(명백·현존하는 위험)으로 주장 ③ 대법원 : 미신고집회에 대한 해산명령의 적법요건을 다수의견은 공공의 안녕질서에 대한 '직접적이고 명백하게 초래된 경우'에 한하여 해산을 명할 수 있다고 하고, 위험의 현존성의 요구되지 않는다고 본다. ④ 위해성 경찰장비인 살수차와 물포는 필요한 최소한의 범위에서만 사용되어야 하고, 특히 인명 또는 신체를 위해를 가할 가능성이 더욱 커지는 직수살수는 타인의 법익이나 공공의 안녕질서에 직접적이고 명백한 위험이 존재하는 경우에 한해서만 사용이 가능하다고 한다(2015다236196).

3 범죄의 수사

수사법정주의	범죄의 수사는 행정상의 경찰권의 행사가 행정편의주의에 따라 **"할 수 있다"**고 규정되어 있는 경우가 대부분인데 비하여, 수사에 관해서는 형사소송법 각조가 **"하여야 한다"**고 규정함으로써 법정주의 원칙을 천명

4 서비스(Service)

의의	21세기적 복지행정이 강하게 요구되고 있는 오늘날 경찰행정 분야도 소극적인 위험방지를 위한 법집행적인 임무뿐만 아니라 적극적인 서비스 활동을 통해 국민에게 봉사하는 역할이 새로이 요구되고 있다.

알파 007 경찰책임의 원칙

구분	내용
의의	사회공공의 안녕·질서가 침해되거나 침해할 우려가 있는 경우 경찰권은 그러한 상태의 발생에 책임이 있는 자에 대하여만 발동할 수 있고 그 밖의 제3자에 대하여는 발동할 수 없다는 원칙을 말한다.
책임자	① 자기의 생활범위 안에서 객관적으로 경찰위반상태가 발생한 경우 그에 대한 고의·과실, 위법성의 인식, 정당한 권한, 소유권 등 주관적 구성요소와 무관하게 경찰책임을 지게 된다. ② 자연인과 법인 모두 해당하며 자기 지배범위에 속하는 한 타인의 행위 또는 물건의 상태에 대해서도 책임을 진다.
종류	① **행위책임** 　㉠ 자기 또는 자기의 지배·감독 하에 있는 자에 대한 책임 　㉡ 사람의 행위로 경찰위반상태가 발생한 경우의 책임으로 고의·과실이 없는 때에도 성립한다. 　㉢ 행위책임이 인정되기 위하여 민법상의 행위능력은 요구되지 않는다. 　㉣ 행위책임과 상태책임이 경합하는 경우는 일반적으로 행위책임이 우선한다. 　㉤ 사용자가 피사용자의 행위에 대해 책임을 질 때 그 책임의 성격은 자기책임이다. ② **상태책임** : 물건·동물의 소유자·점유자 기타 관리자가 그 지배범위에 속하는 물건·동물로 인하여 경찰위반상태가 발생한 경우에 지는 책임 ③ **복합적 책임** : 다수인의 행위 또는 다수인이 지배하는 물건의 상태에 기인하거나, 행위책임과 상태의 중복에 기인하여 하나의 경찰위반상태가 발생한 경우의 책임
예외 (경찰 긴급권)	경찰책임자가 아닌 자에 대하여 ① 긴급한 필요가 있는 경우에 ② 법령상의 근거에 기하여서 경찰권을 발동할 수 있다. 이 경우에 제3자가 받은 손실은 반드시 보상하여야 한다. ③ 교통사고현장 부상자 구호의무, 화재현장 소화동원의무

알파 008 경찰활동의 기초

1 의의

범죄의 수사권한	영미법계 국가에서는 경찰의 고유한 수사권을 인정하여 경찰의 임무로서 범죄의 수사를 중요한 법집행의 한 방편으로 인정하고 있으며, 현행 경찰법이나 경찰관직무집행법도 영미법계의 영향으로 수사를 경찰의 사물관할의 범위로서 명백히 인정하고 있다.
광의의 경찰권한	통치권적 경찰권은 넓은 의미의 경찰권의 한 부분을 구성한다는 의미에서 협의의 경찰권이라고 부르기로 한다. 그러므로 광의의 경찰의 권한은 협의의 경찰권과 수사권을 포괄하는 개념이라고 할 수 있다.

2 협의의 경찰권

의의	① 사회공공의 안녕과 질서를 유지하기 위하여 일반통치권에 의거 국민에게 명령·강제하는 권한을 의미한다. ② 그러므로 국회의장의 국회경호권한이나 법원의 법정경찰권과 같이 일반통치권을 전제로 하지 아니하고 부분사회의 내부질서를 목적으로 하는 경우에는 경찰작용에 해당되지 아니한다.
경찰권 발동 대상	① 경찰권의 상대방으로서 원칙적으로 통치권에 복종하는 모든 자가 대상이 된다. 일반적으로 협의의 경찰권의 발동의 경찰책임자에게만 가능한 것이 원칙이나, 예외적으로 법령상 근거가 있고 긴급한 필요가 있는 경우에는 경찰책임자가 아닌 자에게도 가능하다. ② 다른 행정기관이나 행정주체가 경찰의무에 위반하는 경우 통설은 행정기관이 통치권을 행사하지 아니하고 일반사인과 마찬가지로 사법적(私法的) 활동을 하는 경우에는 경찰권의 발동이 허용된다고 본다.

3 수사권

의의	국가 형벌권을 행사하기 위해 형사소송법에 의거 경찰에게 부여된 권한
수사권의 제한	경찰의 수사권한은 일정한 제한을 받고 있다.
수사권의 대상	① 수사권은 자연인에게 발동될 수 있음은 물론이나, 법인에게 적용되는 경우도 많다. 또한 수사권은 내국인이든 외국인이든 상관없이 발동될 수 있다. ② 외교사절, SOFA협정에 의거 공무집행 중의 미군범죄, 대통령(헌법 제84조)과 국회의원(헌법 제44조)에 대해서는 일정한 제한이 따른다.

알파 009   경찰의 관할

1 사물관할

의의	경찰의 사물관할이라 함은 경찰이 처리할 수 있고 또 처리해야 하는 사무내용의 범위를 말한다.
영·미 경찰개념의 영향	우리나라는 영·미 경찰개념의 영향을 받아 범죄의 수사에 관한 임무가 경찰의 사물관할로서 인정되고 있다.

2 인적 관할

의의	넓은 의미의 경찰권이 어떤 사람에게 적용되는가의 문제를 인적 관할이라고 한다.
범위	경찰권은 원칙적으로 모든 사람에게 적용되나 국내법적으로는 대통령과 국회의원, 국제법 적으로는 외교사절과 주한 미군에 대해서 일정한 제한이 있다.

3 지역관할(토지관할)

의의	넓은 의미의 경찰권이 발동될 수 있는 지역적 범위를 지역관할이라고 할 수 있는 바 대한민국의 영역 내에 모두 적용됨이 원칙이다.

국회 및 법정 내부	① 국회경호권
	   ㉠ 국회 안에 현행범인이 있을 때에는 경찰관은 이를 체포한 후 국회의장의 지시를 받아 야 하며, 다만 회의장 안에 있는 국회의원에 대하여는 국회의장의 명령 없이 이를 체포 할 수 없다.
	   ㉡ 의장은 국회의 경호를 위하여 필요한 때에는 국회운영위원회의 동의를 얻어 일정한 기간을 정하여 정부에 대하여 필요한 경찰관의 파견을 요구할 수 있다.
	   ㉢ 국회경위와 파견된 경찰관은 의장의 지휘를 받아 경위는 회의장 건물 안, 경찰관은 회의장 건물 밖에서 경호한다.
	② 법정경찰권 : 재판장이 법정경찰권을 행사하도록 되어 있으므로 재판장은 법정에서의 질 서유지를 위하여 필요하다고 인정할 때에는 개정 전후에 상관없이 관할 경찰서장에게 경 찰공무원의 파견을 요구할 수 있다. 요구에 따라 파견된 경찰공무원은 법정 내외의 질서 유지에 관하여 재판장의 지휘를 받는다.

치외법권 지역	① 외교사절의 요구나 동의가 없는 한 경찰은 직무수행을 위하여 거기에 들어갈 수 없는 것이 원칙이다. 　㉠ 관사에 대한 불가침에 준하여 외교사절의 승용차, 보트, 비행기 등 교통수단도 불가침의 특권을 갖는다. 　㉡ 영사는 주재국에서 본국 및 자국민의 통상 및 경제상의 이익을 보호하기 위하여 임명된 국가기관으로 경찰권이 원칙적으로 면제되지는 않는다. ② 경찰상의 상태책임과 관련하여서는 화재나 전염병의 발생 등과 같이 공안을 유지하기 위하여 긴급을 요하는 경우에는 사절의 동의 없이도 공관에 들어갈 수 있는데 이는 국제적 관습으로 인정되고 있다.
미군 영내	SOFA(Status of Forces Agreement : 한미행정협정)는 미군 당국이 부대 영내·외에서 경찰권을 행사함으로써 자체적으로 질서와 안전의 유지를 위하여 필요한 적절한 조치를 취할 수 있도록 하고 있다. ① **시설 및 구역 내부 경찰권** 　㉠ 미군 당국은 그 시설 및 구역 내에서 범죄를 행한 모든 자를 체포할 수 있다. 그리고 미군 당국이 동의한 경우와 중대한 죄를 범하고 도주하는 현행범인을 추적하는 때에는 대한민국 경찰도 시설 및 구역 내에서 범인을 체포할 수 있다. 　㉡ 대한민국 경찰이 체포하려는 자로서 한미행협 대상이 아닌 자가 이러한 시설 및 구역 내에 있을 때에는 대한민국 경찰이 요청하는 경우에 미군 당국은 그 자를 체포하여 즉시 인도하여야 한다. ② **사람이나 재산에 관한 압수·수색·검증** 　㉠ 대한민국 당국은 미군 당국이 동의하는 경우가 아니면 시설 또는 구역 내에서 사람이나 재산에 관하여 또는 시설 및 구역 내외를 불문하고 미국재산에 관하여 압수·수색 또는 검증을 할 수 없다. 　㉡ 그러나 이에 관한 대한민국 당국의 요청이 있을 때에는 미군 당국은 필요한 조치를 취하여야 한다.

알파 010 경찰의 기본이념

민주주의	경찰권은 국민에게 있고 경찰 권력은 국민으로부터 나온다는 사상이다. 그러므로 경찰이 경찰권을 가지고 행사하는 것은 국민으로부터의 위임에 근거한 것이다. 경찰공무원이 국민전체에 대한 봉사자이며 국민에게 책임을 지는 이유가 여기에 있다.

법치주의	① 국민의 자유와 권리를 제한하고 의무를 과하는 모든 활동은 법률로써만 가능하다.
	   ㉠ 국민의 모든 자유와 권리는 국가안전보장·질서유지 또는 공공복리를 위하여 필요한 경우에 한하여 법률로써 제한할 수 있으며, 제한하는 경우에도 자유와 권리의 본질적인 내용을 침해할 수 없다.
	   ㉡ 경찰활동의 경우 그 작용형태가 행정처분(운전면허 취소처분)인 경우나 행정강제 특히 상대방에게 사전에 의무를 과함이 없이 행사되는 즉시강제의 경우에 법치주의의 원리가 강하게 요구된다.
	   ㉢ 국민의 자유와 권리를 제한하지 아니하고 국민에게 의무를 과하지 아니하는 순전한 임의활동은 직무의 범위 내에서라면 법률의 개별적 수권규정이 없더라도 이를 행할 수 있다

인권존중주의	① 근거법규
	   모든 국민은 인간으로서의 존엄과 가치를 가지며, 행복을 추구할 권리를 가진다.
	   ㉠ **헌법 제10조** : 국가는 개개인이 가지는 불가침의 기본적 인권을 확인하고 이를 보장할 의무를 진다.
	   ㉡ **헌법 제37조 제2항** : 국민의 모든 자유와 권리를 제한할 수 있는 경우는 국가안전보장·질서유지 또는 공공복리를 위하여 필요한 경우에 한하여 법률로써만 가능하며, 그 경우에도 자유와 권리의 본질적인 내용을 침해할 수 없다.
	   ㉢ 국가경찰과 자치경찰의 조직 및 운영에 관한 법률 제5조(권한남용의 금지) : 경찰은 그 직무를 수행할 때 헌법과 법률에 따라 국민의 자유와 권리 및 모든 개인이 가지는 불가침의 기본적 인권을 보호하고, 국민 전체에 대한 봉사자로서 공정·중립을 지켜야 하며, 부여된 권한을 남용하여서는 아니 된다.

정치적 중립주의	① 경찰공무원의 정치적 중립성은 법률이 정하는 바에 의하여 보장되며(헌법 제7조 제2항), 경찰은 국민전체에 대한 봉사자로서 공정중립을 지켜야 한다(경찰법 제4조). ② 따라서 경찰은 특정 정당 기타 정치단체의 이익이나 이념을 위해 활동하여서는 아니 되며, 정당이나 정치단체에 가입할 수 없으며, 특정 정당 또는 특정인의 지지나 반대를 위한 행위를 해서는 안 되는 이유가 여기에 있으며, 공무원의 신분이 법률로써 보장되는 것은 이를 뒷받침한다.
경영주의	① 생산성 개념의 공유 ② 생산성의 극대화를 위해 적합한 조직 ③ 인력과 예산 및 장비는 적정하게 배분 ④ 경제성 있는 경찰력 동원

CHAPTER 02 경찰윤리론

알파 011 사회계약설로부터 도출되는 경찰활동의 기준 (코헨과 펠드버그)

기준	내용
공정한 접근의 보장	경찰은 사회전체의 필요에 의해 생겨난 기구로서 경찰서비스에 대한 동등한 필요를 가진 사람들이 그것을 받을 동등한 기회를 가져야 한다. 예 ① 갑(甲)이 집에 강도가 들어 가까운 지구대에 신고를 하였으나, 지구대에서는 평소 갑(甲)이 협조 하지 않았다는 이유로 현장에 출동하지 않은 경우 ② 경찰관 갑(甲)이 우범지역인 A거리와 B거리의 순찰업무를 맡았으나 A거리에 가족이 산다는 이유로 A거리에서 순찰근무시간의 대부분을 할애한 경우 ③ 경찰관 갑(甲)이 동료 경찰관의 음주운전사실을 발견하였으나 단속하지 않은 경우 ④ 경찰관 갑(甲)이 순찰근무 중 달동네는 가려 하지 않고, 부자동네만 순찰을 하는 경우
공공의 신뢰확보	경찰은 시민을 대신해서 시민을 위해 경찰권을 사용하므로 시민의 신뢰에 합당한 방식으로 경찰권을 행사하여야 한다. 예 ① 갑(甲)은 컴퓨터를 잃어버렸고, 옆집에 사는 사람이 의심스럽다고 생각하였으나, 갑(甲)자신이 직접 물건을 찾지 않고 경찰서에 신고하여 범인을 체포 ② 김순경은 강도범을 추격하던 중 골목길에서 칼을 든 강도를 만났는데, 추격하는 척하다가 도망가도록 내버려둔 경우 ③ 경찰관 갑(甲)이 절도범을 추격하던 중 도주하는 범인의 등 뒤에서 권총을 쏘아 사망케 함 ④ 경찰관 갑(甲)이 오토바이를 추격하던 중 도주하는 범인에게 권총을 쏘아 사망케 함
생명과 재산의 안전보호	① 생명과 재산의 안전이 사회계약의 목적이고 법집행 자체가 사회계약의 궁극적인 목적은 아니다. ② 법은 생명과 재산의 안전을 도모하기 위한 하나의 수단이며, 법의 집행은 사회의 질서와 평화를 유지하는 데 사용되는 하나의 수단이다. ③ 폭주족의 난폭운전을 발견한 경찰관이 정지명령을 하였으니, 이를 무시하고 도주하는 폭주족을 무리하게 추격하는 과정에서 오토바이 운전자가 선봇대를 들이받고 사망
협동과 역할의 한계	① 범죄행위로부터 사회를 제대로 보호하기 위해서는 경찰은 행정부에 속하는 다른 기구들(예 검찰에 대해 공소제기에 충분한 증거를 제공하는 행위)뿐만 아니라, 입법부(예 법의 제정 및 개정과 관련된 자료의 제출) 등과도 협력하여야 한다. ② 협력하여야 할 의무는 경찰이 대외적으로 지켜야 할 의무일 뿐만 아니라 내부적으로도 지켜야 할 의무이다. (예 중요탈주범을 혼자서 잡으려다 놓쳐 버린 경우) ③ 중요탈주범을 특진욕심에 혼자잡으려다 놓쳐버린 경우

냉정하고 객관적인 자세	① 냉정하고 객관적인 업무처리 : 사회계약론적 입장에서 볼 때 경찰관은 사회의 일부분이 아닌 **사회 전체의 이익을 염두에 두어야 하며** 따라서 시민들에 의해 냉정하고 객관적인 방식으로 업무를 처리하도록 기대된다. ② **과도한 개입**으로서 사태에 너무 감정적으로 깊숙이 개입해서 평정을 잃어버리고 제대로 판단을 하지 못하거나 어느 한쪽의 편을 드는 경우이다. ③ **무관심한 태도**로서 전혀 당사자들의 말을 주의해서 듣지 않는 태도이다. ④ 절도범을 검거한 김순경이 경찰이 되기 전 도둑맞은 경험이 생각나 절도범에게 폭행과 욕설을 한 경우 ⑤ 아버지로부터 가정폭력을 경험한 경찰관이 가정폭력신고를 받고 출동했는데 남편에게 책임이 있다고 단정한 경우

알파 012 윤리교육의 목적

구 분	내 용
도덕적 결의의 강화	경찰관이 실무에서 내부 및 외부로부터의 여러 압력과 유혹에도 굴복하지 않고 자신의 소신과 직업의식에 따라 일을 처리하는 것
도덕적 감수성의 배양	실무에서 경찰이 다양한 계층의 사람들(부자나 가난한 자)에게 모두 인간으로서 존중하고 공평하게 봉사하는 것
도덕적 전문능력 함양	경찰이 비판적, 반성적 사고방식을 배양하여 조직 내에 관습적으로 내려오는 관행을 비판적으로 검토하여 수용하는 것임. ※ 경찰윤리교육에 있어서 가장 중요한 목적임.

알파 013 악법에 대한 견해

법실증주의자	자연법론자
• 국가의 우월성을 강조 • 인간의 기본권은 자연권으로 존재하는 것이 아니라 법률에 의해 창설되는 것 • 법적 안정성을 강조 • "악법도 법이다"	• 사회나 개인의 우월성을 강조 • 인간의 기본권은 국가 이전에 이미 존재하던 것 • 악법에 대한 저항권은 자연법론적으로 승인되고 보장되어야 한다. • 저항권은 악법에 대한 불법을 막을 길이 없을 때 최후의 수단으로 행사되어야 한다.

알파 014 경찰(윤리)강령

1 윤리강령의 대내외적 기능

대외적 기능	① 서비스 수준의 보장 ② 국민과의 신뢰관계 형성 ③ 과도한 요구에 대한 책임 제한
대내적 기능	① 경찰공무원의 개인적 기준 설정 ② 경찰조직의 기준 제시 ③ 경찰조직에 대한 소속감 고취 ④ 경찰조직 구성원에 대한 교육자료 제공

2 윤리강령의 문제점

실행가능성의 문제	경찰강력은 법적 강제력이 없기 때문에 위반했을 경우 제재할 방법이 미흡함. 지나친 이상 추구의 성격 때문에 빛 좋은 개살구가 될 수 있음
냉소주의의 문제	경찰강령은 직원들의 참여에 의하여 이루어지는 것이 아니라 상부에서 제정하여 하달되어 냉소주의가 야기됨
최소주의의 위험	경찰관이 최선을 다하여 헌신과 봉사를 하려다가도 경찰강령에 포함된 정도의 수준으로만 근무를 하여 경찰강령이 근무수행의 최소기준이 됨
비진정성의 조장	경찰강령은 경찰관의 도덕적 자각에 따른 자발적인 행동이 아니라 외부로부터 요구된 것으로서 타율성으로 인해 진정한 봉사가 이루어지지 않을 수 있음(윤리적 불감증 야기 가능)
우선순위 미결정	경찰강령이 구체적인 경우 상세하지만 그보다 더 곤란한 현실문제에 있어서 무엇을 먼저 하고 무엇을 나중에 해야 할지 우선순위를 결정하는 기준이 못 됨
행위중심적 성격	경찰강령이 무슨무슨 행위중심적으로 규정되어 있어 행위 이전의 의도나 동기를 소홀히 함

3 연혁 및 내용

연혁		경찰윤리헌장(1966), 새경찰신조(1980), 경찰헌장(1991), 경찰서비스헌장(1998)
경찰헌장	본문	① 우리는 모든 사람의 인격을 존중하고 누구에게나 따뜻하게 봉사하는 **친절한 경찰**이다. ② 우리는 정의의 이름으로 진실을 추구하며 어떠한 불의나 불법과도 타협하지 않는 **의로운 경찰**이다. ③ 우리는 국민의 신뢰를 바탕으로 오직 양심에 따라 법을 집행하는 **공정한 경찰**이다. ④ 우리는 건전한 상식 위에 전문지식을 갈고 닦아 맡은 일을 성실하게 수행하는 **근면한 경찰**이다. ⑤ 우리는 화합과 단결 속에 항상 규율을 지키며 검소하게 생활하는 **깨끗한 경찰**이다.

경찰서비스 헌장	① 범죄와 사고를 철저히 예방하고 법을 어긴 행위는 단호하고 엄정하게 처리하겠습니다. ② 국민이 필요로 하면 어디든지 바로 달려가 도와 드리겠습니다. ③ 모든 민원은 친절하고 신속공정하게 처리하겠습니다. ④ 국민의 안전과 편의를 제일 먼저 생각하며 성실히 직무를 수행하겠습니다. ⑤ 인권을 존중하고 권한을 남용하는 일이 없도록 하겠습니다. ⑥ 잘못된 업무처리는 즉시 확인하여 바로잡겠습니다.

알파 015 바람직한 경찰모델

'범죄와 싸우는 경찰' 모델 (the crimefighter model)	'치안서비스 제공자로서의 경찰' 모델 (service worker model)
1) 의의 : 수사, 형사 등 법 집행을 통한 범법자 제압 측면을 강조한 모델로서 시민들은 범인을 제압하는 것이 경찰의 주된 임무라고 인식함 2) 장점 : 경찰역할을 뚜렷이 인식시켜 '전문직화'에 기여함 3) 단점 　① 전체 경찰의 업무를 포관하는 것은 불가능함 　② 법집행에 있어서 흑백논리에 따른 이분법적 오류에 빠질 우려가 있음 　　※ 범법자는 적이고, 경찰은 정의의 사자라고 이분법적으로 인식, 인권침해 등의 우려가 있음 　③ 범죄진압이외의 업무에 종사하는 경찰인들의 사기를 떨어뜨리고, 다른 영역의 업무를 수행하기 위한 기법이나 지식의 개발이 등한시 될 우려가 있음. 　　※ 가령 수사업무를 주된 것으로 취급하고 다른 업무를 부수적으로 보게 하여 경찰인력이나 자원을 수사에만 편중시킬 수가 있음	1) 의의 : 치안서비스란 경찰활동의 전 부분을 포괄하는 용어로 가장 바람직한 모델임 　※ 범죄와의 싸움도 치안서비스의 한 부분에 불과하고, 시민에 대한 서비스 활동과 사회봉사활동의 측면을 강조해야 함 2) 경찰의 활동 　① 대역직(代役的) 권위(stand-in authority)에 의한 활동 : 여러 사회영역에서 공식적이고 명백하게 권한의 근거가 없는 경우에도 비공식적으로 또는 관행적으로 사회봉사활동에 관여하는 것을 의미함 　　※ 경찰은 24시간 근무와 지역적으로 널리 퍼져 있는 조직을 가지고 있어서 사고현장이나 응급조치가 필요한 경우 제일 먼저 접근할 수 있기 때문임 　② 비권력적 치안서비스의 적극제공 : 우범지역 순찰, 대국민 계도 등으로 범죄유발요인 사전 제거 및 교통정보제공, 지리안내 등을 함 　③ 사회적 갈등 해결 및 갈등발생의 개연성 최소화 : 이미 일어난 문제해결뿐 아니라 일어날 개연성 있는 문제를 사전에 발견해서 해결을 시도하는 것임

알파 016 전문직업화

1 고전적 전문직의 특징(클라이니히)

특 징	설 명
공공서비스의 제공	전통적인 법, 의학, 건축, 교육 등의 전문직업인은 사회에 가치 있는 공공서비스를 제공함
윤리 강령의 제정	전문직업인들은 윤리강령을 제정하여 자신을 스스로 통제하고 수혜자로부터 신뢰를 획득하기 위하여 서비스를 개선시키려고 노력함
전문지식 (전문기술)	전문직 종사자는 길고 힘난한 학습과정을 통하여 자신의 분야에서 특수한 전문지식과 기술을 가짐
고등교육의 이수	전문직의 직위는 대학이나 대학원의 성공적인 이수를 요구함. 전문직은 이러한 고등교육을 통하여 전문지식과 기술을 습득함.
자율적 자기통제	전문직 종사자들은 자신들이 제공하는 서비스의 품질을 보장하기 위하여 스스로 기준을 만들어 놓고 통제함

2 전문직업화의 문제점

문제점	특 징
부권주의(夫權主義) (paternalism)	① 아버지가 자식의 문제를 결정하듯이 전문가가 우월적 지식에 근거하여 상대방의 입장을 고려하지 않고 일방적으로 결정하는 것을 말한다. ② 병원의 의사가 환자의 치료법에 대하여 환자의 입장을 고려하지 않고 자신의 의학적 지식만 고려하여 일방적으로 치료방법을 결정하는 경우 ③ 경찰의 전문직업적 부권주의는 치안서비스의 질을 저하시킬 수 있다.
사적인 이익을 위한 이용(exploitation)	전문직들은 그들의 지식과 기술로 상당한 사회적 힘을 소유함. 그러나 이러한 힘을 때때로 공익보다는 사적인 이익을 위해서만 이용하기도 함
소외 (alienation)	나무는 보고 숲은 보지 못하듯 전문가들은 자신의 국지적 분야만 보고 전체적인 맥락을 보지 못하는 것
차별 (discrimination)	① 전문직이 되는 데 장기간의 교육과 비용이 들어 경제적 약자인 가난한 사람은 전문가가 되는 기회를 상실하는 것을 말한다. ② 순경공채시험의 학력조건을 대졸 이상으로 제한하는 경우 ③ 경찰이 전문직업화가 되어 자신의 이익을 추구함에 따라 경제적·교육적 약자에게 경찰의 접근을 차단하는 현상이 발생할 수 있다.

알파 017 냉소주의의 문제와 극복방안

의의	냉소주의	① 합리적 근거 없이 사회에 대한 신념의 결여로 인해 대안없이 경멸하고 대상을 무시하는 것 ② 상사로부터의 부당한 대우와 스트레스 등은 냉소주의를 야기	대상특정× 개선의지×
	회의주의	① 개별적 사안에서 특정사안에 대해 합리적 의심을 하여 비판하는 것 ② 건전한 회의주의는 대상을 개선시키고자 하는 의지를 지님	대상특정○ 개선의지○
특징		① 냉소주의는 대개 도덕적 의심에 근거한 불신을 반영한 것으로 대상이 특정되어 있지 않고 정치일반이나 경찰제도 전반에 대하여 아무런 근거 없이 신뢰하지 않는 것으로서 대상을 개선시키겠다는 의지는 없는 것을 말한다. ② 냉소주의는 자신의 신념체제가 붕괴되었지만 새로운 것에 의해 대체되지 않을 때 나타나는 아노미현상	
문제점		① 냉소주의는 조직에 대한 충성심이라는 도덕적 제약으로부터 탈출시켜 조직에 대한 반발과 일탈현상을 초래 ② 극단적으로 객관성이 결여되어 모든 것을 부정적으로 보는 문화를 조장	
극복방안		① McGregor의 Y이론에 입각한 조직관리(민주적 관리) ② 의사결정과정에의 참여, 의사전달과정의 개선 등 통한 구성원 간의 신뢰회복	

알파 018 경찰의 부패 및 일탈

1 부정부패의 개념(하이덴하이머)

정의	관직중심적 정의	금전적인 형태 + 권위를 남용
	시장중심적 정의	잘 알려진 위험을 감수하고 원하는 이익을 받는 것을 확실히 하기 위해 높은 가격(뇌물)을 지불하려고 함
	공익중심적 정의	관직을 가진 사람이 법적으로 규정되어 있지 않은 금전적인 또는 다른 형태의 보수에 의해 그런 보수를 제공하는 사람에게 이로운 행위를 함으로써 공중의 이익에 손해를 가져올 때 부패가 일어난다.
유형	백색부패	이론상 일탈행위로 규정되나, 구성원 다수가 어느 정도 용인(선의의 부패 또는 관례화된 부패)
	회색부패	• 백색과 흑색의 중간에 위치하는 유형을 얼마든지 흑색부패로 발전할 수 있는 잠재성을 지닌 것 • 일부집단은 처벌을 원하지만, 다른 일부집단은 처벌을 원하지 않는 경우
	흑색부패	사회전체에 심각한 해를 끼치는 부패로 구성원 모두가 인정하고 처벌을 원하는 부패

부패방지법	4. "부패행위"란 다음 각 목의 어느 하나에 해당하는 행위를 말한다. 　가. 공직자가 직무와 관련하여 그 지위 또는 권한을 남용하거나 법령을 위반하여 자기 또는 제3자의 이익을 도모하는 행위 　나. 공공기관의 예산사용, 공공기관 재산의 취득·관리·처분 또는 공공기관을 당사자로 하는 계약의 체결 및 그 이행에 있어서 법령에 위반하여 공공기관에 대하여 재산상 손해를 가하는 행위 　다. 가목과 나목에 따른 행위나 그 은폐를 강요, 권고, 제의, 유인하는 행위

2 경찰인의 부패화 과정

단계	특징
1단계	대부분의 신임경찰은 경찰직을 사회에 봉사하려는 수단으로 인식하고 경찰에 입직
2단계	낮은 봉급, 경찰에 대한 낮은 사회적 인식, 승진좌절 등에 대한 한계인식으로 좌절
3단계	현실의 벽을 느끼고 경찰역할이 무의미 ⇒ 냉소적이 되면서 좌절
4단계	경찰직을 사익과 안락을 추구하는 수단으로 이용하면서 부패화됨

3 경찰의 문화

분류	내용
유교문화와 군사문화	① 유교문화 : 농경사회를 기반으로 친분관계, 위계질서를 중시 ② 군사문화 : 획일적 사고와 흑백논리
특징	① 대내적 : 다른 행정문화와 다른점이 있고, 자기정보공개를 꺼리고, 사복경찰이 정복에 비해 엘리트의식이 강함 ② 대외적 : 내부연대성이 지나친 경우 폐쇄성 ⇒ '우리 − 저들(us−them mentality)' 의식이 생겨남
정적 인간주의	인간적 유대나 사인주의를 강조하는 관점에서 가족주의와 유사하나, 의식적이고 인위적으로 다른 사람과 긴밀한 관계를 유지하고 또 이런 정(精)을 바탕으로 사무를 처리
가족주의	가족, 혈연, 출신학교, 출신지역 등 자연발생적 귀속집단이 경계에 한정
의식주의 (형식주의)	형식과 절차를 과도하게 중시하는 풍조로 선례답습주의, 맹목적 절차중시주의, 보수주의 등 병폐를 야기

4 경찰부패에 대한 이론

(1) 미끄러지기 쉬운 경사이론(셔먼)

구분	내용
의 의	① 사소한 잘못이 나중에는 미끄러지기 쉬운 경사로를 타고 내려가듯 큰 잘못으로 연결된다는 이론 ② 부패에 해당하지 않는 작은 호의나 친절이 습관화될 경우에 미끄러지기 쉬운 경사로를 타고 내려오듯이 점점 더 큰 부패와 범죄로 빠진다는 가설
내 용	① 사소한 관행(작은 선물)의 위험성을 강조 　㉠ 사소한 관행이 비록 비윤리적 행위는 아니지만 이후에 비윤리적 행위로 이어진다. 　㉡ 바늘도둑이 소도둑이 된다는 논리와 유사 　㉢ 사소한 선물 수령 자체를 비윤리적 행위로 봄 ② 경찰관 사생활의 사소한 잘못이 공무수행의 더 큰 잘못으로 이어질 수 있기 때문에 경찰관의 사생활에 엄격한 제한을 가해야 한다고 보고, 경찰관의 부패를 막기 위해서는 한 잔의 공짜 커피조차도 허용되어서는 안 된다는 것
비 판	① 작은 호의를 받았다고 해서 반드시 경찰이 큰 부패를 범하는 것은 아니기 때문에 이는 관념적 가설에 불과하다. ② 펠드버그는 대부분의 경찰관들이 사소한 호의와 뇌물을 구별할 수 있으므로 '미끄러운 경사로이론'은 비현실적일 뿐만 아니라, 경찰관의 지능에 대한 모독이라고 주장한다.

▶ 작은 호의에 대한 찬반론

구분	논거
허용론 (펠트버그)	① 비록 자신이 해야 할 일을 하는 경우이지만 고마움을 표시하는 것은 당연함(당연성) ② 작은사례나 호의는 강제된 것이 아니라 자발적으로 이루어짐(자발성) ③ 작은 호의를 받더라도 경찰관은 편파적으로 업무를 처리하지 않음 ④ 순찰구역에서 경찰은 작은 호의를 통하여 지역주민들과 친밀해질 수 있음(형성재 이론) ⑤ 공짜 커피와 같은 것은 뿌리 깊은 관행으로서 완전히 불식시키는 것은 불가능함(관행성)
금지론 (델라트르)	① 심지어 작은 선물일지라도 그것이 정례화되면 준 사람에 대한 의무감이나 신세를 가지고 있다는 생각을 가지게 되어 불공정하게 처리할 수 있음 ② 작은호의를 받아들이는 사람은 점점 더 멈추기 어려운 부패의 '미끄러운 경사로' 위에 있는 사람들임 (바늘도둑이 소도둑 된다는 논리) ③ 대부분의 경찰관들이 뇌물과 작은 호의를 구별할 수 있어도 일부는 양자를 구별할 능력이 없고 특권의식이 형성될 수 있음 ④ 공짜 커피를 제공하는 사람들은 대개 불순한 의도를 가지고 경찰인에게 어떤 특별한 대우를 받기를 원함

(2) 개념정의

내부고발 (Whistle Blowing) (deep throat)	개념	경찰관이 동료나 상사의 부정부패에 대하여 감찰이나 외부의 언론매체에 대하여 공표하는 것을 의미하는 것으로 '**침묵의 규범**'과는 반대되는 개념이다.
	정당화 요건	① **적절한 도덕적 동기에 의한 것일 것**(개인적 출세나 보복에 의한 내부고발은 정당화될 수 없다) ② **위반사항에 대한 중대성·급박성**(사소하고 일상적인 경미한 사항은 내부고발의 대상×) ③ **성공가능성** ④ **보충성**(공표하기 전에 먼저 자신의 의견을 표시하기 위한 모든 내부적 채널을 사용했어야 한다)
비지 바디니스 (Busy Bodiness)		동료나 상사의 비행에 대하여 일일이 참견하며 도덕적 충고를 하는 태도
도덕적 해이 (Moral Hazard)		① 정보를 많이 갖고 있는 집단이 정보력이 부족한 집단에 대해서 정보를 충분히 제공하지 않거나 잘못된 정보를 제공하여 불합리하게 이익을 취하는 비윤리적 태도 ② 보험을 든 자가 보험을 들고 나서 사고에 대비한 주의를 덜 하는 것과 같이 윤리적으로나 법적으로 자신이 해야 할 최선의 의무를 다하지 않는 행위를 의미

(3) 경찰부패에 대한 가설

전체사회 가설	의의	① **윌슨**은 "시카고 시민이 경찰을 부패시켰다"고 봄 ② 사회전체가 경찰의 부패를 묵인하거나 조장할 때 경찰은 자연스럽게 부패행위를 하게 된다고 봄
	특징	① 시민사회의 부패가 경찰부패의 주원인 ② 처음 단계에서는 설령 불법적인 행위를 하지 않더라도 차츰 작은 호의와 같은 것에 길들여져 나중에는 명백한 부정부패로 빠져들게 된다는 것 ③ '**미끄러지기 쉬운 경사이론**'과 유사
	사례	B지역은 과거부터 지역주민들이 관내 경찰관들과 어울려 도박을 일삼고, 부적절한 사건 청탁을 하는 경우가 종종 있었으나 아무도 이를 문제화하지 않던 곳인데 동 지역에 새로 발령받은 신임경찰관 A에게도 지역주민들이 접근하여 도박을 함께 하게 되는 경우
구조원인 가설	의의	① **니더호퍼, 로빅, 바커** 등이 주장한 가설 ② 신임경찰관들이 그들의 선임경찰관들에 의해 만들어진 조직적인 부패의 전통 내에서 사회화됨으로써 부패의 길로 들어서게 된다는 가설
	특징	① '**법규와 현실의 괴리**'가 생겨 발생한다고 봄 ② 이런 부패의 관행은 경찰관들 사이에 '**침묵의 규범**'으로 받아들여진다.
	사례	정직하고 청렴하였던 신임형사 A가 자신의 조장인 B로부터 관내 유흥업소 업자들을 소개받고 이후 B와 함께 활동을 해가면서 B가 유흥업소 업자들로부터 월정금을 받는 것을 보고 점점 그 방식 등을 답습

썩은사과 가설	의의	부패의 원인은 자질이 없는 경찰관이 모집단계에서 배제되지 않고 조직 내에 유입됨으로써 경찰의 부패가 나타난다는 가설
	특징	① 전체 중 일부가 부패되면 결국 썩은 사과가 사과상자 안의 모든 사과를 썩게 만들듯 전체가 부패된다는 가설 ② 부패의 원인을 조직의 체계적 원인보다는 **개인적 결함**에 둠

알파 019   경찰공무원 복무규정(대통령령)

기본강령	1. **경찰사명** : 경찰공무원은 국가와 민족을 위하여 충성과 봉사를 다하며, 국민의 생명·신체 및 재산을 보호하고, 공공의 안녕과 질서를 유지함을 그 사명으로 한다. 2. **경찰정신** : 경찰공무원은 국민의 수임자로서 일상의 직무수행에 있어서 국민의 자유와 권리를 존중하는 호국·봉사·정의의 정신을 그 바탕으로 삼는다. 3. **규율** : 경찰공무원은 법령을 준수하고 직무상의 명령에 복종하며, 상사에 대한 존경과 부하에 대한 존중으로써 규율을 지켜야 한다. 4. **단결** : 경찰공무원은 주어진 사명을 다하기 위하여 긍지를 가지고 한마음 한뜻으로 굳게 뭉쳐 임무수행에 모든 역량을 기울여야 한다. 5. **책임** : 경찰공무원은 창의와 노력으로써 소임을 완수하여야 하며, 직무수행의 결과에 대하여 책임을 진다. 6. **성실·청렴** : 경찰공무원은 성실하고 청렴한 생활태도로써 국민의 모범이 되어야 한다.
지정장소외에서의 직무수행금지	경찰공무원은 상사의 허가를 받거나 그 명령에 의한 경우를 제외하고는 직무와 관계없는 장소에서 직무수행을 하여서는 아니된다.
근무시간중 음주금지	경찰공무원은 근무시간중 음주를 하여서는 아니된다. 다만, 특별한 사정이 있는 경우에는 예외로 하되, 이 경우 주기가 있는 상태에서 직무를 수행하여서는 아니된다.
민사분쟁에의 부당개입금지	경찰공무원은 직위 또는 직권을 이용하여 부당하게 타인의 민사분쟁에 개입하여서는 아니된다.
여행의 제한	경찰공무원은 휴무일 또는 근무시간외에 2시간 이내에 직무에 복귀하기 어려운 지역으로 여행을 하고자 할 때에는 소속 경찰기관의 장에게 신고를 하여야 한다. 다만, 치안상 특별한 사정이 있어 경찰청장, 해양경찰청장 또는 경찰기관의 장이 지정하는 기간중에는 소속 경찰기관의 장의 허가를 받아야 한다.
포상휴가	경찰기관의 장은 근무성적이 탁월하거나 다른 경찰공무원의 모범이 될 공적이 있는 경찰공무원에 대하여 1회10일이내의 포상휴가를 허가할 수 있다. 이 경우의 포상휴가기간은 연가일수에 산입하지 아니한다.
연일근무자 등의 휴무	경찰기관의 장은 특별한 사정이 없는 한 다음과 같이 휴무를 허가하여야 한다. 1. 연일근무자 및 공휴일근무자에 대하여는 그 다음날 1일의 휴무 2. 당직 또는 철야근무자에 대하여는 다음 날 오후 2시를 기준으로 하여 오전 또는 오후의 휴무

알파 020   부정청탁 및 금품등 수수의 금지에 관한 법률

용어정의	제2조(정의) 이 법에서 사용하는 용어의 뜻은 다음과 같다. 〈개정 2021. 1. 5.〉
	1. "공공기관"이란 다음 각 목의 어느 하나에 해당하는 기관·단체를 말한다.
	  가. 국회, 법원, 헌법재판소, 선거관리위원회, 감사원, 국가인권위원회, **고위공직자범죄수사처**, 중앙행정기관(대통령 소속 기관과 국무총리 소속 기관을 포함한다)과 그 소속 기관 및 지방자치단체
	  나. 「공직자윤리법」 제3조의2에 따른 공직유관단체
	  다. 「공공기관의 운영에 관한 법률」 제4조에 따른 기관
	  라. 「초·중등교육법」, 「고등교육법」, 「유아교육법」 및 그 밖의 다른 법령에 따라 설치된 각급 학교 및 「사립학교법」에 따른 학교법인
	  마. 「언론중재 및 피해구제 등에 관한 법률」 제2조제12호에 따른 언론사
	2. "공직자등"이란 다음 각 목의 어느 하나에 해당하는 공직자 또는 공적 업무 종사자를 말한다.
	  가. 「국가공무원법」 또는 「지방공무원법」에 따른 공무원과 그 밖에 다른 법률에 따라 그 자격·임용·교육훈련·복무·보수·신분보장 등에 있어서 공무원으로 인정된 사람
	  나. 제1호나목 및 다목에 따른 공직유관단체 및 기관의 장과 그 임직원
	  다. 제1호라목에 따른 각급 학교의 장과 교직원 및 학교법인의 임직원
	  라. 제1호마목에 따른 언론사의 대표자와 그 임직원
	3. "금품등"이란 다음 각 목의 어느 하나에 해당하는 것을 말한다.
	  가. 금전, 유가증권, 부동산, 물품, 숙박권, 회원권, 입장권, 할인권, 초대권, 관람권, 부동산 등의 사용권 등 일체의 재산적 이익
	  나. 음식물·주류·골프 등의 접대·향응 또는 교통·숙박 등의 편의 제공
	  다. 채무 면제, 취업 제공, 이권(利權) 부여 등 그 밖의 유형·무형의 경제적 이익
	4. "소속기관장"이란 공직자등이 소속된 공공기관의 장을 말한다.

부정청탁의 금지
(제5조)
	① 누구든지 직접 또는 제3자를 통하여 직무를 수행하는 공직자등에게 다음 각 호의 어느 하나에 해당하는 부정청탁을 해서는 아니 된다. 〈개정 2016.5.29.〉
	  1. 인가·허가·면허·특허·승인·검사·검정·시험·인증·확인 등 법령(조례·규칙을 포함한다. 이하 같다)에서 일정한 요건을 정하여 놓고 직무관련자로부터 신청을 받아 처리하는 직무에 대하여 법령을 위반하여 처리하도록 하는 행위
	  2. 인가 또는 허가의 취소, 조세, 부담금, 과태료, 과징금, 이행강제금, 범칙금, 징계 등 각종 행정처분 또는 형벌부과에 관하여 법령을 위반하여 감경·면제하도록 하는 행위
	  3. 채용·승진·전보 등 공직자등의 인사에 관하여 법령을 위반하여 개입하거나 영향을 미치도록 하는 행위
	  4. 법령을 위반하여 각종 심의·의결·조정 위원회의 위원, 공공기관이 주관하는 시험·선발 위원 등 공공기관의 의사결정에 관여하는 직위에 선정 또는 탈락되도록 하는 행위
	  5. 공공기관이 주관하는 각종 수상, 포상, 우수기관 선정 또는 우수자 선발에 관하여 법령을 위반하여 특정 개인·단체·법인이 선정 또는 탈락되도록 하는 행위
	  6. 입찰·경매·개발·시험·특허·군사·과세 등에 관한 직무상 비밀을 법령을 위반하여 누설하도록 하는 행위

부정청탁의 금지 (제5조)	7. 계약 관련 법령을 위반하여 특정 개인·단체·법인이 계약의 당사자로 선정 또는 탈락되도록 하는 행위 8. 보조금·장려금·출연금·출자금·교부금·기금 등의 업무에 관하여 법령을 위반하여 특정 개인·단체·법인에 배정·지원하거나 투자·예치·대여·출연·출자하도록 개입하거나 영향을 미치도록 하는 행위 9. 공공기관이 생산·공급·관리하는 재화 및 용역을 특정 개인·단체·법인에게 법령에서 정하는 가격 또는 정상적인 거래관행에서 벗어나 매각·교환·사용·수익·점유하도록 하는 행위 10. 각급 학교의 입학·성적·수행평가 등의 업무에 관하여 법령을 위반하여 처리·조작하도록 하는 행위 11. 병역판정검사, 부대 배속, 보직 부여 등 병역 관련 업무에 관하여 법령을 위반하여 처리하도록 하는 행위 12. 공공기관이 실시하는 각종 평가·판정 업무에 관하여 법령을 위반하여 평가 또는 판정하게 하거나 결과를 조작하도록 하는 행위 13. 법령을 위반하여 행정지도·단속·감사·조사 대상에서 특정 개인·단체·법인이 선정·배제되도록 하거나 행정지도·단속·감사·조사의 결과를 조작하거나 또는 그 위법사항을 묵인하게 하는 행위 14. 사건의 수사·재판·심판·결정·조정·중재·화해 또는 이에 준하는 업무를 법령을 위반하여 처리하도록 하는 행위 15. 제1호부터 제14호까지의 부정청탁의 대상이 되는 업무에 관하여 공직자등이 법령에 따라 부여받은 지위·권한을 벗어나 행사하거나 권한에 속하지 아니한 사항을 행사하도록 하는 행위
적용제외 (제5조)	② 제1항에도 불구하고 다음 각 호의 어느 하나에 해당하는 경우에는 이 법을 적용하지 아니한다. 1. 「청원법」, 「민원사무 처리에 관한 법률」, 「행정절차법」, 「국회법」 및 그 밖의 다른 법령·기준(제2조제1호나목부터 마목까지의 공공기관의 규정·사규·기준을 포함한다. 이하 같다)에서 정하는 절차·방법에 따라 권리침해의 구제·해결을 요구하거나 그와 관련된 법령·기준의 제정·개정·폐지를 제안·건의하는 등 특정한 행위를 요구하는 행위 2. **공개적으로 공직자등에게 특정한 행위를 요구하는 행위** 3. 선출직 공직자, 정당, 시민단체 등이 공익적인 목적으로 제3자의 고충민원을 전달하거나 법령·기준의 제정·개정·폐지 또는 정책·사업·제도 및 그 운영 등의 개선에 관하여 제안·건의하는 행위 4. 공공기관에 직무를 법정기한 안에 처리하여 줄 것을 신청·요구하거나 그 진행상황·조치결과 등에 대하여 확인·문의 등을 하는 행위 5. 직무 또는 법률관계에 관한 확인·증명 등을 신청·요구하는 행위 6. 질의 또는 상담형식을 통하여 직무에 관한 법령·제도·절차 등에 대하여 설명이나 해석을 요구하는 행위 7. 그 밖에 사회상규(社會常規)에 위배되지 아니하는 것으로 인정되는 행위
금품등의 수수금지 (제8조)	① 공직자등은 직무 관련 여부 및 기부·후원·증여 등 그 명목에 관계없이 동일인으로부터 1회에 100만원 또는 매 회계연도에 300만원을 초과하는 금품등을 받거나 요구 또는 약속해서는 아니 된다.

금품등의
수수금지
(제8조)
	② 공직자등은 직무와 관련하여 대가성 여부를 불문하고 제1항에서 정한 금액 이하의 금품등을 받거나 요구 또는 약속해서는 아니 된다.
	③ 제10조의 외부강의등에 관한 사례금 또는 다음 각 호의 어느 하나에 해당하는 금품등의 경우에는 제1항 또는 제2항에서 수수를 금지하는 금품등에 해당하지 아니한다.
	  1. 공공기관이 소속 공직자등이나 파견 공직자등에게 지급하거나 상급 공직자등이 위로·격려·포상 등의 목적으로 하급 공직자등에게 제공하는 금품등
	  2. 원활한 직무수행 또는 사교·의례 또는 부조의 목적으로 제공되는 음식물·경조사비·선물 등으로서 대통령령으로 정하는 가액 범위 안의 금품등. 다만, 선물 중 「농수산물 품질관리법」 제2조제1항제1호에 따른 농수산물 및 같은 항 제13호에 따른 농수산가공품(농수산물을 원료 또는 재료의 50퍼센트를 넘게 사용하여 가공한 제품만 해당한다)은 **대통령령으로 정하는 설날·추석을 포함한 기간에 한정하여 그 가액 범위를 두배로 한다.**
	
	    제17조(사교·의례 등 목적으로 제공되는 음식물·경조사비 등의 가액 범위 등)
	    ① 법 제8조제3항제2호 본문에서 "대통령령으로 정하는 가액 범위"란 별표 1에 따른 금액을 말한다. 〈개정 2022. 1. 5.〉
	    ② 법 제8조제3항제2호 단서에서 "대통령령으로 정하는 설날·추석을 포함한 기간"이란 설날·추석 전 24일부터 설날·추석 후 5일까지(그 기간 중에 우편 등을 통해 발송하여 그 기간 후에 수수한 경우에는 그 수수한 날까지)를 말한다. 〈신설 2022. 1. 5.〉
	  3. 사적 거래(증여는 제외한다)로 인한 채무의 이행 등 정당한 권원(權原)에 의하여 제공되는 금품등
	  4. 공직자등의 친족(「민법」 제777조에 따른 친족을 말한다)이 제공하는 금품등
	  5. 공직자등과 관련된 직원상조회·동호인회·동창회·향우회·친목회·종교단체·사회단체 등이 정하는 기준에 따라 구성원에게 제공하는 금품등 및 그 소속 구성원 등 공직자등과 특별히 장기적·지속적인 친분관계를 맺고 있는 자가 질병·재난 등으로 어려운 처지에 있는 공직자등에게 제공하는 금품등
	  6. 공직자등의 직무와 관련된 공식적인 행사에서 주최자가 참석자에게 통상적인 범위에서 일률적으로 제공하는 교통, 숙박, 음식물 등의 금품등
	  7. 불특정 다수인에게 배포하기 위한 기념품 또는 홍보용품 등이나 경연·추첨을 통하여 받는 보상 또는 상품 등
	  8. 그 밖에 다른 법령·기준 또는 사회상규에 따라 허용되는 금품등
	④ 공직자등의 배우자는 공직자등의 직무와 관련하여 제1항 또는 제2항에 따라 공직자등이 받는 것이 금지되는 금품등(이하 "수수 금지 금품등"이라 한다)을 받거나 요구하거나 제공받기로 약속해서는 아니 된다.
	⑤ 누구든지 공직자등에게 또는 그 공직자등의 배우자에게 수수 금지 금품등을 제공하거나 그 제공의 약속 또는 의사표시를 해서는 아니 된다.

수수 금지
금품등의
신고 및 처리
(제9조)
	① 공직자등은 다음 각 호의 어느 하나에 해당하는 경우에는 소속기관장에게 지체 없이 서면으로 신고하여야 한다.
	  1. 공직자등 자신이 수수 금지 금품등을 받거나 그 제공의 약속 또는 의사표시를 받은 경우
	  2. 공직자등이 자신의 배우자가 수수 금지 금품등을 받거나 그 제공의 약속 또는 의사표시를 받은 사실을 안 경우

수수 금지 금품등의 신고 및 처리 (제9조)	② 공직자등은 자신이 수수 금지 금품등을 받거나 그 제공의 약속이나 의사표시를 받은 경우 또는 자신의 배우자가 수수 금지 금품등을 받거나 그 제공의 약속이나 의사표시를 받은 사실을 알게 된 경우에는 이를 제공자에게 지체 없이 반환하거나 반환하도록 하거나 그 거부의 의사를 밝히거나 밝히도록 하여야 한다. 다만, 받은 금품등이 다음 각 호의 어느 하나에 해당하는 경우에는 소속기관장에게 인도하거나 인도하도록 하여야 한다.
	  1. 멸실·부패·변질 등의 우려가 있는 경우
	  2. 해당 금품등의 제공자를 알 수 없는 경우
	  3. 그 밖에 제공자에게 반환하기 어려운 사정이 있는 경우
	③ 소속기관장은 제1항에 따라 신고를 받거나 제2항 단서에 따라 금품등을 인도받은 경우 수수 금지 금품등에 해당한다고 인정하는 때에는 반환 또는 인도하게 하거나 거부의 의사를 표시하도록 하여야 하며, 수사의 필요성이 있다고 인정하는 때에는 그 내용을 지체 없이 수사기관에 통보하여야 한다.
	④ 소속기관장은 공직자등 또는 그 배우자가 수수 금지 금품등을 받거나 그 제공의 약속 또는 의사표시를 받은 사실을 알게 된 경우 수사의 필요성이 있다고 인정하는 때에는 그 내용을 지체 없이 수사기관에 통보하여야 한다.
	⑤ 소속기관장은 소속 공직자등 또는 그 배우자가 수수 금지 금품등을 받거나 그 제공의 약속 또는 의사표시를 받은 사실을 알게 된 경우 또는 제1항부터 제4항까지의 규정에 따른 금품등의 신고, 금품등의 반환·인도 또는 수사기관에 대한 통보의 과정에서 직무의 수행에 지장이 있다고 인정하는 경우에는 해당 공직자등에게 제7조제4항 각 호 및 같은 조 제5항의 조치를 할 수 있다.
	⑥ 공직자등은 제1항 또는 같은 조 제2항 단서에 따른 신고나 인도를 감독기관·감사원·수사기관 또는 국민권익위원회에도 할 수 있다.
	⑦ 소속기관장은 공직자등으로부터 제1항제2호에 따른 신고를 받은 경우 그 공직자등의 배우자가 반환을 거부하는 금품등이 수수 금지 금품등에 해당한다고 인정하는 때에는 그 공직자등의 배우자로 하여금 그 금품등을 제공자에게 반환하도록 요구하여야 한다.

외부강의등의 사례금수수 제한 (제10조)	① 공직자등은 자신의 직무와 관련되거나 그 지위·직책 등에서 유래되는 사실상의 영향력을 통하여 요청받은 교육·홍보·토론회·세미나·공청회 또는 그 밖의 회의 등에서 한 강의·강연·기고 등(이하 "외부강의등"이라 한다)의 대가로서 대통령령으로 정하는 금액을 초과하는 사례금을 받아서는 아니 된다. ② 공직자등은 사례금을 받는 외부강의등을 할 때에는 대통령령으로 정하는 바에 따라 외부강의등의 요청 명세 등을 소속기관장에게 그 외부강의등을 마친 날부터 10일 이내에 서면으로 신고하여야 한다. 다만, 외부강의등을 요청한 자가 국가나 지방자치단체인 경우에는 그러하지 아니하다. ③ 삭제 ④ 소속기관장은 제2항에 따라 공직자등이 신고한 외부강의등이 공정한 직무수행을 저해할 수 있다고 판단하는 경우에는 그 외부강의등을 제한할 수 있다. ⑤ 공직자등은 제1항에 따른 금액을 초과하는 사례금을 받은 경우에는 대통령령으로 정하는 바에 따라 소속기관장에게 신고하고, 제공자에게 그 초과금액을 지체 없이 반환하여야 한다.

▶ 부정청탁관련 위반시 제재수준

행위 주체	행위유형	제재 수준
이해당사자	직접 자신을 위하여 부정청탁하는 경우	제재 없음
이해당사자	제3자를 통하여 부정청탁하는 경우	1천만원 이하의 과태료
사인(私人)	제3자를 위하여 부정청탁하는 경우	2천만원 이하의 과태료
공직자등	제3자를 위하여 부정청탁하는 경우	3천만원 이하의 과태료
공직자등	부정청탁에 따라 직무 수행	2년 이하의 징역 또는 2천만원이하의 벌금

① 직무관련성, 대가성과 관계 없이 1회 100만원 초과 또는 회계연도 기준 연간 300만원을 초과한 금품등을 수수한 공직자등 ② 제공자도 공직자등과 동일 ③ 배우자가 직무와 관련 위 금액의 금품등을 수수한 사실을 알고도 신고 또는 반환하는 않은 공직자등도 동일(배우자 처벌 규정없음)	3년이하 징역 3천만원 이하 벌금 (몰수·추징 병과)
① 직무 관련 1회 100만원 이하 금품등을 수수한 공직자등 ② 제공자도 공직자등과 동일 ③ 배우자가 직무와 관련 위 금액의 금품등을 수수한 사실을 알고도 신고 또는 반환하지 않은 공직자등도 동일 (배우자 처벌 규정없음)	수수액의 2배 이상 5배 이하 과태료 (징계부가금, 형사처벌 받은 경우 과태료 미부과)
외부강의등 초과사례금 수수 후 未신고·未반환 공직자등	500만원 이하 과태료

알파 021   경찰청 공무원 행동강령(경찰청훈령)

목적	이 규칙은 「부패방지 및 국민권익위원회의 설치와 운영에 관한 법률」제8조 및 공무원 행동강령에 따라 경찰청(소속기관, 시도경찰청, 경찰서를 포함한다. 이하 같다)소속 공무원(이하 "공무원"이라 한다)이 준수하여야 할 행동기준을 규정하는 것을 목적으로 한다.

정의	이 규칙에서 사용하는 용어의 뜻은 다음과 같다.
	1. "직무관련자"란 공무원의 소관 업무와 관련되는 자로서 다음 각 목의 어느 하나에 해당하는 개인[공무원이 사인(私人)의 지위에 있는 경우에는 개인으로 본다] 또는 법인·단체를 말한다.
	  가. 다음의 어느 하나에 해당하는 민원을 신청하는 중이거나 신청하려는 것이 명백한 개인 또는 법인·단체
	    1) 「민원 처리에 관한 법률」 제2조제1호가목1)에 따른 법정민원(장부·대장 등에 등록·등재를 신청 또는 신고하거나 특정한 사실 또는 법률관계에 관한 확인 또는 증명을 신청하는 민원은 제외한다)
	    2) 「민원 처리에 관한 법률」 제2조제1호가목2)에 따른 질의민원
	    3) 「민원 처리에 관한 법률」 제2조제1호나목에 따른 고충민원
	  나. 인가·허가 등의 취소, 영업정지, 과징금 또는 과태료의 부과 등으로 이익 또는 불이익을 직접적으로 받는 개인 또는 법인·단체
	  다. 수사, 감사(監査), 감독, 검사, 단속, 행정지도 등의 대상인 개인 또는 법인·단체
	  라. 재결(裁決), 결정, 검정(檢定), 감정(鑑定), 시험, 사정(査定), 조정, 중재 등으로 이익 또는 불이익을 직접적으로 받는 개인 또는 법인·단체
	  마. 징집·소집·동원 등의 대상인 개인 또는 법인·단체
	  바. 국가 또는 지방자치단체와 계약을 체결하거나 체결하려는 것이 명백한 개인 또는 법인·단체
	  사. 장부·대장 등에의 등록·등재의 신청(신고)중에 있거나 신청(신고)하려는 것이 명백한 개인이나 법인·단체
	  아. 특정한 사실 또는 법률관계에 관한 확인 또는 증명의 신청중에 있거나 신청하려는 것이 명백한 개인이나 법인·단체
	  자. 법령해석이나 유권해석을 요구하는 개인이나 법인·단체
	  차. 경찰관서에 복무중인 전투경찰순경·의무경찰의 부모·형제자매
	  카. 시책·사업 등의 결정 또는 집행으로 이익 또는 불이익을 직접적으로 받는 개인 또는 법인·단체
	  타. 그 밖에 경찰관서에 대하여 특정한 행위를 요구중인 개인이나 법인·단체
	2. "직무관련공무원"이란 공무원의 직무수행과 관련하여 이익 또는 불이익을 직접적으로 받는 다른 공무원(기관이 이익 또는 불이익을 받는 경우에는 그 기관의 관련 업무를 담당하는 공무원을 말한다) 중 다음 각 목의 어느 하나에 해당하는 공무원을 말한다.
	  가. 상급자와 직무상 지휘명령을 받는 당해 업무의 하급자
	  나. 인사·감사·상훈·예산·심사평가업무 담당자와 해당업무와 직접 관련된 다른 공무원
	  다. 행정사무를 위임·위탁한 경우 위임·위탁사무를 관리·감독하는 공무원과 그 사무를 담당하는 공무원

정의	라. 그밖에 특별한 사유로 경찰청장이 정하는 경우 3. "금품등"이란 다음 각 목의 어느 하나에 해당하는 것을 말한다. 　가. 금전, 유가증권, 부동산, 물품, 숙박권, 회원권, 입장권, 할인권, 초대권, 관람권, 부동산 등의 사용권 등 일체의 재산적 이익 　나. 음식물·주류·골프 등의 접대·향응 또는 교통·숙박 등의 편의 제공 　다. 채무 면제, 취업 제공, 이권(利權) 부여 등 그 밖의 유형·무형의 경제적 이익 4. "경찰유관단체"란 경찰기관에서 민관 치안협력 또는 민간전문가를 통한 치안자문활동 목적으로 조직·운영하고 있는 단체를 말한다.
적용범위	이 규칙은 경찰청 소속 공무원과 경찰청에 파견된 공무원에게 적용한다.
공정한 직무수행을 해치는 지시에 대한 처리	① 공무원은 상급자가 자기 또는 타인의 부당한 이익을 위하여 공정한 직무수행을 현저하게 해치는 지시를 하였을 때에는 별지 제1호 서식(소명서) 또는 전자우편 등의 방법으로 그 사유를 상급자에게 소명하고 지시에 따르지 아니하거나, 별지 제2호 서식(상담요청서) 또는 전자우편 등의 방법으로 제23조에 따라 지정된 행동강령에 관한 업무를 담당하는 공무원(이하 "행동강령책임관"이라 한다)과 상담할 수 있다. ② 제1항에 따라 지시를 이행하지 아니하였는데도 같은 지시가 반복될 때에는 즉시 행동강령책임관과 상담하여야 한다. ③ 제1항이나 제2항에 따라 상담 요청을 받은 행동강령책임관은 지시 내용을 확인하여 지시를 취소하거나 변경할 필요가 있다고 인정되면 소속 기관의 장에게 보고하여야 한다. 다만, 지시 내용을 확인하는 과정에서 부당한 지시를 한 상급자가 스스로 그 지시를 취소하거나 변경하였을 때에는 소속 기관의 장에게 보고하지 아니할 수 있다. ④ 제3항에 따른 보고를 받은 소속 기관의 장은 필요하다고 인정되면 지시를 취소·변경하는 등 적절한 조치를 하여야 한다. 이 경우 공정한 직무수행을 해치는 지시를 제1항에 따라 이행하지 아니하였는데도 같은 지시를 반복한 상급자에게는 징계 등 필요한 조치를 할 수 있다.
부당한 수사지휘에 대한 이의제기	① 공무원은 「범죄수사규칙」 제15조에 따른 경찰관서 내 수사 지휘에 대한 이의제기와 관련하여 행동강령책임관에게 상담을 요청할 수 있다. ② 제1항의 상담요청을 받은 행동강령책임관은 해당 지휘의 취소·변경이 필요하다고 인정되면 소속기관장에게 보고하여야 한다.
수사·단속 업무의 공정성 강화	① 공무원은 수사·단속의 대상이 되는 업소 중 경찰청장이 지정하는 유형의 업소 관계자와 부적절한 사적 접촉을 하여서는 아니 되며, 공적 또는 사적으로 접촉한 경우 경찰청장이 정하는 방법에 따라 신고하여야 한다. ② 공무원은 수사 중인 사건의 관계자(해당 사건의 처리와 법률적·경제적 이해관계가 있는 자로서 경찰청장이 지정하는 자를 말한다)와 부적절한 사적접촉을 해서는 아니 되며, 소속 경찰관서 내에서만 접촉하여야 한다. 다만, 현장 조사 등 공무상 필요한 경우 외부에서 접촉할 수 있으며, 이 경우에는 수사서류 등 공문서에 기록하여야 한다.
특혜의 배제	공무원은 직무를 수행함에 있어 지연·혈연·학연·종교 등을 이유로 특정인에게 특혜를 주어서는 아니 된다.
예산의 목적 외 사용 금지	공무원은 여비, 업무추진비 등 공무 활동을 위한 예산을 목적 외의 용도로 사용하여 소속 기관에 재산상 손해를 입혀서는 아니 된다.

정치인 등의 부당한 요구에 대한 처리	① 공무원은 정치인이나 정당 등으로부터 부당한 직무수행을 강요받거나 청탁을 받은 경우에는 별지 제9호 서식 또는 전자우편 등의 방법으로 소속 기관의 장에게 보고하거나 행동강령책임관과 상담하여야 한다. ② 제1항에 따라 보고를 받은 소속 기관의 장이나 상담을 한 행동강령책임관은 그 공무원이 공정한 직무수행을 할 수 있도록 적절한 조치를 하여야 한다.
경찰유관단체원의 부정행위에 대한 처리	경찰유관단체원이 다음 각 호의 어느 하나에 해당하는 행위를 한 경우 행동강령책임관은 해당 경찰유관단체 운영 부서장과 협의하여 소속기관장에게 경찰유관단체원의 해촉 등 필요한 조치를 건의하여야 하며, 보고를 받은 소속기관장은 적절한 조치를 취하여야한다. 1. 경찰 업무와 관련하여 금품을 수수 또는 경찰관에게 금품을 제공하거나, 이를 알선한 경우 2. 경찰 업무와 관련하여 부당한 청탁 또는 알선을 한 경우 3. 이권 개입 등 경찰유관단체원의 지위를 부당하게 이용한 경우 4. 직무와 관련하여 알게 된 비밀을 누설한 경우 5. 그 밖에 경찰유관단체원으로서 부적절한 처신 등으로 경찰과 소속 단체의 명예를 훼손한 경우
인사 청탁 등의 금지	① 공무원은 자신의 임용·승진·전보 등 인사에 부당한 영향을 미치기 위하여 타인으로 하여금 인사업무 담당자에게 청탁을 하도록 해서는 아니 된다. ② 공무원은 직위를 이용하여 다른 공무원의 임용·승진·전보 등 인사에 부당하게 개입해서는 아니 된다.
이권 개입 등의 금지	공무원은 자신의 직위를 직접 이용하여 부당한 이익을 얻거나 타인이 부당한 이익을 얻도록 해서는 아니 된다.
직위의 사적이용 금지	공무원은 직무의 범위를 벗어나 사적 이익을 위하여 소속기관의 명칭이나 직위를 공표·게시하는 등의 방법으로 이용하거나 이용하게 하여서는 아니 된다.
알선·청탁 등의 금지	① 공무원은 자기 또는 타인의 부당한 이익을 위하여 다른 공직자(「부패방지 및 국민권익위원회의 설치와 운영에 관한 법률」 제2조제3호가목 및 나목에 따른 공직자를 말한다. 이하 같다)의 공정한 직무수행을 해치는 알선·청탁 등을 해서는 아니 된다. ② 공무원은 직무수행과 관련하여 자기 또는 타인의 부당한 이익을 위하여 직무관련자를 다른 직무관련자나 공직자에게 소개해서는 아니 된다. ③ 공무원은 자기 또는 타인의 부당한 이익을 위하여 자신의 직무권한을 행사하거나 지위·직책 등에서 유래되는 사실상 영향력을 행사하여 공직자가 아닌 자에게 다음 각 호의 어느 하나에 해당하는 알선·청탁 등을 해서는 아니 된다. 1. 특정 개인·법인·단체에 투자·예치·대여·출연·출자·기부·후원·협찬 등을 하도록 개입하거나 영향을 미치도록 하는 행위 2. 채용·승진·전보 등 인사업무나 징계업무에 관하여 개입하거나 영향을 미치도록 하는 행위 3. 입찰·경매·연구개발·시험·특허 등에 관한 업무상 비밀을 누설하도록 하는 행위 4. 계약 당사자 선정, 계약 체결 여부 등에 관하여 개입하거나 영향을 미치도록 하는 행위 5. 특정 개인·법인·단체에 재화 또는 용역을 정상적인 관행에서 벗어나 매각·교환·사용·수익·점유·제공 등을 하도록 하는 행위 6. 각급 학교의 입학·성적·수행평가 등의 업무에 관하여 개입하거나 영향을 미치도록 하는 행위 7. 각종 수상, 포상, 우수기관 또는 우수자 선정, 장학생 선발 등에 관하여 개입하거나 영향을 미치도록 하는 행위

	8. 감사·조사 대상에서 특정 개인·법인·단체가 선정·배제되도록 하거나 감사·조사 결과를 조작하거나 또는 그 위반사항을 묵인하도록 하는 행위 9. 그 밖에 경찰청장이 공직자가 아닌 자의 공정한 업무 수행을 저해하는 알선·청탁 등에 해당한다고 판단하여 정하는 행위
직무 관련 정보를 이용한 거래 등의 제한	① 공무원은 직무수행 중 알게 된 정보를 이용하여 유가증권, 부동산 등과 관련된 재산상 거래 또는 투자를 하거나 타인에게 그러한 정보를 제공하여 재산상 거래 또는 투자를 돕는 행위를 해서는 아니 된다.
공용물 등의 사적 사용·수익의 금지	공무원은 관용 차량·선박·항공기 등 공용물과 예산의 사용으로 제공되는 항공마일리지, 적립포인트 등 부가서비스를 정당한 사유 없이 사적인 용도로 사용·수익해서는 아니 된다.
사적 노무 요구 금지	공무원은 자신의 직무권한을 행사하거나 지위·직책 등에서 유래되는 사실상 영향력을 행사하여 직무관련자 또는 직무관련공무원으로부터 사적 노무를 제공받거나 요구 또는 약속해서는 아니 된다. 다만, 다른 법령 또는 사회상규에 따라 허용되는 경우에는 그러하지 아니하다.

가상자산 관련
정보를 이용한
거래 등의 제한
	① 공무원은 다음 각 호의 어느 하나에 해당하는 행위를 해서는 아니된다.
	  1. 직무수행 중 알게 된 가상자산과 관련된 정보(이하 "가상자산 정보"라 한다)를 이용한 재산상 거래 또는 투자 행위
	  2. 가상자산 정보를 타인에게 제공하여 재산상 거래나 투자를 돕는 행위
	② 제1항제1호의 직무란 다음 각 호의 어느 하나에 해당하는 것을 말한다.
	  1. 가상자산에 관한 정책 또는 법령의 입안·집행 등에 관련되는 직무
	  2. 가상자산과 관련된 수사·조사·검사 등에 관련되는 직무
	  3. 가상자산 거래소의 신고·관리 등과 관련되는 직무
	  4. 가상자산 관련 기술 개발 지원 및 관리 등에 관련되는 직무
	③ 제2항 각 호의 직무를 수행하는 부서와 직위는 경찰청장이 정한다.
	④ 제3항의 부서와 직위에서 직무를 수행하는 공무원은 가상자산을 신규 취득하여서는 아니 되며, 보유한 경우에는 별지 제10호의2서식에 따라 소속기관의 장에게 신고해야 한다.
	⑤ 제4항의 신고를 받은 소속기관의 장은 해당 공무원의 공정한 직무수행을 저해할 수 있다고 판단되는 경우에는 직무 배제 등 필요한 조치를 해야 한다.

직무권한 등을 행사한 부당 행위의 금지 (제13조의3)	공무원은 자신의 직무권한을 행사하거나 지위·직책 등에서 유래되는 사실상 영향력을 행사하여 다음 각 호의 어느 하나에 해당하는 부당한 행위를 해서는 안 된다. 1. 인가·허가 등을 담당하는 공무원이 그 신청인에게 불이익을 주거나 제3자에게 이익 또는 불이익을 주기 위하여 부당하게 그 신청의 접수를 지연하거나 거부하는 행위 2. 직무관련공무원에게 직무와 관련이 없거나 직무의 범위를 벗어나 부당한 지시·요구를 하는 행위 3. 공무원 자신이 소속된 기관이 체결하는 물품·용역·공사 등 계약에 관하여 직무관련자에게 자신이 소속된 기관의 의무 또는 부담의 이행을 부당하게 전가하거나 자신이 소속된 기관이 집행해야 할 업무를 부당하게 지연하는 행위 4. 공무원 자신이 소속된 기관의 소속 기관 또는 산하기관에 자신이 소속된 기관의 업무를 부당하게 전가하거나 그 업무에 관한 비용·인력을 부담하도록 부당하게 전가하는 행위 5. 그 밖에 직무관련자, 직무관련공무원, 공무원 자신이 소속된 기관의 소속 기관 또는 산하기관의 권리·권한을 부당하게 제한하거나 의무가 없는 일을 부당하게 요구하는 행위

| 금품등을 받는 행위의 제한 | ① 공무원은 직무 관련 여부 및 기부·후원·증여 등 그 명목에 관계없이 동일인으로부터 1회에 100만원 또는 매 회계연도에 300만원을 초과하는 금품등을 받거나 요구 또는 약속해서는 아니 된다.
② 공무원은 직무와 관련하여 대가성 여부를 불문하고 제1항에서 정한 금액 이하의 금품등을 받거나 요구 또는 약속해서는 아니 된다.
③ 제15조의 외부강의등에 관한 사례금 또는 다음 각 호의 어느 하나에 해당하는 금품등은 제1항 또는 제2항에서 수수(收受)를 금지하는 금품등에 해당하지 아니한다.
　1. 소속 기관의 장등이 소속 공무원이나 파견 공무원에게 지급하거나 상급자가 위로·격려·포상 등의 목적으로 하급자에게 제공하는 금품등
　2. 원활한 직무수행 또는 사교·의례 또는 부조의 목적으로 제공되는 음식물·경조사비·선물 등으로서 별표 1의 가액 범위 내의 금품등

【별표1】
음식물·경조사비·선물 등의 가액 범위(제14조제3항 관련)
1. 음식물(제공자와 공무원이 함께 하는 식사, 다과, 주류, 음료, 그 밖에 이에 준하는 것을 말한다) : 3만원
2. 경조사비 : 축의금·조의금은 5만원. 다만, 축의금·조의금을 대신하는 화환·조화는 10만원으로 한다.
3. 선물: 금전, 유가증권, 제1호의 음식물 및 제2호의 경조사비를 제외한 일체의 물품, 그 밖에 이에 준하는 것은 5만원. 다만, 「농수산물 품질관리법」 제2조제1항제1호에 따른 농수산물(이하 "농수산물"이라 한다) 및 같은 항 제13호에 따른 농수산가공품(농수산물을 원료 또는 재료의 50퍼센트를 넘게 사용하여 가공한 제품만 해당하며, 이하 "농수산가공품"이라 한다)은 10만원(「부정청탁 및 금품등 수수의 금지에 관한 법률 시행령」 제17조제2항에 따른 기간 중에는 20만원)으로 한다.

[비고]
가. 제1호, 제2호 본문·단서 및 제3호 본문·단서의 각각의 가액 범위는 각각에 해당하는 것을 모두 합산한 금액으로 한다.
나. 제2호 본문의 축의금·조의금과 같은 호 단서의 화환·조화를 함께 받은 경우 또는 제3호 본문의 선물과 같은 호 단서의 농수산물·농수산가공품을 함께 받은 경우에는 각각 그 가액을 합산한다. 이 경우 가액 범위는 10만원으로 하되, 제2호 본문 또는 단서나 제3호 본문 또는 단서의 가액 범위를 각각 초과해서는 안된다.
다. 제1호의 음식물, 제2호의 경조사비 및 제3호의 선물 중 2가지 이상을 함께 받은 경우에는 그 가액을 합산한다. 이 경우 가액 범위는 함께 받은 음식물, 경조사비 및 선물의 가액 범위 중 가장 높은 금액으로 하되, 제1호부터 제3호까지의 규정에 따른 가액 범위를 각각 초과해서는 안 된다.

　3. 사적 거래(증여는 제외한다)로 인한 채무의 이행 등 정당한 권원(權原)에 의하여 제공되는 금품등
　4. 공무원의 친족(「민법」 제777조에 따른 친족을 말한다)이 제공하는 금품등
　5. 공무원과 관련된 직원상조회·동호인회·동창회·향우회·친목회·종교단체·사회단체 등이 정하는 기준에 따라 구성원에게 제공하는 금품등 및 그 소속 구성원 등 공무원과 특별히 장기적·지속적인 친분관계를 맺고 있는 자가 질병·재난 등으로 어려운 처지에 있는 공무원에게 제공하는 금품등 |

금품등을 받는 행위의 제한	6. 공무원의 직무와 관련된 공식적인 행사에서 주최자가 참석자에게 통상적인 범위에서 일률적으로 제공하는 교통, 숙박, 음식물 등의 금품등 7. 불특정 다수인에게 배포하기 위한 기념품 또는 홍보용품 등이나 경연·추첨을 통하여 받는 보상 또는 상품 등 8. 그 밖에 사회상규(社會常規)에 따라 허용되는 금품등 ④ 공무원은 제3항제5호에도 불구하고 같은 호에 따라 특별히 장기적·지속적인 친분관계를 맺고 있는 자가 직무관련자 또는 직무관련공무원으로서 금품등을 제공한 경우에는 그 수수 사실을 별지 제10호서식에 따라 소속 기관의 장에게 신고하여야 한다. ⑤ 공무원은 자신의 배우자나 직계 존속·비속이 자신의 직무와 관련하여 제1항 또는 제2항에 따라 공무원이 받는 것이 금지되는 금품등(이하 "수수 금지 금품등"이라 한다)을 받거나 요구하거나 제공받기로 약속하지 아니하도록 하여야 한다. ⑥ 공무원은 다른 공무원에게 또는 그 공무원의 배우자나 직계 존속·비속에게 수수 금지 금품 등을 제공하거나 그 제공의 약속 또는 의사표시를 해서는 아니 된다.
감독기관의 부당한 요구 금지 (제14조의2)	① 감독·감사·조사·평가를 하는 기관(이하 이 조에서 "감독기관"이라 한다)에 소속된 공무원은 자신이 소속된 기관의 출장·행사·연수 등과 관련하여 감독·감사·조사·평가를 받는 기관(이하 이 조에서 "피감기관"이라 한다)에 다음 각 호의 어느 하나에 해당하는 부당한 요구를 해서는 안 된다. 1. 법령에 근거가 없거나 예산의 목적·용도에 부합하지 않는 금품등의 제공 요구 2. 감독기관 소속 공무원에 대하여 정상적인 관행을 벗어난 예우·의전의 요구 ② 제1항에 따른 부당한 요구를 받은 피감기관 소속 공직자는 그 이행을 거부해야 하며, 거부했음에도 불구하고 감독기관 소속 공무원으로부터 같은 요구를 다시 받은 때에는 그 사실을 별지 제11호의 서식에 따라 피감기관의 행동강령책임관(피감기관이 「공직자윤리법」 제3조의2제1항에 따른 공직유관단체인 경우에는 행동강령에 관한 업무를 담당하는 직원을 말한다. 이하 이 조에서 같다)에게 알려야 한다. 이 경우 행동강령책임관은 그 요구가 제1항 각 호의 어느 하나에 해당하는 경우에는 지체 없이 피감기관의 장에게 보고해야 한다. ③ 제2항 후단에 따른 보고를 받은 피감기관의 장은 제1항 각 호의 어느 하나에 해당하는 경우에는 그 사실을 해당 감독기관의 장에게 알려야 하며, 그 사실을 통지받은 감독기관의 장은 해당 요구를 한 소속 공무원에 대하여 징계 등 필요한 조치를 해야 한다.
외부강의등의 사례금 수수 제한	① 공무원은 자신의 직무와 관련되거나 그 지위·직책 등에서 유래되는 사실상의 영향력을 통하여 요청받은 교육·홍보·토론회·세미나·공청회 또는 그 밖의 회의 등에서 한 강의·강연·기고 등(이하 "외부강의등"이라 한다)의 대가로서 별표 2에서 정하는 금액을 초과하는 사례금을 받아서는 아니 된다. 【별표2】 **외부강의등 사례금 상한액**(제15조제1항 관련) 1. 사례금 상한액 　가. **직급 구분없이 40만원** 　나. 가목에도 불구하고 국제기구, 외국정부, 외국대학, 외국연구기관, 외국 학술단체, 그 밖에 이에 준하는 외국기관에서 지급하는 외부강의 등의 사례금 상한액은 사례금을 지급하는 자의 지급기준에 따른다.

외부강의등의 사례금 수수 제한	2. 적용기준 　가. 제1호의 상한액은 강의 등의 경우 1시간당, 기고의 경우 1건당 상한액으로 한다. 　나. 1시간을 초과하여 강의 등을 하는 경우에도 사례금 총액은 강의시간에 관계없이 1시간 상한액의 100분의 150에 해당하는 금액을 초과하지 못한다. 　다. 상한액에는 강의료, 원고료, 출연료 등 명목에 관계없이 외부강의등 사례금 제공자가 외부강의등과 관련하여 공무원에게 제공하는 일체의 사례금을 포함한다. 　라. 다목에도 불구하고 공무원이 소속 기관에서 교통비, 숙박비, 식비 등 여비를 지급받지 못한 경우에는 「공무원 여비 규정」의 기준 내에서 실비수준으로 제공되는 교통비, 숙박비 및 식비는 제1호의 사례금에 포함되지 않는다. ② 공무원은 사례금을 받는 외부강의등을 할 때에는 외부강의등의 요청 명세 등을 별지 제12호서식의 외부강의등 신고서에 따라 소속 기관의 장에게 그 외부강의등을 마친 날부터 10일 이내에 신고하여야 한다. 다만, 외부강의등을 요청한 자가 국가나 지방자치단체인 경우에는 그러하지 아니하다. ③ 공무원은 제2항에 따른 신고를 할 때 신고사항 중 상세 명세 또는 사례금 총액 등을 제2항의 기간 내에 알 수 없는 경우에는 해당 사항을 제외한 사항을 신고한 후 해당 사항을 안 날부터 5일 이내에 보완하여야 한다. ④ 공무원이 대가를 받고 수행하는 외부강의등은 월 3회를 초과할 수 없다. 다만, 국가나 지방자치단체에서 요청하거나 겸직 허가를 받고 수행하는 외부강의등은 그 횟수에 포함하지 아니한다. ⑤ 공무원은 제4항에 따른 횟수 상한을 초과하여 대가를 받고 외부강의등을 하려는 경우에는 미리 소속 기관의 장의 승인을 받아야 한다.
초과사례금의 신고등	① 공무원은 제15조제1항에 따른 금액을 초과하는 사례금(이하 "초과사례금"이라 한다)을 받은 경우에는 그 사실을 안 날로부터 2일 이내에 별지 제12호서식으로 소속기관의 장에게 신고하여야 하며, 제공자에게 그 초과금액을 지체 없이 반환하여야 한다. ② 제1항에 따른 신고를 받은 소속 기관의 장은 초과사례금을 반환하지 아니한 공무원에 대하여 신고사항을 확인한 후 7일 이내에 반환하여야 할 초과사례금의 액수를 산정하여 해당 공무원에게 통지하여야 한다. ③ 제2항에 따라 통지를 받은 공무원은 지체 없이 초과사례금(신고자가 초과사례금의 일부를 반환한 경우에는 그 차액으로 한정한다)을 제공자에게 반환하고 그 사실을 소속 기관의 장에게 알려야 한다. ④ 공무원은 제1항 또는 제3항에 따라 초과 사례금을 반환한 경우에는 증명자료를 첨부하여 그 반환 비용을 소속 기관의 장에게 청구할 수 있다.
직무관련자에게 협찬 요구 금지	공무원은 직무관련자에게 직위를 이용하여 행사 진행에 필요한 직·간접적 경비, 장소, 인력, 또는 물품 등의 협찬을 요구하여서는 아니 된다.
직무관련자와 골프 및 사적여행 제한	① 공무원은 직무관련자와는 비용 부담 여부와 관계없이 골프를 같이 하여서는 아니 된다. 다만, 다음 각 호와 같은 부득이한 사정에 따라 골프를 같이 하는 경우에는 소속관서 행동강령 책임관에게 사전에 신고하여야 하며 사전에 신고하기 어려운 특별한 사유가 있는 경우에는 사후에 즉시 신고하여야 한다. 　1. 정책의 수립·시행을 위한 의견교환 또는 업무협의 등 공적인 목적을 위하여 필요한 경우

	2. 직무관련자인 친족과 골프를 하는 경우 3. 동창회 등 친목단체에 직무관련자가 있어 부득이 골프를 하는 경우 4. 그 밖에 위 각 호와 유사한 사유로 부득이하다고 인정되는 경우 ② 공무원은 직무관련자와 함께 사적인 여행을 하여서는 아니 된다. 다만, 제1항 각 호의 사유가 있어 같은 항 단서에 따른 신고를 한 경우에는 그러하지 아니 하다.
직무관련자와 사행성 오락 금지	공무원은 직무관련자와 마작, 화투, 카드 등 우연의 결과나 불확실한 승패에 의하여 금품 등 경제적 이익을 취할 목적으로 하는 사행성 오락을 같이 하여서는 아니 된다.
경조사의 통지 제한	공무원은 직무관련자나 직무관련공무원에게 경조사를 알려서는 아니 된다. 다만, 다음 각 호의 어느 하나에 해당하는 경우에는 경조사를 알릴 수 있다. 1. 친족(「민법」 제767조에 따른 친족을 말한다)에게 알리는 경우 2. 현재 근무하고 있거나 과거에 근무하였던 기관의 소속 직원에게 알리는 경우 3. 신문, 방송 또는 제2호에 따른 직원에게만 열람이 허용되는 내부통신망 등을 통하여 알리는 경우 4. 공무원 자신이 소속된 종교단체·친목단체 등의 회원에게 알리는 경우
위반 여부에 대한 상담	① 공무원은 알선·청탁, 금품등의 수수, 외부강의등의 사례금수수, 경조사의 통지 등에 대하여 이 규칙을 위반하는 지가 분명하지 아니할 때에는 행동강령책임관과 상담한 후 처리하여야 하며 행동강령책임관은 별지 제14호서식에 따라 상담내용을 관리하여야 한다. ② 행동강령책임관은 제1항에 따른 상담이 원활하게 이루어질 수 있도록 해당 기관의 규모등 여건을 고려하여 전용전화·상담실 설치 등 필요한 조치를 취할 수 있다.
위반행위의 신고 및 확인	① 누구든지 공무원이 이 규칙을 위반한 사실을 알게 되었을 때에는 그 공무원이 소속된 기관의 장, 그 기관의 행동강령책임관 또는 국민권익위원회에 신고할 수 있다. ② 제1항에 따라 신고하는 자는 별지 제15호 서식의 위반행위신고서에 본인과 위반자의 인적 사항과 위반 내용을 구체적으로 제시해야 한다. ③ 제1항에 따라 위반행위를 신고받은 소속 기관의 장과 행동강령책임관은 신고인과 신고내용에 대하여 비밀을 보장하여야 하며, 신고인이 신고에 따른 불이익을 받지 아니하도록 하여야 한다. ④ 행동강령책임관은 제1항에 따라 신고된 위반행위를 확인한 후 해당 공무원으로부터 받은 소명자료를 첨부하여 소속 기관의 장에게 보고하여야 한다.
징계 등	제19조제4항에 따른 보고를 받은 소속기관의 장은 해당 공무원을 징계하는 등 필요한 조치를 할 수 있다.
수수 금지 금품등의 신고 및 처리	① 공무원은 다음 각 호의 어느 하나에 해당하는 경우에는 소속 기관의 장에게 지체 없이 별지 제16호서식에 따라 서면 신고하여야 한다. 1. 공무원 자신이 수수 금지 금품등을 받거나 그 제공의 약속 또는 의사표시를 받은 경우 2. 공무원이 자신의 배우자나 직계 존속·비속이 수수 금지 금품등을 받거나 그 제공의 약속 또는 의사표시를 받은 사실을 알게 된 경우 ② 공무원은 제1항 각 호의 어느 하나에 해당하는 경우에는 금품등을 제공한 자(이하 이 조에서 "제공자"라 한다) 또는 제공의 약속이나 의사표시를 한 자에게 그 제공받은 금품등을 지체 없이 반환하거나 반환하도록 하거나 그 거부의 의사를 밝히거나 밝히도록 하여야 한다.

수수 금지 금품등의 신고 및 처리	③ 공무원은 제2항에 따라 금품등을 반환한 경우에는 별지 제17호서식에 따라 그 반환 비용을 소속 기관의 장에게 청구할 수 있다.
	④ 공무원은 제2항에 따라 반환하거나 반환하도록 하여야 하는 금품등이 다음 각 호의 어느 하나에 해당하는 경우에는 소속 기관의 장에게 인도하거나 인도하도록 하여야 한다.
	  1. 멸실·부패·변질 등의 우려가 있는 경우
	  2. 제공자나 제공자의 주소를 알 수 없는 경우
	  3. 그 밖에 제공자에게 반환하기 어려운 사정이 있는 경우
	⑤ 소속 기관의 장은 제4항에 따라 금품등을 인도받은 경우에는 즉시 사진으로 촬영하거나 영상으로 녹화하고 별지 18호서식으로 관리하여야 하며, 다른 법령에 특별한 규정이 있는 경우를 제외하고는 다음 각 호에 따라 처리한다.
	  1. 수수 금지 금품등이 아닌 것으로 확인된 경우 : 금품등을 인도한 자에게 반환
	  2. 수수 금지 금품등에 해당하는 것으로 확인된 경우로서 추가적인 조사·감사·수사 또는 징계 등 후속조치를 위하여 필요한 경우 : 관계 기관에 증거자료로 제출하거나 후속조치가 완료될 때까지 보관
	  3. 제1호 및 제2호에도 불구하고 멸실·부패·변질 등으로 인하여 반환·제출·보관이 어렵다고 판단되는 경우 : 별지 제19호서식에 따라 금품등을 인도한 자의 동의를 받아 폐기처분
	  4. 그 밖의 경우 : 세입조치 또는 사회복지시설·공익단체 등에 기증하거나 경찰청장이 정하는 기준에 따라 처리
	⑥ 소속 기관의 장은 제3항에 따라 처리한 금품등에 대하여 별지 제20호서식으로 관리하여야 하며, 제3항에 따른 처리 결과를 금품등을 인도한 자에게 통보하여야 한다.
	⑦ 소속 기관의 장은 금지된 금품등의 신고자에 대하여 인사우대·포상 등의 방안을 마련하여 시행할 수 있다.

교육	① 경찰청장(소속기관장, 시도경찰청장, 경찰서장 등을 포함한다)은 소속 공무원에 대하여 이 규칙의 준수를 위한 교육계획을 수립·시행하여야 하며, 매년 1회 이상 교육을 하여야 한다. ② 경무인사기획관은 신임 및 경사, 경위, 경감, 경정 기본교육과정에 이 규칙의 교육을 포함시켜 시행하여야 한다.
행동강령책임관의 지정	① 경찰청, 소속기관, 시도경찰청, 경찰서에 이 규칙의 시행을 담당하는 행동강령책임관을 둔다. ② 경찰청에 감사관, 시도경찰청에 청문감사인권담당관, 경찰서에 청문감사인권관을 행동강령책임관으로 한다.(소속기관 및 청문감사인권관제 미운영 관서는 감사(운영지원)업무담당 과장으로 한다) ③ 행동강령책임관은 소속기관의 공무원에 대한 이 규칙의 교육·상담, 준수여부에 대한 점검 및 위반행위의 신고접수·조사처리에 관한 업무를 담당한다. ④ 행동강령책임관은 이 규칙과 관련하여 상담한 내용에 대하여 비밀을 누설해서는 아니된다. ⑤ 행동강령책임관은 상담내용을 별지 제6호서식의 행동강령책임관 상담기록관리부에 기록·관리하여야 한다.
행동강령 세부운영 지침	소속기관장 및 시도경찰청장은 이 규칙의 운영에 필요한 세부사항을 따로 정하여 시행할 수 있다.

※ 공직자의 이해충돌 방지법 (약칭: 이해충돌방지법)

제1조(목적) 이 법은 공직자의 직무수행과 관련한 사적 이익추구를 금지함으로써 공직자의 직무수행 중 발생할 수 있는 이해충돌을 방지하여 공정한 직무수행을 보장하고 공공기관에 대한 국민의 신뢰를 확보하는 것을 목적으로 한다.

제2조(정의) 이 법에서 사용하는 용어의 뜻은 다음과 같다.
1. "공공기관"이란 다음 각 목의 어느 하나에 해당하는 기관·단체를 말한다.
   가. 국회, 법원, 헌법재판소, 선거관리위원회, 감사원, 고위공직자범죄수사처, 국가인권위원회, 중앙행정기관(대통령 소속 기관과 국무총리 소속 기관을 포함한다)과 그 소속 기관
   나. 「지방자치법」에 따른 지방자치단체의 집행기관 및 지방의회
   다. 「지방교육자치에 관한 법률」에 따른 교육행정기관
   라. 「공직자윤리법」 제3조의2에 따른 공직유관단체
   마. 「공공기관의 운영에 관한 법률」 제4조에 따른 공공기관
   바. 「초·중등교육법」, 「고등교육법」 또는 그 밖의 다른 법령에 따라 설치된 각급 국립·공립 학교
2. "공직자"란 다음 각 목의 어느 하나에 해당하는 사람을 말한다.
   가. 「국가공무원법」 또는 「지방공무원법」에 따른 공무원과 그 밖에 다른 법률에 따라 그 자격·임용·교육훈련·복무·보수·신분보장 등에 있어서 공무원으로 인정된 사람
   나. 제1호라목 또는 마목에 해당하는 공공기관의 장과 그 임직원
   다. 제1호바목에 해당하는 각급 국립·공립 학교의 장과 교직원
3. "고위공직자"란 다음 각 목의 어느 하나에 해당하는 공직자를 말한다.
   가. 대통령, 국무총리, 국무위원, 국회의원, 국가정보원의 원장 및 차장 등 국가의 정무직공무원
   나. 지방자치단체의 장, 지방의회의원 등 지방자치단체의 정무직공무원
   다. 일반직 1급 국가공무원(「국가공무원법」 제23조에 따라 배정된 직무등급이 가장 높은 등급의 직위에 임용된 고위공무원단에 속하는 일반직공무원을 포함한다) 및 지방공무원과 이에 상응하는 보수를 받는 별정직공무원(고위공무원단에 속하는 별정직공무원을 포함한다)
   라. 대통령령으로 정하는 외무공무원
   마. 고등법원 부장판사급 이상의 법관과 대검찰청 검사급 이상의 검사
   바. 중장 이상의 장성급(將星級) 장교
   사. 교육공무원 중 총장·부총장·학장(대학교의 학장은 제외한다) 및 전문대학의 장과 대학에 준하는 각종 학교의 장, 특별시·광역시·특별자치시·도·특별자치도의 교육감
   아. 치안감 이상의 경찰공무원 및 특별시·광역시·특별자치시·도·특별자치도의 시·도경찰청장
   자. 소방정감 이상의 소방공무원
   차. 지방국세청장 및 3급 공무원 또는 고위공무원단에 속하는 공무원인 세관장
   카. 다목부터 바목까지, 아목 및 차목의 공무원으로 임명할 수 있는 직위 또는 이에 상당하는 직위에 임용된 「국가공무원법」 제26조의5 및 「지방공무원법」 제25조의5에 따른 임기제공무원. 다만, 라목·마목·아목 및 차목 중 직위가 지정된 경우에는 그 직위에 임용된 「국가공무원법」 제26조의5 및 「지방공무원법」 제25조의5에 따른 임기제공무원만 해당한다.
   타. 공기업의 장·부기관장 및 상임감사, 한국은행의 총재·부총재·감사 및 금융통화위원회의 추천직 위원, 금융감독원의 원장·부원장·부원장보 및 감사, 농업협동조합중앙회·수산업협동조합중앙회의 회장 및 상임감사

파. 그 밖에 대통령령으로 정하는 정부의 공무원 및 공직유관단체의 임원
4. "이해충돌"이란 공직자가 직무를 수행할 때에 자신의 사적 이해관계가 관련되어 공정하고 청렴한 직무수행이 저해되거나 저해될 우려가 있는 상황을 말한다.
5. "직무관련자"란 공직자가 법령(조례·규칙을 포함한다. 이하 같다)·기준(제1호라목부터 바목까지의 공공기관의 규정·사규 및 기준 등을 포함한다. 이하 같다)에 따라 수행하는 직무와 관련되는 자로서 다음 각 목의 어느 하나에 해당하는 개인·법인·단체 및 공직자를 말한다.
    가. 공직자의 직무수행과 관련하여 일정한 행위나 조치를 요구하는 개인이나 법인 또는 단체
    나. 공직자의 직무수행과 관련하여 이익 또는 불이익을 직접적으로 받는 개인이나 법인 또는 단체
    다. 공직자가 소속된 공공기관과 계약을 체결하거나 체결하려는 것이 명백한 개인이나 법인 또는 단체
    라. 공직자의 직무수행과 관련하여 이익 또는 불이익을 직접적으로 받는 다른 공직자. 다만, 공공기관이 이익 또는 불이익을 직접적으로 받는 경우에는 그 공공기관에 소속되어 해당 이익 또는 불이익과 관련된 업무를 담당하는 공직자를 말한다.
6. "사적이해관계자"란 다음 각 목의 어느 하나에 해당하는 자를 말한다.
    가. 공직자 자신 또는 그 가족(「민법」 제779조에 따른 가족을 말한다. 이하 같다)
    나. 공직자 자신 또는 그 가족이 임원·대표자·관리자 또는 사외이사로 재직하고 있는 법인 또는 단체
    다. 공직자 자신이나 그 가족이 대리하거나 고문·자문 등을 제공하는 개인이나 법인 또는 단체
    라. 공직자로 채용·임용되기 전 2년 이내에 공직자 자신이 재직하였던 법인 또는 단체
    마. 공직자로 채용·임용되기 전 2년 이내에 공직자 자신이 대리하거나 고문·자문 등을 제공하였던 개인이나 법인 또는 단체
    바. 공직자 자신 또는 그 가족이 대통령령으로 정하는 일정 비율 이상의 주식·지분 또는 자본금 등을 소유하고 있는 법인 또는 단체
    사. 최근 2년 이내에 퇴직한 공직자로서 퇴직일 전 2년 이내에 제5조제1항 각 호의 어느 하나에 해당하는 직무를 수행하는 공직자와 국회규칙, 대법원규칙, 헌법재판소규칙, 중앙선거관리위원회규칙 또는 대통령령으로 정하는 범위의 부서에서 같이 근무하였던 사람
    아. 그 밖에 공직자의 사적 이해관계와 관련되는 자로서 국회규칙, 대법원규칙, 헌법재판소규칙, 중앙선거관리위원회규칙 또는 대통령령으로 정하는 자
7. "소속기관장"이란 공직자가 소속된 공공기관의 장을 말한다.

제3조(국가 등의 책무)
① 국가는 공직자가 공정하고 청렴하게 직무를 수행할 수 있는 근무 여건을 조성하기 위하여 노력하여야 한다.
② 공공기관은 공직자가 사적 이해관계로 인하여 공정하고 청렴한 직무수행에 지장을 주지 아니하도록 이해충돌을 효과적으로 확인·관리하기 위한 조치를 하여야 한다.
③ 공공기관은 공직자가 위반행위 신고 등 이 법에 따른 조치를 함으로써 불이익을 당하지 아니하도록 적절한 보호조치를 하여야 한다.

제4조(공직자의 의무)
① 공직자는 사적 이해관계에 영향을 받지 아니하고 직무를 공정하고 청렴하게 수행하여야 한다.
② 공직자는 직무수행과 관련하여 공평무사하게 처신하고 직무관련자를 우대하거나 차별하여서는 아니 된다.
③ 공직자는 사적 이해관계로 인하여 공정하고 청렴한 직무수행이 곤란하다고 판단하는 경우에는 직무수행을 회피하는 등 이해충돌을 방지하여야 한다.

제2장 공직자의 이해충돌 방지 및 관리

제5조(사적이해관계자의 신고 및 회피·기피 신청)

① 다음 각 호의 어느 하나에 해당하는 직무를 수행하는 공직자는 직무관련자(직무관련자의 대리인을 포함한다. 이하 이 조에서 같다)가 사적이해관계자임을 안 경우 안 날부터 14일 이내에 소속기관장에게 그 사실을 서면(전자문서를 포함한다. 이하 같다)으로 신고하고 회피를 신청하여야 한다.
  1. 인가·허가·면허·특허·승인·검사·검정·시험·인증·확인, 지정·등록, 등재·인정·증명, 신고·심사, 보호·감호, 보상 또는 이에 준하는 직무
  2. 행정지도·단속·감사·조사·감독에 관계되는 직무
  3. 병역판정검사, 징집·소집·동원에 관계되는 직무
  4. 개인·법인·단체의 영업 등에 관한 작위 또는 부작위의 의무부과 처분에 관계되는 직무
  5. 조세·부담금·과태료·과징금·이행강제금 등의 조사·부과·징수 또는 취소·철회·시정명령 등 제재적 처분에 관계되는 직무
  6. 보조금·장려금·출연금·출자금·교부금·기금의 배정·지급·처분·관리에 관계되는 직무
  7. 공사·용역 또는 물품 등의 조달·구매의 계약·검사·검수에 관계되는 직무
  8. 사건의 수사·재판·심판·결정·조정·중재·화해 또는 이에 준하는 직무
  9. 공공기관의 재화 또는 용역의 매각·교환·사용·수익·점유에 관계되는 직무
  10. 공직자의 채용·승진·전보·상벌·평가에 관계되는 직무
  11. 공공기관이 실시하는 행정감사에 관계되는 직무
  12. 각급 국립·공립 학교의 입학·성적·수행평가에 관계되는 직무
  13. 공공기관이 주관하는 각종 수상, 포상, 우수기관 선정, 우수자 선발에 관계되는 직무
  14. 공공기관이 실시하는 각종 평가·판정에 관계되는 직무
  15. 국회의원 또는 지방의회의원의 소관 위원회 활동과 관련된 청문, 의안·청원 심사, 국정감사, 지방자치단체의 행정사무감사, 국정조사, 지방자치단체의 행정사무조사와 관계되는 직무
  16. 그 밖에 국회규칙, 대법원규칙, 헌법재판소규칙, 중앙선거관리위원회규칙 또는 대통령령으로 정하는 직무
② 직무관련자 또는 공직자의 직무수행과 관련하여 직접적인 이해관계가 있는 자는 해당 공직자에게 제1항에 따른 신고 및 회피 의무가 있거나 그 밖에 공정한 직무수행을 저해할 우려가 있는 사적 이해관계가 있다고 판단하는 경우에는 그 공직자의 소속기관장에게 기피를 신청할 수 있다.
③ 다음 각 호의 어느 하나에 해당하는 경우에는 제1항 및 제2항을 적용하지 아니한다.
  1. 제1항 각 호에 해당하는 직무와 관련하여 불특정다수를 대상으로 하는 법률이나 대통령령의 제정·개정 또는 폐지를 수반하는 경우
  2. 특정한 사실 또는 법률관계에 관한 확인·증명을 신청하는 민원에 따라 해당 서류를 발급하는 경우
④ 제1항 각 호에 해당하는 직무와 관련된 다른 법령·기준에 제척·기피·회피 등 이해충돌 방지를 위한 절차가 마련되어 있어 공직자가 그 절차에 따른 경우, 제1항에 따른 신고·회피 의무를 다한 것으로 본다.
⑤ 제1항 및 제2항에 따른 신고 및 회피·기피의 절차와 방법, 신고·회피·기피의 기록·관리 등에 필요한 사항은 국회규칙, 대법원규칙, 헌법재판소규칙, 중앙선거관리위원회규칙 또는 대통령령으로 정한다.

제6조(공공기관 직무 관련 부동산 보유·매수 신고)

① 부동산을 직접적으로 취급하는 대통령령으로 정하는 공공기관의 공직자는 다음 각 호의 어느 하나에 해당하는 사람이 소속 공공기관의 업무와 관련된 부동산을 보유하고 있거나 매수하는 경우 소속기관장에게 그 사실을 서면으로 신고하여야 한다.

1. 공직자 자신, 배우자
2. 공직자와 생계를 같이하는 직계존속·비속(배우자의 직계존속·비속으로 생계를 같이하는 경우를 포함한다)

② 제1항에 따른 공공기관 외의 공공기관의 공직자는 소속 공공기관이 택지개발, 지구 지정 등 대통령령으로 정하는 부동산 개발 업무를 하는 경우 제1항 각 호의 어느 하나에 해당하는 사람이 그 부동산을 보유하고 있거나 매수하는 경우 소속기관장에게 그 사실을 서면으로 신고하여야 한다.

③ 제1항 및 제2항에 따른 신고는 부동산을 보유한 사실을 알게 된 날부터 14일 이내, 매수 후 등기를 완료한 날부터 14일 이내에 하여야 한다.

④ 제1항 및 제2항에 따른 신고 내용·절차 및 방법 등에 필요한 사항은 대통령령으로 정한다.

제7조(사적이해관계자의 신고 등에 대한 조치)

① 제5조제1항에 따른 신고·회피신청이나 같은 조 제2항에 따른 기피신청 또는 제6조에 따른 부동산 보유·매수 신고를 받은 소속기관장은 해당 공직자의 직무수행에 지장이 있다고 인정하는 경우에는 다음 각 호의 어느 하나에 해당하는 조치를 하여야 한다.
1. 직무수행의 일시 중지 명령
2. 직무 대리자 또는 직무 공동수행자의 지정
3. 직무 재배정
4. 전보

② 소속기관장은 제1항에도 불구하고 다음 각 호의 어느 하나에 해당하는 경우에는 해당 공직자가 계속 그 직무를 수행하도록 할 수 있다. 이 경우 제25조에 따른 이해충돌방지담당관 또는 다른 공직자로 하여금 공정한 직무수행 여부를 확인·점검하게 하여야 한다.
1. 직무를 수행하는 공직자를 대체하기가 지극히 어려운 경우
2. 국가의 안전보장 및 경제발전 등 공익 증진을 위하여 직무수행의 필요성이 더 큰 경우

③ 소속기관장은 제1항 또는 제2항에 따른 조치를 하였을 때에는 그 처리 결과를 해당 공직자와 기피를 신청한 자에게 통보하여야 한다.

④ 제6조제1항 및 제2항에 따른 부동산 보유 또는 매수 신고를 받은 소속기관장은 해당 부동산 보유·매수가 이 법 또는 다른 법률에 위반되는 것으로 의심될 경우 지체 없이 수사기관·감사원·감독기관 또는 국민권익위원회에 신고하거나 고발하여야 한다.

⑤ 제1항부터 제4항까지의 규정에 따른 조치·확인·점검·통보, 신고·고발의 기록·관리 및 절차와 방법 등에 필요한 사항은 국회규칙, 대법원규칙, 헌법재판소규칙, 중앙선거관리위원회규칙 또는 대통령령으로 정한다.

제8조(고위공직자의 민간 부문 업무활동 내역 제출 및 공개)

① 고위공직자는 그 직위에 임용되거나 임기를 개시하기 전 3년 이내에 민간 부문에서 업무활동을 한 경우, 그 활동 내역을 그 직위에 임용되거나 임기를 개시한 날부터 30일 이내에 소속기관장에게 제출하여야 한다.

② 제1항에 따른 업무활동 내역에는 다음 각 호의 사항이 포함되어야 한다.
1. 재직하였던 법인·단체 등과 그 업무 내용
2. 대리, 고문·자문 등을 한 경우 그 업무 내용
3. 관리·운영하였던 사업 또는 영리행위의 내용

③ 소속기관장은 제1항에 따라 제출된 업무활동 내역을 보관·관리하여야 한다.

④ 소속기관장은 다른 법령에서 정보공개가 금지되지 아니하는 범위에서 제2항의 업무활동 내역을 공개할 수 있다.

⑤ 제1항부터 제4항까지에서 규정한 사항 외에 업무활동 내역 제출, 보관·관리 및 공개에 필요한 사항은 대통령령으로 정한다.

제9조(직무관련자와의 거래 신고)
① 공직자는 자신, 배우자 또는 직계존속·비속(배우자의 직계존속·비속으로 생계를 같이하는 경우를 포함한다. 이하 이 조에서 같다) 또는 특수관계사업자(자신, 배우자 또는 직계존속·비속이 대통령령으로 정하는 일정 비율 이상의 주식·지분 등을 소유하고 있는 법인 또는 단체를 말한다. 이하 같다)가 공직자 자신의 직무관련자(「민법」 제777조에 따른 친족인 경우는 제외한다)와 다음 각 호의 어느 하나에 해당하는 행위를 한다는 것을 사전에 안 경우에는 안 날부터 14일 이내에 소속기관장에게 그 사실을 서면으로 신고하여야 한다.
  1. 금전을 빌리거나 빌려주는 행위 및 유가증권을 거래하는 행위. 다만, 「금융실명거래 및 비밀보장에 관한 법률」에 따른 금융회사등, 「대부업 등의 등록 및 금융이용자 보호에 관한 법률」에 따른 대부업자등이나 그 밖의 금융회사로부터 통상적인 조건으로 금전을 빌리는 행위 및 유가증권을 거래하는 행위는 제외한다.
  2. 토지 또는 건축물 등 부동산을 거래하는 행위. 다만, 공개모집에 의하여 이루어지는 분양이나 공매·경매·입찰을 통한 재산상 거래 행위는 제외한다.
  3. 제1호 및 제2호의 거래 행위 외의 물품·용역·공사 등의 계약을 체결하는 행위. 다만, 공매·경매·입찰을 통한 계약 체결 행위 또는 거래관행상 불특정다수를 대상으로 반복적으로 행하여지는 계약 체결 행위는 제외한다.
② 공직자는 제1항 각 호에 따른 행위가 있었음을 사후에 알게 된 경우에도 안 날부터 14일 이내에 소속기관장에게 그 사실을 서면으로 신고하여야 한다.
③ 소속기관장은 제1항 또는 제2항에 따라 공직자가 신고한 행위가 직무의 공정한 수행을 저해할 수 있다고 판단되는 경우에는 해당 공직자에게 제7조제1항 각 호 또는 같은 조 제2항의 조치를 할 수 있다.
④ 제1항부터 제3항까지에서 규정한 사항 외에 거래 신고의 기록·관리 등에 필요한 사항은 대통령령으로 정한다.

제10조(직무 관련 외부활동의 제한) 공직자는 다음 각 호의 행위를 하여서는 아니 된다. 다만, 「국가공무원법」 등 다른 법령·기준에 따라 허용되는 경우는 그러하지 아니하다.
  1. 직무관련자에게 사적으로 노무 또는 조언·자문 등을 제공하고 대가를 받는 행위
  2. 소속 공공기관의 소관 직무와 관련된 지식이나 정보를 타인에게 제공하고 대가를 받는 행위. 다만, 「부정청탁 및 금품등 수수의 금지에 관한 법률」 제10조에 따른 외부강의등의 대가로서 사례금 수수가 허용되는 경우와 소속기관장이 허가한 경우는 제외한다.
  3. 공직자가 소속된 공공기관이 당사자이거나 직접적인 이해관계를 가지는 사안에서 자신이 소속된 공공기관의 상대방을 대리하거나 그 상대방에게 조언·자문 또는 정보를 제공하는 행위
  4. 외국의 기관·법인·단체 등을 대리하는 행위. 다만, 소속기관장이 허가한 경우는 제외한다.
  5. 직무와 관련된 다른 직위에 취임하는 행위. 다만, 소속기관장이 허가한 경우는 제외한다.

제11조(가족 채용 제한)
① 공공기관(공공기관으로부터 출연금·보조금 등을 받거나 법령에 따라 업무를 위탁받는 산하 공공기관과 「상법」 제342조의2에 따른 자회사를 포함한다)은 다음 각 호의 어느 하나에 해당하는 공직자의 가족을 채용할 수 없다.
  1. 소속 고위공직자
  2. 채용업무를 담당하는 공직자
  3. 해당 산하 공공기관의 감독기관인 공공기관 소속 고위공직자
  4. 해당 자회사의 모회사인 공공기관 소속 고위공직자
② 다음 각 호의 어느 하나에 해당하는 경우에는 제1항을 적용하지 아니한다.
  1. 「국가공무원법」 등 다른 법령(제2조제1호라목 또는 마목에 해당하는 공공기관의 인사 관련 규정을 포함

한다. 이하 이 조에서 같다)에서 정하는 공개경쟁채용시험 또는 경력 등 응시요건을 정하여 같은 사유에 해당하는 다수인을 대상으로 하는 채용시험에 합격한 경우
    2. 「국가공무원법」 등 다른 법령에 따라 다수인을 대상으로 시험을 실시하는 것이 적당하지 아니하여 다수인을 대상으로 하지 아니한 시험으로 공무원을 채용하는 경우로서 다음 각 목의 어느 하나에 해당하는 경우
        가. 공무원으로 재직하였다가 퇴직한 사람을 퇴직 시에 재직한 직급(고위공무원단에 속하는 공무원은 퇴직 시에 재직한 직위와 곤란성과 책임도가 유사한 직위를 말한다. 이하 이 호에서 같다)으로 재임용하는 경우
        나. 임용예정 직급·직위와 같은 직급·직위에서의 근무경력이 해당 법령에서 정하는 기간 이상인 사람을 임용하는 경우
        다. 국가공무원을 그 직급·직위에 해당하는 지방공무원으로 임용하거나, 지방공무원을 그 직급·직위에 해당하는 국가공무원으로 임용하는 경우
        라. 자격 요건 충족 여부만이 요구되거나 자격 요건에 해당하는 다른 대상자가 없어 다수인을 대상으로 할 수 없는 경우
③ 제1항 각 호의 어느 하나에 해당하는 공직자는 제1항을 위반하여 자신의 가족이 채용되도록 지시·유도 또는 묵인을 하여서는 아니 된다.
④ 제1항 및 제3항에도 불구하고 다른 법률에서 이 법의 적용을 받는 공공기관이 제1항 각 호의 어느 하나에 해당하는 공직자의 가족을 채용할 수 있도록 허용하고 있는 경우에는 그 법률의 규정에 따른다.

제12조(수의계약 체결 제한)
① 공공기관(공공기관으로부터 출연금·보조금 등을 받거나 법령에 따라 업무를 위탁받는 산하 공공기관과 「상법」 제342조의2에 따른 자회사를 포함한다)은 다음 각 호의 어느 하나에 해당하는 자와 물품·용역·공사 등의 수의계약(이하 "수의계약"이라 한다)을 체결할 수 없다. 다만, 해당 물품의 생산자가 1명뿐인 경우 등 대통령령으로 정하는 불가피한 사유가 있는 경우에는 그러하지 아니하다.
    1. 소속 고위공직자
    2. 해당 계약업무를 법령상·사실상 담당하는 소속 공직자
    3. 해당 산하 공공기관의 감독기관 소속 고위공직자
    4. 해당 자회사의 모회사인 공공기관 소속 고위공직자
    5. 해당 공공기관이 「국회법」 제37조에 따른 상임위원회의 소관인 경우 해당 상임위원회 위원으로서 직무를 담당하는 국회의원
    6. 「지방자치법」 제41조에 따라 해당 지방자치단체 등 공공기관을 감사 또는 조사하는 지방의회의원
    7. 제1호부터 제6호까지의 어느 하나에 해당하는 공직자의 배우자 또는 직계존속·비속(배우자의 직계존속·비속으로 생계를 같이하는 경우를 포함한다. 이하 이 조에서 같다)
    8. 제1호부터 제7호까지의 어느 하나에 해당하는 사람이 대표자인 법인 또는 단체
    9. 제1호부터 제7호까지의 어느 하나에 해당하는 사람과 관계된 특수관계사업자
② 제1항제1호부터 제6호까지의 어느 하나에 해당하는 공직자는 제1항을 위반하여 같은 항 각 호의 어느 하나에 해당하는 자와 수의계약을 체결하도록 지시·유도 또는 묵인을 하여서는 아니 된다.

제13조(공공기관 물품 등의 사적 사용·수익 금지) 공직자는 공공기관이 소유하거나 임차한 물품·차량·선박·항공기·건물·토지·시설 등을 사적인 용도로 사용·수익하거나 제3자로 하여금 사용·수익하게 하여서는 아니 된다. 다만, 다른 법령·기준 또는 사회상규에 따라 허용되는 경우에는 그러하지 아니하다.

제14조(직무상 비밀 등 이용 금지)
① 공직자(공직자가 아니게 된 날부터 3년이 경과하지 아니한 사람을 포함하되, 다른 법률에서 이와 달리 규정하고 있는 경우에는 그 법률에서 규정한 바에 따른다. 이하 이 조, 제27조제1항, 같은 조 제2항제1호 및 같은 조 제3항제1호에서 같다)는 직무수행 중 알게 된 비밀 또는 소속 공공기관의 미공개정보(재물 또는 재산상 이익의 취득 여부의 판단에 중대한 영향을 미칠 수 있는 정보로서 불특정 다수인이 알 수 있도록 공개되기 전의 것을 말한다. 이하 같다)를 이용하여 재물 또는 재산상의 이익을 취득하거나 제3자로 하여금 재물 또는 재산상의 이익을 취득하게 하여서는 아니 된다.
② 공직자로부터 직무상 비밀 또는 소속 공공기관의 미공개정보임을 알면서도 제공받거나 부정한 방법으로 취득한 자는 이를 이용하여 재물 또는 재산상의 이익을 취득하여서는 아니 된다.
③ 공직자는 직무수행 중 알게 된 비밀 또는 소속 공공기관의 미공개정보를 사적 이익을 위하여 이용하거나 제3자로 하여금 이용하게 하여서는 아니 된다.

제15조(퇴직자 사적 접촉 신고)
① 공직자는 직무관련자인 소속 기관의 퇴직자(공직자가 아니게 된 날부터 2년이 지나지 아니한 사람만 해당한다)와 사적 접촉(골프, 여행, 사행성 오락을 같이 하는 행위를 말한다)을 하는 경우 소속기관장에게 신고하여야 한다. 다만, 사회상규에 따라 허용되는 경우에는 그러하지 아니하다.
② 제1항에 따른 신고 내용 및 신고 방법, 기록 관리 등 필요한 사항은 국회규칙, 대법원규칙, 헌법재판소규칙, 중앙선거관리위원회규칙 또는 대통령령으로 정한다.

제16조(공무수행사인의 공무수행과 관련된 행위제한 등) ① 다음 각 호의 어느 하나에 해당하는 자(이하 "공무수행사인"이라 한다)의 공무수행에 관하여는 제5조, 제7조, 제14조, 제21조(제5조 및 제14조에 관한 사항에 한정한다. 이하 이 조에서 같다), 제22조제1항·제3항 및 제25조제1항을 준용한다.
  1. 「행정기관 소속 위원회의 설치·운영에 관한 법률」 또는 다른 법령에 따라 설치된 각종 위원회의 위원 중 공직자가 아닌 위원
  2. 법령에 따라 공공기관의 권한을 위임·위탁받은 개인이나 법인 또는 단체(법인 또는 단체에 소속되어 위임·위탁받은 권한에 관계되는 업무를 수행하는 임직원을 포함한다)
  3. 공무를 수행하기 위하여 민간부문에서 공공기관에 파견 나온 사람
  4. 법령에 따라 공무상 심의·평가 등을 하는 개인이나 법인 또는 단체(법인 또는 단체에 소속되어 심의·평가 등을 하는 임직원을 포함한다)
② 제1항에 따라 공무수행사인에 대하여 제5조, 제7조, 제14조, 제21조, 제22조제1항·제3항 및 제25조제1항을 준용하는 경우 "공직자"는 "공무수행사인"으로, "소속기관장"은 다음 각 호의 구분에 따른 자로 본다.
  1. 제1항제1호에 따른 위원회의 위원: 그 위원회가 설치된 공공기관의 장
  2. 제1항제2호에 따른 개인이나 법인 또는 단체: 감독기관 또는 권한을 위임하거나 위탁한 공공기관의 장
  3. 제1항제3호에 따른 사람: 파견을 받은 공공기관의 장
  4. 제1항제4호에 따른 개인이나 법인 또는 단체: 해당 공무를 제공받는 공공기관의 장

제3장 이해충돌 방지에 관한 업무의 총괄 등

제17조(공직자의 이해충돌 방지에 관한 업무의 총괄) 국민권익위원회는 이 법에 따른 다음 각 호의 사항에 관한 업무를 관장한다.
  1. 공직자의 이해충돌 방지에 관한 제도개선 및 교육·홍보 계획의 수립 및 시행
  2. 이 법에 따른 신고 등의 안내·상담·접수·처리 등

3. 제18조제1항에 따른 신고를 한 자(이하 "신고자"라 한다) 등에 대한 보호 및 보상
　　4. 제1호부터 제3호까지의 업무 수행에 필요한 실태조사 및 자료의 수집·관리·분석 등

제18조(위반행위의 신고 등)
① 누구든지 이 법의 위반행위가 발생하였거나 발생하고 있다는 사실을 알게 된 경우에는 다음 각 호의 어느 하나에 해당하는 기관에 신고할 수 있다.
　　1. 이 법의 위반행위가 발생한 공공기관 또는 그 감독기관
　　2. 감사원 또는 수사기관
　　3. 국민권익위원회
② 신고자가 다음 각 호의 어느 하나에 해당하는 경우에는 이 법에 따른 보호 및 보상을 받지 못한다.
　　1. 신고의 내용이 거짓이라는 사실을 알았거나 알 수 있었음에도 불구하고 신고한 경우
　　2. 신고와 관련하여 금품이나 근로관계상의 특혜를 요구한 경우
　　3. 그 밖에 부정한 목적으로 신고한 경우
③ 제1항에 따라 신고를 하려는 자는 자신의 인적사항과 신고의 취지·이유·내용을 적고 서명한 문서와 함께 신고 대상 및 증거 등을 제출하여야 한다.

제19조(위반행위 신고의 처리)
① 제18조제1항제1호 또는 제2호의 기관(이하 "조사기관"이라 한다)은 같은 조 제1항에 따라 신고를 받거나 이 조 제2항에 따라 국민권익위원회로부터 신고를 이첩받은 경우에는 그 내용에 관하여 필요한 조사·감사 또는 수사를 하여야 한다.
② 국민권익위원회가 제18조제1항에 따른 신고를 받은 경우에는 그 내용에 관하여 신고자를 상대로 사실관계를 확인한 후 대통령령으로 정하는 바에 따라 조사기관에 이첩하고, 그 사실을 신고자에게 통보하여야 한다.
③ 국민권익위원회는 제2항에 따라 신고자를 상대로 사실관계를 확인한 후에도 불구하고 제2항에 따른 이첩 여부를 결정할 수 없는 경우에는 그 결정에 필요한 범위에서 피신고자의 의사에 반하지 아니하는 때에 한정하여 피신고자에게 의견 또는 자료 제출 기회를 부여할 수 있다.
④ 조사기관은 제1항에 따른 조사·감사 또는 수사를 마친 날부터 10일 이내에 그 결과를 신고자와 국민권익위원회에 통보(국민권익위원회로부터 이첩받은 경우만 해당한다)하고, 조사·감사 또는 수사 결과에 따라 공소제기, 과태료 부과 대상 위반행위의 통보, 징계처분 등 필요한 조치를 하여야 한다.
⑤ 국민권익위원회는 제4항에 따라 조사기관으로부터 조사·감사 또는 수사 결과를 통보받은 경우에는 지체 없이 신고자에게 조사·감사 또는 수사 결과를 통보하여야 한다.
⑥ 제4항 또는 제5항에 따라 조사·감사 또는 수사 결과를 통보받은 신고자는 대통령령으로 정하는 바에 따라 조사기관에 이의신청을 할 수 있으며, 제5항에 따라 조사·감사 또는 수사 결과를 통보받은 신고자는 국민권익위원회에도 이의신청을 할 수 있다.
⑦ 국민권익위원회는 조사기관의 조사·감사 또는 수사 결과가 충분하지 아니하다고 인정되는 경우에는 조사·감사 또는 수사 결과를 통보받은 날부터 30일 이내에 새로운 증거자료의 제출 등 합리적인 이유를 들어 조사기관에 재조사를 요구할 수 있다.
⑧ 제7항에 따른 재조사를 요구받은 조사기관은 재조사를 종료한 날부터 7일 이내에 그 결과를 국민권익위원회에 통보하여야 한다. 이 경우 국민권익위원회는 통보를 받은 즉시 신고자에게 재조사 결과의 요지를 통보하여야 한다.

제20조(신고자 등의 보호·보상)
① 누구든지 다음 각 호의 어느 하나에 해당하는 신고 등(이하 "신고등"이라 한다)을 하지 못하도록 방해하거나 신고등을 한 자(이하 "신고자등"이라 한다)에게 이를 취소하도록 강요하여서는 아니 된다.
  1. 제18조제1항에 따른 신고
  2. 제1호에 따른 신고에 관한 조사·감사·수사·소송 또는 보호조치에 관한 조사·소송 등에서 진술·증언 및 자료제공 등의 방법으로 돕는 행위
② 누구든지 신고자등에게 신고등을 이유로 불이익조치(「공익신고자 보호법」 제2조제6호에 따른 불이익조치를 말한다. 이하 같다)를 하여서는 아니 된다.
③ 이 법의 위반행위를 한 자가 위반사실을 자진하여 신고하거나 신고자등이 신고등을 함으로 인하여 자신이 한 이 법의 위반행위가 발견된 경우에는 그 위반행위에 대한 형사처벌, 과태료 부과, 징계처분, 그 밖의 행정처분 등을 감경하거나 면제할 수 있다.
④ 제1항부터 제3항까지에서 규정한 사항 외에 신고자등의 보호 등에 관하여는 「공익신고자 보호법」 제11조부터 제13조까지, 제14조제2항부터 제8항까지, 제16조부터 제20조까지, 제20조의2, 제21조, 제21조의2 및 제22조부터 제25조까지의 규정을 준용한다. 이 경우 "공익신고자등" 및 "공익신고자"는 각각 "신고자등" 및 "신고자"로, "공익신고등" 및 "공익신고"는 각각 "신고등" 및 "신고"로, "공익침해행위"는 "이 법의 위반행위"로 본다.
⑤ 국민권익위원회는 제18조제1항에 따른 신고로 인하여 공공기관에 재산상 이익을 가져오거나 손실을 방지한 경우 또는 공익을 증진시킨 경우에는 그 신고자에게 포상금을 지급할 수 있다.
⑥ 국민권익위원회는 제18조제1항에 따른 신고로 인하여 공공기관에 직접적인 수입의 회복·증대 또는 비용의 절감을 가져온 경우에는 그 신고자의 신청에 의하여 보상금을 지급하여야 한다.
⑦ 신고자등과 그 친족(「민법」 제777조에 따른 친족을 말한다) 또는 동거인은 신고등과 관련하여 다음 각 호의 어느 하나에 해당하는 피해를 입었거나 비용을 지출한 경우 국민권익위원회에 구조금의 지급을 신청할 수 있다.
  1. 육체적·정신적 치료 등에 든 비용
  2. 전직·파견근무 등에 따른 이사비용
  3. 원상회복 관련 쟁송절차에 든 비용
  4. 불이익조치 기간의 임금 손실액
  5. 그 밖에 중대한 경제적 손해(「공익신고자 보호법」 제2조제6호아목 및 자목에 따른 손해는 제외한다)
⑧ 제5항 및 제6항에서 규정한 사항 외에 포상금·보상금의 신청 및 지급 등에 관하여는 「부패방지 및 국민권익위원회의 설치와 운영에 관한 법률」 제68조제1항·제2항·제4항·제5항, 제69조, 제70조, 제70조의2 및 제71조를 준용한다. 이 경우 제68조제1항 본문 중 "위원회 또는 공공기관에 부패행위 신고"는 "제18조제1항에 따른 신고"로, 같은 항 단서 중 "부패행위 신고"는 "제18조제1항에 따른 신고"로, 제70조의2제1항 전단 중 "제2조제1호가목 중 「정부조직법」에 따른 각급 행정기관, 같은 호 다목에 따른 기관"은 "제2조제1호가목에 해당하는 공공기관"으로 본다.
⑨ 제7항에 따른 구조금의 지급 등에 관하여는 「공익신고자 보호법」 제27조제2항부터 제5항까지의 규정을 준용한다. 이 경우 "공익신고자등"은 "신고자등"으로 본다.

제21조(위법한 직무처리에 대한 조치) 소속기관장은 공직자가 제5조제1항, 제6조, 제8조제1항·제2항, 제9조제1항·제2항, 제10조, 제11조제3항, 제12조제2항, 제13조, 제14조 또는 제15조를 위반한 사실을 발견한 경우에는 해당 공직자에게 위반사실을 즉시 시정할 것을 명하고 계속 불이행할 경우 해당 공직자의 직무를 중지하거나 취소하는 등 필요한 조치를 하여야 한다.

제22조(부당이득의 환수 등)
① 소속기관장은 공직자가 제5조의 신고 및 회피 의무 또는 제6조의 신고 의무를 위반하여 수행한 직무가 위법한 것으로 확정된 경우에는 그 직무를 통하여 공직자 또는 제3자가 얻은 재산상 이익을 환수하여야 한다.
② 소속기관장은 공직자가 제13조의 공공기관 물품 등의 사적 사용·수익 금지 의무를 위반한 경우에는 공직자 또는 제3자가 얻은 재산상 이익을 환수하여야 한다.
③ 제1항 또는 제2항에도 불구하고 다른 법률에서 공직자 또는 제3자가 얻은 부당이득의 몰수, 환수 등에 대하여 규정하고 있는 경우에는 그 법률에 따른다.

제23조(비밀누설 금지) 다음 각 호의 어느 하나에 해당하는 업무를 수행하거나 수행하였던 공직자는 재직 중은 물론 퇴직 후에도 그 업무처리 과정에서 알게 된 비밀을 누설하여서는 아니 된다. 다만, 제2호의 업무로서 제8조제4항에 따라 공개하는 경우에는 그러하지 아니하다.
 1. 제5조부터 제7조까지의 규정에 따른 사적이해관계자의 신고 및 회피·기피 신청 또는 부동산 보유·매수 신고의 처리에 관한 업무
 2. 제8조에 따른 고위공직자의 업무활동 내역 보관·관리에 관한 업무
 3. 제9조에 따른 직무관련자와의 거래 신고 및 조치에 관한 업무
 4. 제15조에 따른 퇴직자 사적 접촉 신고 및 조치에 관한 업무

제24조(교육 및 홍보 등)
① 공공기관의 장은 공직자에게 이해충돌 방지에 관한 내용을 매년 1회 이상 정기적으로 교육하여야 한다.
② 공공기관의 장은 이 법에서 금지하고 있는 사항을 적극적으로 알리는 등 국민들이 이 법을 준수하도록 유도하여야 한다.
③ 공공기관의 장은 제1항 및 제2항에 따른 교육 및 홍보 등을 하기 위하여 필요하면 국민권익위원회에 지원을 요청할 수 있다. 이 경우 국민권익위원회는 적극 협력하여야 한다.

제25조(이해충돌방지담당관의 지정)
① 공공기관의 장은 소속 공직자 중에서 다음 각 호의 업무를 담당하는 이해충돌방지담당관을 지정하여야 한다.
 1. 공직자의 이해충돌 방지에 관한 내용의 교육·상담
 2. 사적이해관계자의 신고 및 회피·기피 신청, 부동산 보유·매수 신고 또는 직무관련자와의 거래에 관한 신고의 접수 및 관리
 3. 사적이해관계자의 신고 및 회피·기피 신청 또는 부동산 보유·매수 신고에도 불구하고 그 직무를 계속 수행하게 된 공직자의 공정한 직무수행 여부의 확인·점검
 4. 고위공직자의 업무활동 내역 관리 및 공개
 5. 퇴직자 사적 접촉 신고의 접수 및 관리
 6. 이 법에 따른 위반행위 신고·신청의 접수, 처리 및 내용의 조사
 7. 이 법에 따른 소속기관장의 위반행위를 발견한 경우 법원 또는 수사기관에 그 사실의 통보
② 이 법에 따라 소속기관장에게 신고·신청·제출하여야 하는 사람이 소속기관장 자신인 경우에는 해당 신고·신청·제출을 이해충돌방지담당관에게 하여야 한다.

제4장 징계 및 벌칙

제26조(징계) 공공기관의 장은 소속 공직자가 이 법 또는 이 법에 따른 명령을 위반한 경우에는 징계처분을 하여야 한다.

제27조(벌칙)
① 제14조제1항을 위반하여 직무수행 중 알게 된 비밀 또는 소속 공공기관의 미공개정보를 이용하여 재물 또는 재산상의 이익을 취득하거나 제3자로 하여금 재물 또는 재산상의 이익을 취득하게 한 공직자(제16조에 따라 준용되는 공무수행사인을 포함한다. 이하 이 조 및 제28조제2항제1호에서 같다)는 7년 이하의 징역 또는 7천만원 이하의 벌금에 처한다.
② 다음 각 호의 어느 하나에 해당하는 자는 5년 이하의 징역 또는 5천만원 이하의 벌금에 처한다.
  1. 제14조제2항을 위반하여 공직자로부터 직무상 비밀 또는 소속 공공기관의 미공개정보임을 알면서도 제공받거나 부정한 방법으로 취득하고 이를 이용하여 재물 또는 재산상의 이익을 취득한 자
  2. 제20조제4항에 따라 준용되는 「공익신고자 보호법」 제12조제1항을 위반하여 신고자등의 인적사항이나 신고자등임을 미루어 알 수 있는 사실을 다른 사람에게 알려 주거나 공개 또는 보도한 자
③ 다음 각 호의 어느 하나에 해당하는 자는 3년 이하의 징역 또는 3천만원 이하의 벌금에 처한다.
  1. 제14조제3항을 위반하여 직무수행 중 알게 된 비밀 또는 소속 공공기관의 미공개정보를 사적 이익을 위하여 이용하거나 제3자로 하여금 이용하도록 한 공직자
  2. 제20조제2항을 위반하여 신고자등에게 「공익신고자 보호법」 제2조제6호가목에 해당하는 불이익조치를 한 자
  3. 제20조제4항에 따라 준용되는 「공익신고자 보호법」 제21조제2항에 따라 확정되거나 행정소송을 제기하여 확정된 보호조치결정을 이행하지 아니한 자
  4. 제23조를 위반하여 그 업무처리 과정에서 알게 된 비밀을 누설한 사람
④ 다음 각 호의 어느 하나에 해당하는 자는 2년 이하의 징역 또는 2천만원 이하의 벌금에 처한다.
  1. 제20조제1항을 위반하여 신고등을 방해하거나 신고등을 취소하도록 강요한 자
  2. 제20조제2항을 위반하여 신고자등에게 「공익신고자 보호법」 제2조제6호나목부터 사목까지의 어느 하나에 해당하는 불이익조치를 한 자
⑤ 제1항 및 제2항제1호의 경우 징역과 벌금은 병과(倂科)할 수 있다.
⑥ 제1항 및 제2항제1호의 죄를 범한 자(제1항의 경우 그 정을 아는 제3자를 포함한다)가 제1항 및 제2항제1호의 죄로 인하여 취득한 재물 또는 재산상의 이익은 몰수한다. 다만, 이를 몰수할 수 없을 때에는 그 가액을 추징한다.

제28조(과태료)
① 다음 각 호의 어느 하나에 해당하는 자에게는 3천만원 이하의 과태료를 부과한다.
  1. 제11조제3항을 위반하여 자신의 가족이 채용되도록 지시·유도 또는 묵인을 한 공직자
  2. 제12조제2항을 위반하여 같은 조 제1항 각 호의 어느 하나에 해당하는 자와 수의계약을 체결하도록 지시·유도 또는 묵인을 한 공직자
  3. 제20조제4항에 따라 준용되는 「공익신고자 보호법」 제19조제2항 및 제3항(같은 법 제22조제3항에 따라 준용되는 경우를 포함한다)을 위반하여 자료 제출, 출석, 진술 또는 진술서 제출을 거부한 자
② 다음 각 호의 어느 하나에 해당하는 자에게는 2천만원 이하의 과태료를 부과한다.
  1. 제5조제1항을 위반하여 사적이해관계자를 신고하지 아니한 공직자
  2. 제6조제1항 또는 제2항을 위반하여 부동산 보유·매수를 신고하지 아니한 공직자
  3. 제9조제1항 또는 제2항을 위반하여 거래를 신고하지 아니한 공직자
  4. 제10조를 위반하여 직무 관련 외부활동을 한 공직자
  5. 제13조를 위반하여 공공기관의 물품 등을 사적인 용도로 사용·수익하거나 제3자로 하여금 사용·수익하게 한 공직자

6. 제20조제4항에 따라 준용되는 「공익신고자 보호법」 제20조의2의 특별보호조치결정을 이행하지 아니한 자
③ 다음 각 호의 어느 하나에 해당하는 자에게는 1천만원 이하의 과태료를 부과한다.
　　1. 제8조제1항을 위반하여 업무활동 내역을 제출하지 아니한 고위공직자
　　2. 제15조제1항을 위반하여 직무관련자인 소속 기관의 퇴직자와의 사적 접촉을 신고하지 아니한 공직자
④ 소속기관장은 제1항부터 제3항까지의 과태료 부과 대상자에 대하여서는 그 위반사실을 「비송사건절차법」에 따른 과태료재판 관할법원에 통보하여야 한다.

CHAPTER 03 한국경찰의 역사와 제도

알파 022 갑오개혁

1 근대경찰의 창설

일본각의에 의한 한국경찰의 창설	친일 김홍집 내각은 처음으로 경찰이라는 용어를 사용하며, 경찰을 법무아문(法務衙門) 하에 창설할 것을 정하였다가 곧 내무아문(內務衙門)으로 소속을 변경
경무청관제직장 (警務廳官制職掌) (1894)	① '경무청관제직장'에 의해 당시의 좌우포도청을 합설하여 경무청을 신설하고 이를 내무아문에 예속시켜 한성부 내의 일체의 경찰사무를 관장 ② 그 장으로는 **경무사**를 두고 경무사로 하여금 경찰사무와 감옥사무를 총괄토록 하였고, 범죄인을 체포 수사하여 법사(法司)에 이송토록 하는 임무를 부여 ③ 동 관제에 의하여 최초로 한성부에 '경찰지서'가 설치되고, '경무관'을 서장으로 보하였다. ④ '경무청관제직장'은 일본의 '경시청관제'(1891)를 본뜬 것으로, 경시청을 경무청으로 바꾸고 그 계급을 일본의 경시총감, 경시, 경부, 순사를 **경무사, 경무관, 총순, 순검**으로 바꾸어 사용하는 등 대체로 일본의 것이 이식되었으나 한국 최초의 경찰조직법
행정경찰장정 (行政警察章程) (1894)	① 당시의 경무청은 영업, 시장, 회사에 관한 사무를 비롯하여 위생에 관한 일체의 사무와 결사, 집회, 신문잡지, 도서에 관한 사무까지도 담당하는 등 매우 광범한 영역의 사무를 담당 ② 일본의 1875년 행정경찰규칙(行政警察規則)과 1885년 위경죄즉결례(違警罪卽決例)를 혼합하여 한문으로 옮겨놓은 것으로 한국경찰 최초의 경찰작용법

2 경찰고문관제도의 실시와 내부 경찰체제의 정비

내부 경찰체제의 정비	1896년 1월 '지방경찰규칙'이 제정되어 지방경찰의 작용법적 근거가 마련되었는데, 이것은 거의 행정경찰장정과 동일한 내용으로 구성되어 있다.

알파 023 　광무개혁

경부경찰체제 (1900)	① 광무개혁에 따라 1900년 6월 9일의 조칙 '경부를 설치하는 사건'과 칙령 20호 '경부관제'에 의해 중앙관청으로서의 경부가 독립되었다. ② 경부는 **한성 및 각 개항시장의 경찰사무 및 감옥사무로 제한**되고 **지방에는 총순(總巡)을 두고 관찰사를 보좌**토록 하는 등 이원적인 체제로 운영
경무청체제 (1902)	'경무청관제'를 통하여 전국을 관할하는 내부소속에 경무청(警務廳)을 신설. 전국을 관할하는 기관이었던 점에서 오늘날 경찰청의 원형으로 볼 수 있다.

▶ **구한말 일본이 한국의 경찰권을 강탈해 가는 일련의 과정 순서**

경찰사무에 관한 취극서(1908. 10. 29) → 재한국 외국인민에 대한 경찰에 관한 한일협정(1909. 3. 15) → 한국 사법 및 감옥사무위탁에 관한 각서(1909. 7. 12) → 한국경찰사무 위탁에 관한 각서(1910. 6. 24)

알파 024 　경시청체제

1906년 2월	'경무청관제개정건'을 반포함으로써 경무청을 한성부내의 경찰로 축소
1907년	통감부소속의 별도의 경찰조직인 경무부를 설치하여 일본인 경무고문을 통해 한국경찰권을 장악
1907년 7월	통감부는 보안법을 제정하여 한국민의 행동까지 통제
1907년 7월	'경시청관제'를 통해 한성의 경무청이 경시청(장 : 경시총독)으로 개칭되었고, 경시총독은 내부대신의 지휘감독을 받아 경찰업무를 수행
1910년	'통감부경찰서관제'에 따라 통감부직속으로 경찰통감부를 설치되었고, 각 도에 경찰부가 설치됨으로써 비로소 지방행정기관과 경찰기관이 분리되었다.

① 감옥에 관한 사무가 경찰사무에서 제외되고 황실경비와 위생사무가 추가
② 총순(總巡)은 경부(警部)로 권임(權任)과 순검(巡檢)은 순사(巡査)로 임용됨으로써 하위 계급의 통일도 이루어져, 한국경찰의 일본화가 진행되었다.
③ 1908년 7월 '**지방관제**'로 각 도에 내무부와 경찰부를 두어 경시의 경찰부장이 관찰사를 보좌하여 도 내의 경찰사무를 관장케 되었는 바, 지금까지 없었던 지방경찰의 지휘조직이 생겨난 것으로 **오늘날 시도경찰청의 원형**으로 볼 수 있다.

알파 025　일제강점기의 경찰

헌병경찰 시기	① 1910년 통감부에 경무총감부, 각 도에는 경무부를 설치하여 서울과 황궁의 경찰사무는 경무총감부의 직할로, 각 도는 경무총장의 지휘를 받아 경무부가 경찰사무를 관장 ② 1910년 '조선주차헌병조령'에 의해 헌병의 일반치안을 담당할 법적 근거를 마련하여 헌병이 신분을 유지한 채 경찰직무를 수행하는 것이 가능해졌고 일반경찰은 도시나 개항장 등에, 헌병은 주로 군사경찰상 필요한 지역 또는 의병활동 지역 등에 배치되었다. ③ 헌병경찰의 임무는 첩보의 수집, 의병의 토벌 등에 그치지 아니하고 민사소송의 조정·집달리 업무·국경세관 업무·일본어의 보급·부업의 장려 등 광범위하게 미쳤으나 헌병에 의한 무단통치는 1919년 3·1운동에 의해 끝났다.
보통경찰 시기	① 일본은 1919년 3월 1일 항일독립만세운동을 계기로 헌병경찰제도에서 보통경찰제도로 전환하였는데 총독부 직속의 경무총감부는 폐지되고 경무국이 경찰사무와 위생 사무를 감독하였다. ② 기본적으로는 경찰의 직무와 권한에는 변화가 없어 치안유지 업무 이외에 각종 조장행정에 원조, 민사 쟁송조정 사무, 집달리 사무 등도 계속하여 경찰이 맡아 수행 ③ 오히려 3·1운동을 기화로 정치범처벌법을 제정하여 단속체제는 한층 강화되었으며 일본에서 제정된 치안유지법도 우리나라에 적용되는 등 탄압의 지배체제는 한층 강화되었다.

▶ 상해 임시정부(1919~1932)

경무국	① 1919년 4월 25일 '대한민국 임시정부 장정' 공포로 경찰조직인 경무국직제와 분장사무가 처음으로 규정 ② 1919년 8월 12일에 초대 경무국장으로 김구가 임명되면서 활동이 본격적으로 시작 ③ 위 장정에서 행정경찰, 고등경찰, 도서출판 및 저작권, 일체의 위생에 관한 사항등이 규정 ④ 정식예산이 편성되었고, 소정의 월급이 지급
연통제 (경무사)	① 임시정부의 지역적 한계를 극복하고 국내와 연계하여 연락, 정부수집, 선전활동 및 정부재정 확보등을 수행 ② 국내 각도 단위 독판부를 설치, 독판부 산하 경찰기구로 경무사를 두었다. 부·군 단위 부서·군청이 있었고 산하 경찰기구로 경무과를 두었다. ③ 각 독판부·부서·군정 및 경무사·경무과 소속의 경감과 경호원이 경찰업무를 수행 ④ 1920년 9월 연통기관이 발각되면서 감시와 탄압이 심해져 1921년 점차 와해
의경대	① '임시거류민단제'를 통해 교민들의 자치제도를 공인, 교민단체는 '의경대 조례'를 통해 자치경찰조직인 의경대를 조직 ② 김구가 중심이 되어 1923년 12월 17일 대한교민단 산하에 별도의 경찰조직인 의경대를 창설, 1932년 직접 의경대장을 맡기도 함 ③ 교민사회에 침투한 일제의 밀정을 색출하고 친일파를 처단하는 역할을 수행, 교민사회의 질서유지, 호구조사, 민단세 징수, 풍기단속 등의 업무를 수행 ④ 1932년 윤봉길의사 의거로 탄압이 심해진 후 1936년 사실상 와해

▶ 중경 임시정부(1940~1945)

경무과	① 1943년 제정된 '대한민국 잠행관제'에 따라 내무부 경무과를 신설 ② 내무부 하부조직으로 일반경찰사무, 인구조사, 징병 및 징발, 국내정보 및 적 정보수집 등을 업무를 수행
경위대	① 1941년 내무부 직속으로 경찰조직인 경위대를 설치, 그 규칙으로 경위대규정을 따로 두었다. ② 보통 경위대장은 경무과장이 겸임 ③ 주요임무는 임시정부 청사를 경비하고, 임시정부 요인을 보호하는 것으로 군사조직이 아닌 경찰조직이다. ④ 1945년 11월 23일 임시정부 요인들이 환국할 때 안전하게 귀국할 수 있도록 경호업무를 수행

알파 026 미군정하의 경찰

1945년 군정법령 제11호	정치범처벌법, 치안유지법, 예비검속법
1948년 4월 8일의 군정법령 제183호	보안법
위생사무의 이관	1945년 '위생국의 설치에 관한 건'에 의하여 경무국 위생과를 폐지하고 위생국을 설치하였다.
경제경찰의 폐지	물가행정청의 주관으로 이관하였다.
경찰사법권 폐지	일체의 사법권을 행사하지 못하게 하고 1946년 경찰서장이 즉결처분 및 흠계방면권을 사법부에 정식으로 이관하였다.
고등경찰의 폐지, 정보경찰의 신설	대신에 정보과가 신설되는 등 비경찰화 작업이 진행되었다.
검열·출판업무의 이관	활동사진, 필름의 검열권, 출판경찰도 공보부로 이관하였다. 단, 공연장의 질서유지는 경찰이 담당하였다.
여자경찰제도 신설	1946년 5월 15일 최초로 여자경찰관을 채용하였다.
경찰조직 개편	1946년 경찰은 경무부로 승격되어 개편되었고 1946년 9월 서울, 대구, 전주의 3개소에 경무총감부를 설치하고 그 산하에 11개의 관구경찰청을 두는 등 조직개편이 이루어졌다.
중앙경찰위원회 설치	① 1947년 6인으로 구성된 '중앙경찰위원회'가 법령 157호에 의해 설치 ② 주요 경무정책의 수립 및 경무부장관이 회부한 경무정책, 경찰관리의 소환과 임면, 기타 군정장관이 회부한 사항을 심의함으로써 경찰민주화를 위한 조치를 시행
경찰의 독자적 수사권	미군정은 비민주적 형사제도를 개선하고, 영미식 형사제도를 도입하여, 1945년 12월 29일 미군정 '법무국 검사에 대한 훈령 제3호'가 발령되어 '수사는 경찰, 기소는 검사' 체제가 도입되면서 경찰의 독자적 수사권이 인정

① 조직법적, 작용법적 정비가 이루어졌다.
② 전체적인 경찰제도와 인력은 개혁이 이루어지지 아니하였다.
③ 경찰의 이념에 민주적인 요소가 도입되었다.
④ 건국의 기초를 쌓는 데 기여하였다.

알파 027 독립이후 1991년 이전의 경찰

1 내무부경찰체제의 출범

중앙경찰조직 내무부 치안국 (치안본부)	① 경찰조직이 '부'(部)에서 '국'(局)으로 격하된 것을 의미하며 이러한 '국'체제는 1975년 치안국이 치안본부로 개편된 후 1991년 경찰청이 내무부의 외청으로 독립될 때까지 유지된다. ② 내무부 산하 하나의 국(局)으로 전락하게 된 이유는 정부조직법 제정에 참여한 구성원이 대부분 일제 강점기의 관리로 구총독부나 일본정부의 과거 행정조직을 모방하였기 때문이었다. ③ 국립과학수사연구소의 설립(1955)과 해양경찰대의 설치(1953), 1·21사태를 계기로 한 전투경찰대의 설치(1968), 경찰대학설치법의 제정(1979)과 경찰대학의 개교(1981) 등이 이 시기에 이루어졌다.
지방경찰조직 (지방경찰국)	① 지방경찰도 중앙과 마찬가지로 1991년 경찰법이 제정될 때까지 관청으로서의 지위를 얻지 못하고 시·도지사의 보조기관에 지나지 아니하였다. ② 경찰서장은 행정관청으로서 1991년 이전에도 우리 경찰에서 유일하게 행정관청으로서의 지위를 가지고 있었다.

2 경찰관직무집행법 등 경찰관계법령의 제정

1953년 12월 14일 법률 제299호로시 경찰관직무집행법이 제성되어 경찰관의 직무집행에 관한 기본법이 마련되는 등 경찰관련 법령의 정비가 이루어졌으며 '국민의 생명, 신체, 재산의 보호'(제1조)라는 영미법적인 사고가 동법에 반영되었다.

또한, 1969년 1월 7일 경찰공무원법이 처음으로 제정되어 그동안 국가공무원법에 의거하던 경찰공무원을 특별법으로 규율하기에 이르렀다. 경장·경정 2계급을 신설하고, 경감이상 계급정년제 노입하였다.

▶ **내무부 산하의 치안국, 치안본부 시대의 특징(광복 이후 1991년 이전 경찰의 특징)**

① 독립국가로서 한국 역사상 최초로 자주적인 입장에서 경찰을 운용해 나갔다.
② 경찰작용에 관한 기본법으로서 경찰관직무집행법이 제정되었다.
③ 종래 식민지배 또는 군정통치에 봉사하던 경찰이 처음으로 대한민국의 존립과 안녕, 대한민국 국민의 생명과 신체 및 재산의 보호를 포함하는 공공의 안녕과 질서유지 임무를 수행하게 된다.
④ 경찰 사무에 나타난 변화
　㉠ 독립 이후의 혼란기와 1950년 발생한 6·25사변을 통하여 경찰본연의 업무를 떠나 전투경찰적 활동을 수행
　㉡ 1953년에는 해양경찰 업무추가
　㉢ 1968년에는 전투경찰대의 설치를 기화로 전투경찰 업무가 정식으로 경찰의 업무범위에 추가
　㉣ 소방업무가 1975년 내무부 민방위본부로 이관되면서 경찰의 업무에서 배제
⑤ 1960년 3·15 부정선거에의 개입 등 정치적 중립을 해치는 일탈과 과오를 저지른 뼈아픈 역사를 가지고 있다. 경찰의 정치적 중립성은 우리 경찰조직의 이념이다.
⑥ 그에 따라 이 시기의 경찰에 대한 최대의 요구는 정치적 중립이었으며 조직 내부적으로도 경찰의 기구독립이 하나의 숙원이었다. 1991년의 경찰법의 제정은 이러한 배경 하에 탄생하는 것이다.

알파 028 1991년 경찰법 제정 이후의 경찰

의의	① 경찰법의 제정으로 종래 내무부의 보조기관이었던 치안본부가 내무부의 외청으로 승격되었으며 지방경찰도 시·도지사의 보조기관에서 독립된 관청으로 승격되었다. ② 내무부에 경찰위원회를 두고 지방에는 시·도지사 밑에 치안행정협의회를 두도록 되어 있다.
경찰법 제정	새로 제정된 경찰법은 '민주적인 관리운영과 효율적인 임무수행'을 기본 목적으로 설정하여 민주성과 효율성이라는 경찰행정의 기본이념을 분명히 제시하면서 국민의 의사를 반영하고 정치적 중립성을 실현하기 위하여 경찰위원회를 설치하였으며 경찰조직에 교통·방범 등 민생치안기능을 강화하여 대민봉사에 전념할 수 있게 하였다.
독립관청화	경찰조직의 관청형태는 내무부장관 소속하에 경찰청을 두어 반독립적인 외청 형태를 취해 독자적인 관리체제로서의 기반을 마련한 것이다. 또한 합의제 관청인 경찰위원회를 두어 경찰행정에 관한 주요 정책을 심의·의결하도록 하였으며 민생치안의 효율화를 위해 일선 경찰서의 인력을 보강하였다.
해양경찰의 이관	종래 경찰청에서 관리하여 오던 해양경찰이 1996년 8월부터 해양수산부로 이관되었다.

알파 029　경찰의 표상

백범 김구선생	① 민족의 사표 ② 1919년 상하이에서 수립한 대한민국 임시정부의 초대 경무국장. ③ 1932년 직접 대한교민단 의경대장에 취임하여 일제의 밀정색출, 친일파 처단 및 상해 교민사회의 질서유지 등 임무수행
안맥결 총경	① 독립운동가 출신의 여성경찰관 ② 도산 안창호 선생의 조카딸로서, 1919년 10월 평양 숭의여학교 재학 중 만세시위에 참여하다 체포되어 20일간 구금 ③ 1936년 임시정부 군자금 조달 혐의로 5개월간 구금되었으며, 1937년 일제가 조작한 수양동우회사건으로 수배된 후 만삭의 몸으로 서대문형무소에 수감되었다가 가석방 ④ 1946년 5월 미군정하 제1기 여자경찰간부로 임용되어 국립경찰에 투신하였고 1952년부터 2년간 서울여자경찰서장을 역임하며 풍속·소년·여성보호 업무를 담당하였다. 당시 권위적인 사회속에서 여자경찰제도는 선진적이고 민주적인 제도였음. ⑤ 1957년 국립경찰전문학교 교수로 발령받아 후배경찰교육에 힘쓰다 1961년 5·16군사정변이 일어나자 군사정권에 협력할 수 없다며 사표를 제출 ⑥ 2018년 독립유공자 등록(건국포장 수훈)
문형순 경감	① 민주·인권경찰의 표상 ② 문형순 서장은 신흥무관학교를 졸업한 독립군 출신으로 광복 이후 경찰간부(경위)로 경력채용되어 경찰에 입직 ③ 제주 4·3사건 당시인 1948년 12월, 제주 대정읍 하모리에서 검거된 좌익총책의 명단에 연루된 100여명의 주민들이 처형위기에 처하자 당시 모슬포서장 문형순은 조남수 목사의 선처청원을 받아들여 이들에게 자수토록 하고, 1949년 초에 자신의 결정으로 전원 훈방 ④ 1950년 8월 30일 성산포경찰서장 재직 시 계엄군의 예비검속자 총살명령에 '부당함으로 불이행'한다고 거부하고 278명 방면 ⑤ 2018년 경찰영웅으로 선정
차일혁 경무관	① 호국·인권·문화경찰의 표상 ② 전북 18전투경찰대대장(경감)으로 경찰 투신, 빨치산 토벌 당시 남부군 사령관 이현상을 사살하는 등 빨치산 토벌의 주역이며 이현상을 '적장의 예'로써 화장해주고, 생포한 공비들에 대하여 관용과 포용으로 귀순을 유도한 인본경찰·인권경찰의 표상이 되었다. ③ 공비들의 근거지가 될 수 있는 사찰들을 불태우라는 상부의 명령에 대하여 '절을 태우는 데는 한나절이면 족하지만, 세우는 데는 천 년 이상의 세월로도 부족하다.'며 사찰의 문짝만 태움으로써 화엄사(구례), 천은사(구례), 선운사(고창), 백양사(장성), 쌍계사(하동), 금산사(김제) 등 사찰과 문화재를 보호하였고 충주경찰서장 재직당시 '충주직업소년학원'을 설립하여 불우아동들에게 배움의 기회를 제공하는 등 문화경찰의 표본이 됨. ④ 화엄사 공적비 건립(1998), 보관문화훈장 수훈(2008), '문화재를 지켜낸 인물' 선정(2008, 문화재청), 드라마 '여명의 눈동자' 주인공 장하림(박상원역) 실제모델(1991, MBC) 등으로 업적을 인정 받았다. ⑤ 2019년 경찰영웅으로 선정
최규식 경무관· 정종수 경사	① 호국경찰의 표상 ② 1968년 무장공비 침투사건(1·21사태) 당시 종로경찰서 자하문검문소에서 무장공비를 온몸으로 막아내고 순국함으로써 청와대를 사수

	③ 군 방어선이 뚫린 상황에서 경찰관 최규식(태극무공훈장)·정종수(화랑무공훈장)의 순국으로 대한민국을 지켜내고 조국의 발전을 가능하게 한 영웅적인 사례임.
안병하 치안감	① 민주·인권경찰의 표상 ② 육군사관학교 출신으로 1962년 경찰에 투신, 1972년 2월 전라남도 경찰국장으로 임명 ③ 5.18 광주 민주화 운동당시 과격한 진압을 지시했던 군과 달리 '분산되는 자는 너무 추격하지 말 것, 부상자 발생치 않도록 할 것, 연행과정에서 학생의 피해가 없도록 유의하라'고 지시. 비례원칙에 입각한 경찰권 행사 및 시위대 인권보호를 강조 ④ 신군부의 명령을 어긴 죄로 직무유기 혐의로 직위해제 당하고 보안사 동빙고 분실로 끌려가 10여일간 혹독한 고문을 받은 후, 후유증으로 투병하다 사망 ⑤ 2006년 순직경찰로 인정받아 서울 국립현충원에 영면 ⑥ 2009년 문을 연 충남 아산 경찰인재개발원에는 안병하 치안감의 이름을 딴 안병하 홀이 생김 ⑦ 2017년 경찰영웅으로 선정
이준규 총경	① 민주·인권경찰의 표상 ② 이준규 서장은 1948. 3. 31. 경찰입직(순경공채)하였고, 1980년 5·18당시 목포경찰서장으로 재임하면서 안병하 국장의 방침에 따라 경찰 총기 대부분을 군부대 등으로 사전에 이동시켰고 자체 방호를 위해 가지고 있던 소량의 총기마저 격발할 수 없도록 방아쇠 뭉치를 모두 제거해 경찰관들과 함께 고하도 섬으로 이동시키는 등 원천적으로 시민들과의 유혈충돌을 피하도록 조치하여 광주와 달리 목포에서는 사상자가 거의 나오지 않았다. ③ 이에 신군부에 의해 직무유기 혐의로 구속되어 1980년 직위해제된 후 파면되는 한편, 강경진압지시 거부 및 자위권 소홀 혐의로 군법회의에서 징역1년의 선고유예를 받았다. ④ 2018년에 5·18민주유공자로 등록되었고, 2019년에는 형사판결 재심 무죄 선고 및 파면처분 직권 취소 등 명예 회복이 이루어졌다.
최중락 총경	① 대한민국 수사경찰의 표상 ② 최중락 총경은 1950.11월 경찰에 입직(순경공채). '63·'68·'69년 치안국 포도왕(검거왕)으로 선정되었고 재직 중 1,300여 명의 범인을 검거하는 등 수사경찰의 상징적인 존재 ③ 1970~80년대 MBC드라마 '수사반장'의 실제모델로 20년간 각종 자료 제공 및 자문을 하였고, 1990년 퇴직 직후에는 '촉탁수사연구관'으로 선임되어 후배 수사 경찰관들을 지도 ④ 녹조근정훈장·근정포장·대통령표창을 비롯 120여개의 훈·포장과 표창을 받았다. ⑤ 2019년 경찰영웅으로 선정
김학재 경사	① 부천서 형사였던 김학재 경사(당시 경장)은 1998년 5월 강도강간 신고출동 현장에서 피의자로부터 좌측 흉부를 칼로 피습당한 상태에서도 격투를 벌여 범인검거 후 순직 ② 2018년 문형순 서장과 함께 경찰영웅으로 선정
안종삼 서장	① 국민보도연맹은 1949년 6월 5일 좌익 계열 전향자로 구성됐던 반공단체 조직이다. 1948년 12월 시행된 국가보안법에 따라 '극좌사상에 물든 사람들을 사상전향시켜 이들을 보호하고 인도한다'는 취지와 국민의 사상을 국가가 나서서 통제하려는 목적으로 결성 ② 1950년 6월 25일에 북한이 전격적으로 남침해 한국전쟁이 발발했을 때, 대한민국 대통령 이승만은 초기 후퇴 과정 중 '보도연맹에 가입된 사람들이 조선 인민군이 점령한 지역에서 협조할 것.'이라는 의심 ③ 6·25가 발발한 지 한 달째 되는 1950년 7월 24일 "구금 중인 보도연맹원 480명을 즉각 사살하고 후퇴하라."라는 상부의 명령에 "여러분, 나는 지금 내 목숨과 맞바꿔야 할 중대한 결의를 한 순간입니다. 나는 지금부터 여러분을 모두 방면합니다. 국가를 위해 다시 한 번 애국의 기회를 줄 테니 나라에 충성하십시오. 오늘 이 조치로 인해 내가 반역으로 몰려 죽을지 모르지만 혹시 내가 죽으면 나의 혼이 480명 각자의 가슴에 들어가 지킬 것이니 새사람이 되어 주십시오. 선량한 대한민국 백성으로 말입니다." 상부의 명령을 거부하고 모두 방면

알파 030 경찰약사

시기	내용
1945. 10. 21	**국립경찰 창설**
1946. 01. 16	경무국을 경무부로 승격
1946. 06. 10	최초 여경을 모집
1947. 11. 25	중앙경찰위원회 설치
1949. 10. 18	경찰병원 설립
1953. 12. 14	**경찰관직무집행법 제정**
1953. 12. 23	**해양경찰대 발족**
1955. 03. 25	국립과학수사연구소 설치
1966. 07. 01	경찰관 해외주재관 제도 신설
1968. 09. 01	전투경찰대 발족
1969. 01. 07	**경찰공무원법 제정(경정·경장 2계급 신설, 2급지 서장을 경감에서 경정으로 격상)**
1974. 12. 24	**내무부 치안국을 치안본부로 개편**
1979. 12. 24	경찰대학설치법 제정(개교 : 1981)
1982. 12. 31	의무경찰제도 도입
1991. 08. 01	**경찰법 제정(치안본부를 경찰청으로 승격, 지방경찰국을 지방경찰청으로 승격)**
1996. 08. 08	**해양경찰청을 해양수산부로 이관**
1999. 05. 24	경찰서에 청문감사관제도 도입
1999 .12. 28	경찰청장 소속으로 운전면허시험관리단 신설
2000. 09. 29	**사이버테러대응센터 신설**
2004. 12. 31	기존 파출소를 지구대·파출소 체제로 개편
2005. 07. 05	경찰청 생활안전국에 여성청소년과 신설
2005. 12. 30	경찰병원을 책임운영기관화함
2006. 03. 30	경찰청 외사관리관을 외사국으로 확대개편
2006. 07. 01	**제주특별자치도에 자치경찰 출범**
2006. 10. 31	제주지방경찰청을 치안감급으로 격상, 경찰청 수사국 내에 인권보호센터 신설
2007. 07. 02	광주·대전지방경찰청 신설
2009. 11. 23	경찰종합학교를 경찰교육원으로 명칭변경 등
2012. 01. 25	부산광역지방경찰청장을 치안정감급으로 격상, 부산지방경찰청 차장을 없애고 3부제로 개편
2012. 02. 22	시·도지사 소속으로 2개의 지방경찰청을 설치할 수 있도록 함. 경찰서장을 경무관·총경·경정으로 보하도록 함
2014. 11. 19	해양경찰청을 국민안전처 해양경비안전본부로 이관
2017. 07. 26	국민안전처 해양경비안전본부를 해양수산부 해양경찰청으로 이관 행정자치부를 행정안전부로 개칭

CHAPTER 04 외국경찰의 역사와 제도

알파 031 영국

1 역사

1) 고대 : 영국은 전통적으로 자치경찰제도를 취하고 있다.

  (1) **10인조 조합** : '국왕의 평화'를 달성하기 위한 10인 상호보증제도(Frank Pledge System)에서 유래

    ※ 민중의 평화와 구별(Peace of the Folk) ← 로마정복시대
      ① 모든 사람은 자기 지역사회의 구성원의 과오에 대하여 공동으로 책임을 지며,
      ② 범법자에 대하여는 복수할 수 있다.

  (2) **100인조 조합**

Constable	10인조가 다시 모여 100인 조합을 형성하였고, 이를 관리하기 위하여 1명의 관리책임자(Constable)를 임명하였고, 이것이 오늘날 영국경찰의 기원이 되었다.
Shire Reef	국왕은 각 샤이어의 치안을 위해 군인이면서 법관인 국왕대관(Shire Reef)을 임명하고 이들이 바로 후에 보안관(Sheriff)이 된다.

2) 중세

  (1) **노르만 정복시대** : 국왕(중앙)에 의한 범죄에 대한 재판권 인정

  (2) **장원-Constable의 임명**

윈체스터 법령	① 윈체스터법령은 지방도시 치안유지를 위한 경찰활동을 보장하기 위하여 제정 되었다. ② 런던 내외에서의 **주야간 감시제도**(Watch and Ward), 즉 야경인제도를 도입하여, **종래 경찰관의 임무 보좌**하게 하였다. ③ 종래 색슨인 전통인「도적 잡아라」하는 식의 범죄대처방안이 법령화됨으로써 그러한 의무가 모든 주민에게 부과되었고, 이는 발견되는 어떠한 범법자든 모든 주민에 의해 추적됨을 의미한다. (범인추적협조제도의 부활) ④ 범죄대처방안을 강화하기 위해 15~60세 사이의 남자들에게 계급에 따라 일정량의 **장비**를 보유할 수 있게 하였다. ⑤ **공공도로에서의 단속**을 규정하였다. ⑥ 윈체스터법령은 노르만 침공과 1829년의 수도경찰청법 사이의 600여 년 동안 **거의 유일하게 존재하는, 경찰활동을 규율하는 일반원칙을 정립하는 법령**으로서의 중요성을 갖는다.
수도런던에 관한 법률	수도런던에도 치안유지 권한을 가진 치안법관과 그 경비원이 24개로 나눈 런던시를 관할하였다.

(3) **에드워드 1세의 개혁** : 범죄의 증가로 인한 사회불안으로 불만이 증가
  - 그 외 다수의 법령이 존재하였다. ×

3) 산업혁명 이전

(1) **특별경찰인 산림경찰과 상업경찰 창설**

(2) **청교도혁명(1642~1651)** : 육군헌병으로 전국적으로 통일적인 경찰조직을 만들었으나 국민들의 반감으로 곧 폐지

(3) **헨리 필딩 법관이 만든 절도체포대, 기마순찰대, 도보순찰대** : 후에 경찰청의 기본이 되었다.

4) 산업혁명이후

(1) **1792년 미들섹스법원법** : 런던에 7개의 간이재판소와 3명의 치안법관, 6명의 경찰관을 임명

(2) **신경찰제도의 창설**

  ① 수도경찰청(Metropolitan Police Service)의 탄생(로버트 필경(Sir Robert Peel))
    ㉠ 분리되어 있던 경찰 조직을 통합 ⇨ 영국 경찰의 기초 확립(1829)

> ① 수도와 주변을 6개 구로 나누어 **경찰서, 순찰구역** 등을 두었으며,
> ② 다원화되고 분립되어 있던 **지방경찰조직의 통합**
> ③ 경찰의 **계급과 제도 및 정복착용 등의 개혁**을 통하여 근대 영국경찰의 기초를 확립,
> ④ 그의 애칭 Bobby는 영국경찰의 상징

   ㉡ 영국 경찰사에서 분립되어 있던 경찰조직을 통합하고, 수도경찰청을 설립하는 등 영국경찰의 기초를 확립한 사람은 로버트 필 이다.

(3) **1856년 「군 및 특별시경찰법」(County and Borough Police Act) 제정**

자치경찰에 대한 내무부장관의 감독권과 통제권을 강화

- **영국의 치안총감이었던 트렌차드의 경찰개혁(1931)**

· 구(區)중심의 제도 개혁	· 순찰제도의 개선
· 경찰설비 확충	· 10년 단기 순경제 실시
· 경찰교육기관의 도입	

(4) **긴급국방조례(2차세계대전 중인 1942년)와 1946년의 경찰법**

경찰기관의 대대적인 합병(경찰의 합병명령)

(5) **1964년 경찰법(Police Act) 제정**

- 왕립경찰위원회의 보고서(1962)
  - 경찰의 부정부패, 비효율, 비능률의 문제

> 1) 지방경찰의 난립에 따른 조직과 권한행사의 불통일 시정
> 2) 경찰관의 근무조건을 개선
> 3) 효율성의 극대화를 위한 프랑스식 국가경찰제도의 제안

  - 1960년대에 지방경찰의 난립으로 '국가경찰 제도'의 도입이 제안되기도 하였다.

- 1964년 제정된 영국의 경찰법
  ① 지방경찰의 통폐합
     183개의 경찰청들을 52개(잉글랜드 웨일즈에 43개, 스코틀랜드에 8개, 북아일랜드에 1개)의 경찰청으로 통폐합
  ② 3원체제
     - 경찰의 관리와 통제를 담당하는 3원체제는 경찰위원회, 경찰청장, 내무부장관을 의미한다.
     - 자치경찰에 대한 내무부장관의 일원적 관리 ×

5) 최근

(1) **범죄기소법(1985년)** : 기소권이 경찰에서 검찰(국립검찰청)로 이전

(2) **중앙범죄정보국과 중앙범죄수사국**

중앙범죄정보국 (NCIS, National Criminal Intelligence Service) 1992년 창설	연혁	① 최초 내무부장관의 직속기관으로 창설되었다.(1992년) ② 관리기관으로 중앙정보위원회를 신설하였다.(1997년)
	임무	① 광역적·조직적·국제적 범죄에의 대응을 위해 내무부장관 직속으로 창설 ② 범죄정보의 수집·분석·배포 업무를 담당케 하다가 1997년 경찰법 개정으로 자체 수사권한까지 보유 ③ 독립적인 중앙범죄정보국관리위원회(NCISA)의 관리를 받음(내무부장관의 직속에서 이관됨) ④ 국제형사경찰기구(Interpol) 영국지부의 기능 수행 ⑤ 자체 수사기능을 보유하고 있다.
중앙범죄수사국 (NCS, National Crime Squard Service) 1997년 창설		① 1997년 경찰법에 의하여 창설(1997경찰법 → 정보국과 수사국의 각각의 위원회 설치) ② 미국 FBI와 유사한 중앙단위의 수사기구(기존의 광역 수사대를 일원화) ③ 기존의 광역수사대(Regional Crime Squads)를 일원화해 중대한 범죄와 조직범죄·국제범죄의 수사를 전담하게 함 ④ 중앙수사위원회(NCSA)의 관리를 받음

2 조직

1) NCA(국가범죄청)

① 의의
  ㉠ 영국 경찰은 수도 경찰청, 런던시 경찰청과 41개(잉글랜드와 웨일즈지역) 등에 43개 지방경찰청을 두고 있다. 그 운영은 ① 내무부 장관과 NCA ② 각 지방경찰청장 ③ 지역치안위원회 ④ 지역치안 평의회라는 4원 체제로 이루어진다.
  ㉡ 영국 경찰은 자치경찰 운영의 전통에 기반하여, 기관 간 수평적 연결을 중시하고, 명령이 아닌 정보로 상호 조정하는 체제를 발전시켜왔다.
② 영국은 2011년 기존 중대범죄청(Serious Organised Crime Agency, 이하 SOCA)을 국가범죄청(National Crime Agency : NCA)로 개편

알파 032 미국

1 역사

1) 식민지시대

(1) **영국의 경찰제도가 각 지방 나름대로 도입되면서 시작되었다.**
  영국은 미국의 경찰제도에 가장 큰 영향을 주었다.

(2) **오늘날 미국이 고도로 분권화된 체제를 갖추게 된 것은 "작은정부" 사상에 기인한다.**

(3) **지역별 경찰의 형태**

북부지역	① Town에서는 영국의 도시경찰과 같은 Constable이나 Watchman이 치안을 담당하였다. ② **미국 도시경찰의 시초라 할 수 있는 보스톤시의 야경제도(night watch system)는 1636년에 시작되었으며 1658년에는 뉴욕시, 1700년에는 필라델피아에서도 비슷한 조직을 갖추었다.**
남부지역	① 남부지역에서는 군정부(county government)가 지방정부의 주요단위가 되었다. ② 영국의 Sheriff가 시골지역에서 기본적인 법집행관(law enforcement official)으로서 임무를 수행한 것처럼 County를 관할하는 Sheriff가 **남부 농촌지역의 경찰기능을 담당하였다.**
서부지역	동부에서 이주해온 사람들의 출신지역과 지역특성에 따라 제도가 혼합

2) 근대경찰로의 개혁

독립초기	① **영국식 경찰이 점차 개혁**되어 1790년대까지 뉴욕에서는 시장, 상급 치안관(High Constable), 치안관(Constable), 마샬(Marshal), 야경원(Nightman)으로 구성되는 새로운 경찰제도가 성립하였다. ② 연방정부도 **연방보안관(U. S. Marshal)**을 각 주에 1명씩 임명하였고, 각 주에 1명씩 **연방지방검사**를 두어 연방법 위반의 소추를 하게 했다. ③ 주지사의 지휘하에 있는 민간방위대도 **주 군인경찰(State Militia)**로서 이때 생겨났다. ④ 서부개척 당시에는 민간방범대, 보안관 등과 함께 역마차나 철도를 통한 금괴나 현금을 보호하기 위한 경호경비를 전담하는 경비회사가 생겨나, 오늘날 **미국의 민간 경비의 시초**가 되었다.
19세기	**1. 개혁의 배경** 19세기의 미국**경찰은 비전문적이었고, 부패와 비능률**이 지배 (1) 도시경찰의 개혁 ① 1830년대의 도시화, 산업화를 거치면서 1838년 보스턴시 경찰, 1844년에 뉴욕시 경찰, 1833년과 1848년에 필라델피아 경찰이 근대적 경찰로 개혁하는 등 **미국의 대도시에 경찰개혁**이 시작되었다. ② 경찰조직운영에 있어 전국적인 통일의 결여를 보완하기 위하여 **국제경찰장회의(IACP)가 창설**되었다. (2) 주경찰 창설 ① 미국경찰의 **지나친 분권화와 정치적 영향으로 효과적인 범죄 대처가 불가능**하게 되자 각 주별로 경찰기관을 재조직하게 된다. ② 주 경찰기관의 설립은 **1835년 텍사스주의 Taxas Ranger**를 거쳐, 메사추세츠주에서는 지역경찰(Massachusetts Districts Police)을, 1905년 펜실베니아 주 경찰청 등이 등장하여, 점차 다른 주에서도 주경찰을 보유하게 되었다. (3) **연방경찰의 창설** – 연방범죄수사국(FBI)의 창설 일반 치안유지는 주의 임무로서 자치체가 담당하였으며, 연방경찰은 **주간(州間) 통상이나 화폐 위조, 도량형 표준화, 우편사무의 증가 등에 의한 필요성**으로 1935년에 연방범죄수사국이 창설되기에 이르렀다
20세기 초	• 실버스타, 볼머 20세기초에는 미국사회의 혁신운동과 함께 「**경찰로부터의 정치의 분리와 정치로부터의 경찰의 분리**」를 기본목표로 경찰의 전문직화가 주장 ㉠ 정치적 간섭배제 ㉡ 경찰채용기준의 강화 ㉢ 근무조건의 개선 ㉣ 교육의 강화 등이 제안되어 경찰개혁이 급속도로 진행되었다. 1. 1931년 미국의 「준법 및 법집행에 대한 실태조사위원회 보고서」 – 정치적 간섭배제, 경찰채용기준의 강화, 근무조건의 개선, 교육의 강화 등이 제안되었다. – Wickersham 위원회(1929년 대통령 후버가 형사사법개혁을 위해 설치)

① 정치적 간섭 배제
② 근무조건개선
③ 경찰의 기술혁신

2. 윌슨(O.W.Wilson)이 주장한 경찰업무의 혁신

1) 경찰의 조직구조
2) 순찰운용
3) 통신의 효율성을 통한 경찰의 전문직화를 추진

- 20세기 초 경찰개혁은 지방자치단체의 본질을 유지하면서도 연방과 주의 경찰제도와의 조화에 힘쓰고 있다.

3) 20세기 후반

(1) **적법절차**

(2) 최근 – 지역경찰(Eck와 Spelman의 SARA모델–문제지향적 경찰활동)

2 미국경찰의 조직

1) 개관

(1) 주정부는 고유한 권한으로 경찰권을 갖는다.

① 주정부는 각 지방단체에 위임
② 전국경찰을 일원적으로 지휘하는 제도나 기구는 없다.
③ 각 기관 상호간의 관계는 상하관계가 아닌 협력 응원관계이다.

2) 연방경찰

(1) 연방정부는 헌법상 명문으로 경찰권을 가지고 있지 아니하지만 헌법이 부여한 과세권 및 주간통상규제권 등의 행사로 <u>사실상 경찰권</u>을 행사한다.

① 연방경찰기관의 권한은 국가적 범죄 및 주간의 범죄단속에 한정된다.

국가적 범죄	연방정부의 기능이나 수단에 대하여 직접적으로 유해하거나 또는 파괴적인 범죄 – 밀수, 유가증권위조, 우편물 약탈, 대통령 암살
주간의 범죄	① 일정한 범죄의 다른 주로의 이동 ② 도난 자동차나 도난품의 다른 주로의 이동 ③ 우편이용범죄

(2) 조직

① 다수의 연방법집행기관(113개 또는 60여개)
② 연방정부의 각 기관이 자체적인 법집행력을 확보하기 위한 필요에 따라 난립
③ 미국의 연방범죄수사국 이외에는 모두 특정한 법 영역만을 담당한다.
④ 연방범죄수사국은 연방의 일반경찰이라고 할 수 있다.

(3) 평가

① 법집행기관의 난립
연방 법집행기관은 다수이지만 임무중복 등의 현상이 없이 체계적인 조직을 갖추고 있다. ×
② 2차대전이후 범죄급증에 따라 설립된 각종 법집행기관의 비능률성 → 통합의 필요성
미국경찰은 일반적으로 통합적인 법집행체제를 갖추고 있다. ×

3) 주경찰

(1) 연혁

① 20세기부터 급속히 발달한 경찰조직
② **최초의 주경찰을 둔 곳은 텍사스주이다.** – 최초의 주경찰은 펜실바니아 주경찰이다. ×

(2) 관할과 권한

주 전역을 관할, 일반적 경찰권 행사

(3) 주경찰의 조직형태

하와이를 제외한 모든 주는 다음 유형 중 하나를 주의 일반경찰기관으로 함

주경찰국 (State Police)	① 주로 동부지역–미시간, **뉴욕**, 버지니아주등 21개주 ② 일반적 경찰권 행사–주민의 생명, 신체, 재산의 보호와 치안유지/범죄수사/교통경찰 ③ **제복경찰활동 중심** 예 펜실바니아 주

고속도로순찰대
(Highway Patol)
	① 연혁–1929년 **캘리포니아**에서 최초로 실시
	② 미국 남부, 서부에 많음–캘리포니아, 오하이오, 남가주등 19개주
	③ 임무
	  – 일반적으로 차량의 운행을 규제하는 교통관계법규의 집행
	  – 일부 주에서는 범죄수사의 권한행사
	    ※ 고속도로순찰대가 없는 주는 주경찰국이 순찰대의 임무수행
	    ※ 3개의 유형 중 업무영역이 가장 좁다(교통, 차량, 고속도로에 한정)
	④ 제복경찰활동중심

주경찰청
(Department of Public Safety)
	① 연혁 : 2차대전 이후 범죄의 급증에 대비하여 각종 법집행기관의 설립과 그에 따른 조직·임무의 중복과 비능률 발생 → 법집행기관의 통합필요성 인식 (통합의 형태는 주경찰청이 일반적)
	② 아리조나, 조지아, 뉴저지, 텍사스 등 9개주
	  ㉠ 뉴저지–주경찰청내에 주경찰국 설치
	  ㉡ 아리조나등 8개주–주경찰청내에 고속도로순찰대 설치
	③ **제복경찰관**, 사복수사관, 기술전문가로 구성

(4) 주경찰의 관리형태

주지사 직속	① 펜실바니아주 → 주지사직속으로 주경찰국을 두고 있다. ② 미국의 펜실베니아 주경찰국은 주지사의 직속이며 중간관리가 없이 직접 보고하고 지휘감독을 받는다.
지사아래 경찰위원회	① 조지아주 → 주지사밑에 경찰위원회를 두고 관리하고 있다. ② 뉴욕주 → 주지사밑에 경찰위원회를 두고 관리하고 있다.
지사아래 법집행청	일리노이주: 일이노이주는 주지사 직속으로 경찰국을 두고 있다. ×

4) 지방경찰

(1) 도시경찰

① 도시경찰은 미국자치경찰의 주력이다.
② 최초의 도시경찰은 보스턴의 야경인 제도이다

(2) 도시경찰의 관리형태

미국의 도시경찰의 관리형태는 자치체 정부의 형태에 따라 다양하다.

(1) 경찰위원회	① 수명의 위원으로 구성된 경찰위원회가 합의제로 경찰 관리 ② 일반적으로 시장이 임명하고 시의회가 승인 ③ 위원은 일반시민, 경찰 중에서 선발 ④ 정당정치 배제 목적(초당파 위원회) ⑤ 문제점–비전문, 비상근으로 책임 결여 ⑥ LA, 세인트루이스, 디트로이트, 캔사스

(2)
경찰위원
	① 위원회 정부형태를 취한 도시에서 경찰위원으로 선출된 위원이 경찰을 관리
	② 위원은 선거로 선출된 임기직(일시적)이며, 소방 위생 업무도 병행
	③ 문제점–비전문성, 청장과의 분쟁
	④ 1901텍사스 갈베스톤시에서 시작
	  – 20세초 일시유행하다 2차대전이후 급속히 폐지
	  – 일부 중소도시에서 운영 (포틀랜드, 툴사)

단일(독임제)
경찰관리 →
비전문인
(1)(2)제도의
대안
	(1) 경찰관리관
	  ① 경찰위원회의 합의제를 단독제로 변경(외부관리)
	  ② 경찰관리관이 경찰청장 통제
	  ③ 콜럼버스, 클리블랜드, 덴버
	(2) 경찰위원
	  ① 경찰위원회제도를 단일의 위원으로 전환
	  ② 경찰위원을 경찰청장을 의미
	  ③ 조직 내부에서 경찰을 관리 통제(내부 관리)
	  ④ 뉴욕, 보스턴, 볼티모어, 버팔로 등 대도시
	(3) 경찰청장
	  경찰청장이 제복경찰관의 최고직으로서 도시 경찰부(국)을 지휘 감독 – 워싱톤

알파 033　독일

1 역사

1) 14세기 이후
① 봉건영주가 경찰권 행사
② 농촌은 기마/도시는 자치

2) 프로이센
① 경찰은 처음부터 국가 사무(자치행정을 택한 이후에도 경찰은 국가사무) – 1808년
　– 국가의 관리 또는 정부로부터 위임받아 그 업무를 특정한 자치경찰의 경찰관이 담당
② 기마경찰 → 경찰대(1812)/도시에 국가경찰인 정복경찰이 창설(1848년 베를린)

3) 독일제국와 바이마르 공화국시대
비스마르크의 독일 통일 때인 1871년 4월의 제국헌법 제정 당시와 바이마르 공화국의 1918년 10월의 국가개혁시대에도 이러한 전통에는 별다른 변화가 없었다.

4) 제1차 세계대전
① 세계대전 중 중앙집권 경찰창설 ← 연합국에 의해 해체
② 패전후 지방경찰
　1933년까지의 독일의 경찰제도는 대체로 각 주에 따라 상이하여 전국으로 통일된 제도가 없었다.

5) 히틀러시대(나찌시대)
① 각 주의 주권을 박탈하고 **경찰권도 독일 중앙정부로 귀속**하게 하였다.
② 비밀국가 경찰의 설치(게슈타포)
　㉠ 프로이센 내무부장관 직속하에 비밀국가 경찰을 설치하고 전국의 정치경찰사무를 담당
　㉡ 활동은 외부로부터 일체의 간섭을 받지 않는 완전한 독립기관으로 그 활동의 주목적은 나치정권안전을 위한 모든 정치범 예방에 대한 책임을 가지고 있다.

6) 제2차 세계대전후 연합국은 독일경찰의 기본적 개편방향
① 경찰의 **탈나치화, 탈군사화, 비정치화, 민주화, 지방분권화**
② 소방·영업·도로·위생·건축 등의 업무를 경찰로부터 분리하여 일반행정기관에 이관시키는 **비경찰화 작업**
③ 행정경찰과 집행경찰의 분리

7) 1949년 독일기본법 이후
(1) 기본법
① **일반경찰행정권은 주정부의 권한에 귀속**
　독일경찰조직의 중점이 1933년 이전과 같이 다시 주에게 이전되어 **각 주는 고유의 경찰법**을 제정

② 이들 **경찰법**은 경찰의 임무와 권한 및 경찰의 구조와 편제 및 재정에 관한 법규가 중심이 되었다. 하지만 이것이 자치체 경찰제도로의 전환은 아니며, 대부분의 주정부에서는 자체입법으로 **주단위의 국가경찰제도**를 채택하고 있다.

㉠ 독일은 연방제 국가로서(기본법은 연방과 주의 입법사항을 배분하여 규정)
㉡ 각 주는 미국의 주와 같이 자치권이 아주 강하여 "각 주는 그대로 하나의 국가
  → 주를 국가로 하는 국가 경찰 → 경찰사무는 국가 사무
㉢ 주를 국가로 하는 국가경찰을 원칙으로 한다.
㉣ 독일 대다수의 주에서는 주를 국가로 하는 국가경찰제를 유지하고 있다.
㉤ 대부분 주정부는 고유 경찰법제정 등 자치경찰제도를 채택했다. ✕
㉥ 1949년 제정된 독일기본법에 의하면 대부분에 주에서는 자치제 경찰제도가 확립되었다. ✕

(2) 1950년대의 연방경찰
① 연방헌법보호청, 연방국경경비대, 연방범죄수사국
② 연방국경경비대 산하에는 1972년에 대테러부대(GSG-9)가 창설

(3) 연방 및 각주 통일 경찰법 모범초안(1976)
① 1976년에는 「연방 및 각주 통일 경찰법 모범초안」을 마련하여, 1977년 최종안(1986년 재개정)을 제정
② 이에 따라 대부분의 주에서는 전체 또는 부분적으로 경찰법을 제정하여, 경찰법의 통일을 기하고 있다. (계급과 제복의 통일)

(4) 통일독일(1989)

2 조직

1) 특징
경찰권은 원칙적으로 주정부에 속해 있으며, 다만, 전국적인 특수상황에 대비하기 위하여 연방경찰이 병존한다.

(1) 독일의 경찰조직은 각 주의 입법사항으로 규정
① 각 주는 고유의 경찰법을 제정하고 있다.
② 통일적인 연방경찰법이 있다. ✕

(2) 주경찰과 연방경찰의 관계
① 상호 독자적인 지위를 유지
  ㉠ 상명하복 또는 상하관계 아님(단, 연방경찰 관련 업무는 주경찰에 통제 가능)
  ㉡ 연방경찰과 주경찰과는 상명하복관계에 있다. ✕
② 조직 - 주경찰은 주 내무부 아래, 연방 경찰은 연방 내무부 아래
③ 연방경찰은 주경찰에 재정부담의무 없고, 감독권도 없다.
  ㉠ 독일의 연방경찰은 주경찰에 대해 감독권과 재정부담의 의무를 가진다. ✕
  ㉡ 연방경찰은 주경찰에 대하여 재정의무를 갖는다. ✕
④ 정리
연방경찰은 국경경비와 특수한 업무만을 담당하고 있어 사실상 지역치안은 주경찰이 전담하고 있으며, 따라서 독일 경찰조직의 핵심은 주경찰이다.

(3) 자치경찰(읍면의 자치경찰)-예외적 운영(브레멘주등)

2) 연방 경찰 – 본 기본법에 근거

연방경찰은 전국적 특수사항이나 국가적 긴급사태에 대처하기 위하여 설치되었다.

연방헌법 보호청 (BVS)	① 1950년 **독일 기본법을 근거로 설치** ② **임무 및 권한** 　㉠ 기본법 위반의 혐의가 있는 모든 행위에 대한 감시 업무와 정보수집·분석 　㉡ 국가 방첩업무와 반국가 단체 및 문제 인물에 대한 감시 업무를 담당 　㉢ 스파이 등 기본법 위반 혐의가 있는 모든 행위에 대한 정보수집과 분석을 임무 　　(정보수집을 위해 의회의 감독 아래 우편 개봉 또는 도청을 할 수 있다) 　　※ 연방헌법보호국은 법률상 집행업무를 할 수 없고 경찰권한도 없다. 　㉣ 경찰 집행권은 없다(구속, 압수, 수색, 소환등 강제력을 행사할 수 없다) ③ **지방조직** 　㉠ 지방조직으로 각 주에 주헌법보호청을 두고 있다. 　㉡ 연방헌법보호국과 주헌법보호국은 조직상 상하관계가 아니며 각각 독립하여 헌법 보호와 관련된 일을 처리하고 있다.
연방 범죄 수사국 (BKA)	① 1951년 각주에서 발생하는 전국적인 범죄와 반헌정질서범죄에 대처하기 위하여 창설, 독일수사경찰의 총본부가 아니라 범죄수사분야에서 각 주의 협조 및 지원관서 　㉠ 범죄정보 수집과 각 주의 수사 조정 업무 　㉡ 연방 관련 주요 사건만을 담당할 뿐이며 전국경찰의 수사활동과는 큰 관련이 없다. **(전국 범죄수사를 실질적으로 지휘하지 아니한다.)** ② 연방내무부장관의 감독 ③ 인터폴의 독일 국가 사무국 　※ 미국은 법무부 소속/ 독일은 내무부 소속
연방국경 경비대 (BGS) → 연방경찰로 명칭변경	① **임무** 　㉠ 독일국경 전부와 공항 등에서 헌법기관과 외국기관의 보호, 테러 등의 조직범죄에 대한 대처 　㉡ 독일 연방 지역의 국경 경비(여권 통제 업무/ 불법 출입국 감시) 　㉢ 헌법 기관 보호 ⇨ 대통령에 대한 안전업무 담당 ② 1972년에는 테러 및 인질범죄 등의 조직범죄에 대처하기 위하여 대테러부대(GSG-9)를 창설

① 연방경찰은 국경경비와 특수한 업무만을 담당하고 있다.
② 연방특별경찰–연방철도경찰, 연방수상경찰

3) 주경찰

(1) 경찰의 조직은 기본적으로 주의 관할사항이다.
① 경찰의 시설 및 조직은 기본적으로 **주의 관할사항**으로 규정되어 있으며 일반 경찰행정권은 각주 정부에 속하는 것이 원칙
② 각 주는 대개 고유한 경찰법을 제정하여 독자적인 경찰을 운영한다.
③ 주경찰의 기본임무는 사회공공의 안녕과 질서유지

(2) 조직
① 주내무부
  ㉠ **주내무부는 주의 최상급 경찰관청이다.**
  ㉡ 주내무부장관은 각급 경찰관서를 지휘 감독한다.
  ㉢ 내무부는 경찰법의 시행을 위한 각종 법규명령과 행정규칙을 제정한다.
  ㉣ 주에 대한 급박한 위험이 있는 경우 다른 **주 또는 연방경찰에 대한 지원 요청권**은 주의 수상에게 있다.
② 경찰청
  대부분의 주에서는 경찰청장을 경찰관이 아닌 **민간인으로 임명**하여 경찰권의 비대화를 방지하고 있다.

알파 034 프랑스

1 역사

1) 구체제하의 경찰제도

(1) 파리
상인순찰대와 왕의 임명에 의한 국왕순찰대가 공존
① 앙리 1세가 1032년 파리내의 치안을 위하여 창설한 국왕친위순찰대격인 **프레보**가 재판과 경찰을 담당
  - 상인 단체장이 상사재판권 등의 경찰업무를 수행
② 경찰국 창설(루이 14세 - 1667년)
  - 경찰과 재판을 담당하던 **프레보로부터 경찰업무를 분화하여 경찰국을 창설**(경찰대신을 파리에 창설)

(2) 기타도시 ← 시장이 자치제 경찰로 도시내의 경찰권 행사
① 중세에는 **영주가 경찰권을 행사**
② 11세기부터 영주로부터 자치권을 획득하면서 꼬뮌의 시장이 질서유지를 위한 행정경찰권을 행사하기 시작하면서 자치체 경찰이 생기는데, 이들이 오늘날 **지방자치경찰의 시초**

(3) 농촌-국립 군경찰

① 국립 군(軍)경찰은 **12세기의 기마순찰대**에서 기원

② 100년 전쟁과 종교전쟁을 거치면서 지방의 치안이 무질서해지자 **1373년 샤를르 5세**가 각 지에 주둔하는 군부대내의 치안을 담당하던 **마레쇼세**에게 성내(영주권한)를 제외한 지역의 모든 범죄를 처리하도록 하면서 정착

③ 오늘날 농촌에서 일반경찰관 대신 군경찰(헌병)이 경찰업무를 담당하는 전통은 여기에서 유래

2) 프랑스 대혁명 이후

(1) 파리

① 대혁명을 거치면서 시위대의 무질서를 바로잡기 위해 **민간방범대**라고 부르는 약 1,800명의 자원병이 시내 질서유지를 담당 → 혁명후의 **국립민간방위대**의 근간

② 경찰국 폐지 → 파리시는 국립민간방위대 담당

혁명정부는 경찰대신을 없애고 경찰업무를 지방자치단체에 귀속(지방경찰체제를 수립)

(2) 지방

Gendarmerie Nationale이라는 새로운 명칭을 가진 군경찰(헌병)이 치안을 담당

(3) 나폴레옹

① 행정기구와 지방제도를 중앙집권화하면서 **경찰제도도 집권화**

② 파리

다른 도와 달리 직접 중앙권력에 종속하는 경찰기관을 설치할 필요성에 따라 경찰청과 별도로 직접 중앙권력에 종속하는 경찰기관으로 **파리경찰청을 창설**

③ 군 경찰

㉠ 이 기간에 그 **조직이 더욱 강화되어 지방군경찰사령부를 설치**

㉡ 군경찰도 이시기에 그 조직이 더욱 약화되었다. ✕

3) 근대(19세기)

(1) **중앙집권화가 강화**

1881년에는 **경찰을 감독하기 위하여 내무부 소속으로 경찰청이 창설**

① 경찰의 자치제로서의 성격을 제거하려는 노력

② 행정조직을 기본으로 일정인구 이상의 도시는 국가경찰로 함 (인구 5000명 이상 지역에 경찰서등 국가경찰기관이 설립)

※ 드레퓌스사건이후 보안업무나 국경업무도 경찰이 담당

(2) 군경찰

① 정치경찰화하여 많은 비난을 받음

② 군경찰기동대 등을 창설 → 중앙으로부터의 예산지원을 받는 등의 개혁 (**관할구역과 관계없이 활동하는 군경찰기동대를 창설**)

4) 현대

(1) 1934년 법률

① 경찰의 자치적인 성격을 제거하려는 노력

② 기존의 내무부 경찰청을 국립경찰청으로 변경 → 중앙집권화를 강화

(2) 1941년 법률과 명령

① 인구 2만명 이상의 도시는 모두 국가경찰화

② 인구 3만명 이상의 도시는 모두 국가경찰화 하였다. ✕

(3) 제2차 세계대전 이후(1966년 법률)

내무부의 국립경찰청과 파리경찰청을 통일하여 국립경찰로 일원화

2 조직

1) 개관

① 중앙집권적 국가경찰체제와 제한적 자치경찰제도(전반적인 국가경찰체제)

② 조직구조의 이원적 체제

㉠ 도시지역은 내무부 소속의 국가경찰이 담당

㉡ 군지역은 국방부 소속의 국가 헌병대가 담당

2) 국가경찰-국립경찰과 군경찰

(1) 국립경찰

① 내무부장관의 지휘하에 전국적인 조직

㉠ 파리 경찰청(파리 지역에는 군경찰도 중첩적으로 배치)

㉡ 인구 2만명 이상의 코뮌에 배치(도지사의 관장아래 범죄예방, 수사, 교통, 질서유지등 일반적 경찰업무담당)

② 행정(제복)경찰과 사법(사복)경찰의 구별(인사교류 없음)

- 출입국관리업무는 행정경찰의 업무

③ 정치경찰과 정보경찰의 높은 비중

(2) 군경찰

① 국방부 장관하에 있으면서 국립경찰이 배치되지 않은 코뮌에서 일반경찰업무를 수행

② 주로 인구 2만명 미만의 코뮌에서 활동

3) 자치제 경찰

① 인구 2만 미만의 코뮌에서 제한적으로 실시 ← 도지사의 지휘감독을 받음

② 자치제 경찰은 인구 3만 명 미만의 지역에서 제한적으로 실시되고 있다. ✕

③ 인구 3만 명 이상의 도시만 국가경찰화 하였다. ×

※ **국가경찰과 자치경찰의 관계 → 관할과 업무범위가 명확히 구분**

> – 국립경찰은 방범, 수사등 일반적인 경찰업무를 담당
> – 자치제 경찰은 자치단체장의 **규칙**, 주정차 단속, 통행금지구역의 설정 등 **극히 지역적 사무 담당**

– 양자간에 상호 충돌이 없다.

4) 국가경찰(국립경찰+군인경찰)

(1) 국립경찰(D.G.P.N)
- 내무부장관아래 국립경찰청을 둔다.
- 인구 2만명 이상의 도시지역에서 운용되고 있으며 **내무부장관의 지휘하에 국립경찰청의 경찰청장이 전국을 통일적으로 지휘·감독**한다.
- 국가 소속인 경찰관은 정복경찰과 사복경찰의 둘 중 어느 하나에 속하며, 정복경찰관은 외근·교통·경비 등 업무를 담당하고, 사복경찰은 수사나 형사업무를 담당

(2) 군경찰

① 연혁
  ㉠ 12세기에 민간인에 대한 경찰권한을 가짐
   – 군대 내 경찰업무 수행을 위한 12세기 기마순찰대가 그 기원
  ㉡ 16세기 중엽 유럽점령지역의 치안유지를 담당

② 관할
  ㉠ 국가경찰로서 군경찰은 **경찰기관이 없는 인구 2만명 미만의 소도시와 농촌지역, 주요 간선도로** 등 전국토의 95%에 해당하는 지역의 경찰업무를 담당
   – 국방부 소속의 군경찰은 **국립경찰이 배치되지 않은 지역**에서 **도지사의 지휘**를 받아 일반경찰업무를 수행한다.
   – 일정인구 미만의 소도시, 농촌지역을 자치제 경찰과 함께 담당
  ㉡ 군경찰 중 관할 구역에 관계없이 활동하는 **군경찰기동대는 경찰업무지원에 동원되면 경찰청장, 각 도지사, 파리경찰청장의 지휘를 받는다.**

(3) 자치제 경찰(Police munical)

① 연혁
  ㉠ 1884년법률 및 지방자치법에 의거, 인구가 1만 명 미만이거나 도시의 교외에 인구가 많지 않은 지역의 **코뮌의 장(읍면장)**이 자치체 내의 공공의 안전과 질서를 유지하기 위하여 설치
  ㉡ 1996년부터는 기초자치단체인 코뮌 중 **인구 2만 명 미만** 또는 도시 교외의 인구가 많지 않은 지역에서도 치안상 필요에 따라 행정경찰 분야의 자치경찰을 허용 → **자치경찰을 설치하는 자치단체가 증가**

알파 035 일본

1 역사

1) 개관
   ① 근대화 – 프랑스와 독일의 영향
   ② 지방분권적, 민주적 경찰화 – 미국의 영향

2) 정봉행소
   일본최초의 경찰제도(경찰업무+재판, 감옥, 토목업무)

3) 명치이전
   번주와 사무라이(무사)가 치안 담당
   - 5인조 제도
     – 막부의 권력이 강화된 시기에 치안을 유지하기 위한 제도
       ① 조합원의 결혼, 상속등의 입회
       ② 부동산등기 등의 연대의무
       ③ 조합 내 분쟁은 상호조정으로 해결
       ④ 위법행위자나 범죄인이 생긴 경우 연대책임
       ⑤ **상호시찰, 범인체포, 숙박단속, 여행이나 도망단속, 장물단속, 화재예방 등의 연대책임**

4) 명치유신 이후~1945년
   (1) **경찰제도의 정비-왕권확립과 제국주의 유지를 위한 강력한 경찰력 행사**
       ① 부국강병을 꾀함으로써 궁극적으로는 동양의 **제국주의국**으로 군림하려는 국가목표
          – 식민지 건설과 식민통치를 위한 경찰제도와 구조
       ② 이러한 국가목표를 달성하기 위해서 가장 우선되어야 할 것이 **국내의 안정**
       ③ 군국주의 국가로서 필요한 **통치의 수단과 해외 침략의 도구**
          – 일본의 근대적 경찰은 시민의 필요나 자치적 의지에 따라 창설된 것이 아니며, 제국주의국으로 발돋움하려는 국가적 의지에 따라 국내적 안정기반을 확보하기 위한 차원에서
          – 일왕의 독립명령권
   (2) **일본경찰의 창설과정** ← 프랑스, 독일의 경찰제도가 영향
       ① 병부성(兵部省) 시대
          ㉠ 명치 초기
             근대적인 경찰제도의 준비로서 **순찰제도**를 도입하여 동경에 실시
          ㉡ 1871년에는 모든 번이 폐지되고 현이 설치되는 **폐번치현(廢藩置縣)** 조치에 따라 부병이나 번병은 그 존재의 기반이 상실되었다.

② 사법성(司法省) 시대
  ㉠ 1871년 10월 동경부(東京付)에 **나졸(邏卒) 3000인이 창설**되면서 근대적 경찰이 처음으로 등장하게 되었으며, 나졸은 1872년 8월부터 사법성의 관할로 이관되었다.
  ㉡ 「경보요직제장정(警保寮職制章程)」
    – 경찰의 조직과 임무에 관한 규정이 제정
    – **행정경찰로서의 경찰업무를 규정**
    – **사법경찰업무는 「사법직무정제(司法職務定制)」에 의거, 검사가 수행**
③ 내무성(內務省) 시대
  ㉠ 경보요(警保寮) → 내무성 설치
    – 사법성의 대경시(大警視)였던 **천로이양(川路利良)**이 1872년 10월부터 약 1년간 프랑스 등 유럽 **대륙의 경찰을 시찰**하고 경찰제도에 관한 조사보고서를 제출
    – 1873년 11월 내무성이 설치되고, 1874년 1월에는 사법성의 **경보요(警保寮)를 내무성으로 이관(재판기능과 분리)**
    – 사회의 안전과 질서에 대한 장해를 사전에 방지하는 **행정경찰업무를 경보요의 중심업무로 규정**하였다.
  ㉡ 동경경시청의 설치
    – 1874년 1월 내무성의 관할하에 동경경시청이 창설
    – 동경경시청은 내무성대신의 지휘를 받는 외에 **국사사무(정치경찰·고등경찰사무)만은 직접 태정대신(총리대신)의 지휘**를 받도록 되어 있어, 일본경찰의 정치화의 실마리를 볼 수 있다.(모든 사무를 내무대신이 직접 지휘하였다. ×)
    – 유명한 정치경찰인 **특별고등경찰과가 1911년 경시청에 설치**되었다.
  ㉢ 기타 지방경찰
    – 「부현관직제」를 통하여 「경부」가 지사나 현령의 관할하에 관내의 경찰사무를 관장하게 되었다.
    – 지방경찰의 경우에도 **국사사무만큼은 내무대신의 지휘와 명령**을 받도록 되어 있어, 전국적인 정치경찰에의 편향을 드러냈다.
    – 1886년에는 지방관관제를 통하여 현에도 지사를 두고, 지사로 하여금 관내의 경찰사무를 총괄하도록 하되, 각 부현에 경찰본부를 설치하여 경찰사무를 관할하도록 하였고,
    – **1888년**에는 경찰관리배치 및 근무개칙이 제정되어, **일군일구(一郡一區)경찰서주의의 채택으로, 전국적인 경찰망이 완성**
    – 1890년에는 경찰본부가 경찰부 설치되면서 **경찰부가 경찰사무를 관장**하였다.
  ㉣ 헌병조례
    – 1881년 헌병조례에 의하여 설치된 헌병도 **군사경찰 이외에 행정경찰과 사법경찰을 겸하도록** 하고 있어서 **경찰기관으로서 활동**

(3) 일본경찰의 사상적 토대

정부를 국민으로부터 지키는 경찰국가의 철학

(4) 경찰활동의 근거

「행정경찰규칙」(1875년)과 일왕의「독립명령권」(1889년)과 치안입법

① 행정경찰규칙
- 행정경찰규칙을 통하여 광범위한 **경찰활동의 근거법규**를 마련

② 일왕의 독립명령권
- 1889년에 제정된 명치헌법상의 일왕의 독립명령권을 통하여 경찰권발동의 근거부여가 가능하였다.
- 패전 후 평화헌법으로 개정시 독립명령권은 폐지

③ 각종 치안입법
- 치안경찰법, 치안유지법, 위경죄즉결례 등 각종 치안입법

(5) 군국경찰의 주된 임무

① 자유민권운동 탄압
- 일본에서도 1890년대 후반부터 민권운동이나 대정 데모크라시를 통하여 1905년에는 국민적 저항을 받기도 하였다.

② 사회주의 운동 탄압과 군부 지원

③ 전쟁반대운동 단속

④ 반대당 세력을 약화시키기 위한 선거 간섭

5) 미군정시기

(1) 경찰개혁

① 일왕의 독립명령권등 전제적 요소를 가지고 있던 **명치헌법 폐지**
- 기본권의 불가침성과 지방자치를 보장하는 신헌법 제정
- 내무부도 폐지

② 1945년 인권지령으로 종래의 **치안입법 폐지**

③ 내무대신이하 경찰고위급과 사상경찰관계자 파면(인적 청산)

④ **특고경찰 등 정치경찰과 헌병대 폐지**

⑤ 내무성 경보국의 보안과, 외사과, 검열과를 폐지하고 경무과, 경제보안과만 존치하고 다시 그 후 경제보안과를 폐지하고 방범과를 신설

⑥ 비경찰화
- 그 동안 경찰이 관리해 오던 각종의 경찰사무 중, 위생사무와 같은 협의의 행정경찰 사무는 다른 **행정기관에 이관하는 등 비경찰화 작업이 전개**

⑦ 경찰법에 **범죄수사가 경찰의 정식책무로 규정**되고 수사권에 대해서도 전제적인 요소로 보아온 **검사의 독점을 철폐하고 경찰에게도 수사권을 부여**

(2) **구경찰법(1947년)** → 전제적인 군국주의에서 민주국가로 전환하는 민주경찰제도의 확립
  ① 민주화 방안
    ㉠ 경찰책무(임무)의 한정
      - 국민의 생명, 신체 및 재산을 보호하고 범죄의 수사와 피의자 체포 및 공안의 유지
    ㉡ 민주적 경찰관리
      - 국가 및 지방공안위원회 제도 채택(창설)
    ㉢ 지방분권화
      - 시와 인구 5,000인 이상의 시가적 정·촌에 자치체경찰을 두고, 그 이외의 지역에는 국가지방경찰을 두는 등 이원적 구조를 가진 경찰제도를 창설
  ② 국가지방경찰
    ㉠ **관할–내각총리대신**
    ㉡ 관리기관
      - 국가공안위원회
    ㉢ 국가지방경찰본부의 책임자–국가공안위원회가 임명
    ㉣ 국가지방경찰본부의 부설기관–경찰대학교 설치
    ㉤ 도도부현공안위–도도부현 경찰본부
  ③ 자치체경찰
    ㉠ 경찰의 민주화를 도모
    ㉡ 지방자치단체는 자체 부담으로 자치체 경찰을 설치
      - 시와 정촌(인구 5천 이상)
    ㉢ 국가지방경찰과의 관계
      - 국가비상사태의 경우 외에는 국가지방경찰과 대등한 관계
        → 국가비상시에는 국가공안위원회의 권고를 조건으로 내각총리대신에게 국가비상사태의 포고와 전 경찰을 통제하는 권한을 인정하고 국가지방경찰본부장 등에게도 필요한 지휘명령권권을 인정

(4) **신경찰법(1954년)**
  ① 개정방침
    ㉠ 경찰의 민주화와 능률화
    ㉡ 국가적 성격과 자치적 성격
    ㉢ 정치적 중립과 책임의 명확화 조화
  ② 내용
    도도부현 단위의 도도부현경찰제도와 공안위원회에 의한 경찰관리라고 하는 현행제도의 골격
    ㉠ **경찰의 임무**
      - 민주화를 위해 경찰업무의 범위를 경찰본래의 임무에 한정(=1947년 법)

ⓒ 능률화 → 국가지방경찰을 폐지하고 자치체경찰을 도도부현 경찰로 일원화
- 경찰운영의 단위를 격상, 일원화
- 국가지방경찰과 자치체경찰을 도도부현경찰로 일원화
- 경찰운영의 단위를 도도부현으로 하고 경찰조직을 모두 도도경찰에 일원화

ⓒ 정치적 중립성확보-공안위원회제도
- 중앙과 지방에 공안위원회 제도 유지
- 공안위원회의 존속으로 국가 책임의 명확화

ⓔ 경찰행정책임의 명확화
- 국가공원회 위원장 → 국무대신
- 중앙경찰이 국가의 책임을 분담할 특정사항을 관장하도록 함(국가경찰)

2 조직

1) 개관

(1) 이원적 체제

① **국가경찰-국가경찰에는 경찰청과 관구경찰국이 있다.**
내각총리대신 → 국가공안위원회 → 경찰청, 관구경찰국

② **자치체 경찰-도도부현경찰**
지사 → 도공안위원회 → 동경도경시청, 도부현 경찰본부

- 참고 – 지방공공단체(지방자치단체)
  ㉠ 도도부현과 시정촌의 2단계
  ㉡ 주민자치체
  ㉢ 지방의회-의사기관
  ㉣ 지방의회는 **법률의 범위 내에서 조례를 제정**

③ 관계
㉠ 경찰업무는 지방자치경찰이 처리하는 것이 원칙
㉡ 전국적 통일이 효과적인 사항은 국가가 지휘감독권을 가짐
  - 국가는 긴급시대를 제외하고는 경찰권을 직접행사하지 않는다.

(2) 신문

① 국가경찰기관에 소속된 경찰관은 국가공무원이고, 도도부현에 소속된 경찰관은 지방공무원이다.
② 다만 **경시정(輕視正)이상으로서 도도부현에 근무하는 이른바「지방경무관」은 국가공무원**이며, 국가공안위원회가 도도부현 공안위원회의 동의를 얻어 임면한다.
  ㉠ 경시정이상의 국가공무원은 국가공안위원회가 도공안위원회의 동의를 얻어 임명한다.
  ㉡ 도도부현경찰 중 경시정 이상의 경찰관은 국가공무원이다.
  ㉢ 도도부현에 소속된 공무원은 모두 국가공무원이다. ×

- 계급
경시총감-경시감-경시장 / 경시정-경시-경부- 경부보 / 순사부장-순사

(3) 경비부담

① 원칙적으로 **도도부현이 부담**하고, 예외적으로 국가가 부담한다.
② 경비부담은 도도부현경찰에 요하는 경비 가운데 **경시정(총경) 이상의 경찰관의 봉급** 기타의 급여, 경찰교육시설의 유지관리, 경찰통신시설의 유지관리 등 경찰법 제37조 제1항이 정하는 경비로서 정령으로 정한 사항은 국고에서 부담하고, 그 이외의 경비는 도도부현에서 부담한다.

(4) 중앙통제의 인정-절충형

① 대규모의 재해나 소란 기타 긴급사태 발생시에는 내각총리대신과 경찰청장관에 의한 중앙통제를 인정
   – 국가경찰과 지방경찰은 독립적이어서 국가경찰의 지휘감독권이 없다. ×
② 광역수사를 위한 필요에서 국가경찰의 개입 또는 **도도부현간 관할의 극복 등을 위한 제도적 장치가 마련**

2) 국가경찰

> (1) 내각총리대신의 형식적 감독과 국가공안위원회의 관리
> (2) 경찰청+관구경찰국
> (3) 경찰청장관과 관국경찰국장은 도도부현 경찰을 소관사무에 관하여 지휘감독

(1) 내각총리대신

① 국가경찰인 경찰청은 내각총리대신의 소할하에 국가공안위원회가 관리
② 所轄 → 형식적 감독
   ㉠ 일본에서 소할이라는 용어는 위원의 임면권 등을 제외하고는 지휘감독권이 없이 단지 그 기관이 해당 부성청안에 설치되어 있다는 정도의 관계를 나타낸다
   ㉡ 총리의 하부기관으로 총리의 지휘감독을 받는다. ×
③ **내각총리대신은 국가공안위원회 의원의 임면권을 제외하고는 경찰청에 대한 지휘감독권이 없다.**
   – 내각총리대신은 국가공안위원회에 대한 지휘감독권이 있다. ×

(2) 국가공안위원회 ← 관리기관

① 설치이유(1947년 경찰법에서 처음 설치)
   ㉠ 국가공안위원회는 경찰행정을 민주적으로 관리하기 위하여 설치되었다.
      – 국민의 의사를 대변하고 민주성을 유지
   ㉡ 경찰운영의 **관료화와 독선을 막는 기능**이 있다.
   ㉢ 경찰의 **정치적 중립을 도모하는 기능**이 있다.
      – 능률증진보다는 경찰의 정치적 중립성 확보
   ㉣ 내각책임제하에서 치안책임을 명확히 하는 기능(위원장 : 자치성장관)
   ㉤ 정치와 경찰의 완충 역할
   ㉥ 경찰 행정의 조정
② 성격
   ㉠ 국가공안위원회는 **합의제 행정관청인 행정위원회**
   ㉡ 국가공안위원회는 비상설위원회이다.

③ 소속 및 업무와 권한
  ㉠ 소속
    - **국가공안위원회는 내각총리대신의 소할하에 있고 경찰의 관리기관이다.**
    - 국가공안위원회는 자치성대신의 소할하에 설치되어 있다. ×
  ㉡ 업무
    ⓐ 중앙에서 통일적으로 하는 것이 경제적, 능률적인 사항을 통괄한다.
    ⓑ 대규모재해 관련 사항
    ⓒ **경찰행정의 조정 및 감찰**

    〈중앙에서 통일적으로 하는 것이 경제적, 능률적인 사항〉
    - 경찰예산   - 경찰교양
    - 경찰통신   - **범죄감식**
    - 경찰장비   - 황궁경찰 등의 경찰청의 소장사무에 대하여 경찰청을 관리
    - **국가 공안**에 관련된 경찰 운영

    ⓓ 관리
      - 경찰청을 통하여 경찰을 관리
      - 실질적으로 공안위원회의 업무는 권한위임 등에 의하여 경찰청에서 처리
  ㉢ 권한
    ⓐ 경찰법상 권한
      - 경찰청장관의 신분에 관한 의견개진권
      - 긴급사태시 국무총리의 직권행사에 필요한 조언
      - 검찰총장과의 긴밀한 연락 유지
      - 그 권한에 속하는 사무에 관하여 **법령의 위임에 의하여 공안위원회의 규칙을 제정**
      - 경찰청의 업무수행에 필요한 **감찰권**
      - 중앙통제가 필요한 경찰행정에 대한 **조정권**
    ⓑ 형사소송법상 권한
      - 사법경찰직원에 대한 징계파면권
      - 사법경찰직원의 지정에 관한 권한

▶ 위원회 운영

① **국가공안위원회 운영규칙**
  - 국가공안위원회는 운영에 관하여 필요한 사항을 자율적으로 결정
② **국가공안위원회 규칙**
  - 국가공안위원회는 그 임무수행을 위하여 특정한 사무에 관하여 대강의 방침을 정하고 그에 따라 운영되도록 감독할 수 있다.

④ 위원회의 구성 → 국무대신(자치성장관)을 위원장으로 하여 5명의 위원으로 구성
  ㉠ 위원
    ⓐ 위원은 임명 전 5년간 경찰 또는 검찰의 직무를 행한 직업적 전력이 없는 자 중에서 내각총리대신이 국회의 동의를 얻어 임명한다.
    ⓑ **위원의 임기는 5년**
      - 보궐위원은 전임자의 잔여기간만 재임하나 재임명할 수 있다
      - 강력한 신분보장을 받음
      - 위원은 일체의 정치적인 활동이나 지방공공단체의 常任役員이 되지 못하며 유급제이다.
    ⓒ **동일 정당에서 3인 이상 선출 금지**
      - 위원 중 3인 이상이 동일 정당에 속하는 경우 **내각총리대신**이 **경찰법의 규정**에 따라 해당 위원을 **파면하여야** 한다.
  ㉡ 위원장
    ⓐ 구경찰법-위원장을 호선
    ⓑ **현행경찰법**
      - 보통 자치성장관을 겸임하는 국무대신을 위원장으로 함
      - 위원장을 대신(장관)으로 하여 치안책임을 명확히 함
    ⓒ 현행경찰법-위원장 유고시 호선에 의하여 위원장을 대리할 자를 (미리)지정
    ⓓ 위원장은 **위원회를 대표(주재)**하고 **업무를 총괄**하며 회의를 주재하나, 위원으로서의 **의결권은 없다.**
      - 표결권을 제한한 것은 정치적 중립성을 보장하기 위함
    ⓔ 가부동수인 경우 결정권을 갖는다.
⑤ 회의 → 위원장의 소집으로(비상설)
  ㉠ 위원장 및 위원 3인 이상의 출석이 있어야 개회가 가능
  ㉡ 의사는 출석위원 과반수로 결정하고 가부동수인 경우에는 위원장이 결정

(3) 경찰청 ← 시행기관
① 소속 및 지위
  ㉠ 경찰청은 **국가공안위원회에 설치**되고 그 **관리하에 경찰사무를 관장**한다.
  ㉡ 경찰청은 **국가공안위원회의 관리**하에 두나, 단순한 보조기관이 아니고 **관청**이다.
    - 경찰청은 총리부의 외국(外局)인 국가공안위원회에 설치된 기관으로 '**기타기관**'에 해당
② 경찰청 장관
  ㉠ 경찰청에는 **장관**을 두며, 경찰청장관은 **국가공안위원회**가 **내각총리대신**의 **동의**를 얻어 **임명**한다.
  ㉡ **경찰청 장관은 경찰청 소장사무의 범위내에서 도도부현 경찰을 지휘·감독**한다.
  ㉢ 국가공안위원회는 청장을 통하여 경찰청을 관리하며, 지방자치 경찰인 도도부현경찰을 지휘하는 것은 장관의 권한으로서 국가공안위원회가 이를 직접 지휘·감독할 수는 없다.

③ 조직
  ㉠ 내부조직(1관방 5국 2부 체제)
    - 장관관방(국제부 포함), 생활안전국, 형사국(폭력단 대책부 포함), 경비국 등
  ㉡ 부속기관
    - 경찰대학교, 과학경찰연구소, 황궁경찰본부
  ㉢ 지방조직
    - 관구경찰국

(4) 관구경찰국
① 설치이유
  ㉠ 대규모 재해 발생시 자치체간의 연락 조정
    - 통신연락 두절시 독자적인 경비계획 실시
  ㉡ 광역범죄에 대한 도도부현 경찰간 유기적인 경찰활동의 조정
  ㉢ 고등검찰청과의 상호 긴밀한 연락유지
② 성격
  - 국가경찰의 지방조직
③ 설치 및 운영
  ㉠ 관구경찰국은 지방의 국가경찰로 **전국에 6개**
    - 동경도 경시청은 수도경찰의 특수성으로 인하여 관구경찰국에서 제외
    - 북해도의 경우에는 북해도 경찰본부가 있으므로 관구경찰국은 설치않음
  ㉡ 관구경찰국장은 경찰국의 사무를 총괄하고 소속직원을 지휘 감독한다.
  ㉢ 관구경찰국장이 **관구경찰의 소장사무의 범위내에서 부현(付縣)경찰을 관리**한다.
    - **경찰청장관**은 관구경찰국장을 통하여 소관사무에 대하여 도도부현 경찰을 지휘, 감독한다.
    - 관구경찰국은 부현경찰에 대하여 관리권이 없다. ×
    - 관구경찰국은 부현경찰과는 상호독립적이고 지휘감독권이 없다. ×

3) 자치체경찰〈도도부현 경찰〉
(1) 개관
지사 소할하에 공안위원회를 두고 도도부현경찰을 관리하고 있다.
① 도도부현경찰에는 동경도 경시청과 도부현경찰본부가 있다.
② 경찰관리기관으로 지사의 소할하에 도도부현에 공안위원회를 설치·운영
③ 도부현경찰본부의 사무를 분장하기 위하여 지정시에 시경찰부를 두며, 북해도에는 5이내의 방면본부를 두고, 방면본부마다 방면공안위원회를 설치
④ 경시청장관과 도부현경찰본부장은 경찰서를 지휘감독
  ※ 자치경찰의 성격과 국가경찰적 성격이 혼재되어 있는 특이한 형태의 경찰

(2) 지사
　① 지위
　　㉠ 도도부현 **지사는 공안위원회를 소할하에 두고 있을 뿐**이므로, 경찰의 운영에 관하여 위원회를 지휘·감독할 권한을 가지고 있지 않다.
　　㉡ 도도부현 지사는 공안위원회를 지휘·감독하지는 못한다.
　　㉢ 도도부현 지사는 경찰의 운영에 대하여 지휘 감독할 수 있다. ×
　② 권한
　　㉠ 위원회의 **위원의 임명**에 관한 권한
　　㉡ 지방자치법상 가지고 있는 직무권한
　　　ⓐ 도도부현경찰에 관한 **조례안 및 예산안의 의회 제출권**
　　　ⓑ **예산의 지출명령권**
　　　ⓒ 경찰서의 설치권
　　　　– 경찰본부장은 경찰서의 설치권을 갖고 있다. ×
　　　　– 일본에서는 경찰서의 설치권을 지사의 직무권한으로 인정하고 있다.

4) 도도부현 공안위원회

(1) 위원
　① 공안위원회의 **위원은 지사가 지방의회의 동의를 얻어 임명**한다.
　② 도도부현 공안위원회 위원은 특별직에 속하는 지방공무원으로 지방공무원법이 적용되지 않는다.
　③ 지방공공단체, 의회의원 또는 상근직원을 겸할 수 없다.
　④ 정당 기타 정치단체의 임원이 되거나 적극적으로 정치운동을 할 수 없다.

(2) 위원장
　① 위원의 호선으로 선출
　② 하는 위원장의 임기는 1년으로서 재임할 수 있다.
　③ 위원회 업무를 총괄하고 공안위원회를 대표

(3) 권한
　① 지방경무관 임면에 관한 동의권
　② 도도부현 공안위원회는 도도부현경찰의 직원에 대한 징계권고권 있다.
　　– 도도부현 공안위원회는 도도부현경찰의 직원에 대한 징계의결권이 있다. ×
　③ 도도부현경찰의 조직 세목에 관한 제정권
　④ 경찰청 또는 다른 도도부현경찰에 대한 원조 요구권

5) 경시청과 경찰본부

(1) 경시청
① 도(都)경찰의 사무를 관리하는 동경도 경찰의 본부
② 관리기관-동경도 공안위원회
③ 경시청장
　㉠ 경시청에는 경시총감을 두되, **국가공안위원회가 도공안위원회의 동의를 얻어 내각총리대신의 승인을 받아** 임명한다.
　㉡ 동경도 경시청장은 동경도 공안위원회에서 임명한다. ×
④ 하부조직-경찰서, 파출소, 주재소

(2) 경찰본부
① 도부현경찰본부에는 경찰본부장을 둔다.
② **경찰본부장은 국가공안위원회가 도부현 공안위원회의 동의를 얻어 임명**한다.

6) 경찰서

① 도도부현을 나누어 각 구역을 관할하는 경찰서를 둔다.
　- 도도부현의 구역은 경찰서의 관할로 분할된다.
② 경찰서장은 경시청장, 경찰본부장, 방면본부장 또는 시경찰부장의 지휘감독을 받는다.
　- 경찰서장은 지사의 지휘감독을 받는다. ×
③ 경찰서의 하부기관으로 교번(交番)이나 주재소를 둔다.
④ 교번(交番)에서는 구역 내의 가정이나 사무소를 방문하여 주민과 접촉하는 순회연락업무에 힘쓴다.
　- 구역 내의 가정이나 사무소를 방문하여 주민과 접촉하는 방범활동

7) 도도부현 경찰 상호간의 관계

① 도도부현 경찰은 상호 독립하고 있어 상하의 명령관계는 없으나 **상호간에 협력할 의무**를 부담한다.
② **도도부현 공안위원회는 경찰청 또는 다른 도도부현 경찰에게 원조를 요구할 수 있다.**
③ 공안위원회가 다른 지역경찰에게 **원조를 요구할 때에는 사전에 필요한 사항을 경찰청에 연락**하여야 한다.
④ 도도부현 경찰은 당해 도도부현의 관할구역에 한하여 경찰권을 행사하는 것이 원칙이나 '공안의 유지에 관련하여' 필요한 한도내에서 관할 구역외에서도 권한을 행사할 수 있다.

알파 036   중국

1 역사

1) 건국전 경찰제도

① 모택동은 1931년 11월 중화소비에트공화국을 수립
② 1938년 종래의 보위국을 기초로 하여 중아에 사회부를 성립시켰는데, 이것이 공안조직의 시작이다.

2) 중화인민공화국 성립후의 경찰제도

(1) 건국직후

중화인민공화국 중앙인민정부조직법의 제5조에 의거 중앙인민정부위원회가 조직한 **정무원에 정치법률위원회 및 공안부**가 설치되어 있으며, 이것이 중국의 공안기관의 시작이 된다.

(2) 헌법제정—중화인민공화국 헌법제정(1954)

① 헌법에서는 **정무원을 국무원**이라고 바꾸고, 공안부는 이 국무원에 속하는 중앙정권조직의 하나로서 독립
② 공안부대는 공안군으로 개칭하여 인민해방군의 일종이 되었음

(3) 문화혁명기의 경찰제도

① 공안기관은 프롤레타리아 독재의 중요한 도구의 하나
② 기존의 공안조직 폐지로 공안부대를 군의 계열에 편입하여 각 성구(省區)의 공안총대는 해당 성구의 군사독립사단으로 개편되어 **문화혁명 기간 중 공안기관들은 그 독자성을 상실**
　㉠ 군사관제(1967년 공안간부는 보수파를 지지하고 반대파를 제거하기 위하여 문화대혁명에 개입하여 2월11일 공안부와 북경위무사령부는 인민해방군을 통하여 시공안국을 접수하여 군의 통제에 둠)
　㉡ 군사관제의 임무는 혁명파와 프롤레타리아 문화대혁명을 보호하는 것으로 군사 통제의 인민경찰과 공안직원은 군사관제위원회의 명령과 지도에 따라 활동하였다.

(4) 1975년 헌법

① 여러 공안기관에 검찰기관으로서의 권한이 주어지고
② 체포권에 대해서도 공안기관의 권한에 포함

(5) 1978년 2월 헌법개정

검찰부문을 부활, 검찰업무를 공안부에서 분리시킴

(6) 1984년 국제형사경찰기구(ICPO) 가입

① 중국공안기관은 개방에 따라 외국과의 협력을 점차 늘려가고 있다.
② 1984년 국제형사경찰기구(ICPO) 제53회 총회에서 ICPO의 정식가맹국으로 가입
③ 1985년에 워싱턴에서 개최된 제54회 총회에서 중국대표단의 주은도가 집행위원으로 선출되었고, 그 후 1987년부터 1990년 10월까지 **부총재**가 되었다.
④ 공안부 형사국을 통해 국제형사경찰기구 중국사무국을 조직하였다.

(7) 전인대
　① 의회인 전인대는 공식적으로 국가최고 권력기관
　② 폐회 중에는 상설기관인 상무위원회가 권한을 행사
　③ 국가주석도 외교관계에서 공식적으로 국가를 대표하나 형식적인 지위

(8) 국무원
　① 최고 행정기관으로는 국무원
　② 국무원은 전인대에 대하여 책임을 지고 활동을 보고
　③ 주요업무는 중앙과 지방의 행정기관의 감독 및 조정, 국가예산의 편성 및 실행, 경찰활동

(9) 사법기관
　① 공안기관 : 형사사건에 대한 수사, 구류, 예심을 담당
　② 국가안전기관 : 간첩사건에 대한 수사, 구류, 예심을 담당
　③ 인민법원 : 재판담당하고 법정에서 변호를 맡는 변호사제도를 두고 있음
　　- 제1심에서는 법관과 동등한 권리를 가진 인신배심원이 참가하는 배심제도로 운영된다.
　④ 인민검찰원 : 수사권 및 체포승인, 공소제기 및 유지의 공소권을 담당
　　- 인민검찰원은 소송기관이고 국가의 법률감독 기관으로 독립한 검찰권을 행사한다. 인민검찰원은 최고인민검찰원과 각급 지방인민검찰원, 전문 인민검찰원으로 구성된다.

CHAPTER 05 경찰행정법

알파 037 　경찰행정법 일반

1 　법치행정의 원리

(1) 의 의

개 념	① 행정권의 활동이 법에 의하여 행사될 것을 의미한다. ② 행정면에서의 법치주의의 표현이다.
연 혁	① 법치주의는 일반적으로 근대국가시대의 개인주의·자유주의를 이념적 바탕으로 하는 시민적 법치주의와 현대국가의 단체주의 사상을 바탕으로 하는 사회적 법치주의로 구분된다. ② 다만 시민혁명의 경험이 없는 독일에서 근대국가의 시민적 법치주의가 변질되어 나타나게 되어 이를 형식적 법치주의라고 부르며, 이에 대한 반성에서 등장한 제2차 세계대전 이후의 법치주의를 실질적 법치주의라고 한다. 따라서 이하에서 법치주의의 내용은 독일의 경우를 그 대상으로 하는 것이다.

(2) 형식적 법치주의

개 념	행정에 대한 관계에 있어서 의회가 제정한 형식적 의미에서의 법률의 우위를 전제로 하는 형식적 법률의 지배를 의미한다.
특 징	① 법률의 형식만을 강조한다. ② 법률의 목적이나 내용은 묻지 아니한다. ③ 인권보장이 형식적 수준에 그친다. ④ 사후적 행정구제수단만을 인식하였다. ⑤ 국가배상제도에 과실책임주의를 채택하였다. ⑥ 행정소송사항의 열기주의(列記主義)를 채택하였다. ⑦ 행정부에 대한 입법부의 우위를 인정한다.

(3) 실질적 법치주의

개념	개인의 인권보장을 이념으로 하여 법의 실질적 내용이 인권보장에 타당(적정)한 법의 지배를 의미한다.	
특징	실질적인 국민의 기본권 보장	㉠ 헌법적 보장, ㉡ 기본권의 예외적 제한(헌법 제37조제2항).
	행정구제수단의 마련	㉠ 행정상 손해전보제도, ㉡ 행정쟁송제도
	법률에 의하여 법치행정의 원리를 보장(행정의 법률적합성)	
	법률의 법규창조력	국민의 권리·의무관계에 구속력을 가지는 법규범인 법규를 창조하는 것은 국민의 대표기관인 의회의 권한으로 의회에서 제정한 법률만이 법규로서의 구속력을 갖는다는 것을 의미한다.
	법률우위의 원칙 (헌법에 적합한 법률의 행정에 대한 우위)	ⅰ) 소극적 의미의 법률적합성을 의미한다. ⅱ) 있는 법에 대한 행정의 문제이다. ⅲ) 여기서의 법률은 성문법뿐만 아니라 불문법인 관습법, 조리 내지 행정법의 일반원칙 등 도 포함된다. ⅳ) 행정의 모든 영역에서 적용되는 원칙이다.
	법률유보의 원칙	ⅰ) 적극적 의미의 법률적합성을 의미한다. ⅱ) 없는 법에 대한 행정의 문제이다. ⅲ) 여기의 법률은 국회입법의 형식적 의미의 법률(불문법- 관습법, 조리내지 행정법의 일반원칙 포함 ×)의 법률만을 의미한다. ⅳ) 적용되는 영역에 대하여는 견해의 대립이 있다.

2 경찰법의 법원(인식근거·존재형식)

(1) 성문법원(원칙)

헌법	헌법은 국가의 기본적인 통치구조를 정한 기본법으로서 헌법전 가운데 행정의 조직이나 작용의 기본원칙을 정한 부분은 그 한도 내에서 경찰행정법의 법원이 된다.		
법률	국회가 제정하는 법률은 경찰행정상의 법률관계에 있어 가장 중심적인 법원으로 경찰행정상의 조직이나 작용에 관한 기본적 사항은 모두 법률에 의하여 정하여 지며 경찰행정관청은 법률의 근거없이 국민에 대하여 명령·강제할 수 없다.		
조약 국제법규	헌법에 의하여 체결·공포된 조약과 일반적으로 승인된 국제법규는 국내법과 같은 효력을 가지므로 별도의 국내법 제정절차 없이도 직접 국내에 적용된다.		
명령	▶ 법규명령과 행정규칙의 종류		
	법규 명령	내용에 따른 구분	위임명령	① 법률 또는 상위명령에서 구체적으로 범위를 정하여 위임받는 사항을 정하는 법규명령이다(개별적·구체적인 범위 내 위임 가능). ② 국민의 권리·의무에 관한 새로운 입법사항 규정이 가능하다.
			집행명령	① 법률을 현실적으로 시행하기 위하여 필요한 사항을 정하는 법규명령을 말한다. ② 국민의 권리·의무에 관한 새로운 입법사항을 규정하는 것은 불가하다.
		제정주체에 따른 구분	대통령령	대통령이 법률에서 위임받는 사항이나 법률의 집행에 필요한 사항에 관하여 발하는 법규명령이다. 예 시행령
			총리령· 부령	국무총리 또는 행정 각부의 장이 소관사무에 관하여 법률이나 대통령령의 위임 또는 직권으로써 발하는 법규명령이다. 예 시행규칙
조례와 규칙	① 조례로서 주민의 권리제한 또는 의무부과에 관한 사항이나 벌칙을 정할 때에는 법률의 위임이 있어야 한다. ② 현행 지방자치법상으로는 조례로서 조례위반행위에 대하여 1천만원 이하의 과태료를 정할 수 있는데 그치고 과거와 달리 징역 또는 금고나 벌금, 구류, 과료 등의 형벌을 부과할 수 없게 되어 있다.		

(2) 불문법원

구 분			내 용
관습법	개설		행정에 있어서 일반사회생활과 행정의 운용에 관하여 오랜 관행이 일반국민의 법적 확신을 얻어 법적 규범성이 인정된 것
	종류	행정 선례법 - 의의	행정청에 의한 선례가 장기적으로 반복됨으로써 성립하는 관습법 예 행정각부의 결정선례, 훈령·고시 등에 의한 행정사무처리에 관한 관행 등
		행정 선례법 - 실정법상 구체적 예	조세행정영역에서 행정선례법의 성립 가능성을 명시하고 있는 경우(국세기본법 제18조 제3항)
		행정 선례법 - 판례의 입장	비과세의 사실상태가 장기간에 걸쳐 계속된 경우에는 과세관청의 묵시적인 의사표시로 보아 국세행정의 관행을 인정(대판 1987.2.24. 86누571).
		민중 관습법 - 의의	민중 사이에서 오랫동안 관행에 의하여 성립되는 것, 주로 공물의 이용관계에서 그 예
		민중 관습법 - 구체적 예	공유수면 이용 및 인수(引水)·배수권(排水權), 관습상 유수사용권(유수사용권), 습상하천용수권(河川用水權), 입어권(入漁權) 등
	효력	성문법 보충적 효력설	행정관습법은 성문법의 규정이 없는 경우에만 열후적·보충적(개폐적×, 변경적×)으로 효력을 가진다는 견해이다(다수설·판례).
판례법	법원성 인정 여부	영미법계 국가	ⓐ 불문법주의를 취하고 있는 영미법계국가에서는 판례법주의가 확립되어 있음으로써 상급법원의 판결은 장래에 발생되는 같은 성질의 사건(동종사건)에 대하여는 하급법원을 구속하는 효력을 가진다. ⓑ 영·미법계 국가에서는 이러한 선례구속성의 원칙(원리)에 따라 판례법의 법원성을 인정하는 데 의문이 없다. ⓒ 따라서 판례법은 법원 중에서 가장 중요한 지위를 가진다.
		대륙법계 국가	ⓐ 성문법주의를 취하고 있는 대륙법계국가에서는 선례구속성의 원칙(원리)이 인정되지 않으므로 상급법원의 판결은 당해사건 이외에는, 즉 동종사건에서는 하급법원을 구속하는 효력이 인정되지 않는다. ⓑ 따라서 하급법원은 동종사건에서 상급법원과 다른 판결을 할 수 있으며 상급법원도 자신의 판결을 변경할 수 있기 때문에 판례법의 법원성이 인정되지 않는다.
조리법	개설		조리란 성문법이나 관습법·판례법이 없는 경우에 적용되는 '최후의 보충적 법원', 일반적으로 정의에 합치되는 보편적 원리로서 인정되고 있는 제 원칙을 법의 일반원칙 또는 조리라고 부르며 법으로 취급된다.
	법적 성질		① 조리에는 평등의 원칙, 비례의 원칙, 금반언의 원칙, 신의성실의 원칙, 신뢰보호의 원칙, 부당결부금지 등이 있다.

조리법	법적 성질	② 법의 일반원칙은 불문법원으로서 사인 간의 법률관계뿐만 아니라 행정상의 법률관계도 구속한다. 따라서 경찰관청의 행위가 형식상 적법하다고 하더라도 이러한 법의 일반원칙에 위반할 경우에는 위법이 될 수 있다. ③ 오늘날 법의 일반원칙은 성문화되어 가는 추세에 있다. 예를 들어 경찰관직무집행법상의 비례의 원칙(제1조 제2항)이나, 행정절차법상의 신의성실 및 신뢰보호의 원칙(제4조) 등이 그것이다.

(3) 훈령 및 직무명령

의의	상급행정관청이 하급행정관청에 대하여 법률해석이나 재량판단의 구체적지침을 제시하는 등으로 행정관청 내부의 통일된 업무처리를 위해 발해지는 대내적 구속력 있는 명령을 말한다.
성질	① 훈령은 일반적·추상적 사항에 대해서 발하여 지지만(원칙) 개별적·추상적 사항에 대하여도 발하여 질 수 있다(예외). ② 훈령의 권한에는 하급행정관청의 권한에 대한 대집행권은 포함되지 않는다.

훈령의 종류	협의의 훈령	상급관청이 하급관청의 권한행사를 장기간에 걸쳐 일반적으로 지휘하기 위하여 발하는 명령
	지시	상급관청이 하급관청에 대하여 개별적·구체적으로 발하는 명령
	예규	반복적 경찰사무의 기준을 제시하기 위하여 발하는 명령
	일일명령	당직·출장·휴가 등의 일일업무에 관하여 발하는 명령

훈령의 요건	구분	형식적 요건	실질적 요건
	심사권	요건이 구비되지 않은 경우는 복종거부가 가능하고, 요건이 구비되지 않았음에도 복종하면 하급행정청도 책임	① 심사권 없음 ② 하급관청은 실질적 요건에 관해서는 심사할 수 없고 따라서 실질적 요건을 갖추지 못한 훈령에는 복종하여야 한다. ③ 단, 훈령의 내용이 중대·명백한 하자가 있거나 명백하게 범죄행위를 구성하는 경우에는 복종거부 가능하다.
	내용	① 훈령권을 가지는 상급경찰관청에 의하여 발해질 것 ② 하급경찰관청의 권한사항에 속하는 사항일 것 ③ 하급경찰관청의 권한에 관한 것일지라도 하급경찰관청의 권한행사의 독립성이 보장되어 있는 사항에 관한 것이 아닐 것	① 훈령의 **내용이** 적법·타당하며 실현가능하고 명백해야 한다. ② **내용이** 합목적적이고 공익에 적합하여야 한다.

훈령의 경합	① 주관 상급관청의 훈령에 따라야 하고, ② 서로 상하관계에 있을 때에는 직근 상급관청의 훈령에 따라야 하며, ③ 주관 상급관청이 불명확한 때에는 주관쟁의의 방법으로 해결

▶ 훈령과 직무명령의 비교

구 분	훈 령	직무명령
개념	• 상급관청이 하급관청의 권한 행사를 지휘하기 위하여 발하는 명령	• 상관이 그 부하공무원에 대하여 직무를 지휘하기 위해 발하는 명령
성질	• 경찰기관의 의사를 구속 • 권한의 대집행권은 포함 × • 하급관청만을 구속(일반국민에 대한 대외적 구속력 ×) • 구체적 법적 근거가 없어도 가능	• 경찰공무원 개개인의 의사를 구속 • 구체적 법적 근거가 없어도 가능
형식	• 특별한 형식을 요하지 않고 구두·문서 형식으로 가능	• 구두·문서 어느 형식도 가능
위반시 효과	• 위법아니고 행위 자체는 유효하고 위반행위를 한 경찰공무원은 징계사유가 됨	• 위법아니고 행위 자체는 유효하고 위반행위를 한 경찰공무원은 징계사유가 됨
경합시	• 주관 상급관청의 훈령에 따라야 함 • 주관 상급관청이 서로 상하관계에 있을 때에는 직근 상급관청의 훈령에 따라야 함 • 주관 상급관청이 불명확한 때에는 주관쟁의의 방법으로 해결해야 함	• 직근 상관의 명령에 복종
차이점	• 기관 구성원이 변경·교체되더라도 효력에 영향이 없음 • 행정기관의 소관사무에 대해서만 구속 • 훈령은 동시에 직무명령으로서의 성질을 가짐	• 경찰공무원의 변경·교체시 당연히 효력을 상실
법원성	• 일반국민에 대한 대외적 구속력이 없으므로 경찰법의 법원이 아님(통설). 단, 행정의 자기구속의 법리에 의거하여 법원성을 인정하는 견해가 있음	

3 행정법의 일반원칙

(1) **개설** : 오늘날 행정법의 불문법원의 하나로 설명되며, 대부분 헌법 및 헌법을 지배하는 기본원리에서 유래한다고 본다.

(2) **평등의 원칙** : 평등한 수익명령, 불합리한 차별의 금지

구 분	내 용
의의	① 행정작용에 있어서 특별한 합리적 사유가 존재하지 않는 한, 상대방인 국민을 공평하게 처우하여야 한다는 것을 말한다. ② 법의 불평등한 적용의 금지와 불평등한 처우를 내용으로 하는 법의 제정을 금지하는 것을 포함한다.
기능	행정기관의 재량권 행사에 한계를 제시하는 원리로서의 기능한다.

행정의 자기구속의 법리(행정의자기구속론)	
의의	행정청(동일 행정기관 ○, 다른 행정기관 ×)이 제3자에 대하여 행하였던 결정은 동종(이종 ×)의 사안(事案)을 행함에 있어서 다른 상대방에게도 동일한 결정을 행하도록 스스로에게 구속당하는 것을 말한다.
기능	현대 행정의 기능이 확대됨에 따라 법률에 의한 행정의 구속에 한계가 나타나게 되어 행정에 대한 법적 통제가 충분하지 않게 됨에 따라 등장하게 되었다.
적용 영역	ⓐ 행정의 재량영역에서 인정된다. ⓑ 행정규칙 중에서 재량준칙과 관련하여 인정된다.
효과	ⓐ 적극적 효과 — 상대방에게 행정에 대한 이행청구권이 발생한다. ⓑ 소극적 효과 — 행정청에게 차별금지의 의무를 발생시킨다.

(3) 비례의 원칙 : 과잉조치금지의 원칙

구분	내용
의의	비례의 원칙이라 함은 행정목적의 실현과 목적실현을 위하여 동원되는 수단 사이에 합리적인 비례관계가 유지되어야 한다는 것을 의미한다.

근거	① 헌법상의 근거 : 헌법은 「국민의 자유와 권리는 국가안전보장·질서유지 또는 공공복리를 위하여 필요한 경우에 한하여 법률로써 제한할 수 있으며, 제한하는 경우에도 자유와 권리의 본질적인 내용을 제한할 수 없다」고 규정하여 비례원칙을 간접적으로 천명하고 있다(헌법 제37조 제2항).
	② 개별법상의 근거
	  ⓐ 경찰관직무집행법에 있어서의 「이 법에 규정된 경찰관의 직권은 그 직무수행에 필요한 최소한도 내에서 행사되어야 하며 이를 남용하여서는 아니된다」(경찰관직무집행법 제1조 제2항)고 규정한 예가 있다.
	  ⓑ 행정규제기본법에 있어서의 「규제의 대상과 수단은 규제의 목적을 실현하는 데 필요한 최소한의 범위 안에서 가장 효과적인 방법으로 객관성·투명성·및 공정성이 확보되도록 설정되어야 한다」(행정규제기본법 제5조 제2항)고 규정한 예가 있다.
	  ⓒ 식품위생법에 있어서의 「제1항의 조치(영업소의 폐쇄조치)는 그 영업을 할 수 없게 함에 필요한 최소한의 범위에 그쳐야 한다」(식품위생법 제62조 제4항)고 규정한 예가 있다.

성질	법치국가 원리의 파생원칙이며, 헌법의 명문규정 여부와 무관하게 헌법차원의 원칙으로서의 성질을 가진다.
적용 범위	오늘날에는 행정의 모든 영역에 적용되는 법원칙으로 인식되고 있다. ☆☆
적합성의 원칙	
내용	ⓐ 적합성의 원칙이라고 함은, 행정기관이 취한 조치 또는 수단이 목적달성에 적합한 것이어야 함을 의미한다.

	ⓑ 예컨대 풍속영역의 규제에 관한 법률 제6조 제2항에 의하면 풍속영업자가 준수사항을 위반한 때에는 허가취소, 영업정지 또는 시설개수명령을 할 수 있도록 규정하고 있는데, 구체적인 위반행위에 따라 이들 수단의 적합성이 검토되어야 할 것이다. ⓒ 적합성의 원칙이 최상의, 즉 가장 적합한 수단일 것을 요구하는 것은 아니다. 목적달성에 기여할 수 있으면 충분한 것이다.
	필요성의 원칙(최소침해의 원칙)
	ⓐ 필요성의 원칙이라 함은 행정조치는 의도하는 목적달성을 위해 필요하고도 최소침해의 것이어야 한다는 것을 의미한다. ⓑ 목적달성을 위해 적합한 수단이 여러 가지 있는 경우에, 행정기관은 그 중에서 관계자에게 가장 적은 부담을 주는 수단을 선택해야 한다는 것이다. ⓒ 이러한 의미에서 '필요성의 원칙'은 최소침해의 원칙이라고도 한다. ⓓ 예컨대 위에서 본 예에서 적합성의 면에서 보면, 영업정지와 시설개수명령의 요건을 모두 충족하더라도 시설개수명령으로써 목적을 달성할 수 있음에도 불구하고 영업정지를 명하는 것은 필요성의 원칙에 위배된다고 할 것이다. 또한 위험한 건물에 대하여 개수명령으로써 목적을 달성할 수 있음에도 불구하고 철거명령을 발하는 것은 필요성의 원칙에 반하는 것이 된다.
	상당성의 원칙(좁은 의미의 비례원칙, 적량원칙)
내용	ⓐ 상당성의 원칙 또는 좁은 의미의 비례원칙이라 함은 어떤 행정조치가 설정된 목적 실현을 위하여 필요한 경우라 할지라도 그 행정조치를 취함에 따른 불이익이 그것에 의해 달성되는 이익보다 큰 경우에는 당해 행정조치를 취해서는 안 된다는 것을 말한다. ⓑ 이 원칙에 의하면 행정조치의 목적과 관계자의에 대한 불이익 사이에 적절한 비례관계가 있어야 한다. 즉, 상당성의 원칙은 관련된 이익 사이에 적정한 비교형량을 요구한다. ⓒ 행정조치에 의한 불이익과 그를 정당화시키는 이유의 중요성을 비교형량함에 있어서 기대가능성의 한계가 지켜져야 한다. ⓓ 행정조치에 의하여 달성하려는 공익보다 관계자의 불이익이 크다면 상당성의 원칙에 위배되는 것으로 위법이 된다. ⓔ 다만 비교형량을 함에 있어서 행정기관에게는 광범위한 결정의 여지가 있으므로 관련된 이익의 중요성을 명백하게 잘못 판단하였을 때에만 상당성의 원칙에 반하는 것이 된다. ⓕ 예컨대 위에서 본 예에서, 시설개수명령의 수단을 택하였다 하더라도 경찰상 규제의 필요와는 균형이 맞지 아니한 호화시설로 개수하도록 한 것은 위법이 된다. ⓖ 이 원칙은 흔히 "경찰은 대포로 참새를 쏘아서는 안 된다" 또는 "버찌나무에 앉아 있는 참새를 쫓기 위해 대포를 쏘아서는 안 된다. 비록 그것이 유일한 수단일지라도"라는 예문으로 독일의 문헌에서 설명되고 있다. ⓗ 독일의 판례 가운데에는, 보도에 주차하였으므로 법을 어긴 것이지만 통행에 아무런 지장을 주는 것이 아니었다면, 그 승용차를 즉시로 견인하는 것은 좁은 의미의 비례원칙을 위반한 것으로 위법하다고 판시한 것이 있다.
효과	헌법 차원에서 인정된 행정법의 불문법원의 하나로서 이에 위반하면 위법한 처분이 되고, 이에 따라 법률상의 권리를 침해받은 자에게는 행정상손해배상청구권, 행정쟁송청구권, 행정상결과제거청구권 등이 인정된다.

(4) 부당결부금지의 원칙

구분	내용
의의	행정청이 행정작용을 함에 있어서 그것과 실체적 관련성이 없는 상대방의 반대급부를 행정작용의 조건으로서 결부시켜서는 안 된다는 원칙을 말한다. 예 체납된 공과금의 이행담보를 위하여 여권교부를 거부하는 경우, 주택사업계획을 승인하면서 학교부지 조성의 의무를 부과하는 경우
적용영역	행정청의 공권력 행사가 상대방의 반대급부와 관련되는 경우에 적용된다. ① 공법상 계약 : 공법상 계약을 체결하면서 반대급부를 결부시키는 경우 ② 부관 : 행정행위의 목적과는 무관한 다른 목적을 위해 부관을 결부시키는 경우 ③ 새로운 의무이행확보수단 : 실정법상의 의무를 이행하도록 하기 위해 공급거부, 관허사업의 제한을 하는 경우 ④ 급부행정 : 행정청이 상대방에게 급부를 하면서 이와 관련이 없는 반대급부와 결부시키는 경우 등에서 적용될 수 있다.
효과	부당결부금지원칙에 위반한 국가작용(입법·행정)은 위헌·위법이 된다. 행정처분이 부당결부금지의 원칙에 위반한 경우 그 위법성의 정도는 중대한 하자이지만 명백한 하자인 것으로 보기는 어려우므로 취소사유에 해당한다(중대명백설). 판례도 같은 입장이다.
판례	◇ 복수운전면허의 취소(철회) ◇		
	문제의 소재	여러종류의 자동차운전면허를 가지고 있는 사람이 음주운전을 한 경우 모든 운전면허를 취소(철회)해야 하는지, 아니면 음주운전을 한 당해 차량에 대한 운전면허만을 취소(철회)해야 하는지가 문제된다.
	판례의 태도	ⓐ 판례는 복수운전면허를 취소 또는 정지하는 경우에 서로 별개의 것으로 취급하는 것이 원칙이나, 이들 복수운전면허가 서로 '관련성'이 있으면 전부취소할 수 있다고 판시한 바 있다. ⓑ 판례는 관련성 여부를 판단함에 있어서 도로교통법시행규칙 제53조 [별표18]을 기준으로 심고 있는 것으로 보인다. 즉, 적발 당시 운전한 차량을 놓고 위 별표에 의할 때 당해 차량을 운전할 수 있는 면허가 무엇인지를 기준으로 관련성을 판단하고 있다.

(5) **신뢰보호의 원칙**

의 의	국민이 행정기관의 어느 특정한 결정의 정당성이나 존속성에 대하여 신뢰한 경우, 그 신뢰가 보호받을 가치가 있는 한 이를 보호하여 주어야한다는 원칙이다[영미법계의 금반언(禁反言)의 법리].
한 계	① 행정의 법률적합성과 법적 안정성의 관계 　ⓐ 법률적합성 우위설 　ⓑ 양자동위설(兩者同位說) 　ⓒ 이익교량설(이익교량설) : 행정법의 대원칙인 법률적합성의 원칙과 법적 안정성의 원칙은 기본적으로 같은 지위에 있으므로 구체적인 경우에 있어서는 각각의 이익을 비교·형량하여 결정, 신뢰보호를 인정하는 범위는 구체적으로 적법상태의 실현이라는 공익과 행정작용의 존속에 대한 신뢰의 보호라는 관계자의 이익을 비교·형량하여 결정(독일의 통설·판례, 우리나라 다수설·판례). ② 존속보호·보상보호 　ⓐ 존속보호 : 신뢰보호의 방법에 있어서 이미 이루어진 위법상태를 존속하여 당사자의 신뢰를 보호 함 　ⓑ 보상보호 : 이미 이루어진 위법상태를 제거하고, 발생한 손실을 신뢰보호의 차원에서 보상 함 　ⓒ 우리나라에서의 견해 : 입법적으로 해결한 독일과 달리 우리나라에서는 재산권의 보장이 원칙적으로 존속보장인 점을 고려하여 존속보호를 원칙으로 하고, 존속보호가 불가능한 경우에는 보상보호의 입장에 의한다는 견해가 다수의 견해
적용 범위	① 행정법의 일반원칙의 하나로서 행정법의 모든 영역에 적용된다. ② 구체적 범위 : 특히, 수익적 행정행위의 취소·철회, 행정상 확약, 행정계획에 있어서의 계획보장, 행정법상의 실권(失權) 등에 적용된다. ※ 주의 : 행정계획보장(집행, 존속)청구권은 신뢰보호원칙이 적용되는 사례 중의 하나이다. 그러나 행정계획이 가지는 성질로서의 재량성과 공공복리의 측면서 계획보장청구권을 인정하기 어렵다고 본다(다수설, 판례).

(6) 행정기본법

> **행정기본법**
> [시행 2021. 9. 24] [법률 제17979호, 2021. 3. 23, 제정]
>
> **제1장 총칙**
> **제1절 목적 및 정의 등**
>
> 제1조(목적) 이 법은 행정의 원칙과 기본사항을 규정하여 행정의 민주성과 적법성을 확보하고 적정성과 효율성을 향상시킴으로써 국민의 권익 보호에 이바지함을 목적으로 한다.
>
> 제2조(정의) 이 법에서 사용하는 용어의 뜻은 다음과 같다.
>   1. "법령등"이란 다음 각 목의 것을 말한다.
>   가. 법령 : 다음의 어느 하나에 해당하는 것
>   1) 법률 및 대통령령·총리령·부령
>   2) 국회규칙·대법원규칙·헌법재판소규칙·중앙선거관리위원회규칙 및 감사원규칙
>   3) 1) 또는 2)의 위임을 받아 중앙행정기관(「정부조직법」 및 그 밖의 법률에 따라 설치된 중앙행정기관을 말한다. 이하 같다)의 장이 정한 훈령·예규 및 고시 등 행정규칙
>   나. 자치법규 : 지방자치단체의 조례 및 규칙
>   2. "행정청"이란 다음 각 목의 자를 말한다.
>   가. 행정에 관한 의사를 결정하여 표시하는 국가 또는 지방자치단체의 기관
>   나. 그 밖에 법령등에 따라 행정에 관한 의사를 결정하여 표시하는 권한을 가지고 있거나 그 권한을 위임 또는 위탁받은 공공단체 또는 그 기관이나 사인(私人)
>   3. "당사자"란 처분의 상대방을 말한다.
>   4. "처분"이란 행정청이 구체적 사실에 관하여 행하는 법 집행으로서 공권력의 행사 또는 그 거부와 그 밖에 이에 준하는 행정작용을 말한다.
>   5. "제재처분"이란 법령등에 따른 의무를 위반하거나 이행하지 아니하였음을 이유로 당사자에게 의무를 부과하거나 권익을 제한하는 처분을 말한다. 다만, 제30조제1항 각 호에 따른 행정상 강제는 제외한다.
>
> 제3조(국가와 지방자치단체의 책무)
> ① 국가와 지방자치단체는 국민의 삶의 질을 향상시키기 위하여 적법절차에 따라 공정하고 합리적인 행정을 수행할 책무를 진다.
> ② 국가와 지방자치단체는 행정의 능률과 실효성을 높이기 위하여 지속적으로 법령등과 제도를 정비·개선할 책무를 진다.
>
> 제4조(행정의 적극적 추진)
> ① 행정은 공공의 이익을 위하여 적극적으로 추진되어야 한다.
> ② 국가와 지방자치단체는 소속 공무원이 공공의 이익을 위하여 적극적으로 직무를 수행할 수 있도록 제반 여건을 조성하고, 이와 관련된 시책 및 조치를 추진하여야 한다.
> ③ 제1항 및 제2항에 따른 행정의 적극적 추진 및 적극행정 활성화를 위한 시책의 구체적인 사항 등은 대통령령으로 정한다.

제5조(다른 법률과의 관계)
① 행정에 관하여 다른 법률에 특별한 규정이 있는 경우를 제외하고는 이 법에서 정하는 바에 따른다.
② 행정에 관한 다른 법률을 제정하거나 개정하는 경우에는 이 법의 목적과 원칙, 기준 및 취지에 부합되도록 노력하여야 한다.

제2절 기간의 계산

제6조(행정에 관한 기간의 계산)
① 행정에 관한 기간의 계산에 관하여는 이 법 또는 다른 법령등에 특별한 규정이 있는 경우를 제외하고는 「민법」을 준용한다.
② 법령등 또는 처분에서 국민의 권익을 제한하거나 의무를 부과하는 경우 권익이 제한되거나 의무가 지속되는 기간의 계산은 다음 각 호의 기준에 따른다. 다만, 다음 각 호의 기준에 따르는 것이 국민에게 불리한 경우에는 그러하지 아니하다.
  1. 기간을 일, 주, 월 또는 연으로 정한 경우에는 기간의 첫날을 산입한다.
  2. 기간의 말일이 토요일 또는 공휴일인 경우에도 기간은 그 날로 만료한다.

제7조(법령등 시행일의 기간 계산) 법령등(훈령·예규·고시·지침 등을 포함한다. 이하 이 조에서 같다)의 시행일을 정하거나 계산할 때에는 다음 각 호의 기준에 따른다.
  1. 법령등을 공포한 날부터 시행하는 경우에는 공포한 날을 시행일로 한다.
  2. 법령등을 공포한 날부터 일정 기간이 경과한 날부터 시행하는 경우 법령등을 공포한 날을 첫날에 산입하지 아니한다.
  3. 법령등을 공포한 날부터 일정 기간이 경과한 날부터 시행하는 경우 그 기간의 말일이 토요일 또는 공휴일인 때에는 그 말일로 기간이 만료한다.

제2장 행정의 법 원칙

제8조(법치행정의 원칙) 행정작용은 법률에 위반되어서는 아니 되며, 국민의 권리를 제한하거나 의무를 부과하는 경우와 그 밖에 국민생활에 중요한 영향을 미치는 경우에는 법률에 근거하여야 한다.

제9조(평등의 원칙) 행정청은 합리적 이유 없이 국민을 차별하여서는 아니 된다.

제10조(비례의 원칙) 행정작용은 다음 각 호의 원칙에 따라야 한다.
  1. 행정목적을 달성하는 데 유효하고 적절할 것
  2. 행정목적을 달성하는 데 필요한 최소한도에 그칠 것
  3. 행정작용으로 인한 국민의 이익 침해가 그 행정작용이 의도하는 공익보다 크지 아니할 것

제11조(성실의무 및 권한남용금지의 원칙)
① 행정청은 법령등에 따른 의무를 성실히 수행하여야 한다.
② 행정청은 행정권한을 남용하거나 그 권한의 범위를 넘어서는 아니 된다.

제12조(신뢰보호의 원칙)
① 행정청은 공익 또는 제3자의 이익을 현저히 해칠 우려가 있는 경우를 제외하고는 행정에 대한 국민의 정당하고 합리적인 신뢰를 보호하여야 한다.

② 행정청은 권한 행사의 기회가 있음에도 불구하고 장기간 권한을 행사하지 아니하여 국민이 그 권한이 행사되지 아니할 것으로 믿을 만한 정당한 사유가 있는 경우에는 그 권한을 행사해서는 아니 된다. 다만, 공익 또는 제3자의 이익을 현저히 해칠 우려가 있는 경우는 예외로 한다.

제13조(부당결부금지의 원칙) 행정청은 행정작용을 할 때 상대방에게 해당 행정작용과 실질적인 관련이 없는 의무를 부과해서는 아니 된다.

제3장 행정작용
제1절 처분

제14조(법 적용의 기준)
① 새로운 법령등은 법령등에 특별한 규정이 있는 경우를 제외하고는 그 법령등의 효력 발생 전에 완성되거나 종결된 사실관계 또는 법률관계에 대해서는 적용되지 아니한다.
② 당사자의 신청에 따른 처분은 법령등에 특별한 규정이 있거나 처분 당시의 법령등을 적용하기 곤란한 특별한 사정이 있는 경우를 제외하고는 처분 당시의 법령등에 따른다.
③ 법령등을 위반한 행위의 성립과 이에 대한 제재처분은 법령등에 특별한 규정이 있는 경우를 제외하고는 법령등을 위반한 행위 당시의 법령등에 따른다. 다만, 법령등을 위반한 행위 후 법령등의 변경에 의하여 그 행위가 법령등을 위반한 행위에 해당하지 아니하거나 제재처분 기준이 가벼워진 경우로서 해당 법령등에 특별한 규정이 없는 경우에는 변경된 법령등을 적용한다.

제15조(처분의 효력) 처분은 권한이 있는 기관이 취소 또는 철회하거나 기간의 경과 등으로 소멸되기 전까지는 유효한 것으로 통용된다. 다만, 무효인 처분은 처음부터 그 효력이 발생하지 아니한다.

제16조(결격사유)
① 자격이나 신분 등을 취득 또는 부여할 수 없거나 인가, 허가, 지정, 승인, 영업등록, 신고 수리 등(이하 "인허가"라 한다)을 필요로 하는 영업 또는 사업 등을 할 수 없는 사유(이하 이 조에서 "결격사유"라 한다)는 법률로 정한다.
② 결격사유를 규정할 때에는 다음 각 호의 기준에 따른다.
  1. 규정의 필요성이 분명할 것
  2. 필요한 항목만 최소한으로 규정할 것
  3. 대상이 되는 자격, 신분, 영업 또는 사업 등과 실질적인 관련이 있을 것
  4. 유사한 다른 제도와 균형을 이룰 것

제17조(부관)
① 행정청은 처분에 재량이 있는 경우에는 부관(조건, 기한, 부담, 철회권의 유보 등을 말한다. 이하 이 조에서 같다)을 붙일 수 있다.
② 행정청은 처분에 재량이 없는 경우에는 법률에 근거가 있는 경우에 부관을 붙일 수 있다.
③ 행정청은 부관을 붙일 수 있는 처분이 다음 각 호의 어느 하나에 해당하는 경우에는 그 처분을 한 후에도 부관을 새로 붙이거나 종전의 부관을 변경할 수 있다.
  1. 법률에 근거가 있는 경우
  2. 당사자의 동의가 있는 경우
  3. 사정이 변경되어 부관을 새로 붙이거나 종전의 부관을 변경하지 아니하면 해당 처분의 목적을 달성할 수 없다고 인정되는 경우

④ 부관은 다음 각 호의 요건에 적합하여야 한다.
  1. 해당 처분의 목적에 위배되지 아니할 것
  2. 해당 처분과 실질적인 관련이 있을 것
  3. 해당 처분의 목적을 달성하기 위하여 필요한 최소한의 범위일 것

제18조(위법 또는 부당한 처분의 취소)
① 행정청은 위법 또는 부당한 처분의 전부나 일부를 소급하여 취소할 수 있다. 다만, 당사자의 신뢰를 보호할 가치가 있는 등 정당한 사유가 있는 경우에는 장래를 향하여 취소할 수 있다.
② 행정청은 제1항에 따라 당사자에게 권리나 이익을 부여하는 처분을 취소하려는 경우에는 취소로 인하여 당사자가 입게 될 불이익을 취소로 달성되는 공익과 비교·형량(衡量)하여야 한다. 다만, 다음 각 호의 어느 하나에 해당하는 경우에는 그러하지 아니하다.
  1. 거짓이나 그 밖의 부정한 방법으로 처분을 받은 경우
  2. 당사자가 처분의 위법성을 알고 있었거나 중대한 과실로 알지 못한 경우

제19조(적법한 처분의 철회)
① 행정청은 적법한 처분이 다음 각 호의 어느 하나에 해당하는 경우에는 그 처분의 전부 또는 일부를 장래를 향하여 철회할 수 있다.
  1. 법률에서 정한 철회 사유에 해당하게 된 경우
  2. 법령등의 변경이나 사정변경으로 처분을 더 이상 존속시킬 필요가 없게 된 경우
  3. 중대한 공익을 위하여 필요한 경우
② 행정청은 제1항에 따라 처분을 철회하려는 경우에는 철회로 인하여 당사자가 입게 될 불이익을 철회로 달성되는 공익과 비교·형량하여야 한다.

제20조(자동적 처분) 행정청은 법률로 정하는 바에 따라 완전히 자동화된 시스템(인공지능 기술을 적용한 시스템을 포함한다)으로 처분을 할 수 있다. 다만, 처분에 재량이 있는 경우는 그러하지 아니하다.

제21조(재량행사의 기준) 행정청은 재량이 있는 처분을 할 때에는 관련 이익을 정당하게 형량하여야 하며, 그 재량권의 범위를 넘어서는 아니 된다.

제22조(제재처분의 기준)
① 제재처분의 근거가 되는 법률에는 제재처분의 주체, 사유, 유형 및 상한을 명확하게 규정하여야 한다. 이 경우 제재처분의 유형 및 상한을 정할 때에는 해당 위반행위의 특수성 및 유사한 위반행위와의 형평성 등을 종합적으로 고려하여야 한다.
② 행정청은 재량이 있는 제재처분을 할 때에는 다음 각 호의 사항을 고려하여야 한다.
  1. 위반행위의 동기, 목적 및 방법
  2. 위반행위의 결과
  3. 위반행위의 횟수
  4. 그 밖에 제1호부터 제3호까지에 준하는 사항으로서 대통령령으로 정하는 사항

제23조(제재처분의 제척기간)
① 행정청은 법령등의 위반행위가 종료된 날부터 5년이 지나면 해당 위반행위에 대하여 제재처분(인허가의 정지·취소·철회, 등록 말소, 영업소 폐쇄와 정지를 갈음하는 과징금 부과를 말한다. 이하 이 조에서 같다)을 할 수 없다.

② 다음 각 호의 어느 하나에 해당하는 경우에는 제1항을 적용하지 아니한다.
　1. 거짓이나 그 밖의 부정한 방법으로 인허가를 받거나 신고를 한 경우
　2. 당사자가 인허가나 신고의 위법성을 알고 있었거나 중대한 과실로 알지 못한 경우
　3. 정당한 사유 없이 행정청의 조사·출입·검사를 기피·방해·거부하여 제척기간이 지난 경우
　4. 제재처분을 하지 아니하면 국민의 안전·생명 또는 환경을 심각하게 해치거나 해칠 우려가 있는 경우
③ 행정청은 제1항에도 불구하고 행정심판의 재결이나 법원의 판결에 따라 제재처분이 취소·철회된 경우에는 재결이나 판결이 확정된 날부터 1년(합의제행정기관은 2년)이 지나기 전까지는 그 취지에 따른 새로운 제재처분을 할 수 있다.
④ 다른 법률에서 제1항 및 제3항의 기간보다 짧거나 긴 기간을 규정하고 있으면 그 법률에서 정하는 바에 따른다.
[시행일 : 2023. 3. 24.] 제23조

제2절 인허가의제

제24조(인허가의제의 기준)
① 이 절에서 "인허가의제"란 하나의 인허가(이하 "주된 인허가"라 한다)를 받으면 법률로 정하는 바에 따라 그와 관련된 여러 인허가(이하 "관련 인허가"라 한다)를 받은 것으로 보는 것을 말한다.
② 인허가의제를 받으려면 주된 인허가를 신청할 때 관련 인허가에 필요한 서류를 함께 제출하여야 한다. 다만, 불가피한 사유로 함께 제출할 수 없는 경우에는 주된 인허가 행정청이 별도로 정하는 기한까지 제출할 수 있다.
③ 주된 인허가 행정청은 주된 인허가를 하기 전에 관련 인허가에 관하여 미리 관련 인허가 행정청과 협의하여야 한다.
④ 관련 인허가 행정청은 제3항에 따른 협의를 요청받으면 그 요청을 받은 날부터 20일 이내(제5항 단서에 따른 절차에 걸리는 기간은 제외한다)에 의견을 제출하여야 한다. 이 경우 전단에서 정한 기간(민원 처리 관련 법령에 따라 의견을 제출하여야 하는 기간을 연장한 경우에는 그 연장한 기간을 말한다) 내에 협의 여부에 관하여 의견을 제출하지 아니하면 협의가 된 것으로 본다.
⑤ 제3항에 따라 협의를 요청받은 관련 인허가 행정청은 해당 법령을 위반하여 협의에 응해서는 아니 된다. 다만, 관련 인허가에 필요한 심의, 의견 청취 등 절차에 관하여는 법률에 인허가의제 시에도 해당 절차를 거친다는 명시적인 규정이 있는 경우에만 이를 거친다.
[시행일 : 2023. 3. 24.] 제24조

제25조(인허가의제의 효과)
① 제24조제3항·제4항에 따라 협의가 된 사항에 대해서는 주된 인허가를 받았을 때 관련 인허가를 받은 것으로 본다.
② 인허가의제의 효과는 주된 인허가의 해당 법률에 규정된 관련 인허가에 한정된다.
[시행일 : 2023. 3. 24.] 제25조

제26조(인허가의제의 사후관리 등)
① 인허가의제의 경우 관련 인허가 행정청은 관련 인허가를 직접 한 것으로 보아 관계 법령에 따른 관리·감독 등 필요한 조치를 하여야 한다.
② 주된 인허가가 있은 후 이를 변경하는 경우에는 제24조·제25조 및 이 조 제1항을 준용한다.
③ 이 절에서 규정한 사항 외에 인허가의제의 방법, 그 밖에 필요한 세부 사항은 대통령령으로 정한다.
[시행일 : 2023. 3. 24.] 제26조

제3절 공법상 계약

제27조(공법상 계약의 체결)
① 행정청은 법령등을 위반하지 아니하는 범위에서 행정목적을 달성하기 위하여 필요한 경우에는 공법상 법률관계에 관한 계약(이하 "공법상 계약"이라 한다)을 체결할 수 있다. 이 경우 계약의 목적 및 내용을 명확하게 적은 계약서를 작성하여야 한다.
② 행정청은 공법상 계약의 상대방을 선정하고 계약 내용을 정할 때 공법상 계약의 공공성과 제3자의 이해관계를 고려하여야 한다.

제4절 과징금

제28조(과징금의 기준)
① 행정청은 법령등에 따른 의무를 위반한 자에 대하여 법률로 정하는 바에 따라 그 위반행위에 대한 제재로서 과징금을 부과할 수 있다.
② 과징금의 근거가 되는 법률에는 과징금에 관한 다음 각 호의 사항을 명확하게 규정하여야 한다.
  1. 부과·징수 주체
  2. 부과 사유
  3. 상한액
  4. 가산금을 징수하려는 경우 그 사항
  5. 과징금 또는 가산금 체납 시 강제징수를 하려는 경우 그 사항

제29조(과징금의 납부기한 연기 및 분할 납부) 과징금은 한꺼번에 납부하는 것을 원칙으로 한다. 다만, 행정청은 과징금을 부과받은 자가 다음 각 호의 어느 하나에 해당하는 사유로 과징금 전액을 한꺼번에 내기 어렵다고 인정될 때에는 그 납부기한을 연기하거나 분할 납부하게 할 수 있으며, 이 경우 필요하다고 인정하면 담보를 제공하게 할 수 있다.
  1. 재해 등으로 재산에 현저한 손실을 입은 경우
  2. 사업 여건의 악화로 사업이 중대한 위기에 처한 경우
  3. 과징금을 한꺼번에 내면 자금 사정에 현저한 어려움이 예상되는 경우
  4. 그 밖에 제1호부터 제3호까지에 준하는 경우로서 대통령령으로 정하는 사유가 있는 경우

제5절 행정상 강제

제30조(행정상 강제)
① 행정청은 행정목적을 달성하기 위하여 필요한 경우에는 법률로 정하는 바에 따라 필요한 최소한의 범위에서 다음 각 호의 어느 하나에 해당하는 조치를 할 수 있다.
  1. 행정대집행 : 의무자가 행정상 의무(법령등에서 직접 부과하거나 행정청이 법령등에 따라 부과한 의무를 말한다. 이하 이 절에서 같다)로서 타인이 대신하여 행할 수 있는 의무를 이행하지 아니하는 경우 법률로 정하는 다른 수단으로는 그 이행을 확보하기 곤란하고 그 불이행을 방치하면 공익을 크게 해칠 것으로 인정될 때에 행정청이 의무자가 하여야 할 행위를 스스로 하거나 제3자에게 하게 하고 그 비용을 의무자로부터 징수하는 것
  2. 이행강제금의 부과 : 의무자가 행정상 의무를 이행하지 아니하는 경우 행정청이 적절한 이행기간을 부여하고, 그 기한까지 행정상 의무를 이행하지 아니하면 금전급부의무를 부과하는 것
  3. 직접강제 : 의무자가 행정상 의무를 이행하지 아니하는 경우 행정청이 의무자의 신체나 재산에 실력을 행사하여 그 행정상 의무의 이행이 있었던 것과 같은 상태를 실현하는 것

    4. 강제징수 : 의무자가 행정상 의무 중 금전급부의무를 이행하지 아니하는 경우 행정청이 의무자의 재산에 실력을 행사하여 그 행정상 의무가 실현된 것과 같은 상태를 실현하는 것
    5. 즉시강제 : 현재의 급박한 행정상의 장해를 제거하기 위한 경우로서 다음 각 목의 어느 하나에 해당하는 경우에 행정청이 곧바로 국민의 신체 또는 재산에 실력을 행사하여 행정목적을 달성하는 것
        가. 행정청이 미리 행정상 의무 이행을 명할 시간적 여유가 없는 경우
        나. 그 성질상 행정상 의무의 이행을 명하는 것만으로는 행정목적 달성이 곤란한 경우
② 행정상 강제 조치에 관하여 이 법에서 정한 사항 외에 필요한 사항은 따로 법률로 정한다.
③ 형사(刑事), 행형(行刑) 및 보안처분 관계 법령에 따라 행하는 사항이나 외국인의 출입국·난민인정·귀화·국적회복에 관한 사항에 관하여는 이 절을 적용하지 아니한다.
    [시행일 : 2023. 3. 24.] 제30조

제31조(이행강제금의 부과)
① 이행강제금 부과의 근거가 되는 법률에는 이행강제금에 관한 다음 각 호의 사항을 명확하게 규정하여야 한다. 다만, 제4호 또는 제5호를 규정할 경우 입법목적이나 입법취지를 훼손할 우려가 크다고 인정되는 경우로서 대통령령으로 정하는 경우는 제외한다.
    1. 부과·징수 주체
    2. 부과 요건
    3. 부과 금액
    4. 부과 금액 산정기준
    5. 연간 부과 횟수나 횟수의 상한
② 행정청은 다음 각 호의 사항을 고려하여 이행강제금의 부과 금액을 가중하거나 감경할 수 있다.
    1. 의무 불이행의 동기, 목적 및 결과
    2. 의무 불이행의 정도 및 상습성
    3. 그 밖에 행정목적을 달성하는 데 필요하다고 인정되는 사유
③ 행정청은 이행강제금을 부과하기 전에 미리 의무자에게 적절한 이행기간을 정하여 그 기한까지 행정상 의무를 이행하지 아니하면 이행강제금을 부과한다는 뜻을 문서로 계고(戒告)하여야 한다.
④ 행정청은 의무자가 제3항에 따른 계고에서 정한 기한까지 행정상 의무를 이행하지 아니한 경우 이행강제금의 부과 금액·사유·시기를 문서로 명확하게 적어 의무자에게 통지하여야 한다.
⑤ 행정청은 의무자가 행정상 의무를 이행할 때까지 이행강제금을 반복하여 부과할 수 있다. 다만, 의무자가 의무를 이행하면 새로운 이행강제금의 부과를 즉시 중지하되, 이미 부과한 이행강제금은 징수하여야 한다.
⑥ 행정청은 이행강제금을 부과받은 자가 납부기한까지 이행강제금을 내지 아니하면 국세강제징수의 예 또는 「지방행정제재·부과금의 징수 등에 관한 법률」에 따라 징수한다.
    [시행일 : 2023. 3. 24.] 제31조

제32조(직접강제)
① 직접강제는 행정대집행이나 이행강제금 부과의 방법으로는 행정상 의무 이행을 확보할 수 없거나 그 실현이 불가능한 경우에 실시하여야 한다.
② 직접강제를 실시하기 위하여 현장에 파견되는 집행책임자는 그가 집행책임자임을 표시하는 증표를 보여 주어야 한다.

③ 직접강제의 계고 및 통지에 관하여는 제31조제3항 및 제4항을 준용한다.
  [시행일 : 2023. 3. 24.] 제32조

제33조(즉시강제)
① 즉시강제는 다른 수단으로는 행정목적을 달성할 수 없는 경우에만 허용되며, 이 경우에도 최소한으로만 실시하여야 한다.
② 즉시강제를 실시하기 위하여 현장에 파견되는 집행책임자는 그가 집행책임자임을 표시하는 증표를 보여주어야 하며, 즉시강제의 이유와 내용을 고지하여야 한다.
  [시행일 : 2023. 3. 24.] 제33조

제6절 그 밖의 행정작용

제34조(수리 여부에 따른 신고의 효력) 법령등으로 정하는 바에 따라 행정청에 일정한 사항을 통지하여야 하는 신고로서 법률에 신고의 수리가 필요하다고 명시되어 있는 경우(행정기관의 내부 업무 처리 절차로서 수리를 규정한 경우는 제외한다)에는 행정청이 수리하여야 효력이 발생한다.
  [시행일 : 2023. 3. 24.] 제34조

제35조(수수료 및 사용료)
① 행정청은 특정인을 위한 행정서비스를 제공받는 자에게 법령으로 정하는 바에 따라 수수료를 받을 수 있다.
② 행정청은 공공시설 및 재산 등의 이용 또는 사용에 대하여 사전에 공개된 금액이나 기준에 따라 사용료를 받을 수 있다.
③ 제1항 및 제2항에도 불구하고 지방자치단체의 경우에는 「지방자치법」에 따른다.

제7절 처분에 대한 이의신청 및 재심사

제36조(처분에 대한 이의신청)
① 행정청의 처분(「행정심판법」 제3조에 따라 같은 법에 따른 행정심판의 대상이 되는 처분을 말한다. 이하 이 조에서 같다)에 이의가 있는 당사자는 처분을 받은 날부터 30일 이내에 해당 행정청에 이의신청을 할 수 있다.
② 행정청은 제1항에 따른 이의신청을 받으면 그 신청을 받은 날부터 14일 이내에 그 이의신청에 대한 결과를 신청인에게 통지하여야 한다. 다만, 부득이한 사유로 14일 이내에 통지할 수 없는 경우에는 그 기간을 만료일 다음 날부터 기산하여 10일의 범위에서 한 차례 연장할 수 있으며, 연장 사유를 신청인에게 통지하여야 한다.
③ 제1항에 따라 이의신청을 한 경우에도 그 이의신청과 관계없이 「행정심판법」에 따른 행정심판 또는 「행정소송법」에 따른 행정소송을 제기할 수 있다.
④ 이의신청에 대한 결과를 통지받은 후 행정심판 또는 행정소송을 제기하려는 자는 그 결과를 통지받은 날(제2항에 따른 통지기간 내에 결과를 통지받지 못한 경우에는 같은 항에 따른 통지기간이 만료되는 날의 다음 날을 말한다)부터 90일 이내에 행정심판 또는 행정소송을 제기할 수 있다.
⑤ 다른 법률에서 이의신청과 이에 준하는 절차에 대하여 정하고 있는 경우에도 그 법률에서 규정하지 아니한 사항에 관하여는 이 조에서 정하는 바에 따른다.
⑥ 제1항부터 제5항까지에서 규정한 사항 외에 이의신청의 방법 및 절차 등에 관한 사항은 대통령령으로 정한다.

⑦ 다음 각 호의 어느 하나에 해당하는 사항에 관하여는 이 조를 적용하지 아니한다.
   1. 공무원 인사 관계 법령에 따른 징계 등 처분에 관한 사항
   2. 「국가인권위원회법」 제30조에 따른 진정에 대한 국가인권위원회의 결정
   3. 「노동위원회법」 제2조의2에 따라 노동위원회의 의결을 거쳐 행하는 사항
   4. 형사, 행형 및 보안처분 관계 법령에 따라 행하는 사항
   5. 외국인의 출입국·난민인정·귀화·국적회복에 관한 사항
   6. 과태료 부과 및 징수에 관한 사항
      [시행일 : 2023. 3. 24.] 제36조

제37조(처분의 재심사)
① 당사자는 처분(제재처분 및 행정상 강제는 제외한다. 이하 이 조에서 같다)이 행정심판, 행정소송 및 그 밖의 쟁송을 통하여 다툴 수 없게 된 경우(법원의 확정판결이 있는 경우는 제외한다)라도 다음 각 호의 어느 하나에 해당하는 경우에는 해당 처분을 한 행정청에 처분을 취소·철회하거나 변경하여 줄 것을 신청할 수 있다.
   1. 처분의 근거가 된 사실관계 또는 법률관계가 추후에 당사자에게 유리하게 바뀐 경우
   2. 당사자에게 유리한 결정을 가져다주었을 새로운 증거가 있는 경우
   3. 「민사소송법」 제451조에 따른 재심사유에 준하는 사유가 발생한 경우 등 대통령령으로 정하는 경우
② 제1항에 따른 신청은 해당 처분의 절차, 행정심판, 행정소송 및 그 밖의 쟁송에서 당사자가 중대한 과실 없이 제1항 각 호의 사유를 주장하지 못한 경우에만 할 수 있다.
③ 제1항에 따른 신청은 당사자가 제1항 각 호의 사유를 안 날부터 60일 이내에 하여야 한다. 다만, 처분이 있은 날부터 5년이 지나면 신청할 수 없다.
④ 제1항에 따른 신청을 받은 행정청은 특별한 사정이 없으면 신청을 받은 날부터 90일(합의제행정기관은 180일) 이내에 처분의 재심사 결과(재심사 여부와 처분의 유지·취소·철회·변경 등에 대한 결정을 포함한다)를 신청인에게 통지하여야 한다. 다만, 부득이한 사유로 90일(합의제행정기관은 180일) 이내에 통지할 수 없는 경우에는 그 기간을 만료일 다음 날부터 기산하여 90일(합의제행정기관은 180일)의 범위에서 한 차례 연장할 수 있으며, 연장 사유를 신청인에게 통지하여야 한다.
⑤ 제4항에 따른 처분의 재심사 결과 중 처분을 유지하는 결과에 대해서는 행정심판, 행정소송 및 그 밖의 쟁송수단을 통하여 불복할 수 없다.
⑥ 행정청의 제18조에 따른 취소와 제19조에 따른 철회는 처분의 재심사에 의하여 영향을 받지 아니한다.
⑦ 제1항부터 제6항까지에서 규정한 사항 외에 처분의 재심사의 방법 및 절차 등에 관한 사항은 대통령령으로 정한다.
⑧ 다음 각 호의 어느 하나에 해당하는 사항에 관하여는 이 조를 적용하지 아니한다.
   1. 공무원 인사 관계 법령에 따른 징계 등 처분에 관한 사항
   2. 「노동위원회법」 제2조의2에 따라 노동위원회의 의결을 거쳐 행하는 사항
   3. 형사, 행형 및 보안처분 관계 법령에 따라 행하는 사항
   4. 외국인의 출입국·난민인정·귀화·국적회복에 관한 사항
   5. 과태료 부과 및 징수에 관한 사항
   6. 개별 법률에서 그 적용을 배제하고 있는 경우
      [시행일 : 2023. 3. 24.] 제37조

제4장 행정의 입법활동 등

제38조(행정의 입법활동)
① 국가나 지방자치단체가 법령등을 제정·개정·폐지하고자 하거나 그와 관련된 활동(법률안의 국회 제출과 조례안의 지방의회 제출을 포함하며, 이하 이 장에서 "행정의 입법활동"이라 한다)을 할 때에는 헌법과 상위 법령을 위반해서는 아니 되며, 헌법과 법령등에서 정한 절차를 준수하여야 한다.
② 행정의 입법활동은 다음 각 호의 기준에 따라야 한다.
  1. 일반 국민 및 이해관계자로부터 의견을 수렴하고 관계 기관과 충분한 협의를 거쳐 책임 있게 추진되어야 한다.
  2. 법령등의 내용과 규정은 다른 법령등과 조화를 이루어야 하고, 법령등 상호 간에 중복되거나 상충되지 아니하여야 한다.
  3. 법령등은 일반 국민이 그 내용을 쉽고 명확하게 이해할 수 있도록 알기 쉽게 만들어져야 한다.
③ 정부는 매년 해당 연도에 추진할 법령안 입법계획(이하 "정부입법계획"이라 한다)을 수립하여야 한다.
④ 행정의 입법활동의 절차 및 정부입법계획의 수립에 관하여 필요한 사항은 정부의 법제업무에 관한 사항을 규율하는 대통령령으로 정한다.

제39조(행정법제의 개선)
① 정부는 권한 있는 기관에 의하여 위헌으로 결정되어 법령이 헌법에 위반되거나 법률에 위반되는 것이 명백한 경우 등 대통령령으로 정하는 경우에는 해당 법령을 개선하여야 한다.
② 정부는 행정 분야의 법제도 개선 및 일관된 법 적용 기준 마련 등을 위하여 필요한 경우 대통령령으로 정하는 바에 따라 관계 기관 협의 및 관계 전문가 의견 수렴을 거쳐 개선조치를 할 수 있으며, 이를 위하여 현행 법령에 관한 분석을 실시할 수 있다.

제40조(법령해석)
① 누구든지 법령등의 내용에 의문이 있으면 법령을 소관하는 중앙행정기관의 장(이하 "법령소관기관"이라 한다)과 자치법규를 소관하는 지방자치단체의 장에게 법령해석을 요청할 수 있다.
② 법령소관기관과 자치법규를 소관하는 지방자치단체의 장은 각각 소관 법령등을 헌법과 해당 법령등의 취지에 부합되게 해석·집행할 책임을 진다.
③ 법령소관기관이나 법령소관기관의 해석에 이의가 있는 자는 대통령령으로 정하는 바에 따라 법령해석업무를 전문으로 하는 기관에 법령해석을 요청할 수 있다.
④ 법령해석의 절차에 관하여 필요한 사항은 대통령령으로 정한다.

부칙 〈제17979호, 2021. 3. 23.〉

제1조(시행일) 이 법은 공포한 날부터 시행한다. 다만, 제22조, 제29조, 제38조부터 제40조까지는 공포 후 6개월이 경과한 날부터 시행하고, 제23조부터 제26조까지, 제30조부터 제34조까지, 제36조 및 제37조는 공포 후 2년이 경과한 날부터 시행한다.
제2조(제재처분에 관한 법령등 변경에 관한 적용례) 제14조제3항 단서의 규정은 이 법 시행일 이후 제재처분에 관한 법령등이 변경된 경우부터 적용한다.
제3조(제재처분의 제척기간에 관한 적용례) 제23조는 부칙 제1조 단서에 따른 시행일 이후 발생하는 위반행위부터 적용한다.
제4조(공법상 계약에 관한 적용례) 제27조는 이 법 시행 이후 공법상 계약을 체결하는 경우부터 적용한다.

제5조(행정상 강제 조치에 관한 적용례) ① 제31조는 부칙 제1조 단서에 따른 시행일 이후 이행강제금을 부과하는 경우부터 적용한다.
　② 제32조 및 제33조는 부칙 제1조 단서에 따른 시행일 이후 직접강제나 즉시강제를 하는 경우부터 적용한다.
제6조(처분에 대한 이의신청에 관한 적용례) 제36조는 부칙 제1조 단서에 따른 시행일 이후에 하는 처분부터 적용한다.
제7조(처분의 재심사에 관한 적용례) 제37조는 부칙 제1조 단서에 따른 시행일 이후에 하는 처분부터 적용한다.

4 경찰관청의 권한의 위임과 대리

▶ 타 개념과의 구별

구 분		내 용
내부 위임	개념	① 경찰관청이 그의 특정사항에 관한 권한을 실질적으로 **하급행정청에게 위임**하면서 대외적으로는 위임자의 명의로 권한을 행사하게 하는 것 ② 서울시도경찰청장이 일정한 권한을 종로경찰서장에게 내부적으로 위임하는 경우 ③ 법령상의 근거는 필요하지 않다.
	차이점	① 경찰관청의 내부적인 사무처리상의 편익을 도모하기 위한 것으로 권한의 귀속 자체에 대한 변경은 없으며 ② 수임자는 위임자의 명의로 권한을 행사한다는 점에서 위임과 구별
위임 전결	개념	① 결재 내지 권한의 일부를 **보조기관에게 실질적으로 위임**하되, 대외적인 권한의 행사는 경찰관청의 명의로 하게 하는 것 ② 그 실질에 있어 내부위임과 별 차이가 없으며 단지 내부위임이 상하경찰관청 간에 행해지는 반면 위임전결은 경찰관청과 보조기관 간에 행해지는 것이 차이점이다. ③ 법령상의 근거는 필요하지 않다.
	차이점	위임전결은 결재를 보조기관에 위임할 뿐 권한의 귀속 자체의 변경은 없으며, 대외적인 권한의 행사는 경찰관청의 명의로 한다는 점에서 위임과 구별된다.
대결		① 행정관청이 결재권자의 일시부재시 그 보조기관에 사무처리에 관한 결정을 맡기지만 외부에 대한 관계에서는 본래의 행정청의 이름으로 표시하는 경우를 말한다. ② 내부적 위임이라고도 하며 법령상의 근거는 필요하지 않다.

▶ 위임과 대리의 차이점

구분	권한의 위임	권한의 대리	
		임의대리	법정대리
권한의 이전	권한 자체가 수임청에 이전한다.	권한 자체에 변동이 없다.	권한 자체에 변동이 없다.
법령의 근거	반드시 법적 근거가 필요하다.	법적 근거가 필요없다.	법적 근거가 필요하다.
범위	일부에 대해서만 위임이 가능하다.	일부에 대해서만 대리가 가능하다.	전부에 대하여 대리가 가능하다.
현명주의	위임청의 이름을 표시할 필요 없다(현명주의 적용 되지 않음).	피대리관청의 이름을 표시하여야 한다(현명주의 적용).	피대리관청의 이름을 표시하여야 한다(현명주의 적용).
직무 대행권	위임된 사항에 대하여 위임청은 대행할 수 없다.	대리된 사항에 대하여 피대리관청은 대행할 수 있다.	이런 문제가 생기지 않는다.
상대방	주로 하급행정청에 대하여 행해진다.	주로 보조기관에 대하여 행해진다.	주로 보조기관에 대하여 행해진다.
형식적 권한의 위임 및 대리	형식적 권한의 위임은 인정되지 않는다.	형식적 권한의 대리는 인정되지 않는다.	형식적 권한의 대리가 인정된다.
감독권	위임청은 수임청을 감독할 수 있다.	피대리관청은 대리관청을 감독할 수 있다.	감독할 수 없다.

▶ 행정권한의 위임 및 위탁에 관한 규정 [시행 2021.1.5.] [대통령령 제31380호, 2021. 1. 5. 타법개정]

제2조(정의) 이 영에서 사용하는 용어의 뜻은 다음과 같다.
  1. "위임"이란 법률에 규정된 행정기관의 장의 권한 중 일부를 그 **보조기관** 또는 하급행정기관의 장이나 지방자치단체의 장에게 맡겨 그의 권한과 책임 아래 행사하도록 하는 것을 말한다.
  2. "위탁"이란 법률에 규정된 행정기관의 장의 권한 중 일부를 **다른 행정기관의 장**에게 맡겨 그의 권한과 책임 아래 행사하도록 하는 것을 말한다.

제3조(위임 및 위탁의 기준 등)
② 행정기관의 장은 행정권한을 위임 및 위탁할 때에는 위임 및 위탁하기 전에 수임기관의 수임능력 여부를 점검하고, 필요한 인력 및 예산을 이관하여야 한다.

제6조(지휘·감독) 위임 및 위탁기관은 수임 및 수탁기관의 수임 및 수탁사무 처리에 대하여 지휘·감독하고, 그 처리가 위법하거나 부당하다고 인정될 때에는 이를 취소하거나 정지시킬 수 있다.

제7조(사전승인 등의 제한) 수임 및 수탁사무의 처리에 관하여 위임 및 위탁기관은 수임 및 수탁기관에 대하여 사전승인을 받거나 협의를 할 것을 요구할 수 없다.

제8조(책임의 소재 및 명의 표시)
① 수임 및 수탁사무의 처리에 관한 책임은 수임 및 수탁기관에 있으며, 위임 및 위탁기관의 장은 그에 대한 감독책임을 진다.
② 수임 및 수탁사무에 관한 권한을 행사할 때에는 수임 및 수탁기관의 명의로 하여야 한다. 〈개정 2011.12.21.〉

제9조(권한의 위임 및 위탁에 따른 감사) 위임 및 위탁기관은 위임 및 위탁사무 처리의 적정성을 확보하기 위하여 필요한 경우에는 수임 및 수탁기관의 수임 및 수탁사무 처리 상황을 수시로 감사할 수 있다.

알파 038 경찰조직법

1 경찰행정기관

경찰 행정관청	① 행정주체의 법률상의 의사를 결정 + 외부에 표시하는 권한을 가지는 기관 ② 경찰청장, 시도경찰청장, 경찰서장, 소청심사위원회
경찰 의결기관	① 경찰행정관청의 의사를 구속하는 의결을 행하는 행정기관을 말한다. ② 국가경찰위원회, 경찰공무원징계위원회 등
경찰 자문기관	① 경찰행정청으로부터 자문을 요청받아 그 의견을 제시하는 기관으로 법적으로 행정관청을 구속하지 못한다. ② 경찰공무원인사위원회 등
감사기관	① 행정기관의 사무나 회계를 검사하여 그 적부를 감사하는 기관을 말한다. ② 감사원 등
경찰 집행기관	① 경찰행정목적을 실현하기 위하여 필요한 실력을 행사하는 기관을 말한다. ② 일반경찰집행기관 : 순경에서 치안총감까지 각 경찰공무원 ③ 특별경찰집행기관 : 해양경찰, 헌병, 청원경찰 등
보조기관	① 행정관청 기타의 행정기관의 직무를 보조하기 위하여 일상적인 직무를 수행하는 기관으로서 ② 차장, 국장, 부장, 과장, 계장, 지구대장 등
보좌기관	① 행정기관의 직무를 보좌하기 위하여 직무를 수행하는 기관으로서 ② 담당관, 대변인, 심의관 등
부속기관	① 행정권의 직접적인 행사를 임무로 하는 기관에 부속하여 그 기관을 지원하는 행정기관을 말한다. ② 경찰대학교, 경찰인재개발원, 중앙경찰학교, 수사연수원, 경찰병원 등

2 경찰행정기관

(1) 경찰청(장)

경찰의 조직 (제12조)	치안에 관한 사무를 관장하게 하기 위하여 행정안전부장관 소속으로 경찰청을 둔다.
경찰사무의 지역적 분장기관 (제13조)	경찰의 사무를 지역적으로 분담하여 수행하게 하기 위하여 특별시·광역시·특별자치시·도·특별자치도(이하 "시·도"라 한다)에 시·도경찰청을 두고, 시·도경찰청장 소속으로 경찰서를 둔다. 이 경우 인구, 행정구역, 면적, 지리적 특성, 교통 및 그 밖의 조건을 고려하여 시·도에 2개의 시·도경찰청을 둘 수 있다.
경찰청장 (제14조)	① 경찰청에 경찰청장을 두며, 경찰청장은 치안총감(治安總監)으로 보한다. ② 경찰청장은 국가경찰위원회의 동의를 받아 행정안전부장관의 제청으로 국무총리를 거쳐 대통령이 임명한다. 이 경우 국회의 인사청문을 거쳐야 한다. ③ 경찰청장은 국가경찰사무를 총괄하고 경찰청 업무를 관장하며 소속 공무원 및 각급 경찰기관의 장을 지휘·감독한다.

경찰청장 (제14조)	④ 경찰청장의 임기는 2년으로 하고, 중임(重任)할 수 없다. ⑤ 경찰청장이 직무를 집행하면서 헌법이나 법률을 위배하였을 때에는 국회는 탄핵 소추를 의결할 수 있다. ⑥ 경찰청장은 경찰의 수사에 관한 사무의 경우에는 개별 사건의 수사에 대하여 구체적으로 지휘·감독할 수 없다. 다만, 국민의 생명·신체·재산 또는 공공의 안전 등에 중대한 위험을 초래하는 긴급하고 중요한 사건의 수사에 있어서 경찰의 자원을 대규모로 동원하는 등 통합적으로 현장 대응할 필요가 있다고 판단할 만한 상당한 이유가 있는 때에는 제16조에 따른 국가수사본부장을 통하여 개별 사건의 수사에 대하여 구체적으로 지휘·감독할 수 있다. ⑦ 경찰청장은 제6항 단서에 따라 개별 사건의 수사에 대한 구체적 지휘·감독을 개시한 때에는 이를 국가경찰위원회에 보고하여야 한다. ⑧ 경찰청장은 제6항 단서의 사유가 해소된 경우에는 개별 사건의 수사에 대한 구체적 지휘·감독을 중단하여야 한다. ⑨ 경찰청장은 제16조에 따른 국가수사본부장이 제6항 단서의 사유가 해소되었다고 판단하여 개별 사건의 수사에 대한 구체적 지휘·감독의 중단을 건의하는 경우 특별한 이유가 없으면 이를 승인하여야 한다. ⑩ 제6항 단서에서 규정하는 긴급하고 중요한 사건의 범위 등 필요한 사항은 대통령령으로 정한다.

비상사태 등
전국적
치안유지를 위한
경찰청장의
지휘·명령
(제32조)
	① 경찰청장은 다음 각 호의 경우에는 제2항에 따라 자치경찰사무를 수행하는 경찰공무원(제주특별자치도의 자치경찰공무원을 포함한다)을 직접 지휘·명령할 수 있다.
	  1. 전시·사변, 천재지변, 그 밖에 이에 준하는 국가 비상사태, 대규모의 테러 또는 소요사태가 발생하였거나 발생할 우려가 있어 전국적인 치안유지를 위하여 긴급한 조치가 필요하다고 인정할 만한 충분한 사유가 있는 경우
	  2. 국민안전에 중대한 영향을 미치는 사안에 대하여 다수의 시·도에 동일하게 적용되는 치안정책을 시행할 필요가 있다고 인정할 만한 충분한 사유가 있는 경우
	  3. 자치경찰사무와 관련하여 해당 시·도의 경찰력으로는 국민의 생명·신체·재산의 보호 및 공공의 안녕과 질서유지가 어려워 경찰청장의 지원·조정이 필요하다고 인정할 만한 충분한 사유가 있는 경우
	② 경찰청장은 제1항에 따른 조치가 필요한 경우에는 시·도자치경찰위원회에 자치경찰사무를 담당하는 경찰공무원을 직접 지휘·명령하려는 사유 및 내용 등을 구체적으로 제시하여 통보하여야 한다.
	③ 제2항에 따른 통보를 받은 시·도자치경찰위원회는 정당한 사유가 없으면 즉시 자치경찰사무를 담당하는 경찰공무원에게 경찰청장의 지휘·명령을 받을 것을 명하여야 하며, 제1항에 규정된 사유에 해당하지 아니한다고 인정하면 시·도자치경찰위원회의 의결을 거쳐 경찰청장에게 그 지휘·명령의 중단을 요청할 수 있다.
	④ 경찰청장이 제1항에 따라 지휘·명령을 하는 경우에는 국가경찰위원회에 즉시 보고하여야 한다. 다만, 제1항제3호의 경우에는 미리 국가경찰위원회의 의결을 거쳐야 하며 긴급한 경우에는 우선 조치 후 지체 없이 국가경찰위원회의 의결을 거쳐야 한다.
	⑤ 제4항에 따라 보고를 받은 국가경찰위원회는 제1항에 규정된 사유에 해당하지 아니한다고 인정하면 그 지휘·명령을 중단할 것을 의결하여 경찰청장에게 통보할 수 있다.
	⑥ 경찰청장은 제1항에 따라 지휘·명령할 수 있는 사유가 해소된 때에는 경찰공무원에 대한 지휘·명령을 즉시 중단하여야 한다.

	⑦ 시·도자치경찰위원회는 제1항제3호에 해당하는 경우 의결로 지원·조정의 범위·기간 등을 정하여 경찰청장에게 지원·조정을 요청할 수 있다. ⑧ 경찰청장은 제주특별자치도경찰청의 관할구역에서 제1항의 지휘·명령권을 제주특별자치도경찰청장에게 위임할 수 있다.
경찰청 차장 (제15조)	① 경찰청에 차장을 두며, 차장은 치안정감(治安正監)으로 보한다. ② 차장은 경찰청장을 보좌하며, 경찰청장이 부득이한 사유로 직무를 수행할 수 없을 때에는 그 직무를 대행한다.

국가수사
본부장
(제16조)
	① 경찰청에 국가수사본부를 두며, 국가수사본부장은 치안정감으로 보한다.
	② 국가수사본부장은 「형사소송법」에 따른 경찰의 수사에 관하여 각 시·도경찰청장과 경찰서장 및 수사부서 소속 공무원을 지휘·감독한다.
	③ 국가수사본부장의 임기는 2년으로 하며, 중임할 수 없다.
	④ 국가수사본부장은 임기가 끝나면 당연히 퇴직한다.
	⑤ 국가수사본부장이 직무를 집행하면서 헌법이나 법률을 위배하였을 때에는 국회는 탄핵 소추를 의결할 수 있다.
	⑥ 국가수사본부장을 경찰청 외부를 대상으로 모집하여 임용할 필요가 있는 때에는 다음 각 호의 자격을 갖춘 사람 중에서 임용한다.
	  1. 10년 이상 수사업무에 종사한 사람 중에서 「국가공무원법」 제2조의2에 따른 고위공무원단에 속하는 공무원, 3급 이상 공무원 또는 총경 이상 경찰공무원으로 재직한 경력이 있는 사람
	  2. 판사·검사 또는 변호사의 직에 10년 이상 있었던 사람
	  3. 변호사 자격이 있는 사람으로서 국가기관, 지방자치단체, 「공공기관의 운영에 관한 법률」 제4조에 따른 공공기관(이하 "국가기관등"이라 한다)에서 법률에 관한 사무에 10년 이상 종사한 경력이 있는 사람
	  4. 대학이나 공인된 연구기관에서 법률학·경찰학 분야에서 조교수 이상의 직이나 이에 상당하는 직에 10년 이상 있었던 사람
	  5. 제1호부터 제4호까지의 경력 기간의 합산이 15년 이상인 사람
	⑦ 국가수사본부장을 경찰청 외부를 대상으로 모집하여 임용하는 경우 다음 각 호의 어느 하나에 해당하는 사람은 국가수사본부장이 될 수 없다.
	  1. 「경찰공무원법」 제8조제2항 각 호의 결격사유에 해당하는 사람
	  2. 정당의 당원이거나 당적을 이탈한 날부터 3년이 지나지 아니한 사람
	  3. 선거에 의하여 취임하는 공직에 있거나 그 공직에서 퇴직한 날부터 3년이 지나지 아니한 사람
	  4. 제6항제1호에 해당하는 공무원 또는 제6항제2호의 판사·검사의 직에서 퇴직한 날로부터 1년이 지나지 아니한 사람
	  5. 제6항제3호에 해당하는 사람으로서 국가기관등에서 퇴직한 날로부터 1년이 지나지 아니한 사람

하부조직 (제17조)	① 경찰청의 하부조직은 본부·국·부 또는 과로 한다. ② 경찰청장·차장·국가수사본부장·국장 또는 부장 밑에 정책의 기획이나 계획의 입안 및 연구·조사를 통하여 그를 직접 보좌하는 담당관을 둘 수 있다. ③ 경찰청의 하부조직의 명칭 및 분장 사무와 공무원의 정원은 「정부조직법」 제2조제4항 및 제5항을 준용하여 대통령령 또는 행정안전부령으로 정한다.

(2) 시·도경찰청(장) 및 경찰서(장) 등

시·도경찰청장 (제28조)	① 시·도경찰청에 시·도경찰청장을 두며, 시·도경찰청장은 치안정감·치안감(治安監) 또는 경무관(警務官)으로 보한다. ② 「경찰공무원법」 제7조에도 불구하고 시·도경찰청장은 경찰청장이 시·도자치경찰위원회와 협의하여 추천한 사람 중에서 행정안전부장관의 제청으로 국무총리를 거쳐 대통령이 임용한다. ③ 시·도경찰청장은 국가경찰사무에 대해서는 경찰청장의 지휘·감독을, 자치경찰사무에 대해서는 시·도자치경찰위원회의 지휘·감독을 받아 관할구역의 소관 사무를 관장하고 소속 공무원 및 소속 경찰기관의 장을 지휘·감독한다. 다만, 수사에 관한 사무에 대해서는 국가수사본부장의 지휘·감독을 받아 관할구역의 소관 사무를 관장하고 소속 공무원 및 소속 경찰기관의 장을 지휘·감독한다. ④ 제3항 본문의 경우 시·도자치경찰위원회는 자치경찰사무에 대해 심의·의결을 통하여 시·도경찰청장을 지휘·감독한다. 다만, 시·도자치경찰위원회가 심의·의결할 시간적 여유가 없거나 심의·의결이 곤란한 경우 대통령령으로 정하는 바에 따라 시·도자치경찰위원회의 지휘·감독권을 시·도경찰청장에게 위임한 것으로 본다.
시·도경찰청 차장 (제29조)	① 시·도경찰청에 차장을 둘 수 있다. ② 차장은 시·도경찰청장을 보좌하여 소관 사무를 처리하고 시·도경찰청장이 부득이한 사유로 직무를 수행할 수 없을 때에는 그 직무를 대행한다.
경찰서장 (제30조)	① 경찰서에 경찰서장을 두며, 경찰서장은 경무관, 총경(總警) 또는 경정(警正)으로 보한다. ② 경찰서장은 시·도경찰청장의 지휘·감독을 받아 관할구역의 소관 사무를 관장하고 소속 공무원을 지휘·감독한다. ③ 경찰서장 소속으로 지구대 또는 파출소를 두고, 그 설치기준은 치안수요·교통·지리 등 관할구역의 특성을 고려하여 행정안전부령으로 정한다. 다만, 필요한 경우에는 출장소를 둘 수 있다. ④ 시·도자치경찰위원회는 정기적으로 경찰서장의 자치경찰사무 수행에 관한 평가결과를 경찰청장에게 통보하여야 하며 경찰청장은 이를 반영하여야 한다.
직제 (제31조)	시·도경찰청 및 경찰서의 명칭, 위치, 관할구역, 하부조직, 공무원의 정원, 그 밖에 필요한 사항은 「정부조직법」 제2조제4항 및 제5항을 준용하여 대통령령 또는 행정안전부령으로 정한다.

(3) 국가경찰위원회

시·도경찰청장 (제28조)	① 시·도경찰청에 시·도경찰청장을 두며, 시·도경찰청장은 치안정감·치안감(治安監) 또는 경무관(警務官)으로 보한다. ② 「경찰공무원법」 제7조에도 불구하고 시·도경찰청장은 경찰청장이 시·도자치경찰위원회와 협의하여 추천한 사람 중에서 행정안전부장관의 제청으로 국무총리를 거쳐 대통령이 임용한다. ③ 시·도경찰청장은 국가경찰사무에 대해서는 경찰청장의 지휘·감독을, 자치경찰사무에 대해서는 시·도자치경찰위원회의 지휘·감독을 받아 관할구역의 소관 사무를 관장하고 소속 공무원 및 소속 경찰기관의 장을 지휘·감독한다. 다만, 수사에 관한 사무에 대해서는 국가수사본부장의 지휘·감독을 받아 관할구역의 소관 사무를 관장하고 소속 공무원 및 소속 경찰기관의 장을 지휘·감독한다. ④ 제3항 본문의 경우 시·도자치경찰위원회는 자치경찰사무에 대해 심의·의결을 통하여 시·도경찰청장을 지휘·감독한다. 다만, 시·도자치경찰위원회가 심의·의결할 시간적 여유가 없거나 심의·의결이 곤란한 경우 대통령령으로 정하는 바에 따라 시·도자치경찰위원회의 지휘·감독권을 시·도경찰청장에게 위임한 것으로 본다.
시·도경찰청 차장 (제29조)	① 시·도경찰청에 차장을 둘 수 있다. ② 차장은 시·도경찰청장을 보좌하여 소관 사무를 처리하고 시·도경찰청장이 부득이한 사유로 직무를 수행할 수 없을 때에는 그 직무를 대행한다.
경찰서장 (제30조)	① 경찰서에 경찰서장을 두며, 경찰서장은 경무관, 총경(總警) 또는 경정(警正)으로 보한다. ② 경찰서장은 시·도경찰청장의 지휘·감독을 받아 관할구역의 소관 사무를 관장하고 소속 공무원을 지휘·감독한다. ③ 경찰서장 소속으로 지구대 또는 파출소를 두고, 그 설치기준은 치안수요·교통·지리 등 관할구역의 특성을 고려하여 행정안전부령으로 정한다. 다만, 필요한 경우에는 출장소를 둘 수 있다. ④ 시·도자치경찰위원회는 정기적으로 경찰서장의 자치경찰사무 수행에 관한 평가결과를 경찰청장에게 통보하여야 하며 경찰청장은 이를 반영하여야 한다.
직제 (제31조)	시·도경찰청 및 경찰서의 명칭, 위치, 관할구역, 하부조직, 공무원의 정원, 그 밖에 필요한 사항은 「정부조직법」 제2조제4항 및 제5항을 준용하여 대통령령 또는 행정안전부령으로 정한다.
설치 (제7조)	① 국가경찰행정에 관하여 제10조제1항 각 호의 사항을 심의·의결하기 위하여 행정안전부에 국가경찰위원회를 둔다. ② 국가경찰위원회는 위원장 1명을 포함한 7명의 위원으로 구성하되, 위원장 및 5명의 위원은 비상임(非常任)으로 하고, 1명의 위원은 상임(常任)으로 한다. ③ 제2항에 따른 위원 중 상임위원은 정무직으로 한다.

위원의 임명 및 결격사유 (제8조)	① 위원은 행정안전부장관의 제청으로 국무총리를 거쳐 대통령이 임명한다.
	② 행정안전부장관은 위원 임명을 제청할 때 경찰의 정치적 중립이 보장되도록 하여야 한다.
	③ 위원 중 2명은 법관의 자격이 있는 사람이어야 한다.
	④ **위원은 특정 성(性)이 10분의 6을 초과하지 아니하도록 노력하여야 한다.**
	⑤ 다음 각 호의 어느 하나에 해당하는 사람은 위원이 될 수 없으며, 위원이 다음 각 호의 어느 하나에 해당하는 경우에는 당연퇴직한다.
	  1. 정당의 당원이거나 당적을 이탈한 날부터 3년이 지나지 아니한 사람
	  2. 선거에 의하여 취임하는 공직에 있거나 그 공직에서 퇴직한 날부터 3년이 지나지 아니한 사람
	  3. 경찰, 검찰, 국가정보원 직원 또는 군인의 직에 있거나 그 직에서 퇴직한 날부터 3년이 지나지 아니한 사람
	  4. 「국가공무원법」 제33조 각 호의 어느 하나에 해당하는 사람. 다만, 「국가공무원법」 제33조제2호 및 제5호에 해당하는 경우에는 같은 법 제69조제1호 단서에 따른다.
	⑥ 위원에 대해서는 「국가공무원법」 제60조 및 제65조를 준용한다.

위원의 임기 및 신분보장 (제9조)	① 위원의 임기는 3년으로 하며, 연임(連任)할 수 없다. 이 경우 보궐위원의 임기는 전임자 임기의 남은 기간으로 한다. ② 위원은 중대한 신체상 또는 정신상의 장애로 직무를 수행할 수 없게 된 경우를 제외하고는 그 의사에 반하여 면직되지 아니한다.

심의·의결 사항 등 (제10조)	① 다음 각 호의 사항은 국가경찰위원회의 심의·의결을 거쳐야 한다.
	  1. 국가경찰사무에 관한 인사, 예산, 장비, 통신 등에 관한 주요정책 및 경찰 업무 발전에 관한 사항
	  2. 국가경찰사무에 관한 인권보호와 관련되는 경찰의 운영·개선에 관한 사항
	  3. 국가경찰사무 담당 공무원의 부패 방지와 청렴도 향상에 관한 주요 정책사항
	  4. 국가경찰사무 외에 다른 국가기관으로부터의 업무협조 요청에 관한 사항
	  5. 제주특별자치도의 자치경찰에 대한 경찰의 지원·협조 및 협약체결의 조정 등에 관한 주요 정책사항
	  6. 제18조에 따른 시·도자치경찰위원회 위원 추천, 자치경찰사무에 대한 주요 법령·정책 등에 관한 사항, 제25조제4항에 따른 시·도자치경찰위원회 의결에 대한 재의 요구에 관한 사항
	  7. 제2조에 따른 시책 수립에 관한 사항
	  8. 제32조에 따른 비상사태 등 전국적 치안유지를 위한 경찰청장의 지휘·명령에 관한 사항
	  9. 그 밖에 행정안전부장관 및 경찰청장이 중요하다고 인정하여 국가경찰위원회의 회의에 부친 사항
	② 행정안전부장관은 제1항에 따라 심의·의결된 내용이 적정하지 아니하다고 판단할 때에는 재의(再議)를 요구할 수 있다.

운영 등 (제11조)	① 국가경찰위원회의 사무는 경찰청에서 수행한다. ② 국가경찰위원회의 회의는 재적위원 과반수의 출석과 출석위원 과반수의 찬성으로 의결한다. ③ 이 법에 규정된 것 외에 국가경찰위원회의 운영 및 제10조제1항 각 호에 따른 심의·의결 사항의 구체적 범위, 재의 요구 등에 필요한 사항은 대통령령으로 정한다.

(4) 시·도자치경찰위원회

시·도자치경찰 위원회의 설치 (제18조)	① 자치경찰사무를 관장하게 하기 위하여 특별시장·광역시장·특별자치시장·도지사·특별자치도지사(이하 "시·도지사"라 한다) 소속으로 시·도자치경찰위원회를 둔다. 다만, 제13조 후단에 따라 시·도에 2개의 시·도경찰청을 두는 경우 시·도지사 소속으로 2개의 시·도자치경찰위원회를 둘 수 있다. 〈개정 2021. 3. 30.〉 ② 시·도자치경찰위원회는 합의제 행정기관으로서 그 권한에 속하는 업무를 독립적으로 수행한다. ③ 제1항 단서에 따라 2개의 시·도자치경찰위원회를 두는 경우 해당 시·도자치경찰위원회의 명칭, 관할구역, 사무분장, 그 밖에 필요한 사항은 대통령령으로 정한다.
시·도자치경찰 위원회의 구성 (제19조)	① **시·도자치경찰위원회는 위원장 1명을 포함한 7명의 위원으로 구성하되, 위원장과 1명의 위원은 상임으로 하고, 5명의 위원은 비상임으로 한다.** ② **위원은 특정 성(性)이 10분의 6을 초과하지 아니하도록 노력하여야 한다.** ③ **위원 중 1명은 인권문제에 관하여 전문적인 지식과 경험이 있는 사람이 임명될 수 있도록 노력하여야 한다.**

시·도자치경찰
위원회 위원의
임명 및
결격사유
(제20조)
	① 시·도자치경찰위원회 위원은 다음 각 호의 사람을 시·도지사가 임명한다.
	  1. 시·도의회가 추천하는 2명
	  2. 국가경찰위원회가 추천하는 1명
	  3. 해당 시·도 교육감이 추천하는 1명
	  4. 시·도자치경찰위원회 위원추천위원회가 추천하는 2명
	  5. 시·도지사가 지명하는 1명
	② 시·도자치경찰위원회 위원은 다음 각 호의 어느 하나에 해당하는 자격을 갖추어야 한다.
	  1. 판사·검사·변호사 또는 경찰의 직에 5년 이상 있었던 사람
	  2. 변호사 자격이 있는 사람으로서 국가기관등에서 법률에 관한 사무에 5년 이상 종사한 경력이 있는 사람
	  3. 대학이나 공인된 연구기관에서 법률학·행정학 또는 경찰학 분야의 조교수 이상의 직이나 이에 상당하는 직에 5년 이상 있었던 사람
	  4. 그 밖에 관할 지역주민 중에서 지방자치행정 또는 경찰행정 등의 분야에 경험이 풍부하고 학식과 덕망을 갖춘 사람
	③ **시·도자치경찰위원회 위원장은 위원 중에서 시·도지사가 임명하고, 상임위원은 시·도자치경찰위원회의 의결을 거쳐 위원 중에서 위원장의 제청으로 시·도지사가 임명한다. 이 경우 위원장과 상임위원은 지방자치단체의 공무원으로 한다.**
	④ 위원은 정치적 중립을 지켜야 하며, 권한을 남용하여서는 아니 된다.
	⑤ 공무원이 아닌 위원에 대해서는 「지방공무원법」 제52조 및 제57조를 준용한다.
	⑥ 공무원이 아닌 위원은 그 소관 사무와 관련하여 형법이나 그 밖의 법률에 따른 벌칙을 적용할 때에는 공무원으로 본다.
	⑦ 다음 각 호의 어느 하나에 해당하는 사람은 위원이 될 수 없다. 위원이 각 호의 어느 하나에 해당한 경우에는 당연퇴직한다.
	  1. 정당의 당원이거나 당적을 이탈한 날부터 3년이 지나지 아니한 사람
	  2. 선거에 의하여 취임하는 공직에 있거나 그 공직에서 퇴직한 날부터 3년이 지나지 아니한 사람

시·도자치경찰 위원회 위원의 임명 및 결격사유 (제20조)	3. 경찰, 검찰, 국가정보원 직원 또는 군인의 직에 있거나 그 직에서 퇴직한 날부터 3년이 지나지 아니한 사람 4. **국가 및 지방자치단체의 공무원**(국립 또는 공립대학의 조교수 이상의 직에 있는 사람은 제외한다. 이하 이 조에서 같다)이거나 공무원이었던 사람으로서 퇴직한 날부터 3년이 지나지 아니한 사람. 다만, 제20조제3항 후단에 따라 위원장과 상임위원이 지방자치단체의 공무원이 된 경우에는 당연퇴직하지 아니한다. 5. 「지방공무원법」 제31조 각 호의 어느 하나에 해당하는 사람. 다만, 「지방공무원법」 제31조제2호 및 제5호에 해당하는 경우에는 같은 법 제61조제1호 단서에 따른다. ⑧ 그 밖에 위원의 임명방법 등에 관하여 필요한 사항은 대통령령으로 정하는 기준에 따라 시·도조례로 정한다.
시·도자치경찰 위원회 위원추천 위원회 (제21조)	① 시·도자치경찰위원회 위원 추천을 위하여 시·도지사 소속으로 시·도자치경찰위원회 위원추천위원회를 둔다. ② 시·도지사는 시·도자치경찰위원회 위원추천위원회에 각계각층의 관할 지역주민의 의견이 수렴될 수 있도록 위원을 구성하여야 한다. ③ 시·도자치경찰위원회 위원추천위원회 위원의 수, 자격, 구성, 위원회 운영 등에 관하여 필요한 사항은 대통령령으로 정한다.
시·도자치경찰 위원회 위원장의 직무 (제22조)	① 시·도자치경찰위원회 위원장은 시·도자치경찰위원회를 대표하고 회의를 주재하며 시·도자치경찰위원회의 의결을 거쳐 업무를 수행한다. ② 시·도자치경찰위원회 위원장이 부득이한 사유로 직무를 수행할 수 없을 때에는 **상임위원, 시·도자치경찰위원회 위원 중 연장자순**으로 그 직무를 대행한다.
시·도자치경찰 위원회 위원의 임기 및 신분보장 (제23조)	① 시·도자치경찰위원회 위원장과 위원의 임기는 3년으로 하며, 연임할 수 없다. ② 보궐위원의 임기는 전임자 임기의 남은 기간으로 하되, 전임자의 남은 임기가 1년 미만인 경우 그 보궐위원은 제1항에도 불구하고 한 차례만 연임할 수 있다. ③ 위원은 중대한 신체상 또는 정신상의 장애로 직무를 수행할 수 없게 된 경우를 제외하고는 그 의사에 반하여 면직되지 아니한다.
시·도자치경찰 위원회의 소관 사무 (제24조)	① 시·도자치경찰위원회의 소관 사무는 다음 각 호로 한다. 　1. 자치경찰사무에 관한 목표의 수립 및 평가 　2. 자치경찰사무에 관한 인사, 예산, 장비, 통신 등에 관한 주요정책 및 그 운영지원 　3. 자치경찰사무 담당 공무원의 임용, 평가 및 인사위원회 운영 　4. 자치경찰사무 담당 공무원의 부패 방지와 청렴도 향상에 관한 주요 정책 및 인권침해 또는 권한남용 소지가 있는 규칙, 제도, 정책, 관행 등의 개선 　5. 제2조에 따른 시책 수립 　6. 제28조제2항에 따른 시·도경찰청장의 임용과 관련한 경찰청장과의 협의, 제30조 제4항에 따른 평가 및 결과 통보 　7. 자치경찰사무 감사 및 감사의뢰 　8. 자치경찰사무 담당 공무원의 주요 비위사건에 대한 감찰요구 　9. 자치경찰사무 담당 공무원에 대한 징계요구 　10. 자치경찰사무 담당 공무원의 고충심사 및 사기진작 　11. 자치경찰사무와 관련된 중요사건·사고 및 현안의 점검 　12. 자치경찰사무에 관한 규칙의 제정·개정 또는 폐지

시·도자치경찰 위원회의 소관 사무 (제24조)	13. 지방행정과 치안행정의 업무조정과 그 밖에 필요한 협의·조정 14. 제32조에 따른 비상사태 등 전국적 치안유지를 위한 경찰청장의 지휘·명령에 관한 사무 15. 국가경찰사무·자치경찰사무의 협력·조정과 관련하여 경찰청장과 협의 16. 국가경찰위원회에 대한 심의·조정 요청 17. 그 밖에 시·도지사, 시·도경찰청장이 중요하다고 인정하여 시·도자치경찰위원회의 회의에 부친 사항에 대한 심의·의결 ② 시·도자치경찰위원회의 업무와 관련하여 시·도지사는 정치적 목적이나 개인적 이익을 위해 관여하여서는 아니 된다.
시·도자치경찰 위원회의 심의·의결사항 등 (제25조)	① 시·도자치경찰위원회는 제24조의 사무에 대하여 심의·의결한다. ② 시·도자치경찰위원회의 회의는 재적위원 과반수의 출석과 출석위원 과반수의 찬성으로 의결한다. ③ 시·도지사는 제1항에 관한 시·도자치경찰위원회의 의결이 적정하지 아니하다고 판단할 때에는 재의를 요구할 수 있다. ④ 위원회의 의결이 법령에 위반되거나 공익을 현저히 해친다고 판단되면 행정안전부장관은 미리 경찰청장의 의견을 들어 국가경찰위원회를 거쳐 시·도지사에게 제3항의 재의를 요구하게 할 수 있고, 경찰청장은 국가경찰위원회와 행정안전부장관을 거쳐 시·도지사에게 재의를 요구하게 할 수 있다. ⑤ 시·도자치경찰위원회의 위원장은 재의요구를 받은 날부터 7일 이내에 회의를 소집하여 재의결하여야 한다. 이 경우 재적위원 과반수의 출석과 출석위원 3분의 2 이상의 찬성으로 전과 같은 의결을 하면 그 의결사항은 확정된다.
시·도자치경찰 위원회의 운영 등 (제26조)	① 시·도자치경찰위원회의 회의는 정기적으로 개최하여야 한다. 다만 위원장이 필요하다고 인정하는 경우, 위원 2명 이상이 요구하는 경우 및 시·도지사가 필요하다고 인정하는 경우에는 임시회의를 개최할 수 있다. ② 시·도자치경찰위원회는 회의 안건과 관련된 이해관계인이 있는 경우 그 의견을 듣거나 회의에 참석하게 할 수 있다. ③ 시·도자치경찰위원회의 위원 중 공무원이 아닌 위원에게는 예산의 범위에서 직무활동에 필요한 비용 등을 지급할 수 있다. ④ 그 밖에 시·도자치경찰위원회의 운영 등에 필요한 사항은 대통령령으로 정하는 기준에 따라 시·도조례로 정한다.
사무기구 (제27조)	① 시·도자치경찰위원회의 사무를 처리하기 위하여 시·도자치경찰위원회에 필요한 사무기구를 둔다. ② 사무기구에는 「지방자치단체에 두는 국가공무원의 정원에 관한 법률」에도 불구하고 대통령령으로 정하는 바에 따라 경찰공무원을 두어야 한다. ③ 제주특별자치도에는 「제주특별자치도 설치 및 국제자유도시 조성을 위한 특별법」 제44조제3항에도 불구하고 같은 법 제6조제1항 단서에 따라 이 법 제27조제2항을 우선하여 적용한다. ④ 사무기구의 조직·정원·운영 등에 관하여 필요한 사항은 경찰청장의 의견을 들어 대통령령으로 정하는 기준에 따라 시·도조례로 정한다.

▶ 국가경찰위원회 규정(21.01.05시행)

목적 (제1조)	이 영은 「국가경찰과 자치경찰의 조직 및 운영에 관한 법률」(이하 "법"이라 한다) 제11조제3항에 따라 국가경찰위원회(이하 "위원회"라 한다)의 운영등에 관하여 필요한 사항을 규정함을 목적으로 한다. 〈개정 2020. 12. 31.〉
위원장 (제2조)	① 위원장은 위원회를 대표하며, 위원회의 사무를 총괄한다. 〈개정 2021. 1. 5.〉 ② **위원장은 비상임위원중에서 호선**한다. ③ **위원장이 사고가 있을 때에는 상임위원, 위원중 연장자순**으로 위원장의 직무를 대리한다.
위원의 예우등 (제3조)	① 위원중 상임이 아닌 위원에게는 예산의 범위안에서 수당과 여비를 지급할 수 있다. ② **상임위원은 정무직**으로 한다.
위원의 면직 (제4조)	① 법 제9조제2항에 따라 위원이 중대한 심신상의 장애로 직무를 수행할 수 없게 되어 면직하는 경우에는 위원회의 의결이 있어야 한다. 〈개정 2020. 12. 31.〉 ② 제1항의 의결요구는 위원장 또는 행정안전부장관이 한다. 〈개정 2008. 2. 29., 2013. 3. 23., 2014. 11. 19., 2017. 7. 26.〉

심의·의결사항의
구체적 범위
(제5조)
	① 법 제10조제1항제1호의 범위는 다음과 같다. 〈개정 2018. 7. 3., 2020. 12. 31.〉
	  1. 경찰청 소관 법령과 행정규칙의 제정·개정 및 폐지에 관한 사항
	  2. 경찰공무원의 채용·승진 등 인사운영 기준에 관한 사항
	  3. 경찰공무원에 대한 교육 및 복지 증진에 관한 사항
	  4. 경찰복제 및 경찰장비에 관한 사항
	  5. 경찰정보통신 개발 및 운영에 관한 사항
	  6. 경찰조직 및 예산 편성 등에 관한 사항
	  7. 경찰 중·장기 발전계획에 관한 사항
	  8. 그 밖에 위원회가 경찰 주요정책 및 경찰 업무 발전에 필요하다고 인정하는 사항
	② 법 제10조제1항제2호의 범위는 다음 각호와 같다. 〈개정 2020. 12. 31.〉
	  1. 국민의 권리·의무와 직접 관계되는 경찰행정 및 수사절차
	  2. 경찰행정과 관련되는 과태료·범칙금 기타 벌칙에 관한 사항
	  3. 경찰행정과 관련되는 국민의 부담에 관한 사항

재의요구 (제6조)	① 법 제10조제2항에 따라 **행정안전부장관이 재의를 요구하는 경우에는 의결한 날부터 10일 이내에 재의요구서를 위원회에 제출하여야** 한다. 〈개정 2008. 2. 29., 2013. 3. 23., 2014. 11. 19., 2017. 7. 26., 2020. 12. 31.〉 ② 위원장은 재의요구가 있는 경우에는 **그 요구를 받은 날부터 7일이내에 회의를 소집하여 다시 의결하여야 한다.**
회의 (제7조)	① 위원회의 회의는 정기회의와 임시회의로 구분한다. ② 정기회의는 **특별한 사유가 있는 경우를 제외하고는 매월 2회 위원장이 소집**한다. 〈개정 2019. 7. 23.〉 ③ 위원장은 필요한 경우 임시회의를 소집할 수 있으며, **위원 3인이상과 행정안전부장관 또는 경찰청장은 위원장에게 임시회의의 소집을 요구**할 수 있다. 〈개정 2008. 2. 29., 2013. 3. 23., 2014. 11. 19., 2017. 7. 26.〉 ④ 제3항의 규정에 의한 임시회의소집 요구가 있는 경우에는 위원장은 특별한 사유가 없는 한 회의를 소집하여야 한다.

간사
(제8조)
	① 위원회에 간사 1인을 두되, 간사는 경찰청 혁신기획조정담당관이 된다. 〈개정 2020. 12. 31.〉
	② 간사는 위원장의 명을 받아 다음 사항을 처리한다.
	  1. 의안의 작성
	  2. 회의진행에 필요한 준비
	  3. 회의록 작성과 보관
	  4. 기타 위원회의 사무

의견청취등 (제9조)	① 위원장은 위원회의 심의를 위하여 필요한 경우에는 관계공무원 또는 관계전문가의 출석·발언이나 자료의 제출을 요구할 수 있다. ② 위원장은 위원회의 심의를 위하여 필요한 경우에는 관계 경찰공무원에게 필요한 사항의 보고를 요구할 수 있으며, 그 관계 경찰공무원은 성실히 이에 응하여야 한다. 〈신설 2018. 7. 3.〉 ③ 위원회에 출석한 관계공무원 또는 관계전문가에 대하여는 예산의 범위안에서 수당과 여비를 지급할 수 있다. 다만, 공무원이 그 소관업무와 직접적으로 관련되어 출석하는 경우에는 그러하지 아니한다. 〈개정 2018. 7. 3.〉
공무원의 정원 (제10조)	위원회에 두는 공무원의 정원은 [별표]와 같다.
운영세칙 (제11조)	이 영에 규정된 사항외에 위원회의 운영을 위하여 필요한 사항은 위원회의 의결을 거쳐 위원장이 정한다.

(5) 경찰청 및 시도경찰청 인권위원회

목적	이 규칙은 경찰청과 그 소속기관에서 인권보호 업무를 하는 데 필요한 사항을 규정함으로써 모든 사람의 기본적 인권을 보호함을 목적으로 한다.
소속	경찰 활동 전반에 걸친 민주적 통제를 구현하여 경찰력 오·남용을 예방하고, 경찰 행정의 인권지향성을 높여 인권을 존중하는 경찰 활동을 정립하기 위해 경찰청장 및 시도경찰청장의 자문기구로서 각각 경찰청 인권위원회, 시도경찰청 인권위원회(이하 "위원회"라 한다)를 설치하여 운영한다.

구성	① 위원회는 위원장 1명을 포함하여 7명 이상 13명 이하의 위원으로 구성한다. 이때, 특정 성별이 전체 위원 수의 10분의 6을 초과하지 아니해야 한다.
	② 위원장은 위원회에서 호선(互選)하며, 위원은 당연직 위원과 위촉 위원으로 구분한다.
	③ 당연직 위원은 경찰청은 감사관, 시도경찰청은 청문감사인권담당관으로 한다.
	④ 위촉 위원은 인권 분야에 전문적인 지식과 경험이 있고 아래 각 호의 어느 하나에 해당하는 사람 중에서 경찰청장 또는 시도경찰청장(이하 "청장"이라 한다)이 위촉한다. 이때, 각 호에 해당하는 사람이 반드시 1명 이상 포함되어야 한다.
	  1. 판사·검사 또는 변호사로 3년 이상의 경력이 있는 사람
	  2. 「초·중등교육법」제2조제1호부터 제4호, 「고등교육법」제2조제1호부터 제6호까지의 규정에 따른 학교에서 교원 또는 교직원으로 3년 이상 근무한 경력이 있는 사람

구성	3. 「비영리민간단체지원법」제2조제1호부터 제3호, 제5호부터 제6호까지의 규정에 따른 단체에서 인권 분야에 3년 이상 활동한 경력이 있거나 그러한 단체로부터 인권위원으로 위촉되기에 적합하다고 추천을 받은 사람 4. 그 밖에 사회적 약자 등 다양한 사회 구성원의 목소리를 반영할 수 있는 사람
임기	① 위원장과 위촉 위원의 임기는 위촉된 날로부터 2년으로 하며 위원장의 직은 연임할 수 없고, 위촉 위원은 두 차례만 연임할 수 있다. ② 위촉 위원에 결원이 생긴 경우 새로 위촉할 수 있고, 이 경우 새로 위촉된 위원의 임기는 위촉된 날부터 기산한다.
위원장	① 위원장은 위원회를 대표하며, 위원회의 업무를 총괄한다. ② 위원장이 일시적인 사유로 그 직무를 수행할 수 없을 경우에는 위원 중에서 위촉 일자가 빠른 순으로 그 직무를 대행한다. 다만, 위촉 일자가 같을 때에는 연장자 순으로 대행한다. ③ 위원장이 직무를 계속하여 수행할 수 없는 사유가 발생하거나 직무를 수행할 수 없다는 의사 표시를 한 경우에는 제2항의 대행자는 그 사유가 발생하거나 의사를 표시한 날로부터 30일 이내에 회의를 개최하여 위원장을 선출하여야 한다. 단, 위원장의 잔여 임기가 6개월 미만일 때에는 위원장을 선출하지 않을 수 있다. ④ 제3항에 따라 선출된 위원장의 임기는 전임 위원장의 잔여 임기로 한다.
정족수	위원회의 회의는 정기회의와 임시회의로 구분하며, 재적위원 과반수의 출석으로 개의(開議)하고, 출석위원 과반수의 찬성으로 의결한다.
회의	① 정기회의는 경찰청은 월 1회, 시도경찰청은 분기 1회 개최한다. ② 임시회의는 위원장이 필요하다고 인정하거나 청장 또는 재적위원 3분의 1 이상이 소집을 요구하는 경우 위원장이 소집한다.
임무	위원회는 다음 각 호의 사항에 대한 권고 또는 의견표명을 할 수 있다. 1. 인권과 관련된 경찰의 제도·정책·관행의 개선 2. 경찰의 인권침해 행위의 시정 3. 국가인권위원회·국제인권규약 감독 기구·국가별 정례인권검토의 권고안 및 국가인권정책기본계획의 이행 4. 인권영향평가와 관련한 자문
인권교육 계획수립	① 경찰청장은 경찰관등이 근무하는 동안 지속적·체계적으로 교육을 받을 수 있도록 3년 단위로 인권교육종합계획을 수립하여 시행하여야 한다. ② 경찰관서의 장은 제1항의 내용을 반영하여 매년 인권교육 계획을 수립하여 시행하여야 한다.
인권영향평가의 실시	경찰청장은 인권침해를 예방하고, 인권친화적인 치안 행정이 구현되도록 다음 각 호의 사항에 대하여 인권영향평가를 실시하여야 한다.
점검	인권보호담당관은 반기 1회 이상 인권영향평가의 이행 여부를 점검하고, 이를 경찰청 인권위원회에 제출하여야 한다.

(6) 경찰공무원인사위원회

설치	① 경찰청 또는 해양경찰청 소속 경찰공무원의 인사에 관한 중요사항에 관하여 경찰청장 또는 해양경찰청장의 자문에 응하기 위하여 경찰청 또는 해양경찰청에 경찰공무원인사위원회를 둔다. ② 인사위원회의 구성 및 운영에 필요한 사항은 대통령령으로 정한다.
인사 위원회의 기능	인사위원회는 다음 각호의 사항을 심의한다. ① 경찰공무원의 인사행정에 관한 방침과 기준 및 기본계획 ② 경찰공무원의 인사에 관한 법령의 제정 또는 개폐에 관한 사항 ③ 기타 경찰청장 또는 해양경찰청장이 부의하는 사항
구성 및 운영	① 경찰공무원인사위원회는 위원장을 포함한 **5인 이상 7인 이하**의 위원으로 구성한다. ② 인사위원회의 위원장은 경찰청 및 해양경찰청 인사담당국장이 되고, 위원은 경찰청 및 해양경찰청 소속 총경 이상 경찰공무원 중에서 경찰청장 및 해양경찰청장이 각각 임명한다. ③ 위원장은 인사위원회를 대표하며, 인사위원회의 사무를 총괄한다. ④ 위원장이 부득이한 사유로 직무를 수행할 수 없는 때에는 위원 중에서 최상위계급 또는 선임의 경찰공무원이 그 직무를 대행한다. ⑤ 위원장은 인사위원회의 회의를 소집하고 그 의장이 된다. ⑥ **회의는 재적위원 과반수의 찬성으로 의결한다.**

(7) 소청심사위원회

소청심사위원회의 설치	① 행정기관 소속 공무원의 징계처분, 그 밖에 그 의사에 반하는 불리한 처분이나 부작위에 대한 소청을 심사·결정하게 하기 위하여 인사혁신처**에 소청심사위원회를 둔다.** ② 국회, 법원, 헌법재판소 및 선거관리위원회 소속 공무원의 소청에 관한 사항을 심사·결정하게 하기 위하여 국회사무처, 법원행정처, 헌법재판소사무처 및 중앙선거관리위원회사무처에 각각 해당 소청심사위원회를 둔다. ③ 국회사무처, 법원행정처, 헌법재판소사무처 및 중앙선거관리위원회사무처에 설치된 소청심사위원회는 **위원장 1명을 포함한 위원 5명 이상 7명 이내의 비상임위원**으로 구성하고, ④ **인사혁신처에 설치된 소청심사위원회는 위원장 1명을 포함한 5명 이상 7명 이내의 상임위원과 상임위원 수의 2분의 1 이상인 비상임위원으로 구성하되, 위원장은 정무직으로 보한다.**
소청심사위원회 위원의 자격과 임명	① 소청심사위원회의 위원(위원장을 포함한다. 이하 같다)은 인사혁신처장의 제청으로 대통령이 임명한다. 이 경우 인사혁신처장이 위원을 임명제청하는 때에는 국무총리를 거쳐야 하고, 인사혁신처에 설치된 소청심사위원회의 위원 중 **비상임위원은 제1호 및 제2호의 어느 하나에 해당하는 자 중에서 임명하여야 한다.** 1. 법관·검사 또는 변호사의 직에 5년 이상 근무한 자 2. 대학에서 행정학·정치학 또는 법률학을 담당한 부교수 이상의 직에 5년 이상 근무한 자 3. 3급 이상 공무원 또는 고위공무원단에 속하는 공무원으로 3년 이상 근무한 자

	② 소청심사위원회의 상임위원의 임기는 3년으로 하며, 한 번만 연임할 수 있다. ③ 소청심사위원회의 상임위원은 **다른 직무를 겸할 수 없다.**
소청심사위원회 위원의 신분 보장	소청심사위원회의 위원은 **금고** 이상의 형벌이나 장기의 심신 쇠약으로 직무를 수행할 수 없게 된 경우 외에는 본인의 의사에 반하여 면직되지 아니한다.
소청인의 진술권	① 소청심사위원회가 소청 사건을 심사할 때에는 소청인 또는 대리인에게 진술기회를 주어야 한다. ② **진술기회를 주지 아니한 결정은 무효로 한다.**
소청심사위원회의 결정	① 소청 사건의 결정은 재적 위원 3분의 2 이상의 출석과 출석 위원 과반수의 합의에 따르되, 의견이 나뉘어 출석 위원 과반수의 합의에 이르지 못하였을 때에는 과반수에 이를 때까지 소청인에게 가장 불리한 의견에 차례로 유리한 의견을 더하여 그 중 가장 유리한 의견을 합의된 의견으로 본다. ② 제1항에도 불구하고 파면·해임·강등 또는 정직에 해당하는 징계처분을 취소 또는 변경하려는 경우와 효력 유무 또는 존재 여부에 대한 확인을 하려는 경우에는 재적 위원 3분의 2 이상의 출석과 출석 위원 3분의 2 이상의 합의가 있어야 한다. 이 경우 구체적인 결정의 내용은 출석 위원 과반수의 합의에 따르되, 의견이 나뉘어 출석 위원 과반수의 합의에 이르지 못하였을 때에는 과반수에 이를 때까지 소청인에게 가장 불리한 의견에 차례로 유리한 의견을 더하여 그 중 가장 유리한 의견을 합의된 의견으로 본다. ③ 소청심사위원회의 취소명령 또는 변경명령 결정은 그에 따른 징계나 그 밖의 처분이 있을 때까지는 종전에 행한 징계처분 또는 제78조의2에 따른 징계부가금(이하 "징계부가금"이라 한다) 부과처분에 영향을 미치지 아니한다. ④ 소청심사위원회가 징계처분 또는 징계부가금 부과처분(이하 "징계처분등"이라 한다)을 받은 자의 청구에 따라 소청을 심사할 경우에는 원징계처분보다 무거운 징계 또는 원징계부가금 부과처분보다 무거운 징계부가금을 부과하는 결정을 하지 못한다.
결정의 효력	소청심사위원회의 결정은 처분행정청을 **기속한다.**
심사청구와 후임자 보충 발령	① 제75조에 따른 처분사유 설명서를 받은 공무원이 그 처분에 불복할 때에는 그 설명서를 받은 날부터, 공무원이 제75조에서 정한 처분 외에 본인의 의사에 반한 불리한 처분을 받았을 때에는 그 처분이 있은 것을 안 날부터 각각 30일 이내에 소청심사위원회에 이에 대한 심사를 청구할 수 있다. 이 경우 변호사를 대리인으로 선임할 수 있다. ② 본인의 의사에 반하여 파면 또는 해임이나 제70조제1항제5호에 따른 면직처분을 하면 그 처분을 한 날부터 40일 이내에는 후임자의 보충발령을 하지 못한다. 다만, 인력 관리상 후임자를 보충하여야 할 불가피한 사유가 있고, 제3항에 따른 소청심사위원회의 임시결정이 없는 경우에는 국회사무총장, 법원행정처장, 헌법재판소사무처장, 중앙선거관리위원회사무총장 또는 인사혁신처장과 협의를 거쳐 후임자의 보충발령을 할 수 있다. ③ 소청심사위원회는 제1항에 따른 소청심사청구가 파면 또는 해임이나 제70조제1항제5호에 따른 면직처분으로 인한 경우에는 그 청구를 접수한 날부터 5일 이내에 해당 사건의 최종 결정이 있을 때까지 후임자의 보충발령을 유예하게 하는 임시결정을 할 수 있다.

심사청구와 후임자 보충 발령	④ 제3항에 따라 소청심사위원회가 임시결정을 한 경우에는 임시결정을 한 날부터 20일 이내에 최종 결정을 하여야 하며 각 임용권자는 그 최종 결정이 있을 때까지 후임자를 보충발령하지 못한다. ⑤ 소청심사위원회는 제3항에 따른 임시결정을 한 경우 외에는 소청심사청구를 접수한 날부터 60일 이내에 이에 대한 결정을 하여야 한다. 다만, 불가피하다고 인정되면 소청심사위원회의 의결로 30일을 연장할 수 있다. ⑥ 공무원은 제1항의 심사청구를 이유로 불이익한 처분이나 대우를 받지 아니한다.
행정소송과의 관계	① 공무원에 대하여 징계처분을 할 때나 강임·휴직·직위해제 또는 면직처분, 그 밖에 본인의 의사에 반한 불리한 처분이나 부작위에 관한 **행정소송은 소청심사위원회의 심사·결정을 거치지 아니하면 제기할 수 없다(필요적 행정심판 전치주의)**. ② 징계처분, 휴직처분, 면직처분 그 밖에 의사에 반하는 불리한 처분에 대한 행정소송의 경우에는 경찰청장 또는 해양경찰청장을 피고로 한다. 다만, 임용권을 위임한 경우에는 그 위임을 받은 자를 피고로 한다.
소청의 절차	경찰공무원이 징계처분·휴직·직위해제·면직처분의 경우에는 처분사유설명서를 교부받은 날로부터 30일 이내에, 기타의 불리한 처분을 받았을 때에는 그 처분이 있은 것을 안 날로부터 30일 이내에 소청심사위원회에 심사를 청구할 수 있다.

(8) 정규임용심사위원회

목적	㉠ 시보임용 경찰공무원을 정규 경찰공무원으로 임용함에 있어서 그 적부를 심사하게 하기 위하여 ㉡ 임용권자 또는 임용제청권자 소속 하에 설치한다.
구성	㉠ 위원장 1인 포함 5인 이상 7인 이하의 위원으로 구성된다. ㉡ 위원 중 최상위계급 또는 선임의 경찰공무원이 위원장이 된다.
위원의 임명	㉠ 소속 경감 이상의 경찰공무원 중에서 해당 경찰기관장이 임명하고 ㉡ 심사대상자보다 높은 계급의 경찰공무원을 대상으로 한다.
의결정족수	재적위원 2/3 이상의 출석, 출석위원 1/2의 찬성을 필요로 한다.

알파 039　경찰공무원법

1 경찰공무원의 개념 및 분류

경찰공무원의 분류	계급		① 개인의 특성, 즉 학력, 경력, 자격을 기준으로 하여 유사한 개인적 특성을 가진 공무원을 여러 범주와 집단으로 구분하여 계층을 구분 ② 순경, 경장, 경사, 경위, 경감, 경정, 총경, 경무관, 치안감, 치안정감, 치안총감 등 11개 계급 ③ 계급 간의 권한격차가 크며 계급에 따라 조직 내외의 평가와 보수에 있어서 차이가 크다.
	경과	의의	① 경과는 경찰업무의 여러가지 특성에 따라 그에 적합한 경찰관을 모집·채용하고 능력·경력을 전문화시키고 발전시킴으로써 경찰업무의 효율성을 높이기 위한 제도이다. ② 경과는 개개 경찰관의 특성·자격·능력·경력을 활용하기 위해 수평적으로 분류하는 것
		경과	① 구분 : 경찰공무원임용령(대통령령)에 의하여 일반경과·수사경과·보안경과·특수경과(항공경과·정보통신경과)로 구분된다. ② 경과는 총경 이하의 경찰공무원에게 부여되고 수사경과·보안경과는 경정 이하에 적용된다. ③ 경과는 임용권자 또는 임용제청권자가 경찰공무원을 신규채용시 **부여하여야 하는 기속사항이다.**

2 수사경찰인사운영규칙

적용부서 등	① 이 규칙이 적용되는 수사경찰의 근무부서는 다음 각 호와 같다. 　1. 경찰청 수사기획조정관의 업무지휘를 받고 있는 경찰관서의 수사부서 　2. **경찰청 수사국장의 업무지휘를 받고 있는 경찰관서의 수사부서** 　3. 경찰청 형사국장의 업무지휘를 받고 있는 경찰관서의 수사부서 　4. 경찰청 사이버수사국장의 업무지휘를 받고 있는 경찰관서의 수사부서 　5. 경찰청 과학수사관리관의 업무지휘를 받고 있는 경찰관서의 수사부서 　6. 경찰청 안보수사국장의 업무지휘를 받고 있는 경찰관서의 수사부서 　7. 경찰청 생활안전국장의 업무지휘를 받고 있는 경찰관서의 지하철범죄 및 생활질서사범 수사부서 　8. 경찰교육기관의 수사직무 관련 학과 　9. 국립과학수사연구원 등 직제상 정원에 경찰공무원이 포함되어 있는 정부기관내 수사관련 부서 　10. 「국가공무원법」제32조의4 및 「경찰공무원임용령」제30조 규정에 따른 파견부서 중 수사직무관련 부서 　11. 기타 경찰청장이 특별한 필요에 따라 지정하는 부서 ② 제1항제1호부터 제8호까지의 규정에 해당하는 부서의 장은 이 규칙에서 정하는 소속 수사경찰의 정·현원 및 보직 등 인력관리를 하여야 한다.
인사운영의 원칙	① 제3조제1항제1호부터 제5호까지 및 제7호부터 제8호까지의 부서에는 수사경과자를 배치한다. 다만, 수사경과자가 배치에 필요한 인원보다 부족한 경우에는 다른 경과자를 배치할 수 있다. ② 제1항의 경우에는 근무경력, 교육훈련이력, 적성, 전문성 등을 고려하여야 한다. ③ 전문수사관으로 인증된 사람은 해당 인증분야에 우선적으로 보임하여야 한다. ④ 제1항 본문에도 불구하고 필수현장보직자는 제3조제1항제1호부터 제7호까지의 부서에 배치할 수 있고, 경찰간부후보생 공개경쟁선발시험의 세무·회계 및 사이버 분야로 채용된 경우는 필수현장보직 기간 만료 후 3년간 제3조제1항제2호 및 제4호의 부서에 배치할 수 있다. ⑤ 수사경찰 중 승진으로 인한 전보 대상자가 있는 경우, 관련업무의 연속성을 유지하기 위해 부득이한 경우에 한하여 전보를 유보할 수 있다. ⑥ 수사전문성 확보를 위해 경력경쟁채용시험으로 신규채용된 경우 5년간 채용 예정부서에 배치하여야 한다. ⑦ 제5조에도 불구하고 수사경과자가 제15조제2항 각 호의 어느 하나에 해당하여 경과해제 시기 이전에 수사부서 이외의 부서에 전보할 필요가 있는 경우에는 소속부서장은 별지 제1호 서식에 따라 시·도경찰청장의 승인을 받아야 한다.
수사경과자의 보직관리	수사경과자는 제3조제1항의 부서에 배치한다. 다만, 수사경과자의 수가 해당부서의 정원을 초과하는 경우에는 그 외의 부서에 배치할 수 있다.
수사부서 통합보직공모 및 선발	① 각급 경찰관서의 장은 제3조제1항제1호부터 제5호까지의 수사부서를 통합하여 보직공모(이하 "통합보직공모"라 한다)를 실시하여 위 수사부서에 배치할 사람을 선발한다. 다만, 결원보충 등 수시인사 및 이에 준하는 소규모인사의 경우 통합보직공모를 거치지 않을 수 있다.

	② 수사경과자는 정당한 사유가 없는 한 소속 경찰관서의 통합보직공모에 인사내신서를 제출해야 한다. 다만, 수사경과자가 근무 중인 수사부서에 잔류를 희망하거나 휴직·파견·인사주기 미경과 또는 그밖에 이에 준하는 경우에는 제외한다. ③ 그밖에 통합보직공모의 운영에 관한 세부사항은 경찰청장이 정한다.
수사부서 통합직공모 및 선발	① 각급 경찰관서의 장은 제3조제1항제1호부터 제5호까지의 수사부서를 통합하여 보직공모(이하 "통합보직공모"라 한다)를 실시하여 위 수사부서에 배치할 사람을 선발한다. 다만, 결원보충 등 수시인사 및 이에 준하는 소규모인사의 경우 통합보직공모를 거치지 않을 수 있다. ② 수사경과자는 정당한 사유가 없는 한 소속 경찰관서의 통합보직공모에 인사내신서를 제출해야 한다. 다만, 수사경과자가 근무 중인 수사부서에 잔류를 희망하거나 휴직·파견·인사주기 미경과 또는 그밖에 이에 준하는 경우에는 제외한다. ③ 그밖에 통합보직공모의 운영에 관한 세부사항은 경찰청장이 정한다.
수사관 자격 관리제	① 경찰청장은 수사경과자가 보유한 수사 역량·경력 등에 따라 수사관 자격을 부여한다 ② 제1항에 따른 수사관 자격은 예비수사관, 일반수사관, 전임수사관, 책임수사관으로 구분하며, 각 자격별 선발방법은 별표1에 따른다. ③ 그밖에 수사관 자격관리제 운영에 관한 세부사항은 경찰청장이 정한다.
전보	수사경찰의 전보는 제3조제1항제1호 부서장이 기타 각 호 부서장의 추천을 받아 임용권자(「경찰공무원임용령」제4조제1항의 규정에 의하여 임용권의 위임을 받은 자를 포함한다.)에게 통합하여 추천한다. 다만 제3조제1항 각 호의 부서장은 특별한 사유가 있는 경우 별도로 임용권자에게 추천할 수 있다.

과·팀장
자격제
	① 제3조제1항제1호부터 제5호까지의 수사부서(다만, 경찰청 및 시·도경찰청 수사부서와 동조항 제3호 중 경찰서 여성청소년대상범죄 및 교통범죄 수사부서는 제외한다)의 과장은 최근 10년간을 기준으로 다음 각 호의 어느 하나에 해당하는 사람 중 보임한다.
	  1. 총 수사경력 6년 이상 또는 해당 직위에 상응하는 죄종별 수사경력 3년 이상인 사람
	  2. 총 수사경력 3년 이상의 변호사 자격증 소지자
	  3. 제7조에 따라 책임수사관 또는 전임수사관 자격을 부여받은 사람
	② 제3조제1항제1호부터 제5호까지의 수사부서의 팀장은 최근 10년간을 기준으로 다음 각 호의 어느 하나에 해당하는 사람 중 보임한다.
	  1. 총 수사경력 5년 이상 또는 해당 직위에 상응하는 죄종별 수사경력 2년 이상인 사람
	  2. 총 수사경력 2년 이상의 변호사 자격증 소지자
	  3. 제7조에 따라 책임수사관 또는 전임수사관 자격을 부여받은 사람
	③ 그 밖에 과·팀장자격제 운영에 관한 세부사항은 경찰청장이 정한다.

선발의 원칙	① 수사업무 수행을 위한 업무역량, 전문성 등을 고려하여 경정 이하의 경찰공무원을 대상으로 수사경과자를 선발한다. ② 수사경과사의 선발인원은 수사경찰의 전문성 확보와 인사운영의 효율성 등을 고려하여 수사부서 총 정원의 1.5배의 범위 내에서 경찰청장이 정한다.
선발의 방식	수사경과자는 다음 각 호의 어느 하나의 방식을 통해 선발한다. 1. 수사경과자 선발시험(이하 "선발시험"이라 한다) 합격 2. 수사경과자 선발교육(이하 "선발교육"이라 한다) 이수 3. 경찰관서장의 추천

선발시험	① 선발시험은 매년 1회 실시하며, 시험 실시 15일 전까지 일시·장소 등 필요한 사항을 공고하여야 한다. ② 선발시험 과목은 범죄수사에 관한 법령 및 이론, 수사실무를 포함한 2개 이상으로 하며, 선택형으로 실시하는 것을 원칙으로 하되, 기입형을 포함할 수 있다. ③ 선발시험 합격자는 매과목 4할 이상 득점한 사람 중에서 선발 예정인원을 고려하여 고득점 자순으로 결정한다. ④ 선발시험에서 부정행위를 한 사람은 당해 시험을 정지 또는 무효로 하며, 향후 5년 간 선발시험에 응시할 수 없다. ⑤ 그 밖에 선발시험 운영에 관한 세부사항은 경찰청장이 정한다.
선발교육	① 선발교육은 범죄수사에 관한 법령 및 이론, 수사실무를 포함하여 수사업무에 필요한 사항을 내용으로 한다. ② 선발교육은 2주이상의 기간동안 경찰수사연수원에서 실시한다. ③ 그 밖에 선발교육 운영에 관한 세부사항은 경찰청장이 정한다.
경찰관서장의 추천	① 경찰관서장은 수사경과를 부여받지 못한 소속 수사부서 근무자 중 근무경력·수사역량 및 의지 등을 고려하여 수사경과 선발심사대상자로 적합하다고 인정하는 사람을 시·도경찰청장에게 추천할 수 있다. ② 제1항에 따라 수사경과 선발 대상자를 추천받은 시·도경찰청장은 제16조에 따른 선발심사위원회의 심사를 통해 수사경과자를 선발한다.

수사경과의 부여	① 경찰청장은 다음 각 호에 해당되는 사람에 대하여 수사경과를 부여한다.
	  1. 제12조에 따라 선발된 사람
	  2. 수사전문성 확보를 위해 경력경쟁채용시험으로 신규채용된 사람
	  3. 변호사·공인회계사 및 이에 준하는 자격을 취득한 사람이 그 자격을 취득한 날로부터 3년 이내 수사경과 부여를 요청하는 경우
	② 제1항에 해당하는 사람이「경찰공무원 임용령 시행규칙」제28조제2항에 따라 전과가 제한되는 경우 그 제한이 해소되는 때에 수사경과로 전과된다.
	③ 수사경과 부여일을 기준으로 다음 각 호에 해당하는 사람은 수사경과자 부여 대상에서 제외한다.
	  1. 제15조제1항제1호의 사유가 있는 날부터 5년이 경과되지 않은 사람
	  2. 제15조제2항제1호의 사유가 있는 날부터 3년이 경과하지 않은 사람
	  3. 그 밖에 수사업무 능력이 부족한 경우 등 경찰청장이 정하는 사유에 해당하는 사람
	④ 제15조제1항제2호, 제2항제2호부터 제4호까지의 사유로 수사경과가 해제된 사람은 수사경과가 해제된 날부터 3년이 경과하지 않은 경우 수사경과 부여 대상에서 제외한다.

수사경과의 유효기간 및 갱신	① 수사경과 유효기간은 수사경과를 부여일 또는 갱신일로부터 5년으로 한다.
	② 수사경과자는 수사경과 유효기간 내에 다음 각 호의 어느 하나에 해당하는 방법으로 언제든지 수사경과를 갱신할 수 있다. 다만, 휴직 등 경찰청장이 정하는 사유로 수사경과 갱신을 할 수 없는 경우에는 그 연기를 받을 수 있다.
	  1. 경찰청장이 지정하는 수사 관련 직무교육 이수. 이 경우 사이버교육을 포함한다.
	  2. 수사경과 갱신을 위한 시험에 합격
	③ 수사경과자가 수사경과 유효기간 내에 다음 각 호의 어느 하나를 충족한 경우 수사경과를 갱신한 것으로 본다.

수사경과의 유효기간 및 갱신	1. 제7조제2항의 책임수사관 자격을 부여받은 경우 2. 「전문수사관 운영규칙」 제4조에 따른 전문수사관 또는 전문수사관 마스터로 인증된 경우 3. 50세 이상으로 제3조제1항의 부서에서 근무한 기간의 합이 10년 이상인 경우 4. 제3조제1항의 부서에서 최근 3년 간 치안종합성과평가의 개인등급이 최상위 등급인 경우 ④ 수사경과 유효기간은 별표2에 따른다. **[별표 2] 수사경과 유효기간 산정방법** | 구 분 | 산정 방법 | |---|---| | 수사경과 유효기간 | 수사경과 부여일 또는 갱신일로부터 5년이 되는 날이, 1. 전년도 10월 1일부터 해당 연도 3월 31일까지의 사이에 있는 경우에는 해당 연도 3월 31일까지 수사경과가 유효한 것으로 본다. 2. 해당 연도 4월 1일부터 9월 30일까지의 사이에 있는 경우에는 해당 연도 9월 30일까지 수사경과가 유효한 것으로 본다. |
해제사유 등	① 다음 각 호의 어느 하나에 해당하는 경우에는 수사경과를 해제하여야 한다. 1. 직무와 관련한 청렴의무위반·인권침해 또는 부정청탁에 따른 직무수행으로 징계처분을 받은 경우 2. 5년간 연속으로 제3조제1항 외의 부서에서 근무하는 경우 3. 제14조에 따른 유효기간 내에 갱신이 되지 않은 경우 ② 다음 각 호의 어느 하나에 해당하는 경우에는 수사경과를 해제할 수 있다. 1. 제1항제1호 외의 사유로 징계처분을 받은 경우 2. 인권침해, 편파수사를 이유로 다수의 진정을 받는 등 공정한 수사업무 수행을 기대하기 곤란한 경우 3. 수사업무 능력·의욕이 현저하게 부족한 경우 4. 수사경과 해제를 희망하는 경우 ③ 제2항에 따른 경과 해제 요청을 할 때에는 별지 제2호 서식에 따른다. ④ 제2항 제3호의 '수사업무 능력·의욕이 현저하게 부족한 경우'에는 다음 각 호의 어느 하나에 해당하는 사유를 포함한다. 1. 2년간 연속으로 정당한 사유없이 제3조제1항 외의 부서에서 근무하는 경우(「국가공무원법」 제32조의4 및 「경찰공무원임용령」 제30조에 따른 파견기간 및 같은 법 71조에 따른 휴직이 기간은 위 기간에 산입하지 아니한다) 2. 제6조제1항 본문에 따라 수사부서 근무자로 선발되었음에도 정당한 사유없이 수사부서 전입을 기피하는 경우 3. 제6조제2항에 따른 인사내신서를 제출하지 않거나 부실기재하여 제출한 경우

3 인사기관과 그 권한

경찰공무원법	① 총경 이상 경찰공무원은 경찰청장 또는 해양경찰청장의 추천을 받아 행정안전부장관 또는 해양수산부장관의 제청으로 국무총리를 거쳐 대통령이 임용한다. 다만, 총경의 전보, 휴직, 직위해제, 강등, 정직 및 복직은 경찰청장 또는 해양경찰청장이 한다. ② 경정 이하의 경찰공무원은 경찰청장 또는 해양경찰청장이 임용한다. 다만, 경정으로의 신규채용, 승진임용 및 면직은 경찰청장 또는 해양경찰청장의 제청으로 국무총리를 거쳐 대통령이 한다. ③ 경찰청장은 대통령령으로 정하는 바에 따라 경찰공무원의 임용에 관한 권한의 일부를 특별시장·광역시장·도지사·특별자치시장 또는 특별자치도지사(이하 "시·도지사"라 한다), 국가수사본부장, 소속 기관의 장, 시·도경찰청장에게 **위임할 수 있다.** 이 경우 시·도지사는 위임받은 권한의 일부를 대통령령으로 정하는 바에 따라 「국가경찰과 자치경찰의 조직 및 운영에 관한 법률」 제18조에 따른 시·도자치경찰위원회(이하 "시·도자치경찰위원회"라 한다), 시·도경찰청장에게 **다시 위임할 수 있다.** ④ 해양경찰청장은 대통령령으로 정하는 바에 따라 경찰공무원의 임용에 관한 권한의 일부를 소속 기관의 장, 지방해양경찰관서의 장에게 **위임할 수 있다.** ⑤ 경찰청장, 해양경찰청장 또는 제3항 및 제4항에 따라 임용권을 위임받은 자는 행정안전부령 또는 해양수산부령으로 정하는 바에 따라 소속 경찰공무원의 인사기록을 작성·보관하여야 한다.
경찰공무원 임용령	① 경찰청장은 법 제7조제3항 전단에 따라 특별시장·광역시장·특별자치시장·도지사 또는 특별자치도지사(이하 "시·도지사"라 한다)에게 해당 특별시·광역시·특별자치시·도 또는 특별자치도(이하 "시·도"라 한다)의 자치경찰사무를 담당하는 경찰공무원[「국가경찰과 자치경찰의 조직 및 운영에 관한 법률」 제18조제1항에 따른 시·도자치경찰위원회(이하 "시·도자치경찰위원회"라 한다), 시·도경찰청 및 경찰서(지구대 및 파출소는 제외한다)에서 근무하는 경찰공무원을 말한다] 중 경정의 전보·파견·휴직·직위해제 및 복직에 관한 권한과 경감 이하의 임용권(신규채용 및 면직에 관한 권한은 제외한다)을 **위임한다.** ② 경찰청장은 법 제7조제3항 전단에 따라 국가수사본부장에게 국가수사본부 안에서의 경정 이하에 대한 전보권을 **위임한다.** ③ 경찰청장은 법 제7조제3항 전단에 따라 경찰대학·경찰인재개발원·중앙경찰학교·경찰수사연수원·경찰병원 및 시·도경찰청(이하 "소속기관등"이라 한다)의 장에게 그 소속 경찰공무원 중 경정의 전보·파견·휴직·직위해제 및 복직에 관한 권한과 경감 이하의 임용권을 **위임한다.** ④ 제1항에 따라 임용권을 위임받은 시·도지사는 법 제7조제3항 후단에 따라 경감 또는 경위로의 승진임용에 관한 권한을 제외한 임용권을 시·도자치경찰위원회에 다시 **위임한다.** ⑤ 제4항에 따라 임용권을 위임받은 시·도자치경찰위원회는 시·도지사와 시·도경찰청장의 의견을 들어 그 권한의 일부를 시·도경찰청장에게 **다시 위임할 수 있다.** ⑥ 제3항 및 제5항에 따라 임용권을 위임받은 시·도경찰청장은 소속 경감 이하 경찰공무원에 대한 해당 경찰서 안에서의 전보권을 경찰서장에게 **다시 위임할 수 있다.** ⑦ 경찰청장은 수사부서에서 총경을 보직하는 경우에는 국가수사본부장의 추천을 받아야 한다. ⑧ 시·도자치경찰위원회는 임용권을 행사하는 경우에는 시·도경찰청장의 추천을 받아야 한다.

⑨ 시·도경찰청장 및 경찰서장은 지구대장 및 파출소장을 보직하는 경우에는 시·도자치경찰위원회의 의견을 사전에 들어야 한다.
⑩ 소속기관등의 장은 경감 또는 경위를 신규채용하거나 경위 또는 경사를 승진시키려면 미리 경찰청장의 승인을 받아야 한다.
⑪ 제1항부터 제6항까지의 규정에도 불구하고 경찰청장은 경찰공무원의 정원 조정, 승진임용, 인사교류 또는 파견을 위하여 필요한 경우에는 임용권을 행사할 수 있다.

대상	인사절차			
국가경찰위원의 임명		행안부장관 ➡ (제청)	총리 ➡ (거쳐)	대통령(임명)
시도자치경찰위원회 상임위원	시도자치경찰위원회 ➡ (의결)	위원장 ➡ (제청)		시도지사(임명)
소청심사위원 및 위원장		인사혁신처장 ➡ (제청)	총리 ➡ (거쳐)	대통령(임명)
경찰청장	국가경찰위원회 ➡ (동의)	행안부장관 ➡ (제청)	총리 ➡ (거쳐)	대통령(임명)
시도경찰청장	경찰청장(추천) ➡ (자치경찰위와 협의)	행안부장관 ➡ (제청)	총리 ➡ (거쳐)	대통령(임명)
해양경찰청장	해양경찰위원회 ➡ (동의)	해수부장관 ➡ (제청)	총리 ➡ (거쳐)	대통령(임명)
경찰청소속 총경이상	경찰청장 ➡ (추천)	행안부장관 ➡ (제청)	총리 ➡ (거쳐)	대통령(임용)
해양경찰청소속 총경이상	해양경찰청장 ➡ (추천)	해수부장관 ➡ (제청)	총리 ➡ (거쳐)	대통령(임용)
경정의 임면	경찰청장 ➡ (제청)		총리 ➡ (거쳐)	대통령(임면)

4 경찰공무원관계의 성립

개념 및 법적 성질	① 임용의 형식 : 임용장의 교부에 의함이 보통 ② 효력발생시기 : 임용장에 기재된 일자에 임용된 것으로 본다.

공무원의 결격사유 (국가공무원법 제33조)	경찰공무원의 결격사유 (경찰공무원법 제8조)
1. 피성년후견인 2. 파산선고를 받고 복권되지 아니한 자 3. 금고 이상의 실형을 선고받고 그 집행이 종료되거나 집행을 받지 아니하기로 확정된 후 5년이 지나지 아니한 자 4. 금고 이상의 형을 선고받고 그 집행유예 기간이 끝난 날부터 2년이 지나지 아니한 자 5. 금고 이상의 형의 선고유예를 받은 경우에 그 선고유예 기간 중에 있는 자 6. 법원의 판결 또는 다른 법률에 따라 자격이 상실되거나 정지된 자 6의2. 공무원으로 재직기간 중 직무와 관련하여 「형법」 제355조 및 제356조에 규정된 죄를 범한 자로서 300만원 이상의 벌금형을 선고받고 그 형이 확정된 후 2년이 지나지 아니한 자 6의3. 다음 각 목의 어느 하나에 해당하는 죄를 범한 사람으로서 100만원 이상의 벌금형을 선고받고 그 형이 확정된 후 3년이 지나지 아니한 사람 　가. 「성폭력범죄의 처벌 등에 관한 특례법」 제2조에 따른 성폭력범죄 　나. 「정보통신망 이용촉진 및 정보보호 등에 관한 법률」 제74조제1항제2호 및 제3호에 규정된 죄 　다. 「스토킹범죄의 처벌 등에 관한 법률」 제2조제2호에 따른 스토킹범죄 6의4. 미성년자에 대한 다음 각 목의 어느 하나에 해당하는 죄를 저질러 파면·해임되거나 형 또는 치료감호를 선고받아 그 형 또는 치료감호가 확정된 사람(집행유예를 선고받은 후 그 집행유예기간이 경과한 사람을 포함한다) 　가. 「성폭력범죄의 처벌 등에 관한 특례법」 제2조에 따른 성폭력범죄 　나. 「아동·청소년의 성보호에 관한 법률」 제2조제2호에 따른 아동·청소년대상 성범죄 7. 징계로 파면처분을 받은 때부터 5년이 지나지 아니한 자 8. 징계로 해임처분을 받은 때부터 3년이 지나지 아니한 자	1. 대한민국 국적을 가지지 아니한 사람 2. 「국적법」 제11조의2 제1항에 따른 복수국적자 3. 피성년후견인 또는 피한정후견인 4. 파산선고를 받고 복권되지 아니한 사람 5. 자격정지 이상의 형(刑)을 선고받은 사람 6. 자격정지 이상의 형의 선고유예를 선고받고 그 유예기간 중에 있는 사람 7. 공무원으로 재직기간 중 직무와 관련하여 「형법」 제355조 및 제356조에 규정된 죄를 범한 자로서 300만원 이상의 벌금형을 선고받고 그 형이 확정된 후 2년이 지나지 아니한 자 8. 「성폭력범죄의 처벌 등에 관한 특례법」 제2조에 규정된 죄를 범한 사람으로서 100만원 이상의 벌금형을 선고받고 그 형이 확정된 후 3년이 지나지 아니한 사람 9. 미성년자에 대한 다음 각 목의 어느 하나에 해당하는 죄를 저질러 파면·해임되거나 형 또는 치료감호를 선고받아 그 형 또는 치료감호가 확정된 사람(집행유예를 선고받은 후 그 집행유예기간이 경과한 사람을 포함한다) 　가. 「성폭력범죄의 처벌 등에 관한 특례법」 제2조에 따른 성폭력범죄 　나. 「아동·청소년의 성보호에 관한 법률」 제2조제2호에 따른 아동·청소년대상 성범죄 10. 징계에 의하여 파면 또는 해임처분을 받은 사람

임용시기 (경찰공무원 임용령 제5조)	① 경찰공무원은 임용장이나 임용통지서에 적힌 날짜에 임용된 것으로 보며, 임용일자를 소급해서는 아니 된다. ② 사망으로 인한 면직은 사망한 다음 날에 면직된 것으로 본다. ③ 임용일자는 그 임용장이 피임용자에게 송달되는 기간 및 사무인계에 필요한 기간을 참작하여 정하여야 한다.

임용시기의 특례
(임용령 제6조)
	제5조제1항에도 불구하고 다음 각 호의 어느 하나에 해당하는 경우에는 다음 각 호의 구분에 따른 일자에 임용된 것으로 본다.
	1. 법 제19조제1항제2호에 따라 전사하거나 순직한 사람을 다음 각 목의 어느 하나에 해당하는 날을 임용일자로 하여 특별승진임용하는 경우
	   가. 재직 중 사망한 경우 : 사망일의 전날
	   나. 퇴직 후 사망한 경우 : 퇴직일의 전날
	2. 형사사건으로 기소되어 직위해제하는 경우 : 기소된 날
	3. 「국가공무원법」 제70조제1항제4호에 따라 직권으로 면직시키는 경우 : 휴직기간의 만료일 또는 휴직사유의 소멸일
	4. 법 제10조제2항에 따른 경찰간부후보생, 「경찰대학 설치법」에 따른 경찰대학의 학생 또는 시보임용예정자가 제21조제1항에 따른 경찰공무원의 직무수행과 관련된 실무수습 중 사망한 경우 : 사망일의 전날

채용후보자의 등록	① 공개경쟁채용시험, 경찰간부후보생 공개경쟁선발시험 및 경력경쟁채용시험등에 합격한 사람은 행정안전부령으로 정하는 바에 따라 임용권자 또는 임용제청권자에게 채용후보자 등록을 해야 한다. ② 채용후보자등록을 하지 아니한 자는 경찰공무원으로 임용될 의사가 없는 것으로 본다.
채용후보자 명부	① 채용후보자명부는 임용예정계급별로 작성하되 채용후보자의 서류를 심사하여 임용적격자만을 등재한다. ② 임용권자 또는 임용제청권자는 채용후보자명부에의 등재 여부를 본인에게 알려야 한다. ③ 채용후보자명부의 유효기간은 **2년**으로 하되 경찰청장 또는 해양경찰청장은 필요에 따라 **1년**의 범위 안에서 그 기간을 연장할 수 있다.
임용 또는 임용제청의 유예 (제18조의2)	① 임용권자 또는 임용제청권자는 채용후보자 명부에 등재된 채용후보자가 다음 각 호의 어느 하나에 해당하는 경우에는 채용후보자 명부의 유효기간의 범위에서 기간을 정하여 임용 또는 임용제청을 유예할 수 있다. 다만, 유예기간 중이라도 그 사유가 소멸한 경우에는 임용 또는 임용제청을 할 수 있다. 1. 「병역법」에 따른 병역복무를 위하여 징집 또는 소집되는 경우 2. 학업을 계속하는 경우 3. **6개월 이상의 장기요양이 필요한 질병이 있는 경우** 4. 임신하거나 출산한 경우 5. 그 밖에 임용 또는 임용제청의 유예가 부득이하다고 인정되는 경우 ② 제1항에 따른 임용 또는 임용제청의 유예를 원하는 사람은 해당 사유를 증명할 수 있는 자료를 첨부하여 임용권자 또는 임용제청권자가 정하는 기간 내에 신청해야 한다. 이 경우 원하는 유예기간을 분명하게 적어야 한다.

채용후보자의 자격상실 (경찰공무원 임용령 제19조)	채용후보자가 다음 각 호의 어느 하나에 해당하는 경우에는 채용후보자로서의 자격을 상실한다. 1. 채용후보자가 임용 또는 임용제청에 응하지 아니한 경우 2. 채용후보자로서 받아야 할 교육훈련에 응하지 아니한 경우 3. 채용후보자로서 받은 교육훈련성적이 수료점수에 미달되는 경우 4. 채용후보자로서 교육훈련을 받는 중에 퇴학처분을 받은 경우. 다만, 질병 등 교육훈련을 계속할 수 없는 불가피한 사정으로 퇴학처분을 받은 경우는 제외한다.

5 시보임용

경찰공무원법 제13조(시보임용)
① 경정 이하의 경찰공무원을 신규 채용할 때에는 1년간 시보(試補)로 임용하고, 그 기간이 만료된 다음 날에 정규 경찰공무원으로 임용한다.
② 휴직기간, 직위해제기간 및 징계에 의한 정직처분 또는 감봉처분을 받은 기간은 제1항에 따른 시보임용기간에 산입하지 아니한다.
③ 시보임용기간 중에 있는 경찰공무원이 근무성적 또는 교육훈련성적이 불량할 때에는 「국가공무원법」 제68조 및 이 법 제28조에도 불구하고 면직시키거나 면직을 제청할 수 있다.
④ 다음 각 호의 어느 하나에 해당하는 경우에는 시보임용을 거치지 아니한다.
  1. 경찰대학을 졸업한 사람 또는 경찰간부후보생으로서 정하여진 교육을 마친 사람을 경위로 임용하는 경우
  2. 경찰공무원으로서 대통령령으로 정하는 상위계급으로의 승진에 필요한 자격 요건을 갖추고 임용예정 계급에 상응하는 공개경쟁 채용시험에 합격한 사람을 해당 계급의 경찰공무원으로 임용하는 경우
  3. 퇴직한 경찰공무원으로서 퇴직 시에 재직하였던 계급의 채용시험에 합격한 사람을 재임용하는 경우
  4. 자치경찰공무원을 그 계급에 상응하는 경찰공무원으로 임용하는 경우

임용령 제20조(시보임용경찰공무원)
① 임용권자 또는 임용제청권자는 시보임용 기간 중에 있는 경찰공무원(이하 "시보임용경찰공무원"이라 한다)의 근무사항을 항상 지도·감독하여야 한다.
② 임용권자 또는 임용제청권자는 시보임용경찰공무원이 다음 각 호의 어느 하나에 해당하여 정규 경찰공무원으로 임용하는 것이 부적당하다고 인정되는 경우에는 제3항에 따른 정규임용심사위원회의 심사를 거쳐 해당 시보임용경찰공무원을 면직시키거나 면직을 제청할 수 있다.
  1. 징계사유에 해당하는 경우
  2. 제21조제1항에 따른 교육훈련성적이 만점의 60퍼센트 미만이거나 생활기록이 극히 불량한 경우
  3. 「경찰공무원 승진임용 규정」 제7조제2항에 따른 제2 평정 요소의 평정점이 만점의 50퍼센트 미만인 경우
③ 시보임용경찰공무원을 정규 경찰공무원으로 임용하는 경우 그 적부(適否)를 심사하게 하기 위하여 임용권자 또는 임용제청권자 소속으로 정규임용심사위원회를 둔다. 〈개정 2016. 12. 30.〉
④ 정규임용심사위원회의 구성 및 운영에 필요한 사항은 행정안전부령으로 정한다.

임용령 제21조(시보임용경찰공무원 등에 대한 교육훈련)
① 임용권자 또는 임용제청권자는 시보임용경찰공무원 또는 시보임용예정자에게 일정 기간 교육훈련(실무수습을 포함한다)을 시킬 수 있다. 이 경우 시보임용예정자에게 교육훈련을 받는 기간 동안 예산의 범위에서 임용예정계급의 1호봉에 해당하는 봉급의 80퍼센트에 해당하는 금액 등을 지급할 수 있다.
② 임용권자 또는 임용제청권자는 시보임용예정자가 제1항에 따른 교육훈련성적이 만점의 60퍼센트 미만이거나 생활기록이 극히 불량할 때에는 시보임용을 하지 아니할 수 있다.

6 승진

① 승진 : 하위직급에서 직무의 책임도와 고난도가 높은 상위직급으로 또는 하위계급에서 상위계급으로 임용되는 것
② 심사승진·시험승진·특별승진·근속승진 등
③ 승진소요최저근무연수 : 경찰공무원이 승진함에 있어서는 다음의 기간 이상 당해 계급에 재직하여야 한다.
- 총경 3년
- 경정 2년
- 경감 2년
- 경위 1년
- 경사 1년
- 경장 1년
- 순경 1년

④ 휴직기간·직위해제기간·징계처분기간을 포함하지 아니한다.
⑤ 경찰대학교를 졸업하고 경위로 임용된 사람이 전투경찰대의 대원으로 복무한 기간을 포함하지 아니한다.
⑥ 강등되었던 사람이 강등되기 직전의 계급으로 승진된 경우 강등되기 직전의 계급에서 재직한 기간은 승진최저근무연수에 합산한다.
⑦ 강등된 경우 강등되기 직전의 계급에서 재직한 기간은 승진최저근무연수에 합산한다.
⑧ **승진임용의 제한** : 다음 각호의 어느 하나에 해당하는 경찰공무원은 승진임용을 할 수 없다.
  1. 징계의결요구·징계처분·직위해제·휴직 또는 시보임용기간 중에 있는 자
  2. 징계처분의 집행이 끝난 날부터 다음 각목의 구분에 따른 기간(금품 및 향응 수수, 공금의 횡령·유용 및 성범죄에 따른 징계처분, 음주운전(측정거부 포함), 소극행정의 경우에는 각각 6개월을 더한 기간)이 지나지 아니한 사람
     가. 강등·정직 : 18개월
     나. 감봉 : 12개월
     다. 견책 : 6개월
  3. 징계에 관하여 경찰공무원과 다른 법령의 적용을 받는 공무원이 경찰공무원으로 임용된 경우 종전의 신분에서 강등의 징계처분을 받고 그 처분종료일로부터 18개월이 경과되지 아니한 자와 근신·영창 기타 이와 유사한 징계처분을 받고 그 처분종료일로부터 6월이 경과되지 아니한 자
  4. 법 제24조 제3항의 규정에 의하여 정년의 연장을 받은 자

⑨ 심사승진후보자명부의 작성 : 임용권자 또는 임용제청권자는 승진심사위원회에서 승진임용예정자로 선발된 자에 대하여 심사승진후보자명부를 작성하여야 한다.
⑩ 임용권자 또는 임용제청권자는 심사승진후보자명부에 등재된 자가 승진임용되기 전에 **정직 이상의 징계처분**을 받은 경우에는 심사승진후보자명부에서 이를 **삭제하여야 한다.**
⑪ 경찰공무원법 제15조(승진) ① 경찰공무원은 바로 아래 하위계급에 있는 경찰공무원 중에서 근무성적평정, 경력평정, 그 밖의 능력을 실증(實證)하여 승진임용한다. 다만, 해양경찰청장을 보하는 경우 치안감을 치안총감으로 승진임용할 수 있다.
  ② **경무관 이하 계급으로의 승진은 승진심사에 의하여 한다. 다만, 경정 이하 계급으로의 승진은 대통령령으로 정하는 비율에 따라 승진시험과 승진심사를 병행할 수 있다.**
  ③ 총경 이하의 경찰공무원에 대해서는 대통령령으로 정하는 바에 따라 계급별로 승진대상자 명부를 작성하여야 한다.
  ④ 경찰공무원의 승진에 필요한 계급별 최저근무연수, 승진 제한에 관한 사항, 그 밖에 승진에 관하여 필요한 사항은 대통령령으로 정한다.

⑫ 경찰공무원법 제16조(근속승진) ① 경찰청장 또는 해양경찰청장은 제15조제2항에도 불구하고 해당 계급에서 다음 각 호의 기간 동안 재직한 사람을 경장, 경사, 경위, 경감으로 각각 근속승진임용할 수 있다. 다만, 인사교류 경력이 있거나 주요 업무의 추진 실적이 우수한 공무원 등 경찰행정 발전에 기여한 공이 크다고 인정되는 경우에는 대통령령으로 정하는 바에 따라 **그 기간을 단축할 수 있다.**
1. 순경을 경장으로 근속승진임용하려는 경우 : 해당 계급에서 **4년 이상** 근속자
2. 경장을 경사로 근속승진임용하려는 경우 : 해당 계급에서 **5년 이상** 근속자
3. 경사를 경위로 근속승진임용하려는 경우 : 해당 계급에서 **6년 6개월 이상** 근속자
4. 경위를 경감으로 근속승진임용하려는 경우 : 해당 계급에서 **8년 이상** 근속자
② 제1항에 따라 근속승진한 경찰공무원이 근무하는 기간에는 그에 해당하는 직급의 정원이 따로 있는 것으로 보고, 종전 직급의 정원은 감축된 것으로 본다.
③ 제1항에 따른 근속승진임용의 기준 및 절차 등에 관하여 필요한 사항은 대통령령으로 정한다.

경찰공무원승진임용규정

제3조(승진임용의 구분) 경찰공무원의 승진임용은 심사승진임용·시험승진임용 및 특별승진임용으로 구분한다.

제4조(승진임용 예정 인원 결정)

④ 「경찰공무원법」(이하 "법"이라 한다) 제15조제2항 단서에 따라 승진심사에 의한 승진(이하 "심사승진"이라 한다)과 승진시험에 의한 승진(이하 "시험승진"이라 한다)을 병행하는 경우에 승진임용 예정 인원은 다음 각 호의 방법에 따라 정한다.
1. **계급별로 전체 승진임용 예정 인원에서 제3항에 따른 특별승진임용 예정 인원을 뺀 인원의 50퍼센트씩을 각각 심사승진임용 예정 인원과 시험승진임용 예정 인원으로 한다.** 다만, 제1항 단서에 따라 특수분야의 승진임용 예정 인원을 정하는 경우에는 심사승진임용 예정 인원과 시험승진임용 예정 인원 중 어느 한쪽의 예정 인원이 50퍼센트를 초과하게 정할 수 있다.
2. 제1호에도 불구하고 승진심사를 하기 전에 승진시험을 실시한 경우에 그 최종합격자 수가 시험승진임용 예정 인원보다 적을 때에는 심사승진임용 예정 인원에 그 부족한 인원을 더하여 심사승진임용 예정 인원을 산정한다.

제7조(근무성적 평정)

① 총경 이하의 경찰공무원에 대해서는 매년 근무성적을 평정하여야 하며, 근무성적 평정의 결과는 승진 등 인사관리에 반영하여야 한다.
② 근무성적은 다음 각 호의 평정 요소에 따라 평정한다. 다만, 총경의 근무성적은 제2 평정 요소로만 평정한다.
1. 제1 평정 요소
 가. 경찰업무 발전에 대한 기여도
 나. 포상 실적
 다. 그 밖에 행정안전부령으로 정하는 평정 요소
2. 제2 평정 요소
 가. 근무실적
 나. 직무수행능력
 다. 직무수행태도

③ 제2 평정 요소에 따른 근무성적 평정은 평정대상자의 계급별로 평정 결과가 다음 각 호의 분포비율에 맞도록 하여야 한다. 다만, 평정 결과 제4호에 해당하는 사람이 없는 경우에는 제4호의 비율을 제3호의 비율에 가산하여 적용한다.
1. 수 : 20퍼센트
2. 우 : 40퍼센트
3. 양 : 30퍼센트
4. 가 : 10퍼센트

④ 제11조제2항 단서에 해당하는 경찰공무원과 경찰서 수사과에서 고소·고발 등에 대한 조사업무를 직접 처리하는 경위 계급의 경찰공무원을 평정할 때에는 제3항의 비율을 적용하지 아니할 수 있다.

⑤ **근무성적 평정 결과는 공개하지 아니한다.** 다만, 경찰청장은 근무성적 평정이 완료되면 평정 대상 경찰공무원에게 해당 근무성적 평정 결과를 통보할 수 있다.

⑥ 근무성적 평정의 기준, 시기, 방법, 그 밖에 필요한 사항은 행정안전부령으로 정한다.

제8조(근무성적 평정의 예외)

① 휴직·직위해제 등의 사유로 해당 연도의 평정기관에서 6개월 이상 근무하지 아니한 경찰공무원에 대해서는 근무성적을 평정하지 아니한다.

② 삭제 〈2016. 10. 31.〉

③ 교육훈련 외의 사유로 국가기관, 지방자치단체 또는 인사혁신처장이 지정하는 기관에 2개월 이상 파견근무하게 된 경찰공무원에 대해서는 파견받은 기관의 의견을 고려하여 근무성적을 평정하여야 한다.

④ 평정대상자인 경찰공무원이 전보된 경우에는 그 경찰공무원의 근무성적 평정표를 전보된 기관에 이관하여야 한다. 다만, 평정기관을 달리하는 기관으로 전보된 후 2개월 이내에 정기평정을 할 때에는 전출기관에서 전출 전까지의 근무기간에 대한 근무성적을 평정하여 이관하여야 하며, 전입기관에서는 받은 평정 결과를 고려하여 평정하여야 한다.

⑤ 정기평정 이후에 신규채용되거나 승진임용된 경찰공무원에 대해서는 2개월이 지난 후부터 근무성적을 평정하여야 한다.

7 전보

① 전보 : 동일 직급 내에서의 보직변경을 의미

② 임용권자 또는 임용제청권자는 경찰공무원의 동일직위에서의 장기근무로 인한 직무수행의 침체현상을 방지하여 창의적이며 활력있는 직무성과의 증진을 기하도록 하는 한편, 지나치게 잦은 전보로 인한 능률저하를 방지하여 안정적인 직무수행을 기할 수 있도록 특별한 사정이 없는 한 정기적으로 전보를 실시하여야 한다.

③ 전보의 제한 임용권자 또는 임용제청권자는 소속 경찰공무원이 해당 직위에 임용된 날부터 1년 이내(감사업무를 담당하는 경찰공무원의 경우에는 2년 이내)에 다른 직위에 전보할 수 없다. 다만, 다음 각 호의 어느 하나에 해당하는 경우에는 그러하지 아니하다.
1. 직제상 최저단위인 보조기관 또는 보좌기관 내에서 전보하는 경우
2. 경찰청과 소속기관등 또는 소속기관등 상호 간의 교류를 위하여 전보하는 경우
3. 기구의 개편, 직제 또는 정원의 변경으로 해당 경찰공무원을 전보하는 경우
4. 승진임용된 경찰공무원을 전보하는 경우
5. 전문직위로 경찰공무원을 전보하는 경우

6. 징계처분을 받은 경우
  7. 형사사건에 관련되어 수사기관에서 조사를 받고 있는 경우
  8. **경찰공무원으로서의 품위를 크게 손상하는 비위(非違)로 인한 감사 또는 조사가 진행 중이어서 해당 직위를 유지하는 것이 부적절하다고 판단되는 경찰공무원을 전보하는 경우**
  9. 경찰기동대 등 경비부서에서 정기적으로 교체하는 경우
  10. 교육훈련기관의 교수요원으로 보직하는 경우
  11. 시보임용 중인 경우
  12. 신규채용된 경찰공무원을 해당 계급의 보직관리기준에 따라 전보하는 경우 및 이와 관련한 전보의 경우
  13. 감사담당 경찰공무원 가운데 부적격자로 인정되는 경우
  14. **경정 이하의 경찰공무원을 배우자 또는 직계존속이 거주하는 시·군·자치구 지역의 경찰기관으로 전보하는 경우**
  15. **임신 중인 경찰공무원 또는 출산 후 1년이 지나지 않은 경찰공무원의 모성보호, 육아 등을 위하여 필요한 경우**
④ 경찰대학교·경찰인재개발원·중앙경찰학교·경찰수사연수원 또는 해양경찰안전교육원의 교수요원으로 임용된 자는 그 임용일로부터 1년 이상 3년 이하의 범위 안에서 경찰청장 또는 해양경찰청장이 정하는 기간 안에는 다른 직위에 전보할 수 없다. 다만, 기구의 개편, 직제·정원의 변경 또는 교육과정의 개폐가 있거나 교수요원으로서 부적당하다고 인정될 때에는 그러하지 아니하다.
⑤ 특별채용된 경찰공무원은 그 채용일부터 5년의 범위에서 경찰청장 또는 해양경찰청장이 정하는 기간(휴직기간, 직위해제기간 및 정직기간은 포함하지 아니한다) 안에는 채용조건에 해당하는 기관 또는 부서 외의 기관 또는 부서로 전보할 수 없다.
⑥ 다음에 해당하는 임용은 제1항의 규정에 의한 전보제한기간을 계산함에 있어서는 새로운 임용으로 보지 아니한다.
  1. 직제상의 최저단위 보조기관(담당관을 포함한다) 내에서의 전보
  2. 승진 또는 강등 임용
  3. 시보임용 중인 경찰공무원의 정규경찰공무원으로의 임용
  4. 기구의 개편, 직제 또는 정원의 변경으로 인하여 소속·직위만을 변경하여 재발령하는 경우의 그 임용. 다만, 담당직무의 변경이 없는 경우에 한한다.

8 휴직

① 의의 : 휴직이라 함은 경찰공무원으로서 신분을 가지면서 일정한 기간 직무담임을 해제하는 임용행위이다.
② 종류
 • **직권휴직** : 공무원이 다음 각호의 어느 하나에 해당하면 임용권자는 본인의 의사에도 불구하고 휴직을 명하여야 한다.
   1. 신체·정신상의 장애로 장기 요양이 필요할 때
   2. 삭제 〈1978. 12. 5〉
   3. 「병역법」에 따른 병역 복무를 마치기 위하여 징집 또는 소집된 때
   4. 천재지변이나 전시·사변, 그 밖의 사유로 생사(生死) 또는 소재(所在)가 불명확하게 된 때
   5. 그 밖에 법률의 규정에 따른 의무를 수행하기 위하여 직무를 이탈하게 된 때

6. 「공무원의 노동조합 설립 및 운영 등에 관한 법률」 제7조에 따라 노동조합 전임자로 종사하게 된 때

휴직기간

사유	기간
장기요양	1년이내(1년연장), 공무상 질병·부상는 3년
징집·소집	복무기간이 끝날 때까지
소재불명	3개월이내
직무이탈	복무기간이 끝날 때까지
전임자	전임기간

- **의원휴직**: 임용권자는 공무원이 다음 각호의 어느 하나에 해당하는 사유로 휴직을 원하면 휴직을 명할 수 있다. 다만, 제4호의 경우에는 대통령령으로 정하는 특별한 사정이 없으면 휴직을 명하여야 한다.
  1. 국제기구, 외국기관, 국내외의 대학·연구기관, 다른 국가기관 또는 대통령령으로 정하는 민간기업, 그 밖의 기관에 임시로 채용될 때
  2. 국외유학을 하게 된 때
  3. 중앙인사관장기관의 장이 지정하는 연구기관이나 교육기관 등에서 연수하게 된 때
  4. 만 8세 이하(취학 중인 경우에는 초등학교 2학년 이하를 말한다)의 자녀를 양육하기 위하여 필요하거나 여성공무원이 임신 또는 출산하게 된 때
  5. 사고나 질병 등으로 장기간 요양이 필요한 부모, 배우자, 자녀 또는 배우자의 부모를 간호하기 위하여 필요한 때
  6. 외국에서 근무·유학 또는 연수하게 되는 배우자를 동반하게 된 때

- 임용권자는 양육·임신·출산에 따른 휴직을 이유로 인사에 불리한 처우를 하여서는 아니 된다.

휴직기간

사유	기간
임시채용	그 채용기간. 민간기업이나 그밖의 기관은 3년이내
유학	3년이내(2년연장)
연수	2년이내
양육·임신·출산	자녀 1명에 대하여 3년이내
간호	1년이내(재직기간 중 3년초과×)
동반	3년이내(2년연장)
과제수행, 학습·연구	1년이내

③ **휴직의 효력**: 휴직 중인 경찰공무원은 신분은 보유하지만 직무에 종사하지 못하고, 보수가 지급되지 않는다. 휴직 기간 중 그 사유가 없어지면 30일 이내에 임용권자 또는 임용제청권자에게 신고하여야 하며, 임용권자는 지체 없이 복직을 명하여야 한다.

9 직위해제

- 직위해제라 함은 직위를 계속 유지시킬 수 없는 사유가 발생한 경우에 임용권자가 직위를 부여하지 아니하는 것을 말한다. 휴직과 달리, 본인의 무능력 등으로 인한 제재적 의의를 가진 보직의 해제이다.

> **국가공무원법 제73조의3【직위해제】**
> ① 임용권자는 다음 각호의 어느 하나에 해당하는 자에게는 직위를 부여하지 아니할 수 있다.
>   1. 삭제 〈1973.2.5.〉
>   2. 직무수행 능력이 부족하거나 근무성적이 극히 나쁜 자
>   3. 파면·해임·강등 또는 정직에 해당하는 징계 의결이 요구 중인 자
>   4. 형사 사건으로 기소된 자(약식명령이 청구된 자는 제외한다)
>   5. 고위공무원단에 속하는 일반직공무원으로서 제70조의2제1항제2호부터 제5호까지의 사유로 적격심사를 요구받은 자
>   6. 금품비위, 성범죄 등 대통령령으로 정하는 비위행위로 인하여 감사원 및 검찰·경찰 등 수사기관에서 조사나 수사 중인 자로서 비위의 정도가 중대하고 이로 인하여 정상적인 업무수행을 기대하기 현저히 어려운 자
> ② 제1항에 따라 직위를 부여하지 아니한 경우에 그 사유가 소멸되면 임용권자는 지체 없이 직위를 부여하여야 한다.
> ③ 임용권자는 제1항 제2호에 따라 직위해제된 자에게 3개월의 범위에서 대기를 명한다.
> ④ 임용권자 또는 임용제청권자는 제3항에 따라 대기 명령을 받은 자에게 능력 회복이나 근무성적의 향상을 위한 교육훈련 또는 특별한 연구과제의 부여 등 필요한 조치를 하여야 한다.
> ⑤ 공무원에 대하여 제1항 제2호와 제3호 또는 제4호의 직위해제 사유가 경합하면 제3호 또는 제4호의 직위해제 처분을 하여야 한다.

- 직위해제의 효력
  ㉠ 직위해제가 된 때에는 직무에 종사하지 못한다. 대기명령을 받은 자에 대하여는 그 능력회복이나 근무성적의 향상을 위한 교육훈련 또는 특별연구과제의 부여 등 필요한 조치를 하여야 한다.
  ㉡ 직위해제사유가 소멸된 때에는 임용권자는 지체 없이 직위를 부여하여야 한다. 그러나 복직이 보장되는 것은 아니어서 능력 또는 근무성적의 향상을 기대하기 어렵다고 인정된 때에는 징계위원회의 동의를 얻어 직권면직시킬 수 있다.
  ㉢ 직위가 해제되면 직무에 종사하지 못하고, 출근의무도 없다.
  ㉣ 직위해제 기간은 승진소요 최저연수에 산입되지 않고,
    1. 「국가공무원법」 제73조의3제1항제2호에 따라 직위해제된 사람 : 봉급의 80퍼센트
    2. 「국가공무원법」 제73조의3제1항제5호에 따라 직위해제된 사람 : 봉급의 70퍼센트. 다만, 직위해제일부터 3개월이 지나도 직위를 부여받지 못한 경우에는 그 3개월이 지난 후의 기간 중에는 봉급의 40퍼센트를 지급한다.
    3. 「국가공무원법」 제73조의3제1항제3호·제4호 또는 제6호에 따라 직위해제된 사람 : 봉급의 50퍼센트. 다만, 직위해제일부터 3개월이 지나도 직위를 부여받지 못한 경우에는 그 3개월이 지난 후의 기간 중에는 봉급의 30퍼센트를 지급한다.
  ㉤ 직위해제와 징계책임이 동시에 가해지더라도 일사부재리의 원칙에 위배되지 않는다.

10 퇴직

① 경찰공무원 관계의 소멸 : 당연퇴직, 직권면직, 정년, 의원면직, 파면·해임 등의 징계처분 등
② 징계처분에 대하여 행정소송을 다툴 수 있음은 물론, 당연퇴직·직권면직 등에 의한 경찰공무원 관계의 소멸의 경우에도 행정소송으로 다툴 수 있다.

의의	퇴직이란 일정한 법정사유가 발생함에 따라 별도의 행위를 기다릴 것 없이 당연히 공무원의 신분을 상실하는 것으로 당연퇴직과 정년퇴직의 두 종류가 있다.	
당연 퇴직	경찰공무원이 제7조제2항 각 호(결격사유)의 어느 하나에 해당하게 된 경우에는 당연히 퇴직한다. 1) 같은 항 제4호는 파산선고를 받은 사람으로서 「채무자 회생 및 파산에 관한 법률」에 따라 신청기한 내에 면책신청을 하지 아니하였거나 면책불허가 결정 또는 면책취소가 확정된 경우만 해당하고, 2) 같은 항 제6호는 「형법」 제129조부터 제132조까지, 「성폭력범죄의 처벌 등에 관한 특례법」 제2조, 「아동·청소년의 성보호에 관한 법률」 제2조제2호 및 직무와 관련하여 「형법」 제355조 또는 제356조에 규정된 죄를 범한 사람으로서 자격정지 이상의 형의 선고유예를 받은 경우만 해당한다. 3) 사망으로 인한 면직은 사망한 다음 날에 면직된 것으로 본다.(경찰공무원임용령 제5조)	
정년	연령 정년	연령정년 – 60세
	계급 정년	① 계급별 정년 | 치안감 – 4년	총경 – 11년
---	---
경무관 – 6년	경정 – 14년	 ※ 경감 이하는 계급정년이 없다. ② 수사·정보·보안·외사 등 **특수부문**에 근무하는 경찰공무원으로서 대통령령이 정하는 바에 의하여 지정을 받은 자는 **총경 및 경정의 경우에는 4년의 범위에서** 대통령령이 정하는 바에 의하여 계급정년을 연장할 수 있다. ③ 경찰청장은 전시·사변 기타 이에 준하는 **비상사태에서는 2년의 범위에서** 계급정년을 연장할 수 있다. 이 경우 **경무관 이상**의 경찰공무원에 대하여는 행정안전부장관(경찰청 소속 경찰공무원에 한정한다)과 국무총리를 거쳐 대통령의 승인을 얻어야 하고, **총경·경정**의 경찰공무원에 대하여는 국무총리를 거쳐 대통령의 승인을 얻어야 한다. ④ 경찰공무원은 그 정년에 달한 날이 1월에서 6월 사이에 있는 경우에는 6월 30일에, 7월에서 12월 사이에 있는 경우에는 12월 31일에 각각 당연 퇴직된다. ⑤ 계급정년을 산정함에 있어 자치경찰공무원으로 근무한 경력이 있는 경찰공무원의 경우에는 그 계급에 상응하는 자치경찰공무원에서의 근무연수를 산입한다.

11 면직

의원 면직		① 경찰공무원의 사의표시에 의하여 경찰공무원관계를 소멸시키는 행위이다. ② 의원면직의 경우 면직효과의 발생시기는 사직의 의사표시가 있은 때가 아니라 서면에 의한 사직서를 임명권자가 승인(수리)한 때이다. ③ 임명권자의 승인 전까지는 공무원 관계가 유지되고 있으므로 사직서를 제출한 후 무단결근한 경우에는 징계사유에 해당된다.
강제 면직	징계 면직	• 징계면직은 직권면직과 함께 일방적 면직에 해당하는 것으로 공무원 본인의 의사와 관계없이 임용권자의 일방적 의사에 의하여 공무원 관계를 소멸시키는 행위를 말한다. • 징계면직은 파면과 해임을 말한다.

	직권
	면직
		경찰공무원 본인의 의사에도 불구하고 임용권자의 직권으로 면직시키는 것이다.
		① 직권면직사유
		• 직제와 정원의 개폐 또는 예산의 감소 등에 의하여 폐직 또는 과원이 되었을 때
		• 휴직기간의 만료 또는 휴직사유가 소멸된 후에도 직무에 복귀하지 아니하거나 직무를 감당할 수 없을 때
		• 직위해제로 인하여 대기명령을 받은 자가 그 기간 중 능력 또는 근무성적의 향상을 기대하기 어렵다고 인정한 때(징계위원회의 동의 필요)
		• 경찰공무원으로서 부적합할 정도로 직무수행능력 또는 성실성이 현저히 결여된 자로서 다음의 경우(징계위원회의 동의 필요)
		  - 지능저하 또는 판단력의 부족으로 경찰업무를 감당할 수 없는 경우
		  - 책임감의 결여로 직무수행에 성의가 없고 위험한 직무에 당하여 고의로 직무수행을 기피 또는 포기한 경우
		• 직무수행에 있어서 위험을 일으킬 우려가 있을 정도의 성격 또는 도덕적 결함이 있는 자로서 다음의 경우(징계위원회의 동의 필요)
		  - 심한 주벽이 있거나 변태성격을 가진 경우
		  - 기타 불순한 이성관계 등 도덕적 결함이 현저하여 타인의 비난을 받는 경우
		• 당해 경과에서 직무를 수행하는 데 필요한 자격증의 효력이 상실되거나 면허가 취소되어 담당직무를 수행할 수 없게 된 때

12 경찰공무원의 권리

신분상 권리	일반적 권리	① **신분 및 직위보유권**: 경찰공무원은 법령에 의한 사유가 있는 경우에 소정의 절차에 의하지 아니하고는 그 신분을 박탈당하지 아니하고 직위를 상실하지 아니할 권리를 가진다. ※ 경찰공무원은 헌법상의 단결권, 단체교섭권, 단체행동권의 제약을 받는다. ※ **치안총감, 치안정감, 시보임용 중인 자는 신분보장이 되지 않는다.** ② **직무집행권**: 경찰공무원은 자기가 담당하는 직무를 수행하고 또한 그 직무집행을 방해당하지 아니할 권리가 있다. 이를 방해하는 자는 공무집행방해죄를 구성한다. ③ **쟁송제기권**: 경찰공무원은 그 신분 등이 위법·부당하게 침해된 경우 이를 구제하기 위한 소청권과 행정쟁송권을 가진다. 행정소송에 있어서 **경찰청장**을 피고로 한다. 다만, 경찰청장이 임용권을 위임한 경우에는 그 **위임을 받은 자**를 피고로 한다.
	특수한 권리	① **제복착용권**: 경찰공무원은 제복을 착용할 권리를 갖는데, 이는 권리임과 동시에 의무이기도 한 것이다. 경찰공무원의 복제에 관하여 필요한 사항은 행정안전부령으로 정한다. ② **무기휴대 및 사용권**: 경찰공무원은 직무수행을 위하여 필요한 때에는 무기를 휴대할 수 있고 일정한 경우에는 무기를 사용할 수 있다(경찰공무원법 제20조 및 경찰관직무집행법 제10조의4 참조). 따라서 특별한 경우 무기사용권이 인정된다(**휴대: 경찰공무원법, 사용: 경찰관직무집행법**). ③ **장구사용권**: 경찰공무원은 경찰관직무집행법 제10조의2 규정에 의하여 수갑·포승·경찰봉 등 경찰장구를 사용할 수 있다.

재산상의 권리에는 보수청구권, 연금청구권, 실비변상·실물대여청구권, 보상청구권 등이 있다.

	구분	보수청구권	연금청구권	실비변상·실물대여청구권
재산상 권리	의의	보수=봉급+수당	• 연금은 인사혁신처 장관이 결정 • 공무원연금공단이 지급	• 공무원이 공무집행상 필요한 비용을 보상받을 권리를 말한다(여비·식비·숙박비). • 제복 기타 물품의 급여·대여를 받는다.
	성질	공권, 지급청구는 당사자 소송에 의한다. (단, 판례는 민사소송에 의함).	공권, 지급청구는 당사자 소송에 의한다. (단, 판례는 민사소송에 의함).	공권, 지급청구는 당사자 소송에 의한다.
	양도·압류	• 양도·포기 금지 (단, 퇴직 후의 포기는 가능) • 보수의 1/2까지 압류 가능	양도·포기·압류 금지	양도·포기·압류 가능
	소멸시효	법상으로 5년으로 규정, 3년의 시효로서 소멸(판례)	소멸시효 - 5년	소멸시효 - 5년

13 경찰공무원의 의무

일반적 의무	국가공무원법	① 선서의무 ② 성실의무
직무상 의무	국가공무원법	① 법령준수의무 ② 복종의무 ③ 친절공정의무 ④ 종교중립의무 ⑤ 직무전념의무 (직장이탈금지·겸직금지·영리업무종사금지)
	경찰공무원법	① 거짓보고 및 직무유기금지의무 ② 지휘권남용금지의무 ③ 제복착용의무
	경찰공무원 복무규정	① 지정장소 외에서 직무수행 금지의무 ② 민사분쟁에의 부당개입 금지의무 ③ 근무시간 중 음주금지의무
신분상 의무	국가공무원법	① 비밀엄수의무 ② 청렴의무 ③ 품위유지의무 ④ 영예 등 제한 ⑤ 정치운동금지의무 ⑥ 집단행동금지의무
	경찰공무원법	정치관여금지의무
	기타 법률	① 공직자윤리법 : 재산등록·공개의무, 선물신고의무, 취업제한 ② 부패방지 및 국민권익위원회설치·운영법 : 부패행위 신고의무 ③ 부정청탁 및 금품등 수수의 금지에 관한 법률 : 부정청탁금지 및 금품 등 수수 금지

직무전념 의무	① **직장이탈금지** : 공무원은 소속상관의 허가 또는 **정당한 이유 없이** 근무지 또는 직장을 이탈하여서는 아니 된다. ② **영리업무 및 겸직의 금지** : 공무원은 공무 이외의 영리를 목적으로 하는 업무에 종사하지 못하며 소속기관장의 허가 없이 다른 직무를 겸하지 못한다.
비밀엄수 의무	• 공무원은 **재직 중은 물론, 퇴직 후에도** 그 직무상 알게 된 비밀을 엄수하여야 한다. 직무상 비밀은 자신이 처리하는 '직무에 관한 비밀'뿐만 아니라, '**직무와 관련하여 알게 된 모든 비밀**'을 뜻한다. • 한편 경찰공무원(또는 경찰공무원이었던 자)이 법원의 증인·감정인이 되어 직무상 비밀에 관하여 신문을 받은 때에는 소속공무소 또는 감독관공서의 허가를 받은 사항에 한하여 진술할 수 있다(형사소송법 제147조, 제177조).
청렴 의무	① 공무원은 직무와 관련하여 직접 또는 간접으로 사례·증여 또는 향응을 수수할 수 없다. ② 직무상의 관계여하를 불문하고 그 소속상관에게 증여하거나 소속경찰공무원으로부터 증여를 받아서는 아니 된다. 이 의무를 위반하면 징계사유가 될 뿐만 아니라 형법상의 증·수뢰죄를 구성한다. **▎공직자윤리법에 따른 공무원의 의무** 1. 재산등록의무 : 일정한 공직자 및 공직후보자는 본인의 재산, 배우자의 재산 그리고 본인의 직계존·비속의 재산을 **등록의무자가 된 날부터 2개월이 되는 날이 속하는 달의 말일까지 (지방)경찰청에 등록하여야 한다.** 　• 재산등록의무 → 총경 이상(시행령 : 경사 이상) 　• 재산공개의무 → 치안감 이상 및 시도경찰청장 2. 선물신고의무 : 공무원(지방의회의원을 포함한다. 이하 제22조에서 같다) 또는 공직유관단체의 임직원은 외국으로부터 선물(대가 없이 제공되는 물품 및 그 밖에 이에 준하는

청렴 의무	것을 말하되, **현금은 제외**한다. 이하 같다)을 받거나 그 직무와 관련하여 외국인(외국단체를 포함한다. 이하 같다)에게 선물을 받으면 지체 없이 소속 기관·단체의 장에게 신고하고 그 선물을 인도하여야 한다. 이들의 가족이 외국으로부터 선물을 받거나 그 공무원이나 공직유관단체 임직원의 직무와 관련하여 외국인에게 선물을 받은 경우에도 또한 같다. 동 시행령 제28조(선물의 가액) ①법 제15조제1항에 따라 신고하여야 할 선물은 그 선물 수령 당시 증정한 국가 또는 외국인이 속한 국가의 시가로 **미국화폐 100달러 이상이거나 국내 시가로 10만원 이상**인 선물로 한다. 〈개정 2016. 6. 28.〉 3. 취업금지의무 : 총경 이상의 경찰공무원은 퇴직일부터 3년간 다음 각 호의 어느 하나에 해당하는 기관(이하 "취업심사대상기관"이라 한다)에 취업할 수 없다. 다만, 관할 공직자윤리위원회로부터 취업심사대상자가 퇴직 전 5년 동안 소속하였던 부서 또는 기관의 업무와 취업심사대상기관 간에 밀접한 관련성이 없다는 확인을 받거나 취업승인을 받은 때에는 취업할 수 있다.
집단행위 금지	① 헌법 제33조 제2항에서 "공무원인 근로자는 법률이 정하는 자에 한하여 단결권·단체교섭권 및 단체행동권을 가진다"고 규정, 노동 3권(단결권·단체교섭권·단체행동권)을 제한하고 있다. ② 국가공무원법에서는 "공무원은 노동운동 기타 공무 이외의 일을 위한 집단적 행위를 하여서는 아니 된다"고 규정하여 노동 3권은 물론 집단적 행위도 금지하고 있다(**사실상 노무에 종사하는 공무원은 제외**).

▶ 경찰공무원법 제23조 정치관여금지(신설)

제23조(정치 관여 금지)
① 경찰공무원은 정당이나 정치단체에 가입하거나 정치활동에 관여하는 행위를 하여서는 아니 된다.
② 제1항에서 정치활동에 관여하는 행위란 다음 각 호의 어느 하나에 해당하는 행위를 말한다.
 1. 정당이나 정치단체의 결성 또는 가입을 지원하거나 방해하는 행위
 2. 그 직위를 이용하여 특정 정당이나 특정 정치인에 대하여 지지 또는 반대 의견을 유포하거나, 그러한 여론을 조성할 목적으로 특정 정당이나 특정 정치인에 대하여 찬양하거나 비방하는 내용의 의견 또는 사실을 유포하는 행위
 3. 특정 정당이나 특정 정치인을 위하여 기부금 모집을 지원하거나 방해하는 행위 또는 국가·지방자치단체 및 「공공기관의 운영에 관한 법률」에 따른 공공기관의 자금을 이용하거나 이용하게 하는 행위
 4. 특정 정당이나 특정인의 선거운동을 하거나 선거 관련 대책회의에 관여하는 행위
 5. 「정보통신망 이용촉진 및 정보보호 등에 관한 법률」에 따른 정보통신망을 이용한 제1호부터 제4호까지의 규정에 해당하는 행위
 6. 소속 직원이나 다른 공무원에 대하여 제1호부터 제5호까지의 행위를 하도록 요구하거나 그 행위와 관련한 보상 또는 보복으로서 이익 또는 불이익을 주거나 이를 약속 또는 고지(告知)하는 행위

제37조(벌칙)
③ 경찰공무원으로서 제23조를 위반하여 정당이나 정치단체에 가입하거나 정치활동에 관여하는 행위를 한 사람은 5년 이하의 징역과 5년 이하의 자격정지에 처하고, 그 죄에 대한 공소시효의 기간은 「형사소송법」 제249조제1항에도 불구하고 10년으로 한다.

14 징계책임

징계의 사유	국가공무원법 제78조【징계사유】
	① 공무원이 다음 각 호의 어느 하나에 해당하면 **징계의결을 요구하여야 하고** 그 징계의결의 결과에 따라 징계처분을 하여야 한다.
	  1. 이 법 및 이 법에 따른 명령을 위반한 경우
	  2. 직무상의 의무(다른 법령에서 공무원의 신분으로 인하여 부과된 의무를 포함한다)를 위반하거나 직무를 태만히 한 때
	  3. 직무의 내외를 불문하고 그 체면 또는 위신을 손상하는 행위를 한 때
	② 공무원(특수경력직공무원 및 지방공무원을 포함한다)이었던 사람이 다시 공무원으로 임용된 경우에 재임용 전에 적용된 법령에 따른 징계 사유는 그 사유가 발생한 날부터 이 법에 따른 징계 사유가 발생한 것으로 본다.

징계사유의 시효	① 징계의결등의 요구는 징계 등 사유가 발생한 날부터 다음 각 호의 구분에 따른 기간이 지나면 하지 못한다. 〈개정 2021. 6. 8.〉
	  1. **징계 등 사유가 다음 각 목의 어느 하나에 해당하는 경우 : 10년**
	    가. 「성매매알선 등 행위의 처벌에 관한 법률」 제4조에 따른 금지행위
	    나. 「성폭력범죄의 처벌 등에 관한 특례법」 제2조에 따른 성폭력범죄
	    다. 「아동·청소년의 성보호에 관한 법률」 제2조제2호에 따른 아동·청소년대상 성범죄
	    라. 「양성평등기본법」 제3조제2호에 따른 성희롱
	  2. 징계 등 사유가 제78조의2제1항 각 호의 어느 하나에 해당하는 경우 : 5년
	  3. 그 밖의 징계 등 사유에 해당하는 경우 : 3년
	② 제83조제1항 및 제2항에 따라 징계 절차를 진행하지 못하여 제1항의 기간이 지나거나 그 남은 기간이 1개월 미만인 경우에는 제1항의 기간은 제83조제3항에 따른 조사나 수사의 종료 통보를 받은 날부터 1개월이 지난 날에 끝나는 것으로 본다.
	③ 징계위원회의 구성·징계의결등, 그 밖에 절차상의 흠이나 징계양정 및 징계부가금의 과다(過多)를 이유로 소청심사위원회 또는 법원에서 징계처분등의 무효 또는 취소의 결정이나 판결을 한 경우에는 제1항의 기간이 지나거나 그 남은 기간이 3개월 미만인 경우에도 그 결정 또는 판결이 확정된 날부터 3개월 이내에는 다시 징계의결등을 요구할 수 있다.

징계권자	① 경무관 이상 : 국무총리 소속 하에 설치된 중앙징계위원회에서 심의·의결하고 경찰청장이 집행한다. ② 경무관 이상의 정직과 경정 이상의 파면 및 해임 : 경찰청장의 제청으로 행정안전부장관 및 국무총리를 거쳐 대통령이 행하고 ③ 총경 및 경정의 정직 : 경찰청장이 행한다.
징계절차	① 징계의 요구 : 경찰공무원의 징계는 징계의결요구권자의 요구에 의하여 징계위원회의 의결을 거쳐 징계권자가 행한다. ② 경징계의 집행 : 징계권자는 감봉·견책의 징계의결서를 받은 날로부터 **15일 이내에** 이를 집행하여야 하는데 징계의결서의 사본을 첨부하여 징계처분사유설명서를 징계의결된 자에게 교부하여야 한다. ③ 중징계의 집행 ㉠ 징계제청권자는 중징계의 의결통지를 받았을 때에는 지체없이 징계등 처분대상자의 임용권자에게 징계의결서를 보내어 해당 징계 등의 처분을 제청하여야 한다.

	ⓒ 중징계 처분의 제청을 받은 임용권자는 15일 이내에 징계처분설명서, 징계의결서 사본을 징계등 처분대상자에게 송달하여야 한다.	
타 기관 조사와의 관계	① 감사원에서 조사 중인 사건에 대해서는 조사개시 통보를 받은 날부터 징계의결의 요구·기타 징계절차를 진행하지 못한다. ② 경찰·검찰 등 그 밖의 수사기관에서 수사 중인 사건에 대해서는 수사개시통보를 받은 날부터 징계의결의 요구·기타 징계절차를 진행하지 아니할 수 있다. ③ 경찰·검찰·감사원 그 밖의 조사·수사기관은 조사·수사개시한 때와 종료한 때 10일 이내에 소속기관장에게 그 사실을 통보하여야 한다.	

15 징계의 내용

구 분			내 용	
국가 공무원법상 징계	중 징 계	파 면	• 경찰공무원으로서 신분이 박탈되고 다시 경찰공무원으로 채용되지 못함 • 퇴직급여 : 1/2(근무기간 5년 이상), 1/4(5년 미만) 감액 → 1/2, 3/4을 각각 지급한다. • 퇴직수당 : 근무기간에 관계없이 1/2 감액 → 1/2 지급 • 파면을 당한 자는 앞으로 5년간 공무원에 임용 불가	배 제 징 계
		해 임	• 경찰공무원으로서 신분이 박탈되고 다시 경찰공무원으로 채용되지 못함 • 퇴직급여 : 원칙적으로 제한을 받지 않고 전액 지급 　단, 금품·향응수수나 공금횡령·유용으로 해임 : 1/4(근무기간 5년 이상), 1/8(5년 미만) 감액 → 3/4, 7/8 각각 지급 • 퇴직수당 : 원칙적으로 제한을 받지 않고 전액 지급 　단, 금품·향응수수나 공금횡령·유용으로 해임 : 근무기간에 관계없이 1/4 감액 → 3/4 지급 • 해임된 자는 앞으로 3년간 공무원에 임용 불가	
		강 등	• 공무원의 신분은 보유하되 1계급 아래로 직급을 내리고 그 직무에 종사하지 못하게 하는 징계처분 • 3개월 직무정지, 보수의 전액 감액 • 처분종료일로부터 18개월간 승진·승급의 제한(단, 금품·향응수수, 공금횡령·유용, 성범죄, 음주운전(측정거부 포함), 소극행정의 경우는 6개월 추가)	교 정 징 계
		정 직	• 공무원의 신분은 보유하되 그 직무에 종사하지 못하게 하는 징계처분 • 1월 이상 ~ 3월 이하의 기간 동안 직무정지 • 보수의 전액 감액 • 처분종료일로부터 18개월간 승진·승급의 제한(단, 금품·향응수수, 공금횡령·유용, 성범죄의 경우는 6개월 추가)	

국가 공무원법상 징계	경징계	감봉	• 감봉은 1월 이상 ~ 3월 이하의 기간 • 보수의 1/3 감액 → 2/3 지급 • 처분종료일로부터 12개월간 승진·승급의 제한(단, 금품·향응수수, 공금횡령·유용, 성범죄, 음주운전(측정거부 포함), 소극행정의 경우는 6개월 추가)	교정징계
		견책	• 전과에 대하여 훈계하고 회계하게 하는 징계처분 • 처분종료일로부터 6개월간 승진·승급의 제한(단, 금품·향응수수, 공금횡령·유용, 성범죄, 음주운전(측정거부 포함), 소극행정의 경우는 6개월 추가)	

▶ '공무원연금법'상 형벌 등에 따른 급여의 제한

제65조(형벌 등에 따른 급여의 제한)
① 공무원이거나 공무원이었던 사람이 다음 각 호의 어느 하나에 해당하는 경우에는 대통령령으로 정하는 바에 따라 퇴직급여 및 퇴직수당의 일부를 줄여 지급한다. 이 경우 퇴직급여액은 이미 낸 기여금의 총액에 「민법」 제379조에 따른 이자를 가산한 금액 이하로 줄일 수 없다.
  1. 재직 중의 사유(직무와 관련이 없는 과실로 인한 경우 및 소속 상관의 정당한 직무상의 명령에 따르다가 과실로 인한 경우는 제외한다. 이하 제3항에서 같다)로 금고 이상의 형이 확정된 경우
  2. 탄핵 또는 징계에 의하여 파면된 경우
  3. 금품 및 향응 수수, 공금의 횡령·유용으로 징계에 의하여 해임된 경우
② 제1항 각 호의 어느 하나의 경우에 해당되어 퇴직급여 및 퇴직수당의 일부를 줄여 지급한 후 그 급여의 감액 사유가 소급하여 소멸되었을 때에는 그 감액된 금액에 대통령령으로 정하는 이자를 가산하여 지급한다.
③ 재직 중의 사유로 금고 이상의 형에 처할 범죄행위로 인하여 수사가 진행 중이거나 형사재판이 계속 중일 때에는 퇴직급여(연금인 급여를 제외한다) 및 퇴직수당의 일부를 대통령령으로 정하는 바에 따라 지급 정지할 수 있다. 이 경우 급여의 제한사유에 해당하지 아니하게 되었을 때에는 그 지급 정지하였던 금액에 대통령령으로 정하는 이자를 가산하여 지급한다.
④ 재직 중의 사유로 「형법」 제2편제1장(내란의 죄), 제2장(외환의 죄), 「군형법」 제2편제1장(반란의 죄), 제2장(이적의 죄), 「국가보안법」(제10조는 제외한다)에 규정된 죄를 지어 금고 이상의 형이 확정된 경우에는 이미 낸 기여금의 총액에 「민법」 제379조에 따른 이자를 가산한 금액을 반환하되 급여는 지급하지 아니한다.

16 경찰공무원징계령

용어	1. 중징계 : 파면·해임·강등·정직을 말한다. 2. 경징계 : 감봉·견책
징계위원회의 종류 및 설치	① 경찰공무원징계위원회는 **경찰공무원중앙징계위원회**와 **경찰공무원보통징계위원회**로 구분한다. ② 경찰공무원중앙징계위원회 : 경찰청, 해양경찰청 ③ 경찰공무원보통징계위원회 : 경찰청, 해양경찰청, 시도경찰청, 지방해양경찰청, 경찰대학교, 경찰인재개발원, 중앙경찰학교, 경찰수사연수원, 해양경찰교육원, 경찰병원, 경찰서, 경찰기동대, 의무경찰대, 해양경찰관서, 정비창, 경비함정 및 경찰청장 또는 해양경찰청장이 지정하는 경감 이상의 경찰공무원을 장으로 하는 기관에 둔다.

징계위원회의
관할
	① 국무총리 중앙징계위원회 : 경무관 이상(3급 이상 공무원)
	② **경찰공무원 중앙징계위원회 : 총경 및 경정**
	③ 경찰공무원 보통징계위원회
	  ㉠ 경찰청, 시도경찰청, 소속기관 : **소속 경감 이하**
	  ㉡ 경찰서, 경찰기동대 및 해양경찰관서 등 총경·경정 이상의 경찰공무원을 장으로 하는 경찰기관과 정비창 : **소속 경위 이하**
	  ㉢ 의무경찰대 및 경비함정 등 경찰청장이 지정하는 경감 이상의 경찰공무원을 장으로 하는 경찰기관에 설치 된 보통징계위원회 : **소속 경사 이하**

관련사건의 관할	① 상위 계급과 하위 계급의 경찰공무원이 관련된 징계등 사건은 제4조에도 불구하고 상위 계급의 경찰공무원을 관할하는 징계위원회에서 심의·의결하고, 상급 경찰기관과 하급 경찰기관에 소속된 경찰공무원이 관련된 징계등 사건은 상급 경찰기관에 설치된 징계위원회에서 심의·의결한다. 다만, 상위 계급의 경찰공무원이 감독상 과실책임만으로 관련된 경우에는 제4조에 따른 관할 징계위원회에서 각각 심의·의결할 수 있다. ② 소속이 다른 2명 이상의 경찰공무원이 관련된 징계등 사건으로서 관할 징계위원회가 서로 다른 경우에는 모두를 관할하는 바로 위 상급 경찰기관에 설치된 징계위원회에서 심의·의결한다. ③ 「경찰공무원법」 제37조제1항 또는 제2항에 따른 위반행위와 관련된 징계등 사건은 제4조제2항에도 불구하고 경찰청·해양경찰청·시·도경찰청 또는 지방해양경찰청에 설치된 보통징계위원회에서 심의·의결할 수 있다. ④ 제1항과 제2항에 따른 관할 징계위원회는 제1항과 제2항에도 불구하고 관련자에 대한 징계등 사건을 분리하여 심의·의결하는 것이 타당하다고 인정되는 경우에는 해당 징계위원회의 의결로 관련자에 대한 징계등 사건을 제4조에 따른 관할 징계위원회로 이송할 수 있다.
징계등 의결의 요구 (제9조)	① 경찰기관의 장은 소속 경찰공무원이 다음 각 호의 어느 하나에 해당할 때에는 지체 없이 관할 징계위원회를 구성하여 징계등 의결을 요구하여야 한다. 이 경우 별지 제1호서식의 경찰공무원 징계 의결 또는 징계부가금 부과 의결 요구서와 별지 제1호의2서식의 확인서(이하 이 조에서 "징계의결서등"이라 한다)를 관할 징계위원회에 제출하여야 한다. 1. 「국가공무원법」 제78조제1항제1호부터 제3호까지의 어느 하나에 해당하는 사유(이하 "징계 사유"라 한다)가 있다고 인정할 때 2. 제2항에 다른 징계등 의결 요구 신청을 받았을 때

징계등 의결의 요구 (제9조)	② 경찰기관의 장은 그 소속 경찰공무원에 대한 징계등 사건이 상급 경찰기관에 설치된 징계위원회의 관할에 속한 경우에는 그 상급 경찰기관의 장에게 징계의결서등을 첨부하여 징계등 의결의 요구를 신청하여야 한다. ③ 제1항과 제2항에 따른 징계등 의결 요구 또는 그 신청은 징계 사유에 대한 충분한 조사를 한 후에 하여야 한다. ④ 경찰기관의 장이 제1항과 제2항에 따라 징계등 의결 요구 또는 그 신청을 할 때에는 중징계 또는 경징계로 구분하여 요구하거나 신청하여야 한다. 다만, 「감사원법」제32조제1항 및 제10항에 따라 감사원장이 「국가공무원법」제79조에 따른 징계의 종류를 구체적으로 지정하여 징계요구를 한 경우에는 그러하지 아니하다. ⑤ 경찰기관의 장은 제1항에 따라 징계등 의결을 요구할 때에는 제1항에 따른 경찰공무원 징계 의결 또는 징계부가금 부과 의결 요구서 사본을 징계등 심의 대상자에게 보내야 한다. 다만, 징계등 심의 대상자가 그 수령을 거부하는 경우에는 그러하지 아니하다.

징계위원회의
구성
	① 각 징계위원회는 **위원장 1명을 포함하여 11명 이상 51명 이하**의 공무원위원과 민간위원으로 구성한다.
	② 징계위원회가 설치된 경찰기관의 장은 징계등 심의 대상자보다 상위 계급인 경위 이상의 소속 경찰공무원 또는 상위 직급에 있는 6급 이상의 소속 공무원 중에서 징계위원회의 공무원위원을 임명한다. 다만, 보통징계위원회의 경우 징계등 심의 대상자보다 상위 계급인 경위 이상의 소속 경찰공무원 또는 상위 직급에 있는 6급 이상의 소속 공무원의 수가 제3항에 따른 민간위원을 제외한 위원 수에 미달되는 등의 사유로 보통징계위원회를 구성하는 것이 곤란한 경우에는 징계등 심의 대상자보다 상위 계급인 경사 이하의 소속 경찰공무원 또는 상위 직급에 있는 7급 이하의 소속 공무원 중에서 임명할 수 있으며, 이 경우에는 제4조제2항에도 불구하고 3개월 이하의 감봉 또는 견책에 해당하는 징계등 사건만을 심의·의결한다.
	③ 징계위원회가 설치된 경찰기관의 장은 제1항에 따른 위원 수의 2분의 1 이상을 다음 각 호의 구분에 따라 해당 각 목의 사람 중에서 민간위원으로 위촉한다. 이 경우 **특정 성별의 위원이 민간위원 수의 10분의 6을 초과하지 않도록 해야 한다.**
	  1. 중앙징계위원회
	    가. 법관·검사 또는 변호사로 10년 이상 근무한 사람
	    나. 「고등교육법」제2조에 따른 학교 또는 이에 준하는 교육기관(이하 "대학"이라 한다)에서 경찰 관련 학문을 담당하는 정교수 이상으로 재직 중인 사람
	    다. 총경 또는 4급 이상의 공무원으로 근무하고 퇴직한 사람[퇴직 전 5년부터 퇴직할 때까지 근무했던 적이 있는 경찰기관(해당 경찰기관이 소속된 중앙행정기관 및 그 중앙행정기관의 다른 소속기관에서 근무했던 경우를 포함한다)의 경우에는 퇴직일부터 3년이 경과한 사람을 말한다]
	    라. 민간부문에서 인사·감사 업무를 담당하는 임원급 또는 이에 상응하는 직위에 근무한 경력이 있는 사람
	  2. 보통징계위원회
	    가. 법관·검사 또는 변호사로 5년 이상 근무한 사람
	    나. 대학에서 경찰 관련 학문을 담당하는 부교수 이상으로 재직 중인 사람

징계위원회의 구성	다. 공무원으로 20년 이상 근속하고 퇴직한 사람[퇴직 전 5년부터 퇴직할 때까지 근무했던 적이 있는 경찰기관(해당 경찰기관이 소속된 중앙행정기관 및 그 중앙행정기관의 다른 소속기관에서 근무했던 경우를 포함한다)의 경우에는 퇴직일부터 3년이 경과한 사람을 말한다] 라. 민간부문에서 인사·감사 업무를 담당하는 임원급 또는 이에 상응하는 직위에 근무한 경력이 있는 사람 ④ 징계위원회의 위원장은 위원 중 최상위 계급 또는 이에 상응하는 직급에 있거나 최상위 계급 또는 이에 상응하는 직급에 먼저 승진임용된 공무원이 된다. 〈개정 2020. 6. 16.〉

징계위원회의 회의	① 징계위원회의 회의는 **위원장과 징계위원회가 설치된 경찰기관의 장이 회의마다 지정하는 4명 이상 6명 이하의 위원으로 성별을 고려하여 구성하되, 민간위원의 수는 위원장을 포함한 위원 수의 2분의 1 이상이어야 한다.**
	② 징계사유가 다음 각 호의 어느 하나에 해당하는 징계 사건이 속한 징계위원회의 회의를 구성하는 경우에는 피해자와 같은 성별의 위원이 위원장을 제외한 위원 수의 3분의 1 이상 포함되어야 한다.
	  1. 「성폭력범죄의 처벌 등에 관한 특례법」에 따른 성폭력범죄
	  2. 「양성평등기본법」에 따른 성희롱
	③ 징계위원회의 위원장은 위원회의 사무를 총괄하며 위원회를 대표한다.
	④ 징계위원회의 회의는 위원장이 소집한다.
	⑤ 위원장은 표결권을 가진다.
	⑥ 위원장이 부득이한 사유로 직무를 수행할 수 없거나 위원장이 필요하다고 인정하는 경우에는 출석한 위원 중 최상위 계급 또는 이에 상응하는 직급에 있거나 최상위 계급 또는 이에 상응하는 직급에 먼저 승진임용된 공무원이 위원장이 된다.

징계 등 사건의 통지	① 경찰기관의 장은 그 소속이 아닌 경찰공무원에게 징계 사유가 있다고 인정될 때에는 해당 경찰기관의 장에게 그 사실을 증명할 만한 충분한 사유를 명확히 밝혀 통지하여야 한다. ② 제1항에 따라 징계사유를 통지받은 경찰기관의 장은 타당한 이유가 없으면 **통지를 받은 날부터 30일 이내에 관할 징계위원회에 징계등 의결을 요구**하거나 그 **상급 경찰기관의 장에게 징계등 의결의 요구를 신청**하여야 한다.
징계의결 기한	① 징계 등 의결 요구를 받은 징계위원회는 그 요구서를 받은 날부터 30일 이내에 징계 등에 관한 의결을 하여야 한다. 다만, 부득이한 사유가 있을 때에는 **해당 징계 등 의결을 요구한 경찰기관의 장의 승인을 받아 30일 이내의 범위에서 그 기간을 연장할 수 있다.** ② 징계 등 의결이 요구된 사건에 대한 징계 등 절차의 진행이 「국가공무원법」 제83조에 따라 중지되었을 때에는 그 중지된 기간은 제1항의 징계 등 의결 기한에서 제외한다.
징계심의대상자의 출석	① 징계위원회가 징계등 심의 대상자의 출석을 요구할 때에는 별지 제2호서식의 출석 통지서로 하되, 징계위원회 개최일 5일 전까지 그 징계등 심의 대상자에게 도달되도록 해야 한다. ② 징계위원회는 징계등 심의 대상자가 그 징계위원회에 출석하여 진술하기를 원하지 아니할 때에는 진술권 포기서를 제출하게 하여 이를 기록에 첨부하고 서면심사로 징계등 의결을 할 수 있다.

징계심의대상자의 출석	③ 징계위원회는 출석 통지를 하였음에도 불구하고 징계등 심의 대상자가 정당한 사유 없이 출석하지 아니하였을 때에는 그 사실을 기록에 분명히 적고 서면심사로 징계등 의결을 할 수 있다. 다만, 징계등 심의 대상자의 소재가 분명하지 아니할 때에는 출석 통지를 관보에 게재하고, 그 게재일부터 10일이 지나면 출석 통지가 송달된 것으로 보며, 징계등 의결을 할 때에는 관보 게재의 사유와 그 사실을 기록에 분명히 적어야 한다. ④ 제3항에도 불구하고 징계위원회는 징계등 심의 대상자가 징계등 사건 또는 형사사건의 사실 조사를 기피할 목적으로 도피하였거나 출석 통지서의 수령을 거부하여 징계등 심의 대상자나 그 가족에게 직접 출석 통지서를 전달하는 것이 곤란하다고 인정될 때에는 징계등 심의 대상자가 소속된 기관의 장에게 출석 통지서를 보내 이를 전달하게 하고, 전달이 불가능하거나 수령을 거부할 때에는 그 사실을 증명하는 서류를 첨부하여 보고하게 한 후 기록에 분명히 적고 서면심사로 징계등 의결을 할 수 있다. ⑤ 징계위원회는 징계등 심의 대상자가 국외 체류 또는 국외 여행 중이거나 그 밖의 부득이한 사유로 징계등 의결 요구서를 받은 날부터 상당한 기간 내에 출석할 수 없다고 인정될 때에는 제11조에도 불구하고 적당한 기간을 정하여 서면으로 진술하게 하여 징계등 의결을 할 수 있다. 이 경우 그 기간 내에 서면으로 진술하지 아니할 때에는 그 진술 없이 징계등 의결을 할 수 있다.
징계의 양정	징계위원회는 징계등 사건을 의결할 때에는 징계등 심의 대상자의 비위행위 당시 계급 및 직위, 비위행위가 공직 내외에 미치는 영향, 평소 행실, 공적(功績), 뉘우치는 정도나 그 밖의 정상과 징계등 의결을 요구한 자의 의견을 고려해야 한다.

징계의 의결	① 징계위원회의 의결은 위원장을 포함한 위원 과반수의 출석과 출석위원 과반수의 찬성으로 의결하되, 의견이 나뉘어 출석위원 과반수의 찬성을 얻지 못한 경우에는 출석위원 과반수가 될 때까지 징계등 심의 대상자에게 가장 불리한 의견을 제시한 위원의 수를 그 다음으로 불리한 의견을 제시한 위원의 수에 차례로 더하여 그 의견을 합의된 의견으로 본다.
	② 제1항의 의결은 별지 제3호서식의 징계 또는 징계부가금 의결서(이하 "의결서"라 한다)로 한다. 이 경우 의결서의 이유란에는 다음 각 호의 사항을 구체적으로 적어야 한다.
	  1. 징계등의 원인이 된 사실
	  2. 증거에 대한 판단
	  3. 관계 법령
	  4. 징계등 면제 사유 해당 여부
	  5. 징계부가금 조정(감면) 사유
	③ 징계위원회는 제1항에도 불구하고 다음 각 호의 사항에 대해서는 서면으로 의결할 수 있다.
	  1. 제5조제4항에 따른 징계등 사건의 관할 이송에 관한 사항
	  2. 제11조제1항에 따른 징계등 의결의 기한 연기에 관한 사항
	④ 제3항에 따른 서면 의결의 절차·방법 등에 관한 사항은 경찰청장이 정한다.
	⑤ 징계위원회의 의결 내용은 공개하지 아니한다.

원격영상회의 방식의 활용	① 징계위원회는 위원과 징계등 심의 대상자, 징계등 의결을 요구하거나 요구를 신청한 자, 증인, 관계인 등 이 영에 따라 회의에 출석하는 사람(이하 이 항에서 "출석자"라 한다)이 동영상과 음성이 동시에 송수신되는 장치가 갖추어진 서로 다른 장소에 출석하여 진행하는 원격영상회의 방식으로 심의·의결할 수 있다. 이 경우 징계위원회의 위원 및 출석자가 같은 회의장에 출석한 것으로 본다.

원격영상회의 방식의 활용	② 징계위원회는 제1항에 따라 원격영상회의 방식으로 심의·의결하는 경우 위원 및 출석자의 신상정보, 회의 내용·결과 등이 유출되지 않도록 보안에 필요한 조치를 해야 한다. ③ 제1항 및 제2항에서 규정한 사항 외에 원격영상회의 운영에 필요한 사항은 경찰청장이 정한다.
제척, 기피 및 회피	① 징계위원회의 위원장 또는 위원이 다음 각 호의 어느 하나에 해당하는 경우에는 그 징계등 사건의 심의·의결에 관여하지 못한다. 　1. 징계등 심의 대상자의 친족 또는 직근 상급자(징계 사유가 발생한 기간 동안 직근 상급자였던 사람을 포함한다)인 경우 　2. 그 징계 사유와 관계가 있는 경우 　3. 「국가공무원법」 제78조의3제1항제3호의 사유로 다시 징계등 사건의 심의·의결을 할 때 해당 징계등 사건의 조사나 심의·의결에 관여한 경우 ② 징계등 심의 대상자는 징계위원회의 위원장 또는 위원이 다음 각 호의 어느 하나에 해당하는 경우에는 징계위원회에 그 사실을 서면으로 밝히고 해당 위원장 또는 위원의 기피를 신청할 수 있다. 　1. 제1항 각 호의 어느 하나에 해당하는 경우 　2. 불공정한 의결을 할 우려가 있다고 의심할 만한 타당한 사유가 있는 경우 ③ 징계위원회는 제2항에 따른 기피 신청을 받은 때에는 해당 징계등 사건을 심의하기 전에 의결로써 해당 위원장 또는 위원의 기피 여부를 결정해야 한다. 이 경우 기피 신청을 받은 위원장 또는 위원은 그 의결에 참여하지 못한다. ④ 징계위원회의 위원장 또는 위원은 제1항 각 호의 어느 하나에 해당하면 스스로 해당 징계등 사건의 심의·의결을 회피해야 하며, 제2항제2호에 해당하면 회피할 수 있다. ⑤ 징계위원회는 제1항부터 제4항까지의 규정에 따른 제척, 기피 또는 회피로 인하여 징계위원회를 구성하지 못하게 되었을 때에는 해당 경찰기관의 장에게 위원의 보충 임명을 요청하여야 한다. ⑥ 제5항의 경우에 해당 경찰기관의 장은 지체 없이 위원을 보충 임명하여야 한다. 다만, 위원의 보충 임명이 곤란할 때에는 그 징계등 의결의 요구를 철회하고, 그 상급 경찰기관의 장에게 징계등 의결의 요구를 신청하여야 한다.
상훈감경	① 징계위원회는 징계의결이 요구된 자가 다음 각 호의 어느 하나에 해당하는 공적이 있는 경우 별표 10에 따라 징계를 감경할 수 있다. 　1. 「상훈법」에 따라 훈장 또는 포장을 받은 공적 　2. 「정부표창규정」에 따라 국무총리 이상의 표창을 받은 공적 다만, 경감이하의 경찰공무원등은 경찰청장 또는 중앙행정기관 차관급 이상 표창을 받은 공적 　3. 「모범공무원규정」에 따라 모범공무원으로 선발된 공적 ② 경찰공무원등이 징계처분 또는 징계위원회의 권고에 의한 경고를 받은 사실이 있는 경우에는 그 징계처분 또는 경고처분 전의 공적은 제1항에 따른 감경대상 공적에서 제외한다 ③ 제1항에도 불구하고 의무위반행위의 내용이 다음 각 호의 어느 하나에 해당하는 경우에는 징계를 감경할 수 없다. 　1. 「국가공무원법」 제83조의2제1항에 따른 징계 사유의 시효가 5년인 의무위반행위 　2. 「국가인권위원회법」제2조제3호라목에 따른 성희롱

상훈감경	3. 「성매매알선 등 행위의 처벌에 관한 법률」 제2조제1호의 성매매, 같은 조 제2호의 성매매 알선, 같은 조 제3호의 성매매 목적 인신매매 4. 「성폭력범죄의 처벌 등에 관한 특례법」 제2조에 따른 성폭력범죄 5. 「도로교통법」 제44조제1항에 따른 음주운전 또는 같은 조 제2항에 따른 음주측정에 대한 불응 6. 「공직자윤리법」 제22조에 따른 재산등록 및 주식의 매각·신탁 관련 의무위반행위 7. 부작위 또는 직무태만 8. 「형법」 제124조의 불법체포·감금 및 제125조의 폭행·가혹행위
경징계의 집행	경징계의 집행 : 징계권자는 감봉·견책의 징계의결서를 받은 날로부터 **15일 이내**에 이를 집행하여야 하는데 징계의결서의 사본을 첨부하여 징계처분사유설명서를 징계의결된 자에게 교부하여야 한다.
중징계의 집행	① 징계제청권자는 중징계의 의결통지를 받았을 때에는 지체없이 징계등 처분대상자의 임용권자에게 징계의결서를 보내어 해당 징계 등의 처분을 제청하여야 한다. ② 경무관 이상의 정직, 경정 이상의 파면 및 해임처분의 제청과 총경 및 경정의 정직처분의 집행은 경찰청장이 행한다. ③ 중징계 처분의 제청을 받은 임용권자는 15일 이내에 징계처분설명서, 징계의결서 사본을 징계등 처분대상자에게 송달하여야 한다.
재징계의결 요구	① 처분권자는 아래의 사유로 소청심사위원회 또는 법원에서 징계처분의 무효 또는 취소의 결정이나 판결을 받은 경우에는 다시 징계의결 또는 징계부가금 부과의결을 요구하여야 한다. ② 다만, 징계양정이 과다(過多)한 사유로 무효 또는 취소의 결정이나 판결을 받은 경징계에 대해서는 징계의결을 요구하지 아니할 수 있다. ㉠ 법령의 적용, 증거·사실조사에 명백한 흠이 있는 경우 ㉡ 징계위원회의 구성 또는 징계의결등 그 밖에 절차상의 흠이 있는 경우 ㉢ 징계양정이 과다한 경우 ③ 처분권자는 재징계의결 요구에 따른 징계의결을 요구하는 경우에는 소청심사위원회의 결정 또는 법원의 판결이 확정된 날부터 3개월 이내에 관할징계위원회에 징계의결을 요구하여야 하며 관할징계위원회에서는 다른 징계사건에 우선하여 징계의결을 하여야 한다.
구제	징계를 받은 자는 소청심사위원회에 소청을 제기할 수 있고 소청을 거치는 경우에 한하여 법원에 행정소송을 제기할 수 있다.

17 경찰공무원징계령 세부시행규칙

징계요구권자 또는 징계위원회는 다음 각호의 어느 하나에 해당하는 사유가 있을 때에는 징계책임을 감경하여 징계의결 요구 또는 징계의결하거나 징계책임을 묻지 아니할 수 있다.

행위자	① 과실로 인하여 발생한 의무위반행위가 다른 법령에 의해 처벌사유가 되지 않고 비난가능성이 없는 때 ② 국가 또는 공공의 이익을 증진하기 위해 성실하고 능동적으로 업무를 처리하는 과정에서 부분적인 절차상 하자 또는 비효율, 손실 등의 잘못이 발생한 때 ③ **업무매뉴얼에 규정된 직무상의 절차를 충실히 이행한 때** ④ 의무위반행위의 발생을 방지하기 위해 최선을 다하였으나 부득이한 사유로 결과가 발생하였을 때 ⑤ 발생한 의무위반행위에 대하여 자진신고하거나 사후조치에 최선을 다하여 원상회복에 크게 기여한 때 ⑥ 간첩 또는 사회이목을 집중시킨 중요사건의 범인을 검거한 공로가 있을 때
감독자	① 부하직원의 의무위반행위를 사전에 발견하여 적법 타당하게 조치한 때 ② 부하직원의 의무위반행위가 감독자 또는 행위자의 비번일, 휴가기간, 교육기간 등에 발생하거나, 소관업무와 직접 관련 없는 등 감독자의 실질적 감독범위를 벗어났다고 인정된 때 ③ **부임기간이 1개월 미만으로 부하직원에 대한 실질적인 감독이 곤란하다고 인정된 때** ④ 교정이 불가능하다고 판단된 부하직원의 사유를 명시하여 인사상 조치(전출 등)를 상신하는 등 성실히 관리한 이후에 같은 부하직원이 의무위반행위를 야기하였을 때 ⑤ 기타 부하직원에 대하여 평소 철저한 교양감독 등 감독자로서의 임무를 성실히 수행하였다고 인정된 때

18 경찰공무원의 권익보장제도

경찰복지법	제1조(목적) 이 법은 경찰공무원에 대한 보건안전 및 복지 정책의 수립·시행 등에 필요한 사항을 규정함으로써 경찰공무원의 근무여건 개선과 삶의 질 향상을 도모하는 한편, 경찰공무원의 위상과 사기를 높이고 치안업무에 전념할 수 있도록 함을 목적으로 한다. 제2조(정의) 이 법에서 사용하는 용어의 뜻은 다음과 같다. 1. "경찰공무원"이란 「경찰공무원법」 제3조에 따른 경찰공무원을 말한다. 1의2. "위험직무공상경찰공무원"이란 생명과 신체에 대한 고도의 위험을 무릅쓰고 「공무원연금법」 제3조제1항제2호 각 목에 해당하는 위험한 직무를 수행하다가 질병에 걸리거나 부상을 입은 경찰공무원을 말한다. 2. "경찰공무원 가족"이란 다음 각 목의 어느 하나에 해당하는 사람을 말한다. 　가. 배우자 　나. 본인 및 배우자의 직계존비속

양성평등
기본법
	제3조(정의) 이 법에서 사용하는 용어의 뜻은 다음과 같다. 〈개정 2021. 4. 20.〉
	1. "양성평등"이란 성별에 따른 차별, 편견, 비하 및 폭력 없이 인권을 동등하게 보장받고 모든 영역에 동등하게 참여하고 대우받는 것을 말한다.
	2. "성희롱"이란 업무, 고용, 그 밖의 관계에서 국가기관·지방자치단체 또는 대통령령으로 정하는 공공단체(이하 "국가기관등"이라 한다)의 종사자, 사용자 또는 근로자가 다음 각 목의 어느 하나에 해당하는 행위를 하는 경우를 말한다.
	  가. 지위를 이용하거나 업무 등과 관련하여 성적 언동 또는 성적 요구 등으로 상대방에게 성적 굴욕감이나 혐오감을 느끼게 하는 행위
	  나. 상대방이 성적 언동 또는 성적 요구에 따르지 아니한다는 이유로 불이익을 주거나 그에 따르는 것을 조건으로 이익 공여의 의사표시를 하는 행위

경찰청 성희롱· 성폭력 예방 및 처리에 관한 규칙	제1조(목적) 이 규칙은 「양성평등기본법」 제31조 및 같은 법 시행령 제20조, 「성폭력방지 및 피해자 보호 등에 관한 법률」 제5조 및 같은 법 시행령 제2조에 따라 성희롱·성폭력 예방을 위하여 필요한 사항을 정함을 목적으로 한다. 제3조(정의) 이 규칙에서 사용하는 용어의 뜻은 다음과 같다. 1. "성희롱"이란 「양성평등기본법」 제3조제2호 각 목의 행위를 하는 경우를 말한다. 2. "성폭력"이란 「성폭력범죄의 처벌 등에 관한 특례법」 제2조제1항에 규정된 죄에 해당하는 행위를 말한다. 3. "2차 피해"란 피해자등이 제11조제2항의 각 호에 해당하는 불리한 처우를 받거나 성희롱·성폭력 사건에 대한 소문 유포, 피해자 등에 대한 배척, 피신청인에 대한 옹호, 성희롱·성폭력 사건 축소·은폐 등으로 피해를 입는 것을 말한다.

알파 040   경찰작용법

1 행정행위

① 법률행위적 행정행위

법률행위적 행정행위라 함은 행정청의 의사표시를 구성요소로 하고 표시된 의사의 내용에 따라서 법적 효과가 발생하는 행정행위를 말한다.

예 하명, 허가, 면제, 특허, 인가, 대리 등

② 준법률행위적 행정행위

준법률행위적 행정행위라 함은 행정청의 의사표시 이외의 판단·인식·관념 등의 정신작용의 표시를 요소로 하며 의사표시의 내용이 아닌 법이 정하는바에 따라서 법적 효과가 발생하는 행정행위를 말한다.

예 확인, 공증, 통지, 수리 등

2 경찰처분

(1) 법률행위적 행정행위의 내용

명령적 행위	하명	일반통치권에 근거하여 국민에게 작위, 부작위, 수인, 급부의 의무를 부과하는 행위
	허가	법규로써 정하여진 일반적·상대적 금지를 특정한 경우에 해제하여 적법하게 할 수 있도록 하는 행위
	면제	일반적으로 과하여진 작위·급부·수인의 의무를 특정한 경우에 해제하는 행위
형성적 행위	특허	특정인에 대하여 새로운 권리·능력 또는 포괄적 법률관계를 설정하는 행위 예 공무원의 임명행위
	인가	행정객체가 제3자와의 사이에서 하는 포괄적 법률적 행위를 행정주체가 보충하여 그 효력을 완성하여 주는 행위
	대리	제3자가 해야 할 일을 행정주체가 행함으로써, 제3자가 행한 것과 같은 효과를 일으키는 행위

(2) 준법률행위적 행정행위의 내용

공증	공증은 특정사실 또는 법률관계의 존부를 공적권위로써 증명하는 행정행위 예 등기, 등록, 등재, 교부, 발급 등
확인	특정한 사실 또는 법률관계에 관하여 의문이 있는 경우에 공권적으로 그 존부 또는 정부를 판단하는 행위 예 행정심판의 재결, 당선인의 결정, 합격자의 결정, 발명특허 등
통지	특정인 또는 불특정다수인에게 특정사실을 알리는 행위 예 특허출원의 공고, 납세독촉, 귀화고시, 대집행의 계고 등
수리	타인의 행정청에 대한 행위를 유효한 것으로 수령하는 행위 예 행정심판청구서의 수리, 입후보자등록의 수리 등

(3) 사실행위

의의		일정한 법적 효과의 발생을 목적으로 하는 것이 아니라, 직접적으로 사실상의 결과만을 가져오는 행정주체의 행위형식
유형	권력적 사실행위	법령 또는 행정행위를 집행하기 위한 공권력의 행사로써 사실행위 예 경찰상의 강제집행, 즉시강제, 음주 용의차량의 정지지시 등
	비권력적 사실행위	공권력의 행사와 관련없는 명령·강제성이 없는 사실행위 예 금전출납, 쓰레기수거, 행정지도, 정보수집활동, 단순한 교통경찰관의 지시 등
권리구제	손해배상	행정상 사실행위에 의해 피해를 입은 경우 손해(국가)배상 청구가 가능하다.

권리구제	행정쟁송	① 비권력적 사실행위는 처분성이 부정되어 항고소송의 대상이 될 수 없다. ② 그러나 권력적 사실행위의 경우에는 처분성이 인정될 수 있기 때문에 항고소송의 대상이 될 수 있다. ③ 하지만 그 침해가 단기간에 끝나는 경우가 많기 때문에 항고소송의 경우에 권리구제의 실효성이 낮아 소의 이익이 인정되지 않는 경우가 많다. 따라서 사실행위에 대한 권리구제 방법으로는 국가배상이 가장 효과적이고 직접적인 방법이다.

3 경찰하명

1) 의의와 성질

의의		① 경찰하명이란 사회공공의 안녕질서 유지라는 경찰상 목적을 위해 개인의 자연적 자유를 제한하거나 의무를 부과하는 것을 내용으로 하는 행정행위를 말한다. ② 경찰하명은 경찰상의 목적을 달성하기 위해 일반통치권에 의거하여 국민에게 작위·부작위·수인·급부의 의무를 명하는 경찰작용이다.
성질	법률행위적 행정행위	경찰하명은 의사표시를 구성요소로 하는 법률적 행위로서 경찰의무를 발생시키는 힘이 있다.
	명령적 행위	경찰하명은 국민의 자연적 자유의 제한을 내용으로 하는 명령적 행위이므로 하명을 받으면 일정한 공법상 의무(예 야간통행금지를 지켜야 할 의무)가 발생한다.
	일반통치권	경찰하명은 일반통치권에 의거한 것이기 때문에 특별권력관계 내부에서 그 질서를 유지하기 위하여 발하는 특별권력관계 내부에만 효력을 가지는 명령(예 직무상 상관의 명령)과 구별된다. 경찰하명은 일반국민에게 과해진다.
	경찰목적을 위한 하명	경찰하명은 국민의 생명과 재산을 보호하고 사회공공의 안녕질서를 유지하기 위한 경찰목적을 위한 하명이다.

2) 경찰하명의 형식

법규하명	① 구체적인 행정행위의 존재를 요하지 않고 법령의 규정만으로 일정한 경찰하명의 효과를 발생하게 된다. ② 허가없는 총포의 소지금지, 무면허운전금지, 음주운전금지, 음란퇴폐행위금지 등과 같이 반복적으로 적용되는 성질의 사건에 대하여 그 법규 자체가 행정행위의 효력을 가지는 것이다. 이러한 경찰법규에 의하여 당연히 경찰의무가 발생한다. ③ 이는 법령의 공포라는 형식에 의하여 효력이 발생한다. ④ 법규하명에 의하여는 새로운 의무를 부과할 수 있다.
처분에 의한 하명 (경찰처분)	① 경찰처분이란 법령에 의거하여 특정한 경찰의무를 과하기 위해 행하는 구체적인 행정행위이다. 이러한 경찰처분은 법치주의의 원리에 입각해서 법이 주어진 범위 내에서 이루어져야 한다. ② 경찰처분에 의하여는 새로운 의무를 부과할 수 없다.

3) 경찰하명의 종류

내용에 의한 분류	작위하명	① 적극적으로 어떠한 행위를 하도록 의무를 명하는 경찰하명 ② 예 화재를 발견했을 때 소방서나 경찰서 등에 신속히 통지할 의무, 소방대상물 관계자의 소화의무, 사체에 대한 신고의무 등
	부작위하명	소극적으로 어떤 행위를 행하지 아니할 의무를 명하는 하명이다. 이를 보통 경찰금지라고도 한다.
	수인하명	① 경찰권의 발동으로 인하여 자신의 신체·재산에 가하여지는 사실상의 침해, 즉 경찰강제에 대하여 저항하지 말고 이를 참아야 할 의무를 지는 하명 ② 미성년자 관람 불가 판정을 받은 영화를 상영하고 있는 극장에 경찰관이나 내부 확인을 위하여 출입할 때, 상대방이 받게 되는 하명
	급부하명	① 금전 또는 물품의 급부의무를 과하는 하명이다. ② 총포소지허가증 교부시의 수수료 납부, 면허시험의 수수료 납부 등

4) 경찰하명의 효과

의의		① 경찰하명을 받은 특정인 또는 불특정다수인은 일정한 공법상 의무를 지게 되는데 경찰하명의 효과는 이처럼 경찰의무를 발생시키고 자연적 자유를 제한한다. ② 그 의무를 이행하지 않는 경우에는 강제집행 또는 의무위반의 경우에는 경찰벌의 대상이 된다. ③ 경찰하명에 의하여 과해지는 의무는 행정주체에 대한 것이며 제3자에 대한 것은 아니다.
효과의 범위	대인적 효과	① 대인적 하명 : 이전성 × ② 대물적 하명 : 이전성 ○ ③ 혼합적 하명 : 이전성 △(제한)
	지역적 효과	① 원칙 : 경찰관청 관할구역 내 ② 예외 : 관할구역 밖
구제	적법한 경우	① 경찰하명의 수명자는 수인의무를 지므로 적법한 경찰하명으로 인하여 어느 정도 손실이 발생하였다 하더라도 국가에 대하여 그 손실의 보상을 청구할 수 없다는 것이 원칙이다. ② 예외적으로 경찰상 적법한 행위로 수명지 또는 책임 없는 제3자에게 '득별한 희생'을 가한 경우에 사유재산권 보상과 공평이념에 배치될 때에는 그에 대한 보상청구가 인정되며 이것이 경찰상 손실보상청구이다.
	위법·부당한 경우	행정심판, 행정소송, 손해배상

4 경찰허가

1) 경찰허가와 그 성질

의의	경찰허가라 함은 경찰상 목적을 위해 일반적·상대적 금지를 특정한 경우에 해제하여 적법하게 특정행위를 할 수 있도록 자연적 자유를 회복시켜 주는 경찰처분이다.
일반적·상대적 금지의 해제	① 경찰허가는 일반적인 경찰금지 중에서 누구에게나 또 어떤 경우에도 해제할 수 없는 절대적 금지에 대해서가 아니라 상대적 금지를 해제하여 주는 것이다. 즉, 허가를 유보했던 경찰금지를 해제하여 주는 행위이다. ② 경찰허가는 부작위의무(금지)의 해제라는 점에서 작위·수인·급부의무의 해제인 면제와 구별된다.
법률행위적 행정행위	경찰허가는 행정주체의 의사표시를 구성요소로 하는 법률행위적 행정행위인 점에서 사실적 행위인 경찰강제와 구별된다.
명령적 행정행위	경찰허가는 일반 국민에 대하여 의무를 해제하는 명령적 행정행위이다.
기속재량행위	① 경찰법규에 어떤 경우에 허가할 수 있다는 기준이 있다면 그것은 경찰기관의 심사기준이 개입할 수 없는 기속행위이다. ② 그러나 경찰법규가 허가 여부에 대하여 일정한 기준을 정하지 않고 경찰기관이 그 허가 여부를 결정하기 위해 판단을 가할 여지가 있는 경우에는 그 경찰허가는 재량행위에 속한다. ③ 이 경우 재량처분은 자유재량이 아니고 기속재량으로 보아야 한다.
쌍방적 행정행위	① 경찰허가는 공익상의 필요보다 당사자의 이익을 위한 것이 보통이기 때문에 당사자의 신청을 필요로 하는 쌍방적 행정행위인 것이 원칙이다. ② 신청이 없는 허가도 있을 수 있다(통행금지의 해제 등).
수익적 행정행위	경찰허가는 상대방에게 권리·이익을 부여하는 효과를 발생하는 행정행위라는 점에서 수익적 행정행위이다.

2) 경찰허가의 유형

형식	언제나 구체적인 경찰관청의 행정행위(경찰처분)의 형식으로 행하여지며 직접 허가하는 법규허가는 있을 수 없다.
신청	① 법령에 특별한 규정이 없는 한 당사자의 신청을 필요로 하는 쌍방적 행정행위이다. ② 예외 : 신청 없이 이루어지는 허가도 있다(예 통행금지해제).

3) 경찰허가의 종류

대인적 허가	① 사람의 능력·자격과 같은 인적 요소, 주관적 요소를 심사대상으로 하는 허가로서 이전이 불가능 ② 예 운전면허, 총포소지허가 등
대물적 허가	① 물건의 객관적 사정에 착안하여 행하는 허가로서 이전이 가능 ② 예 차량검사합격처분 등
혼합적 허가	① 사람과 물건을 모두 심사대상으로 하는 허가로서 이전성이 제한 ② 예 총포류제조업·판매업허가, 풍속영업허가 등

4) 경찰허가의 효과

① 일반적 금지가 해제됨으로써 피허가자는 적법하게 허가된 행위를 할 수 있게 되지만, 타 법상의 제한까지 해제되는 것은 아니다.

> 예 공무원이 음식점 영업허가를 받은 경우 식품위생법상의 금지만을 해제한 것이고 공무원법상의 영리업무금지까지 해제해 주는 것은 아니다.

② 무허가행위의 효과 : 경찰허가는 특정행위를 사실상 적법하게 할 수 있도록 하는 적법요건에 불과하다. 따라서 무허가행위는 강제집행이나 행정벌의 대상은 되지만, 행위 자체는 유효하다.

5) 경찰허가의 부관

(1) 의의

① 경찰허가에는 부관 없이 행하여진 허가와 부관을 붙인 허가가 있는데, 부관을 붙인 허가를 부관부허가라고 한다.

② 부관이 없는 허가는 아무런 유보도 없이 일정한 경찰금지를 해제하는 것이고 부관부허가는 허가의 효과를 제한하는 것이다.

㉠ 종류

조건	행정행위의 효과의 발생 또는 소멸을 장래의 불확실한 사실에 의존시키는 부관을 의미한다. 조건에는 해제조건과 정지조건이 있다. ① **정지조건** : 행정행위 효과의 발생을 장래의 불확실한 사실에 의존시키는 것 ② **해제조건** : 행정행위 효과의 소멸을 장래의 불확실한 사실에 의존시키는 것
기한	행정행위의 효력의 발생 또는 소멸을 '발생이 확실'한 장래의 사실에 의존케 하는 행정청의 의사표시를 말한다. 그 장래의 사실이 도래할 것이 확실하다는 점에서 조건과 구별된다. ① **시기** : 기한의 도래로 행정행위가 당연히 효력을 '발생'하는 경우이다. 　　(예 5월 1일부터 허가한다는 경우) ② **종기** : 기한의 도래로 행정행위가 당연히 효력을 '소멸'하는 경우이다. 　　(예 7월 31일까지 허가한다는 경우)
부담	① 행정행위의 주된 의사표시에 부가하여, 그 효과를 받는 상대방에게 '작위·부작위·급부·수인의무'를 명하는 행정청의 의사표시 ② 독립된 행정행위 : 부담은 독립성이 인정되지 않는 다른 부관과는 달리 그 자체가 하나의 독립된 행정행위이고 이는 '하명으로서의 성질'을 갖는다. ③ 부담은 '단독으로' 강제집행이나 행정쟁송의 대상이 될 수 있다.
철회권의 유보	① 철회권의 유보라 함은 행정행위의 주된 의사표시에 부가하여 특정한 경우에 행정행위를 철회할 수 있는 권리를 미리 유보하는 행정청의 의사표시 ② 법정사실만으로 효과가 발생하는 것이 아니라 **철회권의 일반적 요건을 구비**하고 행정청의 철회의 의사표시가 있어야 효과가 발생한다.
법률효과의 일부배제	행정행위의 주된 의사표시에 부가하여, 법률에서 일반적으로 그 행위에 부여한 '법률효과' 중의 일부의 발생을 배제(제한)하는 행정청의 의사표시

수정부담	행정행위의 상대방이 신청한 것과 다르게 행정행위의 내용을 정하는 부관을 의미한다.
부담권의 유보	행정행위의 사후변경의 유보란 행정행위의 효력이 장기간 존속하는 경우 사회적·경제적 변화 및 기술진보의 변화에 적응할 수 있도록 행정행위를 사후에 변경·보충 또는 새로운 부담을 붙일 수 있는 권리를 유보하는 부관

ⓒ 부관의 한계

경찰기관은 어떠한 경찰허가에 대하여서든지 마음대로 부관을 붙일 수 있는 것은 아니다. 그러면 경찰기관은 어떠한 경찰허가에 대해 부관을 붙일 수 있는가 하는 가능성과 또 어느 범위까지 부관을 붙일 수 있는가 하는 한계성이 문제가 된다.

▮ 부관의 가능성(부관을 붙일 수 있는 경우)
부관은 법률행위적 행정행위에 속하는 재량행위에만 붙일 수 있고 기속행위에는 붙일 수 없다. 기속행위인 경우에는 경찰기관은 법규에 기속되는 것이므로 경찰기관의 자유로운 의사에 의하여 법령이 부여하는 일정한 법률효과를 제한할 수 없기 때문이다.

▮ 관련판례
기속 또는 기속재량행위에 붙이는 부관은 무효
일반적으로 기속행위나 기속적 재량행위에는 부관을 붙일 수 없고, 가사 부관을 붙였다 하더라도 이는 무효의 것이다. 따라서 감독관청이 사립학교법인의 이사회 소집승인을 하면서 소집일시·장소를 지정한 것은 기속재량행위를 붙인 부관으로 무효이다(대판 1988.4.27, 87누1107).

5 경찰면제

허가의 이동(異同)	공통점	경찰면제 역시 의무를 해제하는 행위라는 면에서 경찰허가와 성질을 같이한다.
	차이점	① 경찰허가 : 경찰금지(부작위의무)를 해제하는 것 ② 경찰면제 : 경찰상의 작위·급부·수인의 의무를 해제하는 행위로서 해제되는 경찰의무의 종류가 경찰허가와 다르다.

6 의무이행확보수단

전통적 새로운	전통적	경찰강제 : 강제집행(대집행, 집행벌, 강제징수, 직접강제)와 즉시강제 경찰벌 : 경찰형벌과 경찰질서벌
	새로운	그 외
직접적 간접적	직접적	대집행, 강제징수, 직접강제, 즉시강제
	간접적	그 외

7 경찰강제

(1) 경찰상의 강제집행

의의		경찰하명에 의한 **경찰의무의 불이행을 전제**로 하여 경찰권 자신이 강제적으로 의무를 이행시키거나 이행된 것과 동일한 상태를 실현시키는 작용을 말한다.
경찰상 강제집행의 수단	대집행	① 경찰법상의 **대체적 작위의무**를 진 자가 그 의무를 이행하지 아니한 경우에 그 당해 경찰관청이 스스로 또는 제3자로 하여금 의무자가 하여야 할 행위를 하게 함으로써 의무의 이행이 있는 것과 같은 상태를 실현시킨 후 그에 관한 비용을 의무자로부터 징수하는 경찰상의 강제집행이다(행정대집행법 제2조). ② 절차 : 대집행의 계고 → 대집행의 통지 → 실행 → 비용징수
	집행벌 (이행강제금)	**부작위의무 또는 비대체적 작위의무**를 강제하기 위하여 일정한 기한까지 의무를 이행하지 않으면 과태료를 과한다는 뜻을 미리 계고하여 의무자에게 심리적 압박을 가함으로써 의무이행을 **간접적**으로 강제하는 수단으로 이행강제금이라고도 한다.
	강제징수	① 국민이 국가에 대하여 부담하고 있는 경찰법상의 금전**급부의무**를 이행하지 않는 경우에 경찰관청이 강제적으로 의무가 이행된 것과 동일한 상태를 실현하는 경찰상 강제집행의 일종인데, 이는 국세징수법에 의한 체납처분절차에 의한다. ② 절차 : **독촉 → 체납처분(압류 → 매각 → 청산) → 체납중지 → 결손처분**
	직접강제	① 의무자가 의무를 이행하지 않는 경우엔 직접적으로 의무자의 신체 또는 재산에 실력을 가하여 행정상 필요한 상태를 실현 하는 것이다. ② 직접강제는 대체적 작위의무·비대체적 작위의무·부작위의무 및 수인의무 등 일체의 의무의 불이행에 대하여 할 수 있으며 **강제집행수단 중에서도 가장 강력한 수단**이라고 할 수 있으며 국민의 기본권을 침해할 가능성이 가장 높다. ③ 사증 없는 외국인의 강제퇴거, 무허가영업소의 강제폐쇄, 데모 군중의 강제해산, 허가 없이 방어해면구역을 항해하는 선박의 강제퇴거, 군사시설에 허가 없이 출입한 자의 강제퇴거 등

(2) 경찰상 즉시강제

의의		① 목전의 급박한 경찰상 장해를 미연에 제거하고 장해발생을 예방하기 위하여 미리 의무를 명할 시간적 여유가 없을 때, 또는 그 성질상 의무를 명하는 것으로는 그 목적을 달성하기 곤란할 때에, 직접 국민의 신체 또는 재산에 실력을 가하여 경찰상 필요한 상태를 실현하는 작용 ② 권력적 사실행위라는 점에서 경찰상 강제집행과 같으나 사전적인 의무가 전제되지 않는다는 점에서 구별된다. ③ 즉시강제에 대한 근거로는 경찰관의 직무집행의 구체적 수단에 관한 일반법인 경찰관 직무집행법과 각종 단행법규(예 식품위생법, 소방법, 마약법, 전염병예방법 등)가 있다.
영장주의의 관계	영장불요설	경찰상 즉시강제에 법관의 영장이 필요한가에 관해서는, 행정권의 발동인 경찰상의 즉시강제에는 법률에 특별한 규정이 없는 한 원칙적으로 영장주의는 타당하지 않다는 견해
	영장필요설	영장제도가 형사작용에만 적용된다는 명문의 규정이 없는 이상 영장주의는 경찰상 즉시 강제에도 일반적으로 적용되어야 한다는 견해
	절충설(통설)	헌법상의 영장주의는 형사사법권의 행사뿐만 아니라 경찰권의 행사에도 일반적으로 적용되어야 할 것이나, 경찰상 즉시강제의 특수성으로 보아 경찰목적의 달성을 위하여 불가피한 경우에는 영장주의에 대한 예외를 인정하지 아니할 수 없다는 견해
대인적 즉시강제	경찰관 직무집행법상의 수단	① 불심검문(논란있음) ⑤ 경찰장비사용 ② 보호조치 ⑥ 분사기 등의 사용 ③ 위험발생방지조치 ⑦ 범죄의 예방·제지조치 ④ 무기사용
	각 단행법상의 수단	① 전염병예방법상의 수단(강제건강진단, 강제격리 등) ② 마약류관리에관한법률상의 수단(강제수용) ③ 소방법상의 수단(소화종사명령) ④ 방조제관리법상의 수단(긴급사태하에서의 응급조치) ⑤ 향정신성의약품관리법상의 수단(강제수용) ⑥ 자연재해대책법상의 수단(응급부담 종사명령)
대물적 즉시강제	경찰관 직무집행법상의 수단	물건 등의 임시영치
	각 단행법상의 수단	① 식품위생법상의 수단(폐기처분) ② 옥외광고물등관리법의 수단(위법광고물의 철거) ③ 전염병예방법상의 수단(물건 등에 대한 방역조치) ④ 약사법상의 수단(불량의약품의 폐기)
대가택적 즉시강제		① 가택출입 ② 가택수색

▶ **경찰상 강제집행과 즉시강제의 이동(異同)**

공통점	① 권력적 작용 ② 사실행위 ③ 장래에 의무이행실현 ④ 경찰권의 자력집행 ⑤ 신체 또는 재산에 실력행사
차이점	① 경찰상 강제집행 : 의무를 전제 ○ ② 경찰상의 즉시강제 : 의무를 전제 ×

(3) 경찰상 즉시강제에 대한 구제

적법한 즉시강제	① 경찰상 즉시강제는 질서위반상태에 대한 책임있는 자에 대하여 행하여지는 것이 원칙이나 긴급한 필요가 있는 때에는 예외적으로 경찰책임이 없는 자에 대하여서도 행하여질 수 있다. ② 이 경우에 행정상 즉시강제가 적법하게 행하여졌으나 그로 말미암아 귀책사유가 없는 자의 사유재산에 가해진 특별희생에 대해 '손실보상'을 해주어야 하며 각 단행법(소방법·풍수해대책법 등)들에 규정되어 있다.
위법한 즉시강제	① 행정상 쟁송 : 위법 또는 부당한 즉시강제에 대한 행정상 쟁송의 제기는 소의 이익이 없는 경우가 보통이지만, 다만 즉시강제가 장기에 걸쳐 행해지는 경우와 집행종료 후 법률상 이익이 있는 경우에는 행정쟁송의 제기가 가능하다. ② 정당방위 : 위법한 즉시강제에 저항하는 행위는 형법상의 정당방위의 법리에 따라 공무집행방해죄가 성립되지 아니한다. ③ 행정상 손해배상청구 등 : 위법한 즉시강제로 인한 생명·신체 또는 재산상의 손해를 입었을 때에는 국가배상법에 의하여 손해배상을 청구할 수 있다. ④ 기타 : 이외의 구제수단으로 직권에 의한 취소·정지, 공무원에 대한 징계요구, 청원, 고소·고발 등이 가능하다고 본다.

(4) 경찰상 조사

의의		① 경찰상 조사란 경찰기관이 경찰작용을 적정하게 실행함에 있어 필요로 하는 자료·정보 등을 수집하기 위하여 행하는 권력적·비권력적 조사활동으로서, 현대국가에 있어 경찰조사의 수요는 점차 증가하고 있다. ② 경찰상 조사는 원칙적으로 권력적 조사작용이며, 다만 상대방의 임의적 협력에 의한 임의조사, 즉 비권력적 조사작용도 포함된다는 견해가 있다.
성질		① 경찰상 조사는 향후 경찰작용의 실효성 확보를 위한 준비적·보조적 수단으로서의 의미를 가진다. ② 종래에는 즉시강제에 포함시켰으나 현재는 즉시강제와 분리하는 것이 일반적이다.
종류	강제조사	강제조사는 시민의 신체나 재산에 대한 제한을 야기하므로 법률유보의 원칙에 따라 구체적 수권을 필요로 한다.
	임의조사	임의조사는 당사자의 동의하에 행해지므로 작용법적 근거 없이 조직법적 근거만으로도 수행할 수 있다.

근거	일반법	**행정조사기본법**. 행정조사에 관하여 다른 법률에 특별한 규정이 있는 경우를 제외하고는 행정조사기본법이 정하는 바에 의하기 때문에 행정조사기본법이 경찰조사의 일반법적 지위를 가진다.
	개별법	경찰관직무집행법, 총포·도검·화약류등안전관리에관한 법률, 식품위생법 등
종류	조사대상	대인적 조사 : 불심검문, 질문, 신체수색 등
		대물적 조사 : 장부 등의 열람, 시설검사, 물품의 검사·수거 등
		대가택적 조사 : 가택출입, 임검(전당포·영업소 조사, 물품보관소 조사, 음식물·저장품 검사) 등
종류	조사수단	강제조사 : 영업소의 장부나 서류를 강제로 조사하는 경우
		임의조사 : 세무에 종사하는 공무원이 조세범죄사건 수사에 필요한 조사권을 가지는 경우
한계		① 경찰상 조사가 법적 근거에 의해 행하여지는 경우에도 경찰법의 일반원칙을 준수하여야 한다. ② 법률에 직접적·명시적 규정이 없는 경우에는 경찰조사과정에서 실력으로 상대방의 저항을 배제하고 필요한 조사를 할 수 없다는 것이 다수설이다. ③ 경찰상 조사에는 원칙적으로 영장주의가 적용되고, 다만 형사소추절차로 이행하는 경우와 직접적 강제를 수반하는 경우에는 긴급을 요하는 경우에만 영장주의의 예외를 인정하는 것이 다수설의 입장이다. ④ 경찰상 조사를 하는 공무원은 그 권한을 표시하는 증표를 휴대하고 관계자에게 제시하여야 한다.

8 경찰벌

경찰벌은 그 처벌의 내용에 따라 다시 경찰형벌과 경찰질서벌로 나뉜다.

구분	경찰 형벌	경찰질서벌
대상	경찰형벌은 '직접적'으로 행정목적을 침해한 행위에 대하여 과한다.	경찰질서벌은 '간접적'으로 행정법상 질서에 장해를 줄 위험성이 있는 행위에 대하여 과한다.
적용되는 벌	형법총칙상 9종의 형(사형·징역·금고·자격상실·자격정지·벌금·구류·과료·몰수)을 과한다.	형법총칙에 규정이 없는 벌, 즉 과태료를 과한다.
형법총칙 적용 여부	형법총칙상 벌을 과하므로 행정형벌에는 형법총칙의 적용이 있다.	형법총칙에 없는 과태료로 벌하므로 경찰질서벌에는 형법총칙의 적용이 없다.
고의·과실	고의·과실 필요	고의·과실 필요
과벌절차	경찰형벌은 형사소송법이 정하는 절차에 따라 처벌된다. (예외 : 즉결심판, 통고처분 등)	경찰질서벌은 질서위반행위규제법이 정하는 절차에 따라 처벌된다.
특징	① 원칙 : 양자 모두 비행자의 주소지를 관할하는 지방법원에서 과한다. 예외 : 행정청이 직접 부과하는 경우도 있다. ② 양자 모두 경찰벌이므로 서로 병과할 수 없다.	

9 질서위반행위규제법

질서위반행위	법률(지방자치단체의 조례를 포함한다. 이하 같다)상의 의무를 위반하여 과태료를 부과하는 행위
법 적용의 시간적 범위	① 질서위반행위의 성립과 과태료처분은 **행위시의 법률에 따른다.** ② 질서위반행위 후 법률이 변경되어 그 행위가 질서위반행위에 해당하지 아니하게 되거나 과태료가 변경되기 전의 법률보다 가볍게 된 때에는 법률에 특별한 규정이 없는 한 변경된 법률을 적용한다. ③ 행정청의 과태료처분이나 법원의 과태료 재판이 확정된 후 법률이 변경되어 그 행위가 질서위반행위에 해당하지 아니하게 된 때에는 변경된 법률에 특별한 규정이 없는 한 과태료의 징수 또는 집행을 면제한다.
법 적용의 장소적 범위	① 이 법은 대한민국 영역 안에서 질서위반행위를 한 자에게 적용한다. ② 이 법은 대한민국 영역 밖에서 질서위반행위를 한 대한민국의 국민에게 적용한다. ③ 이 법은 대한민국 영역 밖에 있는 대한민국의 선박 또는 항공기 안에서 질서위반행위를 한 외국인에게 적용한다.
다른 법률과의 관계	과태료의 부과·징수, 재판 및 집행 등의 절차에 관한 다른 법률의 규정 중 이 법의 규정에 저촉되는 것은 이 법으로 정하는 바에 따른다.
질서위반행위 법정주의	법률에 따르지 아니하고는 어떤 행위도 질서위반행위로 과태료를 부과하지 아니한다.
고의 또는 과실	**고의 또는 과실이 없는 질서위반행위는 과태료를 부과하지 아니한다.**
위법성의 착오	자신의 행위가 위법하지 아니한 것으로 오인하고 행한 질서위반행위는 그 오인에 정당한 이유가 있는 때에 한하여 과태료를 부과하지 아니한다.
책임연령	**14세가 되지 아니한 자의 질서위반행위는 과태료를 부과하지 아니한다. 다만, 다른 법률에 특별한 규정이 있는 경우에는 그러하지 아니하다.**
심신장애	① **심신(心身)장애**로 인하여 행위의 옳고 그름을 판단할 능력이 없거나 그 판단에 따른 행위를 할 능력이 없는 자의 질서위반행위는 **과태료를 부과하지 아니한다.** ② 심신장애로 인하여 제1항에 따른 능력이 **미약**한 자의 질서위반행위는 **과태료를 감경한다.** ③ 스스로 심신장애 상태를 일으켜 질서위반행위를 한 자에 대하여는 제1항 및 제2항을 적용하지 아니한다.
법인의 처리 등	① 법인의 대표자, 법인 또는 개인의 대리인·사용인 및 그 밖의 종업원이 업무에 관하여 법인 또는 그 개인에게 부과된 법률상의 의무를 위반한 때에는 법인 또는 그 개인에게 과태료를 부과한다. ② 제7조부터 제10조까지의 규정은 「도로교통법」 제56조 제1항에 따른 고용주등을 같은 법 제160조 제3항에 따라 과태료를 부과하는 경우에는 적용하지 아니한다.
다수인의 질서위반행위 가담	① 2인 이상이 질서위반행위에 가담한 때에는 각자가 질서위반행위를 한 것으로 본다. ② 신분에 의하여 성립하는 질서위반행위에 신분이 없는 자가 가담한 때에는 신분이 없는 자에 대하여도 질서위반행위가 성립한다. ③ 신분에 의하여 과태료를 감경 또는 가중하거나 과태료를 부과하지 아니하는 때에는 그 신분의 효과는 신분이 없는 자에게는 미치지 아니한다.

수개의 질서위반행위의 처리	① 하나의 행위가 2 이상의 질서위반행위에 해당하는 경우에는 각 질서위반행위에 대하여 정한 과태료 중 **가장 중한 과태료**를 부과한다. ② ①의 경우를 제외하고 2 이상의 질서위반행위가 경합하는 경우에는 각 질서위반행위에 대하여 정한 과태료를 각각 부과한다. 다만, 다른 법령(지방자치단체의 조례를 포함한다)에 특별한 규정이 있는 경우에는 그 법령으로 정하는 바에 따른다.
과태료의 기간	① 과태료는 행정청의 과태료 부과처분이나 법원의 과태료 재판이 확정된 후 5년간 징수하지 아니하거나 집행하지 아니하면 시효로 인하여 소멸한다. ② 행정청은 질서위반행위가 종료된 날(다수인이 질서위반행위에 가담한 경우에는 최종행위가 종료된 날을 말한다)부터 5년이 경과한 경우에는 해당 질서위반행위에 대하여 과태료를 부과할 수 없다. ③ 행정청은 제36조 또는 제44조에 따른 법원의 결정이 있는 경우에는 그 결정이 확정된 날부터 1년이 경과하기 전까지는 과태료를 정정부과 하는 등 해당 결정에 따라 필요한 처분을 할 수 있다. ④ 행정청은 당사자가 다음 각 호의 어느 하나에 해당하여 과태료(체납된 과태료와 가산금, 중가산금 및 체납처분비를 포함한다. 이하 이 조에서 같다)를 납부하기가 곤란하다고 인정되면 1년의 범위에서 대통령령으로 정하는 바에 따라 과태료의 분할납부나 납부기일의 연기(이하 "징수유예등"이라 한다)를 결정할 수 있다. ⑤ 행정청은 법 제24조의3제1항에 따라 과태료의 분할납부나 납부기일의 연기(이하 "징수유예등"이라 한다)를 결정하는 경우 그 기간을 그 징수유예등을 결정한 날의 다음 날부터 9개월 이내로 하여야 한다. 다만, 그 기간이 만료될 때까지 법 제24조의3제1항에 따른 징수유예등의 사유가 해소되지 아니하는 경우에는 1회에 한정하여 3개월의 범위에서 그 기간을 연장할 수 있다.
사전통지 및 의견 제출 등	① 행정청이 질서위반행위에 대하여 과태료를 부과하고자 하는 때에는 미리 당사자(제11조 제2항에 따른 고용주등을 포함한다. 이하 같다)에게 대통령령으로 정하는 사항을 통지하고, 10일 이상의 기간을 정하여 의견을 제출할 기회를 주어야 한다. 이 경우 지정된 기일까지 의견 제출이 없는 경우에는 의견이 없는 것으로 본다. ② 당사자는 의견 제출 기한 이내에 대통령령으로 정하는 방법에 따라 행정청에 의견을 진술하거나 필요한 자료를 제출할 수 있다. ③ 행정청은 제2항에 따라 당사자가 제출한 의견에 상당한 이유가 있는 경우에는 과태료를 부과하지 아니하거나 통지한 내용을 변경할 수 있다.
과태료의 부과	① 행정청은 의견 제출 절차를 마친 후에 서면(**당사자가 동의하는 경우에는 전자문서를 포함한다**)으로 과태료를 부과하여야 한다. ② 서면에는 질서위반행위, 과태료 금액, 그 밖에 대통령령으로 정하는 사항을 명시하여야 한다.
이의제기	① 행정청의 과태료 부과에 불복하는 당사자는 과태료 부과 통지를 받은 날부터 60일 이내에 해당 행정청에 서면으로 이의제기를 할 수 있다. ② 이의제기가 있는 경우에는 행정청의 과태료 부과처분은 그 효력을 상실하며 검사의 공소제기로 정식재판이 청구된다.

10 경찰권 발동의 근거와 한계

1) 법규상 한계

① 경찰작용은 국민에게 명령·강제하는 전형적 권력작용인 바, 국민의 자유·권리의 제한을 필연적으로 수반하며, 반드시 법규에 엄격한 근거를 요한다. 이를 법규상 한계라고 한다.
② 이는 법치행정의 원리상 경찰권의 발동은 반드시 법규에 근거하여야 한다는 것을 의미한다.

2) 조리상 한계

경찰소극목적의 원칙		경찰권은 소극적인 사회질서 유지를 위해서만 발동하는 데 그치며, 적극적으로 공공복리의 증진을 위해서는 발동이 허용되지 아니함이 원칙이다.
경찰공공의 원칙		경찰권은 사회공공의 안녕질서를 유지하기 위해서만 발동될 수 있는 것이며, 사회공공의 안녕질서에 직접 관계되지 아니하는 생활관계는 경찰권 발동의 대상이 되지 아니하는 원칙이다.
경찰비례의 원칙 (과잉금지의 원칙)		경찰권 발동의 **조건과 정도**
	적합성의 원칙	수단이 목적에 적합한 것인가?
	필요성의 원칙	최소침해의 원칙
	상당성의 원칙	어떤 행정조치가 설정된 목적을 위하여 필요한 경우라도 그 행정조치를 취함에 따른 불이익이 그것에 의해 초래되는 효과보다 큰 경우에는 행정조치가 취해져서는 안 된다는 원칙이다.
경찰책임의 원칙	행위책임	① 자기 또는 자기의 지배범위 내에 속하는 사람의 행위로 인하여 질서위반의 상태가 발생한 경우에 지는 책임 ② 주관적 구성요건요소(고의·과실, 위법성의 인식, 정당한 권한, 소유권)와 무관하게 발생
	상태책임	물건 또는 동물의 소유자·점유자 기타 이를 사실상 관리하고 있는 자는 그 범위 안에서 그 물건 또는 동물로 말미암아 질서위반의 상태가 발생한 경우에는 경찰책임을 진다.
	복합적 책임	행위책임과 상태책임이 경합하는 경우에는, 일반적으로 행위책임이 우선한다.
	경찰긴급권	① 경찰책임은 위험발생에 대하여 직접적으로 원인을 제공한 자에 부과되는 것이 원칙이나 예외적으로 긴급한 필요가 있는 경우 또는 본래의 경찰책임자에 대한 경찰권 발동으로는 경찰상 장해를 제거할 수 없는 경우에 그 이외의 제3자에게도 부과되는 경우가 있다. ② 이는 경찰긴급권이라는 자연법적 근거만으로는 발동될 수 없으며 반드시 법령에 근거하여야 하고 그 손실이 보상되어야 한다.
경찰평등의 원칙		경찰권을 행사함에 있어서 모든 국민에 대하여 성별·종교·인종·사회적 신분 등을 이유로 하는 불합리한 조건에 의한 차별대우를 할 수 없다는 원칙을 말한다.

3) 경찰관직무집행법

(1) 불심검문(경직법 제3조)

① 경찰관은 다음 각 호의 어느 하나에 해당하는 사람을 정지시켜 질문할 수 있다.
  1. 수상한 행동이나 그 밖의 주위 사정을 합리적으로 판단하여 볼 때 어떠한 죄를 범하였거나 범하려 하고 있다고 의심할 만한 상당한 이유가 있는 사람
  2. 이미 행하여진 범죄나 행하여지려고 하는 범죄행위에 관한 사실을 안다고 인정되는 사람
② 경찰관은 제1항에 따라 같은 항 각 호의 사람을 정지시킨 장소에서 질문을 하는 것이 그 사람에게 불리하거나 교통에 방해가 된다고 인정될 때에는 질문을 하기 위하여 가까운 경찰서·지구대·파출소 또는 출장소(지방해양경찰관서를 포함하며, 이하 "경찰관서"라 한다)로 동행할 것을 요구할 수 있다. 이 경우 동행을 요구받은 사람은 그 요구를 거절할 수 있다.
③ 경찰관은 제1항 각 호의 어느 하나에 해당하는 사람에게 질문을 할 때에 그 사람이 흉기를 가지고 있는지를 조사할 수 있다.
④ 경찰관은 제1항이나 제2항에 따라 질문을 하거나 동행을 요구할 경우 자신의 신분을 표시하는 증표를 제시하면서 소속과 성명을 밝히고 질문이나 동행의 목적과 이유를 설명하여야 하며, 동행을 요구하는 경우에는 동행 장소를 밝혀야 한다.
⑤ 경찰관은 제2항에 따라 동행한 사람의 가족이나 친지 등에게 동행한 경찰관의 신분, 동행 장소, 동행 목적과 이유를 알리거나 본인으로 하여금 즉시 연락할 수 있는 기회를 주어야 하며, 변호인의 도움을 받을 권리가 있음을 알려야 한다.
⑥ 경찰관은 제2항에 따라 동행한 사람을 6시간을 초과하여 경찰관서에 머물게 할 수 없다.
⑦ 제1항부터 제3항까지의 규정에 따라 질문을 받거나 동행을 요구받은 사람은 형사소송에 관한 법률에 따르지 아니하고는 신체를 구속당하지 아니하며, 그 의사에 반하여 답변을 강요당하지 아니한다.

(2) 보호조치(경직법 제4조)

① 경찰관은 수상한 행동이나 그 밖의 주위 사정을 합리적으로 판단해 볼 때 다음 각 호의 어느 하나에 해당하는 것이 명백하고 응급구호가 필요하다고 믿을 만한 상당한 이유가 있는 사람(이하 "구호대상자"라 한다)을 발견하였을 때에는 보건의료기관이나 공공구호기관에 긴급구호를 요청하거나 경찰관서에 보호하는 등 적절한 조치를 할 수 있다.
  1. 정신착란을 일으키거나 술에 취하여 자신 또는 다른 사람의 생명·신체·재산에 위해를 끼칠 우려가 있는 사람
  2. 자살을 시도하는 사람
  3. 미아, 병자, 부상자 등으로서 적당한 보호자가 없으며 응급구호가 필요하다고 인정되는 사람. 다만, 본인이 구호를 거절하는 경우는 제외한다.
② 제1항에 따라 긴급구호를 요청받은 보건의료기관이나 공공구호기관은 정당한 이유 없이 긴급구호를 거절할 수 없다.
③ 경찰관은 제1항의 조치를 하는 경우에 구호대상자가 휴대하고 있는 무기·흉기 등 위험을 일으킬 수 있는 것으로 인정되는 물건을 경찰관서에 임시로 영치(領置)하여 놓을 수 있다.
④ 경찰관은 제1항의 조치를 하였을 때에는 지체 없이 구호대상자의 가족, 친지 또는 그 밖의 연고자에게 그 사실을 알려야 하며, 연고자가 발견되지 아니할 때에는 구호대상자를 적당한 공공보건의료기관이나 공공구호기관에 즉시 인계하여야 한다.

⑤ 경찰관은 제4항에 따라 구호대상자를 공공보건의료기관이나 공공구호기관에 인계하였을 때에는 즉시 그 사실을 소속 경찰서장이나 해양경찰서장에게 보고하여야 한다.
⑥ 제5항에 따라 보고를 받은 소속 경찰서장이나 해양경찰서장은 대통령령으로 정하는 바에 따라 구호대상자를 인계한 사실을 지체 없이 해당 공공보건의료기관 또는 공공구호기관의 장 및 그 감독행정청에 통보하여야 한다.
⑦ 제1항에 따라 구호대상자를 경찰관서에서 보호하는 기간은 24시간을 초과할 수 없고, 제3항에 따라 물건을 경찰관서에 임시로 영치하는 기간은 10일을 초과할 수 없다.

(3) 위험발생방지조치(경직법 제5조)

① 경찰관은 사람의 생명 또는 신체에 위해를 끼치거나 재산에 중대한 손해를 끼칠 우려가 있는 천재(天災), 사변(事變), 인공구조물의 파손이나 붕괴, 교통사고, 위험물의 폭발, 위험한 동물 등의 출현, 극도의 혼잡, 그 밖의 위험한 사태가 있을 때에는 다음 각 호의 조치를 할 수 있다.
  1. 그 장소에 모인 사람, 사물(事物)의 관리자, 그 밖의 관계인에게 필요한 경고를 하는 것
  2. 매우 긴급한 경우에는 위해를 입을 우려가 있는 사람을 필요한 한도에서 억류하거나 피난시키는 것
  3. 그 장소에 있는 사람, 사물의 관리자, 그 밖의 관계인에게 위해를 방지하기 위하여 필요하다고 인정되는 조치를 하게 하거나 직접 그 조치를 하는 것
② 경찰관서의 장은 대간첩 작전의 수행이나 소요(騷擾) 사태의 진압을 위하여 필요하다고 인정되는 상당한 이유가 있을 때에는 대간첩 작전지역이나 경찰관서·무기고 등 국가중요시설에 대한 접근 또는 통행을 제한하거나 금지할 수 있다.
③ 경찰관은 제1항의 조치를 하였을 때에는 지체 없이 그 사실을 소속 경찰관서의 장에게 보고하여야 한다.
④ 제2항의 조치를 하거나 제3항의 보고를 받은 경찰관서의 장은 관계 기관의 협조를 구하는 등 적절한 조치를 하여야 한다.

(4) 범죄의 예방과 제지(경직법 제6조)

경찰관은 범죄행위가 목전(目前)에 행하여지려고 하고 있다고 인정될 때에는 이를 예방하기 위하여 관계인에게 필요한 경고를 하고, 그 행위로 인하여 사람의 생명·신체에 위해를 끼치거나 재산에 중대한 손해를 끼칠 우려가 있는 긴급한 경우에는 그 행위를 제지할 수 있다.

(5) 위험방지를 위한 출입(경직법 제7조)

① 경찰관은 제5조제1항·제2항 및 제6조에 따른 위험한 사태가 발생하여 사람의 생명·신체 또는 재산에 대한 위해가 임박한 때에 그 위해를 방지하거나 피해자를 구조하기 위하여 부득이하다고 인정하면 합리적으로 판단하여 필요한 한도에서 다른 사람의 토지·건물·배 또는 차에 출입할 수 있다.
② 흥행장(興行場), 여관, 음식점, 역, 그 밖에 많은 사람이 출입하는 장소의 관리자나 그에 준하는 관계인은 경찰관이 범죄나 사람의 생명·신체·재산에 대한 위해를 예방하기 위하여 해당 장소의 영업시간이나 해당 장소가 일반인에게 공개된 시간에 그 장소에 출입하겠다고 요구하면 정당한 이유 없이 그 요구를 거절할 수 없다.
③ 경찰관은 대간첩 작전 수행에 필요할 때에는 작전지역에서 제2항에 따른 장소를 검색할 수 있다.
④ 경찰관은 제1항부터 제3항까지의 규정에 따라 필요한 장소에 출입할 때에는 그 신분을 표시하는 증표를 제시하여야 하며, 함부로 관계인이 하는 정당한 업무를 방해해서는 아니 된다.

(6) 사실의 확인등(경직법 제8조)

① 경찰관서의 장은 직무 수행에 필요하다고 인정되는 상당한 이유가 있을 때에는 국가기관이나 공사(公私) 단체 등에 직무 수행에 관련된 사실을 조회할 수 있다. 다만, 긴급한 경우에는 소속 경찰관으로 하여금 현장에 나가 해당 기관 또는 단체의 장의 협조를 받아 그 사실을 확인하게 할 수 있다.
② 경찰관은 다음 각 호의 직무를 수행하기 위하여 필요하면 관계인에게 출석하여야 하는 사유·일시 및 장소를 명확히 적은 출석 요구서를 보내 경찰관서에 출석할 것을 요구할 수 있다.
  1. 미아를 인수할 보호자 확인
  2. 유실물을 인수할 권리자 확인
  3. 사고로 인한 사상자(死傷者) 확인
  4. 행정처분을 위한 교통사고 조사에 필요한 사실 확인

제8조의2(정보의 수집 등)
① 경찰관은 범죄·재난·공공갈등 등 공공안녕에 대한 위험의 예방과 대응을 위한 정보의 수집·작성·배포와 이에 수반되는 사실의 확인을 할 수 있다.
② 제1항에 따른 정보의 구체적인 범위와 처리 기준, 정보의 수집·작성·배포에 수반되는 사실의 확인 절차와 한계는 대통령령으로 정한다.

제8조의3(국제협력) 경찰청장 또는 해양경찰청장은 이 법에 따른 경찰관의 직무수행을 위하여 외국 정부기관, 국제기구 등과 자료 교환, 국제협력 활동 등을 할 수 있다.

제9조(유치장) 법률에서 정한 절차에 따라 체포·구속된 사람 또는 신체의 자유를 제한하는 판결이나 처분을 받은 사람을 수용하기 위하여 경찰서와 해양경찰서에 유치장을 둔다.

(7) 경찰장비의 사용(경직법 제10조)

① 경찰관은 직무수행 중 경찰장비를 사용할 수 있다. 다만, 사람의 생명이나 신체에 위해를 끼칠 수 있는 경찰장비(이하 이 조에서 "위해성 경찰장비"라 한다)를 사용할 때에는 필요한 안전교육과 안전검사를 받은 후 사용하여야 한다.
② 제1항 본문에서 "경찰장비"란 무기, 경찰장구(警察裝具), 최루제(催淚劑)와 그 발사장치, 살수차, 감식기구(鑑識機具), 해안 감시기구, 통신기기, 차량·선박·항공기 등 경찰이 직무를 수행할 때 필요한 장치와 기구를 말한다.
③ 경찰관은 경찰장비를 함부로 개조하거나 경찰장비에 임의의 장비를 부착하여 일반적인 사용법과 달리 사용함으로써 다른 사람의 생명·신체에 위해를 끼쳐서는 아니 된다.
④ 위해성 경찰장비는 필요한 최소한도에서 사용하여야 한다.
⑤ 경찰청장은 위해성 경찰장비를 새로 도입하려는 경우에는 대통령령으로 정하는 바에 따라 안전성 검사를 실시하여 그 안전성 검사의 결과보고서를 국회 소관 상임위원회에 제출하여야 한다. 이 경우 안전성 검사에는 외부 전문가를 참여시켜야 한다.
⑥ 위해성 경찰장비의 종류 및 그 사용기준, 안전교육·안전검사의 기준 등은 대통령령으로 정한다.

(8) 경찰장구의 사용(경직법 제10조의 2)

① 경찰관은 다음 각 호의 직무를 수행하기 위하여 필요하다고 인정되는 상당한 이유가 있을 때에는 그 사태를 합리적으로 판단하여 필요한 한도에서 경찰장구를 사용할 수 있다.
  1. 현행범이나 사형·무기 또는 장기 3년 이상의 징역이나 금고에 해당하는 죄를 범한 범인의 체포 또는 도주 방지
  2. 자신이나 다른 사람의 생명·신체의 방어 및 보호
  3. 공무집행에 대한 항거(抗拒) 제지
② 제1항에서 "경찰장구"란 경찰관이 휴대하여 범인 검거와 범죄 진압 등의 직무 수행에 사용하는 수갑, 포승(捕繩), 경찰봉, 방패 등을 말한다.

(9) 분사기 등의 사용(경직법 제10조의 3)

경찰관은 다음 각 호의 직무를 수행하기 위하여 부득이한 경우에는 현장책임자가 판단하여 필요한 최소한의 범위에서 분사기(「총포·도검·화약류 등의 안전관리에 관한 법률」에 따른 분사기를 말하며, 그에 사용하는 최루 등의 작용제를 포함한다. 이하 같다) 또는 최루탄을 사용할 수 있다. 〈개정 2015.1.6.〉
  1. 범인의 체포 또는 범인의 도주 방지
  2. 불법집회·시위로 인한 자신이나 다른 사람의 생명·신체와 재산 및 공공시설 안전에 대한 현저한 위해의 발생 억제

(10) 무기사용(경직법 제10조의 4)

① 경찰관은 범인의 체포, 범인의 도주 방지, 자신이나 다른 사람의 생명·신체의 방어 및 보호, 공무집행에 대한 항거의 제지를 위하여 필요하다고 인정되는 상당한 이유가 있을 때에는 그 사태를 합리적으로 판단하여 필요한 한도에서 무기를 사용할 수 있다. 다만, 다음 각 호의 어느 하나에 해당할 때를 제외하고는 사람에게 위해를 끼쳐서는 아니 된다.
  1. 「형법」에 규정된 정당방위와 긴급피난에 해당할 때
  2. 다음 각 목의 어느 하나에 해당하는 때에 그 행위를 방지하거나 그 행위자를 체포하기 위하여 무기를 사용하지 아니하고는 다른 수단이 없다고 인정되는 상당한 이유가 있을 때
     가. 사형·무기 또는 장기 3년 이상의 징역이나 금고에 해당하는 죄를 범하거나 범하였다고 의심할 만한 충분한 이유가 있는 사람이 경찰관의 직무집행에 항거하거나 도주하려고 할 때
     나. 체포·구속영장과 압수·수색영장을 집행하는 과정에서 경찰관의 직무집행에 항거하거나 도주하려고 할 때
     다. 제3자가 가목 또는 나목에 해당하는 사람을 도주시키려고 경찰관에게 항거할 때
     라. 범인이나 소요를 일으킨 사람이 무기·흉기 등 위험한 물건을 지니고 경찰관으로부터 3회 이상 물건을 버리라는 명령이나 항복하라는 명령을 받고도 따르지 아니하면서 계속 항거할 때
  3. 대간첩 작전 수행 과정에서 무장간첩이 항복하라는 경찰관의 명령을 받고도 따르지 아니할 때
② 제1항에서 "무기"란 사람의 생명이나 신체에 위해를 끼칠 수 있도록 제작된 권총·소총·도검 등을 말한다.
③ 대간첩·대테러 작전 등 국가안전에 관련되는 작전을 수행할 때에는 개인화기(個人火器) 외에 공용화기(共用火器)를 사용할 수 있다.

> 제11조(사용기록의 보관) 제10조제2항에 따른 살수차, 제10조의3에 따른 분사기, 최루탄 또는 제10조의4에 따른 무기를 사용하는 경우 그 책임자는 사용 일시·장소·대상, 현장책임자, 종류, 수량 등을 기록하여 보관하여야 한다.

(11) 손실보상

> 제11조의2(손실보상) ① 국가는 경찰관의 적법한 직무집행으로 인하여 다음 각 호의 어느 하나에 해당하는 손실을 입은 자에 대하여 정당한 보상을 하여야 한다.
>   1. 손실발생의 원인에 대하여 책임이 없는 자가 생명·신체 또는 재산상의 손실을 입은 경우(손실발생의 원인에 대하여 책임이 없는 자가 경찰관의 직무집행에 자발적으로 협조하거나 물건을 제공하여 생명·신체 또는 재산상의 손실을 입은 경우를 포함한다)
>   2. 손실발생의 원인에 대하여 책임이 있는 자가 자신의 책임에 상응하는 정도를 초과하는 생명·신체 또는 재산상의 손실을 입은 경우
> ② 제1항에 따른 보상을 청구할 수 있는 권리는 손실이 있음을 안 날부터 3년, 손실이 발생한 날부터 5년간 행사하지 아니하면 시효의 완성으로 소멸한다.
> ③ 제1항에 따른 손실보상신청 사건을 심의하기 위하여 손실보상심의위원회를 둔다.
> ④ 경찰청장 또는 시도경찰청장은 제3항의 손실보상심의위원회의 심의·의결에 따라 보상금을 지급하고, 거짓 또는 부정한 방법으로 보상금을 받은 사람에 대하여는 해당 보상금을 환수하여야 한다.
> ⑤ 보상금이 지급된 경우 손실보상심의위원회는 대통령령으로 정하는 바에 따라 국가경찰위원회에 심사자료와 결과를 보고하여야 한다. 이 경우 국가경찰위원회는 손실보상의 적법성 및 적정성 확인을 위하여 필요한 자료의 제출을 요구할 수 있다.
> ⑥ 경찰청장 또는 시도경찰청장은 제4항에 따라 보상금을 반환하여야 할 사람이 대통령령으로 정한 기한까지 그 금액을 납부하지 아니한 때에는 국세 체납처분의 예에 따라 징수할 수 있다.
> ⑦ 제1항에 따른 손실보상의 기준, 보상금액, 지급 절차 및 방법, 제3항에 따른 손실보상심의위원회의 구성 및 운영, 제4항 및 제6항에 따른 환수절차, 그 밖에 손실보상에 관하여 필요한 사항은 대통령령으로 정한다.
>
> **경찰관직무집행법 시행령**
> 제10조(손실보상의 지급절차 및 방법)
> ① 법 제11조의2에 따라 경찰관의 적법한 직무집행으로 인하여 발생한 손실을 보상받으려는 사람은 별지 제4호서식의 보상금 지급 청구서에 손실내용과 손실금액을 증명할 수 있는 서류를 첨부하여 손실보상청구 사건 발생지를 관할하는 국가경찰관서의 장에게 제출하여야 한다.
> ② 제1항에 따라 보상금 지급 청구서를 받은 국가경찰관서의 장은 해당 청구서를 제11조제1항에 따른 손실보상청구 사건을 심의할 손실보상심의위원회가 설치된 경찰청, 해양경찰청, 시도경찰청 및 지방해양경찰청의 장(이하 "경찰청장등"이라 한다)에게 보내야 한다.
> ③ 제2항에 따라 보상금 지급 청구서를 받은 경찰청장등은 손실보상심의위원회의 심의·의결에 따라 보상 여부 및 보상금액을 결정하되, 다음 각 호의 어느 하나에 해당하는 경우에는 그 청구를 각하(却下)하는 결정을 하여야 한다.
>   1. 청구인이 같은 청구 원인으로 보상신청을 하여 보상금 지급 여부에 대하여 결정을 받은 경우. 다만, 기각 결정을 받은 청구인이 손실을 증명할 수 있는 새로운 증거가 발견되었음을 소명(疎明)하는 경우는 제외한다.

2. 손실보상 청구가 요건과 절차를 갖추지 못한 경우. 다만, 그 잘못된 부분을 시정할 수 있는 경우는 제외한다.

④ 경찰청장등은 제3항에 따른 결정일부터 10일 이내에 다음 각 호의 구분에 따른 통지서에 결정 내용을 적어서 청구인에게 통지하여야 한다.
  1. 보상금을 지급하기로 결정한 경우 : 별지 제5호서식의 보상금 지급 청구 승인 통지서
  2. 보상금 지급 청구를 각하하거나 보상금을 지급하지 아니하기로 결정한 경우 : 별지 제6호 서식의 보상금 지급 청구 기각·각하 통지서

⑤ 보상금은 다른 법률에 특별한 규정이 있는 경우를 제외하고는 현금으로 지급하여야 한다.

⑥ 보상금은 일시불로 지급하되, 예산 부족 등의 사유로 일시금으로 지급할 수 없는 특별한 사정이 있는 경우에는 청구인의 동의를 받아 분할하여 지급할 수 있다.

⑦ 보상금을 지급받은 사람은 보상금을 지급받은 원인과 동일한 원인으로 인한 부상이 악화되거나 새로 발견되어 다음 각 호의 어느 하나에 해당하는 경우에는 보상금의 추가 지급을 청구할 수 있다. 이 경우 보상금 지급 청구, 보상금액 결정, 보상금 지급 결정에 대한 통지, 보상금 지급 방법 등에 관하여는 제1항부터 제6항까지의 규정을 준용한다. 〈신설 2019. 6. 25.〉
  1. 별표 제2호에 따른 부상등급이 변경된 경우(부상등급 외의 부상에서 제1급부터 제8급까지의 등급으로 변경된 경우를 포함한다)
  2. 별표 제2호에 따른 부상등급 외의 부상에 대해 부상등급의 변경은 없으나 보상금의 추가 지급이 필요한 경우

⑧ 제1항부터 제7항까지에서 규정한 사항 외에 손실보상의 청구 및 지급에 필요한 사항은 경찰청장 또는 해양경찰청장이 정한다.

제11조(손실보상심의위원회의 설치 및 구성)
① 법 제11조의2제3항에 따라 소속 경찰공무원의 직무집행으로 인하여 발생한 손실보상청구 사건을 심의하기 위하여 경찰청, 해양경찰청, 시도경찰청 및 지방해양경찰청에 손실보상심의위원회(이하 "위원회"라 한다)를 설치한다.
② 위원회는 위원장 1명을 포함한 5명 이상 7명 이하의 위원으로 구성한다.
③ 위원회의 위원은 소속 경찰공무원과 다음 각 호의 어느 하나에 해당하는 사람 중에서 경찰청장등이 위촉하거나 임명한다. 이 경우 위원의 과반수 이상은 경찰공무원이 아닌 사람으로 하여야 한다.
  1. 판사·검사 또는 변호사로 5년 이상 근무한 사람
  2. 「고등교육법」 제2조에 따른 학교에서 법학 또는 행정학을 가르치는 부교수 이상으로 5년 이상 재직한 사람
  3. 경찰 업무와 손실보상에 관하여 학식과 경험이 풍부한 사람
④ 위촉위원의 임기는 2년으로 한다.
⑤ 위원회의 사무를 처리하기 위하여 위원회에 간사 1명을 두되, 간사는 소속 경찰공무원 중에서 경찰청장등이 지명한다.

제12조(위원장) ① 위원장은 위원 중에서 호선(互選)한다.
② 위원장은 위원회를 대표하며, 위원회의 업무를 총괄한다.
③ 위원장이 부득이한 사유로 직무를 수행할 수 없는 때에는 위원장이 미리 지명한 위원이 그 직무를 대행한다.

제13조(손실보상심의위원회의 운영)
① 위원장은 위원회의 회의를 소집하고, 그 의장이 된다.
② 위원회의 회의는 재적위원 과반수의 출석으로 개의(開議)하고, 출석위원 과반수의 찬성으로 의결한다.
③ 위원회는 심의를 위하여 필요한 경우에는 관계 공무원이나 관계 기관에 사실조사나 자료의 제출 등을 요구할 수 있으며, 관계 전문가에게 필요한 정보의 제공이나 의견의 진술 등을 요청할 수 있다.

(12) 보상금의 지급

제11조의3(범인검거 등 공로자 보상) ① 경찰청장, 시도경찰청장 또는 경찰서장은 다음 각 호의 어느 하나에 해당하는 사람에게 보상금을 지급할 수 있다.
  1. 범인 또는 범인의 소재를 신고하여 검거하게 한 사람
  2. 범인을 검거하여 경찰공무원에게 인도한 사람
  3. 테러범죄의 예방활동에 현저한 공로가 있는 사람
  4. 그 밖에 제1호부터 제3호까지의 규정에 준하는 사람으로서 대통령령으로 정하는 사람
② 경찰청장, 시도경찰청장 및 경찰서장은 제1항에 따른 보상금 지급의 심사를 위하여 대통령령으로 정하는 바에 따라 각각 보상금심사위원회를 설치·운영하여야 한다.
③ 제2항에 따른 보상금심사위원회는 위원장 1명을 포함한 5명 이내의 위원으로 구성한다.
④ 제2항에 따른 보상금심사위원회의 위원은 소속 경찰공무원 중에서 경찰청장, 시도경찰청장 또는 경찰서장이 임명한다.
⑤ 경찰청장, 시도경찰청장 또는 경찰서장은 제2항에 따른 보상금심사위원회의 심사·의결에 따라 보상금을 지급하고, 거짓 또는 부정한 방법으로 보상금을 받은 사람에 대하여는 해당 보상금을 환수한다.
⑥ 경찰청장, 시도경찰청장 또는 경찰서장은 제5항에 따라 보상금을 반환하여야 할 사람이 대통령령으로 정한 기한까지 그 금액을 납부하지 아니한 때에는 국세 체납처분의 예에 따라 징수할 수 있다. 〈개정 2018. 12. 24.〉
⑦ 제1항에 따른 보상 대상, 보상금의 지급 기준 및 절차, 제2항 및 제3항에 따른 보상금심사위원회의 구성 및 심사사항, 제5항 및 제6항에 따른 환수절차, 그 밖에 보상금 지급에 관하여 필요한 사항은 대통령령으로 정한다.

경찰관직무집행법 시행령
제19조(보상금심사위원회의 구성 및 심사사항 등) ① 법 제11조의3제2항에 따라 경찰청에 두는 보상금심사위원회의 위원장은 경찰청 소속 과장급 이상의 경찰공무원 중에서 경찰청장이 임명하는 사람으로 한다.
② 법 제11조의3제2항에 따라 시도경찰청 및 경찰서에 두는 보상금심사위원회의 위원장에 관하여는 제1항을 준용한다. 이 경우 "경찰청"은 각각 "시도경찰청" 또는 "경찰서"로, "경찰청장"은 각각 "시도경찰청장" 또는 "경찰서장"으로 본다.
③ 법 제11조의3제2항에 따른 보상금심사위원회(이하 "보상금심사위원회"라 한다)는 다음 각 호의 사항을 심사·의결한다.

> 1. 보상금 지급 대상자에 해당하는 지 여부
> 2. 보상금 지급 금액
> 3. 보상금 환수 여부
> 4. 그 밖에 보상금 지급이나 환수에 필요한 사항
> ④ 보상금심사위원회의 회의는 재적위원 과반수의 찬성으로 의결한다.
>
> 제20조(범인검거 등 공로자 보상금의 지급 기준) 법 제11조의3제1항에 따른 보상금의 최고액은 5억원으로 하며, 구체적인 보상금 지급 기준은 경찰청장이 정하여 고시한다.

「범인검거 등 공로자 보상에 관한 규정」 제6조(보상금의 지급 기준)
① 시행령 제20조에 따른 보상금 지급기준 금액은 다음 각 호와 같다.
  1. 사형, 무기징역 또는 무기금고, 장기 10년 이상의 징역 또는 금고에 해당하는 범죄 : 100만원
  2. 장기 10년 미만의 징역 또는 금고에 해당하는 범죄 : 50만원
  3. 장기 5년 미만의 징역 또는 금고, 장기 10년 이상의 자격정지 또는 벌금형 : 30만원
② 연쇄 살인, 사이버 테러 등과 같이 피해 규모가 심각하고 사회적 파장이 큰 범죄의 지급기준 금액은 별표에 따른다.
③ 위원회는 제1항 및 제2항에 따른 보상금 지급기준에서 시행령 제21조제2항 각 호의 사항을 고려하여 그 금액을 조정하거나 지급하지 아니할 수 있다.
④ 경찰청장 또는 경찰청장의 승인을 받은 시도경찰청장이 미리 보상금액을 정하여 수배할 경우에는 제1항 및 제2항에 따른 보상금 지급기준에도 불구하고 예산의 범위에서 금액을 따로 결정할 수 있다.
⑤ 동일한 사람에게 지급결정일을 기준으로 연간(1월 1일부터 12월 31일까지를 말한다) 5회를 초과하여 보상금을 지급할 수 없다.

제11조의4(소송 지원) 경찰청장과 해양경찰청장은 경찰관이 제2조 각 호에 따른 직무의 수행으로 인하여 민·형사상 책임과 관련된 소송을 수행할 경우 변호인 선임 등 소송 수행에 필요한 지원을 할 수 있다.

제11조의5(직무 수행으로 인한 형의 감면) 다음 각 호의 범죄가 행하여지려고 하거나 행하여지고 있어 타인의 생명·신체에 대한 위해 발생의 우려가 명백하고 긴급한 상황에서, 경찰관이 그 위해를 예방하거나 진압하기 위한 행위 또는 범인의 검거 과정에서 경찰관을 향한 직접적인 유형력 행사에 대응하는 행위를 하여 그로 인하여 타인에게 피해가 발생한 경우, 그 경찰관의 직무수행이 불가피한 것이고 필요한 최소한의 범위에서 이루어졌으며 해당 경찰관에게 고의 또는 중대한 과실이 없는 때에는 그 정상을 참작하여 형을 감경하거나 면제할 수 있다.
  1. 「형법」 제2편제24장 살인의 죄, 제25장 상해와 폭행의 죄, 제32장 강간과 추행의 죄 중 강간에 관한 범죄, 제38장 절도와 강도의 죄 중 강도에 관한 범죄 및 이에 대하여 다른 법률에 따라 가중처벌하는 범죄
  2. 「가정폭력범죄의 처벌 등에 관한 특례법」에 따른 가정폭력범죄, 「아동학대범죄의 처벌 등에 관한 특례법」에 따른 아동학대범죄

(13) 벌칙(경직법 제12조)

> 제12조(벌칙) 이 법에 규정된 경찰관의 의무를 위반하거나 직권을 남용하여 다른 사람에게 해를 끼친 사람은 1년 이하의 징역이나 금고에 처한다.

(14) 경직법 관련판례

- 경찰관이 응급의 구호를 요하는 자를 보건의료기관에게 긴급구호요청을 하고, 보건의료기관이 이에 따라 치료행위를 하였다고 하더라도 국가와 보건의료기관 사이에 국가가 치료행위를 보건의료기관에 위탁하고 보건의료기관이 이를 승낙하는 내용의 치료위임계약이 체결된 것으로 볼 수 없다(대법원 1994.2.22. 선고 93다4472).
- 경찰관이 농민들의 시위를 진압하고 시위과정에 도로상에 방치된 트랙터 1대에 대하여 이를 도로 밖으로 옮기거나 후방에 안전표지판을 설치하는 것과 같은 위험발생방지조치를 취하지 아니한 채 그대로 방치하고 철수하여 버린 결과, 야간에 그 도로를 진행하던 운전자가 위 방치된 트랙터를 피하려다가 다른 트랙터에 부딪혀 상해를 입은 사안에서 국가배상을 인정하였다(대법원 1998.8.25. 선고 98다16890).
- 수사관이 동행에 앞서 피의자에게 동행을 거부할 수 있음을 알려 주었거나 동행한 피의자가 언제든지 자유로이 동행과정에서 이탈 또는 동행장소로부터 퇴거할 수 있었음이 인정되는 등 오로지 피의자의 자발적인 의사에 의하여 수사관서 등에의 동행이 이루어졌음이 객관적인 사정에 의하여 명백하게 입증된 경우에 한하며, 임의동행의 적법성이 인정되는 것으로 봄이 상당하다(대법원 2006.7.6. 선고 2005도6810).
- 특정 지역에서의 불법집회에 참가하려는 것을 막기 위하여 시간적·장소적으로 근접하지 않은 다른 지역에서 그 집회·시위에 참가하기 위하여 출발 또는 이동하는 행위를 함부로 제지하는 것은 경찰관 직무집행법 제6조 제1항의 행정상 즉시강제인 경찰관의 제지의 범위를 명백히 넘어 허용될 수 없다. 따라서 이러한 제지행위는 공무집행방해죄의 보호대상이 되는 공무원의 적법한 직무행위가 아니다(대법원 2008.11.3. 선고 2007도9794 판결).

(15) 무기사용 관련판례

- 불법행위에 따른 형사책임은 사회의 법질서를 위반한 행위에 대한 책임을 묻는 것으로서 행위자에 대한 공적인 제재(형벌)를 그 내용으로 함에 비하여 민사책임은 타인의 법익을 침해한 데 대하여 행위자의 개인적 책임을 묻는 것으로서 피해자에게 발생한 손해의 전보를 그 내용으로 하는 것이고 손해배상제도는 손해의 공평·타당한 부담을 그 지도원리로 하는 것이므로 **형사상 범죄를 구성하지 아니하는 침해행위라고 하더라도 그것이 민사상 불법행위를 구성하는지 여부는 형사책임과 별개의 관점에서 검토되어야 한다.** 경찰관이 범인을 제압하는 과정에서 총기를 사용하여 범인을 사망에 이르게 한 사안에서, 경찰관이 총기사용에 이르게 된 동기나 목적, 경위 등을 고려하여 형사사건에서 무죄판결이 확정되었더라도 당해 경찰관의 과실의 내용과 그로 인하여 발생한 결과의 중대함에 비추어 민사상 불법행위 책임을 인정한다.

- 타인의 집 대문 앞에 은신하고 있다가 경찰관의 명령에 따라 순순히 손을 들고 나오면서 그대로 도주하는 범인을 경찰관이 뒤따라 추격하면서 등 부위에 권총을 발사하여 사망케 한 경우 위와 같은 총기사용은 현재의 부당한 침해를 방지하거나 현재의 위난을 피하기 위한 상당성 있는 행위라고 볼 수 없다.

- 야간에 술이 취한 상태에서 병원에 있던 과도로 대형 유리창문을 쳐 깨뜨리고 자신의 복부에 칼을 대고 할복자살하겠다고 난동을 부린 피해자가 출동한 2명의 경찰관들에게 칼을 들고 항거하였다고 하여도 위 경찰관 등이 공포를 발사하거나 소지한 가스총과 경찰봉을 사용하여 위 망인의 항거를 억제할 시간적 여유와 보충적 수단이 있었다고 보여지고 또 부득이 총을 발사할 수밖에 없었다고 하더라도 하체 부위를 향하여 발사함으로써 그 위해를 최소한도로 줄일 여지가 있었다고 보여지므로 칼빈소총을 1회 발사하여 피해자의 왼쪽 가슴 아래 부위를 관통하여 사망케 한 경찰관의 총기사용 행위는 경찰관직무집행법 소정의 총기사용 한계를 벗어난 것이다.

- 경찰관은 범인의 체포, 도주의 방지, 자기 또는 타인의 생명·신체에 대한 방호, 공무집행에 대한 항거의 억제를 위하여 무기를 사용할 수 있으나 이 경우에도 무기는 목적 달성에 필요하다고 인정되는 상당한 이유가 있을 때 그 사태를 합리적으로 판단하여 필요한 한도 내에서 사용하여야 하는 바 경찰관의 무기 사용이 이러한 요건을 충족하는지 여부는 범죄의 종류, 죄질, 피해법익의 경중, 위해의 급박성, 저항의 강약, 범인과 경찰관의 수, 무기의 종류, 무기 사용의 태양, 주변의 상황 등을 고려하여 사회통념상 상당하다고 평가되는지 여부에 따라 판단하여야 하고 특히 사람에게 위해를 가할 위험성이 큰 권총의 사용에 있어서는 그 요건을 더욱 엄격하게 판단하여야 한다.

- 경찰관이 길이 40센티미터 가량의 칼로 반복적으로 위협하며 도주하는 차량절도 혐의자를 추적하던 중 도주하기 위하여 등을 돌린 혐의자의 몸쪽을 향하여 약 2미터 거리에 서 실탄을 발사하여 혐의자를 복부관통상으로 사망케 하였다 하더라도 경찰관의 총기사용은 사회통념상 허용범위를 벗어난 위법행위로 판단하였다.

- 50씨씨(cc) 소형 오토바이 1대를 절취하여 운전 중인 15~16세의 절도 혐의자 3인이 경찰관의 검문에 불응하며 도주하자 경찰관이 체포목적으로 오토바이의 바퀴를 조준하여 실탄을 발사하였으나 오토바이에 타고 있던 1인이 총상을 입게 된 경우 제반 사정에 비추어 경찰관의 총기사용이 사회통념상 허용범위를 벗어나 위법하다.

알파 041　행정상 손해배상

적법한 침해	손실보상	공공필요에 의한 적법한 공권력의 행사에 의하여 개인에게 가해진 특별한 희생에 대하여 사유재산권의 보장과 공평부담의 견지에서 행정주체(또는 사업주체)가 행하는 조절적인 재산적 보상제도	
	기타	긴급피난(즉시강제의 경우), 행정심판(부당한 처분의 경우)	
위법한 침해	손해배상	공무원의 위법한 직무행위 및 국가 또는 공공단체가 설치·관리하는 영조물의 하자로 인하여 국민에게 손해를 가한 경우에 국가나 공공단체가 그 손해를 배상하는 제도	
	행정쟁송	행정심판	널리 행정기관이 행하는 행정법상의 분쟁에 대한 심리·판정절차
		행정소송	행정법규의 적용에 대한 분쟁에 대하여 제3자적 지위에 있는 법원의 재판절차에 따라 판단하는 정식쟁송
	기타	정당방위, 감독청에 의한 통제, 공무원의 형사·징계책임, 헌법소원	

국가배상 인정사례	국가배상 부정사례
• 경찰관이 심야에 바리케이트를 쳐 놓았는데 그것을 치우지 않아 오토바이를 타고 가던 사람이 부딪혀 사망한 경우 • 무장공비와 격투 중에 있는 청년 가족의 요청을 받고도 경찰관이 출동하지 않아 결과적으로 그 청년이 공비에게 사살된 경우 • 경찰관이 농민들이 시위를 진압하고 시위과정에 도로상 방치된 트랙터에 대하여 위험발생 방지조치를 취하지 않고 철수하여 야간에 운전자가 이를 피하려다가 트랙터에 부딪쳐 상해를 입은 경우 • 상경차단조치(충청, 제주) • 도서관에 전경진입에 대하여 시위무관자를 강제 연행 • 합리적이고 상당하다고 인정되는 정도에 비하여 지나치게 과도한 방법으로 시위진압을 하여 사망에 이르게 한 경우	• 전경이 불법시위 해산과정에서 대학도서관을 진입한데 대하여 정신적 충격과 학습권 침해를 이유로 한 위자료 지급을 청구한 경우 • 시위자들이 던진 화염병에 의해 약국에 화재가 발생한 것에 대한 국가배상 청구

알파 042 행정쟁송

1 행정심판과 행정소송

구분	행정심판	행정소송
의의	행정기관이 행하는 행정법상의 분쟁에 대한 심리·판정절차	행정상 분쟁에 대하여 제3자적 지위에 있는 법원의 재판절차에 따라 판단하는 정식쟁송
목적	행정감독	행정구제
성격	행정통제적 성격이 강하다.	권리구제적 성격이 강하다.
담당기관	행정심판위원회(행정작용)	법원(사법작용)
변경	소극적 변경 + 적극적 변경	소극적 변경
범위	위법(법률문제) + 부당(공익·재량의 문제)	위법(법률문제)
심리	서면심리 + 구술심리(병행)	구술심리주의
공개여부	비공개주의	공개주의
판정	직권탐지주의	변론주의·당사자주의·처분권주의
공통점	① 원고적격 ② 집행부정지원칙 ③ 불고불리의 원칙 ④ 불이익변경금지원칙	⑤ 사정재결·사정판결 ⑥ 보충적 직권심리주의 ⑦ 청구(소)의 변경

2 행정심판 전치주의

임의적 전치주의(원칙)	원칙적 행정심판은 임의적 절차로서 국민은 행정심판을 거친 후 행정소송을 제기할 수 있고, 행정심판 없이 처음부터 행정소송을 제기할 수 있다.
필요적 전치주의(예외)	• 예외적으로 법률에 특별한 규정이 있는 경우에는 행정심판을 거친 후가 아니면 행정소송을 제기할 수 없다. • 필요적 행정심판전치주의는 취소소송에 대해 채택하고, 이를 부작위법확인소송에 준용하고 있다. • 따라서 행정심판전치주의는 무효등확인소송에는 적용되지 않는다. 예 공무원의 신분상 처분에 대한 불복(소청심사), 도로교통법상의 처분에 대한 불복

3 행정심판법

정의	이 법에서 사용하는 용어의 뜻은 다음과 같다. 1. "처분"이란 행정청이 행하는 구체적 사실에 관한 법집행으로서의 공권력의 행사 또는 그 거부, 그 밖에 이에 준하는 행정작용을 말한다. 2. "부작위"란 행정청이 당사자의 신청에 대하여 상당한 기간 내에 일정한 처분을 하여야 할 법률상 의무가 있는데도 처분을 하지 아니하는 것을 말한다. 3. "재결(裁決)"이란 행정심판의 청구에 대하여 제6조에 따른 행정심판위원회가 행하는 판단을 말한다. 4. "행정청"이란 행정에 관한 의사를 결정하여 표시하는 국가 또는 지방자치단체의 기관, 그 밖에 법령 또는 자치법규에 따라 행정권한을 가지고 있거나 위탁을 받은 공공단체나 그 기관 또는 사인(私人)을 말한다.
행정심판의 대상	① 행정청의 처분 또는 부작위에 대하여는 다른 법률에 특별한 규정이 있는 경우 외에는 이 법에 따라 행정심판을 청구할 수 있다. ② 대통령의 처분 또는 부작위에 대하여는 다른 법률에서 행정심판을 청구할 수 있도록 정한 경우 외에는 행정심판을 청구할 수 없다.
행정심판의 종류	행정심판의 종류는 다음 각 호와 같다. 1. 취소심판: 행정청의 위법 또는 부당한 처분을 취소하거나 변경하는 행정심판 2. 무효등확인심판: 행정청의 처분의 효력 유무 또는 존재 여부를 확인하는 행정심판 3. 의무이행심판: 당사자의 신청에 대한 행정청의 위법 또는 부당한 거부처분이나 부작위에 대하여 일정한 처분을 하도록 하는 행정심판
행정심판위원회	① 다음 각 호의 행정청 또는 그 소속 행정청(행정기관의 계층구조와 관계없이 그 감독을 받거나 위탁을 받은 모든 행정청을 말하되, 위탁을 받은 행정청은 그 위탁받은 사무에 관하여는 위탁한 행정청의 소속 행정청으로 본다. 이하 같다)의 처분 또는 부작위에 대한 행정심판의 청구(이하 "심판청구"라 한다)에 대하여는 다음 각 호의 행정청에 두는 행정심판위원회에서 심리·재결한다. 〈개정 2016. 3. 29.〉 1. 감사원, 국가정보원장, 그 밖에 대통령령으로 정하는 대통령 소속기관의 장 2. 국회사무총장·법원행정처장·헌법재판소사무처장 및 중앙선거관리위원회사무총장 3. 국가인권위원회, 그 밖에 지위·성격의 독립성과 특수성 등이 인정되어 대통령령으로 정하는 행정청 ② 다음 각 호의 행정청의 처분 또는 부작위에 대한 심판청구에 대하여는 「부패방지 및 국민권익위원회의 설치와 운영에 관한 법률」에 따른 국민권익위원회(이하 "국민권익위원회"라 한다)에 두는 중앙행정심판위원회에서 심리·재결한다. 〈개정 2012. 2. 17.〉 1. 제1항에 따른 행정청 외의 국가행정기관의 장 또는 그 소속 행정청 2. 특별시장·광역시장·특별자치시장·도지사·특별자치도지사(특별시·광역시·특별자치시·도 또는 특별자치도의 교육감을 포함한다. 이하 "시·도지사"라 한다) 또는 특별시·광역시·특별자치시·도·특별자치도(이하 "시·도"라 한다)의 의회(의장, 위원회의 위원장, 사무처장 등 의회 소속 모든 행정청을 포함한다) 3. 「지방자치법」에 따른 지방자치단체조합 등 관계 법률에 따라 국가·지방자치단체·공공법인 등이 공동으로 설립한 행정청. 다만, 제3항제3호에 해당하는 행정청은 제외한다.

행정심판위원회	③ 다음 각 호의 행정청의 처분 또는 부작위에 대한 심판청구에 대하여는 시·도지사 소속으로 두는 행정심판위원회에서 심리·재결한다. 　1. 시·도 소속 행정청 　2. 시·도의 관할구역에 있는 시·군·자치구의 장, 소속 행정청 또는 시·군·자치구의 의회(의장, 위원회의 위원장, 사무국장, 사무과장 등 의회 소속 모든 행정청을 포함한다) 　3. 시·도의 관할구역에 있는 둘 이상의 지방자치단체(시·군·자치구를 말한다)·공공법인 등이 공동으로 설립한 행정청 ④ 제2항제1호에도 불구하고 대통령령으로 정하는 국가행정기관 소속 특별지방행정기관의 장의 처분 또는 부작위에 대한 심판청구에 대하여는 해당 행정청의 직근 상급행정기관에 두는 행정심판위원회에서 심리·재결한다.
행정심판위원회의 구성	① 행정심판위원회(중앙행정심판위원회는 제외한다. 이하 이 조에서 같다)는 위원장 1명을 포함하여 50명 이내의 위원으로 구성한다. 〈개정 2016. 3. 29.〉 ② 행정심판위원회의 위원장은 그 행정심판위원회가 소속된 행정청이 되며, 위원장이 없거나 부득이한 사유로 직무를 수행할 수 없거나 위원장이 필요하다고 인정하는 경우에는 다음 각 호의 순서에 따라 위원이 위원장의 직무를 대행한다. 　1. 위원장이 사전에 지명한 위원 　2. 제4항에 따라 지명된 공무원인 위원(2명 이상인 경우에는 직급 또는 고위공무원단에 속하는 공무원의 직무등급이 높은 위원 순서로, 직급 또는 직무등급도 같은 경우에는 위원 재직기간이 긴 위원 순서로, 재직기간도 같은 경우에는 연장자 순서로 한다) ③ 제2항에도 불구하고 제6조제3항에 따라 시·도지사 소속으로 두는 행정심판위원회의 경우에는 해당 지방자치단체의 조례로 정하는 바에 따라 공무원이 아닌 위원을 위원장으로 정할 수 있다. 이 경우 위원장은 비상임으로 한다. ④ 행정심판위원회의 위원은 해당 행정심판위원회가 소속된 행정청이 다음 각 호의 어느 하나에 해당하는 사람 중에서 성별을 고려하여 위촉하거나 그 소속 공무원 중에서 지명한다. 〈개정 2016. 3. 29.〉 　1. 변호사 자격을 취득한 후 5년 이상의 실무 경험이 있는 사람 　2. 「고등교육법」 제2조제1호부터 제6호까지의 규정에 따른 학교에서 조교수 이상으로 재직하거나 재직하였던 사람 　3. 행정기관의 4급 이상 공무원이었거나 고위공무원단에 속하는 공무원이었던 사람 　4. 박사학위를 취득한 후 해당 분야에서 5년 이상 근무한 경험이 있는 사람 　5. 그 밖에 행정심판과 관련된 분야의 지식과 경험이 풍부한 사람 ⑤ 행정심판위원회의 회의는 위원장과 위원장이 회의마다 지정하는 8명의 위원(그중 제4항에 따른 위촉위원은 6명 이상으로 하되, 제3항에 따라 위원장이 공무원이 아닌 경우에는 5명 이상으로 한다)으로 구성한다. 다만, 국회규칙, 대법원규칙, 헌법재판소규칙, 중앙선거관리위원회규칙 또는 대통령령(제6조제3항에 따라 시·도지사 소속으로 두는 행정심판위원회의 경우에는 해당 지방자치단체의 조례)으로 정하는 바에 따라 위원장과 위원장이 회의마다 지정하는 6명의 위원(그중 제4항에 따른 위촉위원은 5명 이상으로 하되, 제3항에 따라 공무원이 아닌 위원이 위원장인 경우에는 4명 이상으로 한다)으로 구성할 수 있다. ⑥ 행정심판위원회는 제5항에 따른 구성원 과반수의 출석과 출석위원 과반수의 찬성으로 의결한다.

행정심판위원회의 구성	⑦ 행정심판위원회의 조직과 운영, 그 밖에 필요한 사항은 국회규칙, 대법원규칙, 헌법재판소규칙, 중앙선거관리위원회규칙 또는 대통령령으로 정한다.

중앙행정심판 위원회의 구성	① 중앙행정심판위원회는 위원장 1명을 포함하여 70명 이내의 위원으로 구성하되, 위원 중 상임위원은 4명 이내로 한다. 〈개정 2016. 3. 29.〉
	② 중앙행정심판위원회의 위원장은 국민권익위원회의 부위원장 중 1명이 되며, 위원장이 없거나 부득이한 사유로 직무를 수행할 수 없거나 위원장이 필요하다고 인정하는 경우에는 상임위원(상임으로 재직한 기간이 긴 위원 순서로, 재직기간이 같은 경우에는 연장자 순서로 한다)이 위원장의 직무를 대행한다.
	③ 중앙행정심판위원회의 상임위원은 일반직공무원으로서 「국가공무원법」 제26조의5에 따른 임기제공무원으로 임명하되, 3급 이상 공무원 또는 고위공무원단에 속하는 일반직공무원으로 3년 이상 근무한 사람이나 그 밖에 행정심판에 관한 지식과 경험이 풍부한 사람 중에서 중앙행정심판위원회 위원장의 제청으로 국무총리를 거쳐 대통령이 임명한다. 〈개정 2014. 5. 28.〉
	④ 중앙행정심판위원회의 비상임위원은 제7조제4항 각 호의 어느 하나에 해당하는 사람 중에서 중앙행정심판위원회 위원장의 제청으로 국무총리가 성별을 고려하여 위촉한다. 〈개정 2016. 3. 29.〉
	⑤ 중앙행정심판위원회의 회의(제6항에 따른 소위원회 회의는 제외한다)는 위원장, 상임위원 및 위원장이 회의마다 지정하는 비상임위원을 포함하여 총 9명으로 구성한다.
	⑥ 중앙행정심판위원회는 심판청구사건(이하 "사건"이라 한다) 중 「도로교통법」에 따른 자동차운전면허 행정처분에 관한 사건(소위원회가 중앙행정심판위원회에서 심리·의결하도록 결정한 사건은 제외한다)을 심리·의결하게 하기 위하여 4명의 위원으로 구성하는 소위원회를 둘 수 있다.
	⑦ 중앙행정심판위원회 및 소위원회는 각각 제5항 및 제6항에 따른 구성원 과반수의 출석과 출석위원 과반수의 찬성으로 의결한다.
	⑧ 중앙행정심판위원회는 위원장이 지정하는 사건을 미리 검토하도록 필요한 경우에는 전문위원회를 둘 수 있다.
	⑨ 중앙행정심판위원회, 소위원회 및 전문위원회의 조직과 운영 등에 필요한 사항은 대통령령으로 정한다.
	⑩ 제7조제4항에 따라 지명된 위원은 그 직에 재직하는 동안 재임한다.
	⑪ 제8조제3항에 따라 임명된 중앙행정심판위원회 상임위원의 임기는 3년으로 하며, 1차에 한하여 연임할 수 있다.
	⑫ 제7조제4항 및 제8조제4항에 따라 위촉된 위원의 임기는 2년으로 하되, 2차에 한하여 연임할 수 있다. 다만, 제6조제1항제2호에 규정된 기관에 두는 행정심판위원회의 위촉위원의 경우에는 각각 국회규칙, 대법원규칙, 헌법재판소규칙 또는 중앙선거관리위원회규칙으로 정하는 바에 따른다.
	⑬ 다음 각 호의 어느 하나에 해당하는 사람은 제6조에 따른 행정심판위원회(이하 "위원회"라 한다)의 위원이 될 수 없으며, 위원이 이에 해당하게 될 때에는 당연히 퇴직한다.
	  1. 대한민국 국민이 아닌 사람
	  2. 「국가공무원법」 제33조 각 호의 어느 하나에 해당하는 사람

중앙행정심판 위원회의 구성	⑭ 제7조제4항 및 제8조제4항에 따라 위촉된 위원은 금고(禁錮) 이상의 형을 선고받거나 부득이한 사유로 장기간 직무를 수행할 수 없게 되는 경우 외에는 임기 중 그의 의사와 다르게 해촉(解囑)되지 아니한다.
심판청구의 기간	① 행정심판은 처분이 있음을 알게 된 날부터 90일 이내에 청구하여야 한다. ② 청구인이 천재지변, 전쟁, 사변(事變), 그 밖의 불가항력으로 인하여 제1항에서 정한 기간에 심판청구를 할 수 없었을 때에는 그 사유가 소멸한 날부터 14일 이내에 행정심판을 청구할 수 있다. 다만, 국외에서 행정심판을 청구하는 경우에는 그 기간을 30일로 한다. ③ 행정심판은 처분이 있었던 날부터 180일이 지나면 청구하지 못한다. 다만, 정당한 사유가 있는 경우에는 그러하지 아니하다. ④ 제1항과 제2항의 기간은 불변기간(不變期間)으로 한다. ⑤ 행정청이 심판청구 기간을 제1항에 규정된 기간보다 긴 기간으로 잘못 알린 경우 그 잘못 알린 기간에 심판청구가 있으면 그 행정심판은 제1항에 규정된 기간에 청구된 것으로 본다. ⑥ 행정청이 심판청구 기간을 알리지 아니한 경우에는 제3항에 규정된 기간에 심판청구를 할 수 있다. ⑦ 제1항부터 제6항까지의 규정은 무효등확인심판청구와 부작위에 대한 의무이행심판청구에는 적용하지 아니한다.
집행정지	① 심판청구는 처분의 효력이나 그 집행 또는 절차의 속행(續行)에 영향을 주지 아니한다. ② 위원회는 처분, 처분의 집행 또는 절차의 속행 때문에 중대한 손해가 생기는 것을 예방할 필요성이 긴급하다고 인정할 때에는 직권으로 또는 당사자의 신청에 의하여 처분의 효력, 처분의 집행 또는 절차의 속행의 전부 또는 일부의 정지(이하 "집행정지"라 한다)를 결정할 수 있다. 다만, 처분의 효력정지는 처분의 집행 또는 절차의 속행을 정지함으로써 그 목적을 달성할 수 있을 때에는 허용되지 아니한다. ③ 집행정지는 공공복리에 중대한 영향을 미칠 우려가 있을 때에는 허용되지 아니한다. ④ 위원회는 집행정지를 결정한 후에 집행정지가 공공복리에 중대한 영향을 미치거나 그 정지사유가 없어진 경우에는 직권으로 또는 당사자의 신청에 의하여 집행정지 결정을 취소할 수 있다. ⑤ 집행정지 신청은 심판청구와 동시에 또는 심판청구에 대한 제7조제6항 또는 제8조제7항에 따른 위원회나 소위원회의 의결이 있기 전까지, 집행정지 결정의 취소신청은 심판청구에 대한 제7조제6항 또는 제8조제7항에 따른 위원회나 소위원회의 의결이 있기 전까지 신청의 취지와 원인을 적은 서면을 위원회에 제출하여야 한다. 다만, 심판청구서를 피청구인에게 제출한 경우로서 심판청구와 동시에 집행정지 신청을 할 때에는 심판청구서 사본과 접수증명서를 함께 제출하여야 한다. ⑥ 제2항과 제4항에도 불구하고 위원회의 심리·결정을 기다릴 경우 중대한 손해가 생길 우려가 있다고 인정되면 위원장은 직권으로 위원회의 심리·결정을 갈음하는 결정을 할 수 있다. 이 경우 위원장은 지체 없이 위원회에 그 사실을 보고하고 추인(追認)을 받아야 하며, 위원회의 추인을 받지 못하면 위원장은 집행정지 또는 집행정지 취소에 관한 결정을 취소하여야 한다. ⑦ 위원회는 집행정지 또는 집행정지의 취소에 관하여 심리·결정하면 지체 없이 당사자에게 결정서 정본을 송달하여야 한다.

재결의 구분	① 위원회는 심판청구가 적법하지 아니하면 그 심판청구를 각하(却下)한다. ② 위원회는 심판청구가 이유가 없다고 인정하면 그 심판청구를 기각(棄却)한다. ③ 위원회는 취소심판의 청구가 이유가 있다고 인정하면 처분을 취소 또는 다른 처분으로 변경하거나 처분을 다른 처분으로 변경할 것을 피청구인에게 명한다. ④ 위원회는 무효등확인심판의 청구가 이유가 있다고 인정하면 처분의 효력 유무 또는 처분의 존재 여부를 확인한다. ⑤ 위원회는 의무이행심판의 청구가 이유가 있다고 인정하면 지체 없이 신청에 따른 처분을 하거나 처분을 할 것을 피청구인에게 명한다.
사정재결	① 위원회는 심판청구가 이유가 있다고 인정하는 경우에도 이를 인용(認容)하는 것이 공공복리에 크게 위배된다고 인정하면 그 심판청구를 기각하는 재결을 할 수 있다. 이 경우 위원회는 재결의 주문(主文)에서 그 처분 또는 부작위가 위법하거나 부당하다는 것을 구체적으로 밝혀야 한다. ② 위원회는 제1항에 따른 재결을 할 때에는 청구인에 대하여 상당한 구제방법을 취하거나 상당한 구제방법을 취할 것을 피청구인에게 명할 수 있다. ③ 제1항과 제2항은 무효등확인심판에는 적용하지 아니한다.

4 행정소송법

정의	① 이 법에서 사용하는 용어의 정의는 다음과 같다.
	  1. "처분등"이라 함은 행정청이 행하는 구체적 사실에 관한 법집행으로서의 공권력의 행사 또는 그 거부와 그 밖에 이에 준하는 행정작용(이하 "處分"이라 한다) 및 행정심판에 대한 재결을 말한다.
	  2. "부작위"라 함은 행정청이 당사자의 신청에 대하여 상당한 기간내에 일정한 처분을 하여야 할 법률상 의무가 있음에도 불구하고 이를 하지 아니하는 것을 말한다.
	② 이 법을 적용함에 있어서 행정청에는 법령에 의하여 행정권한의 위임 또는 위탁을 받은 행정기관, 공공단체 및 그 기관 또는 사인이 포함된다.

행정소송의 종류	행정소송은 다음의 네가지로 구분한다. 〈개정 1988. 8. 5.〉
	  1. 항고소송: 행정청의 처분등이나 부작위에 대하여 제기하는 소송
	  2. 당사자소송: 행정청의 처분등을 원인으로 하는 법률관계에 관한 소송 그 밖에 공법상의 법률관계에 관한 소송으로서 그 법률관계의 한쪽 당사자를 피고로 하는 소송
	  3. 민중소송: 국가 또는 공공단체의 기관이 법률에 위반되는 행위를 한 때에 직접 자기의 법률상 이익과 관계없이 그 시정을 구하기 위하여 제기하는 소송
	  4. 기관소송: 국가 또는 공공단체의 기관상호간에 있어서의 권한의 존부 또는 그 행사에 관한 다툼이 있을 때에 이에 대하여 제기하는 소송. 다만, 헌법재판소법 제2조의 규정에 의하여 헌법재판소의 관장사항으로 되는 소송은 제외한다.

항고소송	항고소송은 다음과 같이 구분한다.
	  1. 취소소송: 행정청의 위법한 처분등을 취소 또는 변경하는 소송
	  2. 무효등 확인소송: 행정청의 처분등의 효력 유무 또는 존재여부를 확인하는 소송
	  3. 부작위위법확인소송: 행정청의 부작위가 위법하다는 것을 확인하는 소송

행정심판과의 관계	① 취소소송은 법령의 규정에 의하여 당해 처분에 대한 행정심판을 제기할 수 있는 경우에도 이를 거치지 아니하고 제기할 수 있다. 다만, 다른 법률에 당해 처분에 대한 행정심판의 재결을 거치지 아니하면 취소소송을 제기할 수 없다는 규정이 있는 때에는 그러하지 아니하다. 〈개정 1994. 7. 27.〉
	② 제1항 단서의 경우에도 다음 각호의 1에 해당하는 사유가 있는 때에는 행정심판의 재결을 거치지 아니하고 취소소송을 제기할 수 있다. 〈개정 1994. 7. 27.〉
	  1. 행정심판청구가 있은 날로부터 60일이 지나도 재결이 없는 때
	  2. 처분의 집행 또는 절차의 속행으로 생길 중대한 손해를 예방하여야 할 긴급한 필요가 있는 때
	  3. 법령의 규정에 의한 행정심판기관이 의결 또는 재결을 하지 못할 사유가 있는 때
	  4. 그 밖의 정당한 사유가 있는 때

제소기간	① 취소소송은 처분등이 있음을 안 날부터 90일 이내에 제기하여야 한다. 다만, 제18조제1항 단서에 규정한 경우와 그 밖에 행정심판청구를 할 수 있는 경우 또는 행정청이 행정심판청구를 할 수 있다고 잘못 알린 경우에 행정심판청구가 있은 때의 기간은 재결서의 정본을 송달받은 날부터 기산한다. ② 취소소송은 처분등이 있은 날부터 1년(第1項 但書의 경우는 裁決이 있은 날부터 1年)을 경과하면 이를 제기하지 못한다. 다만, 정당한 사유가 있는 때에는 그러하지 아니하다. ③ 제1항의 규정에 의한 기간은 불변기간으로 한다.
집행정지	① 취소소송의 제기는 처분등의 효력이나 그 집행 또는 절차의 속행에 영향을 주지 아니한다. ② 취소소송이 제기된 경우에 처분등이나 그 집행 또는 절차의 속행으로 인하여 생길 회복하기 어려운 손해를 예방하기 위하여 긴급한 필요가 있다고 인정할 때에는 본안이 계속되고 있는 법원은 당사자의 신청 또는 직권에 의하여 처분등의 효력이나 그 집행 또는 절차의 속행의 전부 또는 일부의 정지(이하 "執行停止"라 한다)를 결정할 수 있다. 다만, 처분의 효력정지는 처분등의 집행 또는 절차의 속행을 정지함으로써 목적을 달성할 수 있는 경우에는 허용되지 아니한다. ③ 집행정지는 공공복리에 중대한 영향을 미칠 우려가 있을 때에는 허용되지 아니한다. ④ 제2항의 규정에 의한 집행정지의 결정을 신청함에 있어서는 그 이유에 대한 소명이 있어야 한다. ⑤ 제2항의 규정에 의한 집행정지의 결정 또는 기각의 결정에 대하여는 즉시항고할 수 있다. 이 경우 집행정지의 결정에 대한 즉시항고에는 결정의 집행을 정지하는 효력이 없다. ⑥ 제30조제1항의 규정은 제2항의 규정에 의한 집행정지의 결정에 이를 준용한다.
사정판결	① 원고의 청구가 이유있다고 인정하는 경우에도 처분등을 취소하는 것이 현저히 공공복리에 적합하지 아니하다고 인정하는 때에는 법원은 원고의 청구를 기각할 수 있다. 이 경우 법원은 그 판결의 주문에서 그 처분등이 위법함을 명시하여야 한다. ② 법원이 제1항의 규정에 의한 판결을 함에 있어서는 미리 원고가 그로 인하여 입게 될 손해의 정도와 배상방법 그 밖의 사정을 조사하여야 한다. ③ 원고는 피고인 행정청이 속하는 국가 또는 공공단체를 상대로 손해배상, 제해시설의 설치 그 밖에 적당한 구제방법의 청구를 당해 취소소송등이 계속된 법원에 병합하여 제기할 수 있다.

CHAPTER 06 경찰행정학

알파 043 인사행정

1 관료제의 구조적 특성(M. Weber)

1. 관료의 권한과 직무범위는 **법규**에 의해 규정된다.
2. 직무조직은 **계층제적 구조**로 되어 있다.
3. 직무수행은 **서류**에 의해서 이루어지며 기록은 장기간 보존된다.
4. 관료는 직무수행과정에서 **애정이나 증오 등의 개인적 감정에 의하지 않고** 법규에 따라 임무를 수행한다.
5. 모든 직무는 전문지식과 기술을 지닌 관료가 담당하며 이들은 시험 또는 자격 등에 의해 공개적으로 채용된다.
6. 관료는 직무수행의 대가로 급료를 정규적으로 받고, 승진 및 퇴직금 등의 직업적 보상을 받는다.

2 관료제의 역기능

1. 동조과잉(목표의 수단화)
2. 할거주의
3. 번문욕례(繁文縟禮)(Red-Tape)
4. 변화에 대한 저항
5. 전문가적 무능
6. 무사안일주의 : 상급자의 권위에 지나치게 의존
7. 인간성의 상실(몰인간성)

3 조직편성의 원리

1) 분업의 원리

장 점	단 점
① 행정의 능률성(조직목표의 능률적 달성, 시간·비용 절약, 신속성 향상) ② 교육의 효율화(업무습득시간 단축) ③ 인간능력의 한계상 전문화가 필요 ④ 조직규모 증대에 따른 업무분담	① 전문화에 의한 무능·훈련된 무능 ② 전문가 경계의 원칙 : "전문가는 지식과 시야가 좁고 조정능력이 약하므로, 조직의 지도자·기관장 보다는 보조적 기능만을 수행해야 한다." ③ 기술관료의 관료제 강화 ④ 조직문화와의 괴리 ⑤ 기존 관료제와의 갈등

2) 계층제의 원리

의의	• 수직적 분업 : 업무의 책임도·곤란도를 기준으로 등급화하여 상하계층 간 명령복종관계를 형성 • 대규모화(구성원 수의 증가), 전문화, 업무다양화에 따라 계층 수는 증가 • 통솔범위와 계층제는 반비례관계 : 계층 수가 늘어나면 통솔범위는 좁아짐
장점	① 공식적인 의사전달의 경로 – 상의하달 명령의 통로 ② 공식적 권위의 행사수단, 내부통제수단 ③ 조직 내 갈등·대립의 조정수단 ④ 지휘·감독을 통한 조직의 질서와 통일을 확보 ⑤ 권한위임 및 상하 간 권한배분의 기준 및 경로 ⑥ 책임소재의 명확화, 신속하고 능률적인 업무수행 ⑦ 승진을 통한 사기앙양, 인간능력의 우열을 반영 ⑧ 행정목표의 설정과 업무의 적정배분통로
단점	① 조직의 경직 : 유동성·융통성있는 인간관계를 저해, 환경에의 신축성 저하, **새로운 지식·기술의 신속한 도입이 곤란** ② 조직 간 갈등 초래 : 할거주의(수직적·종적 서열주의만을 강조) ③ 비민주성·비인간성 ④ 전문성과의 갈등 ⑤ 의사전달의 지연·왜곡, 하의상달이 곤란 ⑥ 피터의 원리 : 무능력자의 승진 　("조직 내 구성원은 무능력의 수준까지 승진한다.")

3) 통솔범위의 원리

의의	① 한 사람의 상관이 직접 통솔할 수 있는 부하의 합리적인 수(**구조조정의 문제**와 관련이 깊다) ② 통솔범위와 계층 수는 역의 관계(반비례관계)	
결정요인	확대요인	축소요인
시간적 요인	기존조직, 안정된 조직	신설조직
공간적 요인	집중된 조직	분산된 조직
직무의 성질	단순하고 반복적·동질적·정형적인 업무	복잡하고 전문적·이질적·비정형적 업무
인적 요인	• 감독자나 피감독자가 유능할 경우 • 통솔자에 대한 신임이 높을수록 • 참모조직이 증가할수록 • 부하의 사기가 높을수록	• 감독자나 피감독자가 무능할 경우 • 통솔자에 대한 신임이 낮을수록 • 참모조직이 미발달할수록 • 부하의 사기가 낮을수록
기술적 요인	교통·정보통신기술이 발달할수록	교통·정보통신기술이 미발달할수록
계층제	계층의 수가 적을수록	계층의 수가 많을수록

4) 명령통일의 원리

개념	조직의 구성원 간에 지시나 보고를 주고받는 과정에서 지시는 한 사람만이 할 수 있고, 보고도 한 사람에게만 하여야 한다는 원칙
필요성	• 업무수행의 혼선과 혼선으로 인한 비능률을 방지 • 거의 모든 업무수행에서 결단과 신속한 집행을 필요로 하며 신속한 결단과 결단내용의 지시가 한 사람에게 통합되어야 한다.
문제점	• 명령통일의 원리를 너무 철저하게 지킨다면, 실제 업무수행에 더 큰 지체와 혼란을 야기할 수 있다. • 관리자의 사고나 여타의 이유로 인해 관리자가 적정한 지휘통솔을 할 수 없는 때에는 관리기능을 대행하는 체제를 갖추고 있다. 대리 또는 대행자를 미리 지정해두고 관리자의 유고시에는 정해진 순서에 따라 유고관리자의 임무를 대행하게 하고 있다. • 권한의 위임제도도 있는데, 권한의 위임은 관리자의 임무를 하위 관리자에게 일부 맡기는 것으로, 계층제에 의해 상위직에 부여된 권한과 책임을 하위자에게 분담시킴으로써, 통솔범위의 한계를 재조정하거나 명령통일의 한계를 완화시킬 수 있는 제도이다.

5) 조정과 통합의 원리

• 조직의 공동목적을 달성하기 위하여 구성원의 행동통일을 기하도록 집단적 노력을 질서있게 배열하는 과정으로서 구성원이나 단위기관의 활동을 전체적인 관점에서 통일하여 조직의 목표달성도를 높이려는 원리
• Mooney : "제1차적 원리"

저해요인	조정확보방안
① 행정조직의 확산현상(조직의 대규모화)	① 목표·권한·책임의 명확화를 통한 갈등방지
② 행정의 전문화·기술화	② 수평적 갈등은 회의, 위원회를 통한 조정
③ 할거주의 : 종적 상하관계에서 타 기관에 대해 배타적이고, 자기조직의 입장·이익만을 강조하는 경향	③ 수직적 갈등은 권위·리더십·계층제를 통한 조정
④ 정치적 이해관계의 작용	④ 조직구성원이 공감하는 아이디어를 통한 공통적 사고를 도출
⑤ 가치관·형태의 전근대성	⑤ 계획과 환류
⑥ 행정인의 능력과 의욕 부족	⑥ 조정기구의 설치
⑦ 조직구성원의 목표와 이해관계의 차이	⑦ 재집권화, 직무확장, 부처의 통폐합
⑧ 기관장의 조정능력 부족 및 조정기구의 결여	⑧ 횡적 인사교류(배치전환) 및 공동교육훈련
⑨ 의사전달의 미흡	⑨ 조직의 간소화, 명확한 사무처리절차
⑩ 이념의 갈등	⑩ 참여의 촉진 및 MBO·OD의 활용

▶ **갈등**

조직 내의 의사결정과정에서 대안의 선택기준이 모호하거나 한정된 자원에 대한 경쟁 때문에 개인이나 집단이 대안을 선택하는 데 곤란을 겪는 상황

갈등관리론	• 인간관계론(전통적 관점)에서는 갈등은 일종의 악, 조직의 효과성에 부정적 영향을 미치고, 모든 갈등은 제거대상이며 직무의 명확한 규정 등을 통해 갈등을 제거할 수 있다고 본다. • 현대조직론은 어느 정도의 갈등은 집단형성과 집단활동 유지의 본질적 요소이며, 갈등은 조직생존의 불가결한 적응과 변화의 원동력으로 보고 있다.

갈등의 원인	갈등의 해결방법
세분화된 업무처리	업무의 통합 및 대화채널의 확보
한정된 자원 및 예산	우선순위의 결정 및 자원확보

4 계급제와 직위분류제

1) 계급제와 직위분류제

구분	직위분류제	계급제
유래	미국	대륙법계 : 프랑스, 독일, 일본
인간과 직무	직무중심 ⇨ 전문행정가 양성에 유리 직무분석 및 직무평가를 중시	인간중심 ⇨ 일반행정가 양성에 유리
보수	동일한 직무에 동일한 보수의 원칙 ⇨ 보수제도의 합리적 기준을 제시	계급에 따라 차이가 매우 크다
인사배치	비신축적·비융통적·비탄력적	신축적·융통적·탄력적
권한과 책임	명확○	명확×
충원방식	개방형 충원방식	폐쇄형 충원방식
행정계획	단기적 사업계획 ⇨ 능률성 확보	장기적·사업계획 ⇨ 환경에 동태적 적응
조정·협조	기관 간 협조·조정이 곤란	기관 간 협조·조정이 용이
신분보장	미약함 → 민주적 통제가 용이	강함

2) 실적주의와 직업공무원제도

구분	실적주의	직업공무원제
차이점	영국은 1870년 확립, 미국은 1883년 확립	영국은 실적주의 이전에 확립, 미국은 아직 미확립
	직무급	생계급
	전문행정가 양성, 개방형 임용	일반행정가 양성, 폐쇄형 임용
	겸직 허용	원칙적으로 겸직 금지
	개방형 충원	폐쇄형 충원

차이점	신분보장은 직업공무원제도 비해 약함	신분보장은 실적주의에 비해 강함
	공직임용시 완전기회균등 (연령·학력 제한 없음)	공직임용시 제약된 기회균등 (연령·학력 제한 있음)
	정치적 중립을 주요 요소로 포함	정치적 중립을 반드시 요구하지는 않음
유사점	신분보장, 정치적 중립, 자격이나 능력에 의한 채용·승진, 공직임용상의 기회균등	

3) 직업공무원제도의 장단점

장점	단점
신분보장을 통한 행정의 **안정성·계속성 확보** 정치적 중립을 보장하므로 **독립성·중립성 확보** 승진기회 부여로 공무원의 사기앙양, 경력중심의 승진제도 운영으로 인사행정의 객관성 확보 공무원의 능률성 제고 공직에서의 이직률 저하, 공직에 대한 충성심 제고	관료침체와 **민주통제가 곤란** 환경변화에 대한 적응력 부족 행정의 전문성 저해, 전문행정가 양성 곤란 **기회균등의 제약** 직업전환 곤란 승진지망의 과열

5 동기부여이론

내용이론	인간의 특정욕구가 동기를 부여하는 것으로 이해 예 Maslow의 욕구단계이론, 샤인의 복잡인모형, 맥그리거의 XY이론, 아지리스의 성숙·미성숙이론 등
과정이론	인간의 특정욕구가 직접적으로 동기를 부여하는 것이 아니라 욕구와는 별도의 다양한 요인들이 동기부여과정에 작용한다 예 포터와 롤러의 업적만족이론, 브룸의 기대이론, 아담스의 공정성이론 등

6 허즈버그(Herzberg)의 동기위생이론(2요인이론)

위생요인 (불만요인)	① 불쾌감을 회피하려는 욕구 ② 불만족을 가져오는 요인은 보수, 대인관계, 감독, 직무안정성, 근무환경, 회사의 정책 및 관리
동기요인 (만족요인)	① 정신적으로 성장하고 자기실현을 추구하려는 욕구 ② 만족요인으로는 인정감, 성취, 성장 가능성, 승진, 책임감, 직무 자체

7 Maslow의 욕구단계이론(욕구계층제)

자아실현욕구	잠재력의 최대발휘, 자기발전, 창의성	공정하고 합리적 승진, 공무원단체의 인정, 공직에 대한 사회적 인식의 제고
존경욕구	긍지, 자존심, 지위인정, 명예	참여의 확대, 권한의 위임, 제안, 포상제도
사회적 욕구	소속·애정욕구, 친밀한 인간관계, 소속감	인간관계 개선, 고충처리, 상담
안전욕구	위험·위협으로부터 보호, 경제적 안정, 자기보전욕구	신분보장, 연금제도
생리적 욕구	최하위욕구, 동물적 본성, 衣·食·住·餓·渴·性	적정한 보수제도, 휴양제도

8 X이론과 Y이론(McGregor)

	X이론(성악설)	Y이론(성선설)
인간관	① 본성적으로 일을 싫어하며 게으르고 책임지기를 싫어한다. ② 명령받은 것을 좋아하며 변화에 저항하고 안정된 생활을 추구한다. ③ 이기적이고 자기중심적 성향을 지닌다. ④ 조직의 요구에 무관심한 비타협적 존재이다. ⑤ 일을 시키면 강제, 명령, 위협, 벌칙 등이 가해져야 한다.	① 일을 반드시 싫어하지는 않고 상황에 따라 일을 보는 견해가 다르다. ② 인간을 책임을 수용하며 자기규제능력을 가지는 존재이다. ③ 인간은 이타적이며 사회중심적 존재이다. ④ 자발적이고 의욕적인 참가를 통해 보람을 느끼고 창의성과 도전성을 가지며 상호협력적 성향을 가진다.
관리전략	통제중심의 전통적 전략 ① 경제적 보상체계의 강화 ② 조직구조의 고층성 ③ 권위형의 리더쉽 ④ 공식적 조직에의 의존 ⑤ 집권제와 참여의 제한 ⑥ 상부책임제도의 강화	조직목표와 개인목표의 통합(통합적 관리) ① 사회심리적 욕구의 충족 ② 민주적 리더쉽의 구사 ③ 분권화와 권한의 위임 ④ 조직구조의 평면성 ⑤ 비공식 조직의 활용 ⑥ MBO의 활용 ⑦ 자기평가제도, 직무확충

알파 044 재무행정

1 예산제도

1) 예산의 과정상 분류

일반회계	일반적인 국가활동에 관한 세입과 세출을 포괄하는 예산. 세입은 주로 조세수입으로 충당, 세출은 국가의 존립과 유지를 위한 기본적 지출로 구성하는 것으로 경찰예산의 대부분은 일반회계에 속한다.
특별회계	[설치요건] : 아래 요건에 해당될 경우 법률로써 설치 가능 ① 국가에서 특정사업을 운영할 경우(책임운영기관 특별회계 등) ② 특정한 자금을 보유하여 운용할 경우(재정융자 특별회계) ③ 기타 특정한 세입으로 특정한 세출에 충당하여 일반회계와 구분하여 계리(計理)할 필요가 있을 경우

2) 예산의 과정상 분류

본예산	당초에 국회의 의결을 얻어 확정·성립된 예산이다.
수정예산	정부가 예산안을 국회에 제출한 후 국회의 심의·확정 전에 국제정세나 국내외의 사회·경제적 여건의 변동으로 그 내용의 일부를 수정하여 제출하는 예산이다.
추가경정 예산	예산이 국회를 통과하여 확정된 후에 생긴 사유로 인하여 필요한 경비의 부족이 생길 때 이미 성립한 예산에 추가 또는 변경을 가하는 예산이다.
준예산	새로운 회계연도가 개시될 때까지 예산안이 성립되지 못할 경우 정부는 국회에서 예산안이 의결·확정될 때까지 전년도 예산에 준하여 집행할 수 있다. 이를 준예산이라 한다. ▎**준예산의 지출용도** 1. 헌법이나 법률에 의해 설치된 기관 또는 시설의 유지·운영비 2. 법률상 지출의무의 이행(예 공무원의 보수와 사무처리에 관한 기본 경비) 3. 이미 예산으로 승인된 사업의 계속비

3) 예산제도의 특성

(1) 품목별 예산(LIBS : Line Item Budget System)

의의	지출대상을 품목별(인건비, 소모품비, 출장비 등)로 분류하여, 투입(input)요소인 지출대상과 그 한계를 명확히 규정하여 예산통제를 기하려는 제도

장점	단점
① 재정통제의 용이 ② 회계책임의 명확화 ③ 예산이해의 용이 ④ 인사행정의 정원과 보수에 관한 유용한 정보·자료를 제공 ⑤ 갈등 감소	① **경직성예산**의 신축성을 저해한다. ② **사업성과의 파악 곤란** ③ **계획과 예산의 불일치** ④ **자원배분의 비효율성**

(2) 성과주의 예산(PBS : Performance Budget System)

의의	① 예산과목을 사업계획·활동별로 분류한 다음, 주요사업을 몇 개의 사업으로 나누고, 이를 다시 몇 개의 세부사업으로 나누어 세부사업별로 단위원가와 업무량을 산출하여 "**단위원가 × 업무량 = 예산액**"으로 편성 ② 예산기능의 중심이 통제가 아닌 관리기능에 있다. ③ 중앙예산기관은 재정적인 타당성의 확보보다는 능률성 증대를 강조한다.

장점	단점 및 문제점
① 국민이 정부활동을 이해하기가 용이 ② 자금배분의 합리화 ③ 예산집행의 신축성이 제고 ④ 정부의 계획수립이 용이 ⑤ 의회의 예산심의가 간편하고 효율적임 ⑥ 행정기관의 관리층에게 효율적인 관리수단을 제공 ⑦ 업무의 계량화가 쉬운 작은 규모의 조직에 적용 용이 ⑧ 외부통제보다는 내부통제 중심으로 운영되며, 관리에 역점을 두므로 관리에 대한 책임확보가 용이 ⑨ 집행실적을 다음 연도에 반영하기 용이	① 입법부의 행정부에 대한 재정통제가 곤란 ② 회계책임의 불분명 및 철저한 공금관리가 곤란 ③ 총괄계정으로는 부적합 ④ 점증주의적 예산 : 사업의 우선순위 분석이나 정책대안의 선택에는 도움을 주지 못한다. 장기적인 국가발전계획에 대한 지원기능이 미약 ⑤ 계획·기능·활동 간의 비교·측정에 관한 가치판단의 기준을 제고하지 못함 ⑥ 장기적인 계획의 연계보다는 개별적인 단위사업만 중시하는 예산이므로, 목표의식이 결여되어 효과성 측정이 곤란 ⑦ 업무측정단위 선정이 곤란, 단위원가계산이 곤란

(3) 계획예산(PPBS : Planning Programming Budgeting System)

의의	장기적 계획수립(Planning)과 단기적 예산편성(Budgeting)을 가교로 하여 유기적으로 결합시킴으로써, 자원배분에 관한 정부의 의사결정을 일관성있고 합리적으로 행하고자 하는 예산제도

장점	단점
① 대안의 체계적·과학적 분석을 통한 자원배분의 합리성 제고, 절약과 능률의 실현가능 ② 장기사업계획에 대한 신뢰성, 계획과 예산의 조화 ③ 조직의 통합적 운영 ④ 의사결정상의 과학적 객관성 확보 ⑤ 국가목표의 정확하고 계속적인 파악 ⑥ 의사결정의 일원화로 최고관리층의 합리적 의사결정	① 중앙집권화(하향적·일방적 의사결정) ② 계량화와 환산작업의 곤란 ③ 의회지위의 약화가능성 ④ 경험을 경시 ⑤ 관료조직의 반발 ⑥ 간섭비 및 공통비의 배분 곤란 ⑦ 명확한 목표설정이 곤란, 많은 시간과 비용 소모

(4) 영기준예산(ZBS : Zero Base Budget)

의의	점증주의적 예산결정에서 탈피하여 **전년도 예산에 구애받지 않고**, 조직체의 모든 사업과 활동에 대하여 영기준을 적용하여 체계적으로 분석하고, **우선순위**가 높은 사업과 활동을 선택하여 예산을 결정하는 제도

장점(효과)	단점(한계)
① 삭감에 대한 과학적 근거를 마련하여 자원배분을 합리화하고, 예산의 팽창을 억제하는 기능 ② 조세부담의 증가를 억제, 예산의 합리적 삭감, 자원난 극복 ③ 효율적인 관리수단 제공 ④ 재정운영의 탄력성 확보 ⑤ 상향적·민주적 의사결정, 관리자의 참여확대 ⑥ 적절한 정보의 제시와 계층 간의 단절 방지 ⑦ 사업·예산의 효율성 향상	① 시간·노력의 과중, 고도의 전문성을 요구 ② 장기적인 목표가 경시되는 경향 ③ 관료들의 자기방어와 기득권자의 저항으로 인해 사업축소 및 폐지가 곤란 ④ 예산삭감이 강조되므로, 정치적 힘이 약한 소규모조직의 희생을 초래 ⑤ 정치적·심리적 요인을 경시 ⑥ 새로운 프로그램 개발이 곤란 ⑦ 계획수립·목표설정 기능의 위축 ⑧ 분석 및 우선순위의 결정이 곤란(가치판단의 문제가 발생)

(5) 일몰법(Sunset Law)

의의	① 일정한 행정기관이나 사업의 법정시한이 경과되어 국회의 재보증을 얻지 못하는 한 자동적으로 종결시키는 제도 ② 자동적 종결과 주기적 재검토 ③ 행정부의 책임성을 증대시키고, 의회의 행정기관에 대한 감독기능을 증진시키기 위한 법률

장점	단점
① 입법부의 행정통제 강화 ② 행정기관 및 정책에 대한 실적감사 기능 ③ 공익에 대한 행정기관의 관심증대 유도 ④ 행정의 책임성 향상	① 시간과 노력 과중 ② 대상기관이 실제업무보다 일몰법 기준에 맞게 활동하는 데 치중

(6) 자본예산(CBS : Capital Budget System)

의의	① 정책과 절차상의 목적을 위하여 정부예산을 경상지출과 자본지출로 구분 ② **경상지출**은 경상수입으로 충당시켜 수지균형을 이루지만, ③ **자본지출**은 적자재정과 공채발행으로 충당하여 **단기적으로 불균형예산을 편성**

장점	문제점
① 수익자부담원칙, 세대 간 부담의 형평성 ② 재정기본구조의 이해 용이 ③ 지역개발사업의 재원확보 용이 ④ 장기적 재정계획수립 용이 ⑤ 불경기(실업)의 극복에 용이 : 유효수요증대·고용증대 수단 ⑥ 국민 조세부담의 기복을 막고, 일관성있는 조세정책수립이 가능 ⑦ 예산운영의 합리화	① 자본재의 축적 또는 공공사업에의 치중 ② 정치적 이용, 적자재정의 은폐수단화 ③ 인플레이션 가속화 : 안정효과가 감소 ④ 계정구분의 불명확성 : 정부예산을 경상지출과 자본지출로 구분하기 어려움 ⑤ 민간자본의 효율적 이용가능성에 대한 의문 ⑥ 안정적 정책을 요구하는 중앙정부예산에는 부적합

(7) 예산의 탄력적 집행제도

예산의 이용		• 입법과목(장·관·항) 간의 상호융통 • 예산의 이용은 미리 국회의 의결과 기획재정부장관의 승인을 요한다.
예산의 전용		• 행정과목(세항·목) 간의 상호융통 • 기획재정부장관의 승인을 요한다.
예산의 이체		정부조직의 변동에 따른 예산의 책임소관을 변경하는 것을 의미한다.
이월	명시이월	미리 국회의 승인을 얻어 예산을 다음 연도에 넘겨 사용하는 것이다.
	사고이월	1회에 한한다.

2 예산절차(국가재정법상)

1) 편성절차

신규 및 주요 계속사업 계획서 제출	각 중앙관서의 장은 **매년 1월 31일까지** 당해 회계연도부터 5회계연도 이상의 기간 동안의 신규사업 및 기획재정부장관이 정하는 주요 계속사업에 대한 중기사업계획서를 기획재정부장관에게 제출하여야 한다.
예산편성지침 시달	기획재정부장관은 국무회의의 심의를 거쳐 대통령의 승인을 얻은 다음 연도의 예산안편성지침을 **매년 3월 31일까지** 각 중앙관서의 장에게 통보하여야 한다.
예산요구서 제출	각 중앙관서의 장은 제29조의 규정에 따른 예산안편성지침에 따라 그 소관에 속하는 다음 연도의 세입세출예산·계속비·명시이월비 및 국고채무부담행위 요구서를 작성하여 **매년 5월 31일까지** 기획재정부장관에게 제출하여야 한다.
정부안의 확정 및 국회 제출	기획재정부장관은 예산안을 편성하여 국무회의의 심의를 거쳐 대통령의 승인을 얻어야 한다. 이렇게 확정된 예산안은 국회의 심의에 필요한 첨부서류와 함께 **회계연도 개시 120일전까지** 국회에 제출한다.
국회의 심의·의결	• 예산결산특별위원회의 종합심사는 ① 종합정책 질의 → ② 부처별 심의 → ③ 계수조정소위원회의 계수조정 → ④ 예산결산특별위원회 전체회의에서 소위원회의 조정안 승인의 순서로 행해진다. • 예산결산특별위원회의 종합심사가 끝나면 예산안은 본회의의 의결을 거침으로써 **회계연도 개시 30일 전까지** 확정된다.

2) 예산의 집행

• 국회를 통과하여 예산이 확정되었더라도 해당 예산이 배정되지 않은 상태에서는 지출원인행위를 할 수 없다.

제42조(예산배정요구서의 제출) 각 중앙관서의 장은 예산이 확정된 후 사업운영계획 및 이에 따른 세입세출예산·계속비와 국고채무부담행위를 포함한 예산배정요구서를 기획재정부장관에게 제출하여야 한다. 〈개정 2008. 2. 29.〉

제43조(예산의 배정)
① 기획재정부장관은 제42조의 규정에 따른 예산배정요구서에 따라 분기별 예산배정계획을 작성하여 국무회의의 심의를 거친 후 대통령의 승인을 얻어야 한다. 〈개정 2008. 2. 29.〉
② 기획재정부장관은 각 중앙관서의 장에게 예산을 배정한 때에는 감사원에 통지하여야 한다. 〈개정 2008. 2. 29.〉
③ 기획재정부장관은 필요한 때에는 대통령령으로 정하는 바에 따라 회계연도 개시 전에 예산을 배정할 수 있다. 〈개정 2008. 2. 29., 2020. 6. 9.〉
④ 기획재정부장관은 예산의 효율적인 집행관리를 위하여 필요한 때에는 제1항의 규정에 따른 분기별 예산배정계획에도 불구하고 개별사업계획을 검토하여 그 결과에 따라 예산을 배정할 수 있다. 〈개정 2008. 2. 29., 2020. 6. 9.〉
⑤ 기획재정부장관은 재정수지의 적정한 관리 및 예산사업의 효율적인 집행관리 등을 위하여 필요한 때에는 제1항의 규정에 따른 분기별 예산배정계획을 조정하거나 예산배정을 유보할 수 있으며, 배정된 예산

의 집행을 보류하도록 조치를 취할 수 있다. 〈개정 2008. 2. 29.〉

제44조(예산집행지침의 통보) 기획재정부장관은 예산집행의 효율성을 높이기 위하여 매년 예산집행에 관한 지침을 작성하여 각 중앙관서의 장에게 통보하여야 한다. 〈개정 2008. 2. 29.〉

제45조(예산의 목적 외 사용금지) 각 중앙관서의 장은 세출예산이 정한 목적 외에 경비를 사용할 수 없다.

3) 예산의 결산

제56조(결산의 원칙) 정부는 결산이 「국가회계법」에 따라 재정에 관한 유용하고 적정한 정보를 제공할 수 있도록 객관적인 자료와 증거에 따라 공정하게 이루어지게 하여야 한다. 〈개정 2008. 12. 31.〉

제57조(성인지 결산서의 작성)
① 정부는 여성과 남성이 동등하게 예산의 수혜를 받고 예산이 성차별을 개선하는 방향으로 집행되었는지를 평가하는 보고서(이하 "성인지 결산서"라 한다)를 작성하여야 한다.
② 성인지 결산서에는 집행실적, 성평등 효과분석 및 평가 등을 포함하여야 한다. 〈신설 2010. 5. 17.〉

제58조(중앙관서결산보고서의 작성 및 제출)
① 각 중앙관서의 장은 「국가회계법」에서 정하는 바에 따라 회계연도마다 작성한 결산보고서(이하 "중앙관서결산보고서"라 한다)를 다음 연도 2월 말일까지 기획재정부장관에게 제출하여야 한다. 〈개정 2008. 12. 31.〉
② 국회의 사무총장, 법원행정처장, 헌법재판소의 사무처장 및 중앙선거관리위원회의 사무총장은 회계연도마다 예비금사용명세서를 작성하여 다음 연도 2월말까지 기획재정부장관에게 제출하여야 한다. 〈개정 2008. 2. 29.〉

제59조(국가결산보고서의 작성 및 제출) 기획재정부장관은 「국가회계법」에서 정하는 바에 따라 회계연도마다 작성하여 대통령의 승인을 받은 국가결산보고서를 다음 연도 4월 10일까지 감사원에 제출하여야 한다.

제60조(결산검사) 감사원은 제59조에 따라 제출된 국가결산보고서를 검사하고 그 보고서를 다음 연도 5월 20일까지 기획재정부장관에게 송부하여야 한다.

제61조(국가결산보고서의 국회제출) 정부는 제60조에 따라 감사원의 검사를 거친 국가결산보고서를 다음 연도 5월 31일까지 국회에 제출하여야 한다.

CHAPTER 07 기타관리

알파 045 보안관리

1 보안(업무)의 원칙

보안업무의 원칙	알 사람만 알아야 하는 원칙	보안의 대상이 되는 사실은 전파할 때 전파가 꼭 필요한가 또는 피전파자가 반드시 전달받아야 하며 필요한 것인가를 검토하여 한다.
	부분화의 원칙	한번에 다량의 비밀이나 정보가 유출되지 않도록 하는 원칙
	보안과 효율의 조화	보안과 업무효율은 반비례관계가 있으므로 양자의 적절한 조화를 유지하는 방법을 강구해야 한다.

2 비밀취급권

① 비밀의 취급이라 함은 비밀을 수집·작성·관리·분류·재분류 및 수발하는 등 일체의 비밀관리 행위를 말한다.
② 비밀을 취급할 수 있는 자는 권한있는 행정청(비밀취급인가권자)으로부터 해당 등급의 비밀취급인가를 받은 자에 한한다.
- 경찰공무원(의무경찰순경 포함)은 임명과 동시에 Ⅲ급 비밀취급권을 가진다.
- 경찰공무원 중 정보통신·항공경과 근무자와 일반경과 중 다음 부서에서 근무하는 자(의무경찰순경 포함)는 보직 발령과 동시에 Ⅱ급 비밀취급권을 인가받은 것으로 한다.
  - 경비·경호·작전 담당부서(기동대·전경대의 경우 행정부서에 한한다)
  - 정보·보안·외사부서
  - 감찰·감사 담당부서
  - 상황실
  - 경찰청의 실·국의 서무담당자 및 비밀을 관리하는 보안업무 담당자
  - 소속기관, 각 시·도 시도경찰청, 경찰서의 각과 서무담당자 및 비밀을 관리하는 보안업무 담당자
- 특수경과(정보통신·항공경과)는 보직발령과 동시에 Ⅱ급 비밀취급권을 가진다.
- Ⅱ급 비밀취급권을 인가받은 것으로 하는 경우 비밀취급인가증은 별도로 발급치 않고 보직명령을 근거로 비밀취급인가증발급대장에 정리만을 행하고, 해당 경찰공무원 중 신원특이자는 자체 보안심사위원회 또는 자체 심사기구에서 인가 여부를 의결하고 불가로 결정된 자는 즉시 인사조치한다.

3 비밀취급인가권자

① 경찰청장과 소속기관장(경찰대학장·경찰인재개발원장·중앙경찰학교장·경찰병원장·경찰수사연수원장·시도경찰청장 등)은 Ⅱ·Ⅲ급 비밀취급인가권을 갖는다.
② 시도경찰청장은 경찰서장·기동대장에게 Ⅱ·Ⅲ급 비밀취급인가권을 위임한다.
③ 이때 **경정 이상**의 경찰공무원을 장으로 하는 단위 경찰기관의 장에게도 위임할 수 있다.
④ Ⅱ·Ⅲ급 비밀취급인가권을 위임받은 기관의 장은 다시 위임할 수 없다.

4 비밀의 구분(보안업무규정)

Ⅰ급 비밀	누설되는 경우 대한민국과 외교관계가 단절되고 전쟁을 유발하며, 국가의 방위계획·정보활동 및 국가방위상 필요불가결한 과학과 기술의 개발을 위태롭게 하는 등의 우려가 있는 비밀
Ⅱ급 비밀	누설되는 경우 국가안전보장에 막대한 지장을 초래할 우려가 있는 비밀
Ⅲ급 비밀	누설되는 경우 국가안전보장에 손해를 끼칠 우려가 있는 비밀

▶ 보안업무규정 시행규칙

대외비	위 외에 특별히 보호를 요하는 사항을 대외비로 하며, 비밀에 준하여 취급한다.

5 비밀의 보관기준

① 비밀은 일반문서나 자재와 혼합 보관할 수 없다.
② Ⅰ급 비밀은 반드시 금고에 보관하여야 하며, 타 비밀과 혼합 보관하여서는 아니 된다.
③ Ⅱ급 비밀 및 Ⅲ급 비밀은 금고 또는 철제상자나 안전한 용기에 보관하여야 하며 보관책임자가 Ⅱ급 비밀취급인가를 받은 때에는 동일 용기에 혼합 보관할 수 있다.
④ 보관용기에 넣을 수 없는 비밀은 제한구역 또는 통제구역 내에 보관하거나 내용이 노출되지 않도록 특별한 보호책을 강구하여야 한다.
⑤ 비밀의 보관용기 외부에는 비밀의 보관을 알리거나 나타내는 어떠한 표시도 하여서는 아니 된다.

6 문서비밀분류의 원칙

과도 또는 과소분류 금지의 원칙	비밀은 적절히 보호할 수 있는 **최저등급**으로 분류하여야 하며, 과도 또는 과소하게 분류하여서는 안 된다.
독립분류의 원칙	비밀은 그 **자체**의 내용과 가치의 정도에 따라 분류하여야 하며, 다른 비밀과 관련하여서는 안 된다.
외국(국제기구)비밀 존중의 원칙	외국 또는 국제기구로부터 접수한 비밀은 그 **생산기관**이 필요로 하는 정도 또는 그 이상으로 보호할 수 있도록 분류하여야 한다.

(1) 보호지역의 구분

구분	내용	구역		
제한지역	비밀 또는 정부재산의 보호를 위하여 울타리 또는 경호원에 의하여 일반인의 출입의 **감시**가 요구되는 지역	경찰관서 전역		
제한구역	비밀 또는 주요시설 및 자재에 대한 비밀취급비인가자의 접근을 방지하기 위하여 그 출입에 **안내**가 요구되는 구역	• 전자교환기실 • 교환실 • 발간실 • 송신 및 중계소	• 과학수사센터 • 경찰청 항공대 • 시도경찰청 항공대	• 작전·경호 및 정보·보안업무 담당부서 전역
통제구역	비인가자의 출입이 **금지**되는 보안상 극히 중요한 구역	• 암호취급소 • 비밀발간실 • 정보보안기록실 • 통신감청실	• 종합(치안)상황실 • 정보상황실 • 무기고 및 탄약고	• 암호장비 및 정보보호장비관리실 • 종합조회실

(2) 보안업무규정

비밀의 구분 (제4조)	비밀은 그 중요성과 가치의 정도에 따라 다음 각 호와 같이 구분한다. 1. Ⅰ급비밀 : 누설될 경우 대한민국과 외교관계가 단절되고 전쟁을 일으키며, 국가의 방위계획·정보활동 및 국가방위에 반드시 필요한 과학과 기술의 개발을 위태롭게 하는 등의 우려가 있는 비밀 2. Ⅱ급비밀 : 누설될 경우 국가안전보장에 막대한 지장을 끼칠 우려가 있는 비밀 3. Ⅲ급비밀 : 누설될 경우 국가안전보장에 해를 끼칠 우려가 있는 비밀
비밀의 보호와 관리 원칙	각급기관의 장은 비밀의 작성·분류·취급·유통 및 이관 등의 모든 과정에서 비밀이 누설되거나 유출되지 아니하도록 보안대책을 수립하여 시행하여야 한다. 이 경우 비밀의 제목 등 해당 비밀의 내용을 유추할 수 있는 정보가 포함된 자료는 공개하지 않는다. 〈개정 2020. 1. 14.〉
암호자재 제작·공급및 반납	① 국가정보원장은 암호자재를 제작하여 필요한 기관에 공급한다. 다만, 국가정보원장이 필요하다고 인정하는 암호자재의 경우 그 암호자재를 사용하는 기관은 국가정보원장이 인가하는 암호체계의 범위에서 암호자재를 제작할 수 있다. 〈개정 2020. 1. 14.〉 ② 암호자재를 사용하는 기관의 장은 사용기간이 끝난 암호자재를 지체 없이 그 제작기관의 장에게 반납하여야 한다. ③ 국가정보원장은 암호자재 제작 등 암호자재와 관련된 기술을 확보하기 위하여 「과학기술분야 정부출연연구기관 등의 설립·운영 및 육성에 관한 법률」 제8조제1항에 따라 설립된 정부출연연구기관으로 하여금 관련 연구개발 및 기술지원을 수행하게 할 수 있다. 〈신설 2020. 1. 14.〉

비밀·암호자재의 취급	비밀은 해당 등급의 비밀취급 인가를 받은 사람만 취급할 수 있으며, 암호자재는 해당 등급의 비밀 소통용 암호자재취급 인가를 받은 사람만 취급할 수 있다. 〈개정 2020. 1. 14.〉

비밀·암호자재 취급의 인가 및 인가해제	① 비밀취급 인가권자는 비밀을 취급하거나 비밀에 접근할 사람에게 해당 등급의 비밀취급을 인가하고, 필요한 경우에는 인가 등급을 변경한다.
	② 비밀취급 인가는 인가 대상자의 직책에 따라 필요한 최소한의 인원으로 제한하여야 한다.
	③ 비밀취급 인가를 받은 사람이 다음 각 호의 어느 하나에 해당하는 경우에는 그 인가를 해제해야 한다. 〈개정 2020. 12. 31.〉
	  1. 고의 또는 중대한 과실로 보안사고를 저질렀거나 이 영을 위반하여 보안업무에 지장을 주는 경우
	  2. 비밀취급이 불필요하게 되었을 경우
	④ 암호자재취급 인가권자는 비밀취급 인가를 받은 사람 중에서 암호자재취급이 필요한 사람에게 해당 등급의 비밀 소통용 암호자재취급을 인가하고, 필요한 경우에는 인가 등급을 변경한다. 이 경우 암호자재취급 인가 등급은 비밀취급 인가 등급보다 높을 수 없다. 〈신설 2020. 1. 14.〉
	⑤ 암호자재취급 인가를 받은 사람이 다음 각 호의 어느 하나에 해당하는 경우에는 그 인가를 해제해야 한다. 〈신설 2020. 1. 14.〉
	  1. 비밀취급 인가가 해제되었을 경우
	  2. 암호자재와 관련하여 보안사고를 저질렀거나 이 영을 위반하여 보안 업무에 지장을 주는 경우
	  3. 암호자재의 취급이 불필요하게 되었을 경우
	⑥ 비밀취급 및 암호자재취급의 인가와 인가 등급의 변경 및 인가 해제는 문서로 하여야 하며, 직원의 인사기록사항에 그 사실을 포함하여야 한다. 〈개정 2020. 1. 14.〉
	[제목개정 2020. 1. 14.]

비밀의 분류	① 비밀취급 인가를 받은 사람은 인가받은 비밀 및 그 이하 등급 비밀의 분류권을 가진다. ② 같은 등급 이상의 비밀취급 인가를 받은 사람 중 직속 상급직위에 있는 사람은 그 하급직위에 있는 사람이 분류한 비밀등급을 조정할 수 있다. ③ 비밀을 생산하거나 관리하는 사람은 비밀의 작성을 완료하거나 비밀을 접수하는 즉시 그 비밀을 분류하거나 재분류할 책임이 있다. 〈개정 2020. 1. 14.〉
분류원칙 (제12조)	① 비밀은 적절히 보호할 수 있는 최저등급으로 분류하되, 과도하거나 과소하게 분류해서는 아니 된다. ② 비밀은 그 자체의 내용과 가치의 정도에 따라 분류하여야 하며, 다른 비밀과 관련하여 분류해서는 아니 된다. ③ 외국 정부나 국제기구로부터 접수한 비밀은 그 생산기관이 필요로 하는 정도로 보호할 수 있도록 분류하여야 한다.
비밀의 접수·발송	① 비밀을 접수하거나 발송할 때에는 그 비밀을 최대한 보호할 수 있는 방법을 이용하여야 한다. ② 비밀은 암호화되지 아니한 상태로 정보통신 수단을 이용하여 접수하거나 발송해서는 아니 된다. 〈개정 2020. 1. 14.〉 ③ 모든 비밀을 접수하거나 발송할 때에는 그 사실을 확인하기 위하여 접수증을 사용한다.

출장 중의 비밀 보관	비밀을 휴대하고 출장 중인 사람은 비밀을 안전하게 보호하기 위하여 국내 경찰기관 또는 재외공관에 보관을 위탁할 수 있으며, 위탁받은 기관은 그 비밀을 보관하여야 한다.
비밀관리기록부	① 각급기관의 장은 비밀의 작성·분류·접수·발송 및 취급 등에 필요한 모든 관리사항을 기록하기 위하여 비밀관리기록부를 작성하여 갖추어 두어야 한다. 다만, Ⅰ급비밀관리기록부는 따로 작성하여 갖추어 두어야 하며, 암호자재는 암호자재 관리기록부로 관리한다. ② 비밀관리기록부와 암호자재 관리기록부에는 모든 비밀과 암호자재에 대한 보안책임 및 보안관리 사항이 정확히 기록·보존되어야 한다.

비밀의 복제·복사
제한
	① 비밀의 일부 또는 전부나 암호자재에 대해서는 모사(模寫)·타자(打字)·인쇄·조각·녹음·촬영·인화(印畵)·확대 등 그 원형을 재현(再現)하는 행위를 할 수 없다. 다만, 다음 각 호의 구분에 따른 비밀의 경우에는 그러하지 아니하다.
	  1. Ⅰ급비밀 : 그 생산자의 허가를 받은 경우
	  2. Ⅱ급비밀 및 Ⅲ급비밀 : 그 생산자가 특정한 제한을 하지 아니한 것으로서 해당 등급의 비밀취급 인가를 받은 사람이 공용(共用)으로 사용하는 경우
	  3. 전자적 방법으로 관리되는 비밀 : 해당 비밀을 보관하기 위한 용도인 경우
	② 각급기관의 장은 보안 업무의 효율적인 수행을 위하여 필요하다고 인정되는 경우에는 해당 비밀의 보존기간 내에서 제1항 단서에 따라 그 사본을 제작하여 보관할 수 있다.
	③ 제2항에 따라 비밀의 사본을 보관할 때에는 그 예고문이나 비밀등급을 변경해서는 아니 된다. 다만, 「공공기록물 관리에 관한 법률 시행령」 제68조제6항에 따라 비밀을 재분류하는 경우에는 그러하지 아니하다.
	④ 비밀을 복제하거나 복사한 경우에는 그 원본과 동일한 비밀등급과 예고문을 기재하고, 사본 번호를 매겨야 한다.
	⑤ 제4항에 따른 예고문에 재분류 구분이 "파기"로 되어 있을 때에는 파기 시기를 원본의 보호기간보다 앞당길 수 있다. 〈개정 2020. 1. 14.〉

비밀의 열람	① 비밀은 해당 등급의 비밀취급 인가를 받은 사람 중 그 비밀과 업무상 직접 관계가 있는 사람만 열람할 수 있다. ② 비밀취급 인가를 받지 아니한 사람에게 비밀을 열람하거나 취급하게 할 때에는 국가정보원장이 정하는 바에 따라 소속 기관의 장(비밀이 군사와 관련된 사항인 경우에는 국방부장관)이 미리 열람자의 인적사항과 열람하려는 비밀의 내용 등을 확인하고 열람 시 비밀 보호에 필요한 자체 보안대책을 마련하는 등의 보안조치를 하여야 한다. 다만, Ⅰ급비밀의 보안조치에 관하여는 국가정보원장과 미리 협의하여야 한다.

비밀의 공개	① 중앙행정기관등의 장은 다음 각 호의 어느 하나에 해당하는 사유가 있을 때에는 그가 생산한 비밀을 제3조의3에 따른 보안심사위원회의 심의를 거쳐 공개할 수 있다. 다만, Ⅰ급비밀의 공개에 관하여는 국가정보원장과 미리 협의해야 한다. 〈개정 2020. 12. 31.〉
	  1. 국가안전보장을 위하여 국민에게 긴급히 알려야 할 필요가 있다고 판단될 때
	  2. 공개함으로써 국가안전보장 또는 국가이익에 현저한 도움이 된다고 판단될 때
	② 공무원 또는 공무원이었던 사람은 법률에서 정하는 경우를 제외하고는 소속 기관의 장이나 소속되었던 기관의 장의 승인 없이 비밀을 공개해서는 아니 된다.

비밀의 반출	비밀은 보관하고 있는 시설 밖으로 반출해서는 아니 된다. 다만, 공무상 반출이 필요할 때에는 소속 기관의 장의 승인을 받아야 한다.
비밀 소유 현황 통보	① 각급기관의 장은 연 2회 비밀 소유 현황을 조사하여 국가정보원장에게 통보하여야 한다. 〈개정 2020. 1. 14.〉 ② 제1항에 따라 조사 및 통보된 비밀 소유 현황은 공개하지 않는다. 〈신설 2020. 1. 14.〉
보호지역	① 각급기관의 장과 관리기관 등의 장은 국가안전보장에 관련되는 인원·문서·자재·시설의 보호를 위하여 필요한 장소에 일정한 범위의 보호지역을 설정할 수 있다. 〈개정 2020. 1. 14.〉 ② 제1항에 따라 설정된 보호지역은 그 중요도에 따라 제한지역, 제한구역 및 통제구역으로 나눈다. 〈개정 2020. 1. 14.〉 ③ 보호지역에 접근하거나 출입하려는 사람은 각급기관의 장 또는 관리기관 등의 장의 승인을 받아야 한다. 〈개정 2020. 1. 14.〉 ④ 보호지역을 관리하는 사람은 제3항에 따른 승인을 받지 않은 사람의 보호지역 접근이나 출입을 제한하거나 금지할 수 있다. 〈개정 2020. 1. 14.〉
보안측정	① 국가정보원장은 보안사고를 예방하기 위하여 국가보안시설, 국가보호장비 및 보호지역에 대하여 보안측정을 한다. ② 제1항에 따른 보안측정은 국가정보원장이 직권으로 하거나 관계 기관의 장의 요청에 따라 한다. ③ 국가정보원장은 보안측정을 위하여 관계 기관에 필요한 협조를 요구할 수 있다. ④ 보안측정의 절차 및 내용 등에 관하여 필요한 세부 사항은 국가정보원장이 정한다. [전문개정 2020. 1. 14.]

신원조사
(제36조)
	① 국가정보원장은 제3조제2호에 해당하는 사람의 충성심·신뢰성 등을 확인하기 위하여 신원조사를 한다.
	② 삭제(20.12.31)
	③ **관계 기관의 장은 다음 각 호에 해당하는 사람에 대하여 국가정보원장에게 신원조사를 요청해야 한다.** 〈개정 2020. 1. 14., 2020. 12. 31.〉
	  1. 공무원 임용 예정자(국가안전보장에 한정된 국가 기밀을 취급하는 직위에 임용될 예정인 사람으로 한정한다)
	  2. 비밀취급 인가 예정자
	  3. 삭제 〈2020. 1. 14.〉
	  4. 국가보안시설·보호장비를 관리하는 기관 등의 장(해당 국가보안시설 등의 관리 업무를 수행하는 소속 직원을 포함한다)
	  5. 삭제(20.12.31)
	  6. 그 밖에 다른 법령에서 정하는 사람이나 각급기관의 장이 국가안전보장을 위하여 필요하다고 인정하는 사람

신원조사 결과의 처리	① 국가정보원장은 신원조사 결과 국가안전보장에 해를 끼칠 정보가 있음이 확인된 사람에 대해서는 관계 기관의 장에게 그 사실을 통보하여야 한다. ② 제1항에 따라 통보를 받은 관계 기관의 장은 신원조사 결과에 따라 필요한 보안대책을 마련하여야 한다. [제목개정 2020. 1. 14.]

권한의 위탁 (제45조)		① 국가정보원장은 제36조에 따른 신원조사와 관련한 권한의 일부를 국방부장관과 경찰청장에게 위탁할 수 있다. 〈단서 삭제〉 ② 국가정보원장은 필요하다고 인정할 때에는 각급기관의 장에게 제35조에 따른 보안측정 및 제38조에 따른 보안사고 조사와 관련한 권한의 일부를 위탁할 수 있다. 다만, 국방부장관에 대한 위탁은 국방부 본부를 제외한 합동참모본부, 국방부 직할부대 및 직할기관, 각군, 「방위사업법」에 따른 방위산업체, 연구기관 및 그 밖의 군사보안대상의 보안측정 및 보안사고 조사로 한정한다. ③ 국가정보원장은 필요하다고 인정할 때에는 제2항에 따라 권한을 위탁받은 각급기관의 장에게 보안측정 및 보안사고 조사 결과의 통보를 요구할 수 있다. ④ 국가정보원장은 제21조제3항에 따른 통합 비밀관리시스템의 구축·운영을 관계 중앙행정기관등의 장에게 위탁할 수 있다.

알파 046 경찰장비관리규칙

장비관리 개념		경찰의 장비관리의 목표는 **능률성·효과성·경제성**에 있음 ➡ 민주성(×)
경찰장비의 종류	경찰장구	수갑·포승·호송용포승·경찰봉·호신용경봉·전자충격기·방패 및 전자방패
	무기	권총·소총·기관총(기관단총 포함)·산탄총·유탄발사기·박격포·3인치포·함포·크레모아·수류탄·폭약류 및 도검
	분사기·최루탄등	근접분사기·가스분사기·가스발사총(고무탄 발사겸용 포함) 및 최루탄(그 발사창치 포함)
	기타장비	가스차·살수차·특수진압차·물포·석궁·다목적발사기 및 도주차량차단장비
무기 및 탄약관리		〈무기고의 열쇠관리 책임〉 ① 경찰서의 경우 **일과시간 중에는 경무과장, 일과시간 후에는 상황관리관** ② 지구대의 경우 지역경찰관리자(지구대장·파출소장과 순찰팀장)
	무기·탄약을 즉시 회수하여야 하는 자	**무기·탄약을 회수 할 수 있는 자** / **무기·탄약을 무기고에 보관하여야 하는 경우**
	① 직무상의 비위 등으로 인하여 **징계**대상이 된 자 ② **형사사건**의 조사의 대상이 된 자 ③ **사의**를 표명한 자	① 경찰기관의 장은 무기를 휴대한 자 중에서 다음 각 호에 해당하는 자가 있을 때에는 무기 소지 적격 심의위원회(이하 '심의위원회'라 한다.)의 심의를 거쳐 대여한 무기·탄약을 회수할 수 있다. 　1. 경찰공무원 직무적성검사 결과 고위험군에 해당되는 자 / ① **술자리** 또는 연회장소에 출입할 경우 ② **상사**의 사무실을 출입할 경우 ③ 기타 **정황을 판단**하여 필요하다고 인정되는 경우

무기 및 탄약관리		2. 정신건강상 문제가 우려되어 치료가 필요한 자 3. 정서적 불안 상태로 인하여 무기소지가 적합하지 않은 자로서 소속 부서장의 요청이 있는 자 4. 그 밖에 경찰기관의 장이 무기 소지 적격 여부에 대해 심의를 요청하는 자 ② 경찰기관의 장은 제2항에 규정한 사유들이 소멸되면 직권 또는 당사자 신청에 따라 무기 소지 적격 심의위원회의 심의를 거쳐 무기 회수의 해제 조치를 할 수 있다.	
집회시위 장비 관리	〈최루탄의 사용근거와 한계〉 경찰관은 **범인의 체포·도주의 방지 또는 불법집회·시위로 인하여 자기 또는 타인의 생명·신체와 재산 및 공공시설의 안전에 대한 현저한 위해의 발생을 억제**하기 위하여 부득이한 경우, **현장책임자의 판단**으로 필요한 최소한의 범위 안에서 분사기 또는 최루탄을 사용할 수 있다. ➡ 최루탄 등의 사용 시에는 그 책임자는 **사용일시·사용장소·사용대상·현장책임자·종류·수량** 등을 **기록**하여 보관하여야 한다.		
무기고와 탄약고 관리	무 기	인명 또는 신체에 위해를 가할 수 있도록 제작된 권총·소총·도검 등	
	집중무기고	경찰인력 및 경찰기관별 무기책정기준에 의하여 배정된 개인화기와 공용화기를 집중보관·관리하기 위하여 각 경찰기관에 설치된 시설	
	탄약고	경찰탄약을 집중보관하기 위하여 타 용도의 사무실·무기고 등과 분리설치된 보관시설	
	간이무기고	경찰기관의 각 기능별 운용부서에서 효율적 사용을 위하여 집중무기고로부터 무기·탄약의 일부를 대여받아 별도로 보관·관리하는 시설	
	집중무기고 설치	① 경찰청 ② 시도경찰청 ③ 경찰대학·경찰인재개발원·중앙경찰학교 및 경찰수사연수원 ④ 경찰서 ⑤ 경찰기동대, 방범순찰대 및 경비대 ⑥ 전투경찰대 ⑦ 경찰특공대 ⑧ 기타 경찰청장이 지정하는 경찰관서	
	설 치	① 무기고와 탄약고는 견고하게 만들고 환기·방습장치와 방화시설 및 총가시설 등이 완비되어야 한다. ② 탄약고는 무기고와 분리되어야 하며, 가능한 본 청사와 격리된 독립 건물로 하여야 한다.	

무기고와 탄약고 관리			③ 무기고와 탄약고의 환기통 등에는 손이 들어가지 않도록 쇠창살 시설을 하고, **출입문은 2중으로 하여 각 1개소 이상씩 자물쇠**를 설치하여야 한다. ④ 무기·탄약고 비상벨은 상황실과 숙직실 등 초동조치 가능 장소와 연결하고, **외곽에는 철조망장치와 조명등 및 순찰함을 설치**하여야 한다. ⑤ **간이무기고는 근무자가 24시간 상주하는 지구대** 등과 상황실 등 경찰기관의 장이 필요하다고 인정하는 상당한 이유가 있는 장소에 설치할 수 있다.
차량관리	차량의 구분	용도별	전용·지휘용·업무용·순찰용·특수용 차량으로 구분한다. 수사용(×)
		차종별	승용·승합·화물·특수용
		차형별	대형·중형·소형·경형·다목적형
	차량소요계획서의 제출		부속기관 및 시도경찰청의 장은 **다음 년도**에 소속기관의 차량정수를 증감시킬 필요가 있을 때에는 **매년 3월말까지 다음 년도** 차량정수 소요계획을 경찰청장에게 제출하여야 한다.
	차량의 교체		부속기관 및 시도경찰청의 장은 소속기관 차량 중 다음 년도 교체대상 차량을 매년 11월 말까지 경찰청장에게 보고하여야 한다.
	교체대상차량의 불용처리		① 교체위한 불용차량 선정에는 내용연수 경과 여부 등 **차량사용기간을 최우선적으로 고려**하여 선정한다. ② 사용기간이 동일한 경우에는 **주행거리와 차량의 노후상태**, 사용부서 등을 종합적으로 검토하여 신중하게 선정한다. ③ 단순한 내용연수 경과를 이유로 일괄교체 또는 불용처분하는 것을 지양하고 성능이 양호하여 운행가능한 차량은 교체순위에 불구하고 연장 사용할 수 있다. ④ 불용처분된 차량은 부속기관 및 시도경찰청별로 실정에 맞게 **공개매각을 원칙으로** 하며, 매각될 때는 **경찰표시도색을 제거**하는 등 필요한 조치를 하여야 한다.
	차량의 집중관리		업무용차량은 집중관리를 원칙으로 한다.
	차량의 관리		차량열쇠는 지정된 열쇠함에 집중보관하여 주간에는 경무(정보화장비담당)과장, 일과 후 및 공휴일에는 상황관리관(경찰서는 상황(부)실장, 지구대는 지역경찰관리자)이 관리하고, 예비열쇠의 확보 등을 위한 무단복제와 전·의경 운전원의 임의 소지 및 보관을 금한다.
차량관리	차량의 관리책임		① 경찰기관의 장은 차량이 책임 있게 관리되도록 **차량별 관리담당자를 지정**하여야 한다. ② 차량운행 시 책임자는 **1차 운전자, 2차 선임탑승자(사용자), 3차 경찰기관의 장**으로 한다.
	차량운행절차		① 차량을 운행하고자 할 때는 사용자가 **경찰배차관리시스템을 이용**하여 주간에는 해당 경찰기관장의 운행허가를 받아야 하고, 일과 후 및 공휴일에는 상황관리(담당)관(경찰서는 상황(부)실장을 말한다)의 허가를 받아야 한다. ② 차량을 운행할 때에는 경찰배차관리시스템에 운행사항을 입력하여야 한다.

물품관리 기관	총괄기관	기획재정부 장관	물품관리에 관한 정책과 제도를 관장
		조달청장	각 중앙관서장이 행하는 물품관리의 총괄조정에 관한 사항을 관장
	관리기관	각 중앙관서의 장(경찰청장)	
	물품관리관	각 중앙관서의 장으로부터 **물품관리에 관한 사무의 위임**을 받은 자	
	물품출납공무원	**물품관리관으로부터** 물품 출납 및 보관에 관한 사무를 위임받은 공무원 ➡ 물품관리관이 임명하는 **의무적 설치기관**	
	물품운용관	① **물품관리관으로부터** 물품사용에 관한 사무를 위임받은 공무원 ② 출납명령 요청 및 필요사항 기록·관리 ③ 수선·개조를 위한 적절한 조치 및 정비책임	
	분임물품관리관	물품관리관의 사무의 일부를 분장하는 공무원	
	분임물품출납공무원	물품출납공무원의 사무의 일부를 분장하는 공무원	

알파 047 위해성 경찰장비의 사용기준 등에 관한 규정

목적	이 영은 「경찰관 직무집행법」 제10조에 따라 국가경찰공무원이 직무를 수행할 때 사용할 수 있는 사람의 생명이나 신체에 위해를 끼칠 수 있는 경찰장비의 종류·사용기준 및 안전관리 등에 관한 사항을 규정함을 목적으로 한다.	
위해성 경찰장비의 종류	경찰장구	수갑·포승(捕繩)·호송용포승·경찰봉·호신용경봉·전자충격기·방패 및 전자방패
	무기	권총·소총·기관총(기관단총을 포함한다. 이하 같다)·산탄총·유탄발사기·박격포·3인치포·함포·크레모아·수류탄·폭약류 및 도검
	분사기·최루탄등	근접분사기·가스분사기·가스발사총(고무탄 발사겸용을 포함한다. 이하 같다) 및 최루탄(그 발사장치를 포함한다. 이하 같다)
	기타장비	가스차·살수차·특수진압차·물포·석궁·다목적발사기 및 도주차량차단장비
전자충격기등의 사용제한 (제8조)	① 경찰관은 **14세미만의 자 또는 임산부**에 대하여 전자충격기 또는 전자방패를 사용하여서는 아니된다. ② 경찰관은 전극침(電極針) 발사장치가 있는 전자충격기를 사용하는 경우 상대방의 얼굴을 향하여 전극침을 발사하여서는 아니된다.	
총기사용의 경고 (제9조)	경찰관은 법 제10조의4에 따라 사람을 향하여 권총 또는 소총을 발사하고자 하는 때에는 미리 구두 또는 공포탄에 의한 사격으로 상대방에게 경고하여야 한다. 다만, 다음 각 호의 어느 하나에 해당하는 경우로서 부득이한 때에는 경고하지 아니할 수 있다. 1. 경찰관을 급습하거나 타인의 생명·신체에 대한 중대한 위험을 야기하는 범행이 목전에 실행되고 있는 등 상황이 급박하여 특히 경고할 시간적 여유가 없는 경우 2. 인질·간첩 또는 테러사건에 있어서 은밀히 작전을 수행하는 경우	
권총 또는 소총의 사용제한 (제10조)	① 경찰관은 법 제10조의4의 규정에 의하여 권총 또는 소총을 사용하는 경우에 있어서 범죄와 무관한 다중의 생명·신체에 위해를 가할 우려가 있는 때에는 이를 사용하여서는 아니된다. 다만, 권총 또는 소총을 사용하지 아니하고는 타인 또는 경찰관의 생명·신체에 대한 중대한 위험을 방지할 수 없다고 인정되는 때에는 필요한 최소한의 범위안에서 이를 사용할 수 있다. ② 경찰관은 총기 또는 폭발물을 가지고 대항하는 경우를 제외하고는 **14세미만의 자 또는 임산부**에 대하여 권총 또는 소총을 발사하여서는 아니된다.	
가스발사총등의 사용제한 (제12조)	① 경찰관은 범인의 체포 또는 도주방지, 타인 또는 경찰관의 생명·신체에 대한 방호, 공무집행에 대한 항거의 억제를 위하여 필요한 때에는 최소한의 범위안에서 가스발사총을 사용할 수 있다. 이 경우 경찰관은 1미터이내의 거리에서 상대방의 얼굴을 향하여 이를 발사하여서는 아니된다. ② 경찰관은 최루탄발사기로 최루탄을 발사하는 경우 **30도**이상의 발사각을 유지하여야 하고, 가스차·살수차 또는 특수진압차의 최루탄발사대로 최루탄을 발사하는 경우에는 **15도**이상의 발사각을 유지하여야 한다.	

가스차· 특수진압차· 물포의 사용기준	① 경찰관은 불법집회·시위 또는 소요사태로 인하여 발생할 수 있는 타인 또는 경찰관의 생명·신체의 위해와 재산·공공시설의 위험을 억제하기 위하여 부득이한 경우에는 현장책임자의 판단에 의하여 필요한 최소한의 범위에서 가스차를 사용할 수 있다. 〈개정 2020. 1. 7.〉 ② 경찰관은 소요사태의 진압, 대간첩·대테러작전의 수행을 위하여 부득이한 경우에는 필요한 최소한의 범위안에서 특수진압차를 사용할 수 있다. ③ 경찰관은 불법해상시위를 해산시키거나 정선명령에 불응하고 도주하는 선박을 정지시키기 위하여 부득이한 경우에는 현장책임자의 판단에 의하여 필요한 최소한의 범위안에서 경비함정의 물포를 사용할 수 있다. 다만, 사람을 향하여 직접 물포를 발사하여서는 아니된다.

살수차의
사용기준
	① 경찰관은 다음 각 호의 어느 하나에 해당하여 살수차 외의 경찰장비로는 그 위험을 제거·완화시키는 것이 현저히 곤란한 경우에는 시도경찰청장의 명령에 따라 살수차를 배치·사용할 수 있다.
	  1. 소요사태로 인해 타인의 법익이나 공공의 안녕질서에 대한 직접적인 위험이 명백하게 초래되는 경우
	  2. 「통합방위법」 제21조제4항에 따라 지정된 국가중요시설에 대한 직접적인 공격행위로 인해 해당 시설이 파괴되거나 기능이 정지되는 등 급박한 위험이 발생하는 경우
	② 경찰관은 제1항에 따라 살수차를 사용하는 경우 별표 3의 살수거리별 수압기준에 따라 살수해야 한다. 이 경우 사람의 생명 또는 신체에 치명적인 위해를 가하지 않도록 필요한 최소한의 범위에서 살수해야 한다.
	
	위해성 경찰장비의 사용기준 등에 관한 규정 [별표 3] 〈신설 2020. 1. 7.〉
	
	살수거리별 수압기준(제13조의2제2항 전단 관련)
	
	| 살수거리
		수압기준 ||---|---|| 10미터 이하	3바(bar) 이하 || 10미터 초과 20미터 이하	5바(bar) 이하 || 20미터 초과 25미터 이하	7바(bar) 이하 || 25미터 초과	13바(bar) 이하 |
						
						③ 경찰관은 제2항에 따라 살수하는 것으로 제1항 각 호의 어느 하나에 해당하는 위험을 제거·완화시키는 것이 곤란하다고 판단하는 경우에는 시도경찰청장의 명령에 따라 필요한 최소한의 범위에서 최루액을 혼합하여 살수할 수 있다. 이 경우 최루액의 혼합 살수 절차 및 방법은 경찰청장이 정한다.

사용기록의 보관 등 (제20조)	① 제2조제2호부터 제4호까지의 위해성 경찰장비(제4호의 경우에는 살수차만 해당한다)를 사용하는 경우 그 현장책임자 또는 사용자는 별지 서식의 사용보고서를 작성하여 직근상급 감독자에게 보고하고, 직근상급 감독자는 이를 3년간 보관하여야 한다. 〈개정 2014. 11. 19.〉 ② 제1항의 규정에 의하여 제2조제2호의 무기 사용보고를 받은 직근상급 감독자는 지체없이 지휘계통을 거쳐 경찰청장 또는 해양경찰청장에게 보고하여야 한다.

알파 048 경찰 물리력 행사의 기준과 방법에 관한 규칙

목적	이 규칙은 경찰관이 물리력 사용 시 준수하여야 할 기본원칙, 물리력 사용의 정도, 각 물리력 수단의 사용 한계 및 유의사항을 규정함으로써 국민과 경찰관의 생명·신체를 보호하고 인권을 보장하며 경찰 법집행의 정당성을 확보하는 데에 그 목적이 있다.
경찰 물리력의 정의	경찰 물리력이란 범죄의 예방과 제지, 범인 체포 또는 도주 방지, 자신이나 다른 사람의 생명·신체 방어 및 보호, 공무집행에 대한 항거 제지 등 경찰목적을 달성하기 위해 경찰권발동의 대상자(이하 '대상자')에 대해 행해지는 일체의 신체적, 도구적 접촉(경찰관의 현장 임장, 언어적 통제 등 직접적인 신체 접촉 전 단계의 행위들도 포함한다)을 말한다.
경찰 물리력 사용 3대 원칙	경찰관은 경찰목적을 실현함에 있어 적합하고 필요하며 상당한 수단을 선택함으로써 그 목적과 수단 사이에 합리한다. ① **객관적 합리성의 원칙** : 경찰관은 자신이 처해있는 사실과 상황에 비추어 합리적인 현장 경찰관의 관점에서 가장 적절한 물리력을 사용하여야 하며, 이를 위해 범죄의 종류, 피해의 경중, 위해의 급박성, 저항의 강약, 대상자와 경찰관의 수, 대상자가 소지한 무기의 종류 및 무기 사용의 태양, 대상자의 신체 및 건강 상태, 도주여부, 현장 주변의 상황 등을 종합적으로 고려하여야 한다. ② **대상자 행위와 물리력 간 상응의 원칙** : 경찰관은 대상자의 행위에 따른 위해의 수준을 계속 평가·판단하여 필요최소한의 수준으로 물리력을 높이거나 낮추어서 사용하여야 한다. ③ **위해감소노력 우선의 원칙** : 경찰관은 현장상황이 안전하고 시간적 여유가 있는 경우에는 대상자가 야기하는 위해 수준을 떨어뜨려 보다 덜 위험한 물리력을 통해 상황을 종결시킬 수 있도록 노력하여야 한다. 다만, 이러한 노력이 오히려 상황을 악화시킬 가능성이 있거나 급박한 경우에는 이 원칙을 적용하지 않을 수 있다.
경찰 물리력 사용 시 유의사항	① 경찰관은 경찰청이 공인한 물리력 수단을 사용하여야 한다. ② 경찰관은 성별, 장애, 인종, 종교 및 성정체성 등에 대한 선입견을 가지고 차별적으로 물리력을 사용하여서는 아니 된다. ③ 경찰관은 대상자의 신체 및 건강상태, 장애유형 등을 고려하여 물리력을 사용하여야 한다. ④ 경찰관은 이미 경찰목적을 달성하여 더 이상 물리력을 사용할 필요가 없는 경우에는 물리력 사용을 즉시 중단하여야 한다. ⑤ 경찰관은 대상자를 징벌하거나 복수할 목적으로 물리력을 사용하여서는 아니 된다. ⑥ 경찰관은 오직 상황의 빠른 종결이나, 직무수행의 편의를 위한 목적으로 물리력을 사용하여서는 아니 된다.

대상자 행위와 경찰 물리력 사용의 정도	순응	대상자가 경찰관의 지시, 통제에 **따르는 상태**를 말한다. 다만, 대상자가 경찰관의 요구에 즉각 응하지 않고 **약간의 시간만 지체**하는 경우는 '순응'으로 본다.	협조적 통제 '순응' 이상의 상태인 대상자에 대해 사용할 수 있는 물리력 수준으로서, 대상자의 협조를 유도하거나 협조에 따른 물리력을 말한다. 그 종류는 다음과 같다. ① 현장 임장 ② 언어적 통제 ③ 체포 등을 위한 수갑 사용 ④ 안내·체포 등에 수반한 신체적 물리력
	소극적 저항	① 대상자가 경찰관의 지시, 통제를 따르지 않고 비협조적이지만 경찰관 또는 제3자에 대해 직접적인 위해를 가하지 않는 상태를 말한다. ② 경찰관이 정당한 이동 명령을 발하였음에도 가만히 서있거나 앉아 있는 등 전혀 움직이지 않는 상태, 일부러 몸의 힘을 모두 빼거나, 고정된 물체를 꽉 잡고 버팀으로써 움직이지 않으려는 상태 등이 이에 해당한다.	접촉 통제 '소극적 저항' 이상의 상태인 대상자에 대해 사용할 수 있는 물리력 수준으로서, 대상자 신체 접촉을 통해 경찰목적 달성을 강제하지만 신체적 부상을 야기할 가능성은 극히 낮은 물리력을 말한다. 그 종류는 다음과 같다. ① 신체 일부 잡기·밀기·잡아끌기, 쥐기·누르기·비틀기 ② 경찰봉 양 끝 또는 방패를 잡고 대상자의 신체에 안전하게 밀착한 상태에서 대상자를 특정 방향으로 밀거나 잡아당기기
	적극적 저항	① 대상자가 자신에 대한 경찰관의 체포·연행 등 정당한 공무집행을 방해하지만 경찰관 또는 제3자에 대해 위해 수준이 낮은 행위만을 하는 상태를 말한다. ② 대상자가 자신을 체포·연행하려는 경찰관으로부터 물리적으로 이탈하거나 도주하려는 행위, 체포·연행을 위해 팔을 잡으려는 경찰관의 손을 뿌리치거나, 경찰관을 밀고 잡아끄는 행위, 경찰관에게 침을 뱉거나 경찰관을 밀치는 행위 등이 이에 해당한다.	저위험 물리력 '적극적 저항' 이상의 상태인 대상자에 대해 사용할 수 있는 물리력 수준으로서, 대상자가 통증을 느낄 수 있으나 신체적 부상을 당할 가능성은 낮은 물리력을 말한다. 그 종류는 다음과 같다. ① 목을 압박하여 제압하거나 관절을 꺾는 방법, 팔·다리를 이용해 움직이지 못하도록 조르는 방법, 다리를 걸거나 들쳐 매는 등 균형을 무너뜨려 넘어뜨리는 방법, 대상자가 넘어진 상태에서 움직이지 못하게 위에서 눌러 제압하는 방법 ② 분사기 사용(다른 저위험 물리력 이하의 수단으로 제압이 어렵고, 경찰관이나 대상자의 부상 등의 방지를 위해 필요한 경우)
	폭력적 공격	① 대상자가 경찰관 또는 제3자에 대해 신체적 위해를 가하는 상태를 말한다. ② 대상자가 경찰관에게 폭력을 행사하려는 자세를 취하여 그 행사가 임박한 상태, 주먹·발 등을	중위험 물리력 '폭력적 공격' 이상의 상태의 대상자에 대해 사용할 수 있는 물리력 수준으로서, 대상자에게 신체적 부상을 입힐 수 있으나 생명·신체에 대한 중대한 위해 발생 가능성은 낮은 물리력을 말한다. 그 종류는 다음과 같다.

	폭력적 공격	사용해서 경찰관에 대해 신체적 위해를 초래하고 있거나 임박한 상태, 강한 힘으로 경찰관을 밀거나 잡아당기는 등 완력을 사용해 체포에서 벗어나려고 하는 상태 등이 이에 해당한다.	① 손바닥, 주먹, 발 등 신체부위를 이용한 가격 ② 경찰봉으로 중요부위가 아닌 신체 부위를 찌르거나 가격 ③ 방패로 강하게 압박하거나 세게 미는 행위 ④ 전자충격기 사용
대상자 행위와 경찰 물리력 사용의 정도	치명적 공격	① 대상자가 경찰관 또는 제3자에 대해 사망 또는 심각한 부상을 초래할 수 있는 행위를 하는 상태를 말한다. ② 총기류(공기총·엽총·사제권총 등), 흉기(칼·도끼·낫 등), 둔기(망치·쇠파이프 등)를 이용하여 경찰관, 제3자에 대해 위력을 행사하고 있거나 위해 발생이 임박한 경우, 경찰관이나 제3자의 목을 세게 조르거나 무차별 폭행하는 등 생명·신체에 대해 중대한 위해가 발생할 정도의 위험한 폭력을 행사하는 경우가 이에 해당한다.	**고위험 물리력** 1) '치명적 공격' 상태의 대상자로 인해 경찰관 또는 제3자의 생명·신체에 급박하고 중대한 위해가 초래될 가능성이 있는 경우 최후의 수단으로 사용할 수 있는 물리력 수준으로서, 대상자의 사망 또는 심각한 부상을 초래할 수 있는 물리력을 말한다. 2) 경찰관은 대상자의 '치명적 공격' 상황에서도 현장상황이 급박하지 않은 경우에는 낮은 수준의 물리력을 우선적으로 사용하여 상황을 종결시킬 수 있도록 노력하여야 한다. 3) '고위험 물리력'의 종류는 다음과 같다. ① 권총 등 총기류 사용 ② 경찰봉, 방패, 신체적 물리력으로 대상자의 신체 중요 부위 또는 급소 부위 가격, 대상자의 목을 강하게 조르거나 신체를 강한 힘으로 압박하는 행위
물리력 행사 연속체		경찰관은 가능한 경우 낮은 수준의 물리력부터 시작하여 물리력의 강도를 높여감으로써 상황을 안전하게 종결시키도록 하여야 한다. 다만, 급박하거나 대상자 행위의 위해 수준이 불연속적으로 급변하는 경우 경찰관 역시 그 상황에 맞는 물리력을 곧바로 사용할 수 있다.	
	1단계 : 평가	현장상황을 종합적으로 고려하여 대상자 행위를 '순응', '소극적 저항', '적극적 저항', '폭력적 공격', '치명적 공격' 등으로 평가	
	2단계 : 판단	대상자의 저항이나 공격을 제압할 수 있는 적절한 물리력 수단을 선택하되, 전체적인 현장상황이 안전하고 시간적 여유가 있는 경우 대상자가 야기하는 위해 수준을 감소시키기 위해 노력하여야 하며, 낮은 수준의 물리력 수단을 우선적으로 고려	
	3단계 : 행동	선택한 물리력을 사용하는 경우에도 경찰목적을 달성하는 한도 내에서 대상자에게 최소한의 침해를 가져오는 방법으로 물리력을 사용	
	4단계 : 재평가	이후 상황을 지속적으로 재평가하면서 대상자의 행위 및 현장 주변 상황 변화에 따라 대응 물리력 수준을 증가시키거나 감소	
		이 연속체는 경찰관과 대상자가 대면하는 모든 상황에 기계적, 획일적으로 적용될 수 있는 것이 아니며, 실제 개별 경찰 물리력 사용 현장에서는 대상자의 행위 외에도 위해의 급박성, 대상자와 경찰관의 수·성별·체격·나이, 제3자에 대한 위해가능성, 기타 현장 주변 상황을 종합적으로 고려하여 가장 적절한 물리력을 사용하여야 한다.	

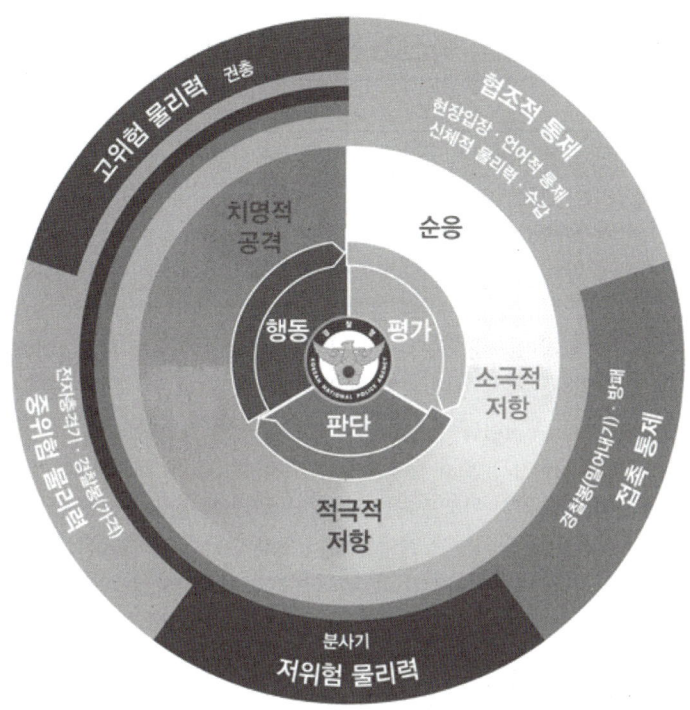

〈그림〉 경찰 물리력 행사 연속체 (대상자 행위에 대응한 경찰 물리력 수준)

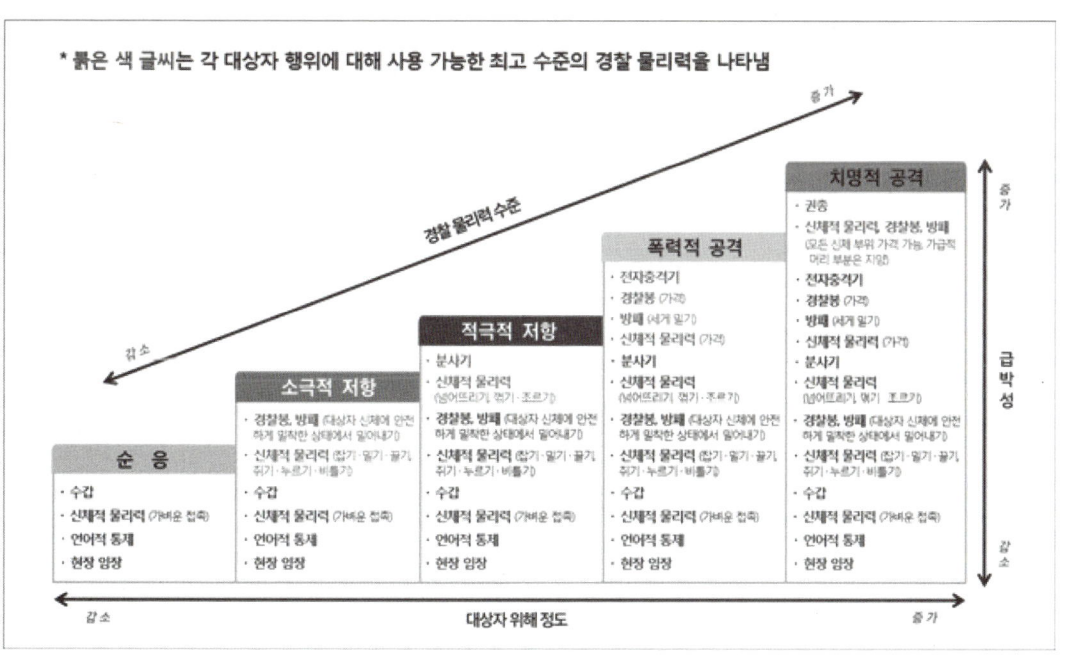

알파 049 　행정 효율과 협업 촉진에 관한 규정 [시행 2021. 1. 5.]

정의	
	1. "공문서"란 행정기관에서 공무상 작성하거나 시행하는 문서(도면·사진·디스크·테이프·필름·슬라이드·전자문서 등의 특수매체기록을 포함한다. 이하 같다)와 행정기관이 접수한 모든 문서를 말한다.
	2. "전자문서"란 컴퓨터 등 정보처리능력을 가진 장치에 의하여 전자적인 형태로 작성되거나 송신·수신 또는 저장된 문서를 말한다.
	3. "문서과"란 행정기관 내의 공문서를 분류·배부·보존하는 업무를 수행하거나 수신·발신하는 업무를 지원하는 등 문서에 관한 업무를 주관하는 과(課)·담당관 등을 말한다.
	4. "처리과"란 업무 처리를 주관하는 과·담당관 등을 말한다.
	5. "서명"이란 기안자·검토자·협조자·결재권자[제10조에 따라 결재, 위임전결 또는 대결(代決)하는 자를 말한다. 이하 같다] 또는 발신명의인이 공문서(전자문서는 제외한다)에 자필로 자기의 성명을 다른 사람이 알아볼 수 있도록 한글로 표시하는 것을 말한다.
	6. "전자이미지서명"이란 기안자·검토자·협조자·결재권자 또는 발신명의인이 전자문서상에 전자적인 이미지 형태로 된 자기의 성명을 표시하는 것을 말한다.
	7. "전자문자서명"이란 기안자·검토자·협조자·결재권자 또는 발신명의인이 전자문서상에 자동 생성된 자기의 성명을 전자적인 문자 형태로 표시하는 것을 말한다.
	8. "행정전자서명"이란 기안자·검토자·협조자·결재권자 또는 발신명의인의 신원과 전자문서의 변경 여부를 확인할 수 있도록 그 전자문서에 첨부되거나 결합된 전자적 형태의 정보로서 「전자정부법 시행령」 제29조에 따른 인증기관으로부터 인증을 받은 것을 말한다.
	9. "전자이미지관인"이란 관인의 인영(印影 : 도장을 찍은 모양)을 컴퓨터 등 정보처리능력을 가진 장치에 전자적인 이미지 형태로 입력하여 사용하는 관인을 말한다.
	10. "전자문서시스템"이란 문서의 기안·검토·협조·결재·등록·시행·분류·편철·보관·보존·이관·접수·배부·공람·검색·활용 등 모든 처리절차가 전자적으로 처리되는 시스템을 말한다.
	11. "업무관리시스템"이란 행정기관이 업무처리의 모든 과정을 제22조제1항에 따른 과제관리카드 및 문서관리카드 등을 이용하여 전자적으로 관리하는 시스템을 말한다.
	12. "행정정보시스템"이란 행정기관이 행정정보를 생산·수집·가공·저장·검색·제공·송신·수신하고 활용할 수 있도록 하드웨어·소프트웨어·데이터베이스 등을 통합한 시스템을 말한다.
	13. "정보통신망"이란 「전기통신사업법」 제2조제2호에 따른 전기통신설비를 활용하거나 전기통신설비와 컴퓨터 및 컴퓨터의 이용기술을 활용하여 정보를 수집·가공·저장·검색·송신 또는 수신하는 정보통신체제를 말한다.
	14. "정책실명제"란 정책의 투명성과 책임성을 높이기 위하여 행정기관에서 소관 업무와 관련하여 수립·시행하는 주요 정책의 결정 및 집행 과정에 참여하는 관련자의 실명과 의견을 기록·관리하는 제도를 말한다.

공문서의 종류	1. 법규문서 : 헌법·법률·대통령령·총리령·부령·조례·규칙(이하 "법령"이라 한다) 등에 관한 문서 2. 지시문서 : 훈령·지시·예규·일일명령 등 행정기관이 그 하급기관이나 소속 공무원에 대하여 일정한 사항을 지시하는 문서 3. 공고문서 : 고시·공고 등 행정기관이 일정한 사항을 일반에게 알리는 문서 4. 비치문서 : 행정기관이 일정한 사항을 기록하여 행정기관 내부에 비치하면서 업무에 활용하는 대장, 카드 등의 문서 5. 민원문서 : 민원인이 행정기관에 허가, 인가, 그 밖의 처분 등 특정한 행위를 요구하는 문서와 그에 대한 처리문서 6. 일반문서 : 제1호부터 제5호까지의 문서에 속하지 아니하는 모든 문서
문서의 성립 및 효력 발생	① 문서는 결재권자가 해당 문서에 서명(전자이미지서명, 전자문자서명 및 행정전자서명을 포함한다. 이하 같다)의 방식으로 결재함으로써 성립한다. ② 문서는 수신자에게 도달(전자문서의 경우는 수신자가 관리하거나 지정한 전자적 시스템 등에 입력되는 것을 말한다)됨으로써 효력을 발생한다. ③ 제2항에도 불구하고 공고문서는 그 문서에서 효력발생 시기를 구체적으로 밝히고 있지 않으면 그 고시 또는 공고 등이 있은 날부터 5일이 경과한 때에 효력이 발생한다.
문서 작성의 일반원칙	① 문서는 「국어기본법」 제3조제3호에 따른 어문규범에 맞게 한글로 작성하되, 뜻을 정확하게 전달하기 위하여 필요한 경우에는 괄호 안에 한자나 그 밖의 외국어를 함께 적을 수 있으며, 특별한 사유가 없으면 가로로 쓴다. ② 문서의 내용은 간결하고 명확하게 표현하고 일반화되지 않은 약어와 전문용어 등의 사용을 피하여 이해하기 쉽게 작성하여야 한다. ③ 문서에는 음성정보나 영상정보 등이 수록되거나 연계된 바코드 등을 표기할 수 있다. ④ 문서에 쓰는 숫자는 특별한 사유가 없으면 아라비아 숫자를 쓴다. ⑤ 문서에 쓰는 날짜는 숫자로 표기하되, 연·월·일의 글자는 생략하고 그 자리에 온점을 찍어 표시하며, 시·분은 24시각제에 따라 숫자로 표기하되, 시·분의 글자는 생략하고 그 사이에 쌍점을 찍어 구분한다. 다만, 특별한 사유가 있으면 다른 방법으로 표시할 수 있다. ⑥ 문서 작성에 사용하는 용지는 특별한 사유가 없으면 가로 210밀리미터, 세로 297밀리미터의 직사각형 용지로 한다. ⑦ 제1항부터 제6항까지에서 규정한 사항 외에 문서 작성에 필요한 사항은 행정안전부령으로 정한다.

문서의 기안	① 문서의 기안은 전자문서로 하는 것을 원칙으로 한다. 다만, 업무의 성질상 전자문서로 기안하기 곤란하거나 그 밖의 특별한 사정이 있으면 그러하지 아니하다. ② 문서의 기안은 행정안전부령으로 정하는 기안문으로 하여야 한다. 다만, 관계 서식이 따로 있는 경우에는 그 내용을 관계 서식에 기입하는 방법으로 할 수 있다. 〈개정 2013. 3. 23., 2014. 11. 19., 2017. 7. 26.〉 ③ 둘 이상의 행정기관의 장의 결재가 필요한 문서는 그 문서 처리를 주관하는 행정기관에서 기안하여야 한다. ▎**시행령 제6조(기안자 등의 표시)** ① 기안문에는 영 제8조제4항에 따라 발의자와 보고자의 직위나 직급의 앞 또는 위에 발의자는 ★표시를, 보고자는 ⊙표시를 한다. ② 기안문에 첨부되는 계산서·통계표·도표 등 작성상의 책임을 밝힐 필요가 있다고 인정되는 첨부물에는 작성자를 표시하여야 한다. ③ 기안자, 검토자 또는 협조자는 기안문의 해당란에 직위나 직급을 표시하고 서명하되, 검토자나 협조자가 영 제9조제3항 또는 제4항에 따라 다른 의견을 표시하는 경우에는 직위나 직급 다음에 "(의견 있음)"이라고 표시하여야 한다. ④ 총괄책임자(영 제60조에 따른 처리과의 업무분장상 여러 개의 단위업무를 총괄하는 책임자를 말한다. 이하 같다)는 총괄책임자가 총괄하는 단위업무를 분담하는 사람이 기안한 경우 그 기안문을 검토하고 검토자란에 서명을 하되, 다른 의견이 있으면 직위나 직급 다음에 "(의견 있음)"이라고 표시하고 기안문 또는 별지에 그 의견을 표시할 수 있다. 다만, 총괄책임자가 출장 등의 사유로 검토할 수 없는 등 부득이한 경우에는 검토를 생략할 수 있으며 서명란에 출장 등 검토할 수 없는 사유를 적어야 한다. ④ 기안문에는 행정안전부령으로 정하는 바에 따라 발의자(기안하도록 지시하거나 스스로 기안한 사람을 말한다)와 보고자를 알 수 있도록 표시하여야 한다. 다만, 다음 각 호의 문서에는 발의자와 보고자의 표시를 생략할 수 있다. 〈개정 2013. 3. 23., 2014. 11. 19., 2017. 7. 26.〉 1. 검토나 결정이 필요하지 아니한 문서 2. 각종 증명 발급, 회의록, 그 밖의 단순 사실을 기록한 문서 3. 일상적·반복적인 업무로서 경미한 사항에 관한 문서

CHAPTER 08 경찰통제 및 향후과제

알파 050 경찰통제의 필요성

① 경찰통제는 경찰의 민주적 운영을 위해서 필요하다.
② 경찰통제는 경찰의 정치적 중립을 확보하기 위하여 필요하다.
③ 경찰통제는 경찰활동에 있어 법치주의를 도모하기 위해 필요하다.
④ 경찰통제는 국민의 인권을 보호하기 위하여 필요하다.
⑤ 경찰통제는 조직 자체의 부패를 방지하고 건강을 유지하기 위하여 필요하다.

알파 051 경찰통제의 분류

1 민주적 통제와 사법적 통제

민주적 통제	사법적 통제
• 영미법계의 국가 • 국가경찰위원회나 경찰책임자의 선거, 자치경찰제도의 시행 등	• 대륙법계의 국가 • 경찰행정에 대한 사법심사, 행정소송, 국가배상제도 등 • 행정소송 : 열기주의에서 개괄주의로 전환

2 사전적 통제와 사후적 통제

사전적 통제	사후적 통제
• 행정절차법 • 청문 • 입법예고·행정예고 • 국회의 입법권, 예산심의권 등	• 징계책임 • 상급기관의 하급기관에 대한 감사권, 행정심판 • 국회의 예산결산권이나 국정 감사·조사권 등

3 내부적 통제와 외부적 통제

내부적 통제	외부적 통제
• 감사관 제도 • 훈령권 • 직무명령권 • 교류감찰	• 국가경찰위원회 • 국회에 의한 통제 : 국회는 입법권과 예산의 심의·결산권, 국정감사·조사권 등 • 사법부 통제 • 행정부에 의한 통제 : 대통령, 감사원, 행정안전부장관, 국가정보원, 국방부, 검사 등 • 국가인권위원회에 의한 통제 • 민중통제

4 행정부통제, 입법부통제, 사법부통제 및 민중통제

행정부통제	입법부통제	사법부통제	민중통제
• 대통령 • 국무총리 • 행정안전부장관 • 검사 • 국가정보원장 • 소청심사위원회 • 국가경찰위원회	국회의 • 입법권 • 예산심의결산권 • 국정조사 • 국정감사 등	법원의 • 사법심사 • 소송 • 배상 등	• 여론 • NGO

알파 052   감찰규칙

목적 (제1조)	이 규칙은 경찰청 및 그 소속기관(이하 "경찰기관"이라 한다)에 소속하는 경찰공무원, 별정·일반직 공무원(무기계약 및 기간제 근로자를 포함한다), 의무경찰 등(이하 "소속공무원"이라 한다)의 공직기강 확립과 경찰 행정의 적정성 확보를 위한 감찰에 필요한 사항을 규정함을 목적으로 한다.
정의 (제2조)	이 규칙에서 사용하는 용어의 정의는 다음과 같다. 1. "의무위반행위"란 소속공무원이 「국가공무원법」 등 관련 법령 또는 직무상 명령 등에 따른 각종 의무를 위반한 행위를 말한다. 2. "감찰"이란 복무기강 확립과 경찰행정의 적정성을 확보하기 위해 경찰기관 또는 소속공무원의 제반업무와 활동 등을 조사·점검·확인하고 그 결과를 처리하는 감찰관의 직무활동을 말한다. 3. "감찰관"이란 제2호에 따른 감찰을 담당하는 경찰공무원을 말한다.
적용 범위 (제3조)	경찰기관의 감찰업무는 다른 법령에 특별한 규정이 있는 경우를 제외하고는 이 규칙이 정하는 바에 따른다.
감찰관의 행동준칙 (제4조)	감찰관이 감찰활동을 할 때에는 다음 각 호의 준칙에 따라 행동하여야 한다. 1. 감찰관은 적법절차를 준수하고 감찰대상자 소속 기관장이나 관계인의 의견을 충분히 수렴한다. 2. 감찰관은 감찰활동을 함에 있어서 소속공무원의 인권을 존중하며, 친절하고 겸손한 자세로 직무를 수행한다. 3. 감찰관은 감찰활동 전 과정에 있어 소속공무원의 사생활의 비밀과 자유를 부당하게 침해하지 않는다. 4. 감찰관은 직무와 무관한 사상·신념, 정치적 성향 등 불필요한 정보를 수집하지 않는다. 5. 감찰관은 의무위반행위의 유형과 경중에 따른 적정한 방법으로 감찰활동을 수행한다. 6. 감찰관은 객관적인 증거와 조사로 사실관계를 명확히 하고, 공정하게 직무를 수행한다. 7. 감찰관은 직무상 알게 된 사항에 대하여 비밀을 엄수한다. 8. 감찰관은 선행·수범 직원을 발견하는데 적극 노력한다.
감찰관의 결격사유 (제5조)	다음 각 호의 어느 하나에 해당하는 사람은 감찰관이 될 수 없다. 1. 직무와 관련한 금품 및 향응 수수, 공금횡령·유용, 「성폭력범죄의 처벌 등에 관한 특례법」에 따른 '성폭력범죄로 징계처분을 받은 사람 2. 제1호 이외의 사유로 징계처분을 받아 말소기간이 경과하지 아니한 사람 3. 질병 등으로 감찰관으로서의 업무수행이 어려운 사람 4. 기타 감찰관으로서 적합하지 아니하다고 판단되는 사람
감찰관 선발 (제6조)	① 경찰기관의 장은 감찰관 보직공모에 응모한 지원자 및 3인 이상의 동료로부터 추천 받은 자를 대상으로 적격심사를 거쳐 감찰관을 선발한다. ② 제1항에 따른 감찰관 선발을 위한 적격심사에 관한 세부사항은 경찰청장이 별도로 정한다.

감찰관의 신분보장 (제7조)	① 경찰기관의 장은 감찰관이 제5조에 따른 결격사유에 해당되는 것으로 밝혀졌을 경우와 다음 각 호의 어느 하나에 해당하는 경우를 제외하고는 2년 이내에 본인의 의사에 반하여 전보하여서는 아니 된다. 다만, 승진 등 인사관리상 필요한 경우에는 그러하지 아니하다. 　1. 징계사유가 있는 경우 　2. 형사사건에 계류된 경우 　3. 질병 등으로 감찰업무를 수행할 수 없거나 직무수행 능력이 현저히 부족하다고 판단되는 경우 　4. 고압·권위적인 감찰활동을 반복하여 물의를 야기한 경우 ② 경찰기관의 장은 1년 이상 성실히 근무한 감찰관에 대해서는 희망부서를 고려하여 전보한다.
감찰관 적격심사 (제8조)	① 경찰기관의 장은 소속 감찰관에 대하여 감찰관 보직 후 2년마다 적격심사를 실시하여 인사에 반영하여야 한다. ② 제6조제2항의 규정은 제1항에 준용한다.
제척 (제9조)	감찰관은 다음 경우에 당해 감찰직무(감찰조사 및 감찰업무에 대한 지휘를 포함한다)에서 제척된다. 1. 감찰관 본인이 의무위반행위로 인해 감찰대상이 된 때 2. 감찰관 본인이 의무위반행위로 인해 피해를 받은 자(이하 "피해자"라 한다)인 때 3. 감찰관 본인이 의무위반행위로 인해 감찰대상이 된 소속공무원(이하 "조사대상자"라 한다)이나 피해자의 친족이거나 친족관계가 있었던 자인 때 4. 감찰관 본인이 조사대상자나 피해자의 법정대리인이나 후견감독인인 때
기피 (제10조)	① 조사대상자, 피해자는 다음 경우에 별지 제1호 서식의 감찰관 기피 신청서를 작성하여 그 감찰관이 소속된 경찰기관의 감찰업무 담당 부서장(이하 "감찰부서장"이라 한다)에게 해당 감찰관의 기피를 신청할 수 있다. 　1. 감찰관이 제9조 각 호의 사유에 해당되는 때 　2. 감찰관이 이 규칙을 위반하거나 불공정한 조사를 할 염려가 있다고 볼만한 객관적·구체적 사정이 있는 때 ② 제1항에 따른 감찰관 기피 신청을 접수받은 감찰부서장은 기피 신청이 이유 있다고 인정하는 때에는 담당 감찰관을 재지정하여야 하며, 기피 신청이 이유 있다고 인정하지 않는 때에는 제37조에 따른 감찰처분심의회의 심의를 거쳐 기피 신청 수용 여부를 결정하여야 한다. ③ 제2항의 경우 감찰부서장은 기피 신청자에게 결과를 통보하여야 한다.
회피 (제11조)	① 감찰관은 제9조의 사유에 해당하면 스스로 감찰직무를 회피하여야 하며, 제9조 이외의 사유로 감찰직무를 수행함에 있어 공정성을 잃을 염려가 있다고 인정하는 경우 회피할 수 있다. ② 회피하려는 감찰관은 소속 경찰기관의 감찰부서장에게 별지 제2호 서식을 작성하여 제출하여야 한다. ③ 제10조제2항의 규정은 회피에 준용한다.
감찰활동의 관할 (제12조)	감찰관은 소속 경찰기관의 관할구역 안에서 활동하여야 한다. 다만, 상급 경찰기관의 장의 지시가 있는 경우에는 관할구역 밖에서도 활동할 수 있다.
특별감찰 (제13조)	경찰기관의 장은 의무위반행위가 자주 발생하거나 그 발생 가능성이 높다고 인정되는 시기, 업무분야 및 경찰관서 등에 대하여는 일정기간 동안 전반적인 조직관리 및 업무추진 실태 등을 집중 점검할 수 있다.

교류감찰 (제14조)	경찰기관의 장은 상급 경찰기관의 장의 지시에 따라 소속 감찰관으로 하여금 일정기간 동안 다른 경찰기관 소속 직원의 복무실태, 업무추진 실태 등을 점검하게 할 수 있다.
감찰활동의 착수 (제15조)	① 감찰관은 소속공무원의 의무위반행위에 관한 단서(현장인지, 진정·탄원 등을 포함한다)를 수집·접수한 경우 소속 경찰기관의 감찰부서장에게 보고하여야 한다. ② 감찰부서장은 제1항에 따른 보고를 받은 경우 감찰 대상으로서의 적정성을 검토한 후 감찰활동 착수 여부를 결정하여야 한다.
감찰계획의 수립 (제16조)	① 감찰관은 제15조에 따른 감찰활동에 착수할 때에는 감찰기간과 대상, 중점감찰사항 등을 포함한 감찰계획을 소속 경찰기관의 감찰부서장에게 보고하여 승인을 받아야 한다. ② 감찰관은 사전에 계획하고 보고한 범위에 한하여 감찰활동을 수행하여야 한다. ③ 제1항에 따른 감찰기간은 6개월의 범위 내에서 감찰부서장이 정한다. ④ 감찰관은 계속 감찰활동이 필요한 경우 그 사유를 소명하여 소속 경찰기관의 감찰부서장의 승인을 받아 6개월의 범위 내에서 감찰기간을 연장할 수 있다.

자료 제출
요구 등
(제17조)
	① 감찰관은 직무상 다음 각 호의 요구를 할 수 있다. 다만, 제2호 및 제3호의 경우에는 필요 최소한의 범위 내에서 요구하여야 한다.
	  1. 조사를 위한 출석
	  2. 질문에 대한 답변 및 진술서 제출
	  3. 증거품 등 자료 제출
	  4. 현지조사의 협조
	② 소속공무원은 감찰관으로부터 제1항에 따른 요구를 받은 때에는 정당한 사유가 없는 한 그 요구에 응하여야 한다.
	③ 감찰관은 직무수행 중 알게 된 정보나 제출 받은 자료를 감찰 목적 외의 용도로 이용할 수 없다.

감찰관 증명서 등 제시(제18조)	감찰관은 제17조에 따른 요구를 할 경우 소속 경찰기관의 장이 발행한 별지 제3호 서식의 감찰관 증명서 또는 경찰공무원증을 제시하여 신분을 밝히고 감찰활동의 목적을 설명하여야 한다.
감찰활동 결과의 보고 및 처리 (제19조)	① 감찰관은 감찰활동 결과 소속공무원의 의무위반행위, 불합리한 제도·관행, 선행·수범 직원 등을 발견한 경우 이를 소속 경찰기관의 장에게 보고하여야 한다. ② 경찰기관의 장은 제1항의 결과에 대하여 문책 요구, 시정·개선, 포상 등 필요한 조치를 하여야 한다.

감찰정보의
수집
(제20조)
	① 감찰관은 감찰업무와 관련된 다음 각 호의 어느 하나에 해당하는 감찰정보를 매월 1건 이상 수집·제출하여야 하며, 감찰관이 아닌 소속공무원도 감찰정보를 수집한 경우에는 이를 감찰부서에 제출할 수 있다.
	  1. 비위정보 : 소속공무원의 비위와 관련한 정보
	  2. 제도개선자료 : 불합리한 제도·시책, 관행 등의 개선에 관한 자료
	  3. 기타자료 : 관리자의 조직관리·운영 실태, 주요 치안시책 등에 대한 현장여론, 비위우려자의 복무실태 등 인사·조직 운영에 참고가 될 만한 자료
	② 감찰관은 수집한 감찰정보를 별지 제4호 서식의 감찰정보보고서에 따라 작성한 후 경찰청 또는 소속 시도경찰청의 감찰부서장에게 제출하여야 한다.

구분	내용
감찰정보의 처리 (제21조)	제20조에 따른 감찰정보를 접수한 감찰부서장은 다음 각 호의 기준에 따라 감찰정보를 구분한다. 1. 즉시조사대상 : 신속한 진상확인 및 조사·처리가 필요한 사항 2. 감찰대상 : 사실관계 확인 또는 감찰활동 착수 등 감찰활동이 필요한 사항 3. 이첩대상 : 해당 경찰기관에서 직접 처리하는 것보다 다른 경찰기관이나 부서 등에서 처리·활용하는 것이 효과적이라고 판단되는 사항 4. 참고대상 : 감찰업무에 도움이 될 것으로 판단되는 사항 5. 폐기대상 : 익명 제보 등 출처가 불분명한 정보 또는 이미 제출된 정보와 동일한 정보 등 그 내용상 감찰대상으로서의 가치가 없거나 감찰업무 활용도가 매우 낮을 것으로 예상되는 정보
감찰정보 심의회 (제22조)	① 감찰부서장은 다음 각 호의 사항을 결정하기 위하여 감찰정보심의회를 설치·운영할 수 있다. 1. 제21조에 따른 감찰정보의 구분 2. 제15조에 따른 감찰활동 착수와 관련된 사항 ② 감찰정보심의회는 위원장을 포함한 3명 이상 5명 이하의 위원으로 구성하며, 위원장은 감찰부서장이 되고 위원은 감찰부서장이 소속 공무원 중에서 지명한다.
평가 및 포상 (제23조)	① 감찰정보 실적은 개인별 평가를 원칙으로 하며, 정보 수집·처리 구분에 따라 점수를 부여하여 평가한다. ② 개인별 감찰정보 실적은 분기별로 종합 평가하고, 평가실적이 우수한 직원에 대하여는 포상 등을 할 수 있다.
감찰정보 시스템 (제24조)	경찰청 감찰담당관은 감찰정보의 수집·처리, 감찰결과 등의 효율적 관리를 위하여 감찰정보시스템을 구축·운영할 수 있다.
출석요구 (제25조)	① 감찰관은 감찰조사를 위해서 조사대상자의 출석을 요구할 때에는 조사기일 3일 전까지 별지 제5호 서식의 출석요구서 또는 구두로 조사일시, 의무위반행위사실 요지 등을 통지하여야 한다. 다만, 사안이 급박한 경우 또는 조사대상자의 요청이 있는 경우에는 즉시 조사에 착수할 수 있다. ② 제1항의 경우 조사일시 등을 정할 때에는 조사대상자의 의사를 존중하여야 한다. ③ 감찰관은 의무위반행위와 관련된 내용을 조사할 때에는 사전에 준비를 철저히 하여 잦은 출석으로 인한 피해를 주지 않도록 하여야 한다. ④ 감찰관은 조사대상자의 방어권 보장을 위하여 필요한 경우 조사대상자의 동의를 받아 조사대상자의 소속 부서장에게 제1항에 따른 출석요구 사실을 통지할 수 있다.
변호인의 선임 (제26조)	① 조사대상자는 변호사를 변호인으로 선임할 수 있다. 다만, 감찰부서장의 승인을 받은 경우에는 변호사가 아닌 사람을 특별변호인으로 선임할 수 있다. ② 제1항에 따라 조사대상자의 변호인으로 선임된 사람은 그 위임장을 미리 감찰관에게 제출하여야 한다.
조사대상자의 진술거부권 (제27조)	① 조사대상자는 진술하지 아니하거나 개개의 질문에 대하여 진술을 거부할 수 있다. ② 감찰관은 조사대상자에게 제1항과 같이 진술을 거부할 수 있음을 사전에 고지하여야 한다.

조사 참여
(제28조)
	① 감찰관은 조사대상자가 다음 각 호의 사항을 신청할 경우 이에 해당하는 사람을 참여하게 하거나 동석하도록 하여야 한다.
	  1. 다음 각 목의 사람의 참여
	    가. 다른 감찰관
	    나. 변호인
	  2. 다음 각 목의 사람의 동석
	    가. 조사대상자의 동료공무원
	    나. 조사대상자의 직계친족, 배우자, 가족 등 조사대상자의 심리적 안정과 원활한 의사소통에 도움을 줄 수 있는 자
	② 감찰관은 다음 각 호의 사유가 발생한 경우에는 참여자의 참여를 제한하거나 동석자의 퇴거를 요구할 수 있다
	  1. 참여자 또는 동석자가 조사 과정에 부당하게 개입하거나 조사를 제지·중단시키는 경우
	  2. 참여자 또는 동석자가 조사대상자에게 특정한 답변을 유도하거나 진술 번복을 유도하는 경우
	  3. 그 밖의 참여자 또는 동석자의 언동 등으로 조사에 지장을 초래하는 경우
	③ 감찰관은 참여자의 참여를 제한하거나 동석자를 퇴거하게 한 경우 그 사유를 조사대상자에게 설명하고 그 구체적 정황을 청문보고서 등 조사서류에 기재하여 기록에 편철하여야 한다.

감찰조사 전 고지 (제29조)	① 감찰관은 감찰조사를 실시하기 전에 조사대상자에게 의무위반행위 사실의 요지를 알려야 한다. ② 제1항의 경우 감찰관은 조사대상자에게 제28조제1항 각 호의 사항을 신청할 수 있다는 사실을 고지하여야 한다.
영상녹화 (제30조)	① 감찰관은 조사대상자가 영상녹화를 요청하는 경우에는 그 조사과정을 영상녹화하여야 한다. ② 영상녹화의 범위 및 영상녹화사실의 고지, 영상녹화물의 관리와 관련된 사항은 「범죄수사규칙」의 영상녹화 관련 규정을 준용한다.
조사시 유의사항 (제31조)	① 감찰관은 조사시 엄정하고 공정하게 진실 발견에 노력하여야 한다. ② 감찰관은 조사시 조사대상자의 이익이 되는 주장 및 제출자료 등에 대해서도 사실관계를 명확히 하여 조사내용에 반영하여야 한다. ③ 감찰관은 조사시 조사대상자의 연령, 성별 등을 고려하여 언행에 유의하여야 한다. ④ 감찰관은 감찰에 필요한 정보 등을 제공한 자 또는 피해자에 대해서는 가명조서를 작성하는 등의 방법으로 비밀을 유지하고 그 신원을 보호하여야 한다. ⑤ 감찰부서장은 성폭력·성희롱 피해 여성에 대하여는 피해자의 의사에 반하지 않는 한 여성경찰공무원이 조사하도록 하여야 하고, 조사 과정에서 피해자의 인격이나 명예가 손상되거나 사적인 비밀이 침해되지 않도록 하여야 한다. ⑥ 감찰관은 피해자를 조사할 경우 피해자의 심리상태를 확인하여야 하고, 필요 시 소속 경찰기관의 감찰부서장에게 보고하여 피해자 심리 전문요원의 조치를 받을 수 있도록 하여야 한다.

심야조사의 금지 (제32조)	① 감찰관은 심야(자정부터 오전 6시까지를 말한다)에 조사를 하여서는 아니 된다. ② 제1항에도 불구하고 감찰관은 조사대상자 또는 그 변호인의 별지 제6호 서식에 의한 심야조사 요청이 있는 경우에는 예외적으로 심야조사를 할 수 있다. 이 경우 심야조사의 사유를 조서에 명확히 기재하여야 한다.
휴식시간 부여 (제33조)	① 감찰관은 조사에 장시간이 소요되는 경우 특별한 사정이 없는 한 조사 도중에 최소한 2시간마다 10분 이상의 휴식시간을 부여하여 조사대상자가 피로를 회복할 수 있도록 노력하여야 한다. ② 감찰관은 조사대상자가 조사 도중에 휴식시간을 요청하는 때에는 조사에 소요된 시간, 조사대상자의 건강상태 등을 고려하여 적정하다고 판단될 경우 휴식시간을 부여하여야 한다. ③ 감찰관은 조사 중인 조사대상자의 건강상태에 이상 징후가 발견되면 의사의 진료를 받게 하거나 휴식을 취하게 하는 등 필요한 조치를 취하여야 한다.
감찰조사 후 처리 (제34조)	① 감찰관은 감찰조사를 종료한 때에는 소속 경찰기관의 장에게 별지 제7호 서식의 진술조서, 증빙자료 등과 함께 감찰조사 결과를 보고하여야 한다. ② 제1항의 경우 감찰관은 조사대상자에게 감찰조사 결과 요지를 서면 또는 전화, 문자메시지(SMS) 전송 등의 방법으로 통지하여야 한다. ③ 감찰관은 조사한 의무위반행위사건이 소속 경찰기관의 징계관할이 아닌 때에는 관할 경찰기관으로 이송하여야 한다. ④ 의무위반행위사건을 이송 받은 경찰기관의 감찰부서장은 필요시 해당 사건에 대하여 추가조사 등을 실시할 수 있다.
민원사건의 처리 (제35조)	① 감찰관은 소속공무원의 의무위반사실에 대한 민원을 접수한 경우 접수일로부터 2개월 내에 신속히 처리하여야 한다. 다만, 부득이한 사유로 민원을 기한 내에 처리할 수 없을 때에는 소속 경찰기관의 감찰부서장에게 보고하여 그 처리 기간을 연장할 수 있다. ② 민원사건을 배당받은 감찰관은 민원인, 피민원인 등 관련자에 대한 감찰조사 등을 거쳐 사실관계를 명확히 하여야 한다. ③ 감찰관은 불친절 또는 경미한 복무규율위반에 관한 민원사건에 대해서는 민원인에게 정식 조사절차 또는 조정절차를 선택할 수 있음을 고지하고, 민원인이 조정절차를 선택한 때에는 해당 소속공무원의 사과, 해명 등의 조정절차를 진행하여야 한다. 다만, 조정이 이루어지지 아니한 때에는 지체없이 조사절차를 진행하여야 한다. ④ 감찰관은 민원사건을 접수한 경우 접수 후 매 1개월이 경과한 때와 감찰조사를 종결하였을 때에 민원인 또는 피해자에게 사건처리 진행상황을 통지하여야 한다. 다만, 진행상황에 대한 통지가 감찰조사에 지장을 주거나 피해자 또는 사건관계인의 명예와 권리를 부당히 침해할 우려가 있는 때에는 통지하지 않을 수 있다. ⑤ 제4항에 따른 통지는 문서로 하여야 한다. 다만, 신속을 요하거나 민원인이 요청하는 경우에는 구술 또는 전화로 통지할 수 있다.
기관통보사건의 처리 (제36조)	① 감찰관은 다른 경찰기관 또는 검찰, 감사원 등 다른 행정기관으로부터 통보받은 소속공무원의 의무위반행위에 대해서는 통보받은 날로부터 1개월 이내에 신속히 처리하여야 한다. ② 감찰관은 검찰·경찰, 그 밖의 수사기관으로부터 수사개시 통보를 받은 경우에는 징계의결요구권자의 결재를 받아 해당 기관으로부터 수사결과의 통보를 받을 때까지 감찰조사, 징계의결요구 등의 절차를 진행하지 아니 할 수 있다.

감찰처분 심의회 (제37조)	① 감찰부서장은 다음 각 호의 사항을 심의하기 위하여 감찰처분심의회(이하 "처분심의회"라고 한다)를 설치·운영할 수 있다. 　1. 감찰결과 처리 및 양정과 관련한 사항 　2. 감찰결과에 대한 이의신청 처리와 관련한 사항 　3. 감찰결과의 공개와 관련한 사항 　4. 감찰관 기피 신청과 관련한 사항 ② 처분심의회는 위원장을 포함한 3명 이상 7명 이하의 위원으로 구성하며, 위원장은 감찰부서장이 되고 위원은 감찰부서장이 소속 공무원 중에서 지명하거나 학식과 경험을 고루 갖춘 해당 분야의 외부전문가 중에서 위촉할 수 있다.
감찰결과에 대한 이의신청 (제38조)	① 제34조제2항에 따른 통지를 받은 조사대상자는 그 통지를 받은 날부터 10일 이내에 감찰을 주관한 경찰기관의 장에게 이의신청을 할 수 있다. 다만, 감찰결과 징계요구된 사건에 대해서는 징계위원회에서의 의견진술 등의 절차로 이의신청을 갈음할 수 있다. ② 제1항의 이의신청을 접수한 경찰기관의 장은 처분심의회의 심의를 거쳐 이의 신청이 이유 없다고 인정될 때에는 이를 기각하고 이유 있다고 인정될 때에는 그 감찰조사 결과를 취소하거나 변경하여야 한다.
감찰결과의 공개 (제39조)	① 감찰결과는 원칙적으로 공개하지 아니한다. 다만, 유사한 비위의 재발을 방지하기 위하여 다음 각 호의 경우에는 감찰결과 요지를 공개할 수 있다. 　1. 중대한 비위행위(금품·향응수수, 공금횡령·유용, 정보유출, 독직폭행, 음주운전 등) 　2. 언론 등 사회적 관심이 집중되어 사생활 보호의 이익보다 국민의 알권리 충족 등 공공의 이익이 현저하게 크다고 판단되는 사안 ② 감찰결과의 공개 여부는 경찰기관의 장이 처분심의회의 의견을 들어 최종 결정한다. ③ 경찰기관의 장은 감찰결과를 공개할 경우 사건관계인의 사생활과 명예가 보호될 수 있도록 다음 각 호의 사항이 공개되지 않도록 보호조치를 하여야 한다. 　1. 성명, 소속 등 사건관계인의 개인정보 　2. 비위혐의와 직접 관련이 없는 개인의 신상 및 사생활에 관한 내용 　3. 사건관계인의 징계경력 또는 감찰조사경력 자료 　4. 감찰사건 기록의 원본 또는 사본
감찰관에 대한 징계 등 (제40조)	① 경찰기관의 장은 감찰관이 이 규칙에 위배하여 직무를 태만히 하거나 권한을 남용한 경우 및 직무상 취득한 비밀을 누설한 경우에는 해당 사건의 담당 감찰관 교체, 징계요구 등의 조치를 한다. ② 감찰관의 의무위반행위에 대해서는 「경찰공무원 징계령 세부시행규칙」의 징계양정에 정한 기준보다 가중하여 징계조치한다
감찰활동 방해에 대한 징계 등 (제41조)	경찰기관의 장은 조사대상자가 정당한 이유 없이 출석 거부, 현지조사 불응, 협박 등의 방법으로 감찰조사를 방해하는 경우에는 징계요구 등의 조치를 할 수 있다.

알파 053　경찰청 감사규칙[시행 2021. 5. 28.]

감사대상기관	① 경찰청장의 감사 대상기관은 다음 각 호와 같다. 　1. 「경찰청과 그 소속기관 직제」에 따른 경찰청 및 그 소속기관 　2. 「공공기관 운영에 관한 법률」에 따라 경찰청 소관으로 지정·고시된 공공기관 　3. 법령에 의하여 경찰청장이 기관 임원의 임명·승인, 정관의 승인, 감독 등을 하는 법인 또는 단체 　4. 「행정안전부 및 그 소속청 비영리법인의 설립 및 감독에 관한 규칙」에 따라 경찰청장이 주무관청이 되는 비영리법인 　5. 제1호부터 제4호까지의 감사 대상기관으로부터 보조금 등 예산지원을 받는 법인 또는 단체 ② 감사는 감사대상기관의 바로 위 감독관청이 실시하는 것을 원칙으로 하되, 필요한 경우에는 경찰청에서 직접 실시할 수 있다.
감사의 종류와 주기	① 감사의 종류는 종합감사, 특정감사, 재무감사, 성과감사, 복무감사, 일상감사로 구분한다. ② 종합감사의 주기는 1년에서 3년까지 하되 치안수요 등을 고려하여 조정 실시한다. 다만, 직전 또는 당해연도에 감사원 등 다른 감사기관이 감사를 실시한(실시 예정인 경우를 포함한다) 감사대상기관에 대해서는 감사의 일부 또는 전부를 실시하지 아니할 수 있다 ③ 일상감사의 대상·기준 및 절차 등에 관한 세부사항은 경찰청장이 따로 정한다.
감사계획의 수립	① 경찰청 감사관(이하 "감사관"이라 한다)은 감사계획 수립에 필요한 경우 시·도자치경찰위원회 및 시·도경찰청장과 감사일정을 협의하여야 한다. ② 감사관은 매년 2월말까지 연간 감사계획을 수립하여 감사대상기관에 통보한다.
감사결과의 처리기준 등	1. 징계 또는 문책 요구 : 국가공무원법과 그 밖의 법령에 규정된 징계 또는 문책 사유에 해당하거나 정당한 사유 없이 자체감사를 거부하거나 자료의 제출을 게을리한 경우 2. 시정 요구 : 감사결과 위법 또는 부당하다고 인정되는 사실이 있어 추징·회수·환급·추급 또는 원상복구 등이 필요하다고 인정되는 경우 3. 경고·주의 요구 : 감사결과 위법 또는 부당하다고 인정되는 사실이 있으나 그 정도가 징계 또는 문책사유에 이르지 아니할 정도로 경미하거나, 감사대상기관 또는 부서에 대한 제재가 필요한 경우 4. 개선 요구 : 감사결과 법령상·제도상 또는 행정상 모순이 있거나 그 밖에 개선할 사항이 있다고 인정되는 경우 5. 권고 : 감사결과 문제점이 인정되는 사실이 있어 그 대안을 제시하고 감사대상기관의 장 등으로 하여금 개선방안을 마련하도록 할 필요가 있는 경우 6. 통보 : 감사결과 비위 사실이나 위법 또는 부당하다고 인정되는 사실이 있으나 제1호부터 제5호까지의 요구를 하기에 부적합하여 감사대상기관 또는 부서에서 자율적으로 처리할 필요가 있다고 인정되는 경우 7. 변상명령 : 「회계관계직원 등의 책임에 관한 법률」이 정하는 바에 따라 변상책임이 있는 경우 8. 고발 : 감사결과 범죄 혐의가 있다고 인정되는 경우 9. 현지조치 : 감사결과 경미한 지적사항으로서 현지에서 즉시 시정·개선조치가 필요한 경우

알파 054   적극행정 운영규정 [시행 2021. 1. 5.]

제1조(목적) 이 영은 행정부 소속 국가공무원의 적극행정을 장려하고 소극행정을 예방·근절하는 등 국민에게 봉사하는 공직문화를 조성함으로써 국가 경쟁력의 강화와 국민의 삶의 질 향상에 이바지함을 목적으로 한다.

제2조(정의) 이 영에서 사용하는 용어의 뜻은 다음과 같다. 〈개정 2020. 8. 25.〉
1. "적극행정"이란 공무원이 불합리한 규제를 개선하는 등 공공의 이익을 위해 창의성과 전문성을 바탕으로 적극적으로 업무를 처리하는 행위를 말한다.
   비교) 경찰청 적극행정 면책제도 운영규정 제2조(정의) 1. "적극행정"이란, 경찰청 소속 공무원 등이 국가 또는 공공의 이익을 증진하기 위해 성실하고 능동적으로 업무를 처리하는 행위를 말한다.
2. "소극행정"이란 공무원이 부작위 또는 직무태만 등 소극적 업무행태로 국민의 권익을 침해하거나 국가 재정상 손실을 발생하게 하는 행위를 말한다.
3. "중앙행정기관"이란 「정부조직법」 제2조제2항에 따른 중앙행정기관 및 국무조정실을 말한다.

제3조(다른 법령과의 관계) 행정부 소속 국가공무원의 적극행정에 관하여 다른 법령에 규정된 것을 제외하고는 이 영에 따른다.

제11조(적극행정위원회) 중앙행정기관의 장의 적극행정 추진에 관한 다음 각 호의 사항을 심의하기 위해 중앙행정기관에 적극행정위원회(이하 "위원회"라 한다)를 둔다. 〈개정 2020. 8. 25.〉
1. 제7조에 따른 적극행정 실행계획의 수립에 관한 사항
2. 제13조에 따라 공무원이 위원회에 직접 의견 제시를 요청한 사항
3. 제14조에 따른 적극행정 우수공무원 선발 및 우수사례 선정에 관한 사항
3의2. 제16조제4항에 따른 면책 건의에 관한 사항
4. 자체감사 대상기관의 장이 제5조제1항에 따라 의견 제시를 요청한 내용이 국민생활에 미치는 영향이 크거나 여러 이해관계자와 관련되는 등 신중한 검토가 필요하여 감사기구의 장이 자문을 요청한 사항
5. 그 밖에 적극행정 과제 발굴 등 적극행정 관련 정책의 수립·추진에 관한 사항

제12조(위원회의 구성 및 운영)
① 위원회는 위원장 1명을 포함하여 9명 이상 45명 이하의 위원으로 성별을 고려하여 구성한다. 이 경우 위원의 2분의 1 이상은 민간위원으로 한다. 〈개정 2020. 8. 25.〉
② 위원회의 위원장은 해당 중앙행정기관의 차관급 공무원(해당 중앙행정기관의 장이 차관급 공무원인 경우에는 부기관장인 고위공무원단에 속하는 일반직공무원 또는 이에 상당하는 공무원을 말한다) 또는 민간위원 중에서 중앙행정기관의 장이 정한다.
③ 위원회의 위원은 해당 중앙행정기관의 업무에 대한 전문지식과 경험이 풍부한 사람 및 관계 공무원 중에서 중앙행정기관의 장이 임명하거나 위촉하되, 공공부문 또는 민간부문의 감사부서에서 근무하고 있거나 근무한 경력이 있는 사람을 포함해야 한다.
④ 위원회의 회의는 위원장과 위원장이 회의마다 지정하는 8명 이상의 위원으로 구성한다. 이 경우 위원의 성별을 고려해야 하며, 위원의 2분의 1 이상은 민간위원으로 한다. 〈신설 2020. 8. 25.〉
⑤ 위원회의 회의는 제4항에 따른 구성원 과반수의 출석으로 개의(開議)하고, 출석위원 과반수의 찬성으로 의결한다. 〈개정 2020. 8. 25.〉
⑥ 위원장은 심의를 위해 필요하다고 인정하는 경우 이해관계자를 위원회의 회의에 출석하게 하여 의견을 청취

하거나 관련 자료 또는 의견을 제출하게 할 수 있다. 〈신설 2020. 8. 25.〉
⑦ 제1항부터 제6항까지에서 규정한 사항 외에 위원회의 구성 및 운영에 필요한 사항은 인사혁신처장이 정한다. 〈개정 2020. 8. 25.〉

제14조(적극행정 우수공무원 선발 등)
① 중앙행정기관의 장은 반기별로 위원회의 심의를 거쳐 다음 각 호의 어느 하나에 해당하는 공무원을 적극행정 우수공무원으로 선발해야 한다.
  1. 적극적으로 업무를 추진하여 성과를 창출한 공무원
  2. 창의적·도전적인 정책을 추진하고 성과 달성을 위해 노력한 공무원
  3. 그 밖에 적극적인 업무태도로 소속 공무원에게 모범이 되는 공무원
② 인사혁신처장은 매년 적극행정 우수사례 경진대회를 개최하고, 이를 통해 선정된 우수기관에 표창을 수여하거나 포상금을 지급할 수 있다. 〈개정 2020. 8. 25.〉
③ 인사혁신처장은 적극행정으로 모범적인 성과를 창출한 공로가 있는 공무원을 선발하여 포상하거나 포상금을 지급할 수 있다. 〈신설 2020. 8. 25.〉
④ 제1항에 따른 우수공무원의 선발, 제2항에 따른 우수사례 경진대회의 실시 및 제3항에 따른 적극행정 유공공무원 선발 등에 관한 사항은 인사혁신처장이 정한다. 〈개정 2020. 8. 25.〉

제15조(인사상 우대 조치 등)
① 중앙행정기관의 장은 제14조에 따라 선발된 우수공무원 또는 유공공무원에게 적극행정의 성과, 선발된 공무원의 희망, 인사운영 여건 등을 종합적으로 고려하여 다음 각 호의 인사상 우대 조치(특정직공무원의 경우에는 해당 인사 관계 법령에 따른 인사상 우대 조치로서 다음 각 호의 인사상 우대 조치에 해당하는 것을 말한다) 중 하나 이상을 부여해야 한다. 〈개정 2020. 8. 25.〉
  1. 「공무원임용령」 제35조의2제1항제2호에 따른 특별승진임용
  2. 「공무원임용령」 제35조의3제1항에 따른 대우공무원 선발을 위한 근무기간 단축
  3. 「공무원임용령」 제35조의4제3항제2호에 따른 근속승진기간 단축
  4. 「공무원보수규정」 제16조제1항제2호에 따른 특별승급
  5. 「공무원수당 등에 관한 규정」 제7조의2에 따른 성과상여금 최고등급 부여, 「공무원보수규정」 제39조에 따른 성과연봉 최고등급 부여 또는 「고위공무원단 인사규정」 제20조에 따른 성과계약등 평가 최상위 등급 부여. 이 경우 「공무원수당 등에 관한 규정」 제7조의2제6항에 따라 특별성과가산금을 함께 지급할 수 있으며, 같은 항에도 불구하고 근무성적이나 업무실적 등이 우수한 상위 2퍼센트 이내에 해당하지 않는 공무원에 대해서도 지급할 수 있다.
  6. 「공무원 성과평가 등에 관한 규정」 제27조에 따른 가점 부여
  7. 「국가공무원 복무규정」 제20조제13항에 따른 포상휴가
  8. 그 밖에 희망 부서로의 전보, 교육훈련 우선 선발 등 인사혁신처장이 정하는 인사상 우대 조치
② 제14조제3항에 따라 국무총리 표창 이상의 포상을 받은 공무원을 제1항제1호에 따라 특별승진임용할 때에는 계급별 또는 직급별 정원을 초과하여 임용할 수 있으며, 정원과 현원이 일치할 때까지 그 인원에 해당하는 정원이 해당 기관에 따로 있는 것으로 본다. 이 경우 특별승진임용의 절차 및 운영 등에 필요한 사항은 인사혁신처장이 정한다. 〈개정 2020. 8. 25.〉
③ 제1항제5호에 따라 성과상여금·성과연봉 최고등급 부여 또는 성과계약등 평가 최상위 등급 부여를 하는 경우에는 예산의 범위에서 해당 공무원을 「공무원수당 등에 관한 규정」 별표 2의4에 따른 성과상여금 지급 대상인원, 「공무원보수규정」 제39조제2항 및 별표 34의2에 따른 성과연봉 지급 대상인원 또는 「공무원 성

과평가 등에 관한 규정」 제10조제5항에 따른 성과계약등 평가 대상 인원에 포함시키지 않을 수 있다. 〈신설 2020. 8. 25., 2021. 1. 5.〉
④ 인사혁신처장은 중앙행정기관의 장이 제14조에 따라 선발된 우수공무원 또는 유공공무원에 대해서 제1항 및 제2항에 따른 인사상 우대 조치를 이행했는지를 점검하고 개선을 권고할 수 있다. 〈개정 2020. 8. 25.〉

제16조(징계요구 등 면책)
① 공무원이 적극행정을 추진한 결과에 대해 그의 행위에 고의 또는 중대한 과실이 없는 경우에는 「감사원법」 제34조의3 및 「공공감사에 관한 법률」 제23조의2에 따라 징계 요구 또는 문책 요구 등 책임을 묻지 않는다.
② 공무원이 사전컨설팅 의견대로 업무를 처리한 경우에는 제1항에 따른 면책 요건을 충족한 것으로 추정한다. 다만, 공무원과 대상 업무 사이에 사적인 이해관계가 있거나 감사원이나 감사기구의 장이 사전컨설팅을 하는 데 필요한 정보를 충분히 제공하지 않은 경우에는 그렇지 않다.
③ 공무원이 제13조에 따라 위원회가 제시한 의견대로 업무를 처리한 경우에는 「공공감사에 관한 법률」 제23조의2에 따른 면책 요건을 충족한 것으로 추정한다. 다만, 해당 공무원과 대상 업무 사이에 사적인 이해관계가 있거나 위원회가 심의하는 데 필요한 정보를 충분히 제공하지 않은 경우에는 그렇지 않다. 〈신설 2020. 8. 25.〉
④ 위원회는 공무원이 적극행정을 추진한 결과에 대해 「감사원법」에 따른 감사원 감사를 받게 되는 경우에는 해당 공무원의 요청에 따라 감사원에 같은 법 제34조의3에 따른 면책을 건의할 수 있다. 〈신설 2020. 8. 25.〉

제17조(징계 등 면제)
① 공무원이 적극행정을 추진한 결과에 대해 그의 행위에 고의 또는 중대한 과실이 없는 경우에는 징계 관련 법령에 따라 징계의결 또는 징계부가금 부과의결(이하 "징계의결등"이라 한다)을 하지 않는다.
② 공무원이 사전컨설팅 의견대로 업무를 처리한 경우에는 징계 관계 법령에 따라 징계의결등을 하지 않는다. 다만, 공무원과 대상 업무 사이에 사적인 이해관계가 있거나 감사원이나 감사기구의 장이 사전컨설팅을 하는 데 필요한 정보를 충분히 제공하지 않은 경우에는 그렇지 않다.
③ 공무원이 제13조에 따라 위원회가 제시한 의견대로 업무를 처리한 경우에는 징계의결등을 하지 않는다. 다만, 공무원과 대상 업무 사이에 사적인 이해관계가 있거나 위원회가 심의하는 데 필요한 정보를 충분히 제공하지 않은 경우에는 그렇지 않다.
④ 「공무원 징계령」 제2조제1항에 따른 징계위원회(특정직공무원의 경우에는 해당 징계 관련 법령에 따른 징계위원회를 말한다)는 징계의결등이 요구된 공무원이 적극행정 추진에 따라 발생한 비위임을 주장할 경우에는 징계 관계 법령에 따라 이를 고려하여 심의하고 그 결과를 징계 및 징계부가금(이하 "징계등"이라 한다) 의결서에 구체적으로 밝혀야 한다. 〈개정 2020. 8. 25.〉

제18조(적극행정 추진 공무원에 대한 지원)
① 중앙행정기관의 장은 「국가를 당사자로 하는 소송에 관한 법률 시행령」 제12조제1항에 따라 구상권행사 여부에 대한 의견을 제출할 때에는 해당 공무원의 적극행정 추진에 따른 결과인지 여부를 명시해야 한다.
② 중앙행정기관의 장은 공무원이 다음 각 호의 어느 하나에 해당하는 경우에는 변호사 등 법률전문가의 도움을 받을 수 있도록 필요한 지원을 할 수 있다.
  1. 징계의결등의 요구를 받아 제17조에 따른 징계등 면제 요건 충족 여부 등에 대해 소명이 필요한 경우
  2. 적극행정 추진에 따른 행위로 형사 고소·고발 등을 당해 기소 전 수사 단계에 있는 경우
③ 중앙행정기관의 장은 소속 공무원이 적극행정 추진으로 인해 민사상 책임과 관련된 소송을 수행할 경우에는 소송대리인 선임 등 소송수행에 필요한 지원을 할 수 있다.
④ 「공무원 징계령」 제7조제1항에 따라 징계의결등의 요구권을 가진 사람(특정직공무원의 경우에는 해당 징계 관련 법령에 따라 징계의결등 요구권을 가진 사람을 말하며, 이하 "징계의결등 요구권자"라 한다)은 공무원

징계의결등 요구서 사본을 징계등 혐의자에게 송부하는 경우로서 징계의결등의 대상 행위가 적극적인 규제 개선을 위한 직무집행으로 인해 발생한 경우에는 「중소기업기본법」 제23조제4항에 따라 중소기업 옴부즈만이 징계 감경 또는 면제를 건의할 수 있다는 사실을 징계등 혐의자에게 안내해야 한다. 〈개정 2020. 8. 25.〉

제19조(소극행정 예방 및 근절) 징계의결등 요구권자는 소속 공무원의 소극행정이 발생한 경우 징계 관계 법령에 따라 징계의결등을 요구하는 등 필요한 조치를 해야 한다.

제20조(소극행정 예방 지원)
① 인사혁신처장은 중앙행정기관의 장에게 소극행정 예방 및 근절을 위해 취한 조치 및 이와 관련된 자료의 제출을 요구할 수 있다.
② 인사혁신처장과 중앙행정기관의 장은 소극행정 예방 및 근절 등을 위한 교육과 홍보 사업을 추진할 수 있다.

알파 055 경찰청 적극행정 면책제도 운영규정 [시행 2021. 1. 22.] [경찰청훈령]

제1장 총칙

제1조(목적) 이 규정은 경찰청 소속 공무원 등이 공익을 증진하기 위해 성실하고 능동적으로 업무를 처리하는 과정에서 부분적인 절차상 하자 등의 부작용이 발생하였더라도 일정 요건을 충족한 경우 관련 공무원 등에 대하여 징계 등 불이익한 처분 및 처분요구 등을 하지 않거나 감경 처리하는 「적극행정 면책제도」의 적용대상과 요건, 운영절차 등을 정함을 목적으로 한다.

제2조(정의) 이 규정에서 사용하는 용어의 정의는 다음 각 호와 같다.
1. "적극행정"이란, 경찰청 소속 공무원 등이 국가 또는 공공의 이익을 증진하기 위해 성실하고 능동적으로 업무를 처리하는 행위를 말한다.
2. "면책"이란, 적극행정 과정에서 발생한 부분적인 절차상 하자 또는 비효율, 손실 등과 관련하여 그 업무를 처리한 경찰청 소속 공무원 등에 대하여 징계 등 불이익한 처분 및 처분요구 등을 하지 않거나 감경하는 것을 말한다.
3. "경찰청 소속 공무원 등"이란, 제4조에서 정한 경찰청 및 그 소속기관의 공무원과 산하단체의 임·직원 등을 말한다.
4. 제2호의 "불이익한 처분 및 처분요구 등"이란, 「경찰공무원 징계양정 등에 관한 규칙」에 의한 징계, 「경찰행정 사무감사 규칙」제21조 제1호의 징계 또는 문책 요구, 제2호의 시정 요구, 제6호의 통보(인사자료통보 등 비위사실 통보에 한함) 등을 말한다.
5. "감사 책임자"란, 현장에서 감사활동을 지휘하는 자를 말하여 감사단장 등 현장 지휘자가 없을 경우에는 감사담당관 또는 감찰담당관을 말한다.
6. "사전컨설팅 감사"란 불합리한 제도 등으로 인해 적극적인 업무 수행이 어려운 경우, 해당 업무의 수행에 앞서 업무 처리 방향 등에 대하여 미리 감사의견을 듣고 이를 업무처리에 반영하여 적극행정을 추진하는 것을 말한다.
7. "사전컨설팅 대상 기관 및 대상 부서의 장"이란 각 시·도경찰청장, 부속기관의 장, 산하 공직유관단체의 장 및 경찰청 관·국의 장을 말한다.

제2장 적극행정면책 제도

제3조(제도적용 대상 업무의 범위)
① 이 규정은 경찰청의 감사(감찰 포함)대상 업무 전반에 적용된다.
② 국가정책 및 급박한 치안상황을 극복하기 위한 정책의 수립이나 집행과 직접적으로 관련된 업무처리에 대해서는 모든 사정을 더욱 심도 있게 검토하여 면책 여부를 결정한다.

제4조(면책 대상자) 이 규정에 의한 면책은 경찰청 및 그 소속기관의 공무원 또는 산하단체의 임·직원 등에게 적용된다.

제5조(적극행정 면책요건)
① 자체 감사를 받는 사람이 적극행정면책을 받기 위해서는 다음 각 호의 요건을 모두 갖추어야 한다.
　1. 감사를 받는 사람의 업무처리가 불합리한 규제의 개선, 공익사업의 추진 등 공공의 이익을 위한 것일 것
　2. 감사를 받는 사람이 대상 업무를 적극적으로 처리한 결과일 것
　3. 감사를 받는 사람의 행위에 고의나 중대한 과실이 없을 것
② 제1항제3호의 요건을 적용하는 경우 자체감사를 받는 사람이 다음 각 호의 요건을 모두 갖추어 업무를 처리한 것으로 인정되는 경우에는 그 행위에 고의나 중대한 과실이 없는 경우에 해당하는 것으로 추정한다.
　1. 자체감사를 받는 사람과 대상 업무 사이에 사적인 이해관계가 없을 것
　2. 대상 업무를 처리하면서 중대한 절차상의 하자가 없었을 것

제6조(면책 대상 제외) 제5조에도 불구하고 업무처리과정에서 기본적으로 지켜야 할 의무를 다하지 않았거나 다음 각 호에 해당하는 경우에는 면책대상에서 제외한다.
　1. 금품을 수수한 경우
　2. 고의·중과실, 무사안일 및 업무태만의 경우
　3. 자의적인 법 해석 및 집행으로 법령의 본질적인 사항을 위반한 경우
　4. 위법·부당한 민원을 수용한 특혜성 업무처리를 한 경우
　5. 그 밖에 위 각 호에 준하는 위법·부당한 행위를 한 경우

제7조(적극행정 면책심사위원회 설치)
① 경찰청 소속 공무원 등의 적극행정 면책신청에 대한 심사를 위하여 경찰청에 "적극행정 면책심사위원회"(이하 "위원회"라 한다)를 둔다.
② 위원회는 위원장 1명을 포함하여 5명 이상 7명 이내로 성별을 고려하여 구성하며 위원장은 감사관으로 하고 위원은 심사안건 관련 부서장(감사담당관 또는 감찰담당관)을 포함하여 회의 개최 시 마다 위원장이 경찰청 소속 과장급 공무원 중에서 지명하는 사람으로 한다. 다만, 위원 중 1인은 경감 이하 경찰공무원 또는 6급 이하 일반직공무원으로 한다.
③ 위원회의 사무를 처리하기 위하여 간사 1명을 두되, 감사관실 업무소관 부서 공무원으로 한다.

제8조(회의)
① 위원회의 위원장은 회의를 소집하고 위원회를 대표하며 위원회의 사무를 총괄한다.
② 위원회의 회의는 재적위원 과반수의 찬성으로 개의(開議)하고, 출석위원 과반수의 찬성으로 의결한다.
③ 위원회의 심사결과는 별지 제1호의 서식에 의하여 관리한다.
④ 위원, 간사 및 참석자는 회의 중 알게 된 내용을 누설하여서는 안 된다.

제9조(면책제도 통지) 감사 책임자는 감사에 착수 또는 종료할 때 별지 제2호 서식에 따라 감사대상기관의 장 및 감사 대상자에게 면책제도를 안내하여야 한다.

제10조(면책심사 신청)
① 감사 대상자가 면책심사를 받을 경우에는 면책사유에 해당하는 증빙자료를 구비하여 감사 책임자에게 면책심사를 신청할 수 있다.
② 감사대상기관의 장 또는 감사대상자의 소속 부서장이 감사를 받은 소속 직원 중에서 특별히 면책조치가 필요할 경우에는 면책사유에 해당하는 증빙자료를 구비하여 감사 책임자에게 면책심사를 신청할 수 있다.
③ 제1항 및 제2항에 따른 면책심사 신청은 별지 제3호 서식에 의하여 해당 감사결과에 따른 징계의결 요구 또는 징계 이외의 불이익 처분이 이루어지기 이전에 하여야 한다.
④ 감사 책임자는 '적극행정 면책심사 신청서'를 접수한 경우에는 별지 제4호 서식의 '면책검토서'를 작성하여 위원회에 심사를 요구하여야 한다. 다만, 면책심사 신청인(이하 "신청인"이라 한다)의 비위내용이 불이익한 처분 및 처분요구 사유에 해당하지 않는 경우에는 위원회에 심사를 요구하지 아니하고, 그 사유를 명시하여 신청인에게 통보하여야 한다.

제11조(면책심사 처리)
① 면책심사 결과는 최종 처분양정 결정 시 최대한 반영하여야 하며, 신청인 또는 신청인의 소속 기관의 장에게 통보하여야 한다.
② 처분사항은 별지 제5호 서식에 따라 기록 및 관리하여야 한다.

제12조(시·도경찰청 등의 적극행정 면책제도)
① 시·도경찰청, 부속기관, 경찰서, 직할대(이하 "시·도경찰청 등"이라 한다)의 경우 각 기관에서 별도로 적극행정 면책심사위원회를 설치하고 관련 업무를 처리하며 위원회의 구성은 별표 1과 같다.
② 제10조에 따라 면책심사를 신청하는 사람은 시·도경찰청의 경우 청문감사인권담당관, 부속기관은 운영지원과장, 경찰서는 청문감사인권관, 직할대는 경무과장에게 면책심사를 신청한다.
③ 시·도경찰청 등의 적극행정 면책제도에 관하여 이 규칙에서 정한 것 외에 운영에 필요한 사항은 시·도경찰청 등의 적극행정 면책심사위원회의 의결을 거쳐 위원장이 정한다.

제13조(유의사항)
① 감사 책임자는 적극행정 면책제도의 취지를 충분히 고려하여 감사현장에서 감사활동을 지휘하여야 한다.
② 이 규정에 의한 적극행정 면책제도는 감사과정에서 업무수행의 동기 및 목적 등을 세심하게 고려하여 성실하고 적극적으로 일하는 경찰청 소속 공무원 등에 대한 불이익한 조치 등을 신중하게 하려는 취지의 제도로서 감사를 느슨하게 하거나 감사실시를 면제하는 등의 제도로 운영되거나 오해되어서는 아니 된다.

제3장 사전컨설팅 감사 제도

제14조(사전컨설팅 감사의 원칙) 사전컨설팅 대상 기관 및 대상 부서의 장(이하 "사전컨설팅 대상 기관등의 장"이라 한다)은 불합리한 제도 등으로 인하여 공공의 이익이 훼손되는 일이 없도록 사전컨설팅 감사를 적극 활용하여야 한다.

제15조(사전컨설팅 감사의 대상)
① 사전컨설팅 대상 기관등의 장은 다음 각 호의 어느 하나에 해당하는 업무를 수행하기 전에 감사관에게 사전컨설팅 감사를 신청할 수 있다.
  1. 인가·허가·승인 등 규제관련 업무

    2. 법령·행정규칙 등의 해석에 대한 이견 등으로 인하여 능동적인 업무처리가 곤란한 경우
    3. 그 밖에 적극행정 추진을 위해 감사관이 필요하다고 인정하는 경우
② 행정심판, 소송, 수사 또는 타 기관에서 감사 중인 사항, 타 법령에서 정하고 있는 재심의 절차를 거친 사항 등은 사전컨설팅 감사 대상에서 제외한다.

제16조(사전컨설팅 감사의 신청)
① 사전컨설팅 대상 기관등의 장은 사전컨설팅 감사가 필요하다고 인정되는 경우 충분한 자체 검토를 거친 후 별지 제6호 서식에 따른 신청서를 작성하여 감사관에게 제출할 수 있다.
② 산하 공직유관단체의 장이 감사관에게 사전컨설팅을 신청하는 경우에는 자체감사기구의 장의 의견 및 관련 자료를 첨부하여야 한다.

제17조(사전컨설팅 감사의 심사 기준)
① 감사관은 제16조에 따른 사전컨설팅 감사 신청서가 다음 각 호의 요건을 모두 충족한 경우에 처리한다.
    1. 업무처리의 목적이 공공의 이익을 위한 경우로서 관련 공무원 등의 사적 이익 취득이나 특정인에 대한 특혜 부여 등의 비위가 없을 것
    2. 법령상의 의무 이행, 정부정책의 수립이나 집행, 국민 편익 증진 등을 위해 모든 여건에 비추어 해당 업무를 추진·처리해야 할 필요성과 타당성이 있을 것
② 감사관은 제1항에도 불구하고 관련 공무원 등이 업무처리 과정에서 기본적으로 지켜야 할 의무를 다하지 않았거나 다음 각 호의 어느 하나에 해당하는 경우에는 사전컨설팅 감사 신청서를 반려하여야 한다.
    1. 금품수수, 고의·중과실, 무사안일 및 직무태만의 경우
    2. 자의적인 법 해석 및 집행으로 법령의 본질적인 사항에 위배되는 경우
    3. 위법·부당한 민원을 수용한 특혜성 업무처리의 경우
    4. 관련 법령 등에 명확하게 규정되어 있는데도 단순 민원해소 등을 위해 소극행정·책임회피 수단으로 신청하는 경우
    5. 그 밖에 위 각 호에 준하는 위법·부당한 행위

제18조(사전컨설팅 감사의 실시)
① 사전컨설팅 감사는 서면감사를 원칙으로 하되, 현지 확인 등 실지감사를 함께 할 수 있다.
② 감사관은 필요하다고 인정되는 경우 관련 기관 및 직원에 대하여 출석 및 진술, 의문사항에 대한 질의·확인 및 필요한 자료의 제출을 요청할 수 있다. 이 경우 관련 기관 및 직원은 특별한 사정이 없으면 감사관의 요청에 따라야 한다.
③ 감사관은 사전컨설팅 감사의 내용이 국민생활에 미치는 영향이 크거나 다수의 이해관계자와 관련된 사항 등에 해당되어 신중한 검토가 필요하나고 판단되는 경우에는 「경찰청 규제심사위원회 운영규칙」 제2조에 따른 규제심사위원회 자문 또는 외부전문가의 자문을 거칠 수 있다.

제19조(사전컨설팅 감사 결과의 처리)
① 감사관은 사전컨설팅 감사 접수일로부터 30일 이내에 별지 제7호 서식에 따른 사전컨설팅 감사 의견서를 작성하여 신청서를 제출한 사전컨설팅 대상 기관등의 장에게 통보하여야 한다. 다만, 사안이 복잡하거나 신중한 처리 등을 위하여 필요한 경우 그 사유를 소명하여 기간을 연장할 수 있다.
② 제1항에 따라 사전컨설팅 감사 의견서를 통보받은 사전컨설팅 대상 기관등의 장은 특별한 사정이 없으면 사전컨설팅 감사 의견을 반영하여 해당 업무를 처리하여야 한다.

제20조(사전컨설팅 감사의 효력)
① 감사관은 제19조제2항에 따라 사전컨설팅 감사 의견을 반영하여 적극행정을 추진한 결과에 대하여 자체감사규정에 따른 감사 시 책임을 묻지 아니한다.
② 감사관은 사전컨설팅 감사 신청서를 검토한 결과 불합리한 제도 등의 개선이 필요하다고 판단되는 경우, 소관 기관 또는 부서에 제도 개선 등 필요한 조치를 요청할 수 있다.

제21조(이행결과의 제출)
① 사전컨설팅 대상 기관등의 장은 제19조제2항에 따라 사전컨설팅 감사 의견을 업무에 반영·처리한 결과를 별지 제8호 서식에 작성하여 감사관에게 제출하여야 한다.
② 제20조제2항에 따라 불합리한 제도 등의 개선 조치 요청을 받은 기관 및 부서의 장은 별지 제8호 서식으로 사전컨설팅 감사 조치결과 통보서를 작성하여 감사관에게 제출하여야 한다.

조용석 알파로직 경찰학

PART

02

경찰학 각론

CHAPTER 01 생활안전경찰

알파 056 　범죄학

1 범죄원인론

VIVA 모델	범죄의 3요소	Shelely의 범죄발생의 4가지 조건
① Value(대상의 가치) ② Inertia(이동의 용이성) ③ Visibility(가시성) ④ Access(접근성)	① 범죄자 ② 적절한 대상 ③ 감시자의 부재	① 범행의 **동**기 ② 사회적 제재로부터의 **자**유 ③ 범행의 **기**회 ④ 범행의 **기**술

▶ 고전학파와 실증학파의 비교

구분 \ 학파	고전학파	실증학파
전제	비결정론	결정론
범죄원인	자유의사	사회적·심리적·신체적 요인
관점	범죄행위	범죄자
수단	사법제도	과학적인 방법
목적	일반예방	특별예방

1) 고전주의 범죄학

Beccaria	• 『범죄와 형벌』 저자 • 형벌은 범죄에 비례하여 부과	• 인간은 자유의지가 있다. • 범죄는 형벌을 통해 통제 • 형벌은 엄격하고 신속해야
Bentham	• 공리주의를 주장 • 형벌을 통한 범죄의 통제	• 효과적 범죄예방은 범죄를 선택하지 못하게 하는 것

2) 실증주의 범죄학

생물학적 범죄학	• Lombroso – 생래적 범죄인설 • 인간의 인상, 골격, 체형 등 타고난 생물적 특성으로 인해 범죄가 발생	※ 고전주의 범죄학의 한계 • 범죄는 자유의지가 아닌 외적 요소에 의해 강요되는 것 • 기존의 형벌과 제도로 통제가 불가능
심리학적 범죄학	• 범죄원인은 정신 이상, 낮은 지능, 모방학습에 기인한다.	

3) 사회구조 원인

사회 해체론	Burgess & Park	① 시카고지역을 5개의 동심원지대로 나눔 ② 각 지대별 특성과 범죄의 관련성을 조사 ③ 빈곤, 인구유입, 실업 등과 관련 ➡ 산업화, 도시화로 인한 조직의 해체와 지역의 환경적 측면을 설명
	Shaw & Macay	도시의 특정지역에서 범죄가 일반화되는 이유 ➡ 인구의 유입보다는 **지역사회의 내부에 있다.**
긴장 (아노미) 이론	Durkheim	범죄는 **아노미 상태**에서 발생 ➡ 아노미란 급격한 사회변화로 인해 **규범이 붕괴**되고 작동치 않는 상태
	Merton	긴장유발이론
하위문화 이론	Cohen	① 하류계층의 청소년들이 목표와 수단의 괴리를 통해 **중류계층에 대한 저항** ② 자신들만의 **하위문화**를 만들게 되며 범죄는 이러한 **하위문화에 의해 저질러짐**
	밀러	범죄는 하위문화의 **가치와 규범**이 **정상적**으로 반영된 것
문화갈등 이론	시카고 학파	각 지역사회의 **문화적 갈등**을 통해 범죄나 비행 발생
	문화갈등 이론	범죄는 **문화의 갈등**을 통한 **심리적 갈등**으로 인해 발생(T. Sellin)

4) 사회과정 원인

사회 학습 이론	차별적 접촉이론	범죄는 범죄적 전통을 가진 사회에서 많이 발생하며 이러한 사회에서 개인은 범죄에 **접촉, 참가, 동조**하면서 학습(Sutherland)
	차별적 동일시이론	청소년들이 **영화의 주인공을 모방**하고 **자신과 동일시**하면서 범죄를 학습(Glaser)
	차별적 강화이론	청소년의 비행행위는 **처벌이 없거나 칭찬받게 되면** 반복적으로 저질러진다. (Burgess & Akers)
	중화기술이론	청소년은 비행의 과정에서 **합법적, 전통적 관습, 규범, 가치관** 등을 중화시킨다. (Matza & Sykes) ➡ ㉠ 행위에 대한 책임의 회피, ㉡ 행위로 인한 피해 발생의 부정, ㉢ 피해자의 부정, ㉣ 비난자에 대한 비난, ㉤ 보다 높은 충성심에의 호소
사회 통제 이론	견제이론	**좋은 자아관념**은 수변의 범죄적 환경에도 불구하고 **비행행위에 가담하지 않도록** 하는 중요한 요소(Reckless)
	동조성전념 이론	사람들은 단기유혹에 노출되며 노출이 끝나면 다시정상적인 상태로 돌아가고 범죄를 행했을 때 **자신에게 돌아오는 처벌의 두려움**, 자신의 이미지, 사회에서의 지위와 활동에 미치는 영향 등을 **염려하는 동조성에 대한 전념**을 가지고 있다. (Briar&Piliavin)
	사회유대이론	범죄의 원인은 **사회적인 유대가 약화**되어 통제되지 않기 때문이다. (Hirshi)
낙인 이론		범죄자로 만드는 것은 **행위의 질적인 면이 아닌 사람들의 인식**

2 범죄예방

1) 개설

근세 이전	'응보와 복수'	
고전주의	'형벌과 제재'	범죄발생 이후에 이루어지는 범죄대응방법
실증주의	'교정과 치료'	
범죄사회학자	'범죄예방'	범죄예방은 범죄발생 이전의 경찰활동을 통한 억제를 중요시
		※ 범죄사회학자들이 주장하는 범죄예방의 중요성 ① 범죄가 발생하면 피해의 회복이 거의 불가능하다(예 살인죄) ② 범죄자가 검거·교정 등에 고비용, 저효율현상이 나타난다. ③ 범죄자의 증가는 법의 권위추락, 사회적 불안을 조성한다.

2) 범죄예방의 개념

제퍼리(C. R. Jeffery)	① 형벌을 통한 범죄억제 모델 ② 범죄자의 치료와 갱생정책을 통한 사회복귀 모델 ③ 사회환경개선을 통한 범죄예방 모델	
미국범죄예방연구소	범죄예방을 "범죄적 기회를 감소시키려는 사전활동이며, 범죄에 관련된 환경적 기회를 제거하는 **직접적** 통제활동"으로 규정하였다.	
랩(S. P. Lab)	범죄예방은 실질적으로 범죄발생을 줄이려는 사전 노력이기도 하고, 심리적인 측면에서 안전성의 확보, 범죄에 대한 두려움의 제거를 위한 노력이기도 하다는 것이다.	
브란팅햄 (P. J.Brantingham)과 파우스트(F. L. Faust)	1차적 범죄예방 모델	환경설계, 이웃감시, 민간경비, 생활안전 교육 등과 형사사법기관의 활동	일반대중을 대상
	2차적 범죄예방 모델	범죄분석, 범죄예측	우범자를 대상
	3차적 범죄예방 모델	체포, 기소, 교도소구금, 치료, 사회복귀	범죄자를 대상

3 범죄예방에 관한 제 이론

범죄이론	예방이론		내용	비판
고전학파	억제이론		범죄에 대한 국가의 강력하고 확실한 처벌	폭력과 같은 충동적 범죄에는 적용 한계
생물학 심리학적 이론	치료 및 갱생이론		범죄자의 치료와 갱생	비용이 많이 들고 범죄자를 대상으로 하므로 일반예방 효과에 한계
사회학적 이론	사회발전이론		사회발전을 통한 범죄의 근본적 원인의 제거	범죄의 원인이 되는 사회적 환경을 개선할 능력이 있는가?
현대적 범죄예방 이론 (생태학적 관점)	상황적 범죄예방 이론(Clark)	의의와 비판	범죄기회의 제거와 범죄행위의 이익감소	국가통제사회 가능성, 범죄가 다른 곳으로 전이되어 전체 범죄는 줄지 않음 ➡ 전이효과
		합리적 선택 이론	① 범죄행위는 비용과 이익을 고려하여 합리적으로 선택 (신고전주의) ② 범죄자의 입장에서 선택할 수 있는 기회를 미리 진단하여 예방	범죄기회의 제거 (클락 & 코니쉬)
		일상 활동 이론	〈범죄의 3요소〉 ① 동기가 부여된 잠재적 범죄자 ② 적절한 대상 ③ 보호자(감시자)의 부재	코헨과 펠슨
		범죄 패턴 이론	① 범죄에는 일정한 장소적 패턴이 있다. ➡ 여가활동장소, 이동경로, 이동수단 ② 지리적 프로파일링을 통한 범행지역의 예측 활성화에 기여	브랜팅햄
	환경범죄학		물리적 환경의 변화를 통한 범죄예방 (CPTED) 방어공간이론(영역성의 강조)	Jacobs, Jeffery, Oscar Newman
	집합효율성 이론		지역사회 범죄율 차이의 원인으로 지역주민, 사업체, 지자체 등 지역사회 구성원들이 범죄문제를 해결하기 위해 적극적으로 참여하는 것 ➡ 사회해체이론에 대한 추가적인 연구	로버트 샘슨과 동료들

현대적 범죄예방 이론 (생태학적 관점)	깨진유리창 이론	① 무질서한 행위와 환경을 그대로 방치하면 주민들은 범죄와 무질서가 심각해짐 ② **무관용 정책**과 **집합효율성의 강화**가 범죄를 예방하는데 중요한 기여	윌슨과 켈링 켈링과 브래튼

4 Mendelsohn(멘델존)의 범죄피해자 유형

피해자 유형	개념	예
가장 책임이 높은 피해자	타인을 공격하다 반격을 당한 피해자	공격적 피해자(정당방위) 기만적 피해자(무고죄)
가해자보다 더 책임이 있는 피해자	피해자의 행위가 범죄자의 가해행위를 유발	자신의 부주의로 인한 피해자 부모에게 살해된 패륜아
가해자와 같은 정도의 책임이 있는 피해자	자발적인 피해자	촉탁살인에 의한 피해자 자살미수 피해자 동반자살 피해자
책임이 조금 있는 피해자	무지(無智)에 의하여 책임이 적은 피해자	무지에 의한 낙태여성 인공유산을 시도하다 사망한 임산부
완전히 책임이 없는 피해자	순수한 피해자(무자각 피해자)	영아살해죄의 영아 약취유인된 유아

▶ 뉴먼(Newman)의 환경설계에 관한 4원칙

영역성 설정 원칙	영역성(territoriality)은 건물의 배치, 도로의 설계, 상징적인 혹은 실제 통제공간을 설계하여 그 지역의 거주자들이 자신들의 소유나 책임영역이라는 의식을 심화시켜 범죄를 예방하려는 통제전략이다.
자연스런 감시의 확보 원칙	자연적 감시(natural surveillance)는 합법적인 이용자들에게 이웃과 외부인의 일상활동을 관찰할 수 있도록 영역을 설계함으로써 주민들에 의한 자연적인 감시가 이루어져야 한다는 것을 의미한다.
거주지 이미지 형성 원칙	주택단지가 범죄에 취약하게 보이지 않고 지역사회로부터 고립되지 않도록 지역사회를 조성해야 한다는 원칙이다.
입지조건 원칙 (안전지대, 환경)	입지조건(milieu)은 특정 장소 주변지역의 성격을 말하는 것으로서 주택지 주위에 범죄유발 위험시설이 없는 지역에 배치하고, 유흥시설이나 사행성 오락시설 또는 윤락업소 같은 풍속에 유해한 영향을 미치는 시설은 주택단지 주변에 위치하지 못하게 한다. 또한 경찰 등 범죄통제나 감시기관이 많은 지역을 선택함으로써 주거지역이 범죄로부터 안전을 확보해야 한다는 것을 강조한다.

5 CPTED의 기본원리

자연적 감시	건축물이나 시설의 설계시 가시권을 최대한 확보하여 외부침입에 대한 감시기능을 확대함으로써 범죄위험을 증가시키고, 범죄의 기회를 감소시키는 원리 예 가시권 확대를 위한 건물의 배치 및 조명·조경 설치 등
자연적 접근통제	일정한 지역에 접근하는 사람들을 정해진 공간으로 유도하거나 외부인의 출입을 통제하도록 설계함으로써 접근에 대한 심리적 부담을 증대시켜 범죄를 예방하는 원리 예 통행로의 설계, 출입구의 최소화, 차단기·잠금장치·방범창 등의 설치
영역성의 강화	사적 공간에 대한 경계를 표시함으로써 주민들의 책임의식과 소유의식을 증대하여 사적 공간에 대한 권리를 강화시키고, 외부인들에게는 침입에 대한 불법사실을 인식시켜 범죄기회를 차단하는 원리 예 울타리·표지판의 설치, 사적·반(半)사적·공적 공간의 구분
활동성의 강화	지역사회의 설계시 주민들이 모여서 상호의견을 교환하고 유대감을 증대할 수 있는 공공장소를 설치·이용하도록 함으로써 '거리의 눈'을 활용한 자연적 감시와 자연적 접근통제의 기능을 확대하는 원리 예 놀이터·공원의 설치, 체육시설의 접근성과 이용의 증대, 벤치·정자의 위치 및 활용성에 대한 설계
유지관리	처음 설계된 대로 혹은 개선된 의도대로 기능을 지속적으로 유지하도록 관리함으로써 범죄예방을 위한 환경설계의 장기적이고 지속적인 효과를 유지하는 원리 예 즉시보수, 청결유지, 조명·조경의 관리

알파 057　지역사회 경찰활동(Community Policing)

1 전통적 경찰활동과 지역사회 경찰활동의 비교

구분	전통적 경찰활동	지역사회경찰활동
정의	법집행 책임있는 유일한 정부기관은 경찰	경찰과 시민 모두 범죄방지의무가 있다.
역할	범죄해결	보다 포괄적인 문제해결의 접근방법
업무평가	범인검거율	범죄와 무질서가 얼마나 적은가
업무의 우선순위	범죄와 폭력의 퇴치	범죄와 폭력의 퇴치 + 지역사회질서를 문란시키는 요인의 해결
효율성	범죄신고에 대한 반응시간이 얼마나 짧은가?	주민의 경찰업무에 대한 협조도
대상	범죄사건	시민의 문제와 걱정거리
강조	집중화된 조직구조, 법과 규범에 의해 규제, 법을 엄격히 준수하는 책임강조	지역사회의 요구에 부응하는 분권화된 경찰관 개개인의 능력을 강조
타 기관과의 관계	갈등관계	협력관계

2 지역사회 경찰활동의 개념

주요개념	내용	학자
문제지향적 경찰활동 (POP)	• 지역사회의 문제를 해결하기 위한 여러 가지 방안을 중점으로 우선순위를 재평가, 각각의 문제에 따른 형태별 대응을 강조 • 문제해결과정(에크와 스펠만) : 조사(Scan) → 분석(Analysis) → 대응(Response) → 평가(Assessment) • 일선 경찰관에 대한 문제해결권한과 필요한 시간을 부여하고 범죄분석자료를 제공, 대중정보와 비평을 적극적으로 수용	골든 슈타인
지역중심 경찰활동 (COP)	• 지역사회와 경찰 사이의 새로운 관계를 증진시키는 조직적인 전략이고 원리 • 지역사회에서의 전반적인 삶의 질 향상을 목표 • 경찰과 지역사회가 마약·범죄와 범죄에 대한 두려움, 사회적·물리적 무질서, 그리고 전반적인 지역의 타락과 같은 당대의 문제들을 확인하고 우선순위를 정하여 해결하고자 함께 노력	트로야노비치와 버케로
이웃지향적 경찰활동 (NOP)	• 지역에서 범죄는 비공식적인 사회통제의 약화와 경제적 궁핍이 소외를 정화하기 때문 • 지역조직은 경찰관에게서 중요한 역할을 부여받으며, 서로를 위해 감시하고 공식적인 민간순찰을 실시 • 지역조직은 거주자들에게 지역에 관한 정보를 제공하며 경찰과 협동하여 범죄를 억제하는 기능을 수행	윌리암스
전략지향적 경찰활동 (SOP)	전략 지향적 경찰활동의 목적은 범죄적 요소나 사회 무질서의 원인을 제거하는 것이고, 지역사회를 교정하는데 있어서 지역사회에 그 기초를 확립할 기회를 제공해주는 것이다.	
정보에 의한 경찰활동 (ILP)	• 범죄자의 활동이나 조직범죄, 중범죄자에 대한 관리와 예방에 중점을 두고 범죄를 감소시키기 위해서는 범죄의 정보와 분석기법을 통합한 법집행위주의 활동을 의미한다. • ILP의 방식은 지역사회 정보와 감시 그리고 범죄의 분석 등을 통해 정보에 입각하여 범죄다발지역에 대한 강력한 순찰, 법집행 그리고 범죄예방활동을 진행하는 것이다.	
컴스탯 (Compstat)	• 컴퓨터(computer)와 통계(statistics) 의 합성어로 브래튼이 뉴욕시 지하철 수사대장으로 근무하던 시절, 그의 부하이던 잭 매이플(Jack Maple) 경위가 만들어 낸 용어이다. • 잭은 지리정보시스템(GIS) 기술을 이용하여 시간과 장소에 따른 범죄율과 범죄의 추세를 알기 쉽게 나타내는 범죄정보지도를 개발하여 범죄를 줄일 수 있도록 만든 것	
제3자 경찰활동 (Third party policing)	• 어떠한 조직 혹은 비범죄자 예를 들어 공공 주택 기관, 재산 주인, 부모, 건강과 건물감시자 그리고 사업가들을 주체로 하여 범죄를 예방하거나, 범죄 문제를 줄이는 것에 대하여 책임을 지게하는 경찰노력으로 정의된다. • 이것은 범죄통제와 관련된 개념으로, 범죄통제를 경찰에 의한 범죄자 억제라는 전통적 경찰활동개념과 시민의 개인적, 집단적 차원에서 범죄예방을 강조하는 현대적 경찰활동개념에 비교되는 것이다.	

알파 058 | 풍속사범의 단속

1 풍속영업의 범위(풍속영업의규제에관한법률 제2조)

구분	대상업종
식품위생법	「식품위생법」 단란주점영업 및 유흥주점영업
공중위생관리법	「공중위생관리법」 숙박업, 목욕장업(沐浴場業), 이용업 중 대통령령으로 정하는 것
음악산업진흥에 관한법률	「음악산업진흥에 관한 법률」 노래연습장업
게임산업진흥에 관한법률	「게임산업진흥에 관한 법률」 게임제공업 및 복합유통게임제공업
영화및비디오물의 진흥에관한법률	「영화 및 비디오물의 진흥에 관한 법률」 비디오물감상실업
체육시설의설치· 이용에관한법률	「체육시설의 설치·이용에 관한 법률」 무도학원업 및 무도장업
기타	• 그 밖에 선량한 풍속을 해치거나 청소년의 건전한 성장을 저해할 우려가 있는 영업으로 대통령령으로 정하는 것 • 윤락행위, 퇴폐적 안마 등의 신체적 접촉, 성관련 신체부위의 노출 등 성적 접대행위 및 이와 유사한 행위가 이루어질 우려가 있는 영업일 것 • 영업의 형태나 목적이 주로 성인을 대상으로 한 술·노래·춤의 제공 등 유흥접객행위가 이루어지는 영업일 것 • 주로 성인용의 매체물을 유통하는 영업일 것 • 청소년유해매체물·청소년유해약물등을 제작·생산·유통하는 영업 중 청소년의 출입·고용이 청소년의 심신발달에 장애를 유발할 우려가 있는 영업일 것 예 키스방, 대딸방, 전립선마사지, 유리방, 성인PC방, 휴게텔, 인형체험방 등

2 식품위생법상 식품접객업의 종류(식품위생법 제21조 제2항, 동법시행령 제7조 제8항)

업종	음식물판매	술판매	노래·춤	유흥종사자 고용	비고
휴게음식점영업	O	×	×	×	신고
일반음식점영업	O	O	×	×	신고
단란주점영업	O	O	O	×	허가
유흥주점영업	O	O	O	O	허가

3 풍속영업의규제에관한법률상 용어 및 준수사항

풍속영업자	허가 또는 인가를 받지 아니하거나 등록 또는 신고를 하지 아니하고 풍속영업을 영위하는 자를 포함한다.
종사자	명칭 여하를 불문하고 영업자를 대리하거나 영업자의 지시를 받아 상시 또는 일시 영업행위를 하는 대리인·사용인 기타의 종업원을 말한다. 무도학원업의 경우에는 강사, 강사보조원을 포함한다.
풍속영업자 및 종사자의 준수사항	풍속영업을 영위하는 자(허가 또는 인가를 받지 아니하거나 등록 또는 신고를 하지 아니하고 풍속영업을 영위하는 자를 포함) 및 대통령령으로 정하는 종사자는 다음 각호의 사항을 지켜야 한다. 1. 풍속영업을 영위하는 장소(이하 "풍속영업소"라 한다)에서 「성매매알선 등 행위의 처벌에 관한 법률」 제2조 제1항 제2호의 규정에 따른 **성매매알선등행위**를 하여서는 아니 된다. 1의2. 풍속영업소에서 **음란행위**를 하게 하거나 이를 알선 또는 제공하여서는 아니 된다. 2. 풍속영업소에서 음란한 문서·도화·영화·음반·비디오물 기타 물건(이하 "음란한 물건"이라 한다)을 반포·판매·대여하거나 이를 하게 하는 행위와 음란한 물건을 관람·열람하게 하는 행위 및 반포·판매·대여·관람·열람의 목적으로 음란한 물건을 진열 또는 보관하여서는 아니 된다. 3. 풍속영업소에서 **도박 기타 사행행위**를 하게 하여서는 아니 된다.

> **관련판례**
> - 텔레비전방송프로그램은 사물의 순간적 영상과 그에 따르는 음성·음향 등을 기계나 전자장치로 재생하여 시청자에게 송신할 수 있도록 제작된 방송내용물로서, 영화 또는 비디오물과는 저장이나 전달의 방식이 다른 별개의 매체물이므로, 그 방송프로그램이 기억·저장되어 있는 방송사업자의 테이프 또는 디스크 등의 유형물은 구 풍속영업의 규제에 관한 법률(2010. 7. 23. 제10377호로 개정되기 전의 것) 제3조 제2호에서 규정하는 '기타 물건'에 해당한다. 한편 전기통신설비에 의하여 송신되는 방송프로그램은 그 전달 과정에서 신호의 변환이나 증폭 등의 단계를 거치더라도 그 내용을 이루는 영상이나 음성·음향 등이 그대로 텔레비전 등의 장치를 통하여 재현되는 것이므로, 방송 시청자가 관람하는 대상은 유형물에 고정된 방송프로그램 그 자체라고 할 수 있다. 따라서 **풍속영업소인 숙박업소에서 음란한 외국의 위성방송프로그램을 수신하여 투숙객 등으로 하여금 시청하게 하는 행위는, 구 풍속영업의 규제에 관한 법률 제3조 제2호에 규정된 '음란한 물건'을 관람하게 하는 행위에 해당한다**(출처 : 대법원 2010.7.15. 선고 2009도4545 판결【영화및비디오물의진흥에관한법률위반·풍속영업의규제에관한법률위반】[공2010하, 1606]).
> - 모텔에 동영상 파일 재생장치인 디빅 플레이어를 설치하고 투숙객에게 그 비밀번호를 가르쳐 주어 저장된 음란 동영상을 관람하게 한 사안에서, 이는 「풍속영업의 규제에 관한 법률」 제3조 제2호가 금지하고 있는 음란한 비디오물을 풍속영업소에서 관람하게 한 행위에 해당한다(대판 2008.8.21., 2008도3975).
> - 풍속영업의규제에관한법률 제3조 소정의 '풍속영업을 영위하는 자'는 식품위생법 등 개별법률에서 정한 영업허가나 신고, 등록의 유무를 묻지 아니하고, 같은 법 제2조에서 정하는 풍속영업의 범위에 속하는 영업을 실제로 하는 자이므로, 그 풍속영업자가 지켜야 할 준수사항도 실제로 하고 있는 영업형태에 따라 정하여지는 것이지, 그 자가 받은 영업허가 등에 의하여 정하여지는 것은 아니므로, **유흥주점영업허가를 받았다고 하**

더라도 실제로는 노래연습장영업을 하고 있다면 유흥주점영업에 따른 영업자 준수사항을 지켜야 할 의무가 있다고 할 수 없다(출처 : 대법원 1997.9.30. 선고 97도1873 판결【풍속영업규제에관한법률위반】[공1997.11.1.(45), 3362]).

- 풍속영업자가 풍속영업소에서 도박을 하게 한 때에는 그것이 일시 오락 정도에 불과하여 형법상 도박죄로 처벌할 수 없는 경우에도 풍속영업자의 준수사항 위반을 처벌하는 풍속영업의규제에관한법률 제10조 제1항, 제3조 제3호의 구성요건 해당성이 있다고 할 것이나, 어떤 행위가 법규정의 문언상 일단 범죄 구성요건에 해당된다고 보이는 경우에도, 그것이 정상적인 생활형태의 하나로서 역사적으로 생성된 사회생활 질서의 범위 안에 있는 것이라고 생각되는 경우에는 사회상규에 위배되지 아니하는 행위로서 그 위법성이 조각되어 처벌할 수 없다(출처 : 대법원 2004.4.9. 선고 2003도6351 판결【풍속영업의규제에관한법률위반】[공2004.5.15.(202), 840]).

- 유흥주점 여종업원들이 윗옷을 벗고 브래지어만 착용하거나 치마를 허벅지가 다 드러나도록 걷어 올리고 가슴이 보일 정도로 어깨끈을 밑으로 내린 채 손님을 접대한 사안에서, 위 종업원들의 행위와 노출 정도가 형사법상 규제의 대상으로 삼을 만큼 사회적으로 유해한 영향을 끼칠 위험성이 있다고 평가할 수 있을 정도로 노골적인 방법에 의하여 성적 부위를 노출하거나 성적 행위를 표현한 것이라고 **단정하기에 부족하다**(출처 : 대법원 2009.2.26. 선고 2006도3119 판결【풍속영업의규제에관한법률위반】[공2009상, 384]).

- 18세 미만의 청소년에게 술을 판매함에 있어서 가사 그의 민법상 법정대리인의 동의를 받았다고 하더라도 그러한 사정만으로 위 행위가 정당화될 수는 없다(대판 1997.7.13, 99도2151).

- 공부상 출생일과 다른 실제의 출생일을 기준으로 청소년보호법상의 청소년에서 제외되는 자임이 역수상 명백하다고 하여, 피고인을 주류판매에 관한 청소년보호법 위반죄로 처벌할 수 없다(대구지법 2009.9.11., 2009노1765).

- 청소년이 이른바 '티켓걸'로서 노래연습장 또는 유흥주점에서 손님들의 흥을 돋우어 주고 시간당 보수를 받은 경우 업소주인이 청소년을 시간제 접대부로 고용한 것으로 보고 업소주인을 청소년보호법위반죄로 처단한 원심의 조치를 정당하다(대판 2005.7.29, 2005도3801).

알파 059　청소년유해업소

1 청소년유해업소(청소년보호법)

청소년출입·고용금지업소	청소년고용금지업소
• **일반게임제공업, 복합유통게임제공업** • 「식품위생법」에 의한 식품접객업 중 대통령령으로 정하는 것 　예 유흥주점영업 및 단란주점영업 • 「영화 및 비디오물의 진흥에 관한 법률」에 의한 **비디오물감상실업** 및 「음악산업진흥에 관한 법률」에 의한 **노래연습장업** 중 대통령령으로 정하는 것. 다만, 청소년실을 갖춘 노래연습장업의 경우에는 당해 청소년실에 한하여 청소년의 출입을 허용한다. • 「체육시설의 설치·이용에 관한 법률」에 의한 **무도학원업, 무도장업** • 「사행행위 등 규제 및 처벌특례법」에 의한 **사행행위영업** • 전기통신설비를 갖추고 불특정한 사람 상호 간의 음성대화 또는 화상대화를 매개하는 것을 주된 목적으로 하는 영업. 다만, 「전기통신사업법」 등 다른 법률의 규정에 의하여 통신을 매개하는 영업을 제외한다. • **신·변종 성매매업소** • 청소년유해매체물, 청소년유해약물 및 청소년유해물건을 제작·생산·유통하는 영업 등 청소년의 출입과 고용이 청소년에게 유해하다고 인정되는 영업으로서 대통령령이 정하는 기준에 따라 청소년보호위원회가 결정하고 여성가족부장관이 이를 고시한 것 　예 1. 윤락행위, 퇴폐적 안마 등의 신체적 접촉, 성관련 신체부위의 노출 등 성적 접대행위 및 이와 유사한 행위가 이루어질 우려가 있는 영업일 것 　　 2. 영업의 형태나 목적이 주로 성인을 대상으로 한 술·노래·춤의 제공 등 유흥접객행위가 이루어지는 영업일 것 　　 3. 주로 성인용의 매체물을 유통하는 영업일 것 　　 4. 청소년유해매체물·청소년유해약물등을 제작·생산·유통하는 영업 중 청소년의 출입·고용이 청소년의 심신발달에 장애를 유발할 우려가 있는 영업일 것 　예 키스방, 대딸방, 전립선마사지, 유리방, 성인PC방, 휴게텔, 인형체험방 등	• 「식품위생법」에 의한 식품접객업중 대통령령으로 정하는 것 　1. 휴게음식점영업으로서 주로 다류를 조리·판매하는 다방 중 종업원에게 영업장을 벗어나 다류 등을 배달·판매하게 하면서 소요시간에 따라 대가를 수수하게 하거나 이를 조장 또는 묵인하는 형태로 운영되는 영업 　2. 일반음식점영업 중 음식류의 조리·판매보다는 주로 주류의 조리·판매를 목적으로 하는 소주방·호프·카페 등의 영업형태로 운영되는 영업 • 「공중위생관리법」에 의한 숙박업, 목욕장업, 이용업 중 대통령령으로 정하는 것 　1. 숙박업. 다만, 「관광진흥법」의 규정에 의한 휴양콘도미니엄업과 「농어촌정비법」 또는 「국제회의산업 육성에 관한 법률」의 적용을 받는 숙박시설에 의한 숙박업을 제외한다. 　2. 이용업. 다만, 다른 법령에 의하여 취업이 금지되지 아니한 남자청소년의 경우에는 그러하지 아니하다. 　3. 목욕장업 중 안마실을 설치하여 영업을 하거나 또는 개실로 구획하여 하는 영업 • 「영화 및 비디오물의 진흥에 관한 법률」에 의한 비디오물소극장업 또는 「게임산업진흥에 관한 법률」에 의한 게임제공업·복합유통게임제공업 중 대통령령이 정하는 영업 　1. 「영화 및 비디오물의 진흥에 관한 법률」 제2조 제16호 나목에 따른 비디오물소극장업 　2. 「게임산업진흥에 관한 법률」 제2조 제6호에 따른 게임제공업 • 「유해화학물질 관리법」에 의한 유독물영업. 다만, 유독물 사용과 직접 관련이 없는 영업으로서 대통령령이 정하는 영업을 제외한다. 　예 유독물사용업 중 유독물을 직접 사용하지 아니하는 장소에서 이루어지는 영업 • 회비 등을 받거나 유료로 만화를 대여하는 만화대여업

- 청소년유해매체물, 청소년유해약물 및 청소년유해물건을 제작·생산·유통하는 영업 등 청소년의 고용이 청소년에게 유해하다고 인정되는 영업으로서 대통령령이 정하는 기준에 따라 청소년보호위원회가 결정하고 여성가족부장관이 이를 고시한 것
  1. 청소년유해매체물 또는 청소년유해약물등을 제작·생산·유통하는 영업으로서 청소년이 고용되어 근로할 경우에 청소년유해매체물 또는 청소년유해약물 등에 쉽게 접촉되어 고용청소년의 건전한 심신발달에 장애를 유발할 우려가 있는 영업일 것
  2. 외견상 영업행위가 성인·청소년 모두를 대상으로 하지만 성인대상의 영업이 이루어짐으로써 고용청소년에게 유해한 근로행위의 요구가 우려되는 영업일 것

제30조(청소년유해행위의 금지) 누구든지 청소년에게 다음 각 호의 어느 하나에 해당하는 행위를 하여서는 아니 된다.
1. 영리를 목적으로 청소년으로 하여금 신체적인 접촉 또는 은밀한 부분의 노출 등 성적 접대행위를 하게 하거나 이러한 행위를 알선·매개하는 행위)(1년이상 10년이하)
2. 영리를 목적으로 청소년으로 하여금 손님과 함께 술을 마시거나 노래 또는 춤 등으로 손님의 유흥을 돋우는 접객행위를 하게 하거나 이러한 행위를 알선·매개하는 행위(10년이하)
3. 영리나 흥행을 목적으로 청소년에게 음란한 행위를 하게 하는 행위(10년이하)
4. 영리나 흥행을 목적으로 청소년의 장애나 기형 등의 모습을 일반인들에게 관람시키는 행위(5년이하)
5. 청소년에게 구걸을 시키거나 청소년을 이용하여 구걸하는 행위(5년이하)
6. 청소년을 학대하는 행위(5년이하)
7. 영리를 목적으로 청소년으로 하여금 거리에서 손님을 유인하는 행위를 하게 하는 행위(3년이하 or 3천만원이하)
8. 청소년을 남녀 혼숙하게 하는 등 풍기를 문란하게 하는 영업행위를 하거나 이를 목적으로 장소를 제공하는 행위(3년이하 or 3천만원이하)
9. 주로 차 종류를 조리·판매하는 업소에서 청소년으로 하여금 영업장을 벗어나 차 종류를 배달하는 행위를 하게 하거나 이를 조장하거나 묵인하는 행위(3년이하 or 3천만원이하)

▶ **청소년보호법 관련판례**

- 유흥주점 운영자가 업소에 들어온 미성년자의 신분을 의심하여 주문받은 술을 들고 룸에 들어가 신분증의 제시를 요구하고 밖으로 데리고 나온 사안에서, 미성년자가 실제 주류를 마시거나 마실 수 있는 상태에 이르지 않았으므로 술값의 선불지급 여부 등과 무관하게 주류판매에 관한 「청소년보호법」 위반죄가 성립하지 않는다.

- 청소년보호법의 입법취지와 목적 및 규정 내용 등에 비추어 볼 때, 18세 미만의 청소년에게 술을 판매함에 있어서 가사 그의 민법상 법정대리인의 동의를 받았다고 하더라도 그러한 사정만으로 위 술 판매행위가 정당화될 수는 없다(대법원 1999.7.13. 선고 99도2151).

- 일반음식점 허가를 받은 업소가 실제로는 주로 주류를 조리·판매하는 영업행위를 한 경우, 이는 청소년보호법상의 청소년고용금지업소에 해당하며, 주간에는 주로 음식류를 야간에는 주로 주류를 조리·판매하는 행태의 영업행위를 한 경우, 야간 영업형태의 청소년보호를 위한 분리의 필요성으로 인하여 주류를 취급하는 야간의 경우에만 청소년보호법상의 청소년금지업소에 해당한다(대법원 2004.4.12. 선고 2003도6282).

- 청소년이 이른바 '티켓걸'로서 노래연습장 또는 유흥주점에서 손님들의 흥을 돋우어 주고 시간당 보수를 받는 사안에서, 시간제로 보수를 받고 근무하는 위와 같은 영업형태는 업소 주인이 청소년을 시간제 접대부로 고용한 것으로 보아 업소 주인에 대하여 청소년보호법 위반의 죄책을 묻는 것이 정당하다(대법원 2005.5.29. 선고 2005도3801).

- 피고인의 광고 내용인 화상채팅 서비스는 청소년보호법 제8조 등에 의한 청소년보호위원회 고시에서 규정하는 '불건전 전화 서비스 등'에 포함된다고 해석하는 것이 형벌법규의 명확성의 원칙에 반하는 것이거나 죄형법정주의에 의하여 금지되는 확장해석이나 유추해석에 해당한다고 볼 수 없다(대법원 2006.5.12. 선고 2005도6525).

- 청소년보호법상의 '청소년'에 해당하는지의 기준은 가족관계등록부 등 공부상의 나이가 아니라 실제의 나이를 기준으로 하여야 할 것이다(대법원 2009.9.11. 선고 2009노1765).

- 업주와 종사자는 청소년 보호를 위하여 청소년을 당해 업소에 출입시켜서는 아니 될 매우 엄중한 책임이 부여되어 있다 할 것이므로, 청소년출입금지업소의 업주 및 종사자는 객관적으로 보아 출입자를 청소년으로 의심하기 어려운 사정이 없는 한 청소년일 개연성이 있는 연령대의 출입자에 대하여 주민등록증이나 이에 유사한 정도로 연령에 관한 공적 증명력이 있는 증거에 의하여 대상자의 연령을 확인해야 한다(대법원 2007.11.16. 선고 2007도7770 판결).

- 청소년출입금지업소의 업주 및 종사자가 부담하는 출입자 연령확인의무의 내용 및 연령확인조치를 취하지 아니함으로써 청소년이 당해 업소에 출입한 경우 업주 등에게 청소년보호법 위반죄의 미필적 고의가 인정된다(대법원 2007.11.16. 선고 2007도7770 판결).

- 영업주가 고용한 종업원 등의 업무에 관한 범법행위에 대하여 영업주도 함께 처벌하는 청소년보호법 제54조 중 "개인의 대리인·사용인 기타 종업원이 그 개인의 업무에 관하여 제51조 제8호의 위반행위를 한 때에는 그 개인에 대하여도 해당 조의 벌금형을 과한다"는 부분은 책임주의에 반하여 헌법에 위반된다(헌법재판소 2009.7.30. 선고 2008헌가10결정).

알파 060   아동·청소년의 성보호에 관한 법률

용어정의	아동·청소년	19세 미만의 자를 말한다. 다만, 19세에 도달하는 연도의 1월 1일을 맞이한 자는 제외한다.
	아동·청소년 대상 성범죄	가. 제7조부터 제15조까지의 죄 나. 아동·청소년에 대한 「성폭력범죄의 처벌 등에 관한 특례법」 제3조부터 제15조까지의 죄 다. 아동·청소년에 대한 「형법」 제297조, 제297조의2 및 제298조부터 제301조까지, 제301조의2, 제302조, 제303조, 제305조 및 제339조의 죄 라. 아동·청소년에 대한 「아동복지법」 제17조 제2호 및 제4호의 죄
	아동·청소년 대상 성폭력범죄	아동·청소년대상 성범죄에서 제11조부터 제15조및 제15조의2의 죄까지의 죄를 제외한 죄를 말한다.
	성인대상 성범죄	「성폭력범죄의 처벌 등에 관한 특례법」 제2조에 따른 성폭력범죄를 말한다. 다만, 아동·청소년에 대한 「형법」 제302조 및 제305조의 죄는 제외한다.
	아동·청소년의 성을 사는 행위	아동·청소년, 아동·청소년의 성(性)을 사는 행위를 알선한 자 또는 아동·청소년을 실질적으로 보호·감독하는 자 등에게 금품이나 그 밖의 재산상 이익, 직무·편의제공 등 대가를 제공하거나 약속하고 다음 각 목의 어느 하나에 해당하는 행위를 아동·청소년을 대상으로 하거나 아동·청소년으로 하여금 하게 하는 것을 말한다. 가. **성교** 행위 나. 구강·항문 등 신체의 일부나 도구를 이용한 **유사 성교** 행위 다. 신체의 전부 또는 일부를 **접촉·노출**하는 행위로서 일반인의 성적 수치심이나 혐오감을 일으키는 행위 라. **자위** 행위
	아동·청소년 성착취물	아동·청소년 또는 아동·청소년으로 명백하게 인식될 수 있는 사람이나 표현물이 등장하여 제4호의 어느 하나에 해당하는 행위를 하거나 그 밖의 성적 행위를 하는 내용을 표현하는 것으로서 필름·비디오물·게임물 또는 컴퓨터나 그 밖의 통신매체를 통한 화상·영상 등의 형태로 된 것을 말한다.
	피해아동· 청소년	제2호나목부터 라목까지, 제7조부터 제15조까지의 죄의 피해자가 된 아동·청소년(제13조제1항의 죄의 상대방이 된 아동·청소년을 포함한다)을 말한다.
	성매매 피해아동· 청소년	피해아동·청소년 중 제13조제1항의 죄의 상대방 또는 제13조제2항·제14조·제15조의 죄의 피해자가 된 아동·청소년을 말한다.

장애인인 아동·청소년에 대한 간음 등(제8조)	① 19세 이상의 사람이 13세 이상의 장애 아동·청소년(「장애인복지법」 제2조제1항에 따른 장애인으로서 신체적인 또는 정신적인 장애로 사물을 변별하거나 의사를 결정할 능력이 미약한 아동·청소년을 말한다. 이하 같다)을 간음하거나 13세 이상의 장애 아동·청소년으로 하여금 다른 사람을 간음하게 하는 경우에는 3년 이상의 유기징역에 처한다. ② 19세 이상의 사람이 13세 이상의 장애 아동·청소년을 추행한 경우 또는 13세 이상의 장애 아동·청소년으로 하여금 다른 사람을 추행하게 하는 경우에는 10년 이하의 징역 또는 5천만원 이하의 벌금에 처한다.
13세 이상 16세 미만 아동·청소년에 대한 간음 등 (제8조의2)	① 19세 이상의 사람이 13세 이상 16세 미만인 아동·청소년(제8조에 따른 장애 아동·청소년으로서 16세 미만인 자는 제외한다. 이하 이 조에서 같다)의 궁박(窮迫)한 상태를 이용하여 해당 아동·청소년을 간음하거나 해당 아동·청소년으로 하여금 다른 사람을 간음하게 하는 경우에는 3년 이상의 유기징역에 처한다. ② 19세 이상의 사람이 13세 이상 16세 미만인 아동·청소년의 궁박한 상태를 이용하여 해당 아동·청소년을 추행한 경우 또는 해당 아동·청소년으로 하여금 다른 사람을 추행하게 하는 경우에는 10년 이하의 징역 또는 5천만원 이하의 벌금에 처한다.
아동·청소년성착취물의 제작·배포 등 (제11조)	① 아동·청소년성착취물을 제작·수입 또는 수출한 자는 무기징역 또는 5년 이상의 유기징역에 처한다. 〈개정 2020. 6. 2.〉 ② 영리를 목적으로 아동·청소년성착취물을 판매·대여·배포·제공하거나 이를 목적으로 소지·운반·광고·소개하거나 공연히 전시 또는 상영한 자는 5년 이상의 징역에 처한다. 〈개정 2020. 6. 2.〉 ③ 아동·청소년성착취물을 배포·제공하거나 이를 목적으로 광고·소개하거나 공연히 전시 또는 상영한 자는 3년 이상의 징역에 처한다. 〈개정 2020. 6. 2.〉 ④ 아동·청소년성착취물을 제작할 것이라는 정황을 알면서 아동·청소년을 아동·청소년성착취물의 제작자에게 알선한 자는 3년 이상의 징역에 처한다. 〈개정 2020. 6. 2.〉 ⑤ 아동·청소년성착취물을 구입하거나 아동·청소년성착취물임을 알면서 이를 소지·시청한 자는 1년 이상의 징역에 처한다. 〈개정 2020. 6. 2.〉 ⑥ 제1항의 미수범은 처벌한다 ⑦ 상습적으로 제1항의 죄를 범한 자는 그 죄에 대하여 정하는 형의 2분의 1까지 가중한다. 〈신설 2020. 6. 2.〉 [제목개정 2020. 6. 2.]
아동·청소년 매매행위 (제12조)	① 아동·청소년의 성을 사는 행위 또는 아동·청소년성착취물을 제작하는 행위의 대상이 될 것을 알면서 아동·청소년을 매매 또는 국외에 이송하거나 국외에 거주하는 아동·청소년을 국내에 이송한 자는 무기징역 또는 5년 이상의 징역에 처한다. 〈개정 2020. 6. 2.〉 ② 제1항의 미수범은 처벌한다.
아동·청소년의 성을 사는 행위 등 (제13조)	① 아동·청소년의 성을 사는 행위를 한 자는 **1년 이상 10년 이하**의 징역 또는 2천만원 이상 5천만원 이하의 벌금에 처한다. ② 아동·청소년의 성을 사기 위하여 아동·청소년을 유인하거나 성을 팔도록 권유한 자는 3년 이하의 징역 또는 3천만원 이하의 벌금에 처한다. ③ 16세 미만의 아동·청소년 및 장애 아동·청소년을 대상으로 제1항 또는 제2항의 죄를 범한 경우에는 그 죄에 정한 형의 2분의 1까지 가중처벌한다. 〈신설 2020. 5. 19., 2020. 12. 8.〉

아동·청소년에 대한 강요행위 등 (제14조)	① 다음 각 호의 어느 하나에 해당하는 자는 5년 이상의 유기징역에 처한다. 　1. 폭행이나 협박으로 아동·청소년으로 하여금 아동·청소년의 성을 사는 행위의 상대방이 되게 한 자 　2. 선불금(先拂金), 그 밖의 채무를 이용하는 등의 방법으로 아동·청소년을 곤경에 빠뜨리거나 위계 또는 위력으로 아동·청소년으로 하여금 아동·청소년의 성을 사는 행위의 상대방이 되게 한 자 　3. 업무·고용이나 그 밖의 관계로 자신의 보호 또는 감독을 받는 것을 이용하여 아동·청소년으로 하여금 아동·청소년의 성을 사는 행위의 상대방이 되게 한 자 　4. 영업으로 아동·청소년을 아동·청소년의 성을 사는 행위의 상대방이 되도록 유인·권유한 자 ② 제1항제1호부터 제3호까지의 죄를 범한 자가 그 대가의 전부 또는 일부를 받거나 이를 요구 또는 약속한 때에는 7년 이상의 유기징역에 처한다. ③ 아동·청소년의 성을 사는 행위의 상대방이 되도록 유인·권유한 자는 7년 이하의 징역 또는 5천만원 이하의 벌금에 처한다. ④ 제1항과 제2항의 미수범은 처벌한다.
알선영업행위 등 (제15조)	① 다음 각 호의 어느 하나에 해당하는 자는 **7년 이상**의 유기징역에 처한다. 　1. 아동·청소년의 성을 사는 행위의 장소를 제공하는 행위를 업으로 하는 자 　2. 아동·청소년의 성을 사는 행위를 알선하거나 정보통신망에서 알선정보를 제공하는 행위를 업으로 하는 자 　3. 제1호 또는 제2호의 범죄에 사용되는 사실을 알면서 자금·토지 또는 건물을 제공한 자 　4. 영업으로 아동·청소년의 성을 사는 행위의 장소를 제공·알선하는 업소에 아동·청소년을 고용하도록 한 자 ② 다음 각 호의 어느 하나에 해당하는 자는 **7년 이하의 징역** 또는 5천만원 이하의 벌금에 처한다. 　1. 영업으로 아동·청소년의 성을 사는 행위를 하도록 유인·권유 또는 강요한 자 　2. 아동·청소년의 성을 사는 행위의 장소를 제공한 자 　3. 아동·청소년의 성을 사는 행위를 알선하거나 정보통신망에서 알선정보를 제공한 자 　4. 영업으로 제2호 또는 제3호의 행위를 약속한 자 ③ 아동·청소년의 성을 사는 행위를 하도록 유인·권유 또는 강요한 자는 5년 이하의 징역 또는 3천만원 이하의 벌금에 처한다.
아동·청소년에 대한 성착취 목적 대화 등	① 19세 이상의 사람이 성적 착취를 목적으로 정보통신망을 통하여 아동·청소년에게 다음 각 호의 어느 하나에 해당하는 행위를 한 경우에는 3년 이하의 징역 또는 3천만원 이하의 벌금에 처한다. 　1. 성적 욕망이나 수치심 또는 혐오감을 유발할 수 있는 대화를 지속적 또는 반복적으로 하거나 그러한 대화에 지속적 또는 반복적으로 참여시키는 행위 　2. 제2조제4호 각 목의 어느 하나에 해당하는 행위를 하도록 유인·권유하는 행위 ② 19세 이상의 사람이 정보통신망을 통하여 16세 미만인 아동·청소년에게 제1항 각 호의 어느 하나에 해당하는 행위를 한 경우 제1항과 동일한 형으로 처벌한다.
피해자 등에 대한 강요행위(제16조)	폭행이나 협박으로 아동·청소년대상 성범죄의 피해자 또는 「아동복지법」 제3조제3호에 따른 보호자를 상대로 합의를 강요한 자는 **7년 이하**의 유기징역에 처한다.

신고의무자의 성범죄에 대한 가중처벌(제18조)	제34조 제2항 각 호의 기관·시설 또는 단체의 장과 그 종사자가 자기의 보호·감독 또는 진료를 받는 아동·청소년을 대상으로 성범죄를 범한 경우에는 그 죄에 정한 형의 2분의 1까지 가중처벌한다.
「형법」상 감경규정에 관한 특례(제19조)	음주 또는 약물로 인한 심신장애 상태에서 아동·청소년대상 성폭력범죄를 범한 때에는 「형법」 제10조 제1항·제2항 및 제11조를 **적용하지 아니할 수 있다.**

공소시효에 관한 특례 (제20조)	① 아동·청소년대상 성범죄의 공소시효는 「형사소송법」 제252조제1항에도 불구하고 해당 성범죄로 피해를 당한 아동·청소년이 성년에 달한 날부터 진행한다.
	② 제7조의 죄는 디엔에이(DNA)증거 등 그 죄를 증명할 수 있는 과학적인 증거가 있는 때에는 공소시효가 10년 연장된다.
	③ 13세 미만의 사람 및 신체적인 또는 정신적인 장애가 있는 사람에 대하여 다음 각 호의 죄를 범한 경우에는 제1항과 제2항에도 불구하고 「형사소송법」 제249조부터 제253조까지 및 「군사법원법」 제291조부터 제295조까지에 규정된 공소시효를 적용하지 아니한다. 〈개정 2019. 1. 15.〉
	  1. 「형법」 제297조(강간), 제298조(강제추행), 제299조(준강간, 준강제추행), 제301조(강간등 상해·치상) 또는 제301조의2(강간등 살인·치사)의 죄 또는 제305조(미성년자에 대한 간음, 추행)의 죄
	  2. 제9조 및 제10조의 죄
	  3. 「성폭력범죄의 처벌 등에 관한 특례법」 제6조제2항, 제7조제2항·제5항, 제8조, 제9조의 죄
	④ 다음 각 호의 죄를 범한 경우에는 제1항과 제2항에도 불구하고 「형사소송법」 제249조부터 제253조까지 및 「군사법원법」 제291조부터 제295조까지에 규정된 공소시효를 적용하지 아니한다.
	  1. 「형법」 제301조의2(강간등 살인·치사)의 죄(강간등 살인에 한정한다)
	  2. 제10조제1항의 죄
	  3. 「성폭력범죄의 처벌 등에 관한 특례법」 제9조제1항의 죄

친권상실청구 등 (제23조)	① 아동·청소년대상 성범죄 사건을 수사하는 검사는 그 사건의 가해자가 피해아동·청소년의 친권자나 후견인인 경우에 법원에 「민법」 제924조의 친권상실선고 또는 같은 법 제940조의 후견인 변경 결정을 **청구하여야 한다.** 다만, 친권상실선고 또는 후견인 변경 결정을 하여서는 아니 될 특별한 사정이 있는 경우에는 그러하지 아니하다.
	② 다음 각 호의 기관·시설 또는 단체의 장은 검사에게 제1항의 청구를 하도록 요청할 수 있다. 이 경우 청구를 요청받은 검사는 요청받은 날부터 30일 내에 해당 기관·시설 또는 단체의 장에게 그 처리 결과를 통보하여야 한다.
	  1. 「아동복지법」 제45조에 따른 아동보호전문기관
	  2. 「성폭력방지 및 피해자보호 등에 관한 법률」 제10조의 성폭력피해상담소 및 같은 법 제12조의 성폭력피해자보호시설
	  3. 「청소년복지 지원법」 제29조 제1항에 따른 청소년상담복지센터 및 같은 법 제31조 제1호에 따른 청소년쉼터
	③ 제2항 각 호 외의 부분 후단에 따라 처리 결과를 통보받은 기관·시설 또는 단체의 장은 그 처리 결과에 대하여 이의가 있을 경우 통보받은 날부터 30일 내에 직접 법원에 제1항의 청구를 할 수 있다.

수사 및 재판 절차에서의 배려 (제25조)	① 수사기관과 법원 및 소송관계인은 아동·청소년대상 성범죄를 당한 피해자의 나이, 심리상태 또는 후유장애의 유무 등을 신중하게 고려하여 조사 및 심리·재판 과정에서 피해자의 인격이나 명예가 손상되거나 사적인 비밀이 침해되지 아니하도록 주의하여야 한다. ② 수사기관과 법원은 아동·청소년대상 성범죄의 피해자를 조사하거나 심리·재판할 때 피해자가 편안한 상태에서 진술할 수 있는 환경을 조성하여야 하며, 조사 및 심리·재판 횟수는 필요한 범위에서 최소한으로 하여야 한다. ③ 수사기관과 법원은 제2항에 따른 조사나 심리·재판을 할 때 피해아동·청소년이 13세 미만이거나 신체적인 또는 정신적인 장애로 의사소통이나 의사표현에 어려움이 있는 경우 조력을 위하여 「성폭력범죄의 처벌 등에 관한 특례법」 제36조부터 제39조까지를 준용한다. 이 경우 "성폭력범죄"는 "아동·청소년대상 성범죄"로, "피해자"는 "피해아동·청소년"으로 본다. 〈신설 2020. 12. 8.〉
아동·청소년 대상 디지털 성범죄 수사 특례의 절차	① 사법경찰관리가 신분비공개수사를 진행하고자 할 때에는 사전에 상급 경찰관서 수사부서의 장의 승인을 받아야 한다. 이 경우 그 수사기간은 3개월을 초과할 수 없다. ② 제1항에 따른 승인의 절차 및 방법 등에 필요한 사항은 대통령령으로 정한다. ③ 사법경찰관리는 신분위장수사를 하려는 경우에는 검사에게 신분위장수사에 대한 허가를 신청하고, 검사는 법원에 그 허가를 청구한다. ④ 제3항의 신청은 필요한 신분위장수사의 종류·목적·대상·범위·기간·장소·방법 및 해당 신분위장수사가 제25조의2제2항의 요건을 충족하는 사유 등의 신청사유를 기재한 서면으로 하여야 하며, 신청사유에 대한 소명자료를 첨부하여야 한다. ⑤ 법원은 제3항의 신청이 이유 있다고 인정하는 경우에는 신분위장수사를 허가하고, 이를 증명하는 서류(이하 "허가서"라 한다)를 신청인에게 발부한다. ⑥ 허가서에는 신분위장수사의 종류·목적·대상·범위·기간·장소·방법 등을 특정하여 기재하여야 한다. ⑦ 신분위장수사의 기간은 3개월을 초과할 수 없으며, 그 수사기간 중 수사의 목적이 달성되었을 경우에는 즉시 종료하여야 한다. ⑧ 제7항에도 불구하고 제25조의2제2항의 요건이 존속하여 그 수사기간을 연장할 필요가 있는 경우에는 사법경찰관리는 소명자료를 첨부하여 3개월의 범위에서 수사기간의 연장을 검사에게 신청하고, 검사는 법원에 그 연장을 청구한다. 이 경우 신분위장수사의 총 기간은 1년을 초과할 수 없다.
아동·청소년 대상 디지털 성범죄에 대한 긴급 신분위장 수사	① 사법경찰관리는 제25조의2제2항의 요건을 구비하고, 제25조의3제3항부터 제8항까지에 따른 절차를 거칠 수 없는 긴급을 요하는 때에는 법원의 허가 없이 신분위장수사를 할 수 있다. ② 사법경찰관리는 제1항에 따른 신분위장수사 개시 후 지체 없이 검사에게 허가를 신청하여야 하고, 사법경찰관리는 48시간 이내에 법원의 허가를 받지 못한 때에는 즉시 신분위장수사를 중지하여야 한다. ③ 제1항 및 제2항에 따른 신분위장수사 기간에 대해서는 제25조의3제7항 및 제8항을 준용한다.

아동·청소년 대상 디지털 성범죄에 대한 신분비공개수사 또는 신분위장 수사로 수집한 증거 및 자료 등의 사용제한	사법경찰관리가 제25조의2부터 제25조의4까지에 따라 수집한 증거 및 자료 등은 다음 각 호의 어느 하나에 해당하는 경우 외에는 사용할 수 없다. 1. 신분비공개수사 또는 신분위장수사의 목적이 된 디지털 성범죄나 이와 관련되는 범죄를 수사·소추하거나 그 범죄를 예방하기 위하여 사용하는 경우 2. 신분비공개수사 또는 신분위장수사의 목적이 된 디지털 성범죄나 이와 관련되는 범죄로 인한 징계절차에 사용하는 경우 3. 증거 및 자료 수집의 대상자가 제기하는 손해배상청구소송에서 사용하는 경우 4. 그 밖에 다른 법률의 규정에 의하여 사용하는 경우
국가경찰위원회와 국회의 통제	①「국가경찰과 자치경찰의 조직 및 운영에 관한 법률」 제16조제1항에 따른 국가수사본부장(이하 "국가수사본부장"이라 한다)은 신분비공개수사가 종료된 즉시 대통령령으로 정하는 바에 따라 같은 법 제7조제1항에 따른 국가경찰위원회에 수사 관련 자료를 보고하여야 한다. ② 국가수사본부장은 대통령령으로 정하는 바에 따라 국회 소관 상임위원회에 신분비공개수사 관련 자료를 반기별로 보고하여야 한다.
비밀준수의 의무	① 제25조의2부터 제25조의6까지에 따른 신분비공개수사 또는 신분위장수사에 대한 승인·집행·보고 및 각종 서류작성 등에 관여한 공무원 또는 그 직에 있었던 자는 직무상 알게 된 신분비공개수사 또는 신분위장수사에 관한 사항을 외부에 공개하거나 누설하여서는 아니 된다. ② 제1항의 비밀유지에 관하여 필요한 사항은 대통령령으로 정한다.
면책	① 사법경찰관리가 신분비공개수사 또는 신분위장수사 중 부득이한 사유로 위법행위를 한 경우 그 행위에 고의나 중대한 과실이 없는 경우에는 벌하지 아니한다. ② 제1항에 따른 위법행위가 「국가공무원법」 제78조제1항에 따른 징계 사유에 해당하더라도 그 행위에 고의나 중대한 과실이 없는 경우에는 징계 요구 또는 문책 요구 등 책임을 묻지 아니한다. ③ 신분비공개수사 또는 신분위장수사 행위로 타인에게 손해가 발생한 경우라도 사법경찰관리는 그 행위에 고의나 중대한 과실이 없는 경우에는 그 손해에 대한 책임을 지지 아니한다.
수사 지원 및 교육	상급 경찰관서 수사부서의 장은 신분비공개수사 또는 신분위장수사를 승인하거나 보고받은 경우 사법경찰관리에게 수사에 필요한 인적·물적 지원을 하고, 전문지식과 피해자 보호를 위한 수사방법 및 수사절차 등에 관한 교육을 실시하여야 한다.
영상물의 촬영·보존 등 (제26조)	① 아동·청소년대상 성범죄 피해자의 진술내용과 조사과정은 비디오녹화기 등 영상물 녹화장치로 촬영·보존하여야 한다. ② 제1항에 따른 영상물 녹화는 피해자 또는 법정대리인이 이를 원하지 아니하는 의사를 표시한 때에는 촬영을 하여서는 아니 된다. 다만, 가해자가 친권자 중 일방인 경우는 그러하지 아니하다. ③ 제1항에 따른 영상물 녹화는 조사의 개시부터 종료까지의 전 과정 및 객관적 정황을 녹화하여야 하고, 녹화가 완료된 때에는 지체 없이 그 원본을 피해자 또는 변호사 앞에서 봉인하고 피해자로 하여금 기명날인 또는 서명하게 하여야 한다.

영상물의 촬영·보존 등 (제26조)	④ 검사 또는 사법경찰관은 피해자가 제1항의 녹화장소에 도착한 시각, 녹화를 시작하고 마친 시각, 그 밖에 녹화과정의 진행경과를 확인하기 위하여 필요한 사항을 조서 또는 별도의 서면에 기록한 후 수사기록에 편철하여야 한다. ⑤ 검사 또는 사법경찰관은 피해자 또는 법정대리인이 신청하는 경우에는 영상물 촬영과정에서 작성한 조서의 사본을 신청인에게 교부하거나 영상물을 재생하여 시청하게 하여야 한다. ⑥ 제1항부터 제4항까지의 절차에 따라 촬영한 영상물에 수록된 피해자의 진술은 공판준비기일 또는 공판기일에 피해자 또는 조사과정에 동석하였던 신뢰관계에 있는 자의 진술에 의하여 그 성립의 진정함이 인정된 때에는 증거로 할 수 있다. ⑦ 누구든지 제1항에 따라 촬영한 영상물을 수사 및 재판의 용도 외에 다른 목적으로 사용하여서는 아니 된다.
증거보전의 특례 (제27조)	① 아동·청소년대상 성범죄의 피해자, 그 법정대리인 또는 경찰은 피해자가 공판기일에 출석하여 증언하는 것에 현저히 곤란한 사정이 있을 때에는 그 사유를 소명하여 제26조에 따라 촬영된 영상물 또는 그 밖의 다른 증거물에 대하여 해당 성범죄를 수사하는 검사에게 「형사소송법」 제184조 제1항에 따른 증거보전의 청구를 할 것을 요청할 수 있다. ② 제1항의 요청을 받은 검사는 그 요청이 상당한 이유가 있다고 인정하는 때에는 증거보전의 청구를 하여야 한다.

성매매 피해아동·
청소년에 대한
조치 등
(제38조)
	① 「성매매알선 등 행위의 처벌에 관한 법률」 제21조제1항에도 불구하고 제13조제1항의 죄의 상대방이 된 아동·청소년에 대하여는 보호를 위하여 처벌하지 아니한다. 〈개정 2020. 5. 19.〉
	② 검사 또는 사법경찰관은 성매매 피해아동·청소년을 발견한 경우 신속하게 사건을 수사한 후 지체 없이 여성가족부장관 및 제47조의2에 따른 성매매 피해아동·청소년 지원센터를 관할하는 특별시장·광역시장·특별자치시장·도지사·특별자치도지사(이하 "시·도지사"라 한다)에게 통지하여야 한다. 〈개정 2020. 5. 19.〉
	③ 여성가족부장관은 제2항에 따른 통지를 받은 경우 해당 성매매 피해아동·청소년에 대하여 다음 각 호의 어느 하나에 해당하는 조치를 하여야 한다. 〈개정 2020. 5. 19.〉
	  1. 제45조에 따른 보호시설 또는 제46조에 따른 상담시설과의 연계
	  2. 제47조의2에 따른 성매매 피해아동·청소년 지원센터에서 제공하는 교육·상담 및 지원 프로그램 등의 참여
	④ 삭제 〈2020. 5. 19.〉

고지명령의 집행 (제51조)	① 고지명령의 집행은 여성가족부장관이 한다.
공개명령의 집행 (제52조)	① 공개명령은 여성가족부장관이 정보통신망을 이용하여 집행한다.

아동·청소년 관련기관 등에의 취업제한 등 (제56조)	① 법원은 아동·청소년대상 성범죄 또는 성인대상 성범죄(이하 "성범죄"라 한다)로 형 또는 치료감호를 선고하는 경우에는 판결(약식명령을 포함한다. 이하 같다)로 그 형 또는 치료감호의 전부 또는 일부의 집행을 종료하거나 집행이 유예·면제된 날(벌금형을 선고받은 경우에는 그 형이 확정된 날)부터 일정기간(이하 "취업제한 기간"이라 한다) 동안 다음 각 호에 따른 시설·기관 또는 사업장(이하 "아동·청소년 관련기관등"이라 한다)을 운영하거나 아동·청소년 관련기관등에 취업 또는 사실상 노무를 제공할 수 없도록 하는 명령(이하 "취업제한 명령"이라 한다)을 성범죄 사건의 판결과 동시에 선고(약식명령의 경우에는 고지)하여야 한다. 다만, 재범의 위험성이 현저히 낮은 경우, 그 밖에 취업을 제한하여서는 아니 되는 특별한 사정이 있다고 판단하는 경우에는 그러하지 아니한다. ② 제1항에 따른 **취업제한 기간은 10년을 초과하지 못한다.** 〈신설 2018.1.16.〉

알파 061 성매매알선등행위처벌에관한법률

성매매	불특정인을 상대로 금품이나 그 밖의 재산상의 이익을 수수(收受)하거나 수수하기로 약속하고 다음 각목의 어느 하나에 해당하는 행위를 하거나 그 상대방이 되는 것을 말한다. 가. 성교행위 나. 구강, 항문 등 신체의 일부 또는 도구를 이용한 유사 성교행위
성매매 알선 등	다음 각목의 어느 하나에 해당하는 행위를 하는 것을 말한다. 가. 성매매를 알선, 권유, 유인 또는 강요하는 행위 나. 성매매의 장소를 제공하는 행위 다. 성매매에 제공되는 사실을 알면서 자금, 토지 또는 건물을 제공하는 행위
성매매 피해자	① **위계·위력** 그 밖에 이에 준하는 방법으로 성매매를 강요당한 자 ② 업무·고용 그 밖의 관계로 인하여 보호 또는 감독하는 자에 의하여 마약류관리에관한법률 제2조의 규정에 의한 마약·향정신성의약품 또는 대마(이하 "마약등"이라 한다)에 **중독**되어 성매매를 한 자 ③ **청소년**, 사물을 변별하거나 의사를 결정할 능력이 없거나 미약한 자 또는 대통령령이 정하는 중대한 **장애**가 있는 자로서 성매매를 하도록 **알선·유인된 자** ④ 성매매 목적의 **인신매매**를 당한 자
성매매 피해자 처벌특례	① **성매매피해자의 성매매는 처벌하지 아니한다.**

신뢰관계자의 동석	① 법원은 신고자등을 증인으로 신문할 때에는 직권으로 또는 본인·법정대리인이나 검사의 신청에 의하여 신뢰관계에 있는 사람을 **동석하게 할 수 있다**. ② 수사기관은 신고자등을 조사할 때에는 직권으로 또는 본인·법정대리인의 신청에 의하여 신뢰관계에 있는 사람을 **동석하게 할 수 있다**. ③ 법원 또는 수사기관은 청소년, 사물을 변별하거나 의사를 결정할 능력이 없거나 미약한 사람 또는 대통령령으로 정하는 중대한 장애가 있는 사람에 대하여 제1항 및 제2항에 따른 신청을 받은 경우에는 재판이나 수사에 지장을 줄 우려가 있는 등 특별한 사유가 없으면 신뢰관계에 있는 사람을 **동석하게 하여야 한다**. ④ 제1항부터 제3항까지의 규정에 따라 신문이나 조사에 동석하는 사람은 진술을 대리하거나 유도하는 등의 행위로 수사나 재판에 부당한 영향을 끼쳐서는 아니 된다.
심리의 비공개	① 법원은 신고자등의 사생활이나 신변을 보호하기 위하여 필요하면 결정으로 심리를 공개하지 아니할 수 있다. ② 증인으로 소환받은 신고자등과 그 가족은 사생활이나 신변을 보호하기 위하여 증인신문의 비공개를 신청할 수 있다.
불법원인으로 인한 채권무효	① 다음 각호의 어느 하나에 해당하는 사람이 그 행위와 관련하여 성을 파는 행위를 하였거나 할 사람에게 가지는 채권은 그 **계약의 형식이나 명목에 관계없이** 무효로 한다.
기타 규정	① **범죄단체의 가중처벌** : 제18조 또는 제19조에 규정된 범죄를 목적으로 단체 또는 집단을 구성하거나 그러한 단체 또는 집단에 가입한 자는 폭력행위등처벌에관한법률 제4조의 예에 의하여 처벌한다. ② **미수범처벌** : 제18조 내지 제20조의 미수범은 처벌한다. ③ **징역과 벌금의 병과** : 제18조 제1항, 제19조, 제20조 및 제23조(제18조 제2항 내지 제4항의 미수범을 제외한다)의 경우에는 징역과 벌금을 병과할 수 있다. ④ **몰수·추징** : 제18조 내지 제20조에 규정된 죄를 범한 자가 그 범죄로 인하여 얻은 금품 그 밖의 재산은 몰수하고, 이를 몰수할 수 없는 때에는 그 가액을 추징한다. ⑤ **형의 임의적 감면** : 이 법에 규정된 죄를 범한 자가 수사기관에 신고하거나 자수한 때에는 형을 감경하거나 면제할 수 있다. ⑥ **양벌규정** : 법인의 대표자나 법인 또는 개인의 대리인·사용인 그 밖의 종업원이 그 법인 또는 개인의 업무에 관하여 제18조 내지 제23조의 죄를 범한 때에는 행위자를 벌하는 외에 당해 법인 또는 개인에 대하여도 각 해당 조의 벌금형을 과하고, 벌금형이 규정되어 있지 않은 경우에는 1억원 이하의 벌금에 처한다.

벌칙	① 다음 각 호의 어느 하나에 해당하는 사람은 10년 이하의 징역 또는 1억원 이하의 벌금에 처한다.
	  1. 폭행이나 협박으로 성을 파는 행위를 하게 한 사람
	  2. 위계 또는 이에 준하는 방법으로 성을 파는 사람을 곤경에 빠뜨려 성을 파는 행위를 하게 한 사람
	  3. 친족관계, 고용관계, 그 밖의 관계로 인하여 다른 사람을 보호·감독하는 것을 이용하여 성을 파는 행위를 하게 한 사람
	  4. 위계 또는 위력으로 성교행위 등 음란한 내용을 표현하는 영상물 등을 촬영한 사람

벌칙	② 다음 각 호의 어느 하나에 해당하는 사람은 1년 이상의 유기징역에 처한다.
	  1. 제1항의 죄(미수범을 포함한다)를 범하고 그 대가의 전부 또는 일부를 받거나 이를 요구·약속한 사람
	  2. 위계 또는 위력으로 청소년, 사물을 변별하거나 의사를 결정할 능력이 없거나 미약한 사람 또는 대통령령으로 정하는 중대한 장애가 있는 사람으로 하여금 성을 파는 행위를 하게 한 사람
	  3. 「폭력행위 등 처벌에 관한 법률」 제4조에 규정된 단체나 집단의 구성원으로서 제1항의 죄를 범한 사람
	③ 다음 각 호의 어느 하나에 해당하는 사람은 3년 이상의 유기징역에 처한다.
	  1. 다른 사람을 감금하거나 단체 또는 다중(多衆)의 위력을 보이는 방법으로 성매매를 강요한 사람
	  2. 성을 파는 행위를 하였거나 할 사람을 고용·관리하는 것을 이용하여 위계 또는 위력으로 낙태하게 하거나 불임시술을 받게 한 사람
	  3. 삭제 〈2013. 4. 5.〉
	  4. 「폭력행위 등 처벌에 관한 법률」 제4조에 규정된 단체나 집단의 구성원으로서 제2항 제1호 또는 제2호의 죄를 범한 사람
	④ 다음 각 호의 어느 하나에 해당하는 사람은 5년 이상의 유기징역에 처한다.
	  1. 업무관계, 고용관계, 그 밖의 관계로 인하여 보호 또는 감독을 받는 사람에게 마약등을 사용하여 성을 파는 행위를 하게 한 사람
	  2. 「폭력행위 등 처벌에 관한 법률」 제4조에 규정된 단체나 집단의 구성원으로서 제3항 제1호부터 제3호까지의 죄를 범한 사람
	⑤ 다음 각 호의 어느 하나에 해당하는 사람은 3년 이하의 징역 또는 3천만원 이하의 벌금에 처한다.
	  1. 성매매알선 등 행위를 한 사람
	  2. 성을 파는 행위를 할 사람을 모집한 사람
	  3. 성을 파는 행위를 하도록 직업을 소개·알선한 사람
	⑥ 다음 각 호의 어느 하나에 해당하는 사람은 7년 이하의 징역 또는 7천만원 이하의 벌금에 처한다.
	  1. 영업으로 성매매알선 등 행위를 한 사람
	  2. 성을 파는 행위를 할 사람을 모집하고 그 대가를 지급받은 사람
	  3. 성을 파는 행위를 하도록 직업을 소개·알선하고 그 대가를 지급받은 사람
	⑦ 성매매를 한 사람은 1년 이하의 징역이나 300만원 이하의 벌금·구류 또는 과료(科料)에 처한다.

알파 062 　총포·도검·화약류 등의 안전관리

1 용어의 정의

총포	이 법에서 "총포"라 함은 권총·소총·기관총·포·엽총, 금속성 탄알이나 가스등을 쏠 수 있는 장약총포, 공기총(압축가스를 이용하는 것을 포함한다. 이하 같다) 및 총포신·기관부 등 그 부품(이하 "부품"이라 한다)으로서 대통령령이 정하는 것을 말한다.	
도검	이 법에서 "도검"이라 함은 칼날의 길이가 15센티미터 이상 되는 칼·검·창·치도(雉刀)·비수등으로서 성질상 흉기로 쓰이는 것과 칼날의 길이가 15센티미터 미만이라 할지라도 흉기로 사용될 위험성이 뚜렷이 있는 것 중에서 대통령령이 정하는 것을 말한다. • 잭나이프(칼날 길이가 6cm 이상의 것에 한함) : 앞뒤로 돌출되어지는 칼 • 비출나이프(칼날 길이가 5.5cm 이상이고, 45° 이상 자동으로 펴지는 장치) : 옆으로 비출되어지는 칼 • 그 밖의 6cm 이상의 칼날이 있는 것으로서 흉기로 사용될 위험이 뚜렷이 있는 것	
화약류	이 법에서 "화약류"라 함은 화약·폭약 및 화공품(화공품 : 화약 및 폭약을 써서 만든 공작물을 말한다)을 말한다.	
분사기	의의	분사기는 사람의 활동을 일시적으로 곤란하게 하는 최루 또는 질식등의 작용제를 내장된 압축가스의 힘으로 분사하는 기기로서 다음 각호의 1에 해당하는 것으로 한다. 다만, **살균·살충용 및 산업용 분사기를 제외**한다.
	종류	① 총포형 분사기　　　　　　　　③ 만년필형 분사기 ② 막대형 분사기　　　　　　　　④ 기타 휴대형 분사기
전자충격기	의의	전자충격기는 순간적인 고압전류를 방류할 수 있는 기기. 다만, **산업용 및 의료용 전자충격기를 제외**한다.
	종류	① 총포형 전자충격기 ② 막대형 전자충격기 ③ 기타 휴대형 전자충격기
석궁	의의	석궁은 추진력은 활의 원리를, 조준 및 발사장치는 총의 원리를 이용하여 만든 기기(**국궁 또는 양궁에 속하는 것을 제외**한다)
	종류	① 일반형 석궁 ② 도르래형 석궁(지렛대의 원리를 이용한 것을 말한다. 이하 같다) ③ 권총형 석궁

2 총포 등의 소지허가 및 제외자와 용도별 소지허가 범위

제조업 수출입	총	권총, 소총, 기관총	**경**찰청장의 허가(각 제조소마다)
		외	**시**도경찰청장의 허가(각 제조소마다)
	포		**경**찰청장의 허가(각 제조소마다)
	화약류	화약, 폭약	**경**찰청장의 허가(각 제조소마다)
		화공품	**시**도경찰청장의 허가(각 제조소마다)
	도검, 분사기, 전자충격기, 석궁		**시**도경찰청장의 허가
판매업	모두 시도경찰청장의 허가(각 판매소마다)		
소지허가 (유효기간 =3년)	총포		**시**도경찰청장의 허가(원칙) 경찰서장의 소지허가 : 총포 중 마취총, 산업용총, 엽총, 도살총, 구난구명총, 가스발사총, 공기총
	그외		경찰서장의 소지허가

3 화약류에 대한 허가

화약류의 사용	① 화약류를 발파 또는 연소시키려는 사람은 행정안전부령이 정하는 바에 의하여 화약류의 **사용지를 관할하는 경찰서장의 화약류의 사용허가**를 받아야 한다. 다만, 광업법에 의하여 광물의 채굴을 하는 사람과 그 밖의 대통령령으로 정하는 사람은 그러하지 아니하다. ② 화약류의 사용허가를 받은 사람(이하 "화약류사용자"라 한다)이 그 화약류를 허가받은 용도와 다른 용도로 사용하고자 하는 때에는 화약류의 사용허가를 다시 받아야 한다.	
화약류저장소 설치허가	시도경찰청장	1급저장소, 2급저장소, 수중저장소, 실탄저장소, 꽃불류저장소, 장난감용 꽃불류저장소, 도화선저장소
	경찰서장	3급저장소, 간이저장소

총포·도검·화약류 등의 안전관리에 관한 법률
(약칭 : 총포화약법)

제5조(제조업자의 결격사유) 다음 각 호의 어느 하나에 해당하는 자는 총포·도검·화약류·분사기·전자충격기·석궁 제조업의 허가를 받을 수 없다. 〈개정 2018. 10. 16.〉
  1. 금고 이상의 실형을 선고받고 그 집행이 끝나거나 집행을 받지 아니하기로 확정된 후 3년이 지나지 아니한 자
  2. 금고 이상의 형의 집행유예를 선고받고 그 유예기간이 끝난 날부터 1년이 지나지 아니한 자
  3. 심신상실자, 마약·대마·향정신성의약품 또는 알코올 중독자, 그 밖에 이에 준하는 정신장애인
  4. 20세 미만인 자
  5. 피성년후견인 및 피한정후견인
  6. 파산선고를 받고 복권되지 아니한 자
  7. 제45조제1항에 따라 허가가 취소(이 조 제4호부터 제6호까지의 어느 하나에 해당하여 허가가 취소된 경우는 제외한다)된 후 3년이 지나지 아니한 자
  8. 임원 중에 제1호부터 제7호까지의 어느 하나에 해당하는 자가 있는 법인 또는 단체

제13조(총포·도검·화약류·분사기·전자충격기·석궁 소지자의 결격사유 등) ① 다음 각 호의 어느 하나에 해당하는 자는 총포·도검·화약류·분사기·전자충격기·석궁의 소지허가를 받을 수 없다. 〈개정 2015.7.24.〉
  1. **20세 미만인 자**. 다만, 대한체육회장이나 특별시·광역시·특별자치시·도 또는 특별자치도의 체육회장이 추천한 선수 또는 후보자가 사격경기용 총을 소지하려는 경우는 제외한다.
  2. 심신상실자, 마약·대마·향정신성의약품 또는 알코올 중독자, 정신질환자 또는 뇌전증 환자로서 대통령령으로 정하는 사람
  3. 금고 이상의 실형을 선고받고 그 집행이 끝나거나(집행이 끝난 것으로 보는 경우를 포함한다) 면제된 날부터 **5년**이 지나지 아니한 자
  4. 이 법을 위반하여 벌금형을 선고받고 **5년**이 지나지 아니한 자
  5. 「특정강력범죄의 처벌에 관한 특례법」 제2조제1항 각 호의 어느 하나에 해당하는 특정강력범죄를 범하여 벌금형의 선고 또는 징역 이상의 형의 집행유예를 선고받고 그 유예기간이 끝난 날부터 **5년**이 지나지 아니한 자
  6. 이 법을 위반하여 **금고 이상의 형의 집행유예**를 선고받고 그 유예기간이 끝난 날부터 **3년이 지나지 아니한 자**
  6의2. 다음 각 목의 어느 하나에 해당하는 죄를 범하여 벌금형을 선고받고 **5년**이 지나지 아니한 사람
    가. 「형법」 제114조의 죄
    나. 「형법」 제257조제1항·제2항, 제260조 및 제261조의 죄
    다. 「아동·청소년의 성보호에 관한 법률」 제7조 및 제8조의 죄
  6의3. 「도로교통법」 제148조의2의 죄(이하 "음주운전 등"이라 한다)로 벌금 이상의 형을 선고받은 날부터 **5년** 이내에 다시 음주운전 등으로 벌금 이상의 형을 선고받고 그 집행이 종료(집행이 종료된 것으로 보는 경우를 포함한다)되거나 집행이 면제된 날부터 **5년**이 지나지 아니한 사람
  7. 제45조 또는 제46조제1항에 따라 허가가 취소된 후 **1년**이 지나지 아니한 자
  ② 시도경찰청장 또는 경찰서장은 다른 사람의 생명·재산 또는 공공의 안전을 해칠 우려가 있다고 인정되는 경우에는 제1항 각 호의 어느 하나에 해당하지 아니하는 자에 대해서도 총포·도검·화약류·분사기·전자충격기·석궁의 소지허가를 하지 아니할 수 있다.

③ 시도경찰청장 또는 경찰서장은 위장(僞裝)한 총포·도검·화약류·분사기·전자충격기·석궁 또는 그 구조와 기능이 행정안전부령으로 정하는 기준에 적합하지 아니한 총포·분사기·전자충격기·석궁의 소지허가를 하여서는 아니 된다. 〈개정 2017.7.26.〉
[전문개정 2015.1.6.]

제16조(총포 소지허가의 갱신) ① 제12조에 따라 총포의 소지허가를 받은 자는 허가를 받은 날부터 **3년마다** 이를 갱신하여야 한다. 〈개정 2015.7.24.〉

② 제1항에 따라 총포 소지허가의 갱신을 받으려는 경우에는 신청인의 정신질환 또는 성격장애 등을 확인할 수 있도록 행정안전부령으로 정하는 서류를 허가관청에 제출하여야 한다. 〈신설 2015.7.24., 2017.7.26.〉

③ 제1항에 따른 허가 갱신의 절차와 그 밖에 필요한 사항은 행정안전부령으로 정한다. 〈개정 2015.7.24., 2017.7.26.〉
[전문개정 2015.1.6.]

제19조(취급 금지) 다음 각 호의 어느 하나에 해당하는 자는 총포·도검·화약류·분사기·전자충격기·석궁을 취급(제조·판매·수수·적재·운반·저장·소지·사용·폐기 등을 말한다. 이하 같다)하여서는 아니 되며, 누구든지 그들에게 이를 취급하게 하여서는 아니 된다. 다만, 제6조의2제1항에 따른 총포·도검·분사기·전자충격기·석궁을 제12조제3항에 따라 해당 영화 또는 연극 등을 위하여 일시 소지하는 경우에는 그러하지 아니하다.
1. **18세 미만인 자**. 다만, 대한체육회장이나 특별시·광역시·특별자치시·도 또는 특별자치도의 체육회장이 추천한 선수 또는 후보자가 사격경기용 총포나 석궁을 소지하는 경우는 제외한다.
2. 제5조 각 호의 어느 하나(같은 조 제4호는 제외한다)에 해당하는 자
3. 제13조제1항제2호부터 제7호까지의 어느 하나에 해당하는 자
[전문개정 2015.1.6.]

알파 063 | 사행행위영업 단속(사행행위 등 규제 및 처벌 특례법)

용어	사행행위	여러 사람으로부터 재물이나 재산상의 이익(이하 "재물등"이라 한다)을 모아 우연적(偶然的) 방법으로 득실(得失)을 결정하여 재산상의 이익이나 손실을 주는 행위
	사행행위영업	① **복권발행업** : 특정한 표찰(컴퓨터프로그램 등 정보처리능력을 가진 장치에 의한 전자적 형태를 포함한다)을 이용하여 여러 사람으로부터 재물등을 모아 추첨 등의 방법으로 당첨자에게 재산상의 이익을 주고 다른 참가자에게 손실을 주는 행위를 하는 영업 ② **현상업** : 특정한 설문 또는 예측에 대하여 그 답을 제시하거나 예측이 적중하면 이익을 준다는 조건으로 응모자로부터 재물등을 모아 그 정답자나 적중자의 전부 또는 일부에게 재산상의 이익을 주고 다른 참가자에게 손실을 주는 행위를 하는 영업 ③ **회전판돌리기업** : 참가자에게 금품을 걸게 한 후 그림이나 숫자등의 기호가 표시된 회전판이 돌고 있는 상태에서 화살등을 쏘거나 던지게 하여 회전판이 정지되었을 때 그 화살등이 명중시킨 기호에 따라 당첨금을 교부하는 행위를 하는 영업 ④ **추첨업** : 참가자에게 번호를 기입한 증표를 제공하고 지정일시에 추첨등으로 당첨자를 선정하여 일정한 지급기준에 따라 당첨금을 교부하는 행위를 하는 영업 ⑤ **경품업** : 참가자에게 등수를 기입한 증표를 제공하여 당해 증표에 표시된 등수 및 당첨금의 지급기준에 따라 당첨금을 교부하는 행위를 하는 영업
허가 등		① 사행행위영업을 하려는 자는 시설 등을 갖추어 행정안전부령으로 정하는 바에 따라 **시도경찰청장의 허가를 받아야 한다.** 다만, 그 영업의 대상 범위가 둘 이상의 특별시·광역시·도 또는 특별자치도에 걸치는 경우에는 **경찰청장의 허가**를 받아야 한다. ② 허가를 받은 자가 대통령령으로 정하는 중요 사항을 변경하려면 행정안전부령으로 정하는 바에 따라 경찰청장이나 시도경찰청장의 허가를 받아야 한다. ③ 국가기관이나 지방자치단체가 사행행위영업을 하려면 **경찰청장의 승인**을 받아야 한다.
허가 요건		경찰청장이나 시도경찰청장은 제4조 제1항에 따른 사행행위영업의 허가신청을 받으면 다음 각호의 어느 하나에 해당하는 경우에만 그 영업을 허가할 수 있다. 1. **공공복리의 증진**을 위하여 특별히 필요하다고 인정되는 경우 2. **상품을 판매·선전**하기 위하여 특별히 필요하다고 인정되는 경우 3. **관광 진흥과 관광객 유치**를 위하여 특별히 필요하다고 인정되는 경우

알파 064 경범죄처벌법

1 의의와 성격

의의		경범죄처벌법은 국민의 일상생활 주변에서 흔히 범하기 쉬운 공공질서위반 및 경미한 도덕률에 위배되는 범법행위에 대하여 그 제재로서 가벼운 형벌인 **벌금, 구류 또는 과료**에 처할 것을 규정한 형사실체법이다.
성격	광의의 형법	경범죄처벌법은 본질적으로 형법과 그 내용·특질·기능 등을 같이 하고, 형법의 영역에 속하는 사항을 규정하고 있으므로 넓은 의미의 형법이라고 할 수 있다.
	형법의 보충법 일반법	경범죄처벌법은 형법범의 예비 내지 미수적인 유형의 행위를 처벌함으로써 사회풍속상 발생할 수 있는 위험을 미연에 방지하기 위한 법이다. 따라서 경범죄처벌법은 형법을 보충하는 성질을 가지고 있는 법이며, 특정한 신분·사물·행위·지역 등에 제한없이 일반적으로 적용된다는 점에서 형법에 대한 특별법은 아니다.
	형사실체법	① 경범죄처벌법은 범죄와 이에 대한 형벌을 규정한 실체법이지 처벌절차를 규정한 절차법은 아니다. 그런데 동법 제2장에 통고처분 절차규정이 있으므로 절차법적 성격도 띠고 있다. ② 경범죄처벌법에 대한 절차법으로는 즉결심판에관한절차법이 있다.
	기타 특색	① 기수범만 처벌 : 대상범죄의 성격이 추상적 위험범으로 **미수범 처벌규정이 없다.** ② 처벌대상 : 장기 또는 다액의 1/2까지 가중이 가능 ③ 처벌시 형을 면제하거나 또는 구류 또는 과료를 함께 병과할 수 있다. ④ **집행유예와 선고유예가 가능하다.** ⑤ 법인에 대해서도 벌금형 처벌이 가능하다. ⑥ 교사자 및 방조자는 정범에 준하여 처벌한다. ⑦ 본법의 죄를 범한 범인을 은닉·도피하게 한 경우는 범인은닉죄가 성립한다.
종류	10만원 이하의 벌금, 구류 또는 과료	1. 빈집 등에의 침입 2. 흉기의 은닉휴대 3. 폭행 등 예비 4. 삭 제 5. 시체 현장변경 등 6. 도움이 필요한 사람 등의 신고불이행 7. 관명사칭 등 8. 물품강매·호객행위 9. 광고물 무단부착 등 10. 마시는 물 사용방해 11. 쓰레기 등 투기 12. 노상방뇨 등 13. 의식방해 14. 단체가입 강요 22. 위험한 불씨 사용 23. 물건 던지기 등 위험행위 24. 인공구조물 등의 관리소홀 25. 위험한 동물의 관리소홀 26. 동물 등에 의한 행패 등 27. 무단소등 28. 공중통로 안전관리소홀 29. 공무원 원조불응 30. 거짓 인적사항 사용 31. 미신요법 32. 야간통행제한 위반 33. 과다노출(위헌) 34. 지문채취 불응 35. 자릿세 징수 등

종류		
	10만원 이하의 벌금, 구류 또는 과료	15. 자연훼손 16. 타인의 가축·기계 등 무단조작 17. 물길의 흐름 방해 18. 구걸행위 등 19. 불안감조성 20. 음주소란 등 21. 인근소란 등 36. 행렬방해 37. 무단출입 38. 총포 등 조작장난 39. 무임승차 및 무전취식 40. 장난전화 등 41. 지속적 괴롭힘
	20만원 이하의 벌금, 구류 또는 과료	1. 출판물의 부당게재 등 2. 거짓 광고 3. 업무방해 4. 암표매매
	60만원 이하의 벌금, 구류 또는 과료	1. 관공서 주취소란 2. 거짓신고

2 처벌의 특례

교사방조	경범죄처벌법 제3조의 죄를 짓도록 시키거나 도와준 사람은 죄를 지은 사람에 준하여 벌한다.
형의 면제와 병과	경범죄처벌법 제3조에 따라 사람을 벌할 때에는 그 사정과 형편을 헤아려서 그 형을 면제하거나 구류와 과료를 함께 과(科)할 수 있다.

범칙자	• **범칙행위** : 제3조 제1항 각호(10만원이하) 및 제2항(20만원이하) 각호의 어느 하나에 해당하는 위반행위를 말하며, 그 구체적인 범위는 대통령령으로 정한다.
	• **범칙자** : 범칙행위를 한 사람으로서 다음 각호의 어느 하나에 해당하지 아니하는 사람을 말한다.
	  1. 범칙행위를 상습적으로 하는 사람
	  2. 죄를 지은 동기나 수단 및 결과를 헤아려 볼 때 구류처분을 하는 것이 적절하다고 인정되는 사람
	  3. 피해자가 있는 행위를 한 사람
	  4. 18세 미만인 사람
	• **범칙금** : 범칙자가 제7조에 따른 통고처분에 따라 국고 또는 제주특별자치도의 금고에 납부하여야 할 금전을 말한다.

통고처분	경찰서장, 해양경찰서장, 제주특별자치도지사 또는 철도특별사법경찰대장은 범칙자로 인정되는 사람에 대하여 그 이유를 명백히 나타낸 서면으로 범칙금을 부과하고 이를 납부할 것을 통고할 수 있다. 다만, 다음 각 호의 어느 하나에 해당하는 사람에게는 통고하지 아니한다. 1. 통고처분서 받기를 거부한 사람 2. 주거 또는 신원이 확실하지 아니한 사람 3. 그 밖에 통고처분을 하기가 매우 어려운 사람

범칙금의 납부	① 통고처분서를 받은 사람은 통고처분서를 받은 날부터 10일 이내에 경찰청장·해양경찰청장 또는 철도특별사법경찰대장이 지정한 은행, 그 지점이나 대리점, 우체국 또는 제주특별자치도지사가 지정하는 금융기관이나 그 지점에 범칙금을 납부하여야 한다. 다만, 천재지변이나 그 밖의 부득이한 사유로 말미암아 그 기간 내에 범칙금을 납부할 수 없을 때에는 그 부득이한 사유가 없어지게 된 날부터 5일 이내에 납부하여야 한다. ② 납부기간에 범칙금을 납부하지 아니한 사람은 납부기간의 마지막 날의 다음 날부터 20일 이내에 통고받은 범칙금에 그 금액의 100분의 20을 더한 금액을 납부하여야 한다. ③ 범칙금을 납부한 사람은 그 범칙행위에 대하여 다시 처벌받지 아니한다.
통고처분 불이행자의 처리	① 경찰서장, 해양경찰서장 및 제주특별자치도지사는 다음 각 호의 어느 하나에 해당하는 사람에 대하여는 지체 없이 즉결심판을 청구하여야 한다. 다만, 즉결심판이 청구되기 전까지 통고받은 범칙금에 그 금액의 100분의 50을 더한 금액을 납부한 사람에 대하여는 그러하지 아니하다. 　1. 제7조 제1항 각호의 어느 하나에 해당하는 사람 　　**1. 통고처분서 받기를 거부한 사람** 　　**2. 주거 또는 신원이 확실하지 아니한 사람** 　　**3. 그 밖에 통고처분을 하기가 매우 어려운 사람** 　2. 제8조 제2항에 따른 납부기간에 범칙금을 납부하지 아니한 사람 ② 위 규정 따라 즉결심판이 청구된 피고인이 통고받은 범칙금에 그 금액의 100분의 50을 더한 금액을 납부하고 그 증명서류를 즉결심판 선고 전까지 제출하였을 때에는 경찰서장 또는 해양경찰서장은 그 피고인에 대한 즉결심판 청구를 취소하여야 한다. ③ 범칙금을 납부한 사람은 그 범칙행위에 대하여 다시 처벌받지 아니한다.

> **경범죄처벌법 관련판례**
> - 지하철 전동차 내에서 선교활동을 하기 위해 큰 소리로 "하나님을 믿으면 천국에 갈 수 있고 하나님을 믿어라"라고 한 행위는 헌법 제20조 제1항에 보장하는 종교의 자유의 내용인 자기가 신봉하는 종교 선전의 자유, 선교의 자유에 의한 행위로서, 통상 선교의 범위를 일탈하여 다른 법익의 침해에 이를 정도가 된 것인지의 여부를 당해 선교행위가 이루어진 구체적인 시기와 장소, 선교의 대상자, 선교행위의 개별적인 내용과 방법 등 제반정황을 종합하여 판단해야 할 문제이므로, 위 소정의 행위가 경범죄처벌법에 위반되는 행위라고 단정할 수 없다(대법원 2003.10.9. 선고 2003도4148 판결).
> - 범죄 피의자로 입건된 사람들에게 경찰공무원이나 검사의 신문을 받으면서 자신의 신원을 밝히지 않고 지문채취에 불응하는 경우 형사처벌을 하도록 하는 경범죄처벌법 제1조 제42호 규정은, 직접·물리적 강제력으로서 지문을 찍도록 함을 허용하는 규정이 아니며, 형벌에 의한 불이익을 부과함으로써 심리적·간접적으로 지문채취를 강요하는 것으로 피의자가 본인의 판단에 따라 수용여부를 결정해야 하는 것으로 영장주의에 반한다고 할 수 없다(헌법재판소 2004.9.23. 선고 2002헌가17결정).
> - 그러나 경범죄처벌법 제1조 제42호 규정은, 타인의 인적사항 도용과 범죄 및 전과사실의 은폐등을 차단하고 형사사법제도의 적정 운영을 위하여 필수적이라는 점에서 목적의 정당성은 인정이 되고, 지문채취 불응이라는 이유로 10만원 이하의 벌금형에 처할 수 있다는 형사제재의 수단이 최소 침해성의 원칙에 반하지 않고, 동 조항은 적법절차의 원칙에도 부합한다(헌법재판소 2004.9.23. 선고 2002헌가17결정).
> - 경미범죄의 현행범 체포에 필요한 주거불명의 사유를 입증하는 방법으로는 신분증의 제시를 요구하는 등의 방법으로 그 주소를 확인하려고 하였으나 이를 확인하지 못하여 피고인을 주거불명인 자로 취급할 수밖에 없었다는 점을 분명히 해야 할 것이다(서울형사지방법원 1992.12.23. 선고 92고합1834 판결).

알파 065   유실물법

습득물의 조치	① 타인이 유실한 물건을 습득한 자는 이를 신속하게 유실자 또는 소유자, 그 밖에 물건회복의 청구권을 가진 자에게 반환하거나 습득일로부터 7일 이내에 경찰서 또는 제주특별자치도의 자치경찰단 사무소에 제출하여야 한다. 다만, **법률에 따라 소유 또는 소지가 금지되거나 범행에 사용되었다고 인정되는 물건은 신속하게 경찰서 또는 자치경찰단에 제출하여야 한다.** ② 물건을 경찰서에 제출한 경우에는 경찰서장이, 자치경찰단에 제출한 경우에는 제주특별자치도지사가 물건을 반환받을 자에게 반환하여야 한다.
습득공고	① 습득물의 공고는 습득물을 찾아간 날까지 또는 국고에 귀속되는 날까지 유실물에 관한 정보를 제공하는 인터넷사이트에 게시하여야 한다.
보관방법	① 경찰서장 또는 자치경찰단을 설치한 제주특별자치도지사는 보관한 물건이 멸실되거나 훼손될 우려가 있을 때 또는 보관에 과다한 비용이나 불편이 수반될 때에는 대통령령으로 정하는 방법으로 이를 매각할 수 있다.
보상금	물건의 반환을 받는 자는 **물건가액의 100분의 5 내지 100분의 20의 범위내에서 보상금을 습득자에게 지급하여야 한다.** 다만, 국가·지방자치단체 기타 대통령령이 정하는 공공기관(정부투자기관관리기본법에 의하여 설립된 정부투자기관, 지방공기업법에 의하여 설립된 지방공사 및 지방공단을 말한다)은 보상금을 청구할 수 없다.
비용, 보상금의 청구기한	비용과 보상금은 **물건을 반환한 후 1월을 경과하면 이를 청구할 수 없다.**
습득자의 권리포기	습득자는 미리 신고하여 습득물에 관한 일체의 권리를 포기하고 의무를 면할 수 있다.
유실자의 권리포기	① 물건의 반환을 받을 자는 그 권리를 포기하고 비용과 보상금지급의 의무를 면할 수 있다. ② 물건의 반환을 받을 각 권리자가 그 권리를 포기한 때에는 습득자가 그 물건의 소유권을 취득한다. 단, 습득자는 그 취득권을 포기하고 ①의 예에 의할 수 있다. ③ **법률에 의하여 소유 또는 소지가 금지된 물건을 습득한 자는 소유권을 취득할 수 없다.** 다만, 행정기관의 허가 또는 적법한 처분에 의하여 그 소유 또는 소지가 예외적으로 허용되는 물건에 있어서는 그 습득자 기타 청구권자는 물건의 소유권을 취득한 자가 그 취득한 날로부터 6월 이내 허가 또는 적법한 처분을 받아 소유 또는 소지할 수 있다.
습득자의 권리상실	습득물 기타 본법의 규정을 준용하는 물건을 횡령함으로써 처벌당한 자 및 습득일로부터 7일 이내에 경찰서 등에 제출하지 아니한 자는 비용과 보상금을 받을 권리 및 습득물의 소유권을 취득할 권리를 상실한다.
선박, 차량, 건축물등 내의 습득	① 관리자가 있는 선박, 차량이나 건축물 기타 공중의 통행을 금지한 구내에서 타인의 물건을 습득한 자는 그 물건을 관리자에게 교부하여야 한다. ② ①의 경우에는 선박, 차량이나 건축물등의 점유자를 습득자로 한다. 자기가 관리하는 장소에서 타인의 물건을 습득한 경우에도 또한 같다. ③ **보상금은 ①의 점유자와 실제로 물건을 습득한 자가 절반하여야 한다.**

선박, 차량, 건축물등 내의 습득	④ 민법 제253조의 규정에 의하여 소유권을 취득하는 경우에는 ②의 규정에 의한 습득자와 ①의 규정에 의한 사실상의 습득자는 **절반하여 그 소유권을 취득한다.** 이 경우 습득물은 ②의 규정에 의한 습득자에게 인도한다. **민법 제253조【유실물의 소유권취득】** 유실물은 법률에 정한 바에 의하여 **공고한 후 6월 내에** 그 소유자가 권리를 주장하지 아니하면 습득자가 그 소유권을 취득한다.
장물의 습득	① 범죄자가 놓고 간 것으로 인정되는 물건을 습득한 자는 신속히 그 물건을 경찰서에 제출하여야 한다. ② 제1항의 물건에 관하여는 법률에서 정하는 바에 따라 몰수할 것을 제외하고는 이 법 및 「민법」제253조를 준용한다. 다만, 공소권이 소멸되는 날부터 6개월간 환부받는 자가 없을 때에만 습득자가 그 소유권을 취득한다. ③ 범죄수사상 필요할 때에는 경찰서장은 공소권이 소멸되는 날까지 공고를 하지 아니할 수 있다. ④ 경찰서장은 제1항에 따라 제출된 습득물이 장물이 아니라고 판단되는 상당한 이유가 있고, 재산적 가치가 없거나 타인이 버린 것이 분명하다고 인정될 때에는 이를 습득자에게 반환할 수 있다.
준유실물	착오로 인하여 점유한 물건, 타인이 놓고 간 물건이나 일실한 가축에는 본법 및 민법 제253조의 규정을 준용한다. 단, 착오로 인하여 점유한 물건에 대하여는 **비용과 보상금을 청구할 수 없다.**
매장물	① 매장물에 관하여는 선박, 차량, 건축물등 내의 습득의 규정을 제외하고는 본법을 준용한다. ② 매장물이 민법 제255조에 규정하는 물건인 경우에는 국고는 매장물을 발견한 자와 매장물이 발견된 토지의 소유자에게 통지하여 그 가액에 상당한 금액을 반분하여 각자에게 지급하여야 한다. 단, 매장물을 발견한 자와 매장물이 발견된 토지의 소유자가 같은 때에는 그 전액을 지급하여야 한다. **민법 제255조【문화재의 국유】** ① 학술, 기예 또는 고고의 중요한 재료가 되는 물건에 대하여는 제252조 제1항 및 전2조의 규정에 의하지 아니하고 국유로 한다. ② 전항의 경우에 습득자, 발견자 및 매장물이 발견된 토지 기타 물건의 소유자는 국가에 대하여 적당한 보상을 청구할 수 있다. ③ ①의 금액에 불복이 있는 자는 그 통지를 받은 날로부터 6월 이내에 민사소송을 제기할 수 있다.
불수취로 인한 소유권상실	물건의 소유권을 취득한 자가 **그 취득한 날로부터 3월 이내에** 물건을 경찰서 또는 자치경찰단으로부터 수취하지 아니할 때에는 그 소유권을 상실한다.
수취인이 없는 물건의 귀속	경찰서 또는 자치경찰단이 보관한 물건으로서 교부를 받을 자가 없는 때에는 그 소유권은 국고 또는 제주특별자치도의 금고에 귀속한다.

알파 066 지역경찰의 조직 및 운영에 관한 규칙

1 총칙

목적	이 규칙은 효율적인 지역 치안활동 수행을 위해 지역경찰의 조직 및 운영 등에 관하여 필요한 사항을 규정함을 목적으로 한다.
정의	이 규칙에서 사용하는 용어의 정의는 다음과 같다. 1. "지역경찰관서"란 「국가경찰과 자치경찰의 조직 및 운영에 관한 법률」제30조제3항 및 「경찰청과 그 소속기관 직제」제43조에 규정된 지구대 및 파출소를 말한다. 2. "지역경찰"이란 지역경찰관서 소속 경찰공무원 및 전투경찰순경을 말한다. 3. "지역경찰업무 담당부서"란 지역경찰관서 및 지역경찰과 관련된 사무를 처리하는 경찰청, 시도경찰청, 경찰서 소속의 모든 부서를 말한다. 4. "일근근무"란 「국가공무원 복무규정」제9조 제1항에 규정된 근무형태를 말한다. 5. "상시·교대근무"란 「경찰기관 상시근무 공무원의 근무시간 등에 관한 규칙」제2조에 규정된 "상시근무"와 "교대근무"를 포괄하는 형태의 근무를 말한다.
적용범위	이 규칙은 지역경찰관서와 지역경찰 및 지역경찰업무 담당부서에 적용한다.

2 지역경찰관서

설치 및 폐지	① 시도경찰청장은 인구, 면적, 행정구역, 교통·지리적 여건, 각종 사건사고 발생 등을 고려하여 경찰서의 관할구역을 나누어 지역경찰관서를 설치한다. ② 지역경찰관서의 명칭은 "○○경찰서 ○○지구대(파출소)"로 한다.

지역
경찰관서장
	① 지역경찰관서의 사무를 통할하고 소속 지역경찰을 지휘·감독하기 위해 지역경찰관서에 지구대장 및 파출소장(이하 "지역경찰관서장"이라 한다)을 둔다.
	② 삭제
	③ 지역경찰관서장은 다음 각호의 직무를 수행한다.
	  1. 관내 치안상황의 분석 및 대책 수립
	  2. 지역경찰관서의 시설·예산·장비의 관리
	  3. 소속 지역경찰의 근무와 관련된 제반사항에 대한 지휘 및 감독
	  4. 경찰 중요 시책의 홍보 및 협력치안 활동

하부조직	① 지역경찰관서에는 관리팀과 상시·교대근무로 운영하는 복수의 순찰팀을 둔다. ② 순찰팀의 수는 지역 치안수요 및 인력여건 등을 고려하여 시도경찰청장이 결정한다. ③ 관리팀 및 순찰팀의 인원은 지역 치안수요 및 인력여건 등을 고려하여 경찰서장이 결정한다.
관리팀	관리팀은 문서의 접수 및 처리, 시설 및 장비의 관리, 예산의 집행 등 지역경찰관서의 행정업무를 담당한다.

순찰팀	① 순찰팀은 범죄예방 순찰, 각종 사건사고에 대한 초동조치 등 현장 치안활동을 담당하며, 팀장은 경감 또는 경위로 보한다.
	② 순찰팀장은 다음 각호의 직무를 수행한다.
	  1. 근무교대시 주요 취급사항 및 장비 등의 인수인계 확인
	  2. 관리팀원 및 순찰팀원에 대한 일일근무 지정 및 지휘·감독
	  3. 관내 중요 사건 발생시 현장 지휘
	  4. 지역경찰관서장 부재시 업무 대행
	③ 순찰팀장을 보좌하고 순찰팀장 부재시 업무를 대행하기 위해 순찰팀별로 부팀장을 둘 수 있다.

지휘 및 감독	지역경찰관서에 대한 지휘 및 감독은 다음 각호에 따른다. 1. 경찰서장 : 지역경찰관서의 운영에 관하여 총괄 지휘·감독 2. 경찰서 각 과장 : 각 과의 소관업무와 관련된 지역경찰의 업무에 관하여 지휘·감독 3. 지역경찰관서장 : 지역경찰관서의 시설·장비·예산 및 소속 지역경찰의 근무에 관한 제반사항을 지휘·감독 4. 순찰팀장 : 근무시간 중 소속 지역경찰을 지휘·감독

3 치안센터

설치 및 폐지	① 시도경찰청장은 지역치안을 효율적으로 수행하기 위하여 지역경찰관서장 소속하에 치안센터를 설치할 수 있다. ② 치안센터의 명칭은 "○○지구대(파출소) ○○치안센터"로 한다.
소속 및 관할	① 치안센터는 지역경찰관서장의 소속하에 두며, 치안센터의 인원, 장비, 예산 등은 지역경찰관서에서 통합 관리한다. ② 치안센터의 관할구역은 소속 지역경찰관서 관할구역의 일부로 한다. ③ 치안센터 관할구역의 크기는 설치목적, 배치 인원 및 장비, 교통·지리적 요건 등을 고려하여 경찰서장이 정한다.
운영시간	① 치안센터는 24시간 상시 운영을 원칙으로 한다. ② 경찰서장은 지역 치안여건 및 인원여건을 고려, 운영시간을 탄력적으로 조정할 수 있다.
근무자의 배치	① 치안센터 운영시간에는 치안센터 관할구역에 근무자를 배치함을 원칙으로 한다. ② 경찰서장은 치안센터의 종류 및 지리적 여건 등을 고려하여 필요한 경우 치안센터에 전담 근무자를 배치할 수 있다.

치안센터장	① 경찰서장은 치안센터에 전담근무자를 배치하는 경우 전담근무자 중 1명을 치안센터장으로 지정할 수 있으며, 치안센터장의 임무는 다음 각호와 같다.
	  1. 경찰 민원 접수 및 처리
	  2. 관할지역 내 주민여론 수렴 및 보고
	  3. 타 기관 협조 등 협력방범활동
	  4. 기타 치안센터 운영과 관련된 문제점 및 개선대책 수립 및 보고
	② 치안센터장은 제20조에 따른 복장 외에 별도 1의 표시장을 패용한다.
	③ 치안센터장은 민원인의 편의를 위해 별도 2의 확인용 인장을 제작하여 사용할 수 있다.

치안센터의 종류	① 치안센터는 설치목적에 따라 검문소형과 출장소형으로 구분한다. ② **출장소형 치안센터는 지리적 여건·치안수요 등을 고려하여 필요한 경우 직주일체형으로 운영할 수 있다.**

검문소형 치안센터	① 검문소형 치안센터는 **적의 침투 예상로 또는 주요 간선도로의 취약요소 등에 교통통제 요소 등을 고려하여** 설치한다. 다만, 시도경찰청 및 경찰서 관할의 경계에는 인접 관서장과 협의하여 단일 치안센터를 설치하는 것을 원칙으로 한다.
	② 검문소형 치안센터 근무자의 임무는 다음 각호와 같다.
	  1. 거점 형성에 의한 지역 경계
	  2. 불순분자 색출 및 제 경찰사범의 단속 및 검거
	  3. 관할 내 각종 사건·사고 발생시 초동조치

출장소형 치안센터	① 출장소형 치안센터는 **지역 치안활동의 효율성 및 주민 편의 등을 고려하여** 필요한 지역에 설치한다.
	② 출장소형 치안센터 근무자의 임무는 다음 각호와 같다.
	  1. 범죄예방 순찰 및 위험발생 방지
	  2. 방문 민원 접수 및 처리
	  3. 관할 내 각종 사건·사고 발생시 초동조치
	  4. 관할 내 주민여론 청취 등 지역사회 경찰활동
	③ 경찰서장은 도서, 접적지역 등 지리적 여건상 필요한 경우에는 출장소형 치안센터에 검문소형 치안센터의 임무를 병행토록 할 수 있다.

직주일체형 치안센터	① 직주일체형 치안센터는 출장소형 치안센터 중 근무자가 치안센터 내에서 거주하면서 근무하는 형태의 치안센터를 말한다. ② 직주일체형 치안센터에는 배우자와 함께 거주함을 원칙으로 하며, 배우자는 근무자 부재 시 방문 민원 접수·처리 등 보조역할을 수행한다. ③ 직주일체형 치안센터에 배치된 근무자는 근무 종료 후에도 관할구역 내에 위치하며 지역경찰서와 연락체계를 유지하여야 한다. 다만, 휴무일은 제외한다. ④ 삭제
직주일체형 치안센터 근무자의 특례	① 경찰서장은 직주일체형 치안센터에서 거주하는 근무자의 배우자에게 조력사례금을 지급하여야 하며, 지급 기준 및 금액은 경찰청장이 정한다. ② 직주일체형 치안센터 근무자의 **근무기간은 1년 이상**으로 하며, 임기를 마친 경찰관은 희망부서로 배치하고, 차기 경비부서의 차출순서에서 1회 면제한다.

4 근무

복장 및 휴대장비	① 지역경찰은 근무 중 「경찰복제에 관한 규칙」 제15조 제1항에 규정된 근무장을 착용하는 것을 원칙으로 한다. ② 지역경찰은 근무 중 근무수행에 필요한 경찰봉, 수갑 등 경찰장구, 무기 및 무전기 등을 휴대하여야 한다. ③ 지역경찰관서장 및 순찰팀장(이하 "지역경찰관리자"라 한다)은 필요한 경우 지역경찰의 복장 및 휴대장비를 조정할 수 있다.
근무형태 및 시간	① 지역경찰관서장은 일근근무를 원칙으로 한다. 다만, 경찰서장은 필요하다고 인정되는 경우에는 지역경찰관서장의 근무시간을 조정하거나, 시간외·휴일근무 등을 명할 수 있다. ② 관리팀은 일근근무를 원칙으로 한다. 다만, 지역경찰관서장은 필요하다고 인정되는 경우에는 근무시간을 조정하거나, 시간외·휴일근무 등을 명할 수 있다. ③ 순찰팀장 및 순찰팀원은 상시·교대근무를 원칙으로 하며, 근무 교대시간 및 휴게시간, 휴무 횟수 등 구체적인 사항은 「국가공무원 복무규정」 및 「경찰기관 상시근무 공무원의 근무시간 등에 관한 규칙」이 규정한 범위 안에서 시도경찰청장이 정한다. ④ 치안센터 전담근무자의 근무형태 및 근무시간은 치안센터의 종류 및 운영시간 등을 고려하여 제1항부터 제3항까지의 규정을 준용하여 경찰서장이 정한다. ⑤ 삭제
근무의 종류	지역경찰의 근무는 행정근무, 상황근무, 순찰근무, 경계근무, 대기근무, 기타 근무로 구분한다.
행정근무	행정근무를 지정받은 지역경찰은 지역경찰관서 내에서 다음 각호의 업무를 수행한다. 1. 문서의 접수 및 처리 2. 시설·장비의 관리 및 예산의 집행 3. 각종 현황, 통계, 자료, 부책 관리 4. 기타 행정업무 및 지역경찰관서장이 지시한 업무
상황근무	상황근무를 지정받은 지역경찰은 지역경찰관서 및 치안센터 내에서 다음 각호의 업무를 수행한다. 1. 시설 및 장비의 작동여부 확인 2. 방문민원 및 각종 신고사건의 접수 및 처리 3. 요보호자 또는 피의자에 대한 보호·감시 **4. 중요 사건·사고 발생시 보고 및 전파** 5. 기타 필요한 문서의 작성

순찰근무	① 순찰근무는 그 수단에 따라 112 순찰, 방범오토바이 순찰, 자전거 순찰 및 도보 순찰 등으로 구분한다.
	② 112 순찰근무 및 야간 순찰근무는 반드시 2인 이상 합동으로 지정하여야 한다.
	③ 순찰근무를 지정받은 지역경찰은 지정된 근무구역에서 다음 각호의 업무를 수행한다.
	  1. 주민여론 및 범죄첩보 수집
	  2. 각종 사건·사고 발생시 초동조치 및 보고, 전파
	  3. 범죄 예방 및 위험발생 방지활동
	  4. 경찰사범의 단속 및 검거
	  5. 경찰방문 및 방범진단
	  6. 통행인 및 차량에 대한 검문검색 등

순찰근무	④ 순찰근무를 할 때에는 다음 각호의 사항에 유의하여야 한다. 　1. 문제의식을 가지고 면밀하게 관찰 　2. 주민에 대한 정중하고 친절한 예우 　3. 돌발상황에 대한 대비 및 경계 철저 　4. 지속적인 치안상황 확인 및 신속 대응
경계근무	① **경계근무는 반드시 2인 이상 합동으로 지정하여야 한다.** ② 경계근무를 지정받은 지역경찰은 지정된 장소에서 다음 각호의 업무를 수행한다. 　1. 불순분자 및 범법자 등 색출을 위한 통행인 및 차량, 선박 등에 대한 검문검색 및 후속조치 　2. 비상 및 작전사태 등 발생시 차량, 선박 등의 통행 통제
대기근무	① 대기근무는 「경찰기관 상시근무 공무원의 근무시간 등에 관한 규칙」 제2조 제6호의 "대기"를 뜻한다. ② 대기근무의 장소는 지역경찰관서 및 치안센터 내로 한다. 단, 식사시간을 대기근무로 지정한 경우에는 식사 장소를 대기근무 장소로 지정할 수 있다. ③ 대기근무를 지정받은 지역경찰은 지정된 장소에서 휴식을 취하되, 무전기를 청취하며 10분 이내 출동이 가능한 상태를 유지하여야 한다.
기타 근무	① 기타 근무는 치안상황에 효과적으로 대응하기 위하여 지역경찰 관리자가 지정하는 근무로서 제23조부터 제27조까지 규정한 근무에 해당하지 않는 형태의 근무를 말한다. ② 기타 근무의 근무내용 및 방법 등은 지역경찰관리자가 정한다.
일일근무 지정	① **지역경찰관서장은** 지역경찰관서 및 치안센터의 설치목적, 근무인원, 치안수요, 기타 업무량 등을 고려하여 **근무의 종류 및 실시 기준을 정한다.** ② 순찰팀장은 제1항에 따라 지역경찰관서장이 정한 기준을 준수하여 당해 근무시간 내 관리팀원 및 순찰팀원의 개인별 근무종류, 근무장소, 중점 근무사항 등을 별지 제1호서식의 근무일지(갑지)에 구체적으로 지정하여야 한다. ③ 순찰팀장은 관리팀원에게 행정근무를 지정하고, 순찰팀원에게 상황 또는 순찰근무 지정하는 것을 원칙으로 하되, 필요한 경우에는 다른 근무를 지정하거나 병행하여 수행하도록 지정할 수 있다. ④ 순찰근무의 근무종류 및 근무구역은 지역 치안이 효율적으로 수행될 수 있도록 다음 각호의 사항을 고려하여 지정하여야 한다. 　1. 시간대별·장소별 치안수요 　2. 각종 사건·사고 발생 　3. 순찰인원 및 가용 장비 　4. 관할면적 및 교통·지리적 여건 ⑤ 삭제 ⑥ 지역경찰관리자는 신고출동태세 유지 등을 위해 필요한 경우에는 휴게 및 식사시간도 대기근무로 지정할 수 있다.
근무내용의 변경	관리팀원 및 순찰팀원이 물품구입, 등서 등 기타 사유로 지정된 근무종류 및 근무구역 등을 변경하고자 할 때에는 순찰팀장에게 보고하여야 한다.

지역경찰의 동원	① 시도경찰청장 또는 경찰서장은 다음 각호에 정한 사유에 해당하는 경우로서 특히 필요하다고 인정되는 때에 한하여 지역경찰의 기본근무에 지장을 초래하지 않는 범위 내에서 지역경찰을 다른 근무에 동원할 수 있다. 　1. 다중범죄 진압, 대간첩작전, 기타의 비상사태 　2. 경호경비 또는 각종 집회 및 행사의 경비 　**3. 중요범인의 체포를 위한 긴급배치** 　4. 화재, 폭발물, 풍수설해 등 중요사고의 발생 　5. 기타 다수 경찰관의 동원을 필요로 하는 행사 또는 업무 ② 지역경찰 동원은 근무자 동원을 원칙으로 하되, 불가피한 경우에 한하여 비번자, 휴무자 순으로 동원할 수 있다. ③ 시도경찰청장 또는 경찰서장은 휴무자를 동원한 때에는 「경찰기관 상시근무 공무원의 근무시간 등에 관한 규칙」 제5조가 정하는 바에 따라 초과근무수당을 지급하거나 추가 휴무를 부여하여야 한다.

5 시설 및 장비

관서 표지	지역경찰관서 및 치안센터에 게시하는 모든 표지는 「경찰기 및 관서 제표지 규칙」이 정하는 바에 따른다.
시설 관리	① 경찰서장은 근무자가 신고출동 등으로 지역경찰관서 또는 치안센터를 비울 경우에 대비하여, 출입구 근처에 근무자와 통신할 수 있는 통신장치를 설치하여야 한다. ② 경찰서장은 필요한 경우에는 지역경찰관서 또는 치안센터에 자체 방호시설을 설치할 수 있다. ③ 지역경찰관서장은 지역경찰의 근무 및 주민 편의를 위해 청사 및 시설을 수시로 점검, 보완하여야 한다.
112 순찰차	① 112 순찰근무자는 차량의 적정관리를 위해 운행사항 등을 별지 제3호서식의 112 순찰일지에 매일 기록하여야 한다. ② 112 순찰차에는 신속한 현장조치 등을 위해 필요한 장비를 탑재해야 하며 탑재장비의 종류 및 수량 등은 경찰청장이 따로 정한다.
통신망의 구축 및 점검	① 경찰서장은 경찰서, 지역경찰관서, 치안센터 간 상호 원활한 유·무선통신망을 구축해야 한다. ② 경찰서장은 제1항에 따라 구축된 통신장비를 수시로 점검하여 통신두절을 방지하여야 한다.
타 규칙의 준용	기타 지역경찰이 사용하는 장비의 운영, 관리, 점검 등에 관한 사항은 「경찰 장비관리 규칙」에서 정하는 바에 따른다.

6 인사관리

정원관리	① 경찰서장은 지역경찰관서의 관할면적, 치안수요 등을 고려하여 지역경찰관서에 적정한 인원을 배치하여야 한다. ② 경찰서장은 지역경찰의 정원을 다른 부서에 우선하여 충원하여야 한다. ③ 시도경찰청장은 소속 시도경찰청의 지역경찰 정원 충원 현황을 연 2회 이상 점검하고, 현원이 정원에 미달할 경우 지역경찰 정원충원 대책을 수립·시행하여야 한다.

7 교육 및 평가

교육	① 시도경찰청장 및 경찰서장은 지역경찰의 올바른 직무수행 및 자질 향상을 위해 필요한 교육을 실시하여야 한다. ② 교육시간, 방법, 내용 등 지역경찰 교육과 관련된 세부적인 기준은 경찰청장이 따로 정한다.
상시교육	① 지역경찰관리자는 주간근무시간에 신고사건 처리에 지장이 없는 범위에서 별도의 시간을 지정하여 지역경찰의 직무수행 능력 향상을 위한 상시교육을 실시할 수 있다. ② 경찰서 112치안종합상황실장은 필요한 경우 상시교육 계획을 수립하여 지역경찰관서에 사전에 공지해야 한다. ③ 교육방식과 내용은 지역경찰관서 실정에 따라 지역경찰관리자가 정한다. ④ 지역경찰관리자는 신고출동 지령시 상시교육 중에 있는 지역경찰을 최후순위 출동요소로 지정한다. ⑤ 상시교육을 실시한 시간은 지정학습(「경찰공무원 상시학습제도 운영에 관한규칙」 제2조제2호에 따른 지정학습을 말한다.)시간으로 인정할 수 있다.
지도방문	시도경찰청장 및 경찰서장은 소속 지역경찰의 업무 지도 및 현장 의견 수렴, 사기관리 등을 위해 지도방문 계획을 수립·시행하여야 한다.
실적평가와 포상	경찰청장, 시도경찰청장 및 경찰서장은 지역경찰의 사기 진작 및 지역경찰활동의 활성화를 위하여 근무실적에 대한 공정한 평가를 실시하고 우수 경찰공무원을 포상하여야 한다.

8 문서관리

근무일지의 기록·보관	① 지역경찰관리자와 상황근무자는 근무 중 주요사항을 별지 제4호서식의 근무일지(을지)에 기재하여야 한다. ② 삭제 **③ 근무일지는 3년간 보관한다.**
근무일지 등 작성	제29조제2항의 근무일지(갑지), 제34조제1항의 112순찰차 점검일지, 제42조제1항의 근무일지(을지)는 전산화 업무시스템에 작성한다. 다만, 천재지변 등으로 전산화 업무시스템을 사용할 수 없는 경우 수기로 작성할 수 있다.
정기보고 기간	① 지역경찰 업무담당부서에서 지역경찰관서장에게 각종 현황 및 통계 등을 정기적으로 보고하도록 지시한 경우 지시의 효력은 최초 보고받은 날로부터 1년이 경과하면 자동으로 소멸한다. ② 지역경찰 업무담당부서에서는 지시의 효력을 연장할 필요가 있는 경우 소속 관서의 생활안전과장과 협의하여 1년 단위로 연장할 수 있다.
문서부책	① 지구대와 파출소 등에는 업무수행에 필요한 최소한의 부책만을 비치하여야 한다. ② 제1항의 비치 문서와 부책은 시도경찰청장이 정한다.

알파 067 112종합상황실 운영 및 신고처리 규칙

1 규칙

정의	이 규칙에 사용되는 용어의 정의는 다음과 같다. 1. "112신고"란 범죄피해자 또는 범죄를 인지한 자가 유·무선전화, 문자메시지 등 다양한 통신수단을 활용하여 특수전화번호인 112로 신속한 경찰력의 발동을 요청하는 것을 말한다. 2. "112신고처리"란 112신고의 목적 달성을 위하여 이루어지는 접수·지령·현장출동·현장조치·종결 등 일련의 처리과정을 말한다. 3. "112종합상황실"이란 112신고 및 치안상황의 즉응·적정 처리를 위해 시도경찰청 또는 경찰서에 설치·운영하는 부서를 말한다. 4. "112시스템"이란 112신고의 접수·지령·전파 및 순찰차 배치에 활용하는 전산 시스템을 말한다.
112종합상황실의 운영	112신고를 포함한 각종 상황에 효율적이고 효과적인 대응을 위해 각 시도경찰청 및 경찰서에 112종합상황실을 설치하여 24시간 운영한다.
근무자 선발 원칙 및 근무기간	① 시도경찰청장 및 경찰서장은 112요원을 배치할 때에는 관할구역 내 지리감각, 언어 능력 및 상황 대처능력이 뛰어난 경찰공무원을 선발·배치하여야 한다. ② 112요원의 근무기간은 2년 이상으로 한다. ③ 시도경찰청장 및 경찰서장은 보임·전출입 등 인사 시 112요원의 장기근무를 유도하기 위해 노력하여야 한다.
신고의 접수	① 112신고는 현장출동이 필요한 지역의 관할과 관계없이 신고를 받은 112종합상황실에서 접수한다. ② 국민이 112신고 이외 경찰관서별 일반전화 또는 직접 방문 등으로 경찰관의 현장출동을 필요로 하는 사건의 신고를 한 경우 해당 신고를 받은 자가 접수한다. 이 때 접수한 자는 112시스템에 신고내용을 입력하여야 한다. ③ 112신고자가 그 처리 결과를 통보받고자 희망하는 경우에는 신고처리 종료 후 그 결과를 통보하여야 한다.

112신고의 분류	① 112요원은 초기 신고내용을 최대한 합리적으로 판단하여 112신고를 분류하여 업무처리를 한다.
	② 접수자는 신고내용을 토대로 사건의 긴급성과 출동필요성에 따라 다음 각 호와 같이 112신고의 대응코드를 분류한다.
	  1. code 1 신고 : 다음 각 목의 사유로 인해 최우선 출동이 필요한 경우
	    가. 범죄로부터 인명·신체·재산 보호
	    나. 심각한 공공의 위험 제거 및 방지
	    다. 신속한 범인검거
	  2. code 2 신고 : 경찰 출동요소에 의한 현장조치 필요성은 있으나 제1호의 code 1 신고에 속하지 않는 경우
	  3. code 3 신고 : 경찰 출동요소에 의한 현장조치 필요성이 없는 경우
	③ 접수자는 불완전 신고로 인해 정확한 신고내용을 파악하기 힘든 경우라도 신속한 처리를 위해 우선 임의의 코드로 분류하여 하달 할 수 있다.
	④ 지방청·경찰서 지령자 및 현장 출동 경찰관은 접수자가 제2항 부터 제4항과 같이 코드를 분류한 경우라도 추가 사실을 확인하여 코드를 변경할 수 있다.

구분	내용

현장출동	① 제10조제1항의 지령을 받은 출동요소는 신고유형에 따라 다음 각 호의 기준에 따라 현장에 출동하여야 한다.
	  1. code 1 신고 : code 2 신고의 처리 및 다른 업무에 우선하여 최우선 출동
	  2. code 2 신고 : code 1 신고의 처리 및 다른 중요한 업무에 지장을 초래하지 않는 범위 내에서 출동
	② 제1항제1호에 따른 출동을 하는 출동요소는 소관업무나 관할 등을 이유로 출동을 거부하거나 지연 출동하여서는 아니된다.
	③ 모든 출동요소는 사건 장소와의 거리, 사건의 유형 등을 고려하여 신고 대응에 가장 적합한 상태에 있다고 판단될 경우 별도의 출동 지령이 없더라도 스스로 출동의사를 밝히고 출동하는 등 112신고에 적극적으로 대응하여야 한다.

자료 보존기간	① 112종합상황실 자료의 보존기간은 다음 각 호의 기준에 따른다.
	  1. 112신고 접수처리 입력자료는 1년간 보존
	  2. 112신고 접수 및 무선지령내용 녹음자료는 24시간 녹음하고 3개월간 보존
	  3. 그 밖에 문서 및 일지는 「공공기관의 기록물 관리에 관한 법률」에서 정하는 바에 따라 보존
	② 시도경찰청장 또는 경찰서장은 문서 및 녹음자료의 보존기간을 연장할 특별한 사유가 있는 경우에는 제1항에도 불구하고 보존기간을 연장하여 특별 관리할 수 있다.

2 112신고 유형(2016년 시행)

비 고	code 종류	내 용
112종합상황실	code 0	코드1 중 이동범죄, 강력범죄 현행범 등의 경우, **최단시간내 출동**(선지령 및 제반 출동요소 공조출동) ➡ 남자가 여자를 강제로 차에 태워 갔다. 여자가 비명을 지른 후 끊긴 신고
	code 1	생명·신체에 대한 위험이 임박, 진행중, 직후인 경우 또는 현행범인인 경우, **최단시간내 출동** ➡ 모르는 사람이 현관문을 열려고 한다. 주차된 차문을 열어보고 다닌다.
	code 2	생명·신체에 대한 잠재적 위험이 있는 경우 또는 범죄예방 등을 위해 필요한 경우, **긴급신고 지장없는 범위내 가급적 신속출동** ➡ 영업이 끝났는데 손님이 깨워도 일어나지 않는다. 집에 와보니 도둑이 들었는지 집이 난리다.
	code 3	즉각적인 현장조치는 불필요하나 수사, 전문상담 등이 필요한 경우, **당일근무시간내** ➡ 언제인지 모르지만 금반지가 없어졌다. 며칠 전에 폭행을 당해 병원치료중이다.
	code 4	긴급성이 없는 민원·상담 신고, **타기관 인계**

알파 068 측위기술(LBS) 및 위치정보 조회

1 측위기술

	방식	특징	비고
Cell방식 LBS(C)	기지국 기반	모든 휴대전화에 사용가능 실내·지하에서도 가능	수백m ~ 수Km 오차
GPS방식 LBS(G)	인공위성	오차가 수십m로 가장 정확	꺼진 경우나 GPS가 없는 경우, 건물내부, 지하는 불가능
Wifi방식 LBS(W)	무선AP (Access Point, 공유기)	GPS보다는 떨어지나 Cell보다 정확 지하나 건물내부도 가능	AP가 설치되지 않는 시외지역에서 불가능

2 위치정보 조회

구분	내용	조회가능여부
범죄피해자 (요구조자)	납치·감금, 강도, 성폭력 등 생명·신체를 위협하는 범죄피해를 입거나 예상	○
치매환자, 지적장애인, 실종아동(18세미만)	보호자의 보호없이는 정상적인 생활이 불가능한 자로 현재 보호상태를 이탈하여 생명·신체에 대한 위험이 예상	○
자살기도	자살을 암시하는 유서가 발견되거나, 음성·문서 등을 타인에게 전송한 경우	○
조난	자연재해로 인하거나 산중·해상 등 자연적 환경에 적절한 보호수단이 없이 방치되어 생명·신체에 대한 위험이 예상	○
단순가출, 행방불명, 연락두절	보호자의 보호상태를 이탈하기는 하였으나 생명·신체에 대한 위험을 추정할 특별한 징후를 발견하지 못한 경우	단서 확보시까지 조회×

알파 069　순찰

1 순찰실험 연구결과

뉴욕(New York)경찰의 작전 25 실험	순찰의 효과를 측정한 최초의 실험이나 실험연구의 객관성 등에서 문제가 있었던 것으로 지적됨
캔자스(Kansas)시의 예방순찰 실험	차량순찰수준을 증가하여도 범죄는 감소하지 않았고 반면 일상적인 순찰을 생략해도 범죄는 증가하지 않는다는 결과
뉴왁(Newark)시의 도보순찰 실험	도보순찰을 증가하여도 범죄발생은 감소되지 않으나, 주민들은 자신들의 구역 내에서 범죄가 **줄고** 있다고 생각한다는 연구결과
플린트(Flint) 도보순찰 프로그램	도보순찰의 결과 공식적인 범죄가 실험기간 동안에 증가하였음에도 불구하고 시민들은 오히려 더 **안전**하다고 느끼고 있다는 결과
순찰효과	S. Walker - 범죄의 억제, **공공안전감의 증진**, 대민서비스 제공 C. D. Hale - 범죄예방·범인검거, 대민서비스 제공, 법집행, **교통지도 단속**, 질서유지

2 순찰의 종류

1) 순찰노선에 의한 구분

구분	내용	특성
정선 순찰	가급적 관할구역 정부에 미칠 수 있도록 사전에 정하여진 노선을 규칙적으로 순찰하는 방법	정선순찰은 인간에 대한 불신을 바탕으로 강제를 통하여 경찰과 개인의 작업윤리의식 수준과 상관없이 일정한 산출을 올리려는 제도로서 지정된 시간에 획일적으로 순찰하면서 시인을 하게 되어 있어 감독에게는 용이하나 근무자의 자율성이 저하되고 책임회피식 순찰이 될 위험이 있음 ※ 사전 정해진 노선을 규칙적으로 순찰하므로, 순찰함이 많이 설정된다.
난선 순찰	임의로 경찰사고발생상황 등을 고려하여 순찰지역이나 노선을 선정, 불규칙적으로 순찰하는 방법	범죄자의 예측을 교란시킬 수 있고, 종횡무진한 순찰을 통하여 범죄예방을 중대시킬 수 있으나 순찰근무지의 위치추정이 곤란하고, 근무자의 태만과 소홀을 조장할 우려가 있음. 사전에 순찰노선을 정해 놓지 않고 임의로 불규칙적으로 순행, 순찰함이 없게 된다.
요점 순찰	순찰구역 내의 중요지점을 지정하여 순찰자는 반드시 그곳을 통과하며, 지정된 요점과 요점 사이에서는 난선순찰 방식에 따라 순찰하는 방법	정선순찰과 난선순찰의 장점을 살리고 단점도 보안하도록 절충한 방식 ※ 중요 요점에만 순찰함이 놓이게 되므로 순찰함이 정선순찰에 비해 적게 소요된다.
구역책임 자율순찰	파출소 관할지역을 몇 개의 소구역으로 나누고 지정된 개인별 담당구역을 요점으로 하는 방법	인간에 대한 신뢰와 자율성을 바탕으로 창의적으로 임무를 수행하도록 하는 제도로서 순찰시간과 지역을 정해주고 각자의 판단과 업무필요에 따라 순찰하는 방법

2) 기동력에 의한 구분

도보 순찰	• 사고발생시 신속히 대처 • 상세한 순찰노선 부근의 정황관찰 • 야간 등 청력을 필요로 하는 경우에 유리 • 특별한 경비가 필요 ×	• 순찰자의 피로로 순찰노선의 단축과 순찰 횟수 감소를 야기 • 기동성의 부족과 장비휴대의 한계 • 통행자가 다수일 경우 경찰력 발휘가 미흡
자동차 순찰	• 높은 가시방범효과 • 기동성에 의한 신속한 사건·사고의 처리 • 다양한 장비 적재 가능 • 안전성	• 좁은 골목길 주행이 불가능 • 정황관찰의 범위가 제한 • 많은 경비의 소요
오토바이 순찰	• 자동차가 주행할 수 없는 좁은 골목길 순찰이 용이 • 기동성 양호 • 가시효과가 높음	• 안전성 미흡 • 은밀한 순행 불가능
자전거 순찰	• 도보순찰범위보다 넓은 범위의 순찰이 가능 • 신체적 피로가 도보순찰보다 감소 • 정황관찰과 시민과의 접촉이 비교적 용이 • 저렴한 경비로 운용 가능하며 특별한 운전 기술이 필요 없음	• 오토바이나 자동차에 비해 기동성 저하 • 장비 적재 한계

알파 070 민간경비업

1 의의

의의		경비업이란 경비업법의 규정에 의하여 다음과 같은 업무의 일부 또는 전부를 도급받아 행하는 영업을 말한다.
종류	시설경비업무	국가중요시설, 산업시설, 공공시설, 사무소, 흥행장, 주택, 창고, 주차장, 행사장, 유원지, 항공기, 차량 기타 경비를 필요로 하는 시설 및 장소에서의 도난·화재 기타 혼잡 등으로 인한 위험발생을 방지하는 업무
	호송경비업무	운반 중에 있는 현금·유가증권·귀금속·상품 기타 물건에 대하여 도난·화재 등 위험발생을 방지하는 업무
	신변보호업무	사람의 생명이나 신체에 대한 위해발생을 방지하고 그 신변을 보호하는 업무
	기계경비업무	경비대상시설에 설치한 기기에 의하여 감지·송신된 정보를 그 경비대상시설 외의 장소에 설치한 관제시설의 기기로 수신하여 도난·화재 등 위험발생을 방지한 업무
	특수경비업무	공항(**항공기를 포함**)등 대통령령이 정하는 국가중요시설의 경비 및 도난·화재 그 밖의 위험발생을 방지하는 업무

2 경비업의 허가 및 제한

경비업의 제한	경비업은 법인이 아니면 이를 영위할 수 없다.
경비업의 허가	① 경비업을 영위하고자 하는 법인은 도급받아 행하고자 하는 경비업무를 특정하여 당해 법인의 주사무소의 소재지를 관할하는 시도경찰청장의 허가를 받아야 한다. 도급받아 행하고자 하는 경비업무를 변경하는 경우에도 또한 같다. ② 허가를 받고자 하는 법인은 대통령령이 정하는 경비인력·자본금·시설 및 장비 등을 갖추어야 한다.
허가의 유효기간	① 경비업 허가의 유효기간은 허가받은 날부터 5년으로 한다. ② 유효기간이 만료된 후 계속하여 경비업을 하고자 하는 법인은 행정안전부령으로 정하는 바에 따라 갱신허가를 받아야 한다.
경비업자의 의무(제7조)	① 경비업자는 경비대상시설의 소유자 또는 관리자(이하 "시설주"라 한다)의 관리권의 범위 안에서 경비업무를 수행하여야 하며, 다른 사람의 자유와 권리를 침해하거나 그의 정당한 활동에 간섭하여서는 아니된다. ② 경비업자는 경비업무를 성실하게 수행하여야 하고, 도급을 의뢰받은 경비업무가 위법 또는 부당한 것일 때에는 이를 거부하여야 한다. ③ 경비업자는 불공정한 계약으로 경비원의 권익을 침해하거나 경비업의 건전한 육성과 발전을 해치는 행위를 하여서는 아니된다. ④ 경비업자의 임·직원이거나 임·직원이었던 자는 다른 법률에 특별한 규정이 있는 경우를 제외하고는 그 직무상 알게 된 비밀을 누설하거나 다른 사람에게 제공하여 이용하도록 하는 등 부당한 목적을 위하여 사용하여서는 아니된다. ⑤ 경비업자는 허가받은 경비업무외의 업무에 경비원을 종사하게 하여서는 아니된다. ⑥ **경비업자는 집단민원현장에 경비원을 배치하는 때에는 경비지도사를 선임하고 그 장소에 배치하여 행정안전부령으로 정하는 바에 따라 경비원을 지도·감독하게 하여야 한다.** ⑦ 특수경비업무를 수행하는 경비업자(이하 "특수경비업자"라 한다)는 제4조제3항제5호의 규정에 의한 특수경비업무의 개시신고를 하는 때에는 국가중요시설에 대한 특수경비업무의 수행이 중단되는 경우 시설주 동의를 얻어 다른 특수경비업자중에서 경비업무를 대행할 자(이하 "경비대행업자"라 한다)를 지정하여 허가관청에 신고하여야 한다. 경비대행업자의 지정을 변경하는 경우에도 또한 같다. ⑧ 특수경비업자는 국가중요시설에 대한 특수경비업무를 중단하게 되는 경우에는 미리 이를 제7항의 규정에 의한 경비대행업자에게 통보하여야 하며, 경비대행업자는 통보받은 즉시 그 경비업무를 인수하여야 한다. 이 경우 제7항의 규정은 경비대행업자에 대하여 이를 준용한다. ⑨ 특수경비업자는 이 법에 의한 경비업과 경비장비의 제조·설비·판매업, 네트워크를 활용한 정보산업, 시설물 유지관리업 및 경비원 교육업 등 대통령령이 정하는 경비관련업외의 영업을 하여서는 아니된다.

3 경비원의 결격사유

경비지도사 및 경비원의 결격사유	특수경비원

제10조(경비지도사 및 경비원의 결격사유) ① 다음 각 호의 1에 해당하는 자는 경비지도사 또는 일반경비원이 될 수 없다.
1. 만 18세 미만인 자, 피성년후견인(피한정후견인 삭제)
2. 파산선고를 받고 복권되지 아니한 자
3. 금고 이상의 실형의 선고를 받고 그 집행이 종료(집행이 종료된 것으로 보는 경우를 포함한다)되거나 집행이 면제된 날부터 5년이 지나지 아니한 자
4. 금고 이상의 형의 집행유예선고를 받고 그 유예기간중에 있는 자
5. 다음 각 목의 어느 하나에 해당하는 죄를 범하여 벌금형을 선고받은 날부터 10년이 지나지 아니하거나 금고 이상의 형을 선고받고 그 집행이 종료된(종료된 것으로 보는 경우를 포함한다) 날 또는 집행이 유예·면제된 날부터 10년이 지나지 아니한 자
  가. 「형법」 제114조의 죄
  나. 「폭력행위 등 처벌에 관한 법률」 제4조의 죄
  다. 「형법」 제297조, 제297조의2, 제298조부터 제301조까지, 제301조의2, 제302조, 제303조, 제305조, 제305조의2의 죄
  라. 「성폭력범죄의 처벌 등에 관한 특례법」 제3조부터 제11조까지 및 제15조(제3조부터 제9조까지의 미수범만 해당한다)의 죄
  마. 「아동·청소년의 성보호에 관한 법률」 제7조 및 제8조의 죄
  바. 다목부터 마목까지의 죄로서 다른 법률에 따라 가중처벌되는 죄
6. 다음 각 목의 어느 하나에 해당하는 죄를 범하여 벌금형을 선고받은 날부터 5년이 지나지 아니하거나 금고 이상의 형을 선고받고 그 집행이 유예된 날부터 5년이 지나지 아니한 자
  가. 「형법」 제329조부터 제331조까지, 제331조의2 및 제332조부터 제343조까지의 죄
  나. 가목의 죄로서 다른 법률에 따라 가중처벌되는 죄
	② 다음 각 호의 어느 하나에 해당하는 자는 특수경비원이 될 수 없다.
	1. 만 18세 미만 또는 만 60세 이상인 자, 피성년후견인(피한정후견인 삭제)
	2. **심신상실자, 알코올 중독자 등 대통령령으로 정하는 정신적 제약이 있는 자**
	3. 제10조 제1항제2호부터 제8호까지의 어느 하나에 해당하는 자
	
	2. 파산선고를 받고 복권되지 아니한 자
	3. 금고 이상의 실형의 선고를 받고 그 집행이 종료(집행이 종료된 것으로 보는 경우를 포함한다)되거나 집행이 면제된 날부터 5년이 지나지 아니한 자
	4. 금고 이상의 형의 집행유예선고를 받고 그 유예기간중에 있는 자
	5. 다음 각 목의 어느 하나에 해당하는 죄를 범하여 벌금형을 선고받은 날부터 10년이 지나지 아니하거나 금고 이상의 형을 선고받고 그 집행이 종료된(종료된 것으로 보는 경우를 포함한다) 날 또는 집행이 유예·면제된 날부터 10년이 지나지 아니한 자
	  가. 「형법」 제114조의 죄
	  나. 「폭력행위 등 처벌에 관한 법률」 제4조의 죄
	  다. 「형법」 제297조, 제297조의2, 제298조부터 제301조까지, 제301조의2, 제302조, 제303조, 제305조, 제305조의2의 죄
	  라. 「성폭력범죄의 처벌 등에 관한 특례법」 제3조부터 제11조까지 및 제15조(제3조부터 제9조까지의 미수범만 해당한다)의 죄
	  마. 「아동·청소년의 성보호에 관한 법률」 제7조 및 제8조의 죄
	  바. 다목부터 마목까지의 죄로서 다른 법률에 따라 가중처벌되는 죄
	6. 다음 각 목의 어느 하나에 해당하는 죄를 범하여 벌금형을 선고받은 날부터 5년이 지나지 아니하거나 금고 이상의 형을 선고받고 그 집행이 유예된 날부터 5년이 지나지 아니한 자

7. 제5호 다목부터 바목까지의 어느 하나에 해당하는 죄를 범하여 치료감호를 선고받고 그 집행이 종료된 날 또는 집행이 면제된 날부터 10년이 지나지 아니한 자 또는 제6호 각 목의 어느 하나에 해당하는 죄를 범하여 치료감호를 선고받고 그 집행이 면제된 날부터 5년이 지나지 아니한 자

8. 이 법이나 이 법에 따른 명령을 위반하여 벌금형을 선고받은 날부터 5년이 지나지 아니하거나 금고 이상의 형을 선고받고 그 집행이 유예된 날부터 5년이 지나지 아니한 자

7. 제5호 다목부터 바목까지의 어느 하나에 해당하는 죄를 범하여 치료감호를 선고받고 그 집행이 종료된 날 또는 집행이 면제된 날부터 10년이 지나지 아니한 자 또는 제6호 각 목의 어느 하나에 해당하는 죄를 범하여 치료감호를 선고받고 그 집행이 면제된 날부터 5년이 지나지 아니한 자

8. 이 법이나 이 법에 따른 명령을 위반하여 벌금형을 선고받은 날부터 5년이 지나지 아니하거나 금고 이상의 형을 선고받고 그 집행이 유예된 날부터 5년이 지나지 아니한 자

가. 「형법」제329조부터 제331조까지, 제331조의2 및 제332조부터 제343조까지의 죄
나. 가목의 죄로서 다른 법률에 따라 가중처벌되는 죄

7. 제5호 다목부터 바목까지의 어느 하나에 해당하는 죄를 범하여 치료감호를 선고받고 그 집행이 종료된 날 또는 집행이 면제된 날부터 10년이 지나지 아니한 자 또는 제6호 각 목의 어느 하나에 해당하는 죄를 범하여 치료감호를 선고받고 그 집행이 면제된 날부터 5년이 지나지 아니한 자

8. 이 법이나 이 법에 따른 명령을 위반하여 벌금형을 선고받은 날부터 5년이 지나지 아니하거나 금고 이상의 형을 선고받고 그 집행이 유예된 날부터 5년이 지나지 아니한 자

3. 금고 이상의 형의 선고유예를 받고 그 유예기간 중에 있는 자
4. 행정안전부령으로 정하는 신체조건에 미달되는 자

"집단민원현장"이란 다음 각 목의 장소를 말한다.
가. 「노동조합 및 노동관계조정법」에 따라 노동관계 당사자가 노동쟁의 조정신청을 한 사업장 또는 쟁의행위가 발생한 사업장
나. 「도시 및 주거환경정비법」에 따른 정비사업과 관련하여 이해대립이 있어 다툼이 있는 장소
다. 특정 시설물의 설치와 관련하여 민원이 있는 장소
라. 주주총회와 관련하여 이해대립이 있어 다툼이 있는 장소
마. 건물·토지 등 부동산 및 동산에 대한 소유권·운영권·관리권·점유권 등 법적 권리에 대한 이해대립이 있어 다툼이 있는 장소
바. 100명 이상의 사람이 모이는 국제·문화·예술·체육 행사장
사. 「행정대집행법」에 따라 대집행을 하는 장소

알파 071 소년경찰

1 소년의 종류(소년법 및 소년업무처리규칙)

구 분		내 용
비행소년	범죄소년	14세 이상 19세 미만의 자로서 죄를 범한 자
	촉법소년	10세 이상 14세 미만의 자로서 형벌법령에 저촉되는 행위를 한 자
	우범소년	① 보호자의 정당한 감독에 복종하지 않는 성벽이 있거나 ② 정당한 이유 없이 가정에서 이탈하거나 ③ 범죄성이 있는 자 ④ 부도덕한 사람과 교제하는 등 기타 성격 또는 환경에 비추어 장차 형벌 법령에 저촉되는 행위를 할 우려가 있는 10세 이상 19세 미만인 자
죄질이 경미한 범죄소년		「즉결심판에 관한 절차법」 제2조의 즉결심판의 대상에 해당하는 범죄소년
학교 밖 청소년		「학교 밖 청소년 지원에 관한 법률」 제2조제2호에 해당하는 사람

2 보호사건 심판절차

보호사건 심판절차	송치 및 통고	① 범죄소년 : 일반범죄와 마찬가지로 검찰청에 송치한다. ② 촉법소년·우범소년 : 검찰청에 송치하지 않고 경찰서장이 직접 관할 소년부에 송치하여야 한다. ③ 검사는 소년 피의사건을 수사한 결과 벌금 이하의 형에 해당하는 범죄이거나 보호처분에 해당하는 사유가 있다고 인정한 때에는 사건을 관할 소년부에 송치하여야 한다(소년법 제49조 제1항). ④ 범죄소년을 발견한 보호자 또는 학교와 사회복지시설의 장은 이를 관할 소년부에 통고할 수 있다.
	송검(送檢)	소년부는 조사심리의 결과 금고 이상의 형에 해당한 범죄사실이 발견된 경우에 그 범죄의 동기와 죄질이 형사처분의 필요가 있다고 인정한 때에는 결정으로 사건을 관할 지방법원에 대응한 검찰청 검사에게 송치하여야 한다.

	보호처분의 종류	① 소년부 판사는 심리 결과 보호처분을 할 필요가 있다고 인정하면 결정으로써 다음 각호의 어느 하나에 해당하는 처분을 하여야 한다.
		  1. 보호자 또는 보호자를 대신하여 소년을 보호할 수 있는 자에게 감호 위탁
		  2. 수강명령
		  3. 사회봉사명령
		  4. 보호관찰관의 단기(단기) 보호관찰
		  5. 보호관찰관의 장기(장기) 보호관찰
		  6. 「아동복지법」에 따른 아동복지시설이나 그 밖의 소년보호시설에 감호 위탁
		  7. 병원, 요양소 또는 「보호소년 등의 처우에 관한 법률」에 따른 소년의료보호시설에 위탁

보호사건 심판절차	보호처분의 종류	8. 1개월 이내의 소년원 송치 9. 단기 소년원 송치 10. 장기 소년원 송치 ② 다음 각호 안의 처분 상호 간에는 그 전부 또는 일부를 병합할 수 있다.
	보호처분의 효력	보호처분을 받은 소년에 대하여 그 심리·결정된 사건은 다시 공소를 제기하거나 소년부에 송치할 수 없다(법 제53조). 이것은 소년법상의 보호처분을 받은 소년에 대하여 일사부재리의 효력을 인정한 것이라고 볼 수 있다. 단, 본인이 처분 당시 19세 이상인 것이 판명된 경우에는 공소를 제기할 수 있다.

3 형사절차에서의 소년에 대한 특례

사형·무기형의 완화	죄를 범할 당시 **18세 미만**인 소년에 대하여 사형 또는 무기형(無期刑)으로 처할 경우에는 15년의 유기징역으로 한다.
부정기형의 선고	소년이 법정형으로 장기 2년 이상의 유기형(有期刑)에 해당하는 죄를 범한 경우에는 그 형의 범위에서 장기와 단기를 정하여 선고한다. 다만, 장기는 10년, 단기는 5년을 초과하지 못한다.
환형처분의 금지	18세 미만인 소년에게는 「형법」 제70조에 따른 유치선고를 하지 못한다.
자유형 집행의 분리	징역 또는 금고를 선고받은 소년에 대하여는 특별히 설치된 교도소 또는 일반 교도소 안에 특별히 분리된 장소에서 그 형을 집행한다. 다만, 소년이 형의 집행 중에 23세가 되면 일반 교도소에서 집행할 수 있다.
보호처분과 형의 집행	보호처분이 계속 중일 때에 징역, 금고 또는 구류를 선고받은 소년에 대하여는 먼저 그 형을 집행한다.

알파 072 실종아동 등

1 실종아동등 및 가출인 업무처리규칙

정의		
	아동등	① 실종 당시 18세 미만의 아동 ② 장애인복지법 제2조의 지적장애인, 자폐성장애인, 정신장애인 ③ 치매관리법 제2조의 치매환자
	실종아동 등	약취, 유인, 유기, 사고, 가출하거나 길을 잃는 등의 사유로 인하여 보호자로부터 이탈된 아동 등
	보호자	친권자, 후견인이나 그 밖에 다른 법률에 따라 아동등을 보호하거나 부양할 의무가 있는 사람을 말한다. 다만, 제4호의 보호시설의 장 또는 종사자는 제외한다.
	보호시설	「사회복지사업법」 제2조제4호에 따른 사회복지시설 및 인가·신고 등이 없이 아동등을 보호하는 시설로서 사회복지시설에 준하는 시설을 말한다.
	찾는실종아동등	실종아동등 중 보호자가 찾고 있는 아동등을 말한다.
	보호실종아동등	실종아동등 중 보호자가 확인되지 않아 경찰관이 보호하고 있는 아동등을 말한다.
	장기실종아동등	보호자로부터 신고를 접수한 지 48시간이 경과한 후에도 발견되지 않은 찾는실종아동등을 말한다.
	가출인	신고 당시 보호자로부터 이탈된 18세 이상의 사람을 말한다.
	발생지	실종아동등 및 가출인이 실종·가출 전 최종적으로 목격되었거나 목격되었을 것으로 추정하여 신고자 등이 진술한 장소를 말하며, 신고자 등이 최종 목격 장소를 진술하지 못하거나, 목격되었을 것으로 추정되는 장소가 대중교통시설 등일 경우 또는 실종·가출 발생 후 1개월이 경과한 때에는 실종아동등 및 가출인의 실종 전 최종 주거지를 말한다.
	발견지	실종아동등 또는 가출인을 발견하여 보호 중인 장소를 말하며, 발견한 장소와 보호 중인 장소가 서로 다른 경우에는 보호 중인 장소를 말한다.
	실종문자메세지	실종·유괴경보 문자메시지란 실종·유괴경보가 발령된 경우 「실종아동등의 보호 및 지원에 관한 법률 시행령」(이하 "영"이라 한다) 제4조의5제7항에 따른 공개정보(이하 "공개정보"라 한다)를 시민들에게 널리 알리기 위하여 휴대폰에 전달하는 문자메시지를 말한다.
	국가경찰 수사 범죄	「자치경찰사무와 시·도자치경찰위원회의 조직 및 운영 등에 관한 규정」 제3조제1호부터 제5호까지 또는 제6호나목의 범죄가 아닌 범죄를 말한다. 제3조(수사 관련 자치경찰사무의 범위 등) 법 제4조제1항제2호라목에 따른 자치경찰사무에 관한 구체적인 사항 및 범위는 다음 각 호와 같다. 1. 학교폭력 등 소년범죄 : 소년(19세 미만인 사람을 말한다. 이하 이 조에서 같다)이 한 다음 각 목의 범죄. 다만, 그 소년이 해당 사건에서

	19세 이상인 사람과 「형법」 제30조부터 제32조까지의 규정에 따른 공범관계에 있는 경우는 제외한다.
	2. 가정폭력 및 아동학대 범죄 : 다음 각 목의 범죄
	3. 교통사고 및 교통 관련 범죄 : 다음 각 목의 범죄. 다만, 「도로교통법」 제2조제3호의 고속도로에서 발생한 교통사고 및 교통 관련 범죄는 제외한다.
	4. 「형법」 제245조의 범죄 및 「성폭력범죄의 처벌 등에 관한 특례법」 제12조의 범죄
	5. 경범죄 및 기초질서 관련 범죄 : 「경범죄처벌법」 제3조에 따른 경범죄
	6. 가출인 및 「실종아동등의 보호 및 지원에 관한 법률」 제2조제2호에 따른 실종아동등 관련 수색 및 범죄 : 가목의 수색 및 나목의 범죄
	   가. 가출인 또는 실종아동등의 조속한 발견을 위한 수색. 다만, 제1호부터 제5호까지 또는 나목의 범죄가 아닌 범죄로 인해 실종된 경우는 제외한다.
	   나. 「실종아동등의 보호 및 지원에 관한 법률」 제17조 및 제18조의 범죄

정보시스템의 운영	① 경찰청 생활안전국장은 법 제8조의2제1항에 따른 정보시스템으로 실종아동등 프로파일링시스템 및 실종아동찾기센터 홈페이지(이하 "인터넷 안전드림"이라 한다)를 운영한다. ② 실종아동등 프로파일링시스템은 경찰관서 내에서만 사용할 수 있도록 제한하고, 인터넷 안전드림은 누구든 사용할 수 있도록 공개 하는 등 분리하여 운영한다. 다만, 자료의 전송 등을 위해 필요한 경우 상호 연계할 수 있다.

정보시스템 입력 대상 및 정보 관리	① 실종아동등 프로파일링시스템에 입력하는 대상은 다음 각 호와 같다.
	  1. 실종아동등
	  2. 가출인
	  3. 보호시설 입소자 중 보호자가 확인되지 않는 사람(이하 "보호시설 무연고자"라 한다)
	② 경찰관서의 장은 실종아동등 또는 가출인에 대한 신고를 접수한 후 신고대상자가 다음 각 호의 어느 하나에 해당하는 경우에는 신고 내용을 실종아동등 프로파일링시스템에 입력하지 않을 수 있다.
	  1. 채무관계 해결, 형사사건 당사자 소재 확인 등 실종아동등 및 가출인 발견 외 다른 목적으로 신고된 사람
	  2. 수사기관으로부터 지명수배 또는 지명통보된 사람
	  3. 허위로 신고된 사람
	  4. 보호자가 가출 시 동행한 아동 등
	  5. 그 밖에 신고 내용을 종합하였을 때 명백히 제1항에 따른 입력 대상이 아니라고 판단되는 사람
	③ 경찰관서의 장은 본인 또는 보호자의 동의를 받아 실종아동등 프로파일링시스템에서 데이터베이스로 관리하는 실종아동등 및 보호시설 무연고자 자료를 인터넷 안전드림에 공개할 수 있다.

정보시스템 입력 대상 및 정보 관리	④ 경찰관서의 장은 다음 각 호의 어느 하나에 해당하는 때에는 지체 없이 인터넷 안전드림에 공개된 자료를 삭제하여야 한다. 　1. 찾는실종아동등을 발견한 때 　2. 보호실종아동등 또는 보호시설 무연고자의 보호자를 확인한 때 　3. 본인 또는 보호자가 공개된 자료의 삭제를 요청하는 때 ⑤ 실종아동등 또는 가출인에 대한 신고를 접수하거나, 실종아동등 프로파일링시스템에 신고 내용이 입력되어 있는 것을 확인한 경찰관은 보호자가 요청하는 경우에는 별지 제1호서식의 신고접수증을 발급할 수 있다.
신고 접수	① 실종아동등 신고는 관할에 관계 없이 실종아동찾기센터, 각 시도경찰청 및 경찰서에서 전화, 서면, 구술 등의 방법으로 접수하며, 신고를 접수한 경찰관은 범죄와의 관련 여부 등을 확인해야 한다. ② 경찰청 실종아동찾기센터는 실종아동등에 대한 신고를 접수하거나, 신고 접수에 대한 보고를 받은 때에는 즉시 실종아동등 프로파일링시스템에 입력, 관할 경찰관서를 지정하는 등 필요한 조치를 하여야 한다. 이 경우 관할 경찰관서는 발생지 관할 경찰관서 등 실종아동등을 신속히 발견할 수 있는 관서로 지정해야 한다.
신고에 대한 조치 등	경찰관서의 장은 실종아동등에 대하여 제18조의 현장 탐문 및 수색 후 그 결과를 즉시 보호자에게 통보하여야 한다. 이후에는 실종아동등 프로파일링시스템에 등록한 날로부터 1개월까지는 15일에 1회, 1개월이 경과한 후부터는 분기별 1회 보호자에게 추적 진행사항을 통보한다.
현장 탐문 및 수색	① 찾는실종아동등 및 가출인발생신고를 접수 또는 이첩 받은 발생지 관할 경찰서장은 즉시 현장출동 경찰관을 지정하여 탐문·수색하도록 하여야 한다. 다만, 경찰관서장이 판단하여 수색의 실익이 없거나 현저히 곤란한 경우에는 탐문·수색을 생략하거나 중단할 수 있다. ② 경찰서장은 제1항의 규정에 따라 현장을 탐문·수색한 결과, 정밀수색이 필요하다고 인정될 경우에는 추가로 필요한 경찰관 등을 출동시킬 수 있다. ③ 현장출동 경찰관은 제1항의 규정에 따라 현장을 탐문·수색한 결과에 대해 필요한 보고서를 작성하여 실종아동등 프로파일링시스템에 등록하고 경찰서장에게 보고하여야 한다.
실종수사 조정위원회	① 경찰서장은 실종아동등 및 가출인의 수색·추적 중 인지된 강력범죄의 업무를 조정하기 위하여 실종수사 조정위원회를 구성하여 운영할 수 있다. 　1. 위원회는 위원장을 경찰서장으로 하고, 위원은 여성청소년과장(미직제시 생활안전과장), 형사과장(미직제시 수사과장) 등 과장 3인 이상으로 구성한다. 　2. 위원회는 경찰서 여성청소년과장이 회부한 강력범죄 의심 사건의 범죄관련성 여부 판단 및 담당부서를 결정한다. ② 위원회는 경찰서 여성청소년과장의 안건 회부 후 24시간 내에 서면으로 결정하여야 한다. ③ 경찰서장은 위원회 결정에 따라 실종아동등 및 가출인 발견을 위해 신속히 추적 또는 수사에 착수하여야 한다.

CHAPTER 02 수사경찰

알파 073 수사의 조건

일반적 조건	필요성	① 수사방법 = 임의수사(최소한 필요성) + 강제수사 ② 소송조건 ・반의사불벌죄: 피해자의 불벌의사 ○ → 수사 × ・친고죄: 　고소 ○ → 수사 ○ 　고소 × → 수사 ×(전면적 불허설) 　고소 × → 수사 ○(전면적 허용설) 　고소 × → 고소가능성 ○ → 수사 ○ (제한적 허용설) ※ 친고죄에서 소송조건이 결여되고 고소의 가능성이 없다면 수사의 필요성은 부인된다.(○)
	상당성	① 공익 ≫ 사적 침해 ② 수사개시측면 = 인지권남용의 문제(중학생이 100원 절도) ③ 수사실행측면 = 함정수사의 문제 ▎함정수사의 문제 ・의의 = 사전계획+수사기관이+범의없는 자를+교사하여→실행 ・대륙 = 함정수사개념× → 형법총칙적용 → 정범처벌 ・영미 = 범의유발형 → 위법한 수사 　① 기회제공형 = 범의○ → 교사 → 실행 (∴정범처벌)(적법) 　② 범의유발형 = 범의× → 교사 → 실행 (∴무죄항변)(위법) 　③ 한국의 함정수사(≒범의유발형) → 상당성에 반하기 때문에 위법
혐의	주관적 혐의	① 사실에 근거를 둔 혐의 ② 혐의인정의 주체 = 수사기관 ③ 주관적 혐의 ○ → 수사개시 ○(주관적 혐의 = 수사개시의 조건) ④ 주관적 혐의 ○ → 대물적 강제처분(압수·수색) ○
	객관적 혐의	① 증거에 의해 뒷받침되는 혐의 ② 혐의인정의 주체 = 검사, 법관 (일반시민×) ③ 객관적 혐의 ○ → 공소제기 ○(객관적 혐의 = 공소제기의 조건) ④ 객관적 혐의 ○ → 대인적 강제처분(체포·구속)○ (객관적 혐의 = 구속의 조건) ➡ 압수·수색에 필요한 혐의는 체포·구속에 필요한 혐의에 이를 것을 요하지 않는다.

알파 074   수사의 기본이념 및 제원칙

1 기본이념

실체적 진실발견	① 당사자의 주장, 인부(認否) 또는 입증에 구애되지 않고 객관적 사실의 진상을 규명하는 절차법상 이념
	② 한 계
	   ⊙ 인간의 능력과 제도자체에서 오는 한계
	   ⓒ 인권보장을 위한 한계 = 진술거부권, 불이익변경금지원칙, 강제수사의 시간적 제한
	   ⓒ 적정절차의 요구에 의한 한계 = 위법수집증거능력의 제한, 독과수이론, Miranda원칙
	   ⓔ 타 중요한 이익과 충돌에 의한 한계 = 군사상비밀, 공무상비밀, 업무상 비밀 등
	   ⓜ 임의수사원칙에 의한 한계(×) = 한계×, 동시에 추구해야 하는 이념○

인권보장	① 증거를 수집하고 범인의 신병을 확보하는 과정에서 필연적으로 국민의 기본권을 제약하게 된다. ② 임의수사의 원칙을 선언, 강제처분은 특별한 규정이 있을 때만 극히 예외적으로

2 지도원리

실체적 진실주의	피의자에게 진술거부권, 변호인선임권, 증거보전청구권, 임의성 없는 자백의 증거능력 배척
무죄추정주의	임의수사의 원칙, 구속적부심사제도, 접견교통권의 보장, 고문의 절대적 금지, 위압적·모욕적 신문의 금지등
필요최소한도의 법리	수사처분은 강제수사는 물론 임의수사도 인권제한적 처분→ 필요한 최소한도의 범위 내에서만 허용
적정절차의 법리	인권보장의 기초원리, 형사절차전체의 기본원리로 수사절차에서 더욱 강조

3 제도적 표현

임의수사의 원칙	무죄추정의 법리 또는 필요최소한도의 법리의 제도적 표현
영장주의 원칙	수사기관의 강제처분은 영장주의 원칙이 적용(헌법 §12 ③), 엄격한 요건 하 예외 有
강제수사법정주의	강제처분은 특별한 규정이 있는 경우에 한해서 허용(헌법 §12 ①)
수사비공개의 원칙	① 공판절차가 공개주의를 채택하는 것과 대조적 ② 공소 제기 전에 공표한 때에는 형법상 피의사실공표죄를 구성
수사비례의 원칙	① 수사결과에 따른 이익과 수사로 인한 법익침해가 부당하게 균형을 잃어서는 안된다. ② 강제수사·임의수사 공통으로 요구되는 기본원칙
자기부죄강요금지	① 피의자 등에 대한 고문의 절대적 금지(헌법 §12 ②, 형법 §125) ② 형소법상 피의자의 진술거부권으로 구체화
제출인환부의 원칙	① 헌법상의 원칙 × ② 압수물을 환부함에 있어서 피압수자(제출인)에게 환부함이 원칙

4 3대원칙

신속착수의 원칙	가급적 신속히 착수하여 죄증이 인멸되기 전에 수사를 종결
현장보존의 원칙	범죄현장 = "증거의 보고"
공중협력의 원칙	목격자나 전문자가 살고 있는 사회는 증거의 바다(신고자 포상금

5 준수의 원칙

선증후포의 원칙	사건에 관하여 먼저 조사하고 증거를 확보한 후 범인을 체포
법령준수의 원칙	형사법상 규정 준수
민사관계 불간섭	범죄수사는 형사사건에 한하여 실행. 민사관계는 간섭× (But 사기나 배임은 민사문제와 형사문제가 교차할 수 있음)
종합수사의 원칙	체계적이고 조직적인 종합수사를 행해야

6 실행(방법)의 원칙

수사자료완전수집	사건과 관련된 모든 수사자료를 수사관이 완전히 수집해야 (제1조건, 제1법칙)
감식·검토	과학적 지식이나 기술을 활용하여 면밀하게 감식·검토함으로써 자료의 가치를 발견해야
적절한 추리	① 수집된 자료를 기초로 하여 합리적 판단을 해야. 추측은 모든 경우를 고려하여 검토해야 ② 자료를 수집하고 검토하는 과정에서 떠오르는 직감이나 상상을 항상 기록해 두고 후에 잘 검토해 볼 것 ③ 과거에 경험한 사건의 실례를 고려하여 해결방법이 없는가 검토할 것 ④ 자료검토의 결과를 기초로 현실에 일어난 사건을 어떻게 하면 가장 합리적으로 설명할 수 있는가를 연구해 볼 것
검증(험증)적 수사	추측 하나하나를 모든 각도에서 검토해야 된다는 원칙 ① 수사사항의 결정 = 먼저 무엇을 확인하여야 할 것인가 　㉠ 추론이 많으면 많을수록 그 수사는 정밀하게 되어 진실에 접근 　㉡ "甲이 절도범이다" = 범행시간에 집에 있지 않을 것. 유류족적과 일치 등 ② 수사방법의 결정 = 어떠한 수단과 방법으로 그것을 수사에 옮길 것인가 　예 甲의 알리바이, 탐문수사, 신발의 종류 및 족적 채증) ③ 수사실행 　㉠ 수사결과가 먼저 추측한 사실을 입증할 수 있는 것이라면 옳은 것 　㉡ 반면에 입증할 수 없는 것이라면 그 추측은 인정할 수 없는 것 　㉢ 그 사실에 대해 합리적으로 의심할 여지가 없을 때까지 진실성이 보장돼야 　㉣ "의심스러울 때는 피고인의 이익으로"
사실판단의 증명	① 다른 누구에 대해서도 그 판단이 사실이라는 것을 객관적으로 증명해야 ② 판단(주장)을 일정한 형식으로 표현할 것 ③ 판단이 진실이라는 이유 또는 근거(증거)를 제시할 것

알파 075   가정폭력범죄의 처벌 등에 관한 특례법

용어의 정의	가정폭력	가정구성원 사이의 **신체적, 정신적 또는 재산상** 피해를 수반하는 행위
	가정 구성원	① 배우자(사실상 혼인관계에 있는 사람을 포함) 또는 배우자**였던** 사람 ② 자기 또는 배우자와 직계존비속관계(**사실상의 양친자관계를 포함**)에 있거나 **있었던** 사람 ③ 계부모와 자녀의 관계 또는 적모(嫡母)와 서자(庶子)의 관계에 있거나 **있었던** 사람 ④ 동거하는 친족 ⇨ 동거하는 친족관계에 있었던 자(×)
	가정폭력 범죄	"가정폭력범죄"란 가정폭력으로서 다음 각 목의 어느 하나에 해당하는 죄를 말한다. 가. 「형법」 제2편제25장 상해와 폭행의 죄 중 제257조(상해, 존속상해), 제258조(중상해, 존속중상해), 제258조의2(특수상해), 제260조(폭행, 존속폭행)제1항·제2항, 제261조(특수폭행) 및 제264조(상습범)의 죄 나. 「형법」 제2편제28장 유기와 학대의 죄 중 제271조(유기, 존속유기)제1항·제2항, 제272조(영아유기), 제273조(학대, 존속학대) 및 제274조(아동혹사)의 죄 다. 「형법」 제2편제29장 체포와 감금의 죄 중 제276조(체포, 감금, 존속체포, 존속감금), 제277조(중체포, 중감금, 존속중체포, 존속중감금), 제278조(특수체포, 특수감금), 제279조(상습범) 및 제280조(미수범)의 죄 라. 「형법」 제2편제30장 협박의 죄 중 제283조(협박, 존속협박)제1항·제2항, 제284조(특수협박), 제285조(상습범)(제283조의 죄에만 해당한다) 및 제286조(미수범)의 죄 마. 「형법」 제2편제32장 강간과 추행의 죄 중 제297조(강간), 제297조의2(유사강간), 제298조(강제추행), 제299조(준강간, 준강제추행), 제300조(미수범), 제301조(강간등 상해·치상), 제301조의2(강간등 살인·치사), 제302조(미성년자등에 대한 간음), 제305조(미성년자에 대한 간음, 추행), 제305조의2(상습범)(제297조, 제297조의2, 제298조부터 제300조까지의 죄에 한한다)의 죄 바. 「형법」 제2편제33장 명예에 관한 죄 중 제307조(명예훼손), 제308조(사자의 명예훼손), 제309조(출판물등에 의한 명예훼손) 및 제311조(모욕)의 죄 사. 「형법」 제2편제36장 **주거침입의 죄(주거침입, 퇴거불응, 주거신체수색)** 아. 「형법」 제2편제37장 권리행사를 방해하는 죄 중 제324조(강요) 및 제324조의5(미수범)(제324조의 죄에만 해당한다)의 죄 자. 「형법」 제2편제39장 사기와 공갈의 죄 중 제350조(공갈), 제350조의2(특수공갈) 및 제352조(미수범)(제350조, 제350조의2의 죄에만 해당한다)의 죄 차. 「형법」 제2편제42장 손괴의 죄 중 제366조(재물손괴등) 및 **제369조(특수손괴)**제1항의 죄 카. 「성폭력범죄의 처벌 등에 관한 특례법」 **제14조(카메라 등을 이용한 촬영) 및 제15조(미수범)(제14조의 죄에만 해당한다)의 죄** 타. 「정보통신망 이용촉진 및 정보보호 등에 관한 법률」 제74조제1항제3호의 죄
	가정폭력 행위자	가정폭력범죄를 범한 사람 및 가정구성원인 공범
	피해자	가정폭력범죄로 인하여 직접적으로 피해를 입은 사람
	가정보호 사건	가정폭력범죄로 인하여 이 법에 따른 보호처분의 대상이 되는 사건
	아 동	「아동복지법」제3조제1호에 따른 아동

가정폭력 범죄에 대한 응급조치	진행 중인 가정폭력범죄에 대하여 신고를 받은 사법경찰관리는 즉시 현장에 나가서 다음 각 호의 조치를 하여야 한다. 〈개정 2020. 10. 20.〉 1. 폭력행위의 제지, 가정폭력행위자·피해자의 분리 1의2. 「형사소송법」 제212조에 따른 현행범인의 체포 등 범죄수사 2. 피해자를 가정폭력 관련 상담소 또는 보호시설로 인도(피해자가 동의한 경우만 해당한다) 3. 긴급치료가 필요한 피해자를 의료기관으로 인도 4. 폭력행위 재발 시 제8조에 따라 임시조치를 신청할 수 있음을 통보 5. **제55조의2에 따른 피해자보호명령 또는 신변안전조치를 청구할 수 있음을 고지** [전문개정 2011. 4. 12.]

임시조치	① 판사는 가정보호사건의 원활한 조사·심리 또는 피해자 보호를 위하여 필요하다고 인정하는 경우에는 결정으로 가정폭력행위자에게 다음 각 호의 어느 하나에 해당하는 임시조치를 할 수 있다. 〈개정 2020. 10. 20.〉
	  1. 피해자 또는 가정구성원의 주거 또는 점유하는 방실(房室)로부터의 퇴거 등 격리
	  2. 피해자 또는 가정구성원이나 그 주거·직장 등에서 100미터 이내의 접근 금지
	  3. 피해자 또는 가정구성원에 대한 「전기통신기본법」 제2조제1호의 전기통신을 이용한 접근 금지
	  4. 의료기관이나 그 밖의 요양소에의 위탁
	  5. 국가경찰관서의 유치장 또는 구치소에의 유치
	  6. 상담소등에의 상담위탁
	② 동행영장에 의하여 동행한 가정폭력행위자 또는 제13조에 따라 인도된 가정폭력행위자에 대하여는 가정폭력행위자가 법원에 인치된 때부터 24시간 이내에 제1항의 조치 여부를 결정하여야 한다.
	③ 법원은 제1항에 따른 조치를 결정한 경우에는 검사와 피해자에게 통지하여야 한다.
	④ 법원은 제1항제4호 또는 제5호의 조치를 한 경우에는 그 사실을 가정폭력행위자의 보조인이 있는 경우에는 보조인에게, 보조인이 없는 경우에는 법정대리인 또는 가정폭력행위자가 지정한 사람에게 통지하여야 한다. 이 경우 제1항제5호의 조치를 하였을 때에는 가정폭력행위자에게 변호사 등 보조인을 선임할 수 있으며 제49조제1항의 항고를 제기할 수 있음을 고지하여야 한다.
	⑤ 제1항제1호부터 제3호까지의 임시조치기간은 2개월, 같은 항 제4호부터 제6호까지의 임시조치기간은 1개월을 초과할 수 없다. 다만, 피해자의 보호를 위하여 그 기간을 연장할 필요가 있다고 인정하는 경우에는 결정으로 제1항제1호부터 제3호까지의 임시조치는 두 차례만, 같은 항 제4호부터 제6호까지의 임시조치는 한 차례만 각 기간의 범위에서 연장할 수 있다. 〈개정 2020. 10. 20.〉
	⑥ 제1항제4호의 위탁을 하는 경우에는 의료기관 등의 장에게 가정폭력행위자를 보호하는 데에 필요한 사항을 부과할 수 있다.
	⑦ 민간이 운영하는 의료기관 등에 위탁하려는 경우에는 제6항에 따라 부과할 사항을 그 의료기관 등의 장에게 미리 고지하고 동의를 받아야 한다.
	⑧ 제1항제6호에 따른 상담을 한 상담소등의 장은 그 결과보고서를 판사와 검사에게 제출하여야 한다. 〈신설 2020. 10. 20.〉

임시조치	⑨ 판사는 제1항 각 호에 규정된 임시조치의 결정을 한 경우에는 가정보호사건조사관, 법원공무원, 사법경찰관리 또는 구치소 소속 교정직공무원으로 하여금 집행하게 할 수 있다. 〈개정 2020. 10. 20.〉 ⑩ 가정폭력행위자, 그 법정대리인이나 보조인은 제1항에 따른 임시조치 결정의 취소 또는 그 종류의 변경을 신청할 수 있다. 〈개정 2020. 10. 20.〉 ⑪ 판사는 직권으로 또는 제10항에 따른 신청에 정당한 이유가 있다고 인정하는 경우에는 결정으로 해당 임시조치를 취소하거나 그 종류를 변경할 수 있다. 〈개정 2020. 10. 20.〉 ⑫ 제1항제4호 및 제6호의 위탁의 대상이 되는 의료기관, 요양소 및 상담소등의 기준과 그 밖에 필요한 사항은 대법원규칙으로 정한다. 〈개정 2020. 10. 20.〉 [전문개정 2011. 4. 12.]
긴급 임시조치의 실시	① 사법경찰관은 응급조치에도 불구하고 가정폭력범죄가 재발될 우려가 있고, 긴급을 요하여 법원의 임시조치 결정을 받을 수 없을 때에는 직권 또는 피해자나 그 법정대리인의 신청에 의하여 **제29조제1항제1호부터 제3호**까지의 어느 하나에 해당하는 조치(이하 "긴급임시조치"라 한다)를 할 수 있다. ▎긴급 임시조치 내용 ① 피해자 또는 가정구성원의 주거 또는 점유하는 방실(房室)로부터의 퇴거 등 격리 ② 피해자 또는 가정구성원의 주거, 직장 등에서 100미터 이내의 접근 금지 ③ 피해자 또는 가정구성원에 대한「전기통신기본법」제2조제1호의 전기통신을 이용한 접근 금지 ② 사법경찰관은 긴급임시조치를 한 경우에는 즉시 긴급임시조치결정서를 작성하여야 한다. ③ 긴급임시조치결정서에는 범죄사실의 요지, 긴급임시조치가 필요한 사유 등을 기재하여야 한다. ④ 사법경찰관이 긴급임시조치를 한 때에는 지체 없이 검사에게 제8조에 따른 임시조치를 신청하고, 신청받은 검사는 법원에 임시조치를 청구하여야 한다. 이 경우 임시조치의 청구는 긴급임시조치를 한 때부터 48시간 이내에 청구하여야 하며, 제8조의2제2항에 따른 긴급임시조치결정서를 첨부하여야 한다. ⑤ 임시조치를 청구하지 아니하거나 법원이 임시조치의 결정을 하지 아니한 때에는 즉시 긴급임시조치를 취소하여야 한다.
고소에 관한 특례	① 피해자 또는 그 법정대리인은 가정폭력행위자를 고소할 수 있다. 피해자의 법정대리인이 가정폭력행위자인 경우 또는 가정폭력행위자와 공동으로 가정폭력범죄를 범한 경우에는 피해자의 친족이 고소할 수 있다. ② 피해자는「형사소송법」제224조에도 불구하고 가정폭력행위자가 자기 또는 배우자의 직계존속인 경우에도 고소할 수 있다. 법정대리인이 고소하는 경우에도 또한 같다. ③ 피해자에게 고소할 법정대리인이나 친족이 없는 경우에 이해관계인이 신청하면 검사는 10일 이내에 고소할 수 있는 사람을 지정하여야 한다. [전문개정 2011. 4. 12.]

알파 076 성폭력범죄의 처벌등에 관한 특례법

대상 범죄	① 특수강도강간 등(제3조) ② 특수강간 등(제4조) ③ 친족관계에 의한 강간 등(제5조) ④ 장애인에 대한 간음 등(제6조) ⑤ 13세 미만의 미성년자에 대한 강간, 강제추행 등(제7조) ⑥ 강간 등 상해·치상(제8조) ⑦ 강간 등 살인·치사(제9조) ⑧ 업무상 위력 등에 의한 추행(제10조) ⑨ 공중 밀집 장소에서의 추행(제11조) ⑩ 성적 목적을 위한 다중이용장소 침입행위(제12조) ⑪ 통신매체를 이용한 음란행위(제13조) ⑫ 카메라 등을 이용한 촬영(제14조) ⑬ 허위영상물 등의 반포등(제14조의 2) ⑭ 촬영물 등을 이용한 협박·강요(제14조의3) ⑮ 특수강도강간 등의 죄를 범할 목적으로 예비·음모 처벌(제15조의 2)
카메라 등을 이용한 촬영 (제14조)	① 카메라나 그 밖에 이와 유사한 기능을 갖춘 기계장치를 이용하여 성적 욕망 또는 수치심을 유발할 수 있는 사람의 신체를 촬영대상자의 의사에 반하여 촬영한 자는 7년 이하의 징역 또는 5천만원 이하의 벌금에 처한다. 〈개정 2018. 12. 18., 2020. 5. 19.〉 ② 제1항에 따른 촬영물 또는 복제물(복제물의 복제물을 포함한다. 이하 이 조에서 같다)을 반포·판매·임대·제공 또는 공공연하게 전시·상영(이하 "반포등"이라 한다)한 자 또는 제1항의 촬영이 촬영 당시에는 촬영대상자의 의사에 반하지 아니한 경우(자신의 신체를 직접 촬영한 경우를 포함한다)에도 사후에 그 촬영물 또는 복제물을 촬영대상자의 의사에 반하여 반포등을 한 자는 7년 이하의 징역 또는 5천만원 이하의 벌금에 처한다. 〈개정 2018. 12. 18., 2020. 5. 19.〉 ③ 영리를 목적으로 촬영대상자의 의사에 반하여 「정보통신망 이용촉진 및 정보보호 등에 관한 법률」 제2조제1항제1호의 정보통신망(이하 "정보통신망"이라 한다)을 이용하여 제2항의 죄를 범한 자는 3년 이상의 유기징역에 처한다. 〈개정 2018. 12. 18., 2020. 5. 19.〉 ④ 제1항 또는 제2항의 촬영물 또는 복제물을 소지·구입·저장 또는 시청한 자는 3년 이하의 징역 또는 3천만원 이하의 벌금에 처한다. 〈신설 2020. 5. 19.〉 ⑤ 상습으로 제1항부터 제3항까지의 죄를 범한 때에는 그 죄에 정한 형의 2분의 1까지 가중한다. 〈신설 2020. 5. 19.〉
허위영상물 등의 반포등 (제14조의2)	① 반포등을 할 목적으로 사람의 얼굴·신체 또는 음성을 대상으로 한 촬영물·영상물 또는 음성물(이하 이 조에서 "영상물등"이라 한다)을 영상물등의 대상자의 의사에 반하여 성적 욕망 또는 수치심을 유발할 수 있는 형태로 편집·합성 또는 가공(이하 이 조에서 "편집등"이라 한다)한 자는 5년 이하의 징역 또는 5천만원 이하의 벌금에 처한다. ② 제1항에 따른 편집물·합성물·가공물(이하 이 항에서 "편집물등"이라 한다) 또는 복제물(복제물의 복제물을 포함한다. 이하 이 항에서 같다)을 반포등을 한 자 또는 제1항의 편

허위영상물 등의 반포등 (제14조의2)	집등을 할 당시에는 영상물등의 대상자의 의사에 반하지 아니한 경우에도 사후에 그 편집물등 또는 복제물을 영상물등의 대상자의 의사에 반하여 반포등을 한 자는 5년 이하의 징역 또는 5천만원 이하의 벌금에 처한다. ③ 영리를 목적으로 영상물등의 대상자의 의사에 반하여 정보통신망을 이용하여 제2항의 죄를 범한 자는 7년 이하의 징역에 처한다. ④ 상습으로 제1항부터 제3항까지의 죄를 범한 때에는 그 죄에 정한 형의 2분의 1까지 가중한다. 〈신설 2020. 5. 19.〉
촬영물 등을 이용한 협박·강요 (제14조의3)	① 성적 욕망 또는 수치심을 유발할 수 있는 촬영물 또는 복제물(복제물의 복제물을 포함한다)을 이용하여 사람을 협박한 자는 1년 이상의 유기징역에 처한다. ② 제1항에 따른 협박으로 사람의 권리행사를 방해하거나 의무 없는 일을 하게 한 자는 3년 이상의 유기징역에 처한다. ③ 상습으로 제1항 및 제2항의 죄를 범한 경우에는 그 죄에 정한 형의 2분의 1까지 가중한다.
영상물의 촬영·보존	① 성폭력범죄의 피해자가 19세 미만이거나 신체적인 또는 정신적인 장애로 사물을 변별하거나 의사를 결정할 능력이 미약한 경우에는 피해자의 진술 내용과 조사 과정을 비디오 녹화기 등 영상물 녹화장치로 촬영·보존하여야 한다. ② 제1항에 따른 영상물 녹화는 피해자 또는 법정대리인이 이를 원하지 아니하는 의사를 표시한 경우에는 촬영을 하여서는 아니 된다. 다만, 가해자가 친권자 중 일방인 경우는 그러하지 아니하다. ③ 제1항에 따른 영상물 녹화는 조사의 개시부터 종료까지의 전 과정 및 객관적 정황을 녹화하여야 하고, 녹화가 완료된 때에는 지체 없이 그 원본을 피해자 또는 변호사 앞에서 봉인하고 피해자로 하여금 기명날인 또는 서명하게 하여야 한다. ④ 검사 또는 사법경찰관은 피해자가 제1항의 녹화장소에 도착한 시각, 녹화를 시작하고 마친 시각, 그 밖에 녹화과정의 진행경과를 확인하기 위하여 필요한 사항을 조서 또는 별도의 서면에 기록한 후 수사기록에 편철하여야 한다. ⑤ 검사 또는 사법경찰관은 피해자 또는 법정대리인이 신청하는 경우에는 영상물 촬영과정에서 작성한 조서의 사본을 신청인에게 발급하거나 영상물을 재생하여 시청하게 하여야 한다. ⑥ 제1항에 따라 촬영한 영상물에 수록된 피해자의 진술은 공판준비기일 또는 공판기일에 피해자나 조사 과정에 동석하였던 신뢰관계에 있는 사람 또는 진술조력인의 진술에 의하여 그 성립의 진정함이 인정된 경우에 증거로 할 수 있다. ⑦ 누구든지 제1항에 따라 촬영한 영상물을 수사 및 재판의 용도 외에 다른 목적으로 사용하여서는 아니 된다.
신뢰관계 있는 자 등의 동석	① 법원은 제3조부터 제8조까지, 제10조 및 제15조(제9조의 미수범은 제외한다)의 범죄의 피해자를 증인으로 신문하는 경우에 검사, 피해자 또는 법정대리인이 신청할 때에는 재판에 지장을 줄 우려가 있는 등 부득이한 경우가 아니면 피해자와 신뢰관계에 있는 사람을 동석하게 하여야 한다. ② 제1항은 수사기관이 같은 항의 피해자를 조사하는 경우에 관하여 준용한다. ③ 제1항 및 제2항의 경우 법원과 수사기관은 피해자와 신뢰관계에 있는 사람이 피해자에게 불리하거나 피해자가 원하지 아니하는 경우에는 동석하게 하여서는 아니 된다.

특정강력범죄의 처벌에관한 특례법의 준용	성폭력범죄에 대한 처벌절차에는 「특정강력범죄의 처벌에 관한 특례법」 제7조(증인에 대한 신변안전조치), 제8조(출판물 게재 등으로부터의 피해자 보호), 제9조(소송 진행의 협의), 제12조(간이공판절차의 결정) 및 제13조(판결선고)를 준용한다.
전담조사제	① 검찰총장은 각 지방검찰청 검사장으로 하여금 성폭력범죄 전담 검사를 지정하도록 하여 특별한 사정이 없으면 이들로 하여금 피해자를 조사하게 하여야 한다. ② 경찰청장은 각 경찰서장으로 하여금 성폭력범죄 전담 사법경찰관을 지정하도록 하여 특별한 사정이 없으면 이들로 하여금 피해자를 조사하게 하여야 한다. ③ 국가는 제1항의 검사 및 제2항의 사법경찰관에게 성폭력범죄의 수사에 필요한 전문지식과 피해자보호를 위한 수사방법 및 수사절차 등에 관한 교육을 실시하여야 한다.
증거보전의 특례	① 피해자나 그 법정대리인 또는 경찰은 피해자가 공판기일에 출석하여 증언하는 것에 현저히 곤란한 사정이 있을 때에는 그 사유를 소명(疏明)하여 제30조에 따라 촬영된 영상물 또는 그 밖의 다른 증거에 대하여 해당 성폭력범죄를 수사하는 검사에게 「형사소송법」 제184조(증거보전의 청구와 그 절차)제1항에 따른 증거보전의 청구를 할 것을 요청할 수 있다. 이 경우 피해자가 16세 미만이거나 신체적인 또는 정신적인 장애로 사물을 변별하거나 의사를 결정할 능력이 미약한 경우에는 공판기일에 출석하여 증언하는 것에 현저히 곤란한 사정이 있는 것으로 본다. ② 제1항의 요청을 받은 검사는 그 요청이 타당하다고 인정할 때에는 증거보전의 청구를 할 수 있다.
등록정보의 관리	① 법무부장관은 제44조제1항 또는 제4항에 따라 기본신상정보를 최초로 등록한 날(이하 "최초등록일"이라 한다)부터 다음 각 호의 구분에 따른 기간(이하 "등록기간"이라 한다) 동안 등록정보를 보존·관리하여야 한다. 다만, 법원이 제4항에 따라 등록기간을 정한 경우에는 그 기간 동안 등록정보를 보존·관리하여야 한다. 1. 신상정보 등록의 원인이 된 성범죄로 사형, 무기징역·무기금고형 또는 10년 초과의 징역·금고형을 선고받은 사람 : 30년 2. 신상정보 등록의 원인이 된 성범죄로 3년 초과 10년 이하의 징역·금고형을 선고받은 사람 : 20년 3. 신상정보 등록의 원인이 된 성범죄로 3년 이하의 징역·금고형을 선고받은 사람 또는 「아동·청소년의 성보호에 관한 법률」 제49조제1항제4호에 따라 공개명령이 확정된 사람 : 15년 4. 신상정보 등록의 원인이 된 성범죄로 벌금형을 선고받은 사람 : 10년

[단순위헌, 2018헌바524, 2021.12.23, 성폭력범죄의 처벌 등에 관한 특례법(2012. 12. 18. 법률 제11556호로 전부개정된 것) 제30조 제6항 중 '제1항에 따라 촬영한 영상물에 수록된 피해자의 진술은 공판준비기일 또는 공판기일에 조사 과정에 동석하였던 신뢰관계에 있는 사람 또는 진술조력인의 진술에 의하여 그 성립의 진정함이 인정된 경우에 증거로 할 수 있다' 부분 가운데 19세 미만 성폭력범죄 피해자에 관한 부분은 헌법에 위반된다.]

알파 077   아동학대처벌특례법

정의	1. "아동"이란 「아동복지법」 제3조제1호에 따른 아동(18세 미만인 사람)을 말한다. 2. "보호자"란 「아동복지법」 제3조제3호에 따른 보호자(친권자, 후견인, 아동을 보호·양육·교육하거나 그러한 의무가 있는 자 또는 업무·고용 등의 관계로 사실상 아동을 보호·감독하는 자)를 말한다. 3. "아동학대"란 「아동복지법」 제3조제7호에 따른 아동학대(보호자를 포함한 성인이 아동의 건강 또는 복지를 해치거나 정상적 발달을 저해할 수 있는 신체적·정신적·성적 폭력이나 가혹행위를 하는 것과 아동의 보호자가 아동을 유기하거나 방임하는 것)를 말한다.
신고	① 누구든지 아동학대범죄를 알게 된 경우나 그 의심이 있는 경우에는 특별시·광역시·특별자치시·도·특별자치도(이하 "시·도"라 한다), 시·군·구(자치구를 말한다. 이하 같다) 또는 수사기관에 신고할 수 있다. ② 의무자는 직무를 수행하면서 아동학대범죄를 알게 된 경우나 그 의심이 있는 경우에는 시·도, 시·군·구 또는 수사기관에 즉시 신고하여야 한다.
고소에 대한 특례	① 피해아동 또는 그 법정대리인은 아동학대행위자를 고소할 수 있다. 피해아동의 법정대리인이 아동학대행위자인 경우 또는 아동학대행위자와 공동으로 아동학대범죄를 범한 경우에는 피해아동의 친족이 고소할 수 있다. ② 피해아동은 「형사소송법」 제224조에도 불구하고 아동학대행위자가 자기 또는 배우자의 직계존속인 경우에도 고소할 수 있다. 법정대리인이 고소하는 경우에도 또한 같다. ③ 피해아동에게 고소할 법정대리인이나 친족이 없는 경우에 이해관계인이 신청하면 검사는 10일 이내에 고소할 수 있는 사람을 지정하여야 한다.

현장출동	① 아동학대범죄 신고를 접수한 사법경찰관리나 「아동복지법」 제22조제4항에 따른 아동학대전담공무원(이하 "아동학대전담공무원"이라 한다)은 지체 없이 아동학대범죄의 현장에 출동하여야 한다. 이 경우 수사기관의 장이나 시·도지사 또는 시장·군수·구청장은 서로 동행하여 줄 것을 요청할 수 있으며, 그 요청을 받은 수사기관의 장이나 시·도지사 또는 시장·군수·구청장은 정당한 사유가 없으면 사법경찰관리나 아동학대전담공무원이 아동학대범죄 현장에 동행하도록 조치하여야 한다. 〈개정 2020. 3. 24.〉
	② 아동학대범죄 신고를 접수한 사법경찰관리나 아동학대전담공무원은 아동학대범죄가 행하여지고 있는 것으로 신고된 현장 또는 피해아동을 보호하기 위하여 필요한 장소에 출입하여 아동 또는 아동학대행위자 등 관계인에 대하여 조사를 하거나 질문을 할 수 있다. 다만, 아동학대전담공무원은 다음 각 호를 위한 범위에서만 아동학대행위자 등 관계인에 대하여 조사 또는 질문을 할 수 있다.
	  1. 피해아동의 보호
	  2. 「아동복지법」 제22조의4의 사례관리계획에 따른 사례관리(이하 "사례관리"라 한다)
	③ 시·도지사 또는 시장·군수·구청장은 제1항에 따른 현장출동 시 아동보호 및 사례관리를 위하여 필요한 경우 아동보호전문기관의 장에게 아동보호전문기관의 직원이 동행할 것을 요청할 수 있다. 이 경우 아동보호전문기관의 직원은 피해아동의 보호 및 사례관리를 위한 범위에서 아동학대전담공무원의 조사에 참여할 수 있다. 〈신설 2020. 3. 24.〉
	④ 제2항 및 제3항에 따라 출입이나 조사를 하는 사법경찰관리, 아동학대전담공무원 또는 아동보호전문기관의 직원은 그 권한을 표시하는 증표를 지니고 이를 관계인에게 내보여야 한다. 〈개정 2020. 3. 24.〉

현장출동	⑤ 제2항에 따라 조사 또는 질문을 하는 사법경찰관리 또는 아동학대전담공무원은 피해아동, 아동학대범죄신고자등, 목격자 등이 자유롭게 진술할 수 있도록 아동학대행위자로부터 분리된 곳에서 조사하는 등 필요한 조치를 하여야 한다. ⑥ 누구든지 제1항부터 제3항까지의 규정에 따라 현장에 출동한 사법경찰관리, 아동학대전담공무원 또는 아동보호전문기관의 직원이 제2항 및 제3항에 따른 업무를 수행할 때에 폭행·협박이나 현장조사를 거부하는 등 그 업무 수행을 방해하는 행위를 하여서는 아니 된다. ⑦ 제1항에 따른 현장출동이 동행하여 이루어지지 아니한 경우 수사기관의 장이나 시·도지사 또는 시장·군수·구청장은 현장출동에 따른 조사 등의 결과를 서로에게 통지하여야 한다.
조사 (제11조의2)	① 아동학대전담공무원은 피해아동의 보호 및 사례관리를 위한 조사를 할 수 있다. 이 경우 아동학대전담공무원은 아동학대행위자 및 관계인에 대하여 출석·진술 및 자료제출을 요구할 수 있으며, 아동학대행위자 및 관계인은 정당한 사유가 없으면 이에 따라야 한다. ② 제1항에 관하여는 「행정조사기본법」 제4조, 제5조, 제9조, 제10조, 제17조, 제21조를 준용한다. 이 경우 "행정조사"는 "제1항에 따른 아동학대전담공무원의 조사"로, "행정기관"은 "시·도 또는 시·군·구"로, "조사대상자"는 "아동학대행위자 및 관계인"으로 본다.
응급조치· 긴급임시조치 후 임시조치의 청구(제15조)	① 사법경찰관이 제12조제1항제2호부터 제4호까지의 규정에 따른 응급조치 또는 제13조제1항에 따른 긴급임시조치를 하였거나 시·도지사 또는 시장·군수·구청장으로부터 제12조제1항제2호부터 제4호까지의 규정에 따른 응급조치가 행하여졌다는 통지를 받은 때에는 지체 없이 검사에게 제19조에 따른 임시조치의 청구를 신청하여야 한다. 〈개정 2020. 3. 24.〉 ② 제1항의 신청을 받은 검사는 임시조치를 청구하는 때에는 응급조치가 있었던 때부터 72시간(제12조제3항 단서에 따라 응급조치 기간이 연장된 경우에는 그 기간을 말한다) 이내에, 긴급임시조치가 있었던 때부터 48시간 이내에 하여야 한다. 이 경우 제12조제5항에 따라 작성된 응급조치결과보고서 및 제13조제2항에 따라 작성된 긴급임시조치결정서를 첨부하여야 한다. 〈개정 2021. 1. 26.〉 ③ 사법경찰관은 검사가 제2항에 따라 임시조치를 청구하지 아니하거나 법원이 임시조치의 결정을 하지 아니한 때에는 즉시 그 긴급임시조치를 취소하여야 한다.
응급조치	① 제11조제1항에 따라 현장에 출동하거나 아동학대범죄 현장을 발견한 경우 또는 학대현장 이외의 장소에서 학대피해가 확인되고 재학대의 위험이 급박·현저한 경우, 사법경찰관리 또는 아동학대전담공무원은 피해아동, 피해아동의 형제자매인 아동 및 피해아동과 동거하는 아동(이하 "피해아동등"이라 한다)의 보호를 위하여 즉시 다음 각 호의 조치(이하 "응급조치"라 한다)를 하여야 한다. 이 경우 제3호의 조치를 하는 때에는 피해아동등의 이익을 최우선으로 고려하여야 하며, 피해아동등을 보호하여야 할 필요가 있는 등 특별한 사정이 있는 경우를 제외하고는 피해아동등의 의사를 존중하여야 한다. 〈개정 2016. 5. 29., 2020. 3. 24.〉 **1. 아동학대범죄 행위의 제지** **2. 아동학대행위자를 피해아동등으로부터 격리** **3. 피해아동등을 아동학대 관련 보호시설로 인도** **4. 긴급치료가 필요한 피해아동을 의료기관으로 인도** ② 사법경찰관리나 아동학대전담공무원은 제1항제3호 및 제4호 규정에 따라 피해아동등을 분리·인도하여 보호하는 경우 지체 없이 피해아동등을 인도받은 보호시설·의료시설을 관할하는 시·도지사 또는 시장·군수·구청장에게 그 사실을 통보하여야 한다. 〈개정 2016. 5. 29., 2020. 3. 24.〉

응급조치	③ 제1항제2호부터 제4호까지의 규정에 따른 응급조치는 **72시간을 넘을 수 없다.** 다만, 본문의 기간에 **공휴일이나 토요일이 포함되는 경우로서 피해아동등의 보호를 위하여 필요하다고 인정되는 경우에는 48시간의 범위에서 그 기간을 연장할 수 있다.** ④ 제3항에도 불구하고 검사가 제15조제2항에 따라 임시조치를 법원에 청구한 경우에는 법원의 임시조치 결정 시까지 응급조치 기간이 연장된다. ⑤ 사법경찰관리 또는 아동학대전담공무원이 제1항에 따라 응급조치를 한 경우에는 즉시 응급조치결과보고서를 작성하여야 한다. 이 경우 사법경찰관리가 응급조치를 한 경우에는 관할 경찰서의 장이 시·도지사 또는 시장·군수·구청장에게, 아동학대전담공무원이 응급조치를 한 경우에는 소속 시·도지사 또는 시장·군수·구청장이 관할 경찰관서의 장에게 작성된 응급조치결과보고서를 지체 없이 송부하여야 한다. ⑥ 제5항에 따른 응급조치결과보고서에는 피해사실의 요지, 응급조치가 필요한 사유, 응급조치의 내용 등을 기재하여야 한다. ⑦ 누구든지 아동학대전담공무원이나 사법경찰관리가 제1항에 따른 업무를 수행할 때에 폭행·협박이나 응급조치를 저지하는 등 그 업무 수행을 방해하는 행위를 하여서는 아니 된다. ⑧ 사법경찰관리는 제1항제1호 또는 제2호의 조치를 위하여 다른 사람의 토지·건물·배 또는 차에 출입할 수 있다.
임시조치 청구	① 검사는 아동학대범죄가 재발될 우려가 있다고 인정하는 경우에는 직권으로 또는 사법경찰관이나 보호관찰관의 신청에 따라 법원에 제19조제1항 각 호의 임시조치를 청구할 수 있다. ② 피해아동등, 그 법정대리인, 변호사, 시·도지사, 시장·군수·구청장 또는 아동보호전문기관의 장은 검사 또는 사법경찰관에게 제1항에 따른 임시조치의 청구 또는 그 신청을 요청하거나 이에 관하여 의견을 진술할 수 있다. 〈개정 2020. 3. 24.〉 ③ 제2항에 따른 요청을 받은 사법경찰관은 제1항에 따른 임시조치를 신청하지 아니하는 경우에는 검사 및 임시조치를 요청한 자에게 그 사유를 통지하여야 한다.
긴급임시조치	① 사법경찰관은 제12조제1항에 따른 응급조치에도 불구하고 아동학대범죄가 재발될 우려가 있고, 긴급을 요하여 제19조제1항에 따른 법원의 임시조치 결정을 받을 수 없을 때에는 직권이나 피해아동등, 그 법정대리인(아동학대행위자를 제외한다. 이하 같다), 변호사(제16조에 따른 변호사를 말한다. 제48조 및 제49조를 제외하고는 이하 같다), 시·도지사, 시장·군수·구청장 또는 아동보호전문기관의 장의 신청에 따라 **제19조제1항제1호부터 제3호까지의 어느 하나에 해당하는 조치**를 할 수 있다. 〈개정 2020. 3. 24.〉 ② 사법경찰관은 제1항에 따른 조치(이하 "긴급임시조치"라 한다)를 한 경우에는 즉시 긴급임시조치결정서를 작성하여야 하고, 그 내용을 시·도지사 또는 시장·군수·구청장에게 지체 없이 통지하여야 한다. 〈개정 2020. 3. 24.〉 ③ 제2항에 따른 긴급임시조치결정서에는 범죄사실의 요지, 긴급임시조치가 필요한 사유, 긴급임시조치의 내용 등을 기재하여야 한다.
임시조치 (제19조)	① 판사는 아동학대범죄의 원활한 조사·심리 또는 피해아동등의 보호를 위하여 필요하다고 인정하는 경우에는 결정으로 아동학대행위자에게 다음 각 호의 어느 하나에 해당하는 조치(이하 "임시조치"라 한다)를 할 수 있다. 〈개정 2020. 3. 24.〉 **1. 피해아동등 또는 가정구성원(「가정폭력범죄의 처벌 등에 관한 특례법」 제2조제2호에 따른 가정구성원을 말한다. 이하 같다)의 주거로부터 퇴거 등 격리**

임시조치 (제19조)	2. 피해아동등 또는 가정구성원의 주거, 학교 또는 보호시설 등에서 100미터 이내의 접근 금지 3. 피해아동등 또는 가정구성원에 대한 「전기통신기본법」 제2조제1호의 전기통신을 이용한 접근 금지 4. 친권 또는 후견인 권한 행사의 제한 또는 정지 5. 아동보호전문기관 등에의 상담 및 교육 위탁 6. 의료기관이나 그 밖의 요양시설에의 위탁 7. 경찰관서의 유치장 또는 구치소에의 유치 ② 제1항 각 호의 처분은 병과할 수 있다. ③ 판사는 피해아동등에 대하여 제12조제1항제2호부터 제4호까지의 규정에 따른 응급조치가 행하여진 경우에는 임시조치가 청구된 때로부터 24시간 이내에 임시조치 여부를 결정하여야 한다. 〈개정 2020. 3. 24.〉 ④ 제1항 각 호의 규정에 따른 임시조치기간은 2개월을 초과할 수 없다. 다만, 피해아동등의 보호를 위하여 그 기간을 연장할 필요가 있다고 인정하는 경우에는 결정으로 제1항제1호부터 제3호까지의 규정에 따른 임시조치는 두 차례만, 같은 항 제4호부터 제7호까지의 규정에 따른 임시조치는 한 차례만 각 기간의 범위에서 연장할 수 있다. 〈개정 2020. 3. 24.〉 ⑤ 제1항제6호에 따라 위탁을 하는 경우에는 의료기관 등의 장에게 아동학대행위자를 보호하는 데에 필요한 사항을 부과할 수 있다. ⑥ 제1항제6호에 따라 민간이 운영하는 의료기관 등에 아동학대행위자를 위탁하려는 경우에는 제5항에 따라 부과할 사항을 그 의료기관 등의 장에게 미리 고지하고 동의를 받아야 한다. ⑦ 법원은 제1항에 따른 임시조치를 결정한 경우에는 검사, 피해아동등, 그 법정대리인, 변호사, 시·도지사 또는 시장·군수·구청장 및 피해아동등을 보호하고 있는 기관의 장에게 통지하여야 한다. 〈개정 2020. 3. 24.〉 ⑧ 제1항제5호에 따른 상담 및 교육을 행한 아동보호전문기관의 장 등은 그 결과보고서를 판사와 검사에게 제출하여야 한다. ⑨ 제1항 각 호의 위탁 대상이 되는 상담소, 의료기관, 요양시설 등의 기준과 위탁의 절차 및 제7항에 따른 통지의 절차 등 그 밖에 필요한 사항은 대법원규칙으로 정한다.

스토킹범죄의 처벌 등에 관한 법률 (약칭: 스토킹처벌법)

[시행 2021. 10. 21] [법률 제18083호, 2021. 4. 20., 제정]

제1장 총칙

제1조(목적) 이 법은 스토킹범죄의 처벌 및 그 절차에 관한 특례와 스토킹범죄 피해자에 대한 보호절차를 규정함으로써 피해자를 보호하고 건강한 사회질서의 확립에 이바지함을 목적으로 한다.

제2조(정의) 이 법에서 사용하는 용어의 뜻은 다음과 같다.
 1. "스토킹행위"란 상대방의 의사에 반(反)하여 정당한 이유 없이 상대방 또는 그의 동거인, 가족에 대하여 다음 각 목의 어느 하나에 해당하는 행위를 하여 상대방에게 불안감 또는 공포심을 일으키는 것을 말한다.
    가. 접근하거나 따라다니거나 진로를 막아서는 행위
    나. 주거, 직장, 학교, 그 밖에 일상적으로 생활하는 장소(이하 "주거등"이라 한다) 또는 그 부근에서 기다리거나 지켜보는 행위
    다. 우편·전화·팩스 또는 「정보통신망 이용촉진 및 정보보호 등에 관한 법률」 제2조제1항제1호의 정보통신망을 이용하여 물건이나 글·말·부호·음향·그림·영상·화상(이하 "물건등"이라 한다)을 도달하게 하는 행위
    라. 직접 또는 제3자를 통하여 물건등을 도달하게 하거나 주거등 또는 그 부근에 물건등을 두는 행위
    마. 주거등 또는 그 부근에 놓여져 있는 물건등을 훼손하는 행위
 2. "스토킹범죄"란 지속적 또는 반복적으로 스토킹행위를 하는 것을 말한다.
 3. "피해자"란 스토킹범죄로 직접적인 피해를 입은 사람을 말한다.
 4. "피해자등"이란 피해자 및 스토킹행위의 상대방을 말한다.

제2장 스토킹범죄 등의 처리절차

제3조(스토킹행위 신고 등에 대한 응급조치) 사법경찰관리는 진행 중인 스토킹행위에 대하여 신고를 받은 경우 즉시 현장에 나가 다음 각 호의 조치를 하여야 한다.
 1. 스토킹행위의 제지, 향후 스토킹행위의 중단 통보 및 스토킹행위를 지속적 또는 반복적으로 할 경우 처벌 경고
 2. 스토킹행위자와 피해자등의 분리 및 범죄수사
 3. 피해자등에 대한 긴급응급조치 및 잠정조치 요청의 절차 등 안내
 4. 스토킹 피해 관련 상담소 또는 보호시설로의 피해자등 인도(피해자등이 동의한 경우만 해당한다)

제4조(긴급응급조치)
① 사법경찰관은 스토킹행위 신고와 관련하여 스토킹행위가 지속적 또는 반복적으로 행하여질 우려가 있고 스토킹범죄의 예방을 위하여 긴급을 요하는 경우 스토킹행위자에게 직권으로 또는 스토킹행위의 상대방이나 그 법정대리인 또는 스토킹행위를 신고한 사람의 요청에 의하여 다음 각 호에 따른 조치를 할 수 있다.
 1. 스토킹행위의 상대방이나 그 주거등으로부터 100미터 이내의 접근 금지
 2. 스토킹행위의 상대방에 대한 「전기통신기본법」 제2조제1호의 전기통신을 이용한 접근 금지
② 사법경찰관은 제1항에 따른 조치(이하 "긴급응급조치"라 한다)를 하였을 때에는 즉시 스토킹행위의 요지, 긴급응급조치가 필요한 사유, 긴급응급조치의 내용 등이 포함된 긴급응급조치결정서를 작성하여야 한다.

제5조(긴급응급조치의 승인 신청)
① 사법경찰관은 긴급응급조치를 하였을 때에는 지체 없이 검사에게 해당 긴급응급조치에 대한 사후승인을 지방법원 판사에게 청구하여 줄 것을 신청하여야 한다.
② 제1항의 신청을 받은 검사는 긴급응급조치가 있었던 때부터 48시간 이내에 지방법원 판사에게 해당 긴급응급조치에 대한 사후승인을 청구한다. 이 경우 제4조제2항에 따라 작성된 긴급응급조치결정서를 첨부하여야 한다.
③ 지방법원 판사는 스토킹행위가 지속적 또는 반복적으로 행하여지는 것을 예방하기 위하여 필요하다고 인정하는 경우에는 제2항에 따라 청구된 긴급응급조치를 승인할 수 있다.
④ 사법경찰관은 검사가 제2항에 따라 긴급응급조치에 대한 사후승인을 청구하지 아니하거나 지방법원 판사가 제2항의 청구에 대하여 사후승인을 하지 아니한 때에는 즉시 그 긴급응급조치를 취소하여야 한다.
⑤ 긴급응급조치기간은 1개월을 초과할 수 없다.

제6조(긴급응급조치의 통지 등)
① 사법경찰관은 긴급응급조치를 하는 경우에는 스토킹행위의 상대방이나 그 법정대리인에게 통지하여야 한다.
② 사법경찰관은 긴급응급조치를 하는 경우에는 해당 긴급응급조치의 대상자(이하 "긴급응급조치대상자"라 한다)에게 조치의 내용 및 불복방법 등을 고지하여야 한다.

제7조(긴급응급조치의 변경 등)
① 긴급응급조치대상자나 그 법정대리인은 긴급응급조치의 취소 또는 그 종류의 변경을 사법경찰관에게 신청할 수 있다.
② 스토킹행위의 상대방이나 그 법정대리인은 제4조제1항제1호의 긴급응급조치가 있은 후 스토킹행위의 상대방이 주거등을 옮긴 경우에는 사법경찰관에게 긴급응급조치의 변경을 신청할 수 있다.
③ 스토킹행위의 상대방이나 그 법정대리인은 긴급응급조치가 필요하지 아니한 경우에는 사법경찰관에게 해당 긴급응급조치의 취소를 신청할 수 있다.
④ 사법경찰관은 정당한 이유가 있다고 인정하는 경우에는 직권으로 또는 제1항부터 제3항까지의 규정에 따른 신청에 의하여 해당 긴급응급조치를 취소할 수 있고, 지방법원 판사의 승인을 받아 긴급응급조치의 종류를 변경할 수 있다.
⑤ 긴급응급조치(제4항에 따라 그 종류를 변경한 경우를 포함한다. 이하 이 항에서 같다)는 다음 각 호의 어느 하나에 해당하는 때에 그 효력을 상실한다.
  1. 긴급응급조치에서 정한 기간이 지난 때
  2. 법원이 긴급응급조치대상자에게 다음 각 목의 결정을 한 때
    가. 제4조제1항제1호의 긴급응급조치에 따른 스토킹행위의 상대방과 같은 사람을 피해자로 하는 제9조제1항제2호에 따른 조치의 결정
    나. 제4조제1항제1호의 긴급응급조치에 따른 주거등과 같은 장소를 피해자(스토킹행위의 상대방과 같은 사람을 피해자로 하는 경우로 한정한다)의 주거등으로 하는 제9조제1항제2호에 따른 조치의 결정
    다. 제4조제1항제2호의 긴급응급조치에 따른 스토킹행위의 상대방과 같은 사람을 피해자로 하는 제9조제1항제3호에 따른 조치의 결정

제8조(잠정조치의 청구)
① 검사는 스토킹범죄가 재발될 우려가 있다고 인정하면 직권 또는 사법경찰관의 신청에 따라 법원에 제9조제1항 각 호의 조치를 청구할 수 있다.

② 피해자 또는 그 법정대리인은 검사 또는 사법경찰관에게 제1항에 따른 조치의 청구 또는 그 신청을 요청하거나, 이에 관하여 의견을 진술할 수 있다.

③ 사법경찰관은 제2항에 따른 신청 요청을 받고도 제1항에 따른 신청을 하지 아니하는 경우에는 검사에게 그 사유를 보고하여야 한다.

제9조(스토킹행위자에 대한 잠정조치)

① 법원은 스토킹범죄의 원활한 조사·심리 또는 피해자 보호를 위하여 필요하다고 인정하는 경우에는 결정으로 스토킹행위자에게 다음 각 호의 어느 하나에 해당하는 조치(이하 "잠정조치"라 한다)를 할 수 있다.
1. 피해자에 대한 스토킹범죄 중단에 관한 서면 경고
2. 피해자나 그 주거등으로부터 100미터 이내의 접근 금지
3. 피해자에 대한 「전기통신기본법」 제2조제1호의 전기통신을 이용한 접근 금지
4. 국가경찰관서의 유치장 또는 구치소에의 유치

② 제1항 각 호의 잠정조치는 병과(倂科)할 수 있다.

③ 법원은 잠정조치를 결정한 경우에는 검사와 피해자 및 그 법정대리인에게 통지하여야 한다.

④ 법원은 제1항제4호에 따른 잠정조치를 한 경우에는 스토킹행위자에게 변호인을 선임할 수 있다는 것과 제12조에 따라 항고할 수 있다는 것을 고지하고, 다음 각 호의 구분에 따른 사람에게 해당 잠정조치를 한 사실을 통지하여야 한다.
1. 스토킹행위자에게 변호인이 있는 경우: 변호인
2. 스토킹행위자에게 변호인이 없는 경우: 법정대리인 또는 스토킹행위자가 지정하는 사람

⑤ 제1항제2호 및 제3호에 따른 잠정조치기간은 2개월, 같은 항 제4호에 따른 잠정조치기간은 1개월을 초과할 수 없다. 다만, 법원은 피해자의 보호를 위하여 그 기간을 연장할 필요가 있다고 인정하는 경우에는 결정으로 제1항제2호 및 제3호에 따른 잠정조치에 대하여 두 차례에 한정하여 각 2개월의 범위에서 연장할 수 있다.

제10조(잠정조치의 집행 등)

① 법원은 잠정조치 결정을 한 경우에는 법원공무원, 사법경찰관리 또는 구치소 소속 교정직공무원으로 하여금 집행하게 할 수 있다.

② 제1항에 따라 잠정조치 결정을 집행하는 사람은 스토킹행위자에게 잠정조치의 내용, 불복방법 등을 고지하여야 한다.

③ 피해자 또는 그 법정대리인은 제9조제1항제2호의 잠정조치 결정이 있은 후 피해자가 주거등을 옮긴 경우에는 법원에 잠정조치 결정의 변경을 신청할 수 있다.

제11조(잠정조치의 변경 등)

① 스토킹행위자나 그 법정대리인은 잠정조치 결정의 취소 또는 그 종류의 변경을 법원에 신청할 수 있다.

② 검사는 수사 또는 공판과정에서 잠정조치가 계속 필요하다고 인정하는 경우에는 법원에 해당 잠정조치기간의 연장 또는 그 종류의 변경을 청구할 수 있고, 잠정조치가 필요하지 아니하다고 인정하는 경우에는 법원에 해당 잠정조치의 취소를 청구할 수 있다.

③ 법원은 정당한 이유가 있다고 인정하는 경우에는 직권 또는 제1항의 신청이나 제2항의 청구에 의하여 결정으로 해당 잠정조치의 취소, 기간의 연장 또는 그 종류의 변경을 할 수 있다.

④ 잠정조치 결정(제3항에 따라 잠정조치기간을 연장하거나 그 종류를 변경하는 결정을 포함한다. 이하 제12조 및 제14조에서 같다)은 스토킹행위자에 대해 검사가 불기소처분을 한 때 또는 사법경찰관이 불송치결정을 한 때에 그 효력을 상실한다.

제12조(항고)
① 검사, 스토킹행위자 또는 그 법정대리인은 긴급응급조치 또는 잠정조치에 대한 결정이 다음 각 호의 어느 하나에 해당하는 경우에는 항고할 수 있다.
　1. 해당 결정에 영향을 미친 법령의 위반이 있거나 중대한 사실의 오인이 있는 경우
　2. 해당 결정이 현저히 부당한 경우
② 제1항에 따른 항고는 그 결정을 고지받은 날부터 7일 이내에 하여야 한다.

제13조(항고장의 제출)
① 제12조에 따른 항고를 할 때에는 원심법원에 항고장을 제출하여야 한다.
② 항고장을 받은 법원은 3일 이내에 의견서를 첨부하여 기록을 항고법원에 보내야 한다.

제14조(항고의 재판)
① 항고법원은 항고의 절차가 법률에 위반되거나 항고가 이유 없다고 인정하는 경우에는 결정으로 항고를 기각(棄却)하여야 한다.
② 항고법원은 항고가 이유 있다고 인정하는 경우에는 원결정(原決定)을 취소하고 사건을 원심법원에 환송하거나 다른 관할법원에 이송하여야 한다. 다만, 환송 또는 이송하기에 급박하거나 그 밖에 필요하다고 인정할 때에는 원결정을 파기하고 스스로 적절한 잠정조치 결정을 할 수 있다.

제15조(재항고)
① 항고의 기각 결정에 대해서는 그 결정이 법령에 위반된 경우에만 대법원에 재항고를 할 수 있다.
② 제1항에 따른 재항고의 기간, 재항고장의 제출 및 재항고의 재판에 관하여는 제12조제2항, 제13조 및 제14조를 준용한다.

제16조(집행의 부정지) 항고와 재항고는 결정의 집행을 정지하는 효력이 없다.

제17조(스토킹범죄의 피해자에 대한 전담조사제)
① 검찰총장은 각 지방검찰청 검사장에게 스토킹범죄 전담 검사를 지정하도록 하여 특별한 사정이 없으면 스토킹범죄 전담 검사가 피해자를 조사하게 하여야 한다.
② 경찰서의 장(국가수사본부장, 시·도경찰청장 및 경찰서장을 의미한다. 이하 같다)은 스토킹범죄 전담 사법경찰관을 지정하여 특별한 사정이 없으면 스토킹범죄 전담 사법경찰관이 피해자를 조사하게 하여야 한다.
③ 검찰총장 및 경찰서의 장은 제1항의 스토킹범죄 전담 검사 및 제2항의 스토킹범죄 전담 사법경찰관에게 스토킹범죄의 수사에 필요한 전문지식과 피해자 보호를 위한 수사방법 및 수사절차 등에 관한 교육을 실시하여야 한다.

제3장 벌칙

제18조(스토킹범죄)
① 스토킹범죄를 저지른 사람은 3년 이하의 징역 또는 3천만원 이하의 벌금에 처한다.
② 흉기 또는 그 밖의 위험한 물건을 휴대하거나 이용하여 스토킹범죄를 저지른 사람은 5년 이하의 징역 또는 5천만원 이하의 벌금에 처한다.
③ 제1항의 죄는 피해자가 구체적으로 밝힌 의사에 반하여 공소를 제기할 수 없다.

제19조(형벌과 수강명령 등의 병과)
① 법원은 스토킹범죄를 저지른 사람에 대하여 유죄판결(선고유예는 제외한다)을 선고하거나 약식명령을 고지

하는 경우에는 200시간의 범위에서 다음 각 호의 구분에 따라 재범 예방에 필요한 수강명령(「보호관찰 등에 관한 법률」에 따른 수강명령을 말한다. 이하 같다) 또는 스토킹 치료프로그램의 이수명령(이하 "이수명령"이라 한다)을 병과할 수 있다.
  1. 수강명령: 형의 집행을 유예할 경우에 그 집행유예기간 내에서 병과
  2. 이수명령: 벌금형 또는 징역형의 실형을 선고하거나 약식명령을 고지할 경우에 병과
② 법원은 스토킹범죄를 저지른 사람에 대하여 형의 집행을 유예하는 경우에는 제1항에 따른 수강명령 외에 그 집행유예기간 내에서 보호관찰 또는 사회봉사 중 하나 이상의 처분을 병과할 수 있다.
③ 제1항에 따른 수강명령 또는 이수명령의 내용은 다음 각 호와 같다.
  1. 스토킹 행동의 진단·상담
  2. 건전한 사회질서와 인권에 관한 교육
  3. 그 밖에 스토킹범죄를 저지른 사람의 재범 예방을 위하여 필요한 사항
④ 제1항에 따른 수강명령 또는 이수명령은 다음 각 호의 구분에 따라 각각 집행한다.
  1. 형의 집행을 유예할 경우: 그 집행유예기간 내
  2. 벌금형을 선고하거나 약식명령을 고지할 경우: 형 확정일부터 6개월 이내
  3. 징역형의 실형을 선고할 경우: 형기 내
⑤ 제1항에 따른 수강명령 또는 이수명령이 벌금형 또는 형의 집행유예와 병과된 경우에는 보호관찰소의 장이 집행하고, 징역형의 실형과 병과된 경우에는 교정시설의 장이 집행한다. 다만, 징역형의 실형과 병과된 이수명령을 모두 이행하기 전에 석방 또는 가석방되거나 미결구금일수 산입 등의 사유로 형을 집행할 수 없게 된 경우에는 보호관찰소의 장이 남은 이수명령을 집행한다.
⑥ 형벌에 병과하는 보호관찰, 사회봉사, 수강명령 또는 이수명령에 관하여 이 법에서 규정한 사항 외에는 「보호관찰 등에 관한 법률」을 준용한다.

제20조(잠정조치의 불이행죄) 제9조제1항제2호 또는 제3호의 잠정조치를 이행하지 아니한 사람은 2년 이하의 징역 또는 2천만원 이하의 벌금에 처한다.

제21조(과태료)
① 정당한 사유 없이 긴급응급조치(검사가 제5조제2항에 따른 긴급응급조치에 대한 사후승인을 청구하지 아니하거나 지방법원 판사가 같은 조 제3항에 따른 승인을 하지 아니한 경우는 제외한다)를 이행하지 아니한 사람에게는 1천만원 이하의 과태료를 부과한다.
② 제19조제1항에 따라 수강명령 또는 이수명령을 부과받은 후 정당한 사유 없이 보호관찰소의 장 또는 교정시설의 장의 수강명령 또는 이수명령 이행에 관한 지시에 불응하여 「보호관찰 등에 관한 법률」 또는 「형의 집행 및 수용자의 처우에 관한 법률」에 따른 경고를 받은 후 다시 정당한 사유 없이 수강명령 또는 이수명령 이행에 관한 지시에 불응한 사람에게는 500만원 이하의 과태료를 부과한다.
③ 제1항 및 제2항에 따른 과태료는 대통령령으로 정하는 바에 따라 관계 행정기관의 장이 부과·징수한다.

부칙 〈제18083호, 2021. 4. 20.〉
이 법은 공포 후 6개월이 경과한 날부터 시행한다.

알파 078   마약류의 분류

향정신성 의약품	각성제 (흥분제)	① 메스암페타민(히로뽕, 필로폰) ② 암페타민류 ③ 펜플루라민 ④ 암페푸라몬 ⑤ 엑스터시(MDMA, XTC)(식욕감퇴제, 도리도리) ⑥ 메템페타민 ⑦ 덱스트로메트로판제재(일명 러미라·진해거담) ⑧ 카리소프로돌(일명 S정)	• 엑스터시 = 암페타민 + 메스칼린 • 스피드볼 = 암페타민 + 헤로인 또는 코카인 • 야바 = 메스암페타민 + 카페인 또는 헤로인
	환각제	① LSD=곡물의 곰팡이, 보리맥각의 깜부기병균 ② 페이요트=페이오캑터스 선인장 ③ 싸이로시빈=싸이로사이빈버섯 ④ 메스칼린	
	억제제	① 바르비탈염제제 ② 벤조다이아제핀제재 ③ 非바르비탈염제제 ④ GHB(Gama-Hydrocy Butyrate) (물뽕, 강간약물)	
마 약	천연마약	① 양귀비(앵속, 아편알카로이드) → 생아편, 모르핀, 코데인, 헤로인, 테바인 ② 코카나뭇잎(코카알카로이드) → 코카인, 크랙	
	한외마약	세코날, 데코인, 코데솔, 토테날, 코데잘, 유코테, 후리코 합법적 마약(처벌 ×)	
	합성마약	① 페치단계 ② 메사돈계 ③ 모르핀 ④ 벤조모르핀 ⑤ 프로폭시펜	
	반합성마약	① 헤로인, ② 히드로모르폰, ③ 옥시코돈, ④ 히드로모르피놀	
대 마		① 대마초(마리화나, 카나비스, 칸나비스 사티바엘) ② 대마수지(해쉬쉬) ③ 대마수지기름(해쉬쉬 미네랄 오일)	

▶ 주요 마약류의 특성

엑스터시 (MDMA, 도리도리)	① 1914년 독일에서 식욕감퇴제로 개발되었다. ② MDMA(Methylene-Dioxy Methamphetamin : 메칠렌디옥시 메스암페타민)로 통칭되는 암페타민계 유기화학물질로 환각작용 및 각성작용을 동시에 하므로 환각제로 분류하거나 각성제로 분류한다. ③ 유럽·미국 등지에서 주로 나타나며, 우리나라에서는 유학생 등 젊은 층을 중심으로 급속히 확산되고 있다. ④ 그 형태는 보통 정제형이며 모양은 여러 가지(튤립, 호박, 유니콘 등)이다. ⑤ 효과는 투약 후 20~60분 경과 후에 나타나며 다른 사람을 안고 싶은 욕구가 강하여 'hug'라고도 한다. ⑥ 약리작용은 식욕상실, 혼수, 정신착란 등을 일으키며 과다사용시 사망하기도 한다. ⑦ 메스암페타민은 신체에서 분비되는 아드레날린과 유사한 작용을 하는 각성제이며, 초기에는 우울증, 비만이나 체중조절, 만성적인 피로, 수면발작 등의 치료제 또는 진정제, 과다복용에 따른 각성제 등으로 사용된다. ⑧ 기분이 좋아지는 약, 포옹마약(Hug Drug), 클럽마약, 도리도리 등으로 지칭된다. ⑨ 복용자는 테크노, 라이브, 파티장 등에서 막대사탕을 물고 있거나 물을 자주 마시는 등의 행위를 한다. ⑩ 복용하면 신체접촉욕구가 강하게 발생한다.
GHB (물뽕)	① 무색·무취로서 소다수 등 음료에 타서 복용하여 '물같은 히로뽕'이라는 뜻으로 일명 '물뽕'으로 불린다. ② 미국, 캐나다, 유럽 등지에서 성범죄용으로 악용되어 '데이트강간약물(Date Rape Drug)'로도 불린다. ③ 짠맛이 나는 액체로 근육강화, 호르몬 분비효과가 있다. ④ 사용 10분후에 효과가 발현하며 3시간 지속된다.
LSD	① 1938년 스위스 알버트 호프만이 개발 ② 보리맥각 곰팡이 추출한 것으로 가장 강력한 환각제 ③ 무색·무미·무취 ④ Flash Back현상을 초래
야바 (YABA)	① 야바는 태국 등 동남아시아 지역에서 주로 생산되어 유흥업소종사자, 육체노동자, 운전기사 등을 중심으로 급속히 확산되고 있다. ② 태국 등 동남아시아 지역에서 종래에는 야마(Yahmah : 원기나는 약)로 불리워졌으니 최근 필로폰에 대한 경계심에서 야바(YABA : 미치게 하는 약)로 호칭되고 있다. ③ 야바는 원재료가 화공약품인 관계로 양귀비의 작황에 좌우되는 헤로인과는 달리 안정적인 밀조가 가능하다. ④ 야바는 적갈색, 오렌지색, 흑색, 녹색 등의 여러 가지 색으로 제조가 가능하다. ⑤ 밀가루, 에페드린, 카페인 등에 필로폰을 혼합한 것으로 순도가 20~30%정도로 낮지만, 메스암페타민의 효과보다 더욱 강력한 각성제로 알려져 있다.

CHAPTER 03 경비경찰

알파 079 경비경찰의 대상 및 특징

1 경비경찰의 대상

대상	종류	내용
개인적·단체적 불법행위	치안경비	공안을 해하는 다중범죄 등 집단적인 범죄사태가 발생하거나 발생할 우려가 있는 경우 적절한 조치로 사태를 예방·경계·진압하기 위한 경비활동
	특수경비 (대테러)	총포·도검·폭발물 등에 의한 인질난동·살상 등 사회이목을 집중시키는 중요사건을 예방·경계·진압하는 경비활동
	경호경비	피경호자의 신변을 보호하는 경비활동
	중요시설경비	국가적으로 중대한 영향을 미치는 국가산업시설, 국가행정시설을 방호하기 위한 경비활동
인위적·자연적 재해	행사안전경비	기념행사·경기대회·경축제례 등에 수반되는 미조직 군중에 의하여 발생하는 자연적·인위적인 혼란상태를 경계·예방·진압하는 활동
	재난경비	천재지변·화재 등의 자연적·인위적 돌발사태로 인하여 인명 또는 재산상 피해가 야기될 경우 이를 예방·진압하는 활동

2 경비경찰의 특징

복합기능적 활동	경찰업무를 예방과 진압으로 대별한다고 하면, 경비경찰은 예방과 진압을 아울러 수행한다. 일반적으로 사후진압적 측면이 있긴 하지만, 일단 무너진 질서를 회복하는 데는 많은 어려움과 사회적 비용이 따르므로 위험한 사태의 발생을 미연에 방지하기 위한 예방적 활동에 큰 비중을 둘 필요가 있다.
현상유지적 활동	경비활동은 기본적으로 현재의 **소극적 질서상태**를 보존하는 것에 가치를 둔다. 정태적·소극적인 질서유지가 아니라, 새로운 변화와 발전을 보장하기 위한 **동태적·적극적인** 유지 작용이다(경찰소극목적의 원칙과 관련).
즉응적 활동	다중범죄, 테러, 경호상 위해나 경찰작전상황 발생시 즉응적 조기제압이 요구되며, 자연·인공재난 발생시 신속대처가 요구되는 등 경비사태는 항상 긴급을 요하고, 국가적으로나 사회적으로 중대한 영향을 주므로 신속한 처리가 요망. 경비경찰의 활동은 **특정한 기한 없이 사태 종료시 동시에 해당 업무도 종료**되는 특성을 가진다.

조직적 부대활동	경비경찰은 개인단위로 활동하기보다는 보통 부대단위로 경비사태에 조직적이고, 집단적이며, 물리적인 힘으로 대처한다. 경비경찰은 경비사태에 효과적으로 대비하기 위한 체계적인 부대편성, 훈련과 관리 및 운영이 중요하다.
하향적 명령에 의한 활동	경비활동은 지휘관이 내리는 지시나 명령에 의함이 원칙이다. 그러므로 그 결과에 대해서도 지휘관이 지휘책임을 지는 것이 일반적이다.
사회 전반적 안녕목적의 활동	경비경찰의 대상은 사회 전체의 질서를 파괴하는 범죄라는 점에서 경비경찰의 임무는 국가 목적적 치안의 수행이다.

3 조직운영의 원리

부대단위활동의 원칙	① 경비경찰은 업무의 성격상 개인적 활동보다는 부대단위활동으로 이루어지는 경우가 대부분이다. 일반적으로 부대에는 항상 그 부대를 지휘하는 지휘관이 있고, 지휘를 받는 직원 및 대원이 있으며, 하급 부대원들을 관리하기 위한 지휘권과 장비가 편성되며 임무수행을 위한 보급지원체제를 갖추고 있어야 한다. ② 부대의 관리와 임무의 수행을 위한 **최종결정은 지휘관만이 할 수 있고, 부대의 성패는 지휘관에 의해 크게 좌우**되는 것이다. 그리고 부대단위로 업무가 수행되는 경우에 또 다른 특징은 하명(下命)에 의하여서만 임무가 이루어진다는 것이다.
지휘관 단일성의 원칙	① 지휘관이 단일해야 한다는 것은 경비경찰은 한 사람의 지휘하에 움직여져야 한다는 것을 의미한다. 그러나 **의사결정의 과정에서까지 단일해야 한다는 의미는 아니다.** ② 특히 지휘관 단일성은 경비경찰업무가 예측불가능하고 긴급성과 신속성을 요한다는 점에서도 절실히 요청된다. ③ 또 다른 의미에서의 지휘관 단일성이란 '하나의 기관에 하나의 지휘관'이란 의미 외에 하급조직원은 하나의 상급조직에 대해서만 책임을 진다는 의미도 내포한다고 할 수 있다.
체계통일성의 원칙	경비경찰조직의 체계통일성이라 함은 경찰기관의 상명하복이 일관되어 있음을 말한다. 즉, 조직의 정점으로부터 말단에 이르는 계선을 통하여 상하 계급 간에 일정한 관계가 형성되어 책임과 임무의 분담이 명확히 이루어지고 명령과 복종의 체계가 통일되어야 함을 의미한다.
치안협력성의 원칙	① 치안협력성이란 경찰조직과 국민의 결합을 의미한다. 다시 말하면 경비경찰이 업무수행과정에서 국민의 협력을 구해야 하고, 국민이 스스로 협조를 해줄 때 효과적인 업무수행이 가능한 것이다. ② 그러나 이러한 협력체계를 조성하는 것은 어디까지나 임의적이어야 하고 강제성을 띠어서는 아니 되며, 가장 중요한 핵심은 국민이 경찰을 신뢰하는 믿음의 바탕 위에서만 가능하다는 사실이다.

알파 080 경비경찰의 수단

1 경비수단의 원칙

균형의 원칙	경비수단으로 경비력을 행사할 때에는 경력운용을 균형있게 하여야 한다는 원칙이다. 경비사태의 상황과 대상에 따라 주력부대와 예비부대를 유효적절하게 활용, 한정된 경력을 가지고 최대의 성과를 올릴 수 있도록 하여야 한다.
위치의 원칙	경비사태에 실력행사를 할 경우에 유리한 지점과 위치를 확보하여야 한다는 원칙이다. 상대하는 군중보다 유리한 지점과 위치를 선점하는 것이 작전수행이나 진압을 용이하게 한다.
적시의 원칙	상대방의 허약한 시점을 포착하여 집중적이고 강력한 실력행사를 하여야 한다는 원칙이다.
안전의 원칙	경비사태 발생시 경비경력이나 군중들을 사고 없이 안전하게 진압해야 한다는 원칙을 말한다. 작전시의 변수는 새로운 큰 사회적 물의를 야기할 우려가 있으므로 안전성에 특히 유의해야 한다(변수없는 진압).

2 경비수단의 종류

간접적 실력행사	경고	① 경찰관직무집행법 제5조에 근거한 간접적 실력행사이다. ② 경고는 경비부대를 상대집단의 전면에 배치 또는 진출시켜 위력을 과시하거나 경고를 발하여 상대방으로 하여금 심리적 압박을 받아 범죄실행의 의사를 자발적으로 포기하도록 하는 간접적 실력행사이다. ③ 경비사태를 예방·경계하기 위하여 발할 수 있는 조치로 어떠한 행위(작위, 부작위)를 촉구하는 사실상의 통지행위이며 임의처분이다.
직접적 실력행사	제지	① 경찰관직무집행법 제6조에 근거한 직접적 실력행사이다. ② 제지는 경비사태를 예방·진압하기 위하여 일정한 행위에 대해 제한 또는 통제하는 것으로, **대인적 즉시강제**에 해당하는 강제처분행위로서 의무의 불이행을 전제로 하는 행정상 강제집행과는 구별된다.
	체포	① 형사소송법 제212조에 근거한 직접적 실력행사이다. ② 체포란 상대방의 신체를 구속하는 강제처분이며 직접적 실력행사이다. 형사소송법에 의한 범인의 신병확보 수단으로서 현행범체포가 그 예이다.

※ 실력행사의 정해진 순서는 없으므로 반드시 경고, 제지, 체포의 순으로 할 필요는 없다. 다만, 주어진 경비상황이 경비수단의 행사요건에 해당하는지 여부에 따라 적절히 행사하면 된다.

알파 081 행사안전경비

1 군중정리의 원칙

밀도의 희박화	제한된 면적의 특정한 지역에 사람이 많이 모이면 상호 간에 충돌현상이 나타나고 혼잡을 야기시키게 되므로 가급적 많은 사람이 모이는 것을 회피케 하는 것이다(**사전블록화**).
이동의 일정화	군중은 현재의 자기 위치와 갈 곳을 몰라 불안감과 초조감을 갖게 되므로 일정방향으로 일정한 속도로 이동을 시켜 주위의 상황을 파악할 수 있는 여건을 조성시킴으로써 안정감을 갖도록 하는 것이다.
경쟁적 사태의 해소	군중이 질서를 지키면 손해를 볼 수 있다는 분위기를 느끼게 되면 남보다 먼저 가려고 하는 심리상태로 인하여 혼란상태가 발생하므로 질서있게 행동하면 모든 일이 잘될 수 있다는 것을 납득시켜야 한다. 차분한 목소리로 안내방송을 하는 것도 한 방법이다.
지시의 철저	자세한 안내방송으로 지시를 철저히 해서 혼잡한 사태를 회피하고 사고를 방지할 수 있다.

▶ **공연법**

제11조(재해예방조치)
① **공연장운영자**는 화재나 그 밖의 재해를 예방하기 위하여 그 공연장 종업원의 임무·배치 등 **재해대처계획을 수립**하여 **매년 관할 특별자치시장·특별자치도지사·시장·군수·구청장에게 신고**하여야 한다. 이 경우 특별자치시장·특별자치도지사·시장·군수·구청장은 신고받은 재해대처계획을 관할 소방서장에게 통보하여야 한다.
② 관할 특별자치시장·특별자치도지사·시장·군수·구청장은 제1항 전단에 따라 신고를 받은 재해대처계획을 검토하여 적합하다고 인정하는 경우에는 신고를 수리하여야 한다. 이 경우 신고된 재해대처계획의 내용이 미흡하다고 인정할 때에는 보완을 요구할 수 있다.
③ 제2항 후단에 따라 재해대처계획의 보완을 요구받은 공연장운영자는 정당한 사유가 없으면 그 요구에 따라 보완하여 관할 특별자치시장·특별자치도지사·시장·군수·구청장에게 다시 신고하여야 한다.
④ 공연장 외의 장소에서 대통령령으로 정하는 규모의 관람자가 있을 것으로 예상되는 공연을 하려는 자의 재해예방조치에 관하여는 제1항을 준용한다.

┃ **공연법 시행령**

제9조(재해대처계획의 신고 등) ① 법 제11조제1항에 따른 재해대처계획에는 다음 각 호의 사항이 모두 포함되어야 한다.
  1. 공연장 시설 등을 관리하는 자의 임무 및 관리 조직에 관한 사항
  2. 비상시에 하여야 할 조치 및 연락처에 관한 사항
  3. 화재예방 및 인명피해 방지조치에 관한 사항
  4. 법 제11조의2부터 제11조의4까지의 규정에 해당하는 안전관리비, 안전관리조직 및 안전교육에 관한 사항
② 법 제9조제1항에 따른 **공연장운영자**(이하 "공연장운영자"라 한다)는 법 제11조제1항에 따라 다음 연도의 재해대처계획을 수립하여 **매년 12월 31일까지** 관할 특별자치시장·특별자치도지사·시장·군수·구청장에게 신고하여야 하며, 신고한 재해대처계획을 변경하려는 경우에는 그 계획을 적용하기 전에 변경신고를

하여야 한다. 다만, 공연장운영자가 법 제9조제1항에 따라 공연장을 등록하는 경우에는 공연장 등록 신청과 함께 해당 연도의 재해대처계획을 신고하여야 한다.

③ **공연장 외의 시설이나 장소에서 1천명 이상의 관람이 예상되는 공연을 하려는 자**는 법 제11조제3항에 따라 해당 시설이나 장소 운영자와 공동으로 공연 개시 14일 **전까지** 제1항 각 호의 사항과 안전관리인력의 확보·배치계획 및 공연계획서가 포함된 재해대처계획을 관할 특별자치시장·특별자치도지사·시장·군수 또는 구청장에게 신고하여야 하며, 신고한 사항을 **변경하려는 경우에는 해당 공연 7일 전까지 변경신고를 하여야 한다.**

⑤ 제1항 및 제4항에 따른 재해대처계획에는 제11조의2부터 제11조의4까지에 해당하는 안전관리비, 안전관리조직, 안전교육에 관한 사항이 포함되어야 한다.

⑥ 그 밖에 공연장의 재해예방조치에 필요한 사항은 대통령령으로 정한다.

제43조(과태료) ① 다음 각 호의 어느 하나에 해당하는 자에게는 **2천만원 이하의 과태료**를 부과한다.
1. 제11조제1항 전단, 같은 조 제3항 또는 제4항을 위반하여 재해대처계획을 수립, 신고 또는 보완하지 아니한 자
2. 제11조에 따른 재해대처계획에 따라 필요한 재해예방조치를 취하지 아니한 자

알파 082 선거경비

비상근무체제	① 선거기간개시일~선거일 전까지 : 경계강화기간으로 설정한다. ② 선거일~개표종료시까지 : 갑호비상
후보자 신변보호	① 대통령선거 후보자 • 후보자의 요청에 따라 전담 신변경호대를 편성·운영한다. 　㉠ 기간 - 후보자등록시부터 당선확정시까지(을호 경호대상) • 유세장, 숙소 등 24시간 근접 신변경호임무를 수행한다. • 대통령선거의 후보자는 후보자의 등록이 끝난 때부터 개표종료시까지 사형·무기 또는 장기 7년 이상의 징역이나 금고에 해당하는 죄를 범한 경우를 제외하고는 현행범인이 아니면 체포 또는 구속되지 아니하며, 병역소집의 유예를 받는다. • 신변경호를 원하지 않는 후보자는 시·도시도경찰청에서 경호경험이 있는 자로 선발된 직원을 대기하여 관내 유세기간 중 근접배치한다. • 대통령으로 당선이 확정된 갑호 경호대상이다. ② 지방자치단체장 및 국회의원 후보자 : 각 선거구를 관할하는 경찰서에서는 후보자가 원할 경우 전담 경호요원 2~3명을 배치한다.
개표소 경비	① 완벽 경비 : 3선 개념에 의한 완벽한 경비를 실시한다. • 1선(개표소 내부) : 선거관리위원회 • 2선(담장 내곽) : 선거관리위원회와 경찰이 합동으로 실시 • 3선(담장 외곽) : 경찰

	② 보안안전팀 운용 • 선거관리위원회와 협조하여 경찰에서 **보안안전팀을 운영**하여 개표소 내·외곽에 대한 사전 안전검측을 실시하고 안전을 유지한다.
개표소 경비	**▌공직선거법 제183조【개표소의 출입제한과 질서유지】** ① 구·시·군선거관리위원회와 그 상급선거관리위원회의 위원·직원, 개표사무원·개표사무협조요원 및 개표참관인을 제외하고는 누구든지 개표소에 들어갈 수 없다. 다만, 관람증을 배부받은 자와 방송·신문·통신의 취재·보도요원이 일반관람인석에 들어가는 경우는 그러하지 아니하다. ② 선거관리위원회의 위원·직원, 개표사무원·개표사무협조요원 및 개표참관인이 개표소에 출입하는 때에는 중앙선거관리위원회규칙이 정하는 바에 따라 표지를 달거나 붙여야 하며, 이를 다른 사람에게 양도·양여할 수 없다. ③ **구·시·군선거관리위원회위원장이나 위원은 개표소의 질서가 심히 문란하여 공정한 개표가 진행될 수 없다고 인정하는 때에는 개표소의 질서유지를 위하여 정복을 한 경찰공무원 또는 경찰관서장에게 원조를 요구할 수 있다.** ④ 제3항의 규정에 의하여 원조요구를 받은 경찰공무원 또는 경찰관서장은 즉시 이에 따라야 한다. ⑤ 제3항의 요구에 의하여 개표소 안에 들어간 경찰공무원 또는 경찰관서장은 구·시·군선거관리위원회위원장의 지시를 받아야 하며, 질서가 회복되거나 위원장의 요구가 있는 때에는 즉시 개표소에서 퇴거하여야 한다. ⑥ 제3항의 경우를 제외하고는 누구든지 개표소 안에서 무기나 흉기 또는 폭발물을 지닐 수 없다.

알파 083 재난경비

1 재난경비

정의	1. "재난"이란 국민의 생명·신체·재산과 국가에 피해를 주거나 줄 수 있는 것으로서 다음 각 목의 것을 말한다. 가. **자연재난** : 태풍, 홍수, 호우(豪雨), 강풍, 풍랑, 해일(海溢), 대설, 한파, 낙뢰, 가뭄, 폭염, 지진, 황사(黃砂), 조류(藻類) 대발생, 조수(潮水), 화산활동, 소행성·유성체 등 자연우주물체의 추락·충돌, 그 밖에 이에 준하는 자연현상으로 인하여 발생하는 재해 나. **사회재난** : 화재·붕괴·폭발·교통사고(항공사고 및 해상사고를 포함한다)·화생방사고·환경오염사고 등으로 인하여 발생하는 대통령령으로 정하는 규모 이상의 피해와 국가핵심기반의 마비, 「감염병의 예방 및 관리에 관한 법률」에 따른 감염병 또는 「가축전염병예방법」에 따른 가축전염병의 확산, 「미세먼지 저감 및 관리에 관한 특별법」에 따른 미세먼지 등으로 인한 피해 다. 삭제 〈2013.8.6〉

업무분담	경비국		가. 재난관리 업무총괄 　1) 자연재난 분야 　2) 인적재난(교통사고 제외), 그 밖의 재난분야 중 다른 부서에서 담당하지 않는 분야 　3) 국가기반체계 마비 분야 중 다른 부서에서 담당하지 않는 분야 나. 재난대책본부 및 재난상황실 운영 다. 대민지원 조정, 통제 라. 재난관리부대 교육훈련 마. 재난관리를 위한 경력운용 및 가용장비 운용
	기획조정관		가. 재난 관련 부서 정원 확보 나. 경찰관서 피해복구비 산정 다. 재난 관련 국회 업무 협조
	경무인사기획관		가. 재난 관련 경찰관 안전사고 예방 및 사고시 업무처리 나. 재난지역 경찰 장비, 물자, 수송지원 등 대민지원 업무 다. 경찰관서 피해복구 업무 및 자체 경비
	생활안전국		가. 재난취약지역 및 국가핵심기반시설 예방순찰 나. 재난지역 주민대피 지원 다. 재난지역 현금다액취급업소 등 범죄예방 라. 재난지역 총포·화약류 안전관리 강화
	정보국		재난지역 주민 집단민원 등 정보활동
	보안국		재난지역 안보위해요소 점검 등 보안활동
	외사국		재난지역 체류외국인 관련 치안활동
	대변인		가. 재난복구, 사고수습, 대민지원 활동 등 대국민 홍보 나. 온·오프라인 이슈(허위·왜곡 사실, 유언비어) 모니터링
	감사관		재난지역 경찰관 자체사고 예방
	정보화장비 정책관		가. 국가적 정보통신 피해발생시 긴급통신망 복구지원 나. 재난지역 통신장비 설치·운영
	교통국		가. 재난지역 교통통제 및 긴급차량 출동로 확보 나. 재난지역 교통안전시설 관리 다. 재난지역 교통정보 홍보활동 라. 인적재난 중 교통사고 분야
	사이버안전국		인터넷상 유언비어에 대한 수사활동
	과학수사관리관		사상자 신원확인
재난관리 체계	예방단계		정부합동안전 점검, 재난관리체계 등의 평가활동
	대비단계		각 기능별 재난대응 활동계획 작성, 재난분야 위기관리 매뉴얼 작성, 재난대비훈련 등
	대응단계		응급조치, 긴급구조 등
	복구단계		재난피해조사, 특별재난지역 선포 등

재난관리 단계	관심단계	일부지역 기상특보 발령 등 **재난발생 징후와 관련된 현상**이 나타나고 있으나 그 활동수준이 낮아서 재난으로 발전할 **가능성이 적은** 상태
	주의단계	**전국적 기상특보 발령** 등 재난발생 징후의 활동이 **비교적 활발**하여 재난으로 발전할 수 있는 **일정수준의 경향**이 나타나는 상태
	경계단계	**전국적 기상특보 발령** 등 재난발생 징후의 활동이 **활발하여** 재난으로 발전할 가능성이 **농후한** 상태
	심각단계	재난이 발생하였거나 재난의 발생이 **확실시되는** 상태 ➡ 반드시 재난상황실을 설치·운영

중앙재난
안전대책
본부 등
		① **대통령령으로 정하는** 대규모 재난(이하 "대규모재난"이라 한다)의 대응·복구(이하 "수습"이라 한다) 등에 관한 사항을 총괄·조정하고 필요한 조치를 하기 위하여 **행정안전부에 중앙재난안전대책본부**(이하 "중앙대책본부"라 한다)를 둔다. 〈개정 2013. 3. 23., 2013. 8. 6., 2014. 11. 19., 2014. 12. 30., 2017. 7. 26.〉
		② 중앙대책본부에 본부장과 차장을 둔다. 〈신설 2014. 12. 30.〉
		③ **중앙대책본부의 본부장**(이하 "중앙대책본부장"이라 한다)은 행정안전부장관이 되며, 중앙대책본부장은 중앙대책본부의 업무를 총괄하고 필요하다고 인정하면 중앙재난안전대책본부회의를 소집할 수 있다. 다만, 해외재난의 경우에는 외교부장관이, 「원자력시설 등의 방호 및 방사능 방재 대책법」 제2조제1항제8호에 따른 방사능재난의 경우에는 같은 법 제25조에 따른 중앙방사능방재대책본부의 장이 각각 중앙대책본부장의 권한을 행사한다. 〈개정 2012. 2. 22., 2013. 3. 23., 2013. 8. 6., 2014. 11. 19., 2014. 12. 30., 2017. 7. 26.〉
		④ 제3항에도 불구하고 재난의 효과적인 수습을 위하여 다음 각 호의 어느 하나에 해당하는 경우에는 **국무총리가 중앙대책본부장의 권한을 행사할 수 있다.** 이 경우 행정안전부장관, 외교부장관(해외재난의 경우에 한정한다) 또는 원자력안전위원회 위원장(방사능 재난의 경우에 한정한다)이 차장이 된다. 〈개정 2014. 12. 30., 2017. 7. 26.〉
		  1. 국무총리가 범정부적 차원의 통합 대응이 필요하다고 인정하는 경우
		  2. 행정안전부장관이 국무총리에게 건의하거나 제15조의2제2항에 따른 수습본부장의 요청을 받아 행정안전부장관이 국무총리에게 건의하는 경우
		⑤ 제4항에도 불구하고 국무총리가 필요하다고 인정하여 지명하는 중앙행정기관의 장은 행정안전부장관, 외교부장관(해외재난의 경우에 한정한다) 또는 원자력안전위원회 위원장(방사능재난의 경우에 한정한다)과 공동으로 차장이 된다. 〈신설 2020. 6. 9.〉
		⑥ 중앙대책본부장은 대규모재난이 발생하거나 발생할 우려가 있는 경우에는 대통령령으로 정하는 바에 따라 실무반을 편성하고, 중앙재난안전대책본부상황실을 설치하는 등 해당 대규모재난에 대하여 효율적으로 대응하기 위한 체계를 갖추어야 한다. 이 경우 제18조제1항제1호에 따른 중앙재난안전상황실과 인력, 장비, 시설 등을 통합·운영할 수 있다. 〈개정 2014. 12. 30., 2020. 6. 9.〉
		⑦ 제1항에 따른 중앙대책본부, 제3항에 따른 중앙재난안전대책본부회의의 구성과 운영에 필요한 사항은 대통령령으로 정한다. 〈개정 2013. 8. 6., 2014. 12. 30., 2020. 6. 9.〉
		[전문개정 2010. 6. 8.]

재난대책 본부	재난 중 인명 또는 재산의 피해정도가 매우 크거나 사회적, 경제적으로 광범위한 영향이 있는 재난이 발생하였거나 발생할 우려가 있을 때에 경찰의 재난관리 업무를 총괄 조정하고 긴급재난대책, 피해 조사 및 복구에 관하여 필요한 심의, 조정, 정책결정 등의 조치를 하기 위하여 경찰청장 소속하에 재난대책본부를 둔다. ① 재난대책본부장은 경비국장으로 하며, 위원은 혁신기획조정담당관, 경무담당관, 범죄예방정책과장, 수사기획과장, 경비과장, 정보1과장, 보안1과장, 외사기획과장, 홍보담당관, 감사담당관, 정보화장비기획담당관, 교통기획과장, 사이버안전과장, 과학수사담당관이 된다. ② 재난대책본부에는 간사 1인을 두되 위기관리센터장이 된다. ③ 재난대책본부장이 궐위(闕位)되거나 부득이한 사유로 직무수행을 할 수 없는 때에는 간사가 그 직무를 대행한다.
재난상황실	① 재난이 발생하였거나 재난이 발생할 우려가 있을 때 경비국장은 위기관리센터에 재난상황실을 설치·운영할 수 있다. ② 재난의 발생 가능 정도에 따라 재난관리 단계를 다음 각 호와 같이 4단계로 구분하여 관리하며, 심각단계에는 반드시 재난상황실을 설치·운영한다. 다만, 그 밖의 단계에는 경비국장이 필요하다고 판단한 경우에 설치·운영할 수 있다.

2 전담반 및 지원팀별 임무

지원팀	임무
전담반	• 현장지휘본부 설치·운용 • 지원팀간 업무협조 및 조정 • 재난상황실 업무협조 • 현장상황 등 보고·전파
경무	• 현장지휘본부 사무실 차량, 유·무선 통신시설 등 설치 • 기타 예산, 장비 등 행정업무 지원
홍보	• 실시간 재난상황 및 경찰 조치사항 대국민 홍보 • 경찰 지원활동 등 홍보 • 온·오프라인 이슈(허위·왜곡 사실, 유언비어) 모니터링
경비 (전담반 병행)	• 동원경력·장비 확보 및 운용 • 상황 규모에 따라 비상소집 실시 • 재난지역 및 중요시설 등 경비 • 경찰통제선 설정·운용 • 불법집회시 경비대책 수립·시행
교통	• 비상출동로 지정·운용 • 현장주변에 대한 교통통제 및 우회로 확보 등 교통관리 • 경력·장비의 신속한 현장 투입로 확보
생안	• 재난지역 및 중요시설 주변 순찰활동 • 피해지역 주민 소개 등 대피조치 • 피해자 유류품 접수 및 유가족 연락·인계 등 • 대피건물 또는 사상자 소지품 도난 방지 등 범죄예방

수사	• 실종자·사상자 현황 파악 및 수사 • 현장 주변 범죄예방 및 증거확보 등 수사활동 • 불법집회시 주동자 등 검거, 사법처리 • 온·오프라인 유언비어에 대한 수사활동
정보·보안·외사	• 재난지역 집단민원 파악 • 재난지역 치안·보안·외사정보활동 • 유관기관 협조체제 및 대외 협력관계 유지 • 불법집회 관리 및 불법 행위자에 대한 채증

알파 084 경찰비상업무규칙

용어 정의	• "지휘선상 위치근무"라 함은 비상연락체계를 유지하며 유사시 **1시간 이내**에 현장지휘 및 현장근무가 가능한 장소에 위치하는 것을 말한다. • "정위치 근무"라 함은 감독순시·현장근무 및 사무실 대기 등 **관할구역 내**에 위치하는 것을 말한다. • "정착근무"라 함은 **사무실** 또는 상황과 관련된 **현장**에 위치하는 것을 말한다. • "필수요원"이라 함은 전 경찰관 및 일반·별정·기능직공무원(이하 "경찰관등"이라 한다) 중 경찰기관의 장이 지정한 자로 비상소집시 1시간 이내에 응소하여야 할 자를 말한다. • "일반요원"이라 함은 필수요원을 제외한 경찰관등으로 비상소집시 2시간 이내에 응소하여야 할 자를 말한다. • "가용경력"이라 함은 총원에서 휴가·출장·교육·파견 등을 제외하고 실제 동원될 수 있는 모든 인원을 말한다.

비상근무의 종류	① 비상근무는 비상상황의 유형에 따라 다음 각 호와 같이 구분하여 발령한다.
	  1. 경비 소관 : 경비, 작전비상
	  2. 안보 소관 : 안보비상
	  3. 수사 소관 : 수사비상
	  4. 교통 소관 : 교통비상
	  5. 치안상황 수관 : 재난비상
	② 기능별 상황의 긴급성 및 중요도에 따라 비상등급을 다음과 같이 구분하여 실시한다.
	  1. 갑호 비상
	  2. 을호 비상
	  3. 병호 비상
	  4. 경계 강화
	  5. 작전준비태세(작전비상시 적용)
	③ 비상근무의 종류에 따른 등급별 정황은 별표 1과 같다.

비상근무	근무 요령	갑호 비상	• 비상근무 갑호가 발령된 때에는 연가를 중지하고 가용경력 100%까지 동원할 수 있다. • 지휘관(지구대장, 파출소장은 지휘관에 준한다. 이하 같다)과 참모는 정착근무를 원칙으로 한다.
		을호 비상	• 비상근무 을호가 발령된 때에는 연가를 중지하고 가용경력 50%까지 동원할 수 있다. • 지휘관과 참모는 정위치근무를 원칙으로 한다.
		병호 비상	• 비상근무 병호가 발령된 때에는 부득이한 경우를 제외하고는 연가를 억제하고 가용경력 30%까지 동원할 수 있다. • 지휘관과 참모는 정위치근무 또는 지휘선상 위치근무를 원칙으로 한다.
		경계 강화	• 별도의 경력동원 없이 특정분야의 근무를 강화한다. • 전 경찰관은 비상연락체계를 유지하고 경찰작전부대는 상황발생시 즉각 출동이 가능하도록 출동대기태세를 유지한다. • 지휘관과 참모는 지휘선상 위치근무를 원칙으로 한다.
		작전 준비 태세	• 별도의 경력동원 없이 경찰관서 지휘관 및 참모의 비상연락망을 구축하고 신속한 응소체제를 유지한다. • 경찰작전부대는 상황발생시 즉각 출동이 가능하도록 출동태세 점검을 실시한다. • 유관기관과의 긴밀한 연락체계를 유지하고, 필요시 작전상황반을 유지한다.
	근무 방침		① 비상근무는 비상상황 하에서 업무수행의 효율화를 도모하기 위해서 발령한다. ② 비상근무 대상은 경비·작전·안보·수사·교통 또는 재난관리 업무와 관련한 비상상황에 국한한다. 다만, 두 종류 이상의 비상상황이 동시에 발생한 경우에는 긴급성 또는 중요도가 상대적으로 더 큰 비상상황(이하 "주된 비상상황"이라 한다)의 비상근무로 통합·실시한다 ③ 적용지역은 전국 또는 일정지역(시도경찰청 및 경찰서 관할)으로 구분한다. 다만, 2개 이상의 지역에 관련되는 상황은 차상급 기관에서 주관하여 실시한다.
	연습 상황의 부여금지		비상근무기간 중에는 비상근무 발령자의 지시 또는 승인 없이 연습상황을 부여하여서는 아니 된다. 다만, 경계강화의 경우에는 그러하지 아니하다.

경비비상	
갑호	1. 계엄이 선포되기 전의 치안상태 2. 대규모 집단사태·테러·재난 등의 발생으로 치안질서가 극도로 혼란하게 되었거나 그 징후가 현저한 경우 3. 국제행사·기념일 등을 전후하여 치안수요의 급증으로 가용경력을 100% 동원할 필요가 있는 경우
을호	1. 대규모 집단사태·테러·재난 등의 발생으로 치안질서가 혼란하게 되었거나 그 징후가 예견되는 경우 2. 국제행사·기념일 등을 전후하여 치안수요가 증가하여 가용경력의 50%를 동원할 필요가 있는 경우
병호	1. 집단사태·테러·재난 등의 발생으로 치안질서의 혼란이 예견되는 경우 2. 국제행사·기념일 등을 전후하여 치안수요가 증가하여 가용경력의 30%를 동원할 필요가 있는 경우
작전비상	
갑호	대규모 적정이 발생하였거나 발생 징후가 현저한 경우
을호	적정이 발생하였거나 일부 적의 침투가 예상되는 경우
병호	정·첩보에 의해 적 침투에 대비한 고도의 경계강화가 필요한 경우
안보비상	
갑호	간첩 또는 정보사범 색출을 위한 경계지역 내 검문검색 필요시
을호	상기 상황하에서 특정지역·요지에 대한 검문검색 필요시
수사비상	
갑호	사회이목을 집중시킬만한 중대범죄 발생시
을호	중요범죄 사건발생시
교통비상	
갑호	농무, 풍수설해 및 화재로 극도의 교통혼란 및 사고발생시
을호	상기 징후가 예상될 시
재난비상	
갑호	대규모 재난의 발생으로 치안질서가 극도로 혼란하게 되었거나 그 징후가 현저한 경우
을호	대규모 재난의 발생으로 치안질서가 혼란하게 되었거나 그 징후가 예견되는 경우
병호	재난의 발생으로 치안질서의 혼란이 예견되는 경우
경계강화 (기능 공통)	
"병호"비상보다는 낮은 단계로, 별도의 경력동원없이 평상시보다 치안활동을 강화할 필요가 있을 때	
작전준비태세 (작전비상시 적용)	
"경계강화"를 발령하기 이전에 별도의 경력동원 없이 필요한 작전시항을 미리 조치할 필요가 있을 때	

알파 085   중요시설 경비

1 중요시설의 분류

형식적 분류	분류기준	사용목적상의 분류
	행정시설	청와대, 국회의사당, 대법원, 중앙부처기관, 한국은행, 지방관청 등
	산업시설	일반산업시설, 발전시설, 변전시설, 방송·통신시설 등
실질적 분류	분류기준	시설의 기능·역할의 중요성 및 가치정도
	가급	① 적에 의하여 점령 또는 파괴되거나 기능마비시 **광범위한 지역**의 통합방위 작전수행이 요구되고 국민생활에 **결정적인 영향**을 미칠 수 있는 시설 ② 청와대, 국회의사당, 대법원, 정부종합청사, 국방부, 국가정보원, 한국은행본점
	나급	① 적에 의해 점령 또는 파괴되거나 기능마비시 **일부지역**의 통합방위작전이 요구되고 국민생활에 **중대한 영향**을 미칠 수 있는 시설 ② 경찰청, 대검찰청, 국책은행 및 시중은행본점
	다급	① 적에 의해 점령 또는 파괴되거나 기능마비시 **제한된 지역**에서 **단기간 통합방위작전 수행**이 요구되고 국민생활에 **상당한 영향**을 미칠 수 있는 시설 ② 기타 중앙행정기관의 청급 독립청사(조달청, 통계청, 산림청 등)

2 방호지대(3지대 방호지대구축)

3지대 개념의 방호선은 통합방위지침 세부시행지침에 따라 다음과 같이 분류한다.

제1지대 (경계지대)	① 시설 울타리의 전방 취약지역에서 적이 시설에 **접근하기 전에 저지**할 수 있는 **예상접근로 상의 길목**이나 **감제고지(瞰制高地)**를 통제하는 지대 ② 불규칙적으로 지역 **수색과 매복활동**을 하여 적의 은거(隱居) 탐지와 침투 대비책을 수립·시행하고, **군·경·예비군부대와 협조**하여 수립한 방호계획에 따라 방호
제2지대 (주방어지대)	① **시설자체 경계요원**을 두어 주·야간초소 운용 및 순찰활동으로 출입자를 통제 ② 현대화된 **과학화 장비 및 시설물**(CCTV, 장력선, 경보시스템 등)을 설치·운용하여 적의 침투 대비책을 수립·시행하는 지대
제3지대 (핵심방어지대)	① 시설의 주기능에 결정적인 영향을 미치는 주요 **핵심시설이 있는 지대** ② 주 방어지대의 **종심(縱深)**을 보강하고, **주·야간 경계요원**에 의한 계속적인 감시·통제가 될 수 있도록 경비인력 운용 및 **시설의 보강**(지하화, 방호벽, 방탄막 설치 등)하여 침투한 적을 최종적으로 격멸하는 지대

알파 086 테러취약시설 안전활동에 관한 규칙

대테러	테러방지법은 제정되어 있고, 대통령훈령 형식의 「국가대테러활동지침」, 경찰청훈령 형식의 「테러취약시설 안전활동에 관한 규칙」이 있음
테러취약시설	국가중요시설, 다중이용시설, 공관지역, 미군 관련 시설 등
테러취약시설 신규 지정	경찰서장은 시도경찰청장에게 요청하고 시도경찰청장은 적절성을 검토하여 **연 1회 경찰청장에게 요청**, 경찰청장은 시도경찰청장으로부터의 요청과 필요하다고 인정하는 경우 **심의위원회를 거쳐** 테러취약시설을 지정 ➡ 「통합방위법」에 따른 국가중요시설 및 「외교관계에 관한 비엔나 협약」에 의한 **공관지역**은 **테러취약시설로 지정**하여야 한다.
다중이용시설 분류와 지도·점검	**A등급**: 테러에 의하여 파괴되거나 기능 마비 시 **광범위한 지역**의 대테러진압작전이 요구되고, 국민생활에 결정적인 영향을 미칠 수 있는 시설. 관할 **경찰서장은 분기 1회 이상** 지도·점검을 실시하여야 한다.
	B등급: 테러에 의하여 파괴되거나 기능 마비 시 **일부 지역**의 대테러진압작전이 요구되고, 국민생활에 중대한 영향을 미칠 수 있는 시설. 관할 **경찰서장은 반기 1회 이상** 지도·점검을 실시하여야 한다.
	C등급: 테러에 의하여 파괴되거나 기능 마비 시 **제한된 지역**의 대테러 진압작전이 요구되고, 국민생활에 상당한 영향을 미칠 수 있는 시설. 관할 **경찰서장은 반기 1회 이상** 지도·점검을 실시하여야 한다.
단계별 경력배치	① 테러경보는 **관심, 주의, 경계, 심각** 4단계로 구분 ② 테러경보가 관심에서 주의로 상향될 경우 1단계, 주의에서 경계로 상향될 경우 2단계, 경계에서 심각으로 상향될 경우 3단계로 구분하여 배치
테러경보단계	**관심**: 테러 관련 **상황의 전파**, 관계기관 상호간 **연락체계의 확인**, 비상연락망의 점검 등
	주의: 테러 대상 시설 및 테러에 이용될 수 있는 위험물질에 대한 안전관리의 강화, 국가중요시설에 대한 **경비의 강화**, 관계기관별 자체 대비태세의 점검 등
	경계: 테러취약요소에 대한 경비 등 **예방활동의 강화**, 테러취약시설에 대한 **출입통제의 강화**, 대테러 **담당공무원의 비상근무** 등
	심각: 대테러 **관계가관 공무원의 비상근무**, 테러유형별 테러시건 대책본부 등 사건대응조직의 운영준비, 필요장비·인원의 동원태세 유지 등

▶ 테러취약시설 안전활동에 관한 규칙

제21조(국가중요시설 지도·점검)
① 경찰서장은 관할 내에 있는 국가중요시설 전체에 대하여 연 1회 이상 지도·점검을 실시하여야 한다.
② 시도경찰청장은 관할 내 국가중요시설 중 선별하여 연 1회 이상 지도·점검을 실시한다
③ 경찰청장은 경찰관서장이 국가중요시설에 대해 적절한 지도·점검을 실시하는지 감독하고, 선별적으로 지도·점검을 실시한다.
④ 경찰관서장이 「통합방위지침」에 의한 경·군 합동으로 지도·점검을 실시한 경우에는 해당 기간에 자체 지도·점검을 실시한 것으로 본다.

제22조(다중이용건축물등 지도·점검)
① 경찰서장은 관할 내에 있는 다중이용건축물등 전체에 대해 다음 각 호와 같이 지도·점검을 실시하여야 한다.
  1. A급 : 분기 1회 이상
  2. B급, C급 : 반기 1회 이상
② 시도경찰청장은 관할 내 다중이용건축물등 중 선별하여 반기 1회 이상 지도·점검을 실시한다.
③ 경찰청장은 경찰관서장이 다중이용건축물등에 대해 적절한 지도·점검을 실시하는지 감독하고, 선별적으로 지도·점검을 실시한다.
④ 테러경보 상향에 따른 다중이용건축물등 지도·점검 기준은 별표4와 같다.

알파 087 국민보호와 공공안전을 위한 테러방지법

용어정의	테러	국가·지방자치단체 또는 외국 정부(외국 지방자치단체와 조약 또는 그 밖의 국제적인 협약에 따라 설립된 국제기구를 포함한다)의 권한행사를 방해하거나 의무 없는 일을 하게 할 목적 또는 공중을 협박할 목적으로 하는 다음 각 목의 행위를 말한다. 가. 사람을 살해하거나 사람의 신체를 상해하여 생명에 대한 위험을 발생하게 하는 행위 또는 사람을 체포·감금·약취·유인하거나 인질로 삼는 행위 나. 항공기(「항공법」 제2조제1호의 항공기를 말한다. 이하 이 목에서 같다)와 관련된 행위 다. 선박 또는 해상구조물과 관련된 행위 라. 사망·중상해 또는 중대한 물적 손상을 유발하도록 제작되거나 그러한 위력을 가진 생화학·폭발성·소이성(燒夷性) 무기나 장치를 차량 또는 시설에 배치하거나 폭발시키거나 그 밖의 방법으로 이를 사용하는 행위 마. 핵물질, 방사성물질 또는 원자력시설과 관련된 해당하는 행위
	테러단체	국제연합(UN)이 지정한 테러단체를 말한다.
	테러위험 인물	테러단체의 조직원이거나 테러단체 선전, 테러자금 모금·기부, 그 밖에 테러 예비·음모·선전·선동을 하였거나 하였다고 의심할 상당한 이유가 있는 사람을 말한다.
	외국인테러 전투원	테러를 실행·계획·준비하거나 테러에 참가할 목적으로 국적국이 아닌 국가의 테러단체에 가입하거나 가입하기 위하여 이동 또는 이동을 시도하는 내국인·외국인을 말한다.
국가테러 대책위원회 (제5조)		① 대테러활동에 관한 정책의 중요사항을 심의·의결하기 위하여 국가테러대책위원회(이하 "대책위원회"라 한다)를 둔다. ② 대책위원회는 국무총리 및 관계기관의 장 중 대통령령으로 정하는 사람으로 구성하고 위원장은 국무총리로 한다. ③ 대책위원회는 다음 각 호의 사항을 심의·의결한다.

	1. 대테러활동에 관한 국가의 정책 수립 및 평가 2. 국가 대테러 기본계획 등 중요 중장기 대책 추진사항 3. 관계기관의 대테러활동 역할 분담·조정이 필요한 사항 4. 그 밖에 위원장 또는 위원이 대책위원회에서 심의·의결할 필요가 있다고 제의하는 사항 ④ 그 밖에 대책위원회의 구성·운영 등에 필요한 사항은 대통령령으로 정한다.

대테러센터
(제6조)
	① 대테러활동과 관련하여 다음 각 호의 사항을 수행하기 위하여 국무총리 소속으로 관계기관 공무원으로 구성되는 대테러센터를 둔다.
	  1. 국가 대테러활동 관련 임무분담 및 협조사항 실무 조정
	  2. 장단기 국가대테러활동 지침 작성·배포
	  3. 테러경보 발령
	  4. 국가 중요행사 대테러안전대책 수립
	  5. 대책위원회의 회의 및 운영에 필요한 사무의 처리
	  6. 그 밖에 대책위원회에서 심의·의결한 사항
	② 대테러센터의 조직·정원 및 운영에 관한 사항은 대통령령으로 정한다.
	③ 대테러센터 소속 직원의 인적사항은 공개하지 아니할 수 있다.

테러위험인물에 대한 정보 수집 등 (제9조)	① 국가정보원장은 테러위험인물에 대하여 출입국·금융거래 및 통신이용 등 관련 정보를 수집할 수 있다. 이 경우 출입국·금융거래 및 통신이용 등 관련 정보의 수집에 있어서는 「출입국관리법」, 「관세법」, 「특정 금융거래정보의 보고 및 이용 등에 관한 법률」, 「통신비밀보호법」의 절차에 따른다. ② 국가정보원장은 제1항에 따른 정보 수집 및 분석의 결과 테러에 이용되었거나 이용될 가능성이 있는 금융거래에 대하여 지급정지 등의 조치를 취하도록 금융위원회 위원장에게 요청할 수 있다. ③ 국가정보원장은 테러위험인물에 대한 개인정보(「개인정보 보호법」상 민감정보를 포함한다)와 위치정보를 「개인정보 보호법」 제2조의 개인정보처리자와 「위치정보의 보호 및 이용 등에 관한 법률」 제5조의 위치정보사업자에게 요구할 수 있다. ④ 국가정보원장은 대테러활동에 필요한 정보나 자료를 수집하기 위하여 대테러조사 및 테러위험인물에 대한 추적을 할 수 있다. 이 경우 사전 또는 사후에 대책위원회 위원장에게 보고하여야 한다.
외국인테러전투원에 대한 규제 (제13조)	① 관계기관의 장은 외국인테러전투원으로 출국하려 한다고 의심할 만한 상당한 이유가 있는 내국인·외국인에 대하여 일시 출국금지를 법무부장관에게 요청할 수 있다. ② 제1항에 따른 일시 출국금지 기간은 90일로 한다. 다만, 출국금지를 계속할 필요가 있다고 판단할 상당한 이유가 있는 경우에 관계기관의 장은 그 사유를 명시하여 연장을 요청할 수 있다. ③ 관계기관의 장은 외국인테러전투원으로 가담한 사람에 대하여 「여권법」 제13조에 따른 여권의 효력정지 및 같은 법 제12조제3항에 따른 재발급 거부를 외교부장관에게 요청할 수 있다.

알파 088　다중범죄

1 다중범죄의 특징

확신적 행동성	다중범죄를 발생시키는 주동자나 참여하는 자들은 자신의 사고가 정의라는 확신을 가지고 감행하는 경우가 많다. 따라서 행위자들은 자신들을 사회정의를 위하여 투쟁하는 정의의 사도로 생각하며, 전혀 죄의식을 느끼지 않는 경우가 많다.
조직적 연계성	현대사회의 문제는 전국적으로 공통성이 있으며, 조직도 전국적으로 연계되어 있는 경우가 많다. 그리고 다중범죄는 특정한 조직에 기반을 두고 조직의 뜻대로 계획해서 뚜렷한 목적의식을 가지고 감행되는 경우가 대부분이다.
부화뇌동적 파급성	다중범죄의 발생은 군중심리로 인하여 발생되는 경우가 많다. 따라서 상황변화에 따라 다양하게 변화할 수 있기 때문에 형태에 관하여 사전예측이 어렵고, 우연히 아주 작은 동기에 의하여 발생하기도 하고 일단 발생하면 부화뇌동으로 인하여 갑자기 확대될 수도 있다.
비이성적 단순성	시위군중은 행동에 대한 의혹이나 불안을 갖지 않고, 과격하게 또 단순하게 행동하며 특히 법률적·도덕적·사회통념상 이해가 불가능한 비이성적인 경우가 많다. 따라서 이들의 주장내용이 아주 편협하여 타협이나 설득이 어려운 경우가 많다.

2 다중범죄의 정책적 치료법

선수승화법	특정사안의 불만집단에 대한 정보활동을 강화하여 사전에 불만 및 분쟁요인을 찾아내어 해소시켜 주는 방법
전이법	다중범죄의 발생징후나 이슈가 있을 때 집단이나 국민들의 관심을 집중시킬 수 있는 경이적인 사건을 폭로하거나 규모가 큰 행사를 개최함으로써 원래의 이슈가 상대적으로 약화되도록 하는 방법
지연정화법	불만집단의 고조된 주장을 시간을 끌어 이성적으로 사고할 기회를 부여하고 정서적으로 감정을 둔화시켜 흥분을 가라앉게 하는 방법
경쟁행위법	불만집단과 이에 반대하는 대중의견을 크게 부각시켜 불만집단이 위압되어 자동해산 및 분산되도록 하는 방법

3 진압의 기본원칙

봉쇄·방어	군중들이 중요시설이나 기관 등 보호대상물의 점거를 기도할 경우, 사전에 진압부대가 점령하거나 바리케이드 등으로 봉쇄하여 방어조치를 취하는 방법
차단·배제	군중이 목적지에 집결하기 전에 중간에서 차단하여 집합을 못하게 하는 방법
세력 분산	시위집단의 지휘 통제력을 차단시키며 수 개의 소집단으로 분할시켜 시위의사를 약화시킴으로써 그 세력을 분산시키는 방법
주동자 격리	다주모자(主謀者)를 사전에 검거하거나 군중과 격리시킴으로써 군중의 결속력을 약화시켜 계속된 행동을 못하게 진압하는 방법

4 진압활동의 3대 원칙

신속한 해산	시위군중은 군중심리의 영향으로 격화·확대되기 쉽고 파급성이 강하므로 초기 단계에서 신속·철저히 이를 해산시켜야 한다.
주모자 체포	시위군중은 주모자를 잃으면 무기력해져 쉽게 해산되는 것이 보통이므로 그들 가운데서 주동적으로 행동하는 자부터 체포하여 분리시켜야 한다.
재집결 방지	시위군중은 일단 해산 후 다시 집결하기 쉬우므로 재집결할 만한 곳에 경력을 배치하고 순찰과 검문검색을 강화하여 재집결을 방지한다.

알파 089 경호경비

1 경호의 대상

국내 요인	갑호	• 대통령과 그 가족 • 대통령 당선인과 그 가족 • 본인의 의사에 반하지 아니하는 경우에 한정하여 퇴임 후 10년 이내의 전직 대통령과 그의 배우자. 다만, 대통령이 임기 만료 전에 퇴임한 경우와 재직 중 사망한 경우의 경호기간은 그로부터 5년으로 하고, 퇴임 후 사망한 경우의 경호기간은 퇴임일부터 기산(起算)하여 10년을 넘지 아니하는 범위에서 사망 후 5년으로 한다. • 대통령권한대행과 그 배우자
	을호	퇴임 후 10년이 경과한 전직대통령, 대통령 선거후보자, 국회의장, 대법원장, 국무총리, 헌법재판소장
	병호	갑·을호 이외에 경찰청장이 필요하다고 인정한 인사
국외 요인	국빈 A·B·C등급	• 대통령, 국왕, 행정수반 등 경호처장이 등급을 분류
	외빈 A·B등급	• 왕족, 국제기구대표, 기타 장관급 이상 외빈으로 경찰청장이 경호가 필요하다고 인정한 외빈

2 경호의 4대 원칙과 준비

자기희생의 원칙	피경호자는 어떠한 상황과 희생을 치르더라도 절대로 신변의 안전이 보호·유지되어야 한다는 원칙이다. 따라서 경호원이 자기자신을 희생하는 한이 있더라도 피경호자의 신변의 안전은 반드시 보호되어야 하는 것이다.
자기담당구역 책임의 원칙	경호원은 자기 담당구역 내에서 일어나는 어떠한 사태에 대하여도 다른 사람 아닌 자기만이 책임을 지고 해결하여야 한다는 원칙이다. 따라서 경호원은 자기 담당구역을 절대 사수하여 부여된 책임과 임무를 완수해야 한다.
하나의 지정된 지점을 통한 접근의 원칙	피경호자와 접근할 수 있는 통로는 경호상 통제된 유일한 통로만이 필요하고 여러 개의 통로는 필요가 없다는 원칙이다. 여러 개의 출입문이나 통로는 오히려 불순분자에게 접근을 용이하게 해주며, 경호의 취약성을 노출시키기 쉽기 때문이다. 그러나 위급시에 피경호자가 탈출할 수 있는 비상통로는 예외가 된다.
목표물 보존의 원칙	① 암살기도자 또는 위해를 가할 가능성이 있는 불순분자로부터 피경호자를 분리시켜야 한다는 원칙이다. ② 행차코스·행사예정 장소 등은 원칙적으로 비공개되어야 한다. ③ 피경호자가 수회 행차한 동일한 장소는 가급적 회피하여야 한다. ④ 대중에게 노출된 도보행차는 가급적 제한되어야 한다.

3 행사장 경호

안전구역 (1선)	• 피경호인의 신변에 결정적 위해를 줄 수 있는 구역 : 대통령경호처 책임 • 승·하차지점과 동선, 행사장의 직상·하층 • 수류탄 투척거리 또는 권총 유효사거리로서 실내행사는 행사장 내부, 실외행사는 행사장 반경 50m 내외 • 출입자 통제관리, MD(금속탐지기) 설치·운용, 비표확인 및 출입자 감시
경비구역 (2선)	• 안전구역을 보호하기 위한 경호활동이 이루어지는 구역 : 경찰책임 • 실내행사는 건물 내부 또는 담장을 연하는 경계책 내곽, 실외행사는 소총유효사거리로서 행사장 반경 500m 내외 • 바리케이드 등 장애물 설치, 돌발사태 대비 예비대 운용, 소방차·구급차 대기
경계구역 (3선)	• 안전구역과 경비구역을 보호하기 위한 경호활동이 이루어지는 구역 : 경찰책임 • 실내행사는 행사장 반경 600m, 실외행사는 저격용 소총 유효사거리를 고려한 1500m 내외 • 감시조 운영, 도보 등 원거리 기동순찰조 운영, 원거리에서 불심자 검문차단

알파 090 　대테러 업무

1 각국의 대테러조직

영국	SAS(Special Air Service)
미국	SWAT(Special Weapons Assault Team), 델타포스(Delta Forces), 레인저(Ranger), 해군특수부대(SEAL) 등
독일	1972년 뮌헨올림픽에서 '검은 9월단'에 의한 이스라엘 선수 테러사건 발생후 대테러부대의 필요성을 절감한 서독정부는 연방국경경비대(BGS, 현재는 연방경찰소속) 안에 200명으로 구성된 특수부대인 GSG-9을 창설
프랑스	1972년 뮌헨올림픽 사건을 계기로 'GIPN'을 창설, 1973년 9월 5일에 발생한 프랑스 주재 사우디아라비아 대사관 점거 및 인질억류 사건을 계기로 국가헌병대 대테러부대 GIGN(Groupement d'Intervention de la Gendarmerie National)을 창설

2 한국의 경찰특공대

경찰특공대	편제	1983년 86아시안게임과 88올림픽게임을 대비하여 창설된 치안본부특공대인 KNP868 부대는 대테러 예방 및 대응을 위해 만들어진 특수부대이다. 현재는 서울시도경찰청 직할부대로 소속
	임무	지역적 활동범위는 국내로 한정하고 있고, 해외작전은 군 특수기동타격대인 707대대가 맡도록 2원화되어 있다.
	테러예방 및 대응활동	• 관계기관은 테러관련 정보를 입수한 경우 지체 없이 사건관할기관의 장 및 국가정보원장에게 통보하여야 한다. • 관계기관의 장은 소관업무와 관련해 국가중요시설·장비 및 인원에 대한 테러예방대책을 수립·시행을 지도·감독한다. • 관계기관의 장은 국내에서 개최되는 국가중요행사에 대해 행사특성에 맞는 분야별 대테러·안전대책을 수립·시행해야 한다. • 법무부장관과 관세청장은 공항 및 항만에서 발생하는 테러와 연계된 혐의자의 출입국 또는 테러물품의 반출입에 대한 적발 및 처리상황을 신속히 국가정보원장 및 경찰청장에게 통보해야 한다.

3 인질과 인질범 관계

리마증후군 (Lima Syndrome)	인질에게 일체감을 느끼게 되고, 인질의 입장을 이해하여 호의를 베푸는 등 인질범이 인질에게 동화되는 현상을 말한다.
스톡홀름증후군 (Stockholm Sydrome)	인질이 인질범에 대해 호의적인 감정을 가지는 반면에 경찰에 대해서는 적대감을 가지게 되고, 인질범 또한 인질에 대한 호감을 갖게 된다는 것으로 대별된다.
오귀인효과	① 두려움에서 오는 근육의 긴장, 호흡의 가속화 등 생리적 현상이 사랑을 느낄 때의 생리적 현상과 거의 비슷하기 때문에 이를 사랑으로 착각하는 효과로 스톡홀름증후군과 유사하다. ② 공포의 독재를 통한 강렬한 카리스마를 형성시킨 다음에 아주 사소한 배려에도 국민들이 쉽게 감동을 받게 하는 것처럼 이런 효과는 국민을 인질로 생각하는 독재자들이 즐겨 사용하였다.

알파 091 경찰작전

1 용어 정의

갑종사태	**대규모**의 적의 침투·도발로 인한 비상사태로서 통합방위본부장 또는 지역군사령관의 지휘·통제하에 통합방위작전을 수행하여야 할 사태
을종사태	**일부 또는 수 개 지역**에서 적의 침투·도발로 인하여 단기간 내에 치안회복이 어려워 지역군사령관의 지휘·통제하에 통합방위작전을 수행하여야 할 사태
병종사태	적의 침투·도발위협이 **예상**되거나 **소규모**의 적이 침투한 때에 시도경찰청장·지역군사령관 또는 함대사령관의 지휘·통제하에 통합방위작전을 수행하여 단기간 내에 치안이 회복될 수 있도록 하는 사태

2 선포권자

사유	건의권자	선포권자
① 갑종사태 발생시 ② 2 이상의 시·도에 걸쳐 을종사태 발생시	국방부장관	국무총리 거쳐 대통령
2 이상의 시·도에 걸쳐 병종사태 발생시	행정안전부장관 또는 국방부장관	국무총리 거쳐 대통령
을종사태나 병종사태에 해당하는 사태 발생시	시도경찰청장·지역군사령관·함대사령관	시·도지사

통합방위법

제4조(중앙 통합방위협의회)
① 국무총리 소속으로 중앙 통합방위협의회(이하 "중앙협의회"라 한다)를 둔다. (의장 : 국무총리)

제5조(지역 통합방위협의회)
① 특별시장·광역시장·특별자치시장·도지사·특별자치도지사(이하 "시·도지사"라 한다) 소속으로 특별시·광역시·특별자치시·도·특별자치도 통합방위협의회(이하 "시·도 협의회"라 한다)를 두고, 그 의장은 시·도지사가 된다.

제8조(통합방위본부)
① 합동참모본부에 통합방위본부를 둔다.
② 통합방위본부에는 본부장과 부본부장 1명씩을 두되, 통합방위본부장은 합동참모의장이 되고 부본부장은 합동참모본부 합동작전본부장이 된다.

제12조(통합방위사태의 선포)
① 통합방위사태는 갑종사태, 을종사태 또는 병종사태로 구분하여 선포한다.
② 제1항의 사태에 해당하는 상황이 발생하면 다음 각 호의 구분에 따라 해당하는 사람은 즉시 국무총리를 거쳐 대통령에게 통합방위사태의 선포를 건의하여야 한다. 〈개정 2013. 3. 22., 2013. 3. 23., 2014. 11. 19., 2017. 7. 26.〉
  1. 갑종사태에 해당하는 상황이 발생하였을 때 또는 둘 이상의 특별시·광역시·특별자치시·도·특별자치도(이하 "시·도"라 한다)에 걸쳐 을종사태에 해당하는 상황이 발생하였을 때 : 국방부장관
  2. 둘 이상의 시·도에 걸쳐 병종사태에 해당하는 상황이 발생하였을 때 : 행정안전부장관 또는 국방부장관
③ 대통령은 제2항에 따른 건의를 받았을 때에는 중앙협의회와 국무회의의 심의를 거쳐 통합방위사태를 선포할 수 있다.
④ 시·도경찰청장, 지역군사령관 또는 함대사령관은 을종사태나 병종사태에 해당하는 상황이 발생한 때에는 즉시 시·도지사에게 통합방위사태의 선포를 건의하여야 한다. 〈개정 2013. 3. 22., 2020. 12. 22.〉
⑤ 시·도지사는 제4항에 따른 건의를 받은 때에는 시·도 협의회의 심의를 거쳐 을종사태 또는 병종사태를 선포할 수 있다.
⑥ 시·도지사는 제5항에 따라 을종사태 또는 병종사태를 선포한 때에는 지체 없이 행정안전부장관 및 국방부장관과 국무총리를 거쳐 대통령에게 그 사실을 보고하여야 한다. 〈개정 2013. 3. 23., 2014. 11. 19., 2017. 7. 26.〉
⑦ 제3항이나 제5항에 따라 통합방위사태를 선포할 때에는 그 이유, 종류, 선포 일시, 구역 및 작전지휘관에 관한 사항을 공고하여야 한다.
⑧ 시·도지사가 통합방위사태를 선포한 지역에 대하여 대통령이 통합방위사태를 선포한 때에는 그 때부터 시·도지사가 선포한 통합방위사태는 효력을 상실한다.
⑨ 제1항부터 제8항까지에서 규정한 사항 외에 통합방위사태의 구체적인 선포 요건·절차 및 공고 방법 등에 관하여 필요한 사항은 대통령령으로 정한다.

제16조(통제구역 등)
① **시·도지사 또는 시장·군수·구청장**은 다음 각 호의 어느 하나에 해당하면 대통령령으로 정하는 바에 따라 인명·신체에 대한 위해를 방지하기 위하여 필요한 통제구역을 설정하고, 통합방위작전 또는 경계태세 발령에 따른 군·경 합동작전에 관련되지 아니한 사람에 대하여는 출입을 금지·제한하거나 그 통제구역으로부터 **퇴거할 것을 명할 수 있다.**

제17조(대피명령)
① **시·도지사 또는 시장·군수·구청장은** 통합방위사태가 선포된 때에는 인명·신체에 대한 위해를 방지하기 위하여 즉시 작전지역에 있는 주민이나 체류 중인 사람에게 **대피할 것을 명할 수 있다.**
② 제1항에 따른 대피명령(이하 "대피명령"이라 한다)은 방송·확성기·벽보, 그 밖에 대통령령으로 정하는 방법에 따라 공고하여야 한다.
③ 안전대피방법과 대피명령의 실시방법·절차 등에 관하여 필요한 사항은 대통령령으로 정한다.

제24조(벌칙)
① 제16조제1항의 출입 금지·제한 또는 퇴거명령을 위반한 사람은 1년 이하의 징역 또는 1천만원 이하의 벌금에 처한다. 〈개정 2014. 5. 9.〉
② 제17조제1항의 **대피명령을** 위반한 사람은 300만원 이하의 벌금에 처한다.

알파 092 민간경비

구분		민간경비	공경비(경찰)
	업무의 주체	영리기업	정부기관
	역할과 기능	특정한 의뢰자를 위하여 받은 보수만큼	일반시민
	서비스의 목적	고객의 손실방지·재산보호와 같은 예방적 측면을 중시	공공의 질서유지 및 범인체포와 같은 법집행적 측면을 강조
	공권력의 작용	권한이 제한적	법집행에 관한 일반적인 권한 보유
	서비스의 질	대가의 유무, 다과에 따라 차등 지급되는 **경합적** 서비스	치안공공재로 **비경합적** 소비가 가능
필요성	① 경비수요의 증가　　② 경찰력의 한계 ③ 경제발전에 따르는 필요성　　④ 자구사상에로의 의식전환		

알파 093   청원경찰

청원경찰의 직무	직무범위	청원경찰은 배치결정을 받은 자(**청원주**)와 배치된 기관·시설 또는 사업장 등의 구역을 관할하는 **경찰서장**의 감독을 받아 그 경비구역 안에 한하여 경비목적을 위하여 필요한 범위 안에서 **경찰관직무집행법에 의한 경찰관의 직무를 행한다.**
	직무상 한계	① **장소적 한계** : 청원경찰이 경비구역 내에 한하여 경찰관직무집행법에 의한 경찰관의 직무를 행할 때에는 경비목적을 위하여 필요한 최소한도 내에 그쳐야 한다. ② **사항적 한계** : 청원경찰은 경찰관직무집행법에 의한 직무(불심검문, 보호조치, 위험발생의 방지, 범죄의 예방과 제지, 교통정리 등)이외의 수사활동 등 사법경찰관리의 직무를 행하여서는 아니 되며, 직권을 남용하여 국민에게 손해를 끼친 경우에는 청원경찰법에 의해 6월 이하의 징역이나 금고에 처한다.
청원경찰의 관리	배치승인 신청	① 청원경찰의 배치를 받고자 하는 자는 청원경찰 배치신청서에 경비구역평면도, 배치계획서 각 1부를 첨부하여 사업장의 소재지를 관할하는 경찰서장을 거쳐 시도경찰청장에게 제출하여야 한다. 단, 배치장소가 2 이상의 도(특별시 및 광역시 포함)인 때에는 주된 사업장의 관할 경찰서장을 거쳐 관할 시도경찰청장에게 일괄 신청할 수 있다. ② 청원경찰 배치신청서가 접수되면 청원경찰 배치신청시설이 청원경찰법령에 규정된 배치대상시설에 해당하는지, 청원경찰 배치의 목적이 '경비' 업무를 수행하기 위한 것인지 여부 등에 대한 현장조사를 실시하고 지체 없이 그 배치 여부를 결정하여 신청인에게 통지하여야 한다. ③ 시도경찰청장은 청원경찰의 배치가 필요하다고 인정되는 기관의 장 또는 시설·사업장의 경영자에게 청원경찰을 배치할 것을 요청할 수 있다.
	임용자격	① 18세 이상인 사람 ② 행정안전부령으로 정하는 신체조건에 해당하는 사람 ③ 국가공무원법 결격사유에 해당하는 자는 청원경찰로 임용될 수 없다.
	임용승인 신청	청원경찰의 배치결정을 받은 청원주는 그 **배치결정통지를 받은 날부터 30일 이내에** 배치결정된 인원수의 임용예정자에 대하여 청원경찰임용승인을 시도경찰청장에게 신청하여야 한다.
	임용승인	임용승인은 임용예정자가 청원경찰로서의 업무수행 적격성을 판단하는 것으로 임용승인권자는 시도경찰청장이다. 만일 임용승인 없이 임용한 경우에는 당해자는 청원경찰신분을 취득할 수 없으며 임용자에게는 과태료가 부과된다.
	임용	**임용은 청원주의 권한으로 청원주는 임용승인을 받은 자라도 임용하지 않을 수 있다.** 그러나 그 임용에 있어서는 미리 **시도경찰청장의 승인**을 얻어야 한다.
	보고	청원주가 청원경찰을 **임용한 때에는 10일 이내에** 그 임용사항을 사업장의 소재지를 관할하는 경찰서장을 거쳐 시도경찰청장에게 보고하여야 한다.

징계	① 청원주는 청원경찰이 다음 각호의 어느 하나에 해당하는 때에는 대통령령으로 정하는 징계절차를 거쳐 징계처분을 하여야 한다.
	  1. 직무상의 의무를 위반하거나 직무를 태만히 한 때
	  2. 품위를 손상하는 행위를 한 때
	② 청원경찰에 대한 징계의 종류는 **파면, 해임, 정직, 감봉, 견책**으로 구분한다.
	③ 청원경찰의 징계에 관하여 그 밖에 필요한 사항은 대통령령으로 정한다.

제복착용
무기휴대
	① 청원경찰은 근무 중 **제복을 착용하여야 한다.**
	② 시도경찰청장은 청원경찰이 직무를 수행하기 위하여 필요하다고 인정하면 청원주의 신청을 받아 관할 경찰서장으로 하여금 청원경찰에게 **무기를 대여하여 지니게 할 수 있다.**
	③ 청원경찰의 복제(服制)와 무기 휴대에 필요한 사항은 대통령령으로 정한다.
	
	▎**청원경찰법 시행령 제16조【무기 휴대】**
	  ① 청원주가 법 제8조 제2항에 따라 청원경찰이 휴대할 무기를 대여받으려는 경우에는 관할 경찰서장을 거쳐 시도경찰청장에게 무기대여를 신청하여야 한다.
	  ② 제1항의 신청을 받은 시도경찰청장이 무기를 대여하여 휴대하게 하려는 경우에는 청원주로부터 국가에 기부채납된 무기에 한정하여 관할 경찰서장으로 하여금 무기를 대여하여 휴대하게 할 수 있다.
	  ③ 제1항에 따라 무기를 대여하였을 때에는 관할 경찰서장은 청원경찰의 무기관리 상황을 수시로 점검하여야 한다.
	  ④ 청원주 및 청원경찰은 행정안전부령으로 정하는 무기관리수칙을 준수하여야 한다.

분사기 휴대	청원주는 「총포·도검·화약류 등의 안전관리에 관한 법률」에 따른 분사기의 소지허가를 받아 청원경찰로 하여금 그 분사기를 휴대하여 직무를 수행하게 할 수 있다.
감독	① 청원주는 항상 소속 청원경찰의 근무상황을 감독하고, 근무 수행에 필요한 교육을 하여야 한다. ② 시도경찰청장은 청원경찰의 효율적인 운영을 위하여 청원주를 지도하며 감독상 필요한 명령을 할 수 있다. ③ 관할 경찰서장은 **매달 1회 이상** 청원경찰을 배치한 경비구역에 대하여 다음 각호의 사항을 감독하여야 한다.
직권남용 금지등	① 청원경찰이 직무를 수행할 때 직권을 남용하여 국민에게 해를 끼친 경우에는 **6개월 이하**의 징역이나 금고에 처한다. ② 청원경찰 업무에 종사하는 사람은 「형법」이나 그 밖의 법령에 따른 벌칙을 적용할 때에는 공무원으로 본다.
배상책임	청원경찰(국가기관이나 지방자치단체에 근무하는 청원경찰은 제외한다)의 직무상 불법행위에 대한 배상책임에 관하여는 「민법」의 규정을 따른다.
당연 퇴직	청원경찰이 다음 각호의 어느 하나에 해당할 때에는 당연 퇴직된다. 1. 임용결격사유에 해당될 때 2. 청원경찰의 배치가 폐지되었을 때

CHAPTER 04 교통경찰

알파 094 도로교통법상 용어정의

용어	정의
도로	• 「도로법」에 따른 도로 • 「유료도로법」에 따른 유료도로 • 「농어촌도로 정비법」에 따른 농어촌도로 • 그 밖에 현실적으로 불특정 다수의 사람 또는 차가 통행할 수 있도록 공개된 장소로서 안전하고 원활한 교통을 확보할 필요가 있는 장소
자동차 전용도로	자동차만 다닐 수 있도록 설치된 도로를 말한다.
고속도로	자동차의 고속 운행에만 사용하기 위하여 지정된 도로를 말한다.
차도	연석선(차도와 보도를 구분하는 돌 등으로 이어진 선을 말한다. 이하 같다), 안전표지 또는 그와 비슷한 인공구조물을 이용하여 경계를 표시하여 모든 차가 통행할 수 있도록 설치된 도로의 부분을 말한다.
중앙선	차마의 통행 방향을 명확하게 구분하기 위하여 도로에 황색 실선이나 황색 점선 등의 안전표지로 표시한 선 또는 중앙분리대나 울타리 등으로 설치한 시설물을 말한다. 다만, 제14조 제1항 후단에 따라 가변차로가 설치된 경우에는 신호기가 지시하는 진행방향의 가장 왼쪽에 있는 황색 점선을 말한다.
차로	차마가 한 줄로 도로의 정하여진 부분을 통행하도록 차선으로 구분한 차도의 부분을 말한다.
차선	차로와 차로를 구분하기 위하여 그 경계지점을 안전표지로 표시한 선을 말한다.
노면전차 전용로	도로에서 궤도를 설치하고, 안전표지 또는 인공구조물로 경계를 표시하여 설치한 「도시철도법」 제18조의2제1항 각 호에 따른 도로 또는 차로를 말한다.
보도	연석선, 안전표지나 그와 비슷한 인공구조물로 경계를 표시하여 보행자(유모차, 보행보조용 의자차, 노약자용 보행기 등 행정안전부령으로 정하는 기구·장치를 이용하여 통행하는 사람을 포함한다. 이하 같다)가 통행할 수 있도록 한 도로의 부분을 말한다.
길가장자리구역	보도와 차도가 구분되지 아니한 도로에서 보행자의 안전을 확보하기 위하여 안전표지 등으로 경계를 표시한 도로의 가장자리 부분을 말한다.
횡단보도	보행자가 도로를 횡단할 수 있도록 안전표지로 표시한 도로의 부분을 말한다.
교차로	'십'자로, 'T'자로나 그 밖에 둘 이상의 도로(보도와 차도가 구분되어 있는 도로에서는 차도를 말한다)가 교차하는 부분을 말한다.

회전교차로	교차로 중 차마가 원형의 교통섬(차마의 안전하고 원활한 교통처리나 보행자 도로횡단의 안전을 확보하기 위하여 교차로 또는 차도의 분기점 등에 설치하는 섬 모양의 시설을 말한다)을 중심으로 반시계방향으로 통행하도록 한 원형의 도로를 말한다.
차마	가. "차"란 다음의 어느 하나에 해당하는 것을 말한다. • 자동차 • 건설기계 • 원동기장치자전거 • 자전거 • 사람 또는 가축의 힘이나 그 밖의 동력(動力)으로 도로에서 운전되는 것. 다만, **철길이나 가설된 선을 이용하여 운전되는 것**, 유모차, 보행보조용 의자차, 노약자용 보행기 등 행정안전부령으로 정하는 기구·장치는 제외한다. 나. "우마"란 교통이나 운수에 사용되는 가축을 말한다.
자동차	철길이나 가설된 선을 이용하지 아니하고 원동기를 사용하여 운전되는 차(견인되는 자동차도 자동차의 일부로 본다)로서 다음 각목의 차를 말한다. 가. 「자동차관리법」 제3조에 따른 다음의 자동차. 다만, **원동기장치자전거는 제외한다.** • 승용자동차 • 승합자동차 • 화물자동차 • 특수자동차 • 이륜자동차 나. 「건설기계관리법」 제26조 제1항 단서에 따른 건설기계
원동기장치자전거	가. 「자동차관리법」 제3조에 따른 이륜자동차 가운데 배기량 125시시 이하(전기를 동력으로 하는 경우에는 **최고정격출력 11킬로와트 이하**)의 이륜자동차 나. 그 밖에 배기량 125시시 이하(전기를 동력으로 하는 경우에는 **최고정격출력 11킬로와트 이하**)의 원동기를 단 차(「자전거 이용 활성화에 관한 법률」 제2조제1호의2에 따른 전기자전거는 제외한다)
개인형 이동장치	제19호나목의 원동기장치자전거 중 시속 25킬로미터 이상으로 운행할 경우 전동기가 작동하지 아니하고 차체 중량이 30킬로그램 미만인 것으로서 행정안전부령으로 정하는 것을 말한다.
자동차등	자동차와 원동기장치자전거를 말한다.
노면전차	「도시철도법」 제2조제2호에 따른 노면전차로서 도로에서 궤도를 이용하여 운행되는 차를 말한다.
자율주행시스템	「자율주행자동차 상용화 촉진 및 지원에 관한 법률」 제2조제1항제2호에 따른 자율주행시스템을 말한다. 이 경우 그 종류는 완전 자율주행시스템, 부분 자율주행시스템 등 행정안전부령으로 정하는 바에 따라 세분할 수 있다.
자율주행자동차	「자동차관리법」 제2조제1호의3에 따른 자율주행자동차로서 자율주행시스템을 갖추고 있는 자동차를 말한다.
긴급자동차	다음 각목의 자동차로서 그 본래의 긴급한 용도로 사용되고 있는 자동차를 말한다. • 소방차 • 구급차 • 혈액 공급차량 • 그 밖에 대통령령으로 정하는 자동차
주차	운전자가 승객을 기다리거나 화물을 싣거나 차가 고장나거나 그 밖의 사유로 차를 계속 정지 상태에 두는 것 또는 운전자가 차에서 떠나서 즉시 그 차를 운전할 수 없는 상태에 두는 것을 말한다.

정차	운전자가 5분을 초과하지 아니하고 차를 정지시키는 것으로서 주차 외의 정지 상태를 말한다.
운전	도로(제27조제6항제3호·제44조·제45조·제54조제1항·제148조·제148조의2 및 제156조제10호의 경우에는 도로 외의 곳을 포함한다)에서 차마 또는 노면전차를 그 본래의 사용방법에 따라 사용하는 것(조종 또는 자율주행시스템을 사용하는 것을 포함한다)을 말한다.
초보운전자	처음 운전면허를 받은 날(처음 운전면허를 받은 날부터 2년이 지나기 전에 운전면허의 취소처분을 받은 경우에는 그 후 다시 운전면허를 받은 날을 말한다)부터 **2년**이 지나지 아니한 사람을 말한다. 이 경우 원동기장치자전거면허만 받은 사람이 원동기장치자전거면허 외의 운전면허를 받은 경우에는 처음 운전면허를 받은 것으로 본다.
서행	운전자가 차를 즉시 정지시킬 수 있는 정도의 느린 속도로 진행하는 것을 말한다.
앞지르기	차의 운전자가 앞서가는 다른 차의 옆을 지나서 그 차의 앞으로 나가는 것을 말한다.
일시정지	차의 운전자가 그 차의 바퀴를 일시적으로 완전히 정지시키는 것을 말한다.
보행자전용도로	보행자만 다닐 수 있도록 안전표지나 그와 비슷한 인공구조물로 표시한 도로

알파 095 횡단보도

설치목적 및 설치권자	시도경찰청장은 도로를 횡단하는 보행자의 안전을 위하여 횡단보도를 설치할 수 있다.
설치기준	1. 횡단보도에는 별표 6에 따른 횡단보도표시와 횡단보도표지판을 설치할 것 2. 횡단보도를 설치하고자 하는 장소에 횡단보행자용 신호기가 설치되어 있는 경우에는 횡단보도표시를 설치할 것 3. 횡단보도를 설치하고자 하는 도로의 표면이 포장이 되지 아니하여 횡단보도표시를 할 수 없는 때에는 횡단보도표지판을 설치할 것. 이 경우 그 횡단보도표지판에 횡단보도의 너비를 표시하는 보조표지를 설치하여야 한다. 4. 횡단보도는 육교·지하도 및 다른 횡단보도로부터 다음 각 목에 따른 거리 이내에는 설치하지 아니할 것. 다만, 법 제12조 또는 제12조의2에 따라 어린이 보호구역, 노인 보호구역 또는 장애인 보호구역으로 지정된 구간인 경우 또는 보행자의 안전이나 통행을 위하여 특히 필요하다고 인정되는 경우에는 그러하지 아니하다. 　가. 법 제2조제1호에 따른 도로로서 「도로의 구조·시설 기준에 관한 규칙」 제2조제8호에 따른 일반도로 중 집산도로(集散道路) 및 국지도로(局地道路) : 100미터 　나. 법 제2조제1호에 따른 도로로서 가목에 따른 도로 외의 도로 : 200미터

알파 096　어린이 보호구역

지정권자

① 초등학교등의 장은 별지 제1호서식의 어린이 보호구역 지정 신청서에 따라 특별시장·광역시장·특별자치도지사 또는 시장·군수(광역시의 군수는 제외한다. 이하 "시장등"이라 한다)에게 초등학교등의 주변도로를 어린이 보호구역으로 지정하여 줄 것을 신청할 수 있다. 다만, 개교 또는 개원을 하기 전의 초등학교등의 경우에는 교육감이나 구청장(구청장은 자치구의 구청장을 말하며, 어린이집에만 해당한다)이 어린이 보호구역의 지정을 신청할 수 있다. 〈개정 2011. 12. 8., 2016. 5. 2.〉

② 노인복지시설등을 설립·운영하는 자는 별지 제2호서식의 노인 보호구역 지정 신청서에 따라 시장등에게 노인복지시설등의 주변도로를 노인 보호구역으로 지정하여 줄 것을 신청할 수 있다. 〈개정 2016. 5. 2.〉

③ 장애인복지시설을 설립·운영하는 자는 별지 제3호서식의 장애인 보호구역 지정 신청서에 따라 시장등에게 장애인복지시설의 주변도로를 장애인 보호구역으로 지정하여 줄 것을 신청할 수 있다.

④ 시장등은 제1항부터 제3항까지의 규정에 따라 「도로교통법」 제12조 및 제12조의2에 따른 어린이 보호구역, 노인 보호구역 및 장애인 보호구역(이하 "보호구역"이라 한다)의 지정 신청을 받았을 때에는 다음 각 호의 사항을 조사하여야 한다.
　1. 보호구역 지정대상시설 주변 도로의 자동차 통행량 및 주차 수요
　2. 보호구역 지정대상시설 주변 도로의 신호기·안전표지(이하 "교통안전시설"이라 한다) 및 도로부속물 설치현황
　3. 보호구역 지정대상시설 주변 도로에서의 연간 교통사고 발생현황
　4. 보호구역 지정대상시설 주변 도로를 통행하는 어린이, 노인 또는 장애인의 수와 통행로의 체계 등

⑤ 시장등은 제4항 각 호의 사항을 조사하기 위해 시·도경찰청장 또는 경찰서장 등 관련 행정기관 또는 공공기관에 필요한 자료를 요청할 수 있다. 〈개정 2020. 12. 31.〉

⑥ 시장등은 제4항에 따른 조사 결과 보호구역으로 지정·관리할 필요가 인정되는 경우에는 관할 시·도경찰청장 또는 경찰서장과 협의하여 해당 보호구역 지정대상시설의 주(主) 출입문을 중심으로 반경 300미터 이내의 도로 중 일정구간을 보호구역으로 지정한다. 다만, 시장등은 해당 지역의 교통여건 및 효과성 등을 면밀히 검토하여 필요한 경우 보호구역 지정대상시설의 주 출입문을 중심으로 반경 500미터 이내의 도로에 대해서도 보호구역으로 지정할 수 있다. 〈개정 2020. 12. 31.〉

⑦ 시장등은 제1항부터 제3항까지의 규정에도 불구하고 교통사고의 위험으로부터 어린이, 노인 또는 장애인을 보호하여야 할 필요성이 특별히 인정되는 경우에는 제4항 각 호의 사항에 대한 조사를 거쳐 직접 보호구역 지정대상시설의 주변도로를 보호구역으로 지정할 수 있다. 이 경우 자료의 요청 및 지정 범위 등에 관하여는 제5항 및 제6항을 준용한다. 〈신설 2016. 5. 2.〉

주요 조치	신호기·안전표지의 설치	① 시·도경찰청장이나 경찰서장은 제3조제6항에 따라 보호구역으로 지정한 시설의 주 출입문과 가장 가까운 거리에 위치한 간선도로의 횡단보도에는 신호기를 우선적으로 설치·관리하여야 한다. 〈개정 2020. 12. 31.〉 ② 제1항에 따라 설치되는 보행 신호등의 녹색신호시간은 어린이, 노인 또는 장애인의 평균 보행속도를 기준으로 하여 설정하여야 한다.
	노상주차장의 설치금지	① 특별시장·광역시장·특별자치도지사 또는 시장·군수·구청장(구청장은 자치구의 구청장을 말한다. 이하 같다)은 보호구역으로 지정된 시설의 주 출입문과 직접 연결되어 있는 도로에는 노상주차장을 설치해서는 아니 된다. ② 특별시장·광역시장·특별자치도지사 또는 시장·군수·구청장은 보호구역에 이미 노상주차장이 설치되어 있는 경우에는 특별한 사유가 없으면 이를 폐지하거나 어린이·노인 또는 장애인의 통행 및 안전에 지장이 없는 곳으로 이전하여야 한다.
	기타 필요한 조치	① 시·도경찰청장이나 경찰서장은 「도로교통법」 제12조제1항 또는 제12조의2제1항에 따라 보호구역에서 구간별·시간대별로 다음 각 호의 조치를 할 수 있다. 〈개정 2020. 12. 31.〉 1. 차마(車馬)의 통행을 금지하거나 제한하는 것 2. 차마의 정차나 주차를 금지하는 것 3. 운행속도를 시속 30킬로미터 이내로 제한하는 것 4. 이면도로(도시지역에 있어서 간선도로가 아닌 도로로서 일반의 교통에 사용되는 도로를 말한다)를 일방통행로 지정·운영하는 것 ② 시·도경찰청장이나 경찰서장이 제1항에 따른 조치를 하려는 경우에는 그 뜻을 표시하는 안전표지를 설치하여야 한다. 〈개정 2020. 12. 31.〉

알파 097 서행 및 일시정지

서행할 장소	모든 차 또는 노면전차의 운전자는 다음 각 호의 어느 하나에 해당하는 곳에서는 서행하여야 한다. 〈개정 2018. 3. 27., 2020. 12. 22.〉 1. 교통정리를 하고 있지 아니하는 교차로 2. 도로가 구부러진 부근 3. 비탈길의 고갯마루 부근 4. 가파른 비탈길의 내리막 5. 시·도경찰청장이 도로에서의 위험을 방지하고 교통의 안전과 원활한 소통을 확보하기 위하여 필요하다고 인정하여 안전표지로 지정한 곳
일시정지할 장소	모든 차 또는 노면전차의 운전자는 다음 각 호의 어느 하나에 해당하는 곳에서는 일시정지하여야 한다. 〈개정 2018. 3. 27., 2020. 12. 22.〉 1. 교통정리를 하고 있지 아니하고 좌우를 확인할 수 없거나 교통이 빈번한 교차로 2. 시·도경찰청장이 도로에서의 위험을 방지하고 교통의 안전과 원활한 소통을 확보하기 위하여 필요하다고 인정하여 안전표지로 지정한 곳

알파 098   주정차금지

주정차금지	모든 차의 운전자는 다음 각 호의 어느 하나에 해당하는 곳에서는 차를 정차하거나 주차하여서는 아니 된다. 다만, 이 법이나 이 법에 따른 명령 또는 경찰공무원의 지시를 따르는 경우와 위험방지를 위하여 일시정지하는 경우에는 그러하지 아니하다. 〈개정 2018. 2. 9., 2020. 10. 20., 2020. 12. 22.〉
	1. 교차로·횡단보도·건널목이나 보도와 차도가 구분된 도로의 보도(「주차장법」에 따라 차도와 보도에 걸쳐서 설치된 노상주차장은 제외한다)
	2. 교차로의 가장자리나 도로의 모퉁이로부터 5미터 이내인 곳
	3. 안전지대가 설치된 도로에서는 그 안전지대의 사방으로부터 각각 10미터 이내인 곳
	4. 버스여객자동차의 정류지(停留地)임을 표시하는 기둥이나 표지판 또는 선이 설치된 곳으로부터 10미터 이내인 곳. 다만, 버스여객자동차의 운전자가 그 버스여객자동차의 운행시간 중에 운행노선에 따르는 정류장에서 승객을 태우거나 내리기 위하여 차를 정차하거나 주차하는 경우에는 그러하지 아니하다.
	5. 건널목의 가장자리 또는 횡단보도로부터 10미터 이내인 곳
	6. 다음 각 목의 곳으로부터 5미터 이내인 곳
	   가. 「소방기본법」 제10조에 따른 소방용수시설 또는 비상소화장치가 설치된 곳
	   나. 「화재예방, 소방시설 설치·유지 및 안전관리에 관한 법률」 제2조제1항제1호에 따른 소방시설로서 대통령령으로 정하는 시설이 설치된 곳
	7. 시·도경찰청장이 도로에서의 위험을 방지하고 교통의 안전과 원활한 소통을 확보하기 위하여 필요하다고 인정하여 지정한 곳
	8. 시장등이 제12조제1항에 따라 지정한 어린이 보호구역

주차금지	모든 차의 운전자는 다음 각 호의 어느 하나에 해당하는 곳에 차를 주차해서는 아니 된다. 〈개정 2020. 12. 22.〉
	1. 터널 안 및 다리 위
	2. 다음 각 목의 곳으로부터 5미터 이내인 곳
	   가. 도로공사를 하고 있는 경우에는 그 공사 구역의 양쪽 가장자리
	   나. 「다중이용업소의 안전관리에 관한 특별법」에 따른 다중이용업소의 영업장이 속한 건축물로 소방본부장의 요청에 의하여 시·도경찰청장이 지정한 곳
	3. 시·도경찰청장이 도로에서의 위험을 방지하고 교통의 안전과 원활한 소통을 확보하기 위하여 필요하다고 인정하여 지정한 곳

정차 또는 주차를 금지하는 장소의 특례	① 다음 각 호의 어느 하나에 해당하는 경우에는 제32조제1호·제4호·제5호·제7호·제8호 또는 제33조제3호에도 불구하고 정차하거나 주차할 수 있다.
	  1. 「자전거 이용 활성화에 관한 법률」 제2조제2호에 따른 자전거이용시설 중 전기자전거 충전소 및 자전거주차장치에 자전거를 정차 또는 주차하는 경우
	  2. 시장등의 요청에 따라 시·도경찰청장이 안전표지로 자전거등의 정차 또는 주차를 허용한 경우
	② 시·도경찰청장이 안전표지로 구역·시간·방법 및 차의 종류를 정하여 정차나 주차를 허용한 곳에서는 제32조제7호·제8호 또는 제33조제3호에도 불구하고 정차하거나 주차할 수 있다.

경사진 곳에서의 정차 또는 주차의 방법	경사진 곳에 정차하거나 주차(도로 외의 경사진 곳에서 정차하거나 주차하는 경우를 포함한다)하려는 자동차의 운전자는 대통령령으로 정하는 바에 따라 **고임목을 설치하거나 조향장치(操向裝置)를 도로의 가장자리 방향으로 돌려놓는 등** 미끄럼 사고의 발생을 방지하기 위한 조치를 취하여야 한다.

알파 099 앞지르기 금지

① 모든 차의 운전자는 다음 각 호의 어느 하나에 해당하는 경우에는 앞차를 앞지르지 못한다.
  1. 앞차의 좌측에 다른 차가 앞차와 나란히 가고 있는 경우
  2. 앞차가 다른 차를 앞지르고 있거나 앞지르려고 하는 경우
② 모든 차의 운전자는 다음 각 호의 어느 하나에 해당하는 다른 차를 앞지르지 못한다.
  1. 이 법이나 이 법에 따른 명령에 따라 정지하거나 서행하고 있는 차
  2. 경찰공무원의 지시에 따라 정지하거나 서행하고 있는 차
  3. 위험을 방지하기 위하여 정지하거나 서행하고 있는 차
③ 모든 차의 운전자는 다음 각 호의 어느 하나에 해당하는 곳에서는 다른 차를 앞지르지 못한다. 〈개정 2020. 12. 22.〉
  1. 교차로
  2. 터널 안
  3. 다리 위
  4. 도로의 구부러진 곳, 비탈길의 고갯마루 부근 또는 가파른 비탈길의 내리막 등 시·도경찰청장이 도로에서의 위험을 방지하고 교통의 안전과 원활한 소통을 확보하기 위하여 필요하다고 인정하는 곳으로서 안전표지로 지정한 곳

알파 100 긴급자동차

정의	"긴급자동차"라 함은 소방자동차·구급자동차·혈액공급자동차 그 밖의 **대통령령**이 정하는 자동차로서 그 본래의 긴급한 용도로 사용되고 있는 중인 자동차이다.		
	법정 긴급자동차	사용하는 사람의 신청에 의하여 시도경찰청장이 지정하는 경우	긴급자동차로 간주되는 경우
종류	1. 경찰용 자동차 중 범죄수사, 교통단속, 그 밖의 긴급한 경찰업무 수행에 사용되는 자동차 2. 국군 및 주한 국제연합군용 자동차 중 군 내부의 질서 유지나 부대의 질서 있는 이동을 유도(誘導)하는 데 사용되는 자동차 3. 수사기관의 자동차 중 범죄수사를 위하여 사용되는 자동차	1. 전기사업, 가스사업, 그 밖의 공익사업을 하는 기관에서 위험방지를 위한 응급작업에 사용되는 자동차 2. 민방위업무를 수행하는 기관에서 긴급예방 또는 복구를 위한 출동에 사용되는 자동차 3. 도로관리를 위하여 사용되는 자동차 중 도로상의 위험을 방지하기 위한 응급작업에 사용되거나 운행이 제한되는 자동차를 단속하기 위하여 사용되는 자	1. 경찰용 긴급자동차에 의하여 유도되고 있는 자동차 2. 국군 및 주한 국제연합군용의 긴급자동차에 의하여 유도되고 있는 국군 및 주한 국제연합군의 자동차 3. 생명이 위급한 환자 또는 부상자나 수혈을 위한 혈액을 운송 중인 자동차

	4. 도주자의 체포 또는 수용자, 보호관찰 대상자의 호송·경비를 위하여 사용되는 자동차 5. 국내외 요인(要人)에 대한 경호업무 수행에 공무(公務)로 사용되는 자동차	동차 4. 전신·전화의 수리공사 등 응급작업에 사용되는 자동차 5. 긴급한 우편물의 운송에 사용되는 자동차 6. 전파감시업무에 사용되는 자동차
긴급자동차의 우선통행권	① 긴급자동차는 제13조제3항에도 불구하고 긴급하고 부득이한 경우에는 도로의 중앙이나 좌측 부분을 통행할 수 있다. ② 긴급자동차는 이 법이나 이 법에 따른 명령에 따라 정지하여야 하는 경우에도 불구하고 긴급하고 부득이한 경우에는 정지하지 아니할 수 있다. ③ 긴급자동차의 운전자는 제1항이나 제2항의 경우에 교통안전에 특히 주의하면서 통행하여야 한다. ④ 교차로나 그 부근에서 긴급자동차가 접근하는 경우에는 차마와 노면전차의 운전자는 교차로를 피하여 일시정지하여야 한다. 〈개정 2018. 3. 27.〉 ⑤ 모든 차와 노면전차의 운전자는 제4항에 따른 곳 외의 곳에서 긴급자동차가 접근한 경우에는 긴급자동차가 우선통행할 수 있도록 진로를 양보하여야 한다. 〈개정 2016. 12. 2., 2018. 3. 27.〉 ⑥ 제2조제22호 각 목의 자동차 운전자는 해당 자동차를 그 본래의 긴급한 용도로 운행하지 아니하는 경우에는 「자동차관리법」에 따라 설치된 경광등을 켜거나 사이렌을 작동하여서는 아니 된다. 다만, 대통령령으로 정하는 바에 따라 범죄 및 화재 예방 등을 위한 순찰·훈련 등을 실시하는 경우에는 그러하지 아니하다.	
긴급자동차에 대한 특례	긴급자동차에 대하여는 다음 각 호의 사항을 적용하지 아니한다. 다만, 제4호부터 제12호까지의 사항은 긴급자동차 중 제2조제22호가목부터 다목까지의 자동차와 대통령령으로 정하는 경찰용 자동차에 대해서만 적용하지 아니한다. 〈개정 2021. 1. 12.〉 1. 제17조에 따른 자동차등의 속도 제한. 다만, 제17조에 따라 긴급자동차에 대하여 속도를 제한한 경우에는 같은 조의 규정을 적용한다. 2. 제22조에 따른 앞지르기의 금지 3. 제23조에 따른 끼어들기의 금지 4. 제5조에 따른 신호위반 5. 제13조제1항에 따른 보도침범 6. 제13조제3항에 따른 중앙선 침범 7. 제18조에 따른 횡단 등의 금지 8. 제19조에 따른 안전거리 확보 등 9. 제21조제1항에 따른 앞지르기 방법 등 10. 제32조에 따른 정차 및 주차의 금지 11. 제33조에 따른 주차금지 12. 제66조에 따른 고장 등의 조치 [전문개정 2011. 6. 8.]	

알파 101 긴급자동차 면허 및 교육

1 긴급자동차에 대한 운전면허 기준 완화 및 교통안전교육 신설

신규교육	정기교육
최초로 긴급자동차를 운전하려는 사람을 대상으로 실시하는 교육(3시간 이상)	긴급자동차를 운전하는 사람을 대상으로 3년마다 정기적으로 실시하는 교육. 이 경우 직전에 긴급자동차 교통안전교육을 받은 날부터 기산하여 3년이 되는 날이 속하는 해의 1월 1일부터 12월 31일 사이에 교육을 받아야 한다. (2시간 이상)

2 긴급자동차 교통안전교육

교육 대상자	교육시간	교육과목 및 내용	교육방법
법 제73조제4항에 해당하는 사람	2시간 (3시간)	(1) 긴급자동차 관련 도로교통법령에 관한 내용 (2) 주요 긴급자동차 교통사고 사례 (3) 교통사고 예방 및 방어운전 (4) 긴급자동차 운전자의 마음가짐 (5) 긴급자동차의 주요 특성	강의·시청각·영화상영 등

알파 102 음주운전 처벌기준

위반횟수		처벌기준
1회 위반	0.2% 이상	2~5년 또는 1천만원~2천만원
	0.08~0.2%미만	1~2년 또는 500~1천만원
	0.03~0.08%미만	1년 이하 또는 500만원 이하
	측정 거부	1~5년 또는 500~2천만원
2회 위반 (10년이내)	0.2% 이상	2~6년 또는 1천만원~3천만원
	0.03~0.2%미만	1~5년 또는 500~2천만원
	측정 거부	1~6년 또는 500~3천만원

위험운전치사상	음주 또는 약물의 영향으로 정상적인 운전이 곤란한 상태에서 자동차 (원동기장치자전거를 포함)를 운전
치상	1년 이상 15년 이하의 징역 또는 1천만원 이상 3천만원 이하의 벌금
치사	무기 또는 3년 이상의 징역

어린이보호구역	자동차(원동기장치자전거를 포함한다)의 운전자가 「도로교통법」 제12조제3항에 따른 어린이보호구역에서 같은 조 제1항에 따른 조치를 준수하고 어린이의 안전에 유의하면서 운전하여야 할 의무를 위반하여 어린이(13세 미만인 사람을 말한다. 이하 같다)에게 「교통사고처리 특례법」 제3조제1항의 죄를 범한 경우
치상	1년 이상 15년 이하의 징역 또는 500만원 이상 3천만원 이하의 벌금
치사	무기 또는 3년 이상의 징역

도로교통법 제148조의2 제1항 위헌소원 등 [2021. 11. 25. 2019헌바446, 2020헌가17, 2021헌바77(병합)]

【판시사항】

1. 음주운전 금지규정을 2회 이상 위반한 사람을 2년 이상 5년 이하의 징역이나 1천만 원 이상 2천만 원 이하의 벌금에 처하도록 한 구 도로교통법 제148조의2 제1항 중 '제44조 제1항을 2회 이상 위반한 사람'에 관한 부분(이하 '심판대상조항'이라 한다)이 죄형법정주의의 명확성원칙에 위반되는지 여부(소극)
2. 심판대상조항이 책임과 형벌 간의 비례원칙에 위반되는지 여부(적극)

【결정요지】

1. 심판대상조항의 문언, 입법목적과 연혁, 관련 규정과의 관계 및 법원의 해석 등을 종합하여 볼 때, 심판대상조항에서 '제44조 제1항을 2회 이상 위반한 사람'이란 '2006. 6. 1. 이후 도로교통법 제44조 제1항을 위반하여 술에 취한 상태에서 운전을 하였던 사실이 인정되는 사람으로서, 다시 같은 조 제1항을 위반하여 술에 취한 상태에서 운전한 사람'을 의미함을 충분히 알 수 있으므로, 심판대상조항은 죄형법정주의의 명확성원칙에 위반되지 아니한다.
2. 심판대상조항은 음주운전 금지규정을 반복하여 위반하는 사람에 대한 처벌을 강화하기 위한 규정인데, 가중요건이 되는 과거 위반행위와 처벌대상이 되는 재범 음주운전행위 사이에 아무런 시간적 제한을 두지 않고 있다. 그런데 과거 위반행위가 예컨대 10년 이상 전에 발생한 것이라면 처벌대상이 되는 재범 음주운전이 준법정신이 현저히 부족한 상태에서 이루어진 행위라거나 교통안전 등을 '반복적으로' 위협하는 행위라고 평가하기 어려워 이를 일반적 음주운전 금지규정 위반행위와 구별하여 가중처벌할 필요가 있다고 보기 어렵다. 범죄전력이 있음에도 다시 범행한 경우 가중된 행위책임을 인정할 수 있다고 하더라도, 전범을 이유로 아무런 시간적 제한 없이 무제한 후범을 가중처벌하는 예는 찾기 어렵고, 공소시효나 형의 실효를 인정하는 취지에도 부합하지 않는다. 또한 심판대상조항은 과거 위반 전력, 혈중알코올농도 수준 등에 비추어, 보호법익에 미치는 위험 정도가 비교적 낮은 유형의 재범 음주운전행위도 일률적으로 그 법정형의 하한인 2년 이상의 징역 또는 1천만 원 이상의 벌금을 기준으로 처벌하도록 하고 있어 책임과 형벌 사이의 비례성을 인정하기 어렵다. 따라서 심판대상조항은 책임과 형벌 간의 비례원칙에 위반된다.

▶ 처분감경사유

음주운전으로 운전면허 취소처분 또는 정지처분을 받은 경우	벌점·누산점수 초과로 인하여 운전면허 취소처분을 받은 경우
운전이 가족의 생계를 유지할 중요한 수단이 되거나, 모범운전자로서 처분당시 **3년 이상 교통봉사활동에 종사**하고 있거나, 교통사고를 일으키고 도주한 운전자를 검거하여 경찰서장 이상의 표창을 받은 사람으로서 다음의 어느 하나에 해당되는 경우가 없어야 한다. 1) 혈중알코올농도가 **0.1퍼센트**를 초과하여 운전한 경우 2) 음주운전 중 인적피해 교통사고를 일으킨 경우 3) 경찰관의 음주측정요구에 불응하거나 도주한 때 또는 단속경찰관을 폭행한 경우 4) 과거 **5년** 이내에 3회 이상의 인적피해 교통사고의 전력이 있는 경우 5) 과거 **5년** 이내에 음주운전의 전력이 있는 경우	운전이 가족의 생계를 유지할 중요한 수단이 되거나, 모범운전자로서 처분당시 3년 이상 교통봉사활동에 종사하고 있거나, 교통사고를 일으키고 도주한 운전자를 검거하여 경찰서장 이상의 표창을 받은 사람으로서 다음의 어느 하나에 해당되는 경우가 없어야 한다. 1) 과거 5년 이내에 운전면허 취소처분을 받은 전력이 있는 경우 2) 과거 5년 이내에 3회 이상 인적피해 교통사고를 일으킨 경우 3) 과거 5년 이내에 3회 이상 운전면허 정지처분을 받은 전력이 있는 경우 4) 과거 5년 이내에 운전면허행정처분 이의심의위원회의 심의를 거치거나 행정심판 또는 행정소송을 통하여 행정처분이 감경된 경우

알파 103 교통정리의 원칙

교통군 단순화의 원칙	단순화하는 방법에는 교통군을 '방향에 따라, 속력에 따라, 교통물체의 종류에 따라' 행하는 3가지가 있다.
도로능률증진의 원칙	도로의 활용률을 극대화한다는 원칙
교통기회 평등의 원칙	각종 교통대상에 교통의 기회를 평등하게 부여하여야 한다는 원칙이다.
우선교통의 원칙	① **진행방향에 따른 우선권** : 진행하는 것은 방향을 전환하는 것보다 우선권을 준다. ② **도로에 따른 우선권** : 간선도로 또는 주요도로를 통행하는 교통물체에게 보조도로 또는 소도로를 통행하는 교통물체보다 우선권이 주어진다. 또 소도로에서 간선도로에 나오려고 하는 차마는 기본적으로 일시정지 또는 서행하여 간선도로나 주요도로에서 통행하고 있는 차의 교통을 방해해서는 안 된다. ③ **교통의 종류에 따른 우선권** : 기차나 전차 등의 궤도차가 우선권을 갖고, 고속도차가 완속도차보다 우선권을 갖으며, 짐을 실은 차는 빈차보다 우선권을 갖는다. 특히 주의해야 할 것은 소방차, 구급차 등 긴급차의 우선권이다. 즉, 교통물체의 종류에 따라 교통의 능률성과 공공성에 비추어 우선권을 주는 법칙이다.

알파 104 운전면허

운전면허		운전할 수 있는 차량
종별	구분	

제1종	대형면허	1. 승용자동차
		2. 승합자동차
		3. 화물자동차
		4. 삭제
		5. 건설기계
		    가. 덤프트럭, 아스팔트살포기, 노상안정기
		    나. 콘크리트믹서트럭, 콘크리트펌프, 천공기(트럭 적재식)
		    다. 콘크리트믹서트레일러, 아스팔트콘크리트재생기
		    라. 도로보수트럭, 3톤 미만의 지게차
		6. 특수자동차[대형견인차, 소형견인차 및 구난차(이하 "구난차등"이라 한다)는 제외한다]
		7. 원동기장치자전거

	보통면허	1. 승용자동차 2. 승차정원 15명 이하의 승합자동차 3. 삭제 4. 적재중량 12톤 미만의 화물자동차 5. 건설기계(도로를 운행하는 3톤 미만의 지게차로 한정한다) 6. 총중량 10톤 미만의 특수자동차(구난차등은 제외한다) 7. 원동기장치자전거
	소형면허	1. 3륜화물자동차 2. 3륜승용자동차 3. 원동기장치자전거
	특수면허 - 대형견인차	1. 견인형 특수자동차 2. 제2종 보통면허로 운전할 수 있는 차량
	특수면허 - 소형견인차	1. 총중량 3.5톤 이하의 견인형 특수자동차 2. 제2종 보통면허로 운전할 수 있는 차량
	특수면허 - 구난차	1. 구난형 특수자동차 2. 제2종보통면허로 운전할 수 있는 차량
제2종	보통면허	1. 승용자동차 2. 승차정원 10명 이하의 승합자동차 3. 적재중량 4톤 이하의 화물자동차 4. 총중량 3.5톤 이하의 특수자동차(구난차등은 제외한다) 5. 원동기장치자전거
	소형면허	1. 이륜자동차(측차부를 포함한다) 2. 원동기장치자전거
	원동기장치자전거면허	원동기장치자전거

연습면허	제1종 보통	1. 승용자동차 2. 승차정원 15명 이하의 승합자동차 3. 적재중량 12톤 미만의 화물자동차
	제2종 보통	1. 승용자동차 2. 승차정원 10명 이하의 승합자동차 3. 적재중량 4톤 이하의 화물자동차

알파 105 국제운전면허증

국제운전면허증에 의한 자동차등의 운전 (제96조)	① 외국의 권한 있는 기관에서 제1호부터 제3호까지의 어느 하나에 해당하는 협약·협정 또는 약정에 따른 운전면허증(이하 "국제운전면허증"이라 한다) 또는 제4호에 따라 인정되는 외국면허증(이하 "상호인정외국면허증"이라 한다)을 발급받은 사람은 제80조제1항에도 불구하고 국내에 입국한 날부터 1년 동안 그 국제운전면허증 또는 상호인정외국면허증으로 자동차등을 운전할 수 있다. 이 경우 운전할 수 있는 자동차의 종류는 그 국제운전면허증 또는 상호인정외국면허증에 기재된 것으로 한정한다. 1. 1949년 제네바에서 체결된 「도로교통에 관한 협약」 2. 1968년 비엔나에서 체결된 「도로교통에 관한 협약」 3. 우리나라와 외국 간에 국제운전면허를 상호 인정하는 협약, 협정 또는 약정 4. 우리나라와 외국 간에 상대방 국가에서 발급한 운전면허증을 상호 인정하는 협약·협정 또는 약정 ② 국제운전면허증을 외국에서 발급받은 사람 또는 상호인정외국면허증으로 운전하는 사람은 「여객자동차 운수사업법」 또는 「화물자동차 운수사업법」에 따른 사업용 자동차를 운전할 수 없다. 다만, 「여객자동차 운수사업법」에 따른 대여사업용 자동차를 임차(賃借)하여 운전하는 경우에는 그러하지 아니하다. ③ 제82조제2항에 따른 운전면허 결격사유에 해당하는 사람으로서 같은 항 각 호의 구분에 따른 기간이 지나지 아니한 사람은 제1항에도 불구하고 자동차등을 운전하여서는 아니 된다.
자동차등의 운전금지 (제97조)	① 제96조에 따라 국제운전면허증 또는 상호인정외국면허증을 가지고 국내에서 자동차등을 운전하는 사람이 다음 각 호의 어느 하나에 해당하는 경우에는 그 사람의 주소지를 관할하는 시·도경찰청장은 행정안전부령으로 정한 기준에 따라 1년을 넘지 아니하는 범위에서 국제운전면허증 또는 상호인정외국면허증에 의한 자동차등의 운전을 금지할 수 있다. 1. 제88조제1항에 따른 적성검사를 받지 아니하였거나 적성검사에 불합격한 경우 2. 운전 중 고의 또는 과실로 교통사고를 일으킨 경우 3. 대한민국 국적을 가진 사람이 제93조제1항 또는 제2항에 따라 운전면허가 취소되거나 효력이 정지된 후 제82조제2항 각 호에 규정된 기간이 지나지 아니한 경우 4. 자동차등의 운전에 관하여 이 법이나 이 법에 따른 명령 또는 처분을 위반한 경우

	② 제1항에 따라 자동차등의 운전이 금지된 사람은 지체 없이 국제운전면허증 또는 상호인정외국면허증에 의한 운전을 금지한 시·도경찰청장에게 그 국제운전면허증 또는 상호인정외국면허증을 제출하여야 한다. ③ 시·도경찰청장은 제1항에 따른 금지기간이 끝난 경우 또는 금지처분을 받은 사람이 그 금지기간 중에 출국하는 경우에는 그 사람의 반환청구가 있으면 지체 없이 보관 중인 국제운전면허증 또는 상호인정외국면허증을 돌려주어야 한다.
국제운전면허증의 발급 등 (제98조)	① 제80조에 따라 운전면허를 받은 사람이 국외에서 운전을 하기 위하여 제96조제1항제1호의 「도로교통에 관한 협약」에 따른 국제운전면허증을 발급받으려면 시·도경찰청장에게 신청하여야 한다. 〈개정 2020. 12. 22.〉 ② 제1항에 따른 국제운전면허증의 유효기간은 **발급받은 날부터 1년**으로 한다. ③ 제1항에 따른 국제운전면허증은 이를 발급받은 사람의 국내운전면허의 효력이 없어지거나 취소된 때에는 그 효력을 잃는다. ④ 제1항에 따른 국제운전면허증을 발급받은 사람의 국내운전면허의 효력이 정지된 때에는 그 정지기간 동안 그 효력이 정지된다. ⑤ 제1항에 따른 국제운전면허증의 발급에 필요한 사항은 행정안전부령으로 정한다.

알파 106 임시운전증명서

교부	① 시도경찰청장은 다음 각호의 어느 하나의 경우에 해당하는 사람이 임시운전증명서의 교부를 신청한 때에는 행정안전부령이 정하는 바에 의하여 임시운전증명서를 교부할 수 있다. 다만, 제2호의 경우에는 소지하고 있는 운전면허증에 행정안전부령이 정하는 사항을 기재하여 교부함으로써 임시운전증명서의 교부에 갈음할 수 있다. 1. 운전면허증을 받은 사람이 제86조의 규정에 의한 재교부 신청을 한 경우 2. 제87조의 규정에 의한 적성검사 또는 운전면허증 갱신교부의 신청을 하거나 제88조의 규정에 의한 수시적성검사를 신청한 경우 3. 제93조의 규정에 의한 운전면허의 취소 또는 정지처분 대상자가 운전면허증을 제출한 경우 ② 제1항의 임시운전증명서는 그 유효기간 중 운전면허증과 같은 효력이 있다.
유효 기간	① 법 제91조 제1항에 따른 임시운전증명서는 별지 제79호 서식에 의한다. ② 제1항에 따른 임시운전증명서의 유효기간은 **20일 이내**로 하되, 법 제93조에 따른 운전면허의 취소 또는 정지처분 대상자의 경우에는 **40일 이내**로 할 수 있다. 다만, 경찰서장이 필요하다고 인정하는 때에는 그 유효기간을 1회에 **한하여 20일의 범위 이내에서 연장할 수 있다.**

알파 107 　운전면허의 결격사유 및 응시기간 제한

	제82조【운전면허의 결격사유】
결격 사유	다음 각 호의 어느 하나에 해당하는 사람은 운전면허를 받을 수 없다. 1. 18세 미만(원동기장치자전거의 경우에는 16세 미만)인 사람 2. 교통상의 위험과 장해를 일으킬 수 있는 정신질환자 또는 뇌전증 환자로서 대통령령으로 정하는 사람 3. 듣지 못하는 사람(제1종 운전면허 중 대형면허·특수면허만 해당한다), 앞을 보지 못하는 사람(한쪽 눈만 보지 못하는 사람의 경우에는 제1종 운전면허 중 대형면허·특수면허만 해당한다)이나 그 밖에 대통령령으로 정하는 신체장애인 4. 양쪽 팔의 팔꿈치관절 이상을 잃은 사람이나 양쪽 팔을 전혀 쓸 수 없는 사람. 다만, 본인의 신체장애 정도에 적합하게 제작된 자동차를 이용하여 정상적인 운전을 할 수 있는 경우에는 그러하지 아니하다. 5. 교통상의 위험과 장해를 일으킬 수 있는 마약·대마·향정신성의약품 또는 알코올 중독자로서 대통령령으로 정하는 사람 6. 제1종 대형면허 또는 제1종 특수면허를 받으려는 경우로서 19세 미만이거나 자동차(이륜자동차는 제외한다)의 운전경험이 1년 미만인 사람 7. 대한민국의 국적을 가지지 아니한 사람 중 「출입국관리법」 제31조에 따라 외국인등록을 하지 아니한 사람(외국인등록이 면제된 사람은 제외한다)이나 「재외동포의 출입국과 법적 지위에 관한 법률」 제6조제1항에 따라 국내거소신고를 하지 아니한 사람

기간 제한		사유
응시 기간 제한		• 무면허 : 위반한 날부터 1년 　(운전면허효력 정지기간에 운전하여 취소된 경우에는 그 취소된 날) • 무면허위반자가 원동기장치자전거면허를 받으려는 경우 : 6개월 　(공동위험행위를 위반한 경우에는 그 위반한 날부터 1년) • 2~5년 외 다른 사유로 운전면허가 취소된 경우 : 취소된 날부터 1년
	1년	• 술에 취한 상태에서 자동차등을 운전한 경우 • 술에 취한 상태에 있다고 인정할 만한 상당한 이유가 있음에도 불구하고 경찰공무원의 측정에 응하지 아니한 경우 • 약물의 영향으로 인하여 정상적으로 운전하지 못할 우려가 있는 상태에서 자동차등을 운전한 경우 • 공동위험행위를 한 경우 • 운전면허를 받을 수 없는 사람에 해당된 경우 • 적성검사를 받지 아니하거나 그 적성검사에 불합격한 경우 • 거짓이나 그 밖의 부정한 수단으로 운전면허를 받은 경우 • 운전 중 고의 또는 과실로 교통사고를 일으킨 경우 • **운전면허를 받은 사람이 자동차등을 이용하여 살인 또는 강간 등 행정안전부령으로 정하는 범죄행위를 한 경우** • 교통단속 임무를 수행하는 경찰공무원등 및 시·군공무원을 폭행한 경우 • 운전면허증을 다른 사람에게 빌려주어 운전하게 하거나 다른 사람의 운전면허증을 빌려서 사용한 경우

응시 기간 제한	1년	• 「자동차관리법」에 따라 등록되지 아니하거나 임시운행허가를 받지 아니한 자동차(이륜자동차는 제외한다)를 운전한 경우 • 제1종 보통면허 및 제2종 보통면허를 받기 전에 연습운전면허의 취소사유가 있었던 경우 • 다른 법률에 따라 관계 행정기관의 장이 운전면허의 취소처분 또는 정지처분을 요청한 경우 • 이 법이나 이 법에 따른 명령 또는 처분을 위반한 경우
	2년	• 무면허 3회 이상 위반하여 자동차등을 운전한 경우 : 위반한 날부터 2년 • 음주(측정거부) 2회 이상 위반 또는 **공동위험행위를 2회 이상 위반하여 각각 운전면허가 취소 : 취소된 날부터 2년** • 운전면허를 받을 수 없는 사람이 운전면허를 받거나 운전면허효력의 정지기간 중 운전면허증 또는 운전면허증을 갈음하는 증명서를 발급받은 사실이 드러난 경우 : 취소된 날부터 2년 • 다른 사람의 자동차등을 훔치거나 빼앗은 경우 : 취소된 날부터 2년 • **다른 사람이 부정하게 운전면허를 받도록 하기 위하여 제83조에 따른 운전면허시험에 대신 응시한 경우 : 취소된 날부터 2년** • 음주운전으로 교통사고 야기 • 운전면허시험에서 부정행위한 경우 : 시험이 무효로 처리된 사람은 그 처분이 있는 날부터 2년간 해당 시험에 응시하지 못한다.
	3년	• 음주운전을 하다가 2회 이상 교통사고를 일으킨 경우 : 취소된 날부터 3년 • 자동차등을 이용하여 범죄행위를 하거나 다른 사람의 자동차등을 훔치거나 빼앗은 사람이 무면허로 그 자동차등을 운전한 경우 : 위반한 날부터 3년
	4년	• 무면허, 음주약물, 과로 또는 공동위험행위가 아닌 다른 사유로 사람을 사상한 후 구호조치 및 신고를 하지 아니한 경우 : 취소된 날부터 4년
	5년	• 무면허운전을 한 자가 사람을 사상한 후 구호조치 및 신고를 하지 아니한 경우 : 위반한 날부터 5년 • 음주약물복용, 과로 또는 공동위험행위를 위반하여 사람을 사상한 후 구호조치 및 신고를 하지 아니한 경우 : 취소된 날부터 5년 • 음주운전으로 사망사고 야기

알파 108 면허행정처분

1 의의 및 일반기준

용어	① 벌점 : 행정처분의 기초자료로 활용하기 위하여 법규위반 또는 사고야기에 대하여 그 위반의 경중, 피해의 정도 등에 따라 배점되는 점수를 말한다. ② 누산점수 : 위반·사고시의 벌점을 누적하여 합산한 점수에서 상계치(무위반·무사고기간 경과시에 부여되는 점수 등)를 뺀 점수를 말한다. [누산점수 = 매 위반·사고시 벌점의 누적합산치 – 상계치] ③ 처분벌점 : 구체적인 법규위반·사고야기에 대하여 앞으로 정지처분기준을 적용하는 데 필요한 벌점으로서, 누산점수에서 이미 정지처분이 집행된 벌점의 합계치를 뺀 점수를 말한다. [처분벌점 = 누산벌점 – 이미 처분이 집행된 벌점의 합계치 　　　　 = 매 위반·사고시 벌점의 누적합산치 – 상계치 – 이미 처분이 집행된 벌점의 합계치] ④ 면허정지처분대상자 : '면허정지처분대상자'라 함은 도로교통법령 위반, 교통사고야기 등으로 운전면허의 처분벌점이 40점 이상이 된 사람으로서, 경찰서장이 면허정지처분을 아직 결정하지 않은 사람을 말한다.
행정처분의 기준	운전면허정지처분은 처분벌점이 40점 이상이 된 때부터 결정하여 집행하되, 벌점 1점을 1일에 계산하여 집행한다.
벌점 등 초과로 인한 운전면허의 취소·정지	① 벌점·누산점수 초과로 인한 면허취소 : 1회의 위반·사고로 인한 벌점 또는 연간 누산점수가 다음 표의 벌점 또는 누산점수에 도달한 때에는 그 운전면허를 취소한다. **벌점·누산점수 초과로 인한 면허취소 기준** | 기간	벌점 또는 누산점수
1년간	121점 이상
2년간	201점 이상
3년간	271점 이상 | ② 벌점·처분벌점 초과로 인한 면허정지 : 운전면허 정지처분은 1회의 위반·사고로 인한 벌점 또는 처분벌점이 40점 이상이 된 때부터 결정하여 집행하되, 원칙적으로 1점을 1일로 계산하여 집행한다.

▶ **착한운전마일리지제도**

자발적 실천을 유도하여 교통사고 및 교통법규 위반을 운전자 스스로 줄이고자 하는 제도
① **무위반·무사고 서약**을 하여야 한다.
② **1년간** 무위반·무사고 서약을 실천하여야 한다.
③ 1년을 기준으로 10점의 특혜점수를 부여한다.
➡ 특혜점수는 기간에 관계없이 운전자가 정지처분을 받게 될 경우 누산점수에서 공제하도록 되어 있으며, 이 점수는 10점 단위로 공제된다.

알파 109 벌점기준

1 인적 피해 교통사고 결과에 따른 벌점기준

구분		벌점	내용
인적피해 교통사고	사망 1명마다	90	사고발생시로부터 72시간 내에 사망한 때
	중상 1명마다	15	3주 이상의 치료를 요하는 의사의 진단이 있는 사고
	경상 1명마다	5	3주 미만 5일 이상의 치료를 요하는 의사의 진단이 있는 사고
	부상신고 1명마다	2	5일 미만의 치료를 요하는 의사의 진단이 있는 사고

〈비고〉
1. 교통사고 발생원인이 불가항력이거나 피해자의 명백한 과실인 때에는 행정처분을 하지 아니한다.
2. 차 대 사람 교통사고의 경우 쌍방과실인 때에는 그 벌점을 2분의 1로 감경한다. 감경방법은 위반행위와 사고결과에 따른 벌점을 합산 후 전체벌점에서 그 벌점의 2분의 1로 감경한다.
3. 차 대 차 교통사고의 경우에는 그 사고 발생원인 중 중한 위반행위를 한 운전자만 적용한다. 사고조사 결과 가해차량 운전자를 말하며, 피해차량 운전자라도 고유한 위반행위가 있는 경우에는 그 위반행위에 대한 벌점이 부과된다.
4. 교통사고로 인한 벌점산정에 있어서 처분받을 운전자 본인의 인적 피해에 대하여는 벌점을 산정하지 아니한다.

2 사고야기 후 조치 등 불이행에 따른 벌점기준

불이행 사항	적용법조 (도로교통법)	벌점	내용
교통사고 야기시 조치 불이행	제54조 제1항	15	1. 물적 피해가 발생한 교통사고를 일으킨 후 도주한 때
		30	2. 교통사고를 일으킨 즉시(그때, 그 자리에서 곧) 사상자를 구호하는 등의 조치를 하지 아니하였으나 그 후 자진신고를 한 때 • 고속도로, 특별시·광역시 및 시의 관할구역과 군(광역시의 군을 제외한다)의 관할구역 중 경찰관서가 위치하는 리 또는 동 지역에서 3시간(그 밖의 지역에서는 12시간) 이내에 자진신고를 한 때
		60	• 위에 따른 시간 후 48시간 이내에 자진신고를 한 때

3 운전면허 취소처분 개별기준

일련 번호	위반사항	적용법조 (도로교통법)	내용
1	교통사고를 일으키고 구호조치를 하지 아니한 때	제93조	• 교통사고로 사람을 죽게 하거나 다치게 하고, 구호조치를 하지 아니한 때

2	술에 취한 상태에서 운전한 때	제93조	• 술에 취한 상태의 기준(혈중알코올농도 0.03퍼센트 이상)을 넘어서 운전을 하다가 교통사고로 사람을 죽게 하거나 다치게 한 때 • 술에 만취한 상태(혈중알코올농도 0.08퍼센트 이상)에서 운전한 때 • 1회 이상 술에 취한 상태의 기준을 넘어 운전하거나 술에 취한 상태의 측정에 불응한 사람이 다시 술에 취한 상태(혈중알코올농도 0.03퍼센트 이상)에서 운전한 때
3	술에 취한 상태의 측정에 불응한 때	제93조	• 술에 취한 상태에서 운전하거나 술에 취한 상태에서 운전하였다고 인정할 만한 상당한 이유가 있음에도 불구하고 경찰공무원의 측정 요구에 불응한 때
4	다른 사람에게 운전면허증 대여 (도난, 분실 제외)	제93조	• 면허증 소지자가 다른 사람에게 면허증을 대여하여 운전하게 한 때 • 면허 취득자가 다른 사람의 면허증을 대여 받거나 그 밖에 부정한 방법으로 입수한 면허증으로 운전한 때
5	결격사유에 해당	제93조	• 교통상의 위험과 장해를 일으킬 수 있는 정신질환자 또는 뇌전증환자로서 영 제42조제1항에 해당하는 사람 • 앞을 보지 못하는 사람(한쪽 눈만 보지 못하는 사람의 경우에는 제1종 운전면허 중 대형면허·특수면허로 한정한다) • 듣지 못하는 사람(제1종 운전면허 중 대형면허·특수면허로 한정한다) • 양 팔의 팔꿈치 관절 이상을 잃은 사람, 또는 양팔을 전혀 쓸 수 없는 사람. 다만, 본인의 신체장애 정도에 적합하게 제작된 자동차를 이용하여 정상적으로 운전할 수 있는 경우는 제외한다. • 다리, 머리, 척추 그 밖의 신체장애로 인하여 앉아 있을 수 없는 사람 • 교통상의 위험과 장해를 일으킬 수 있는 마약, 대마, 향정신성 의약품 또는 알코올 중독자로서 영 제42조제3항에 해당하는 사람
6	약물을 사용한 상태에서 자동차 등을 운전한 때	제93조	• 약물(마약·대마·향정신성 의약품 및 「유해화학물질 관리법 시행령」 제25조에 따른 환각물질)의 투약·흡연·섭취·주사 등으로 정상적인 운전을 하지 못할 염려가 있는 상태에서 자동차 등을 운전한 때
6의2	공동위험행위	제93조	• 법 제46조제1항을 위반하여 공동위험행위로 구속된 때
6의3	난폭운전	제93조	• 법 제46조의3을 위반하여 난폭운전으로 구속된 때
7	정기적성검사 불합격 또는 정기적성검사 기간 1년경과	제93조	• 정기적성검사에 불합격하거나 적성검사기간 만료일 다음 날부터 적성검사를 받지 아니하고 1년을 초과한 때

8	수시적성검사 불합격 또는 수시적성검사 기간 경과	제93조	• 수시적성검사에 불합격하거나 수시적성검사 기간을 초과한 때
9	삭제 〈2011.12.9〉		
10	운전면허 행정처분기간중 운전행위	제93조	• 운전면허 행정처분 기간중에 운전한 때
11	허위 또는 부정한 수단으로 운전면허를 받은 경우	제93조	• 허위·부정한 수단으로 운전면허를 받은 때 • 법 제82조에 따른 결격사유에 해당하여 운전면허를 받을 자격이 없는 사람이 운전면허를 받은 때 • 운전면허 효력의 정지기간중에 면허증 또는 운전면허증에 갈음하는 증명서를 교부받은 사실이 드러난 때
12	등록 또는 임시운행 허가를 받지 아니한 자동차를 운전한 때	제93조	• 「자동차관리법」에 따라 등록되지 아니하거나 임시운행 허가를 받지 아니한 자동차(이륜자동차를 제외한다)를 운전한 때
12의 2	자동차 등을 이용하여 형법상 특수상해 등을 행한 때(보복운전)	제93조	• 자동차 등을 이용하여 형법상 특수상해, 특수폭행, 특수협박, 특수손괴를 행하여 구속된 때
13	자동차 등을 이용하여 범죄행위를 한 때	제93조	• 국가보안법을 위반한 범죄에 이용된 때 • 형법을 위반한 다음 범죄에 이용된 때 　- 살인, 사체유기, 방화 　- 강도, 강간, 강제추행 　- 약취·유인·감금 　- 상습절도(절취한 물건을 운반한 경우에 한한다) 　- 교통방해(단체에 소속되거나 다수인에 포함되어 교통을 방해한 경우에 한한다)
14	다른 사람의 자동차 등을 훔치거나(위헌) 빼앗은 때	제93조	• 운전면허를 가진 사람이 자동차 등을 훔치거나 빼앗아 이를 운전한 때
15	다른 사람을 위하여 운전면허시험에 응시한 때	제93조	• 운전면허를 가진 사람이 다른 사람을 부정하게 합격시키기 위하여 운전면허 시험에 응시한 때
16	운전자가 단속 경찰공무원 등에 대한 폭행	제93조	• 단속하는 경찰공무원 등 및 시·군·구 공무원을 폭행하여 형사입건된 때
17	연습면허 취소사유가 있었던 경우	제93조	• 제1종 보통 및 제2종 보통면허를 받기 이전에 연습면허의 취소사유가 있었던 때(연습면허에 대한 취소절차 진행중 제1종 보통 및 제2종 보통면허를 받은 경우를 포함한다)

알파 110 운전면허 정지처분 개별기준

위반사항	적용법조(도로교통법)	벌점
1. 삭제 〈2011.12.9〉		
2. 술에 취한 상태의 기준을 넘어서 운전한 때(혈중알코올농도 0.03퍼센트 이상 0.08퍼센트 미만)	제44조제1항	100
2의2. 자동차 등을 이용하여 형법상 특수상해 등(보복운전)을 하여 입건된 때	제93조	
3. 속도위반(60km/h 초과)	제17조제3항	60
4. 정차·주차위반에 대한 조치불응(단체에 소속되거나 다수인에 포함되어 경찰공무원의 3회이상의 이동명령에 따르지 아니하고 교통을 방해한 경우에 한한다)	제35조제1항	40
4의2. 공동위험행위로 형사입건된 때	제46조제1항	
4의3. 난폭운전으로 형사입건된 때	제46조의3	
5. 안전운전의무위반(단체에 소속되거나 다수인에 포함되어 경찰공무원의 3회 이상의 안전운전 지시에 따르지 아니하고 타인에게 위험과 장해를 주는 속도나 방법으로 운전한 경우에 한한다)	제48조	
6. 승객의 차내 소란행위 방치운전	제49조제1항제9호	
7. 출석기간 또는 범칙금 납부기간 만료일부터 60일이 경과될 때까지 즉결심판을 받지 아니한 때	제138조 및 제165조	
8. 통행구분 위반(중앙선 침범에 한함)	제13조제3항	30
9. 속도위반(40km/h 초과 60km/h 이하)	제17조제3항	
10. 철길건널목 통과방법위반	제24조	
10의2. 어린이통학버스 특별보호 위반	제51조	
10의3. 어린이통학버스 운전자의 의무위반(좌석안전띠를 매도록 하지 아니한 운전자는 제외한다)	제53조제1항·제2항·제4항 및 제5항	
11. 고속도로·자동차전용도로 갓길통행	제60조제1항	
12. 고속도로 버스전용차로·다인승전용차로 통행위반	제61조제2항	
13. 운전면허증 등의 제시의무위반 또는 운전자 신원확인을 위한 경찰공무원의 질문에 불응	제92조제2항	

14. 신호·지시위반	제5조	
15. 속도위반(20km/h 초과 40km/h 이하)	제17조제3항	
15의2. 속도위반(어린이보호구역 안에서 오전 8시부터 오후 8시까지 사이에 제한속도를 20km/h 이내에서 초과한 경우에 한정한다)	제17조제3항	
16. 앞지르기 금지시기·장소위반	제22조	
16의2. 적재 제한 위반 또는 적재물 추락 방지 위반	제39조제1항· 제4항	15
17. 운전 중 휴대용 전화 사용	제49조제1항제10호	
17의2. 운전 중 운전자가 볼 수 있는 위치에 영상 표시	제49조제1항제11호	
17의3. 운전 중 영상표시장치 조작	제49조제1항제11호의2	
18. 운행기록계 미설치 자동차 운전금지 등의 위반	제50조제5항	
19. 삭제 〈2014.12.31.〉		
20. 통행구분 위반(보도침범, 보도 횡단방법 위반)	제13조제1항·제2항	
21. 지정차로 통행위반(진로변경 금지장소에서의 진로변경 포함)	제14조제2항·제5항, 제60조제1항	
22. 일반도로 전용차로 통행위반	제15조제3항	
23. 안전거리 미확보(진로변경 방법위반 포함)	제19조제1항·제3항·제4항	
24. 앞지르기 방법위반	제21조제1항·제3항, 제60조제2항	
25. 보행자 보호 불이행(정지선위반 포함)	제27조	10
26. 승객 또는 승하차자 추락방지조치위반	제39조제3항	
27. 안전운전 의무 위반	제48조	
28. 노상 시비·다툼 등으로 차마의 통행 방해행위	제49조제1항제5호	
29. 삭제 〈2014.12.31.〉		
30. 돌·유리병·쇳조각이나 그 밖에 도로에 있는 사람이나 차마를 손상시킬 우려가 있는 물건을 던지거나 발사하는 행위	제68조제3항제4호	
31. 도로를 통행하고 있는 차마에서 밖으로 물건을 던지는 행위	제68조제3항제5호	

알파 111 교통사고 발생시 조치

의의		교통사고가 발생한 경우에는 그 차의 운전자 등은 즉시 정차하여 사상자를 구호하는 등 필요한 조치를 하여야 한다.
신고 의무	의의	① 교통사고가 발생한 경우 차의 운전자 등은 경찰공무원 또는 가장 가까운 국가경찰관서에 일정한 사항을 지체 없이 신고하여야 한다. ② 도로에서 일어나 사고에 한하여 사고운전자의 신고의무가 발생하며, 신고의 내용은 사고발생의 객관적인 사실에 한정 ③ 차의 운전 등 교통으로 인하여 사람을 사상하거나 물건을 손괴(이하 "교통사고"라 한다)한 경우에는 그 차의 운전자나 그 밖의 승무원(이하 "운전자등"이라 한다)은 즉시 정차하여 다음 각 호의 조치를 하여야 한다. 〈개정 2014.1.28., 2016.12.2.〉 　1. 사상자를 구호하는 등 필요한 조치 　2. **피해자에게 인적 사항**(성명·전화번호·주소 등을 말한다. 이하 제148조 및 제156조 제10호에서 같다) **제공**
	신고 대상	① 사고가 일어난 곳　　　　　　　　② 사상자 수 및 부상정도 ③ 손괴한 물건 및 손괴정도　　　　 ④ 그 밖의 조치사항 등
	예외	운행 중인 차만이 손괴된 것이 분명하고 도로에서의 위험방지와 원활한 소통을 위하여 필요한 조치를 한 때에는 신고의무 ×
경찰의 조치		① 신고받은 (국가)경찰공무원은 부상자의 구호와 그 밖의 교통위험 방지를 위하여 필요하다고 인정하는 때에는 (국가)경찰공무원이 현장에 도착할 때까지 신고를 한 운전자 등에 대하여 현장에서 대기할 것을 명할 수 있다. ② 경찰공무원은 교통사고를 낸 차의 운전자 등에 대하여 그 현장에서 부상자의 구호와 교통안전상 필요한 지시를 명할 수 있다. ③ (국가)경찰공무원은 교통사고가 발생한 때에는 필요한 조사를 하여야 한다.
계속 운행		① **긴급자동차** 또는 ② **부상자**를 운반 중인 차 및 ③ **우편물자동차** 등의 운전자는 긴급한 경우에는 승차자로 하여금 필요한 조치 또는 신고를 하게 하고 운전을 계속할 수 있다.

알파 112 교통사고 관련 법령

1 법체계

교통형벌법의 특색	합목적성과 윤리적 무색성·기술성을 그 특징으로 한다.
형법	① 교통사고는 그 성격상 형법상의 업무상 과실치사상죄에 해당 ② 실제 일반 교통사고의 경우는 특별법인 교통사고처리특례법에 의해 처리
도로교통법 (도교법)	① 차의 교통으로 인한 사고로 인적 피해(인피사고) 없이 재산상의 피해(물피사고)만 있는 경우에 적용 ② 물피사고 도주차량도 도로교통법을 적용하여 형사입건 ③ 차의 교통으로 인하여 물피사고만 일어났으면 도로교통법을 적용하고, 인피사고가 발생한 경우는 교특법 적용
교통사고처리특례법 (교특법)	① 교통사고로 인한 피해의 신속한 회복을 촉진하고 국민생활의 편익을 증진함을 목적으로 한다. ② 특색 • 합의 또는 종합보험 가입시 업무상 과실 또는 중과실로 물피·인피를 야기할 경우 처벌을 면제하는 특례규정을 두고 있다. • 그러나 피해의 결과가 극심한 사고원인에 대한 처벌을 강화하기 위해 ⊙ 예외 12개항 사고, ⓒ 중상해 사고, ⓒ 도주(구호조치 의무위반), ② 업무상 과실치사죄를 범한 경우에는 반드시 공소를 제기 ③ 적용범위 • 교통사고의 개념을 도로에서의 사고로 제한하지 않고, 차의 교통으로 인한 사고로 확대처리하고 있기 때문에 일반적으로 차의 교통으로 인한 사고의 경우에는 교특법을 적용하여 처리 • 공장 안에서(도로 ×) 지게차(차 ○)를 운전하여 물건을 나르던 중 피해자를 들이받아 상해를 입힌 경우 – 교특법 적용
특정범죄가중처벌에 관한법률(특가법)	① '자동차'와 '원동기장치자전거'가 사람을 사상하고 도교법상 사고발생시 조치를 하지 않고 도주한 경우에 적용 • 특가법은 도로에서의 사고에 한정되지 않는다. • 궤도차, 경운기, 트랙터는 특가법이 적용 × ② 인피를 낸 도주차량은 합의·종합보험 가입 여부와 관계없이 처벌

2 교통사고 처리

인피	치사사고		형사입건 → 공소권 ○(교특법)
	치상사고	보험가입 (합의)	중상해 및 특례 12개항 제외하고는 형사입건 → 공소권 ×(교특법), 원인행위만 도로교통법
		합의×	형사입건 → 공소권 ○(교특법)
		특례 12개항	형사입건 → 공소권 ○(교특법), 피해자와의 합의 여부 불문
		중상해	형사입건 → 가입 ○ + 피해자와 합의 × → 공소권 ○(교특법)
물피	보험가입(합의)		피해액 관계없이 교통사고처리대장에 등재 → 내사종결, 형사입건 ×(원인행위만 도교법)
	합의 ×		형사입건 → 공소권 ○(도교법), 다만 피해액 20만원 미만 → 즉결심판에 회부
도주	인피		형사입건 → 공소권 ○(특가법)
	단순 물피		형사입건 → 공소권 ○(도교법)
	미신고		사상자구호 등 사후조치 ○ + 신고 × → 형사입건 → 공소권 ○

알파 113 특례 12개항 사고

교통사고처리특례법 제3조【처벌의 특례】
1. 신호기가 표시하는 신호 또는 교통정리를 하는 경찰공무원등의 신호를 위반하거나 통행금지 또는 일시정지를 내용으로 하는 안전표지가 표시하는 지시를 위반하여 운전한 경우
2. 중앙선을 침범하거나 전용도로에서 횡단·유턴 또는 후진한 경우
3. 제한속도를 매시 20킬로미터를 초과하여 운전한 경우
4. 앞지르기의 방법·금지시기·금지장소 또는 끼어들기의 금지에 위반하여 운전한 경우, 고속도로에서의 앞지르기 방법을 위반하여 운전한 경우
5. 철길건널목 통과방법을 위반하여 운전한 경우
6. 횡단보도에서의 보행자보호의무를 위반하여 운전한 경우
7. 운전면허 또는 건설기계조종사면허를 받지 아니하거나 국제운전면허증을 소지하지 아니하고 운전한 경우. 이 경우 운전면허 또는 건설기계조종사면허의 효력이 정지 중에 있거나 운전의 금지 중에 있는 때에는 운전면허 또는 건설기계조종사면허를 받지 아니하거나 국제운전면허증을 소지하지 아니한 것으로 본다.
8. 술에 취한 상태에서 운전을 하거나 약물의 영향으로 정상적으로 운전하시 못할 우려가 있는 상태에서 운전한 경우
9. 보도(步道)가 설치된 도로의 보도를 침범하거나 보도 횡단방법을 위반하여 운전한 경우
10. 승객의 추락방지의무를 위반하여 운전한 경우
11. 어린이 보호구역에서 어린이의 신체를 상해에 이르게 한 경우
12. 자동차의 화물이 떨어지지 아니하도록 필요한 조치를 하지 아니하고 운전한 경우

알파 114   신뢰원칙

의의	교통규칙을 준수하는 운전자는 다른 관여자들도 교통규칙을 준수할 것을 신뢰해도 좋고, 특별한 사정이 없는 한 다른 관여자들이 교통규칙을 위반하는 경우까지 예상하여 이에 대한 방어조치를 취할 의무는 없다는 원칙 ㉠ 신뢰의 원칙이라고 하며 과실범과 관련이 있다. ㉡ 현대사회에서 도로교통의 사회적 중요성에 기인하여 과실범처벌을 완화하자는 원칙이다. ㉢ 이 원칙은 독일의 판례가 채택한 이래 스위스, 오스트리아, 일본, 우리나라의 판례에 영향을 주었다.
적용범위	① 차 대 차 : 일반적으로 적용 ○ ② 차 대 사람 : 제한적으로 적용 ○ ③ 적용범위 확대 : 분업적 공동작업이 필요한 모든 경우에 확대
적용한계	① 상대방의 규칙위반을 이미 인식한 경우 : 중앙선침범을 이미 목격한 경우 ② 상대방의 규칙준수를 신뢰할 수 없는 경우 : 어린이, 노인, 불구자, 버스정류장, 초등학교·유치원 ③ 운전자 스스로 교통규칙을 위반한 경우

관련판례		
	적용 ○ =주의의무 ×	• 고속도로에서 보행자가 있을 것을 예상할 의무 • 자동차전용도로에서 무단횡단하는 보행자가 있을 것을 예상할 의무 • 교차로를 통과할 무렵 반대편에서 주의신호임에도 미리 좌회전해 올지 예견할 의무 • 사거리를 녹색신호에 따라 통과할 무렵 제한속도를 초과하였다 할지라도 신호를 위반하고 직진한 상대방 차량에 대한 주의의무 • 교차로에 먼저 진입한 운전자가 교차하는 좁은 도로를 통행하는 자가 자신의 진행 속도보다 빠른 속도로 무모하게 교차로에 진입할 것을 예견할 의무 • 반대차선을 운행하는 차가 중앙선을 넘어 진행차선의 전방으로 진입해 들어올 것까지 예견할 의무 • 반대차선을 운행하는 차가 중앙선을 넘어 진행차선의 전방으로 진입해 들어올 것까지 예견할 의무 • 교통이 빈번한 대도시 육교 밑에서 횡단하는 보행자를 예견할 의무 • 직진 및 좌회전 신호에 의하여 좌회전하는 2대 차량 뒤를 따라 직진하는 차량의 운전자가 횡단보도의 신호가 적색인 상태에서 반대차선상에 정지하여 있는 차량의 뒤로 보행자가 횡단보도를 건널 것이라는 주의의무
	적용 × =주의의무 ○	• 고속도로에서 제동거리 밖에서 보행자를 발견한 경우 • 제한속도 70km/h에서 사고지점을 80km/h로 과속하던 차량이 50m 전방 우측 도로변에 앉아 있던 피해자를 발견한 경우 • 횡단보도 신호가 녹색신호에서 적색신호로 바뀔 무렵 횡단보도에 진입한 보행자가 있는 여부를 확인하고 보행자 안전을 위해 어느 때라도 정지할 수 있는 태세를 갖추고 운전해야 할 주의의무

▶ **교통관련판례**

- 교통사고처리특례법 제3조 제2항 단서 각호에서 규정한 예외사유에 해당하는 신호위반 등의 범칙행위와 같은 법 제3조 제1항 위반죄는 그 행위의 성격 및 내용이나 죄질, 피해법익 등에 현저한 차이가 있어 동일성이 인정되지 않는 별개의 범죄행위라고 보아야 할 것이므로, 교통사고처리특례법 제3조 제2항 단서 각호의 예외사유에 해당하는 신호위반등의 범칙행위로 교통사고를 일으킨 사람이 통고처분을 받아 범칙금을 납부하였다고 하더라도, 업무상과실치상죄 또는 중과실치상죄에 대하여 같은 법 제3조 제1항 위반죄로 처벌하는 것이 도로교통법 제119조 제3항에서 금지하는 이중처벌에 해당한다고 볼 수 없다(대판 2007.4.12., 2006도4322).

- 횡단보도 내에서 택시를 잡기 위하여 앉아 있는 사람을 충격한 운전자의 경우에는 보행자 보호의무 불이행의 책임을 물을 수 없다.

- 고속도로를 운행하는 자동차의 운전자로서는 일반적인 경우에 고속도로를 횡단하는 보행자가 있을 것까지 예견하여 보행자와의 충돌사고를 예방하기 위하여 급정차 등의 조치를 취할 수 있도록 대비하면서 운전할 주의의무가 없다.

- 횡단보행자용 신호기의 신호가 보행자 통행신호인 녹색으로 되었을 때 차량운전자가 그 신호를 따라 횡단보도 위를 보행하는 자를 충격하였을 경우에는 「교통사고처리특례법」상 신호위반의 책임을 물을 수 없다(단, 차량의 운행용 신호기는 고려치 않음).

- 교통사고 발생 시 구호조치 의무는 교통사고를 발생시킨 당해 차량의 운전자에게 그 사고 발생에 있어서 고의·과실 혹은 유책·위법의 유무에 관계없이 부과된 의무라고 해석함이 상당하다(대판 2002.5.24., 200도1731).

- 일반도로 주행 중 반대방향 차선에서 주행 중인 차량이 중앙선을 침범할 것까지 미리 예견할 의무는 없고(대판 1990.3.27, 88다카3670), 부득이한 사정으로 중앙선을 침범하여 교통사고를 야기한 경우 중앙선 침범에 해당하지 않는다(대판 1991.1.15., 90도1918).

- 일반적으로 고속도로를 운전하는 자동차운전자에게 도로상에 장애물이 나타날 것을 예견하여 제한속도 이하로 감속서행할 주의의무가 없다는 이유로 고속도로상에서 도로를 횡단하는 피해자(5세)를 피고인이 운전하는 화물자동차로 충격하여 사망케 한 공소사실에 대하여 무죄를 선고하였다(대판 1981.12.8., 81도1808).

- 도로교통법 제2조 제19호는 '운전'이라 함은 도로에서 차를 그 본래의 사용방법에 따라 사용하는 것을 말한다고 규정하고 있는바, 여기에서 말하는 운전의 개념은 그 규정의 내용에 비추어 목적적 요소를 포함하는 것이므로 고의의 운전행위만을 의미하고 자동차 안에 있는 사람의 의지나 관여 없이 자동차가 움직인 경우에는 운전에 해당하지 않는다(대판 2004.4.23., 2004도1109).

- 교통사고처리특례법 제3조 제2항 제6호, 도로교통법 제5조 제1항, 제27조 제1항 및 도로교통법 시행규칙 제6조 제2항 [별표 2] 등의 규정들을 종합하면, 보행신호등의 녹색등화 점멸신호는 보행자가 준수하여야 할 횡단보도의 통행에 관한 신호일 뿐이어서, 보행신호등의 수범자가 아닌 차의 운전자가 부담하는 보행자 보호의무의 존부에 관하여 어떠한 영향을 미칠 수 없다. 이에 더하여 보행자보호의무에 관한 법률규정의 입법 취지가 차를 운전하여 횡단보도를 지나는 운전자의 보행자에 대한 주의의무를 강화하여 횡단보도를 통행하는 보행자의 생명·신체의 안전을 두텁게 보호하려는 데 있는 것임을 감안하면, **보행신호등의 녹색등화의**

점멸신호 전에 횡단을 시작하였는지 여부를 가리지 아니하고 보행신호등의 녹색등화가 점멸하고 있는 동안에 횡단보도를 통행하는 모든 보행자는 도로교통법 제27조 제1항에서 정한 횡단보도에서의 보행자보호의무의 대상이 된다(출처 : 대법원 2009.5.14. 선고 2007도9598 판결【교통사고처리특례법위반】[공2009상, 918]).

- 내리막길에 주차되어 있는 자동차의 핸드브레이크를 풀어 타력주행을 하는 행위는 운전에 해당되지 않는다(98다30834).

- "피해자 구호 및 교통질서 회복조치가 필요한 상황에서는 교통사고 발생에 있어 고의, 과실 혹은 유책, 위법의 유무와 관계없이 부과된 의무라고 해석함이 상당하다"(2000도1731).

- 피고인의 음주와 음주운전을 목격한 참고인이 있는 상태에서 음주운전 종료로부터 5시간 경과 후 음주운전을 요구한 데 대하여 불응한 경우 음주측정불응죄가 성립한다(2000도6026).

- 특별한 이유 없이 호흡측정을 거부하는 운전자에게 경찰공무원이 혈액채취에 의한 측정방법이 있음을 고지하고 그 선택 여부를 물어야 할 의무가 있다고 할 수 없다(2002도4220).

- 흉골골절로 인한 통증으로 깊은 호흡을 할 수 없어 십여 차례 음주측정기를 불었으나 끝내 음주측정이 되지 아니한 경우 음주측정불응죄가 성립하지 아니한다(2005도7125).

- 물로 입안을 헹굴 기회를 달라는 요구를 무시한 채 호흡측정기로 혈중알코올농도를 측정하여 음주운전 단속수치가 나왔다고 하더라도 음주운전을 하였다고 단정할 수 없다(2005도7034).

- 술에 취한 피고인이 자동차 안에서 잠을 자다가 추위를 느껴 히터를 가동하기 위하여 시동을 걸었고, 실수로 제동장치 등을 건드렸다고 하더라도 자동차가 움직였으면 음주운전에 해당하지 않는다.

- 음주감지기에서 음주반응이 나온 경우, 그것만으로 술에 취한 상태에 있다고 인정할 만한 상당한 이유가 있다고 볼 수 없다(2002도6632).

- 의무전투경찰순경은 치안업무를 보조하는 업무의 일환으로서 경찰공무원법의 규정에 의한 경찰공무원과 마찬가지로 단독으로 교통정리를 위한 지시 또는 신호를 할 수 있다.

- 무면허운전으로 인한 도로교통법 위반죄에 있어서는 어느 날에 운전을 시작하여 다음날까지 동일한 기회에 일련의 과정에서 계속 운전을 한 경우 등 특별한 경우를 제외하고는 사회통념상 운전한 날을 기준으로 운전한 날마다 1개의 운전행위가 있다고 보는 것이 상당하므로 운전한 날마다 무면허운전으로 인한 도로교통법 위반의 1죄가 성립한다고 보아야 할 것이다.

- 사후 음주측정기에 의한 측정 결과를 토대로 위드마크 공식에 의하여 역추산한 혈중알코올농도가 처벌기준치를 근소하게 상회하더라도 운전 당시 처벌기준치를 초과한 음주운전이 있었던 것으로 단정할 수 없다는 것이 판례의 태도이다.

- 선행차량이 불법으로 좌회전한 것은 잘못이나 후행차량이 비정상적인 방법으로 진행할 것까지 예상하여 사고발생 방지조치를 취해야 할 업무상 주의의무는 있다고 할 수 없고 좌회전 금지구역에서 좌회전한 행위와 사고발생 간에 상당 인과관계가 인정되지 아니하므로 피고인의 과실로 사고가 발생하였음을 전제로 하는 특가법위반의 점에 대하여 무죄를 선고한 원심판결은 정당하다(대법원 판례).

- 반대차로를 운행하는 차가 갑자기 중앙선을 넘어서 올 것까지 예견하여 감속하는 등 미리 충돌을 방지할 태세를 갖추어 차를 운전하여야 할 주의의무는 없다.

- 신호등이 설치되어 있지 않은 횡단보도로 실제 중앙선이 그어져 있지 않다고 하더라도 횡단보도를 제외한 도로에는 황색실선의 중앙선이 곧바로 이어져 설치되어 있기 때문에 좌회전이 금지된 장소인 점을 미루어 짐작할 수 있을 때 횡단보도의 표시를 위하여 부득이 중앙선인 황색실선을 설치하지 못하였다고 하더라도 중앙선의 연장으로 보아 중앙선침범운행으로 처리하는 것이 합리적이다.

- 신호기에 의하여 차로의 진행방향을 지시하는 가변차로가 설치된 경우 신호기가 지시하는 진행방향의 가장 왼쪽의 황색점선을 중앙선으로 보아 이를 위반할 경우 중앙선침범으로 보아야 한다.

- 한국인이 외교관의 지시에 따라 외교차량을 공무로 운전하던 중 교통법규를 위반한 경우 주한공관 차량의 한국인 운전자에 대해서는 관할권 면제가 인정되지 않는다.

- 보행자용 신호기의 신호를 위반하여 교통사고를 야기한 경우 신호위반의 책임을 물을 수 없다(88도632).

- 부득이한 사정으로 중앙선을 침범하여 교통사고를 야기한 경우 중앙선침범에 해당되지 않는다(90도1918).

- "통고처분을 받게 된 범칙행위와 교통사고처리특례법 제3조 제1항 위반죄는 그 행위의 성격 및 내용이나 죄질, 피해법익 등에 현저한 차이가 있는 동일성이 인정되지 않는 별개의 범죄행위라고 보아야 할 것이므로, 통고처분을 받아 범칙금을 납부하였다고 하더라도 업무상 과실치상죄로 처벌하는 것이 이중처벌에 해당한다고 볼 수 없다"(2000도2671).

CHAPTER 05 정보경찰

알파 115 정보일반

1 정보의 정의

제프리 리첼슨	정보는 생성된 **산출물**
마이클 허만	정부 내에서의 **조직된 지식**
에이브럼 슐스키	국가안보 이익을 **극대화**하고, 실제적 또는 잠재적 적대세력의 위험을 취급하는, 정부의 정책 수립과 정책의 구현과 **연관자료**
마크 로웬탈	정보란 정책결정자의 **필요**를 위해 **수집 가공된 것**
마이클 워너	**비밀스러운 그 무엇**
셔먼 켄트	"정보는 **지식**이며 조직이고 **활동**이다"
클라우츠제비츠	"정보란 **적**과 **적국**에 관한 우리들의 지식의 총체를 의미하며, 전쟁에 있어서 아군의 계획 및 행동의 기초를 이루는 것"

2 정보효용

형식효용	• 정보의 형식이 의사결정자의 요구조건에 잘 부합될수록 정보의 가치는 증가된다는 것 • 보고서 1면주의와 가장 관련성이 높은 것은 형식효용이다. • 전략정보와 전술정보는 형식효용에 있어 차이가 있을 수 있다. 즉, 전략정보는 축약의 형태가 바람직하지만, 전술정보는 비교적 상세하고 구체적일 필요가 있다.
시간효용	• 의사결정자가 필요로 할 때 정보를 이용할 수 있도록 제공 • 정보의 적시성과 가장 밀접하게 관련된 것은 시간효용이다.
접근효용	• 정보는 정보사용자가 쉽게 접근할 수 있어야 한다(장소효용). • 정보의 비밀성(통제효용)을 유지해야 할 필요와 충돌할 수 있으므로, 통제효용을 저해하지 않는 범위 내에서 정보자료의 접근성을 높이는 방향으로 효율적으로 관리해야 한다.
소유효용	• 정보는 상대적으로 많이 소유할수록 집적의 효과를 발휘할 수 있다. • "정보는 국력이다"라는 말과 관련성이 높다.
통제효용	• 정보는 필요로 하는 사람들에게 필요한 만큼 제공되도록 통제되어야 한다. • '차단의 원칙'과 관련성이 높다. • 방첩활동과 가장 밀접하게 관련된 것은 통제효용이다.

3 정보와 정책의 관계

전통주의	행동주의
• 정보와 정책에 대한 일정한 수준의 분리의 필요성을 강조하는 입장 • 대표적인 학자는 Mark M. Lowenthal • 정보는 정책에 의존하여 존재하지만, 정책은 정보의 지지 없이도 존재할 수 있다. • 정보생산자는 정보의 제공과 정보의 조작을 구분해야 한다. • 고위정책결정자들은 고위정보관에게 자문을 구할 수 있어야 한다. • 정보가 정책결정에 조언을 주는 방향으로만 분리적으로 기능해야 한다.	• 정보와 정책이 공생관계에 있기 때문에 상호 간에 밀접한 연결을 주장 • 대표적인 학자는 Roger Hilsman • 정보생산자는 정책과정에 대해 연구하고 이해해야 한다. • 정보생산자는 정보사용자에게 의미있는 사안들에 정보역량을 동원해야 한다. • 정보와 정책 간에 환류체제가 필요하다. • CIA는 1982년 행동주의를 채택하였다.

4 장애요인

정보사용자로부터의 장애요인	정보생산자로부터의 장애요인
• 정책결정자의 시간적 제약성 • 정책결정자 선호정보 • 정책결정자 자존심 • 정보에 대한 과도한 기대 • 판단정보의 소외	• 다른 정보와의 경쟁 • 편향적 분석의 문제 • 적시성의 문제 • 적합성의 문제 • 판단의 불명확성

5 정보의 분류

기준	종류
목적중심	적극정보, 보안정보
사용수준	전략정보, 전술정보
출처	근본 ↔ 부차적 출처, 정기 ↔ 우연출처, 비밀 ↔ 공개출처
분석형태	기본정보, 현용정보, 판단정보
수집활동	인간정보, 기술정보
정보요소	정치, 경제, 사회, 군사, 과학, 산업정보

6 프라이버시(Privacy) 권

(1) 학자별 정의

Samuel Warren and Louise Brandeis	개인의 "**혼자 있을 권리**"(right to be left alone)
Alan F. Westin	개인, 그룹 또는 조직이 자기에 관한 정보를 언제, 어떻게 또는 어느 정도 타인에게 전할까 하는 것을 **스스로 결정할 수 있는 권리**
Edward Bloustine	프라이버시란 인간의 **인격권**의 법익이므로 인격의 침해, 개인의 자주성, 존엄과 완전성을 보호하는 것
Ruth Gavison	프라이버시의 세 가지 요소로서 비밀(secrecy), 익명성(ano- nymity), 고독(solitude)을 가지며, 그것이 자신의 선택에 의해서 또는 타인의 행위에 의해서 상실할 수 있는 상태를 말한다고 프라이버시 개념을 정의

(2) **침해유형**

사적인 일에의 침입	• 도청이나 타인의 은행계좌의 불법 추적 등
사적인 사실의 공개	• 범죄경력 사실을 공개하여 현재의 정상적인 생활을 침해하는 경우 • 특정인의 기형적인 신체상태를 공개하여 누구나 식별할 수 있도록 하는 행위 등
사생활에 관한 판단의 오도	• 특정 개인의 성명, 사진, 지문을 현상수배자 리스트나 범죄사진 촬영장에 공시 • 전쟁영웅의 생애를 영화로 만들면서 실제와 다른 허구적인 임의의 사실을 추가하여 해당 개인에 대한 일반대중의 시각을 그르치고 해당 개인에게 심한 상처를 주게 되는 경우
사적인 일의 영리적 이용	특정 개인의 인격적 이익을 침해하여 경제상의 이익을 취하는 행위로서 특정인의 성명, 사진, 경력 등을 영업적 이익의 확보를 목적으로 이용하는 행위

알파 116 　 정보의 순환과정

1 정보의 요구

국가지도자 및 정책입안자가 요구하는 것	국가지도자 및 정책입안자들은 국가정책을 수립함에 있어 기존의 정보뿐만 아니라 새로운 관련 정보를 필요로 하기 때문에 정보기관에 해당 정보를 요구
횡적 기관에서 오는 수요	횡적 관계에 있는 다른 관계기관에서도 그들에게 부여된 임무를 성공적으로 완수하기 위하여 정보가 필요
정보생산자 자체의 판단에서 오는 수요	정보생산자는 스스로 장래 어떤 정보가 필요할 것이라는 것을 미리 예측함으로써 소요 정보를 책정하고 그 정보를 제공하기 위한 작업이 이루어져야 한다.

2 정보요구의 소순환과정

첩보의 기본요소의 결정		먼저 기본요소를 결정하여야 한다.
수집계획서의 작성	기본요소의 결정	우선 계획서에는 요구하고자 하는 요소를 결정하여 명시
	요구되는 정보(EEI)	부문별 요소에 해당하는 정보로서 필요한 것이 어떤 것인지를 밝혀야 한다.
	요구되는 정보에 관련된 배경첩보	반드시 사실 배경을 설명하는 것이 필요하다.
	수집해야 할 첩보	첩보의 기본요소(EEI)를 뒷받침하는 세부적이고도 구체적인 실제활동지침을 제시한다.
	수집기관	첩보수집에 책임질 기관을 명시하여야 한다.
	보고시기	첩보가 입수되어야 할 예정일자와 보고하여야 할 시기를 정하여 계획한다.
	식별기호	식별기호는 요구첩보나 세부 요청사항의 기호로서 대표할 수 있게 함으로써 정보의 보안을 강화할 수 있도록 각각의 요청내용에 해당하는 기호를 계획서에 표시하여 준다.
명령 및 하달		수집계획서가 완성되면 수집활동에 적합한 시기에 요구내용을 명령한다. 이 명령은 구두나 서면으로 하달하게 되는데 상황에 따라 알맞은 방법으로 명령한다.
수집활동에 대한 조정·감독		① 아무리 수집계획서를 논리적으로 작성하고, 적절하게 지시를 하였다고 해도 수집기관이 요청한 첩보사항을 완전히 이해하여 효과적인 수집활동을 할 수 있다고는 할 수 없다. ② 따라서 요구자는 수집기관의 활동이 지시된 첩보사항의 요구방향에서 이탈하지 않게 지속적으로 검토하고 지도해 줄 필요가 있다. ③ 수집활동을 위한 적절한 감독을 위해서는 요청기관과 수집기관의 긴밀한 협조와 수집할 첩보의 내용, 보고시기, 수집의 우선순위, 용도, 수집상의 애로점에 대한 대화가 필요하다. ④ 수집지시된 내용 중에서 필요 없는 내용이나 또는 첨가해서 보완하여야 할 요구사항은 없는지 검토하고 새로운 요구사항을 발견하였을 때 보충요소를 결정하고 계획서를 작성·하달하는 등 지속적인 감독·조정이 요구된다.

3 요구방법

(1) 요구방법

PNIO	Priority of National Intelligence Objective를 말한다. ① 국가안전보장이나 정책과 관련되어 정부에서 기획된 연간 기본정책을 수행함에 있어 필요로 하는 자료를 목표로 하여 선정하는 한 국가의 1년간 기본정보 운용지침이다. ② PNIO는 국가정책의 수립자와 수행자의 질문에 대한 응답을 위하여 선정된 우선적인 정보목표일 뿐만 아니라 국가의 전 정보기관 활동의 기본방침이 되기도 한다.
EEI	Essential Elements of Information를 말한다. ① 국가지도자 또는 정책수립자가 임무를 효과적으로 수행하기 위하여 우선적으로 필요로 하는 정보요구사항으로, 정보수집계획서의 핵심을 이루는 기준이다. ② EEI는 요구하고자 하는 내용 중에서도 가장 기본적인 요구일 뿐만 아니라 계속적·반복적인 요구이다. 또한 광범위한 지역에 걸쳐 수집되어야 할 요구사항인 동시에 일반적으로 항상 필요한 사항의 요구이다
SRI	Special Requirement for Information를 말한다. ① 특별첩보요구방법으로서 어떤 돌발사항에 대하여 필요한 한도 내에서 단편적·지역적인 특수사건을 단기에 해결하기 위하여 필요한 경우에 요구하는 명령단계이다. ② SRI에 있어서는 특별한 사전 수집계획서가 필요하지 않으며 단편적인 사항에 대하여 수시로 명령하는 것이 원칙이다.
OIR	Other Intelligence Requirement를 말한다. ① 기타 정보요구를 말하며, 급변하는 정세의 변화에 따라 불가피하게 정책상 수정이 필요하거나 또는 이를 위한 자료가 절실히 요구될 경우 PNIO에 우선하여 이를 충족시키기 위한 정보목표를 말한다. ② 일반적으로 이와 같은 정보목표는 이미 책정되어 있는 PNIO에 포함되어 있지 않거나 포함되어 있다 할지라도 우선순위상 훨씬 뒤로 책정되어 있기 때문에 OIR로 책정되는 정보는 PNIO에 우선하여 작성되는 정보목표를 말한다.

(2) EEI와 SRI대비

구분	EEI	SRI
성질	계속적·반복적·전국적 사항의 첩보요구	임시적·돌발적·특수지역적인 특수사항에 대한 단기적 첩보요구
의의	첩보수집요구의 기본적 지침	단기적인 문제해결의 즉응적 첩보요구 방법 (비교적 구체성·전문성 요구)
사전계획서	필요	불필요
활동기관	공개적이고 문서화되어 사회연구기관에서 담당	통상정보기관의 정보활동
요구형식	서면원칙	구두원칙

4 첩보의 수집

(1) 우선순위

고이용정보 우선의 원칙	이용가치가 높은 정보부터 수집, 시간과 비용절감
참신성의 원칙	이제까지 알려지지 않은 정보부터 수집, 정보의 가치창출 확대
긴급성의 원칙	정보의 신속성은 정보의 가치에 결정적인 영향을 주는 요소이므로 긴급한 정보부터 수집
수집가능성의 원칙	수집가능성이 있는 정보부터 수집
경제성의 검토	경제성이 있는 정보부터 수집

5 정보의 생산과정

선택	우선 수집된 첩보 중에서 불필요한 첩보를 골라내고 긴급성, 유용성, 신뢰성, 적합성 등을 기준으로 필요한 것을 걸러내는 단계로서 제1차적인 평가과정이라 할 수 있다.	
기록	① 즉각 사용되지 않는 첩보이거나 이미 사용된 첩보는 기록하여 관리한다. ② 첩보의 분류 원칙	
	종합(통합)의 원칙	분류를 하는 데 있어서는 우선 다른 것과의 관계를 생각하여야 한다. 특히 실용성 있는 분류는 세분하는 것이 목적이 아니라 모으기 위하여 분류하는 것이다.
	점진의 원칙	간단한 것에서 복잡한 것으로, 그리고 일반적인 것에서 특수한 첩보로 분류해 나가야 한다.
	일관성의 원칙	분류를 하는 목적에 의해서 어떠한 기준으로 분류할 것인가를 확실히 정하여 일관성 있게 분류하여야 한다.
	상호배제의 원칙	분류의 세분항목은 애매한 점이 없이 확실하고 중복이 없어야 한다.
	병치의 원칙	유사한 것이나 관계되는 자료는 가깝게 위치할 수 있도록 분류되어야 한다.
첩보의 평가	첩보의 평가란 **첩보의 출처 및 내용에 관하여 그 신뢰성과 사실성, 즉 타당성을 판정**하는 생산과정이다.	
첩보분석	분석이란 집합체를 부분별 또는 형태별로 식별하고 각종 내부 관련성을 판단하기 위하여 첩보를 검토하는 것이다. 따라서 분석은 수집된 첩보를 재평가하는 과정이다.	
첩보의 종합	종합이란 부여된 주제에 대한 정보를 생산하기 위하여 동료의 것끼리 분류된 사실을 하나의 통일체로 결합하는 과정으로서 분석에서 확인된 하나하나의 단편적인 자료와 그에 관련된 여러 가지 사실을 맞추어 하나의 통체로 만드는 작업을 말한다. 이 분석과 종합과정은 흔히 동시에 이루어진다고 할 수 있다.	
첩보의 해석	해석이란 평가, 분석, 종합된 생정보에 대하여 그 의미와 중요성을 결정하여 건전한 결론도출을 가능케 하는 과정이다.	

결론의 도출	① 결론이란 해석에서 나타난 여러 가정을 확정하는 것으로 최초에 부여된 문제에 대한 해답, 즉 도출된 정보를 말한다. ② 결론은 간단명료해야 하며 실제의 증거를 가지고 증명이 가능해야 한다. ③ 가능한 한 모든 자료를 객관적으로 검토하고 자신의 편견을 배제한 상태에서 판단함으로써 신뢰성 있는 결론을 내려야 한다. ④ 자료가 불충분하거나 결론도출에 필요한 핵심적인 사항이 누락되었을 때는 결론을 보류해야 한다. ⑤ 지나치게 낙관적인 생각만을 하거나 주관적 판단이나 추측에 지나치게 의존해서는 안되며 충분한 의견수렴이 있어야 한다.

6 정보배포의 원칙

적시성	정확하고 완전한 정보라 할지라도 배포과정에서 지연되어 사용시기를 놓치거나 너무 일찍 전달되면 정보의 가치는 상실된다.
필요성	① 알아야 할 필요가 있는 대상자에게만 알려져야 하고, 알 필요가 없는 대상에게는 알려서는 안 된다는 원칙(차단의 원칙) ② 배포기관은 누가, 어떤 정보를, 언제, 어떻게 사용할 것인가를 파악하고 있어야 한다.
적당성	① 정보는 필요로 하는 사람이나 기관에 적당한 양만큼만 적절한 전파수단을 통하여 전달되어야 한다. ② 정보가 불필요한 사람에게 전달될 경우 정보가 누설될 가능성이 있으므로 정보의 배포는 제한적으로 이루어져야 한다. ③ 정보요구자들이 요구하는 정보의 종류는 다양하고 계속적이므로 소요시기나 사용목적을 정확히 파악하여 중요한 정보를 우선적으로 배포하여야 한다. ④ 중요하고 긴급성이 있는 현용정보나 정보판단서는 보안성이 있고 가장 신속하게 전달할 수 있는 수단을 선택해야 한다.
보안성	훌륭하게 작성된 정보연구 및 판단이 누설됨으로써 초래할 수 있는 문제들을 사전에 방지할 수 있도록 보안에 주의해야 한다.
계속성	정보에 대한 배포는 관련된 주제에 대하여 조직적이어야 하고 계속적이어야 한다. 정기적으로 발간되는 주간정보 등은 사용자의 현재 업무에 대하여 최근의 것이 되도록 하여야 한다.
기타	완전성의 원칙, 간결성의 원칙, 경제성의 원칙 등

7 정보배포수단

(1) 정보배포수단

비공식적 방법(구두)	비공식적 방법은 분석관과 정책결정자 간에, 타 기관의 대표 간에 또는 분석관 동료 간에 이루어지는 수단이다. 정보배포에 있어서 이러한 구두에 의한 방법이 보안성이 가장 좋다.
브리핑	브리핑은 정보사용자 또는 다수 인원에 대하여 개인이 정보내용을 요약하여 구두로 설명하는 것
메모(각서)	① 정보분석관이 가장 많이 활용하는 방법으로 정보사용자 또는 관계기관에 대하여 메모의 형식으로 정보를 배포한다. 이것은 **정기간행물에 적절히 포함시킬 수 없는 긴급한 정보, 즉 현용정보를 전달하는 데 주로 사용**한다. ② 메모에는 특히 신속성이 생명이라고 할 수 있다.
일일정보보고서	이것은 매일 24시간에 걸친 정치, 경제, 사회, 문화 등 제반 정세의 변화를 중점적으로 망라한 보고서이다.
정기간행물	정기간행물은 통상 광범위한 배포를 위하여 출판되며 방대한 정보를 수록하고 있다.
특별보고서	축적된 정보가 다수의 사람이나 기관에게 이해관계가 있거나 가치가 있을 때에는 특별보고서를 발행한다.
지정된 연구과제 보고서	이 보고서는 특정한 기관 또는 사용자가 요청한 문제에 대하여 정보를 작성하고 배포하는 것이다.
서적	정보가 다수인의 참고자료나 교범으로 이용될 때 이 수단이 이용된다.
연구참고용 보고서	참고용 보고서는 정보의 사용자들에게는 배포되지 않는 보고서로서 분석관 상호 간의 연구를 돕기 위하여 작성되고 배포된다.
도표 및 사진	통상 타 수단의 설명을 보충하거나 요약하기 위하여 이용된다.
필름	슬라이드 필름을 만들거나 녹화를 하여 배포하는 방법으로 시각적인 효과가 높다.
전신(전화)	돌발적이고 긴급을 요하는 정보의 배포를 위하여 이용되는 수단이다.
문자메시지	정보사용자가 공식회의·행사 등에 참석하여 '물리적인 접촉이 용이하지 않은 경우'나 '사실확인 차원의 단순보고'에 활용하는 방식으로 최근 활용도가 점차 높아지고 있다.

(2) 정보분석 방법

자료위주 분석	① 현안문제에 대한 가능한 모든 첩보를 수집하고 수집된 첩보를 종합하여 현안문제에 대한 결론을 제시하는 방법 ② 분석보다는 수집에 우선순위를 두는 형태
개념위주 분석	① 상황논리 : 구체적 사실들과 시간의 특수성들로부터 출발하여 그 상황이 논리적으로 어떠한 방향으로 전개될 것인지에 대한 결론을 도출하는 방법 ② 이론적용 : 보편적인 이론을 현안문제에 적용하여 결론을 도출하는 방법 ③ 역사적 상황비교 : 현재의 분석대상을 과거의 사례들과 비교하여 결론을 도출하는 방법

(3) 정보 보안조치

정보의 분류조치	여러 등급으로 분류하여 각각의 관리방법과 열람자격 등을 규정 예 비밀표시, 열람자격제한, 배포범위제한, 문서파기 등
인사 보안조치	정보취급 공무원을 채용하고 관리하여 유출가능성을 차단 예 보안심사, 보안서약, 보안교육 등
물리적 보안조치	보호구역을 지정하여 관리 예 보호구역설정, 시설보안 분야로 분류 등
통신 보안조치	통신도청을 방지, 통신침입 방지 등

알파 117 신원조사

의의	① 신원조사란 보안의 대상이 되는 인원, 즉 국가안전에 관련되는 임무에 종사하거나 또는 이에 관련되는 업무를 하는 자 및 그 예정자에 대하여 실시하는 대인정보활동으로서, 보안의 대상이 되는 인원의 국가에 대한 **충성심·성실성·신뢰성**을 조사하여 국가의 안전보장을 확보하는 데 그 목적이 있다. ② 모든 신원조사는 간접조사가 원칙이며, 부득이 직접조사를 할 경우에는 보안에 유의해야 한다.
법적 근거	① 국가정보원법 제3조(직무) : 논란이 있다. ② 보안업무규정(대통령령) 제31조(신원조사) ③ 보안업무규정시행규칙(대통령훈령) 제3장 신원조사 ④ 정보및보안업무기획·조정규정(대통령령) 제5조(조정업무의 범위) ⑤ 신원조사업무처리규칙 ⑥ 여권발급신청자신원조사업무처리규칙

조사 대상	① 국가정보원장은 제3조제2호에 해당하는 사람의 충성심·신뢰성 등을 확인하기 위하여 신원조사를 한다. 〈개정 2020. 12. 31.〉
	② 삭제 〈2020. 12. 31.〉
	③ 관계 기관의 장은 다음 각 호에 해당하는 사람에 대하여 **국가정보원장에게 신원조사를 요청해야 한다.** 〈개정 2020. 1. 14., 2020. 12. 31.〉
	  1. 공무원 임용 예정자(**국가안전보장에 한정된 국가 기밀을 취급하는 직위에 임용될 예정인 사람으로 한정**한다)
	  2. 비밀취급 인가 예정자
	  3. 삭제 〈2020. 1. 14.〉
	  4. 국가보안시설·보호장비를 관리하는 기관 등의 장(해당 국가보안시설 등의 관리 업무를 수행하는 소속 직원을 포함한다)
	  5. 삭제 〈2020. 12. 31.〉
	  6. 그 밖에 다른 법령에서 정하는 사람이나 각급기관의 장이 국가안전보장을 위하여 필요하다고 인정하는 사람

권한 위탁	① 국가정보원장은 제36조에 따른 신원조사와 관련한 권한의 일부를 국방부장관과 경찰청장에게 위탁할 수 있다 ② 국가정보원장은 필요하다고 인정할 때에는 각급기관의 장에게 제35조에 따른 보안측정 및 제38조에 따른 보안사고 조사와 관련한 권한의 일부를 위탁할 수 있다. 다만, 국방부장관에 대한 위탁은 국방부 본부를 제외한 합동참모본부, 국방부 직할부대 및 직할기관, 각군, 「방위사업법」에 따른 방위산업체, 연구기관 및 그 밖의 군사보안대상의 보안측정 및 보안사고 조사로 한정한다. ③ 국가정보원장은 필요하다고 인정할 때에는 제2항에 따라 권한을 위탁받은 각급기관의 장에게 보안측정 및 보안사고 조사 결과의 통보를 요구할 수 있다. ④ 국가정보원장은 제21조제3항에 따른 통합 비밀관리시스템의 구축·운영을 관계 중앙행정기관등의 장에게 위탁할 수 있다. ※ 조사결과의 처리 ① 국가정보원장은 신원조사 결과 국가안전보장에 해를 끼칠 정보가 있음이 확인된 사람에 대해서는 관계 기관의 장에게 그 사실을 통보하여야 한다. ② 통보를 받은 관계 기관의 장은 신원조사 결과에 따라 필요한 보안대책을 마련하여야 한다.

알파 118 공공기관 정보공개에 관한 법률

정의	• 정보 : 공공기관이 직무상 작성 또는 취득하여 관리하고 있는 문서(전자문서를 포함한다. 이하 같다) 및 전자매체를 비롯한 모든 형태의 매체 등에 기록된 사항을 말한다. • 공개 : 공공기관이 이 법에 따라 정보를 열람하게 하거나 그 사본·복제물을 제공하는 것 또는 「전자정부법」 제2조제10호에 따른 정보통신망(이하 "정보통신망"이라 한다)을 통하여 정보를 제공하는 것 등을 말한다. • 공공기관 　가. 국가기관 　　1) 국회, 법원, 헌법재판소, 중앙선거관리위원회 　　2) 중앙행정기관(대통령 소속 기관과 국무총리 소속 기관을 포함한다) 및 그 소속 기관 　　3) 「행정기관 소속 위원회의 설치·운영에 관한 법률」에 따른 위원회 　나. 지방자치단체 　다. 「공공기관의 운영에 관한 법률」 제2조에 따른 공공기관 　라. 「지방공기업법」에 따른 지방공사 및 지방공단 　마. 그 밖에 대통령령으로 정하는 기관
정보공개의 원칙	공공기관이 보유·관리하는 정보는 국민의 알권리 보장 등을 위하여 이 법에서 정하는 바에 따라 적극적으로 공개하여야 한다.

청구권자	• 모든 국민은 정보의 공개를 청구할 권리를 가진다. • 외국인의 정보공개청구에 관하여는 대통령령으로 정한다. 　1. 국내에 일정한 주소를 두고 거주하거나 학술·연구를 위하여 일시적으로 체류하는 자 　2. 국내에 사무소를 두고 있는 법인 또는 단체
공공기관의 의무	① 공공기관은 정보의 공개를 청구하는 국민의 권리가 존중될 수 있도록 이 법을 운영하고 소관 관계 법령을 정비하며, 정보를 투명하고 적극적으로 공개하는 조직문화 형성에 노력하여야 한다. ② 공공기관은 정보의 적절한 보존 및 신속한 검색과 국민에게 유용한 정보의 분석 및 공개 등이 이루어지도록 정보관리체계를 정비하고, 정보공개 업무를 주관하는 부서 및 담당하는 인력을 적정하게 두어야 하며, 정보통신망을 활용한 정보공개시스템 등을 구축하도록 노력하여야 한다. ③ 행정안전부장관은 공공기관의 정보공개에 관한 업무를 종합적·체계적·효율적으로 지원하기 위하여 통합정보공개시스템을 구축·운영하여야 한다. ④ 공공기관(국회·법원·헌법재판소·중앙선거관리위원회는 제외한다)이 제2항에 따른 정보공개시스템을 구축하지 아니한 경우에는 제3항에 따라 행정안전부장관이 구축·운영하는 통합정보공개시스템을 통하여 정보공개 청구 등을 처리하여야 한다. ⑤ 공공기관은 소속 공무원 또는 임직원 전체를 대상으로 국회규칙·대법원규칙·헌법재판소규칙·중앙선거관리위원회규칙 및 대통령령으로 정하는 바에 따라 이 법 및 정보공개 제도 운영에 관한 교육을 실시하여야 한다.
정보공개 담당자의 의무	공공기관의 정보공개 담당자(정보공개 청구 대상 정보와 관련된 업무 담당자를 포함한다)는 정보공개 업무를 성실하게 수행하여야 하며, 공개 여부의 자의적인 결정, 고의적인 처리 지연 또는 위법한 공개 거부 및 회피 등 부당한 행위를 하여서는 아니 된다.
정보의 사전적 공개 등	① 공공기관은 다음 각 호의 어느 하나에 해당하는 정보에 대해서는 공개의 구체적 범위, 주기, 시기 및 방법 등을 미리 정하여 정보통신망 등을 통하여 알리고, 이에 따라 정기적으로 공개하여야 한다. 다만, 제9조제1항 각 호의 어느 하나에 해당하는 정보에 대해서는 그러하지 아니하다. 〈개정 2020. 12. 22.〉 　1. 국민생활에 매우 큰 영향을 미치는 정책에 관한 정보 　2. 국가의 시책으로 시행하는 공사(工事) 등 대규모 예산이 투입되는 사업에 관한 정보 　3. 예산집행의 내용과 사업평가 결과 등 행정감시를 위하여 필요한 정보 　4. 그 밖에 공공기관의 장이 정하는 정보 ② 공공기관은 제1항에 규정된 사항 외에도 국민이 알아야 할 필요가 있는 정보를 국민에게 공개하도록 적극적으로 노력하여야 한다.
정보공개의 청구방법	① 정보의 공개를 청구하는 자(이하 "청구인"이라 한다)는 해당 정보를 보유하거나 관리하고 있는 공공기관에 다음 각 호의 사항을 적은 정보공개 청구서를 제출하거나 말로써 정보의 공개를 청구할 수 있다. 　1. 청구인의 성명·생년월일·주소 및 연락처(전화번호·전자우편주소 등을 말한다. 이하 이 조에서 같다). 다만, 청구인이 법인 또는 단체인 경우에는 그 명칭, 대표자의 성명, 사업자등록번호 또는 이에 준하는 번호, 주된 사무소의 소재지 및 연락처를 말한다. 　2. 청구인의 주민등록번호(본인임을 확인하고 공개 여부를 결정할 필요가 있는 정보를 청구하는 경우로 한정한다) 　3. 공개를 청구하는 정보의 내용 및 공개방법

정보공개의 청구방법	② 제1항에 따라 청구인이 말로써 정보의 공개를 청구할 때에는 담당 공무원 또는 담당 임직원(이하 "담당공무원등"이라 한다)의 앞에서 진술하여야 하고, 담당공무원등은 정보공개 청구조서를 작성하여 이에 청구인과 함께 기명날인하거나 서명하여야 한다. ③ 제1항과 제2항에서 규정한 사항 외에 정보공개의 청구방법 등에 관하여 필요한 사항은 국회규칙·대법원규칙·헌법재판소규칙·중앙선거관리위원회규칙 및 대통령령으로 정한다.

공개 여부의 결정	① 공공기관은 제10조에 따라 정보공개의 청구를 받으면 그 청구를 받은 날부터 10일 이내에 공개 여부를 결정하여야 한다.
	② 공공기관은 부득이한 사유로 제1항에 따른 기간 이내에 공개 여부를 결정할 수 없을 때에는 그 기간이 끝나는 날의 다음 날부터 기산(起算)하여 10일의 범위에서 공개 여부 결정기간을 연장할 수 있다. 이 경우 공공기관은 연장된 사실과 연장 사유를 청구인에게 지체 없이 문서로 통지하여야 한다.
	③ 공공기관은 공개 청구된 공개 대상 정보의 전부 또는 일부가 제3자와 관련이 있다고 인정할 때에는 그 사실을 제3자에게 지체 없이 통지하여야 하며, 필요한 경우에는 그의 의견을 들을 수 있다.
	④ 공공기관은 다른 공공기관이 보유·관리하는 정보의 공개 청구를 받았을 때에는 지체 없이 이를 소관 기관으로 이송하여야 하며, 이송한 후에는 지체 없이 소관 기관 및 이송 사유 등을 분명히 밝혀 청구인에게 문서로 통지하여야 한다.
	⑤ 공공기관은 정보공개 청구가 다음 각 호의 어느 하나에 해당하는 경우로서 「민원 처리에 관한 법률」에 따른 민원으로 처리할 수 있는 경우에는 민원으로 처리할 수 있다.
	  1. 공개 청구된 정보가 공공기관이 보유·관리하지 아니하는 정보인 경우
	  2. 공개 청구의 내용이 진정·질의 등으로 이 법에 따른 정보공개 청구로 보기 어려운 경우

정보공개 여부 결정의 통지	① 공공기관은 제11조에 따라 정보의 공개를 결정한 경우에는 공개의 일시 및 장소 등을 분명히 밝혀 청구인에게 통지하여야 한다. ② 공공기관은 청구인이 사본 또는 복제물의 교부를 원하는 경우에는 이를 교부하여야 한다. ③ 공공기관은 공개 대상 정보의 양이 너무 많아 정상적인 업무수행에 현저한 지장을 초래할 우려가 있는 경우에는 해당 정보를 일정 기간별로 나누어 제공하거나 사본·복제물의 교부 또는 열람과 병행하여 제공할 수 있다. ④ 공공기관은 제1항에 따라 정보를 공개하는 경우에 그 정보의 원본이 더럽혀지거나 파손될 우려가 있거나 그 밖에 상당한 이유가 있다고 인정할 때에는 그 정보의 사본·복제물을 공개할 수 있다. ⑤ 공공기관은 제11조에 따라 정보의 비공개 결정을 한 경우에는 그 사실을 청구인에게 지체 없이 문서로 통지하여야 한다. 이 경우 제9조제1항 각 호 중 어느 규정에 해당하는 비공개 대상 정보인지를 포함한 비공개 이유와 불복(不服)의 방법 및 절차를 구체적으로 밝혀야 한다.

반복 청구 등의 처리	① 공공기관은 제11조에도 불구하고 제10조제1항 및 제2항에 따른 정보공개 청구가 다음 각 호의 어느 하나에 해당하는 경우에는 정보공개 청구 대상 정보의 성격, 종전 청구와의 내용적 유사성·관련성, 종전 청구와 동일한 답변을 할 수밖에 없는 사정 등을 종합적으로 고려하여 해당 청구를 종결 처리할 수 있다. 이 경우 종결 처리 사실을 청구인에게 알려야 한다.
	  1. 정보공개를 청구하여 정보공개 여부에 대한 결정의 통지를 받은 자가 정당한 사유 없이 해당 정보의 공개를 다시 청구하는 경우
	  2. 정보공개 청구가 제11조제5항에 따라 민원으로 처리되었으나 다시 같은 청구를 하는 경우

반복 청구 등의 처리	② 공공기관은 제11조에도 불구하고 제10조제1항 및 제2항에 따른 정보공개 청구가 다음 각 호의 어느 하나에 해당하는 경우에는 다음 각 호의 구분에 따라 안내하고, 해당 청구를 종결 처리할 수 있다. 　1. 제7조제1항에 따른 정보 등 공개를 목적으로 작성되어 이미 정보통신망 등을 통하여 공개된 정보를 청구하는 경우: 해당 정보의 소재(所在)를 안내 　2. 다른 법령이나 사회통념상 청구인의 여건 등에 비추어 수령할 수 없는 방법으로 정보공개 청구를 하는 경우: 수령이 가능한 방법으로 청구하도록 안내
제3자의 비공개 요청 등	① 공개청구된 사실을 통지받은 제3자는 **통지받은 날부터 3일 이내**에 당해 공공기관에 대하여 자신과 관련된 정보를 공개하지 아니할 것을 요청할 수 있다. ② 제3자의 비공개요청에도 불구하고 공공기관이 공개결정을 하는 때에는 공개결정이유와 공개실시일을 명시하여 지체 없이 문서로 통지하여야 하며, 제3자는 당해 공공기관에 문서로 이의신청을 하거나 행정심판 또는 행정소송을 제기할 수 있다. 이 경우 이의신청은 통지를 받은 날부터 7일 이내에 하여야 한다. ③ 공공기관은 제2항의 규정에 의한 공개결정일과 공개실시일의 사이에 최소한 30일의 간격을 두어야 한다.
이의신청	① 청구인이 정보공개와 관련한 공공기관의 비공개 결정 또는 부분 공개 결정에 대하여 불복이 있거나 정보공개 청구 후 20일이 경과하도록 정보공개 결정이 없는 때에는 공공기관으로부터 정보공개 여부의 결정 통지를 받은 날 또는 정보공개 청구 후 20일이 경과한 날부터 30일 이내에 해당 공공기관에 문서로 이의신청을 할 수 있다. ② 국가기관등은 제1항에 따른 이의신청이 있는 경우에는 심의회를 개최하여야 한다. 다만, 다음 각 호의 어느 하나에 해당하는 경우에는 심의회를 개최하지 아니할 수 있으며 개최하지 아니하는 사유를 청구인에게 문서로 통지하여야 한다. 　1. 심의회의 심의를 이미 거친 사항 　2. 단순·반복적인 청구 　3. 법령에 따라 비밀로 규정된 정보에 대한 청구 ③ 공공기관은 이의신청을 받은 날부터 7일 이내에 그 이의신청에 대하여 결정하고 그 결과를 청구인에게 지체 없이 문서로 통지하여야 한다. 다만, 부득이한 사유로 정하여진 기간 이내에 결정할 수 없을 때에는 그 기간이 끝나는 날의 다음 날부터 기산하여 7일의 범위에서 연장할 수 있으며, 연장 사유를 청구인에게 통지하여야 한다. ④ 공공기관은 이의신청을 각하(却下) 또는 기각(棄却)하는 결정을 한 경우에는 청구인에게 행정심판 또는 행정소송을 제기할 수 있다는 사실을 제3항에 따른 결과 통지와 함께 알려야 한다.
행정심판	① 청구인이 정보공개와 관련한 공공기관의 결정에 대하여 불복이 있는 때에는 행정심판법이 정하는 바에 따라 행정심판을 청구할 수 있다. 이 경우 국가기관 및 지방자치단체 외의 공공기관의 결정에 대한 감독행정기관은 관계 중앙행정기관의 장 또는 지방자치단체의 장으로 한다. ② 청구인은 제18조의 규정에 의한 이의신청절차를 거치지 아니하고 행정심판을 청구할 수 있다. ③ 행정심판위원회의 위원 중 정보공개여부결정에 관한 행정심판에 관여하는 위원은 재직 중은 물론 퇴직 후에도 그 직무상 알게 된 비밀을 누설하여서는 아니 된다. ④ 제3항의 위원은 형법 그 밖의 법률의 벌칙적용에 있어서 이를 공무원으로 본다.

행정소송	① 청구인이 정보공개와 관련한 공공기관의 결정에 대하여 불복이 있는 때에는 행정소송법이 정하는 바에 따라 행정소송을 제기할 수 있다. ② 재판장은 필요하다고 인정되는 때에는 당사자를 참여시키지 아니하고 제출된 공개청구정보를 비공개로 열람·심사할 수 있다. ③ 재판장은 행정소송의 대상이 제9조 제1항 제2호의 규정에 의한 정보 중 국가안전보장·국방 또는 외교에 관한 정보의 비공개 또는 부분공개 결정처분인 경우에 공공기관이 그 정보에 대한 비밀지정의 절차, 비밀의 등급·종류 및 성질과 이를 비밀로 취급하게 된 실질적인 이유 및 공개를 하지 아니하는 사유 등을 입증하는 때에는 당해 정보를 제출하지 아니하게 할 수 있다.
정보공개 심의회	① 국가기관, 지방자치단체, 「공공기관의 운영에 관한 법률」 제5조에 따른 공기업 및 준정부기관, 「지방공기업법」에 따른 지방공사 및 지방공단(이하 "국가기관등"이라 한다)은 제11조에 따른 정보공개 여부 등을 심의하기 위하여 정보공개심의회(이하 "심의회"라 한다)를 설치·운영한다. 이 경우 국가기관등의 규모와 업무성격, 지리적 여건, 청구인의 편의 등을 고려하여 소속 상급기관(지방공사·지방공단의 경우에는 해당 지방공사·지방공단을 설립한 지방자치단체를 말한다)에서 협의를 거쳐 심의회를 통합하여 설치·운영할 수 있다. ② 심의회는 위원장 1명을 포함하여 5명 이상 7명 이하의 위원으로 구성한다. ③ 심의회의 위원은 소속 공무원, 임직원 또는 외부 전문가로 지명하거나 위촉하되, 그 중 3분의 2는 해당 국가기관등의 업무 또는 정보공개의 업무에 관한 지식을 가진 외부 전문가로 위촉하여야 한다. 다만, 제9조제1항제2호 및 제4호에 해당하는 업무를 주로 하는 국가기관은 그 국가기관의 장이 외부 전문가의 위촉 비율을 따로 정하되, 최소한 3분의 1 이상은 외부 전문가로 위촉하여야 한다. ④ 심의회의 위원장은 위원 중에서 국가기관등의 장이 지명하거나 위촉한다. ⑤ 심의회의 위원에 대해서는 제23조제4항 및 제5항을 준용한다. ⑥ 심의회의 운영과 기능 등에 관하여 필요한 사항은 국회규칙·대법원규칙·헌법재판소규칙·중앙선거관리위원회규칙 및 대통령령으로 정한다.

정보공개
위원회
	다음 각 호의 사항을 심의·조정하기 위하여 국무총리 소속으로 정보공개위원회(이하 "위원회"라 한다)를 둔다.
	1. 정보공개에 관한 정책 수립 및 제도 개선에 관한 사항
	2. 정보공개에 관한 기준 수립에 관한 사항
	3. 제12조에 따른 심의회 심의결과의 조사·분석 및 심의기준 개선 관련 의견제시에 관한 사항
	4. 제24조제2항 및 제3항에 따른 공공기관의 정보공개 운영실태 평가 및 그 결과 처리에 관한 사항
	5. 정보공개와 관련된 불합리한 제도·법령 및 그 운영에 대한 조사 및 개선권고에 관한 사항
	6. 그 밖에 정보공개에 관하여 대통령령으로 정하는 사항
	① 위원회는 성별을 고려하여 위원장과 부위원장 각 1명을 포함한 11명의 위원으로 구성한다.
	② 위원회의 위원은 다음 각 호의 사람이 된다. 이 경우 위원장을 포함한 7명은 공무원이 아닌 사람으로 위촉하여야 한다.
	  1. 대통령령으로 정하는 관계 중앙행정기관의 차관급 공무원이나 고위공무원단에 속하는 일반직공무원
	  2. 정보공개에 관하여 학식과 경험이 풍부한 사람으로서 국무총리가 위촉하는 사람
	  3. 시민단체(「비영리민간단체 지원법」 제2조에 따른 비영리민간단체를 말한다)에서 추천한 사람으로서 국무총리가 위촉하는 사람

정보공개 위원회	③ 위원장·부위원장 및 위원(제2항제1호의 위원은 제외한다)의 임기는 2년으로 하며, 연임할 수 있다. ④ 위원장·부위원장 및 위원은 정보공개 업무와 관련하여 알게 된 정보를 누설하거나 그 정보를 이용하여 본인 또는 타인에게 이익 또는 불이익을 주는 행위를 하여서는 아니 된다. ⑤ 위원장·부위원장 및 위원 중 공무원이 아닌 사람은 「형법」이나 그 밖의 법률에 따른 벌칙을 적용할 때에는 공무원으로 본다. ⑥ 위원회의 구성과 의결 절차 등 위원회 운영에 필요한 사항은 대통령령으로 정한다.

▶ (경찰청) 집회등 채증활동규칙 [시행 2021. 1. 22.]

제1장 총칙

제1조(목적) 이 규칙은 집회 또는 시위, 집단민원(이하 "집회등"이라 한다.) 현장에서 범죄수사를 위한 증거자료 확보에 필요한 기준을 마련하는 것을 목적으로 한다.

제2조(정의) 이 규칙에서 사용하는 용어의 뜻은 다음과 같다.
1. "채증"이란 집회등 현장에서 범죄수사를 목적으로 촬영, 녹화 또는 녹음하는 것을 말한다.
2. "채증요원"이란 채증 또는 이와 관련된 업무를 담당하는 경찰공무원(경찰공무원의 지시를 받는 의무경찰을 포함한다)을 말한다.
3. "주관부서"란 채증요원을 관리·운용하는 경비 부서를 말한다.
4. "채증자료"란 채증요원이 채증을 하여 수집한 사진, 영상녹화물 또는 녹음물을 말한다.
5. "채증판독프로그램"이란 범죄수사를 목적으로 범죄혐의자의 인적사항 확인을 위하여 채증자료를 입력, 열람, 판독하기 위한 전산 프로그램을 말한다.

제3조(채증의 원칙) 채증요원은 채증, 채증자료의 판독·관리 등 채증활동의 모든 과정에 있어 채증 대상자의 인권을 존중하여야 한다.

제2장 채증요원의 편성과 관리

제4조(채증요원 편성)
① 주관부서의 장은 집회등에 대비하기 위해 채증요원을 둔다.
② 채증요원은 사진 촬영담당, 동영상 촬영담당, 신변보호원 등 3명을 1개조로 편성하는 것을 원칙으로 하되, 현장 상황 등을 고려하여 증감 편성할 수 있다.

제5조(채증요원 관리)
① 주관부서의 장은 채증활동 전에 인원·장비 및 복장 등을 점검하고, 제6조의 채증계획에 따른 유의사항 등을 교육하여야 한다.
② 의무경찰은 소속 부대 지휘요원의 사전 교육 및 지시를 받아 채증활동을 할 수 있다.

제3장 채증활동

제6조(채증계획) 주관부서의 장은 예상되는 집회등 상황에 따라 채증 필요성 여부를 결정하고 별지 서식의 채증활동 계획서에 따라 수립된 채증계획을 채증요원에게 지시한다. 다만, 긴급한 경우 구두지시로 갈음할 수 있다.

제7조(채증의 범위)
① 채증은 폭력 등 범죄행위가 행하여지고 있거나 행하여진 직후에 하여야 한다.
② 범죄행위로 인하여 타인의 생명·신체 또는 재산에 대한 위해가 임박한 때에 범죄에 이르게 된 경우나 그 전후 사정에 관하여 긴급히 증거를 확보하여야 할 필요가 있는 경우에는 범죄행위가 행하여지기 이전이라도 채증을 할 수 있다.

제8조(채증의 제한) 채증은 범죄혐의에 대한 증거자료를 확보할 필요성이 있는 경우에 한하며, 상당한 방법에 따라 필요한 최소한도에 그쳐야 한다.

제9조(채증사실 고지)
① 집회등 현장에서 채증을 할 때에는 사전에 채증 대상자에게 범죄사실의 요지, 채증요원의 소속, 채증 개시사실을 직접 고지하거나 방송 등으로 알려야 한다.
② 20분 이상 채증을 계속하는 경우에는 20분이 경과할 때마다 채증 중임을 고지하거나 알려야 한다.

제10조(채증장비)
① 채증장비는 원칙적으로 경찰관서에서 지급한 장비를 사용한다.
② 지급한 장비를 사용할 수 없는 부득이한 경우에는 주관부서의 장의 승인을 받아 개인소유 장비를 사용할 수 있다. 다만, 주관부서의 장의 승인을 받을 시간적 여유가 없는 경우에는 사후에 지체 없이 승인을 받아야 한다.

제4장 채증자료의 관리

제11조(채증자료 송부) 범죄혐의자의 인적사항이 확인되어 범죄수사의 필요성이 있는 채증자료는 지체 없이 수사부서에 송부하여야 한다.

제12조(수사 필요성 없는 채증자료 삭제·폐기) 범죄수사 필요성이 없는 채증자료는 해당 집회등의 상황 종료 후 즉시 삭제·폐기하여야 한다.

제13조(채증자료 외의 촬영자료 활용 금지) 채증요원은 다음 각 호의 자료의 촬영이 법률상 허용되는 경우라 하더라도, 그 자료를 집회등 참가자를 특정하기 위하여 활용하여서는 아니 된다.
1. 「경찰관 직무집행법」 등 관련 법률에 근거하여 해당 집회등에 대한 대응절차의 기록 또는 향후 적절한 대응절차의 마련을 위한 연구 등 범죄수사 외의 목적으로 촬영한 자료
2. 「개인정보 보호법」 제25조제1항제5호에 의해 설치·운영하는 교통정보의 수집·분석 및 제공 목적의 영상정보처리기기에 의해 촬영된 자료

제14조(채증판독프로그램 설치 및 관리)
① 주관부서의 장은 채증판독프로그램(이하 "프로그램"이라 한다)을 주관부서에서만 설치·이용할 수 있도록 관리하여야 한다.
② 주관부서의 장은 효율적인 프로그램 운영을 위해 주관부서에 소속된 채증요원 중에 프로그램 관리 및 조회권자를 지정하여야 하고, 관리 및 조회권자 이외에는 프로그램에 접속하지 못하도록 관리하여야 한다.
③ 주관부서의 장은 인사이동 등으로 프로그램 관리 및 조회권자가 교체된 경우 상급 주관부서의 장에게 이를 보고하여야 한다.

제15조(채증자료의 입력)
① 주관부서의 장은 범죄수사의 필요성이 인정되는 경우 인적사항이 확인되지 않은 범죄혐의자의 채증자료를 열람·판독할 수 있도록 신속히 프로그램에 입력하여야 한다.
② 제1항에 따라 프로그램에 채증자료를 입력할 때에는 다음 각 호의 사항을 함께 입력하여야 한다.
  1. 집회등의 명칭, 일시, 장소, 참가인원 등 상황 개요
  2. 채증시간, 채증장소, 채증 대상자의 행위내용, 채증요원의 소속·성명

제16조(채증자료 열람·판독)
① 시·도경찰청의 프로그램 관리 및 조회권자는 경찰서에서 입력한 채증자료가 범죄수사 목적에 필요한 것인지 등을 검토하여 열람·판독 절차가 진행될 수 있도록 조치하여야 한다.
② 주관부서의 장은 채증자료를 열람·판독할 때에는 현장 근무자 등을 참여시킬 수 있다.
③ 채증자료를 열람·판독하여 인적사항을 확인한 경우에는 그 판독결과를 프로그램에 입력한 후, 수사기능에 통보하여야 한다.

제17조(채증자료 삭제·폐기 등)
① 주관부서의 장은 채증자료로 범죄수사 목적을 달성한 경우에는 해당 채증자료를 지체 없이 삭제·폐기하여야 한다.
② 주관부서의 장은 제16조제3항에 따라 수사기능에 통보한 채증자료를 프로그램에서 삭제·폐기하여야 한다.
③ 주관부서의 장은 범죄혐의자의 인적사항이 확인되지 않은 채증자료 중 범죄수사를 위해 보관을 계속할 필요가 있는 경우에는 해당 범죄의 공소시효 완성일까지 보관하고, 공소시효가 완성된 때에는 삭제·폐기하여야 한다. 다만, 공소시효 완성 전이라도 보관의 필요성이 없는 채증자료는 즉시 삭제·폐기하여야 한다.
④ 누구든지 정당한 사유 없이 채증자료를 동 규칙의 목적·취지에 반하여 임의로 외부에 유출시켜서는 아니된다.
⑤ 경찰청 경비과장은 감사, 정보통신 부서와 합동으로 연 1회 채증자료 관리의 적절성 여부를 점검하여야 한다.

알파 119 | **집회 및 시위에 관한 법률**

1 개 설

제정 목적	"이 법은 적법한 집회 및 시위를 최대한 보장하고 위법한 시위로부터 국민을 보호함으로써 집회 및 시위의 권리의 보장과 공공의 안녕질서가 적절히 조화되게 함을 목적으로 한다"
용어의 정의	**옥외집회**: 천장이 없거나 사방이 폐쇄되지 아니한 장소에서 여는 집회
	시위: 여러 사람이 공동의 목적을 가지고 도로, 광장, 공원 등 일반인이 자유로이 통행할 수 있는 장소를 행진하거나 위력 또는 기세를 보여, 불특정한 여러 사람의 의견에 영향을 주거나 제압을 가하는 행위 ▎'시위' 개념논란에 대한 헌법재판소의 입장 현행 집회및시위에관한법률상의 '시위'의 개념에 대하여는 여러 가지 논란이 있어 왔으나 헌법재판소의 입장은 시위의 장소에 관하여 행진의 경우에는 도로·광장·공원 등 공중이 자유로이 통행할 수 있는 장소로 한정하고 위력 또는 기세를 보이는 형태의 시위는 **장소적 제한이 없다**는 것이다(헌재 94.4.28, 91헌바14).
	주최자: 주최자란 자기 이름으로 자기 책임 아래 집회나 시위를 여는 사람이나 단체를 말한다. 주최자는 주관자(主管者)를 따로 두어 집회 또는 시위의 실행을 맡아 관리하도록 위임할 수 있다. 이 경우 주관자는 그 위임의 범위 안에서 주최자로 본다.
	경찰관서: 국가경찰관서를 말한다.
	질서유지인: 주최자가 자신을 보좌하여 집회 또는 시위의 질서를 유지하게 할 목적으로 임명한 자
	질서유지선: 관할 경찰서장이나 시도경찰청장이 적법한 집회 및 시위를 보호하고 질서유지나 원활한 교통 소통을 위하여 집회 또는 시위의 장소나 행진 구간을 일정하게 구획하여 설정한 띠, 방책, 차선 등의 경계 표지

2 신고절차와 처리요령

옥외집회·시위	① 옥외집회·시위의 의미 및 대상 : 옥외집회란 천장이 없거나 사방이 폐쇄되지 않은 장소에서의 집회를 말한다. ② 대학 구내·종교시설 구내 등 소위 '성역'에서의 집회도 옥외집회에 해당된다. 다만, 현실적으로 시설당국의 자치권을 인정, 시설주의에 일임하고 있는 실정이며, 시설이용권이 없는 외부인이 동시설에서 집회를 개최하는 경우에는 집회신고를 하도록 해야 한다. ③ 공공용물로서 건설된 지하철역·대합실 등은 그 시설이 일반인에게 개방된 시간에는 옥외집회에 해당된다. ④ 군작전 관할구역에서의 옥외집회도 신고대상이나, 사실상 경찰행정권이 미치지 않으므로 작전관할권이 있는 군부대장의 허가를 받아 개최해야 한다. ⑤ 도로·역광장 등 공공의 장소에서 다수인이 공동목적을 가지고 행하는 가두서명·유인물 배포·캠페인 등도 시위에 해당되므로 신고의 대상이나 흥행 목적의 행렬·마라톤 경기·학생들의 소풍행렬·종교의식 및 문화행사의 제등행렬·상제의 장의행렬 등은 시위가 아니다.

사전신고제	① 신고서 제출 : 옥외집회 또는 시위를 주최하고자 하는 자는 옥외집회 또는 시위의 720시간 전부터 48시간 전에 관할 경찰서장에게 제출하여야 한다. 다만, 학술·예술·체육·종교·의식·친목·오락·관혼상제 및 국경행사에 관한 집회에는 사전 신고의 규정을 적용하지 아니한다. ② 신고서 제출자 : 옥외집회·시위에 있어서 신고서의 제출자는 주최자이다. 주최자의 자격에는 아무런 제한이 없으며, 단체인 경우에는 법인격 유무를 불문한다.
차량 등을 이용한 시위	① 자동차(트럭·오토바이 포함), 건설기계(중기), 농기계(트랙터·경운기 등) 등을 동원하여 도로 등 공공장소를 행진 또는 시위하는 소위 '차량시위' 및 해상이나 공중에서 선박 또는 비행기 등으로 시위하는 경우에는 집시법의 적용대상이 아니다. ② 따라서 선박·차량 등 시위 신고시, 주최 측에 집시법 적용대상이 아님을 고지하여 신고철회토록 행정지도하되 거부시는 접수증을 교부하고 「민원사무처리에 관한 법률」에 의거, 반려조치를 하면 된다.
관할이 2 이상인 경우	옥외집회·시위의 개최지가 2 이상의 경찰서의 관할에 속하는 경우에는 관할 시도경찰청장에게 제출하여야 하고, 2 이상의 시도경찰청의 관할에 속하는 경우에는 주최지를 관할하는 시도경찰청장에게 제출하여야 한다.
옥내집회의 경우	옥내집회의 경우는 신고대상이 아니지만 집회 후 행진하는 경우 또는 행진만을 개최하는 경우는 신고해야 한다.
접수증의 즉시교부	① 옥외집회·시위는 허가사항이 아니고 신고사항이므로 신고서류에 **미비점이 있다 하더라도 일단 접수하여야 하다.** ② 신청서를 접수한 때는 관할 경찰서장 또는 시도경찰청장은 접수일시를 기재한 접수증을 즉시 신고자에게 교부해야 한다.
신고서의 보완 등	① 관할 경찰서장은 신고서의 기재사항에 미비한 점이 있다는 것을 안 경우에는 **접수증을 교부한 때로부터 12시간 이내**에 주최자에게 **24시간을 기한으로** 그 기재사항을 **보완할 것을 통고**할 수 있다. ② 보완통고는 보완할 사항을 명시하여 서면으로 하되 주최자 또는 연락책임자에게 송달하여야 한다.
금지 또는 제한의 통고	① 신고·접수된 옥외집회·시위가 집회및시위에관한법률에 의해 금지대상이 되는 것이거나, 기재사항을 보완하지 아니한 때 또는 교통소통을 위하여 금지 또는 제한할 필요가 있다고 인정될 때에는 **신고서를 접수한 때로부터 48시간 이내에 집회·시위의 금지통고를 할 수 있다.** 다만, 집회 또는 시위가 집단적인 폭행·협박·손괴·방화 등으로 공공의 안녕질서에 직접적인 위험을 초래한 경우에는 남은 기간의 당해 집회 또는 시위에 대하여 신고서를 접수한 때부터 48시간이 경과한 경우에도 금지통고를 할 수 있다. ② 관할경찰관서장은 집회 또는 시위의 시간과 장소가 중복되는 2개 이상의 신고가 있는 경우 그 목적으로 보아 서로 상반되거나 방해가 된다고 인정되면 각 옥외집회 또는 시위 간에 시간을 나누거나 장소를 분할하여 개최하도록 권유하는 등 각 옥외집회 또는 시위가 서로 방해되지 아니하고 평화적으로 개최·진행될 수 있도록 노력하여야 한다. 관할경찰관서장은 제2항에 따른 권유가 받아들여지지 아니하면 뒤에 접수된 옥외집회 또는 시위에 대하여 제1항에 준하여 그 집회 또는 시위의 금지를 통고할 수 있다. ③ 집회 또는 시위의 신고서에 기재된 장소가 타인의 주거지역이나 이와 유사한 장소인 경우 그 거주자 또는 관리자가 재산·시설이나 사생활의 평온에 심각한 피해가 발생할 수 있음을 이유로 시설이나 장소의 보호를 요청할 때에는 집회 또는 시위의 금지·제한을 통고할 수 있다. ④ 집회 또는 시위의 금지·제한통고는 그 이유를 명시하여 서면으로 하되 주최자 또는 연락책임자에게 송달하여야 한다.

금지통고에 대한 이의신청	① 이의신청인 : 금지통고를 받은 집회 또는 시위의 주최자로서 금지통고에 불복하는 자는 이의신청을 할 수 있다. ② 재결청 : 금지통고를 한 **당해 경찰관서의 직근 상급경찰관서의 장이 재결청이 된다.** ③ 이의신청기간 : 주최자는 **금지통고를 받은 날부터 10일 이내**에 이의신청을 해야 하며 10일을 경과하면 금지통고에 대하여 다툴 수 없게 된다. ④ 재결 : 이의신청을 받은 경찰관서의 장(재결청)은 접수일시를 기재한 접수증을 즉시 이의신청인에게 교부하여, **접수시부터 24시간 이내에 재결을 하여야 한다.** ⑤ 재결의 통지 및 발송 : 재결청은 재결을 한 때에는 즉시 집회 또는 시위의 금지통고를 한 경찰관서장에게 재결의 내용을 통지하여야 한다. 재결청은 재결을 한 후 접수시로부터 24시간 이내에 재결서를 발송하여야 하며, **24시간 이내에 재결서를 발송하지 아니하면 금지통고는 소급하여 그 효력을 잃는다.** ⑥ 재결의 효과 : 이의신청이 각하 또는 기각된 경우에는 금지통고는 유효하며, 금지통고가 위법 또는 부당한 것으로 재결되거나 그 효력을 잃게 된 경우에는 이의신청은 최초에 신고한 대로 집회 또는 시위를 개최할 수 있다. 다만, 금지통고 등으로 인하여 시기를 놓친 경우에는 일시를 새로이 정하여 집회 또는 시위의 24시간 전에 관할 경찰관서장에게 신고함으로써 집회 또는 시위를 개최할 수 있다. ⑦ 행정소송 : 집회·시위의 주최자가 금지통고에 불복하여 행정소송을 제기하는 경우에는 행정소송법의 규정에 의해 당해 금지통고를 한 경찰관서장이 행정소송의 피고가 된다.
경찰관의 출입	① 경찰관은 집회 또는 시위의 주최자에게 통보하고 그 집회 또는 시위의 장소에 정복을 착용하고 출입할 수 있다. 다만, 옥내집회 장소에의 출입은 직무집행에 있어서 긴급성이 있는 경우에 한한다. ② 집회나 시위의 주최자·질서유지인 또는 장소관리자는 질서를 유지하기 위한 경찰관의 직무집행에 협조하여야 한다.
해산절차	집회 또는 시위를 해산시키고자 할 때에는 관할 경찰서장 또는 그로부터 권한을 부여받은 경찰관은 **종결선언의 요청 → 자진해산의 요청 → 해산명령 및 직접해산** 순으로 해산조치를 하여야 한다.
퇴거의무 및 처벌	집회 또는 시위가 해산명령을 받았을 때에는 모든 참가자는 지체 없이 퇴거하여야 하며, 이를 위반했을 때는 6월 이하의 징역 또는 50만원 이하의 벌금·구류·과료에 처한다.

3 절대적 금지 및 상대적 금지

절대적 금지사항	① 누구든지 다음 각호에 해당하는 집회 또는 시위를 주최하여서는 안 된다. 　㉠ 헌법재판소의 결정에 의하여 해산된 정당의 목적을 달성하기 위한 집회 또는 시위 　㉡ 집단적인 폭행·협박·손괴·방화 등으로 공공의 안녕질서에 직접적인 위협을 가할 것이 명백한 집회 또는 시위 ② 누구든지 ①에 금지된 집회 또는 시위를 할 것을 선전하거나 선동하여서는 안 된다. ③ 누구든지 다음 각 호의 어느 하나에 해당하는 청사 또는 저택의 경계 지점으로부터 100미터 이내의 장소에서는 옥외집회 또는 시위를 하여서는 아니 된다. 〈개정 2020. 6. 9.〉 　1. 국회의사당. 다만, 다음 각 목의 어느 하나에 해당하는 경우로서 국회의 기능이나 안녕을 침해할 우려가 없다고 인정되는 때에는 그러하지 아니하다. 　　가. 국회의 활동을 방해할 우려가 없는 경우

절대적
금지사항
	나. 대규모 집회 또는 시위로 확산될 우려가 없는 경우
	2. 각급 법원, 헌법재판소. 다만, 다음 각 목의 어느 하나에 해당하는 경우로서 각급 법원, 헌법재판소의 기능이나 안녕을 침해할 우려가 없다고 인정되는 때에는 그러하지 아니하다.
	   가. 법관이나 재판관의 직무상 독립이나 구체적 사건의 재판에 영향을 미칠 우려가 없는 경우
	   나. 대규모 집회 또는 시위로 확산될 우려가 없는 경우
	3. 대통령 관저(官邸), 국회의장 공관, 대법원장 공관, 헌법재판소장 공관
	4. 국무총리 공관. 다만, 다음 각 목의 어느 하나에 해당하는 경우로서 국무총리 공관의 기능이나 안녕을 침해할 우려가 없다고 인정되는 때에는 그러하지 아니하다.
	   가. 국무총리를 대상으로 하지 아니하는 경우
	   나. 대규모 집회 또는 시위로 확산될 우려가 없는 경우
	5. 국내 주재 외국의 외교기관이나 외교사절의 숙소. 다만, 다음 각 목의 어느 하나에 해당하는 경우로서 외교기관 또는 외교사절 숙소의 기능이나 안녕을 침해할 우려가 없다고 인정되는 때에는 그러하지 아니하다.
	   가. 해당 외교기관 또는 외교사절의 숙소를 대상으로 하지 아니하는 경우
	   나. 대규모 집회 또는 시위로 확산될 우려가 없는 경우
	   다. 외교기관의 업무가 없는 휴일에 개최하는 경우

상대적
금지사항
	집회 및 시위의 신고서를 접수한 관할 경찰관서장은 다음 사항에 해당되는 경우 집회 및 시위의 금지통고를 할 수 있다.
	① 경찰관서장의 신고서 보완통고에도 불구하고 보완을 하지 않는 경우
	② 교통금지를 위한 제한
	   ㉠ 관할 경찰관서장은 대통령령이 정하는 주요도시의 주요도로에서의 집회 또는 시위에 대하여 교통소통을 위하여 필요하다고 인정될 경우 이를 금지하거나 교통질서유지조건을 붙여 제한할 수 있다.
	   ㉡ 그러나 이 경우에도 주최자가 질서유지인을 두고 도로를 행진하는 경우에는 금지를 할 수 없다. 다만, 당해 도로와 주변도로의 교통소통에 장애를 발생시켜 심각한 교통불편을 줄 우려가 있는 경우에는 그러하지 아니하다.
	③ 타인의 주거지역 등에서의 집회·시위의 금지 또는 제한
	다음 각 호의 어느 하나에 해당하는 경우로서 그 거주자나 관리자가 시설이나 장소의 보호를 요청하는 경우에는 집회나 시위의 금지 또는 제한을 통고할 수 있다. 이 경우 집회나 시위의 금지 통고에 대하여는 제1항을 준용한다.
	1. 제6조제1항의 신고서에 적힌 장소(이하 이 항에서 "신고장소"라 한다)가 다른 사람의 주거지역이나 이와 유사한 장소로서 집회나 시위로 재산 또는 시설에 심각한 피해가 발생하거나 사생활의 평온(平穩)을 뚜렷하게 해칠 우려가 있는 경우
	2. 신고장소가 「초·중등교육법」 제2조에 따른 학교의 주변 지역으로서 집회 또는 시위로 학습권을 뚜렷이 침해할 우려가 있는 경우
	3. 신고장소가 「군사기지 및 군사시설 보호법」 제2조제2호에 따른 군사시설의 주변 지역으로서 집회 또는 시위로 시설이나 군 작전의 수행에 심각한 피해가 발생할 우려가 있는 경우

확성기등의 소음기준(제14조 관련)

[단위 : dB(A)]

소음도 구분		대상 지역	시간대		
			주간 (07:00~해지기 전)	야간 (해진 후~24:00)	심야 (00:00~07:00)
대상 소음도	등가소음도 (Leq)	주거지역, 학교, 종합병원	65 이하	60 이하	55 이하
		공공도서관	65 이하	60 이하	
		그 밖의 지역	75 이하	65 이하	
	최고소음도 (Lmax)	주거지역, 학교, 종합병원	85 이하	80 이하	75 이하
		공공도서관	85 이하	80 이하	
		그 밖의 지역	95 이하		

비고
1. 확성기등의 소음은 관할 경찰서장(현장 경찰공무원)이 측정한다.
2. 소음 측정 장소는 피해자가 위치한 건물의 외벽에서 소음원 방향으로 1 ~ 3.5m 떨어진 지점으로 하되, 소음도가 높을 것으로 예상되는 지점의 지면 위 1.2 ~ 1.5m 높이에서 측정한다. 다만, 주된 건물의 경비 등을 위하여 사용되는 부속 건물, 광장·공원이나 도로상의 영업시설물, 공원의 관리사무소 등은 소음 측정 장소에서 제외한다.
3. 제2호의 장소에서 확성기등의 대상소음이 있을 때 측정한 소음도를 측정소음도로 하고, 같은 장소에서 확성기등의 대상소음이 없을 때 5분간 측정한 소음도를 배경소음도로 한다.
4. 측정소음도가 배경소음도보다 10dB 이상 크면 배경소음의 보정 없이 측정소음도를 대상소음도로 하고, 측정소음도가 배경소음도보다 3.0 ~ 9.9dB 차이로 크면 아래 표의 보정치에 따라 측정소음도에서 배경소음을 보정한 소음도를 대상소음도로 하며, 측정소음도가 배경소음도보다 3dB 미만으로 크면 다시 한 번 측정소음도를 측정하고, 다시 측정하여도 3dB 미만으로 크면 확성기등의 소음으로 보지 아니한다.
5. 등가소음도는 10분간(소음 발생 시간이 10분 이내인 경우에는 그 발생 시간 동안을 말한다) 측정한다.
6. 최고소음도는 확성기등의 대상소음에 대해 매 측정 시 발생된 소음도 중 가장 높은 소음도를 측정하며, 동일한 집회·시위에서 측정된 최고소음도가 1시간 내에 3회 이상 위 표의 최고소음도 기준을 초과한 경우 소음기준을 위반한 것으로 본다.
7. 다음 각 목에 해당하는 행사(중앙행정기관이 개최하는 행사만 해당한다)의 진행에 영향을 미치는 소음에 대해서는 그 행사의 개최시간에 한정하여 위 표의 주거지역의 소음기준을 적용한다.
   가. 「국경일에 관한 법률」 제2조에 따른 국경일의 행사
   나. 「각종 기념일 등에 관한 규정」 별표에 따른 각종 기념일 중 주관 부처가 국가보훈처인 기념일의 행사
8. 그 밖에 소음의 측정방법 등에 관한 사항은 「환경분야 시험 검사 등에 관한 법률」 제6조제1항제2호에 따른 소음 및 진동 분야 환경오염공정시험기준 중 생활소음 기준에 따른다.

[헌법불합치, 2018헌바48 2018헌바48,2019헌가1(병합), 2022.12.22. 집회 및 시위에 관한 법률(2020. 6. 9. 법률 제17393호로 개정된 것) 제11조 제3호 중 '대통령 관저(官邸)' 부분 및 제23조 제1호 중 제11조 제3호 가운데 '대통령 관저(官邸)'에 관한 부분은 헌법에 합치되지 아니한다. 위 법률조항은 2024. 5. 31.을 시한으로 개정될 때까지 계속 적용된다.]

▌질서유지선

① 경찰관서장이 질서유지선을 설정할 때에는 주최자 또는 연락책임자에게 이를 고지하여야 한다(동법 제12조의2 제2항).
② 질서유지선의 설정고지는 서면으로 하여야 한다. 다만, 집회 또는 시위의 장소의 상황에 따라 질서유지선을 새로이 설정하거나 변경하는 경우에는 집회 또는 시위의 장소에 있는 경찰관이 이를 구두로 고지할 수 있다(동법시행령 제8조의2 제2항).
③ 집회·시위의 보호와 공공의 질서유지를 위하여 필요하다고 인정할 때(동법시행령 제8조의2 제1항)
- 집회·시위장소를 한정하거나 집회·시위참가자와 일반인을 구분할 필요가 있을 때
- 집회·시위참가자를 일반인 또는 차량으로부터 보호할 필요가 있을 때
- 일반인의 통행 또는 교통소통 등을 위하여 필요가 있을 때
- 집회 또는 시위가 금지되는 장소, 통신시설 등 중요시설, 위험물시설 기타 안전의 유지 또는 보호가 필요한 재산·시설 등에의 접근 또는 행진을 금지하거나 제한할 필요가 있을 때
- 집회·시위의 행진로를 확보하거나 이를 위한 임시횡단보도를 설치할 필요가 있을 때
- 기타 집회·시위의 보호와 공공의 질서유지를 위하여 필요가 있을 때
④ 질서유지선을 경찰관의 경고에도 불구하고 정당한 이유없이 상당기간 침범하거나 손괴·은닉·이동 또는 제거하거나 기타의 방법으로 그 효용을 해한 자는 **6월 이하의 징역 또는 50만원 이하의 벌금·구류 또는 과료에 처한다.**

4 해산명령 및 해산절차

해산명령 대상		1. **헌법재판소의 결정**에 따라 해산된 정당의 목적을 달성하기 위한 집회 또는 시위 2. 집단적인 폭행, 협박, 손괴(損壞), 방화 등으로 공공의 안녕 질서에 직접적인 **위협을 끼칠 것이 명백한** 집회 또는 시위 3. 옥외집회 및 시위 **금지장소**에서의 집회·시위 4. **미신고** 옥외집회·시위 5. 경찰관서장으로부터 **금지된** 집회·시위·행진 6. 시설보호요청에 따른 관할 경찰관서장의 제한을 위반하여 질서유지에 직접적인 위험을 명백하게 초래한 집회·시위 7. **교통질서유지 조건을 위반**하여 질서유지에 직접적인 위험을 명백하게 초래한 집회·시위 8. 집회·시위 **주최자가** 질서유지를 할 수 없어 **종결선언을 한** 집회 또는 시위 9. '총포, 폭발물, 도검, 철봉, 곤봉, 돌덩이 등 다른 사람의 생명을 위협하거나 신체에 해를 끼칠 수 있는 기구를 휴대하거나 사용하는 행위 또는 다른 사람에게 이를 휴대하게 하거나 사용하게 하는 행위', '폭행, 협박, 손괴, 방화 등으로 질서를 문란하게 하는 행위', '신고한 목적, 일시, 장소, 방법 등의 범위를 뚜렷이 벗어나는 행위' 중 어느 하나의 행위로 질서를 유지할 수 없는 집회·시위
해산 절차	종결 선언의 요청	주최자에게 집회 또는 시위의 **종결 선언을 요청함.** ➡ 주최자의 소재를 알 수 없는 경우에는 **주관자·연락책임자 또는 질서유지인을 통하여** 종결 선언을 요청할 수 있다. ➡ 집회·시위의 경우와 주최자·주관자·연락책임자 및 질서유지인이 집회 또는 시위 장소에 없는 경우에는 **종결선언의 요청을 생략할 수 있다.**

자진 해산의 요청	종결 선언 요청에 따르지 아니하거나 종결 선언에도 불구하고 집회 또는 시위의 참가자들이 집회 또는 시위를 계속하는 경우에는 직접 참가자들에 대하여 **자진 해산할 것을 요청**한다.
해산명령	자진 해산 요청에 따르지 아니하는 경우에는 3회 **이상 자진 해산할 것을 명령**
직접 해산	참가자들이 해산명령에도 불구하고 해산하지 아니하면 **직접 해산시킬 수 있음**

집회시위에관한법률 관련판례

- [집시법] 제6조가 옥외집회 및 '움직이는 집회'인 시위에 관하여 사전신고제를 규정한 것은 신고를 받은 관할 경찰서장이 그 신고에 의하여 옥외집회 또는 시위의 성격과 규모 등을 미리 파악함으로써 적법한 옥외집회 또는 시위를 보호하는 한편 그로 인한 공공의 안녕질서에 대한 위험을 미리 예방하는 등 공공의 안녕질서를 함께 유지하기 위한 조치를 마련하고자 함에 그 취지가 있다고 할 것이므로, 이러한 사전신고제가 옥외집회 또는 시위의 자유에 대한 허가제처럼 운용되는 등 실질적으로 옥외집회 또는 시위의 자유를 침해하는 일이 있어서는 아니 될 것이다(대법원 2001.10.9. 선고 98다20929).

- 헌법이 보장하는 집회의 자유도 스스로 한계가 있어 무제한의 자유가 아닌 것이므로 공공의 안녕과 질서를 유지하기 위하여 집회 및 시위의 주최자로 하여금 미리 일정한 사항을 신고하게 하고 신고를 받은 관할 경찰서장이 제반사항을 검토하여 일정한 경우 위 집회 및 시위의 금지를 통고할 수 있도록 한 집회및시위에관한법률 제6조, 제8조 및 그 금지통고에 대한 이의신청절차를 규정하고 있는 같은 법 제9조가 헌법에 위반된다고 할 수 없다(대법원 1991.11.12. 선고 91도1870 판결).

- 옥외집회 또는 시위가 그 신고사항에 미비점이 있었다거나 신고의 범위를 일탈하였다고 하더라도 그 신고내용과 동일성이 유지되어 있는 한 신고를 하지 아니한 것이라고 볼 수 없으므로, 관할 경찰관서장으로서는 단순히 신고사항에 미비점이 있었다거나 신고의 범위를 일탈하였다는 이유만으로 곧바로 당해 옥외집회 또는 시위 자체를 해산하거나 저지하여서는 아니 될 것이고, 옥외집회 또는 시위 당시의 구체적인 상황에 비추어 볼 때 옥외집회 또는 시위의 신고사항 미비점이나 신고범위 일탈로 인하여 타인의 법익 그 밖의 공공의 안녕질서에 대하여 직접적인 위험이 초래된 경우에 비로소 그 위험의 방지·제거에 적합한 제한조치를 취할 수 있되, 그 조치는 법령에 의하여 허용되는 범위 내에서 필요한 최소한도에 그쳐야 할 것이다(대법원 2001.10.9. 선고 98다20929).

- 양심수를 시민에게 알리기 위한 것이라는 시위목적에 비추어, 시위자들이 죄수복 형태의 옷을 집단적으로 착용하고 포승으로 신체를 결박한 채 행진하려는 것은 집회 및 시위에 관한 법률 제6조 제1항 및 같은법 시행령 제2조에 규정된 시위의 방법과 관련되는 사항으로 사전 신고의 대상이 된다(대법원 2001.10.9. 선고 98다20929).

- 단지 당국이 피고인이 간부로 있는 전국교직원노동조합이나 기타 단체에 대하여 모든 옥내외 집회를 부당하게 금지하고 있다고 하여 그 집회신고의 기대가능성이 없다 할 수 없으므로, 위와 같은 이유만으로 관할 경찰서장에게 신고하지 않고 옥외집회를 주최한 것이 죄가 되지 않는다고 할 수 없다.

- 옥외집회 또는 시위가 개최될 것이라는 것을 관할 경찰서가 알고 있었다거나 그 집회 또는 시위가 평화롭게 이루어진다 하여 신구「집회 및 시위에 관한 법률」소정의 신고의무가 면제되는 것이라고는 할 수 없다.

- 집회장소 사용승낙을 하지 않은 A대학교 측의 집회 저지 협조요청에 따라 경찰관들이 신고된 A대학교에서의 집회에 참가하려는 자의 출입을 저지하자, 소정의 신고 없이 B대학교로 장소를 옮겨서 집회를 한 행위가 긴급피난에 해당한다고 할 수 없다.

- 집회의 자유도 질서유지를 위해 예외적으로 제한할 수 있으므로 폭력사태 발생이 우려되는 경우에는, 이후 상호 충돌을 피하기 위해 집회시간 및 장소가 경합되는 두 개의 집회신고를 모두 반려하는 것이 허용되지 않는다(헌재 2008.5.29, 2007헌마712).

- 천장이 없거나 사방이 폐쇄되지 않은 건물 현관 앞 계단과 도로에서의 집회나 시위도 옥외집회이다(대법원 1991.6.28. 선고 91도944).

- 소요시간이 단시간이라거나 평화롭게 이루어졌다 하여 옥외시위에 대한 사전신고의무가 없는 것은 아니다(대법원 1991.6.28. 선고 91도944).

- 위력 또는 기세를 보인 장소가 공중이 자유로이 통행할 수 있는 장소이든 아니든 상관없이 그러한 행위가 있고 그로 인하여 불특정 다수인의 의견에 영향을 주거나 제압을 가할 개연성이 있으면 집회및시위에관한법률상의 '시위'에 해당하는 것이고, 이 경우에는 "공중이 자유로이 통행할 수 있는 장소"라는 장소적 제한개념은 '시위'라는 개념요소라고 볼 수 없다(헌재 1994.4.28. 선고 91헌바14 결정).

- 시위자들이 죄수복 형태의 옷을 집단적으로 착용하고 포승으로 신체를 결박한 채 행진하려는 것은 시위의 방법과 관련되는 사항으로 신고의 대상이 된다(대법원 2001.10.9. 선고 98다20929 판결).

- 시위가 참가인원이 40명에 불과하고, 그 장소가 하천부지로서 교통소통이나 일반인의 생활에 아무런 지장을 주지 않는 곳이며, 또한 시위 당시의 구호나 노래의 내용 등에 과격한 면이 보이지 않고 달리 다중의 위력을 통한 폭행이나 협박이 없었던 점에 비추어, 집회및시위에관한법률 제5조 제1항 제2호 소정의 공공의 안녕질서에 직접적인 위협을 가할 것이 명백한 시위에 해당하지 아니한다 (대법원 1991.11.26. 선고 91도2440 판결).

- "집회및시위에관한법률 제5조 제1항 제2호가 정하는 집단적 폭행, 협박 등으로 공공의 안녕질서에 직접적인 위협을 가할 것이 명백한 집회 및 시위라고 판단되는 경우, 그 집회 및 시위의 장소가 대학교 구내라 할지라도 같은 법 제19조 제2항 및 제4항의 적용을 면할 수 없다"(대법원 2003.5. 13. 선고 2003도604). 당시 집시법 제19조는 현행 집시법 제22조에 해당한다.

- 피고인이 약 70명의 근로자들과 함께 골리앗크레인에 들어가 플랭카드를 내걸고 시위농성에 돌입하고 크레인 안에 상황실을 설치 운영하여 회사 밖에서 투석, 화염병시위를 전개하고 있는 야전지휘부와 무전기로 수시로 연락하면서 경찰력 진입에 대비하여 화염병, 볼트 등을 준비하고 일부 근로자들이 아래쪽에 있는 위 회사경비원 등을 향해 볼트 등을 투척하여 경비원 1명에게 상처를 입히는 등의 행위를 하였다면 집회및시위에관한법률 제5조의 제1항 제2호에 해당한다(대법원 1991.6. 11. 선고 91도753 판결).

- 대학생들이 학교 강당에서 개최 중이던 범국민대토론회에 참석하려던 국회의원인 피고인이 학교당국과 경찰의 출입금지조치로 토론회에 참석할 수 없게 되자 학생대표들을 통하여 토론회의 참석자들에게 자기가 토론회에 참석할 수 없게 된 사유와 당시 이른바 시국사건으로 구속되어 자신이 변호를 맡고 있던 학생의 옥중근황 등을 전달하였는데 위 집회를 마친 학생들이 집단적인 폭행·협박·손괴·방화 등으로 공공의 안녕질서에 직접적인 위협을 가할 것이 명백한 시위를 하였지만, 피고인의 위 행위 당시에는 위 집회가 후에 시위로 나아가기로 예정된 바 없이 평온한 분위기 속에서 진행되었던 것이므로, 위 피고인으로서도 그 토론회가

장차 위와 같은 집회·시위로 발전·전환되도록 의욕하였다거나 미필적으로라도 이를 인식하면서 위 행위를 하였음을 인정할 만한 자료가 없다고 하여, 피고인에게 시위선동의 범의가 있었다고는 단정하기 어렵고, 피고인의 위와 같은 행위를 가리켜 위와 같은 집회·시위를 할 것을 선동한 행위라고는 인정할 수 없다(대법원 1991. 4. 9, 선고 90도2435).

- 피고인이 100여 명의 학생들과 함께 화염병, 쇠파이프 등을 들고 구호를 외치면서 시위를 하고 전경들을 체포하려고 했다면 이는 집회및시위에관한법률 제5조 제1항 제2호 소정의 '집단적인 협박 등의 행위로 인하여 공공의 안녕질서에 직접적인 위협을 가한 것이 명백한 시위'에 해당한다(대법원 1990. 7. 24, 선고 90도470 판결).

- 사전신고를 요하는 "시위를 주최하고자 하는 자"라 함은 시위를 주장하여 개최하거나 이를 주도하려는 자를 의미하고 시위의 목적에 뜻을 같이하여 그 시위에 단순히 참가하였음에 불과한 자를 모두 시위의 주최자라고는 할 수 없다(대법원 1983. 2. 8, 선고 82도1930 판결).

- 옥외집회 또는 시위를 신고한 주최자가 그 주도 아래 행사를 진행하는 과정에서 신고한 목적·일시·장소·방법 등의 범위를 현저히 일탈하는 행위에 이르렀다고 하더라도, 이를 신고 없이 옥외집회 또는 시위를 주최한 행위로 볼 수는 없고, 처음부터 옥외집회 또는 시위가 신고된 것과 다른 주최자나 참가단체 등의 주도 아래 신고된 것과는 다른 내용으로 진행되거나, 또는 처음에는 신고한 주최자가 주도하여 옥외집회 또는 시위를 진행하였지만 중간에 주최자나 참가단체 등이 교체되고 이들의 주도 아래 신고된 것과는 다른 내용의 옥외집회 또는 시위로 변경되었음에도 불구하고, 이미 이루어진 옥외 집회 또는 시위의 신고를 명목상의 구실로 내세워 옥외집회 또는 시위를 계속하는 등의 경우에는 그 주최 행위를 '신고 없이 옥외집회 또는 시위를 주최한 행위'로 보아 처벌할 수 있다(대법원 2008. 7. 10, 선고 2006도9471 판결).

- 집회및시위에관한법률은 …… 옥외집회에 대하여 관할 경찰서장에게 신고할 것을 요구하고 있고, 관할경찰서장의 부당한 금지통고에 대하여는 이의신청과 행정소송 등을 통하여 집회의 권리를 행사할 수 있도록 규정하고 있는 점에 비추어 보면, 단지 당국이 피고인이 간부로 있는 전국교직원노동조합이나 기타 단체에 대하여 모든 옥내외 집회를 부당하게 금지하고 있다고 하여 그 집회신고의 기대가능성이 없다 할 수 없으므로, 위와 같은 이유만으로 관할 경찰서장에게 신고하지 않고 옥외집회를 주최한 것이 죄가 되지 않는다고 할 수 없다(대법원 1992. 8. 14, 선고 92도1246 판결).

- 옥외집회 또는 시위가 개최될 것이라는 것을 관할 경찰서가 알고 있었다거나 그 집회 또는 시위가 평화롭게 이루어진다 하여 신구집회및시위에관한법률 소정의 신고의무가 면제되는 것이라고는 할 수 없으므로 소정의 신고서 제출 없이 이루어진 옥외집회 또는 시위를 사회상규에 반하지 아니하는 정당한 행위라고 할 수는 없다. 집회장소 사용 승낙을 하지 않은 갑대학교 측의 집회 저지 협조요청에 따라 경찰관들이 갑대학교 출입문에서 신고된 갑대학교에서의 집회에 참가하려는 자의 출입을 저지한 것은 경찰관직무집행법 제6조의 주거침입행위에 대한 사전 제지조치로 볼 수 있고, 비록 그 때문에 소정의 신고 없이 을대학교로 장소를 옮겨서 집회를 하였다 하여 그 신고 없이 한 집회가 긴급피난에 해당한다고도 할 수 없다(대법원 1990. 8. 14, 선고 90도870 판결).

- 모든 국민은 헌법 제21조 제1항에서 정한 바에 따라 집회나 시위의 자유를 보장받는다고 할 것이나, 특히 도로에서의 집회나 시위의 경우 일반인의 교통권이나 원활한 교통소통이라는 공공의 이익과 상충될 우려가 있으므로, 이러한 경우 집회 및 시위의 권리를 최대한 보장함과 동시에 일반 공중의 교통권 내지는 원활한 교통소통을 포함한 공공의 안녕질서가 침해되지 않도록 적절한 조화를 도모할 필요가 있다. …… 집회및시

위에관한법률에 의하여 적법한 신고를 마치고 도로에서 집회나 시위를 하는 경우 도로의 교통이 어느 정도 제한될 수밖에 없으므로 그 집회 또는 시위가 신고된 범위 내에서 행해졌거나 신고된 내용과 다소 다르게 행해졌어도 신고된 범위를 현저히 일탈하지 않는 경우에는 그로 인하여 도로의 교통이 방해를 받았다고 하더라도 특별한 사정이 없는 한 형법 제185조 소정의 일반교통방해죄가 성립한다고 볼 수 없으나, 그 집회 또는 시위가 당초 신고된 범위를 현저히 일탈하거나 구집회및시위에관한법률 제12조의 규정에 의한 조건을 중대하게 위반하여 도로 교통을 방해함으로써 통행을 불가능하게 하거나 현저하게 곤란하게 하는 경우에는 형법 제185조 소정의 일반교통방해죄가 성립한다고 할 것이다. …… 이 사건 행진시위의 참가자들이 일부 구간에서 감행한 전 차선 점거행진, 도로점거 연좌시위 등의 행위는 당초 신고된 범위를 현저히 일탈하거나 구집회및시위에관한법률 제12조의 규정에 의한 조건을 중대하게 위반한 것으로서 그로 인하여 도로의 통행이 불가능하게 되거나 현저하게 곤란하게 된 이상 형법 제185조 소정의 일반교통방해죄에 해당한다고 할 것이다(대법원 2008. 11. 13. 선고 2006도755 판결).

- [헌법불합치, 2013헌바322, 2018. 5. 31. 집회 및 시위에 관한 법률(2007. 5. 11. 법률 제8424호로 전부개정된 것) 제11조 제1호 중 '국회의사당'에 관한 부분은 헌법에 합치되지 아니한다. 위 법률조항은 2019. 12. 31.을 시한으로 개정될 때까지 계속 적용한다.]

- [헌법불합치, 2015헌가28, 2018. 6. 28. 집회 및 시위에 관한 법률(2007. 5. 11. 법률 제8424호로 전부개정된 것) 제11조 제3호는 헌법에 합치되지 아니한다. 위 법률조항은 2019. 12. 31.을 시한으로 개정될 때까지 계속 적용한다.]

- [헌법불합치, 2018헌바137, 2018. 7. 26. '집회 및 시위에 관한 법률'(2007. 5. 11. 법률 제8424호로 전부개정된 것) 제11조 제1호 중 "각급 법원" 부분은 헌법에 합치되지 아니한다. 위 법률조항은 2019. 12. 31.을 시한으로 개정될 때까지 계속 적용한다.]

CHAPTER 06 보안경찰

알파 120 방첩일반

1 방첩의 대상과 기본원칙

방첩의 대상	간첩	한 국가(또는 정치적 집단)의 이익을 위하여 비밀 또는 허위의 구실하에 첩보수집을 하거나 태업, 전복활동을 목적으로 대상국 내에 잠입한 자 또는 이를 지원동조 및 협조하는 모든 조직적 구성분자를 말한다.
	태업	국가의 방위력 또는 전쟁수행능력을 물리적 또는 심리적 방법으로 파괴 또는 약화시키기 위하여 취하여지는 모든 행위를 말한다.
	전복	위헌적인 방법으로 국가를 변혁시키거나 국가기능을 소멸시키거나 정권을 타도하여 탈취하는 모든 행위를 말한다.
방첩의 기본원칙	완전협조의 원칙	방첩이란 방첩관이 아무리 잘 훈련되었다 하더라도 방첩기관만의 힘으로서는 100% 임무 수행이 어려운 것이다. 따라서 방첩의 사명을 다하기 위해서는 전문기관인 방첩기관과 보조기관 및 전 국민, 일반대중으로부터 완전협조가 이루어져야만 효과적인 방첩이 될 수 있다.
	치밀의 원칙	한 사람의 간첩이 침투되기까지는 치밀한 계획하에 물색되고 교육되며 또한 교묘한 방법으로 활동하게 된다. 이에 대한 방첩활동은 더욱 더 치밀한 계획과 준비로써 활동하여야 한다는 것이다.
	계속접촉의 원칙	① 방첩기관은 간첩 등의 용의자를 발견하였다고 해서 즉시 검거하는 것이 아니라 조직망 전체가 완전히 파악될 때까지 계속해서 유형무형의 접촉을 해야 한다. ② 계속접촉의 유지단계는 **탐지 → 판명 → 주시 → 이용 → 검거(타진)** 등이다.

2 방첩의 수단

적극적 수단	소극적 수단	기만적 수단
• 적에 대한 첩보수집 • 침투공작 전개 • 적의 첩보공작 분석 • 대상인물 감시 • 간첩신문 • 역용공작	• 정보 및 자재보안의 확립 • 인원보안의 확립 • 시설보안의 확립 • 보안업무 규정화 확립 • 입법사항 건의	• 허위정보의 유포 • 유언비어 유포 • 양동간계시위

3 간첩

활동범위에 따라	대량형 간첩	① 대량형 간첩은 간첩으로서 필요한 교육을 받은 자들이 대상국가에 밀파되어 특수한 대상의 지목도 없이 광범위한 분야에서 정보를 입수하는 등 간첩행위를 하는 자를 말한다. ② 대량형 간첩은 국가에 위해가 적으며 수적으로 대량이기 때문에 검거될 위험이 크고, 지명형 간첩을 보호하기 위하여 파견되는 수도 있으며, 주로 전시에 파견되고 상대국가가 색출하기가 용이하다.
	지명형 간첩	① 지명형 간첩은 필요한 비밀활동 및 공작기술에 관한 교육을 받고 어떠한 특정목표와 임무를 부여받아 특수한 정보를 수집하도록 개별적으로 지명하여 파견침투되는 자를 말한다. ② 지명형 간첩은 국가에 끼치는 위험도 크고 또한 고정간첩으로 합법신분을 보장받는 경우가 많고, 전·평시를 막론하고 파견되며 색출이 어렵다.
임무에 의한 분류	일반간첩	일반간첩은 일반적으로 정보를 수집하거나 태업·전복공작을 전개하는 간첩으로서 통상 간첩이라 할 때에는 일반간첩을 말한다.
	증원간첩	증원간첩은 간첩요원의 보충·유인·납치 등 인적자원의 확보를 위하여 파견되는 간첩이다.
	보급간첩	간첩을 파견함에 필요한 일정한 장소에서 토대를 구축하고, 침투된 간첩에게 필요한 공작금품·장비·증명서원본 등 물적 지원의 임무를 수행하는 간첩이다.
	무장간첩	무장간첩은 간첩의 호송·안내·연락 및 침투로를 개척하기 위하여 특별히 훈련된 간첩으로서 무기휴대 여부에 의한 구별이 아니고 대부분 군인으로서 군복을 착용하기 때문에 붙여진 이름이다. 또한 무장간첩은 부차적으로 군사정보수집과 요인암살 및 사회질서를 혼란시키기 위하여 소부대 단위로 침투하는 경우가 많다.
방법에 의한 분류	고정간첩	일정한 지역 내에서 영구적으로 간첩행위를 하도록 임무를 부여받고, 활동을 하는 간첩을 말한다. 따라서 고정간첩의 특징은 일정한 공작기간이 없고 기밀을 수집·탐지하는 활동영역이 넓으며, 합법적으로 보장된 신분이나 보장될 수 있는 조건이 구비되어 있는 공작원이다.
	배회간첩	고정간첩에 반대되는 간첩으로서 일정한 주거 없이 전국을 배회하면서 임무를 수행하는 간첩을 말한다. 배회활동중 확고한 토대가 구축되고, 합법적인 신분을 획득하면 고정간첩으로 변할 수 있다. 배회간첩의 특징은 일정한 공작기간이 설정되어 있는 점이다.
	공행간첩	외교관 등과 같이 타국에 공용의 명목하에 입국하여 합법적인 신분을 갖고 이를 기회로 상대국에 대한 각종 정보를 수집하는 것을 목적으로 하는 간첩을 말한다. 공행간첩의 특징은 대상국가에 입국할 때 합법적인 신분을 보장받고 있다는 점이다.

4 간첩망의 형태

삼각형	① 의의 : **지하당**조직에서 주로 사용되는 간첩망형태로 지하당 구축을 하명받은 간첩이 **3명 이내**의 행동공작원을 포섭하여 직접 지휘하고 포섭된 공작원 간 횡적 연락을 차단시키는 활동조직이다. ② 장점 : 종적 연락은 가능하나 횡적 연락이 안 되므로 비교적 **보안유지**가 잘 되고 일망타진의 가능성이 적다. ③ 단점 : 활동범위가 **좁고**, 행동공작원이 검거됐을 경우 주공작원 정체가 **쉽게 노출된다.**
서클형	① 의의 : 간첩이 **합법적 신분**을 이용하여 침투, 합법적으로 공·사무활동을 하면서 대상국 정치·사회문제를 이용, 적국의 이념이나 사항에 동조토록 유도하여 공작목표를 달성하기 위한 조직형태이다. ② 장점 : 간첩활동이 자유롭기 때문에 대중적으로 조직할 수 있고 동원이 용이하다. **현재 첩보전에서 가장 많이 이용된다.** ③ 단점 : 간첩의 정체가 폭로되었을 때 **외교적 문제**로 국제사회에 미치는 악영향이 크다.
단일형	① 의의 : 간첩이 단일 특수목적을 수행하기 위하여 동조자를 포섭하지 않고 **단독으로** 활동하는 점조직이다. ② 장점 : 간첩 상호 간에 종적·횡적 연락이 차단되므로 보안이 유지되고 신속한 활동을 할 수 있다. ③ 단점 : 활동의 범주가 좁고 공작성과가 비교적 한정된다.
피라미드형	① 의의 : 간첩 밑에 주공작원 2～3명을 두고 주공작원은 그 밑에 각각 2～3명의 행동공작원을 두는 조직형태이다. ② 장점 : 활동범위가 **넓고** 일시에 많은 공작을 입체적으로 수행할 수 있다. ③ 단점 : 간첩과 주공작원 간, 행동공작원 상호 간에는 연락이 차단되므로 구성원 상호 간 최소한의 정체를 보장받을 수 있으나 활동이 노출되기 쉽고 **일망타진 가능성**이 있으며 조직에 시간이 소요된다. 현재는 거의 사용하지 않는다.
레포형	① 피라미드형 조직에 있어서 간첩과 주공작원 간, 행동공작원 상호 간에 연락원을 두고 종횡으로 연결하는 방식이다. ② 레포란 연락 또는 연락원을 뜻하는 공산당용어로 현재는 사용되지 않고 있다.

5 태업

대상	각국의 공작원이 태업의 대상으로 선택하는 데 고려하는 요건으로는 ① 전략·전술적인 가치를 가진 것 ② 태업에 필요한 기구를 용이하게 입수할 수 있고, 접근이 가능한 것 ③ **일단 파괴되면 수리하거나 대체하기가 어렵고 많은 시간이 소요되는 것** 등이 있다.	
형태	물리적 태업	**방화태업**: 성냥·유류 등 인화물질로 목표물에 화재를 발생케 하는 태업방법으로 첫째, **가장 파괴력이 강하며** 둘째, 어떠한 목표에 대해서도 위력을 발휘할 수 있고 셋째, 우연한 사고로 가장하기 쉬우며 넷째, 인화물질의 습득이 용이하다는 특징이 있다.
		폭파태업: TNT·다이나마이트 등의 폭발물을 사용하여 목표물을 파괴하는 태업으로 첫째, 파괴가 전체적이고 즉각적이어야 할 때 둘째, 목표물을 파괴하는 목적을 달성하기 위하여 강한 절단력·분쇄력을 필요로 할 때 주로 사용한다.
		기계태업: 기계·기구에 손상을 가하거나 조직하여 큰 파괴를 유발시키는 태업(열차탈선·전복·충돌 등)으로 첫째, **범행이 용이하며** 둘째, 목표물에 접근하여 있는 자가 실행할 수 있고 셋째, 특별한 도구나 수단이 필요 없으며 넷째, 사용자가 사전에 결함을 **발견하기 어려워** 성공도가 높다.
	심리적 태업	**선전태업**: 허위사실 또는 유언비어의 유포, 반정부 선동 등으로 민심을 혼란시키고 사회불안을 일으켜 전쟁수행능력에 영향을 미치게 하는 태업이다.
		경제태업: 위조통화·증권의 유통, 대규모 부도사태 촉발, 악성노동 쟁의행위 확산 등 대상국의 경제질서를 혼란 또는 마비시키는 태업이다.
		정치태업: 정치적 갈등과 분열을 일으켜 국민적 불신과 불화를 조장하고 일체성을 파괴하는 태업이다.
방지책	⊙ 대태업기관(조직)의 정예화, ⓒ 관련자의 정확한 신원조사 등 인원보안의 철저, ⓒ 적극·효율적인 정보망 구성, ⓔ 보안측정 철저, ⓜ 중요시설 경비요원의 교육훈련 강화, ⓗ 위장취업 등 태업분자의 침투 방지 등	

6 전복

국가 전복	피지배자가 지배자를 타도하여 정권을 탈취하는 실력행사를 국가전복이라 하는데, 이것은 협의의 혁명의 개념과 비슷하다.
정부 전복	동일 지배계급 내의 일부세력이 집권세력을 폭력으로써 기습·제압하여 정권을 차지하거나 권력을 강화하는 것으로서, 이것은 쿠데타 개념과 비슷하다.

알파 121　비밀공작

1　4대 요소

주관자	① 주관자라 함은 상부로부터 받은 지령을 계획하고 준비하며 수행하는 하나의 집단을 말하며 이 집단을 대표하는 사람을 공작관이라 한다. ② 공작관은 비밀공작상 필요한 국내 어느 지역 또는 공작대상국에 파견되어 본부의 기능을 대행하는 정보기관의 일원으로서 해당 공작을 전담하여 책임지고 수행하는 사람으로서 본부를 대표하는 자이다.
공작목표	① 공작목표는 공작상황에 따라 결정되는 것으로 공작목적을 수행하기 위하여 지정되는 대상이 곧 목표가 되는 것이다. ② 목표를 다시 접근과 활동의 단계로 구분하여 제1목표, 제2목표 등의 순위로 정할 수 있으며, 이와 같은 목표를 대상에 의하여 세분하면 인물, 장소, 물건 등으로 구분할 수도 있다.
공작원	① 공작원이란 비밀조직의 최선단에서 철저한 가장과 통제하에 공작목표에 대하여 공작관을 대행하여 비밀을 탐지하거나 기타 부여받은 공작임무를 수행하는 사람이다. ② 공작원의 종류 　㉠ **주공작원** : 주공작원이란 공작관의 바로 밑에 위치하는 공작망의 책임자이며, 공작관의 명령시달에 의하여 자기 공작망 산하의 망원에 대한 지휘조종의 책임을 담당하고 있는 공작원이다. 　㉡ **행동공작원** : 행동공작원이란 공작목표에 대하여 실제로 첩보수집 기타 공작임무를 직접 수행하는 공작원으로서, 통상 주공작원의 지휘조종을 받아 임무를 수행한다. 　㉢ **지원공작원** : 지원공작원이란 비밀공작활동을 수행하는 공작원이나 조직체에 대하여 공작에 필요한 기술 및 기타 일반적인 지원을 제공하는 공작원으로서, 통상 주공작원의 지휘조종을 받아 임무를 수행한다.
공작금	공작활동은 비공개적 활동으로서 이를 원만히 수행하기 위해서는 지정된 대상, 인물, 기관, 장소, 시설 등의 공작목표가 선정되어야 하는데, 선정된 공작목적의 달성을 위한 활동에는 많은 제한을 받게 된다. 이러한 제한활동을 효율적으로 수행하기 위해서는 막대한 공작금이 필요하게 된다.

2　순환과정

지령	비밀공작은 임의로 진행하는 것이 아니라 상부로부터 받은 지령에 따라 전개되며, 그 지령은 공작의 성격과 형태 및 방향을 결정하여 준다. 이 같은 지령은 일반적·추상적일 수도 있고 구체적이고 특징적인 경우도 있다.
계획	공작계획이란 지령을 수행하기 위한 수단·방법을 조직화한 것으로서 공작관이 작성하며 육하원칙에 의하여 간단·명료하게 작성해야 한다.

모집	공작계획이 수립되면 공작을 진행할 사람, 즉 공작원이 필요하게 된다. 우수한 공작원의 확보여부는 공작의 성패를 좌우하는데, 여기서 공작원의 모집이란 특정의 목적·목표달성을 위한 공작계획에 의거 공작임무를 성공적으로 수행할 수 있는 공작원을 채용하는 것을 말하며, 공작원 모집은 물색·조사·선정·채용의 4단계를 거쳐 이루어진다.
훈련	공작원 후보자에 대한 채용이 끝나면 안전가옥에 수용하여 임무수행에 필요한 능력을 배양시키고, 지식과 기술을 습득시켜 자신감과 사기를 앙양시킨다.
브리핑 (Briefing)	공작에 영향을 주는 새로운 상황과 적합한 공작활동에 대한 일반적인 검토와 임무에 대한 상세하고도 구체적인 지시를 해주는 것이다. 즉, 공작원에 대하여 공작수행에 관한 명확하고 소상한 최종적인 설명 및 지령을 재확인시키는 것이다.
파견 및 귀환	공작에 필요한 준비와 브리핑이 완료되면 예정된 일시에 예정지역에 공작원을 파견하고, 파견된 공작원은 타지에서 공작임무를 수행하게 된다. 그리고 공작지에서 임무가 끝나면 기지에 돌아오게 되는데 이를 귀환이라 한다.
디브리핑 (Debriefing) 및 보고서 작성	공작지에 파견되었던 공작원이 공작임무를 마치고 귀환하면, 즉시 디브리핑이 시작된다. 이것은 가장 최근의 첩보와 공작진행상황을 알기 위함이며, 공작원들이 체험한 것들을 허심탄회하게 발표할 수 있도록 기회를 주기 위하여 실시한다.
해고	① 공작순환의 최종단계로서 공작임무가 종료되었거나, 공작의 필요성이 없는 경우, 공작에 부적합한 경우에 해당 공작원을 해고한다. ② 공작원의 해고방법은 어떠한 공작일지라도 공작원 채용 전에 반드시 고려하여야 하며, 보안 및 비밀유지에 대한 조치를 철저히 하여야 한다.

3 비밀공작망

직접망	최선단에 활동하는 공작원이 직접 공작관과 연락되어 공작관의 조종통제를 받는 망형태로서, 최근에 북한이 이용하는 간첩망이 이에 해당한다. ① 장점 　㉠ 조직이 가장 간단하고 **조종·통제가 용이하다.** 　㉡ 질이 좋은 첩보를 수집할 수 있고, **보안**을 유지할 수 있다. 　㉢ 공작관과 공작원이 직접 접촉함으로 인해서 공작원에 대한 테스트가 용이하다. 　㉣ 공작비가 절약된다. ② 단점 　㉠ 공작원이 공작관의 신원과 얼굴을 알게 되어 조직이 **노출**될 우려가 있다. 　㉡ 공작원의 업무량이 많다. 　㉢ 많은 목표를 대상으로 공작할 수 없다.
주공작 원망	공작관으로부터 공작임무를 위임받은 주공작원이 공작망을 조종하여 통제하는 망형태이다. ① 장점 　㉠ 공작관의 언어상 장벽이 해소된다. 　㉡ 공작원과 매개자를 공작상 분리하고 필요할 때에는 대체할 수 있으므로 융통성이 있다. 　㉢ **많은** 공작원을 간접적으로 조종할 수 있다.

주공작 원망	② 공작관이 노출될 염려가 없다. ⑩ 유능한 공작원의 활용으로 공작능률이 오른다. ② 단점 ㉠ 공작관이 직접 공작원을 통제할 수 없다. ㉡ **공작비**가 많이 든다. ㉢ 공작원에 대한 공작 테스트, 가치평가가 어렵다. ㉣ 공작원 해고가 어렵다.	
혼합망	직접망과 주공작원망을 혼합해서 조직하는 망형태이다. ① 장점 ㉠ 공작관이 직접 주공작원을 통제할 수 있다. ㉡ 첩보·공작보고 등의 진부(眞否) 확인이 용이하다. ② 단점 : **주공작원망과 유사하다.**	

알파 122 심리전

1 심리전의 분류

주체에 의한 분류	공연성 심리전	사실출처를 명시하면서 실시하는 심리전으로 통상 백색전선이라고 한다.
	비공연성 심리전	출처를 밝히지 않거나 위장·도용하여 상대국의 시책 등을 모략·비방함으로써 내부혼란을 조장하는 방법으로 전개하는 심리전
운용에 의한 분류	전략심리전	광범위하고 장기적인 목표하에 대상국의 전 국민을 대상으로 실시하는 심리전 이다. 자유진영국가들이 공산세계 국민들을 대상으로 전개하는 대공산권방송 등이 그 예이다.
	전술심리전	단기적인 목표하에 즉각적인 효과를 기대하고 실시되는 것으로 간첩을 체포했 을 때 널리 공개하는 것 등이 그 예이다.
목적에 의한 분류	선무 심리전	아측 후방지역의 사기를 앙양시키거나 수복지역 주민들의 협조를 얻고 질서를 유지하는 선전활동을 말하며 **타협심리전**이라고도 한다.
	공격 심리전	적측에 대해 특정의 목적을 달성하기 위해 공격적으로 행하는 심리전을 말한다.
	방어 심리전	적측이 가해 오는 공격을 와해·축소시키기 위해 방어적으로 행하는 심리전을 말한다.

2 선전

백색선전	① 의의 : 백색선전이라 함은 **주체·출처 등을 밝히면서 공개적으로 행하는 선전활동**의 한 방법으로 주체·출처 등을 은폐·위장하면서 행하는 회색선전·흑색선전등과 구별된다. 백색선전은 공식보도에 의하므로 주제의 선정과 용어사용에 제한을 받지만 신뢰도가 높다. ② 특징 • 국가 또는 공인된 기관이 공식보도기관을 통해 행하므로 주체·출처 등을 밝히지 않고 행하는 회색선전·흑색선전에 비해 진실성과 신빙성이 높다. • 공공연한 심리전이라는 점에서 출처를 위장하는 흑색선전과 다르다. • 공식보도의 형식을 취급하는 만큼 국가의 위신·입장을 고려한다. • 적의 의도를 가장 정확하게 판단하는 자료가 된다. 즉, 의도적인 기만선전인가 아닌가를 분석하면 적의 의도를 판단할 수 있다.
회색선전	① 의의 : 회색선전이라 함은 **출처를 명확히 밝히지 않는 선전활동**으로서, 단지 출처만 밝히지 않는 점에서 출처를 위장하는 흑색선전과 구별된다. 한편 회색선전은 특정집단의 백색선전의 효과를 감쇄시키는 데 유리하나 신뢰도가 낮다. ② 특징 ㉠ 장점 : 회색선전은 기술적으로 운용을 잘하면 거의 선전이라는 선입감을 주지 않고도 효과를 얻을 수 있으며, 또한 선전주체가 드러나지 않으므로 그 위신에 관계없이 호응자의 관심을 집중시키는 주제·내용을 활용할 수 있는 장점이 있다. ㉡ 단점 : 출처를 은폐하면서 신비스럽고 권위있게 선전의 효과를 거두기는 매우 곤란하고, 적이 회색선전이라는 것을 감지하고 **역선전을 해올 때는 대항하기가 어려운** 단점이 있다.
흑색선전	① 의의 : 흑색선전이라 함은 **주체·출처를 위장**하면서 암암리에 행하는 선전을 말하는데, 주체·출처 등을 밝히면서 공개적으로 행하는 백색선전과 반대되는 개념이며 단지 출처만을 명확히 밝히지 않는 회색선전과도 구별된다. 한편으로 흑색선전은 특정집단 내부의 반대세력에 의한 선전인 듯이 꾸며 분열과 혼란을 조장하는 데 쓰이며, 북한의 한국민족민주전선(한민진) 방송 등이 그 예이다. ② 특징 ㉠ 장점 • 출처를 밝히지 않은 위장전선이므로 적국 내에서도 수행할 수 있으며, 특수목표를 대상으로 한 계층에 대해 즉각적이고 집중적인 선전을 할 수 있다. • 적으로 하여금 그 내부에 모순이 있음을 드러내어 적 내부를 분열, 혼란시켜 사기를 저하시킨다. 즉, 용어·형식 등을 적국 내의 백색선전인 양 위장함으로써 전 국민을 현혹시킬 수 있다. • 선전내용을 임의로 할 수 있을 뿐만 아니라 출처확인이 곤란하므로 이에 대한 **역선전도 효과를 거두기 어렵다.** ㉡ 단점 • 출처노출의 위험을 피하기 위해 지나친 주의가 요구된다. • **정상적인 통신망을 이용할 수 없다.** • 적진에서는 노출될 위험이 크다.

알파 123   국가보안법

1 해당범죄

(1) 반국가단체관련 범죄

반국가단체의 의의		"반국가단체라 함은 정부를 참칭(僭稱)하거나 국가를 변란(變亂)할 것을 목적으로 하는 국내외의 결사 또는 집단으로서 지휘통솔체제를 갖춘 단체를 말한다"고 규정
반국가단체의 성립요건	정부를 참칭하거나 국가를 변란할 것을 목적으로 할 것	① 정부참칭 : 합법적인 절차에 의하지 아니하고 임의로 정부를 조직하여 진정한 정부인 양 사칭하는 것 ② 국가변란 : 정부를 전복하여 새로운 정부를 조직하는 것을 의미 ③ 국헌문란은 넓은 의미의 정부 전체를 전복하거나(다수설), 국체(國體)를 변경하는 것(소수설)을 뜻하는 국가변란보다는 넓은 개념이라 할 수 있다. ④ 목적 : 정부참칭 또는 국가변란의 목적은 반드시 직접적이어야 한다.

	결사 또는 집단일 것	① 결사 : 일정한 공동목적을 수행하기 위하여 조직된 특정 다수인의 계속적인 결합체를 의미
		  ㉠ 일정한 공동목적의 수행을 위하여 조직된 것
		  ㉡ 반드시 구성원이 2인 이상
		  ㉢ 계속성이 있어야 한다. 영구히 존속하거나 사실상 계속하여 존속함을 요하지 않으며 일정한 기간 존속하게 할 의도하에 조직된 것이면 충분하다.
		② 집단 : 일시적인 집합체

	지휘통솔체제를 갖출 것	① 반국가단체로 인정되기 위해서는 조직성, 즉 최소한의 지휘통솔체제를 갖춘 단체이어야만 한다. ② 반국가단체로서의 지휘통솔체제를 갖춘 단체라 함은 2인 이상의 특정 다수인 사이에 단체의 내부질서를 유지하고 그 단체를 주도하기 위하여 일정한 위계 및 분담 등의 체계를 갖춘 결합체를 의미한다.

(2) 목적수행죄(제4조)

개요	형법과의 관계		① 국가보안법이 형법의 특별법이므로 목적수행죄는 특별법위반믜 성격을 가진다. 목적수행죄는 대부분 형법보다 법정형을 가중하고 있다. ② 형법은 유형에 따라 법정형을 차등을 두고 있으나, 국가보안법은 같은 죄질에 속하는 한 법정형을 통일하고 있다.
	목적수행 대상범죄	1호	외환의 죄, 존속살해, 강도살인, 강도치사 등의 범죄
		2호	간첩죄, 간첩방조죄, 국가기밀탐지·수집·누설 등의 범죄
		3호	소요, 폭발물 사용, 방화, 살인 등의 범죄
		4호	중요시설파괴, 약취유인, 항공기·무기 등의 이동·취거 등의 범죄

개요	목적수행 대상범죄	5호	유가증권위조, 상해, 국가기밀서류·물품의 손괴·은닉 등의 범죄
		6호	선전·선동, 허위사실날조·유포 등의 범죄
간첩죄	주체		반국가단체의 구성원 또는 그 지령을 받은 자
	객체		① 간첩죄의 행위객체는 **군사상 기밀**이다. 군사상 기밀에는 순수한 군사에 관한 사항뿐만 아니라 정치, 경제, 사회, 문화 등 각 방면에 걸쳐 적국에 알리지 아니하거나 확인되지 아니함이 우리나라의 국익 내지 국방정책상 필요한 모든 기밀사항을 포함한다. ② **일반인에게 널리 알려진 공지의 사실, 물건 또는 지식은 군사상 기밀에 해당하지 않는다.** ③ 대법원 판례에 의하면 각지의 지형, 주요기관이나 시설의 위치·기능, 정부·군경의 활동, 주요인사의 동정 및 인적사항, 중요제도, 주요 경제현황 등을 군사상 비밀로 인정

(3) 자진지원죄(제5조 제1항)

구성 요건	주체	본죄의 주체는 **반국가단체의 구성원 또는 그 지령을 받은 자를 제외**한 모든 사람으로 **아무런 제한이 없다.**
	주관적 요건	① 자진하여 제4조 제1항 각호에 규정에 행위를 한다는 인식이 있는 외에 '반국가단체나 그 구성원 또는 그 지령을 받은 자를 지원한다는 목적'이 있어야 한다. ② 즉, 본죄는 목적범이다. 그 목적의 달성 여부는 본죄의 성립과 아무런 관련이 없다. 이러한 목적이 없으면 본 죄는 성립하지 않고 제4조 제1항 각호에 규정된 별개의 범죄가 성립할 뿐이다.
처벌		① 본죄의 기수범은 동법 제조 제1항의 예에 의하여 처벌한다. ② 본죄의 미수범도 처벌하며, 본죄를 범할 목적으로 예비·음모한 자는 10년 이하의 징역에 처한다.

(4) 편의제공죄(제9조)

구성 요건	주체	아무런 **제한이 없다.**
	객체	국가보안법 제3조 내지 제8조의 죄를 범하거나 범하려는 자
처벌		① 국가보안법 제3조 내지 제8조의 죄를 범하거나 범하려는 자라는 정을 알면서 총포·탄약·화약 기타 무기를 제공한 자는 5년 이상의 유기징역에 처한다. ② 국가보안법 제3조 내지 제8조의 죄를 범하거나 범하려는 자라는 정을 알면서 금품 기타 재산상의 이익을 제공하거나 잠복·회합·통신·연락을 위한 장소를 제공하거나 기타의 방법으로 편의를 제공한 자는 10년 이하의 징역에 처한다. 다만, 본범과 친족관계가 있는 때에는 그 형을 감경 또는 면제할 수 있다(무기류 등의 편의제공은 감면 ×). ③ ① ②의 미수범은 처벌한다. ④ ①의 죄를 범할 목적으로 예비 또는 음모한 자는 1년 이상의 유기징역에 처한다.

(5) 불고지죄(제10조)

구성 요건	주체	본죄의 주체에는 아무런 제한이 없다.
	객체	① 불고지죄 대상범죄는 제3조(반국가단체구성), 제4조(목적수행), 제5조 제1항(자진지원)·제3항(자진지원 미수범)·제4항(자진지원 예비·음모)이다. ② 따라서 위에 열거되지 아니한 범죄는 그것이 비록 국가의 안위를 위태롭게 하거나 또는 국가보안법에 규정된 행위라 하더라도 본죄의 대상이 되지 아니한다.
	행위 태양	① 본죄의 행위태양은 "수사기관 또는 정보기관에 고지하지 아니하는 것"이다. ② 수사기관 또는 정보기관이란 국가보안법위반죄에 대하여 수사권을 가진 기관에 한하지 않고 수사나 정보업무를 취급하는 전 기관을 포함한다. ③ 고지란 알리는 것을 의미하며, 그 수단과 방법에는 제한이 없다.
	주관적 요건	본죄의 성립에는 수사기관이나 정보기관에 고지하지 않는 것에 대한 고의가 필요하며, 고의 외에 별도의 동기나 목적은 요하지 않는다.
처벌		① 본죄를 범한 자는 5년 이하의 징역 또는 200만원 이하의 벌금에 처한다. 국가보안법 중 유일하게 그 법정형에 벌금형을 선택형으로 규정하고 있다. ② 본범과 친족관계가 있을 때에는 그 형을 감경 또는 면제한다(필요적 감면).

(6) 무고·날조죄(제12조)

구성 요건	주체	동법 제12조 제1항의 일반 무고·날조죄의 주체는 아무런 제한이 없으나, 제2항의 직권남용 무고·날조죄의 주체는 범죄수사 또는 정보의 직무에 종사하는 공무원이나 이를 보조하는 자 또는 이를 지휘하는 자이다.
	행위 태양	① 일반 무고·날조(제1항) : 국가보안법의 죄에 대하여 무고 또는 위증을 하거나 증거를 날조·인멸·은닉하는 것이다. ② 직권남용 무고·날조(제2항) : 이는 직권을 남용하여 국가보안법의 죄에 대하여 무고 또는 위증을 하거나 증거를 날조·인멸·은닉하는 것이다.
	주관적 요건	① 본죄가 성립하기 위해서는 무고·위증·증거의 날조·인멸·은닉에 대한 사실적 고의 이외에 행위자에게 '타인으로 하여금 형사처분을 받게 할 목적'이 있어야 한다. ② 그러나 타인으로 하여금 형사처분을 받게 할 목적이 유일한 목적일 필요는 없고, 다른 목적과 결부되어 있어도 형사처분을 받게 할 목적이 있었다면 본죄가 성립한다.
처벌		본조 제1항의 죄를 범한 경우에는 그 각 조에 정한 형에 처한다. 본조 제2항의 경우에는 제1항과 마찬가지로 그 대상이 된 죄에 정한 형으로 처벌하되, 그 법정형의 최저가 2년 미만인 때에는 그 최저형을 2년으로 한다.

▶ 형의 감면

임의적 감면	필요적 감면	친족관계에 있는 경우 감면	예비·음모 처벌	불고지 대상범죄
• 단순편의제공죄 (무기류제공은 감면 ×) • 특수직무유기	• 불고지죄 • 자수 • 고발 • 방해	• 불고지 – 필요적 감면 • 편의제공 – 임의적 감면 • 특수직무유기 – 임의적 감면	• 반국가단체관련죄 • 목적수행죄 • 자진지원죄 • 잠입탈출죄 • 이적단체구성 등 • 무기류 등 제공	• 반국가단체관련죄 • 목적수행죄 • 자진지원죄

2 국가보안법의 특성

(1) 범죄의 성립범위상 특성

고의범	국가보안법에 있어서는 고의범만을 처벌
미수·예비·음모죄의 확장	**불고지죄(제10조), 특수직무유기죄(제11조)** 경우를 제외하고는 모든 반국가적 범죄에 대하여 원칙적으로 미수는 물론 예비·음모행위도 처벌하고 있다.
특수한 범죄의 성립 인정	① **편의제공죄** : 별개의 독립된 편의제공죄로 처벌하고 있다(제9조). ② **선동·선전 및 권유죄** : 반국가단체에의 가입·권유행위와 목적수행 및 국가변란 선동·선전행위를 별도의 범죄로 규정하여 처벌하고 있다. ③ **불고지죄** : 반국가단체구성등죄, 목적수행죄, 자진지원죄 등은 모든 국민에 대하여 일반적으로 고지의무를 부과하고 이를 위반한 경우에는 범죄가 되어 처벌하는 것으로 규정하고 있다.

(2) 중형주의

재범자의 특수가중	국가보안법에 규정된 반국가적 범죄를 범하여 **금고 이상**의 형을 선고받고 그 형의 집행을 종료하지 아니한 자 또는 그 집행을 종료하거나 집행을 받지 않기로 확정된 후 **5년**이 경과하지 아니한 자가 국가보안법상의 일정한 범죄를 다시 범한 때에는 그 죄에 대한 **법정 최고형을 일률적으로 사형으로** 규정하고 있다(제13조).
자격정지형의 병과	유기징역형을 선고할 때에는 그 형의 장기 이하의 자격정지형을 병과할 수 있도록 규정하고 있다.
몰수·추징 및 압수물의 처분	① 이 법의 죄를 범하고 그 보수를 받은 때에는 이를 몰수한다. 다만, 이를 몰수할 수 없을 때에는 그 가액을 추징한다. ② 검사는 이 법의 죄를 범한 자에 대하여 소추를 하지 아니할 때에는 압수물의 폐기 또는 국고귀속을 명할 수 있다.

(3) 수사의 효율성 보장

참고인의 구인·유치	반국가적 범죄의 위험성에 비추어 그 진상을 신속·정확하게 파악할 수 있도록 하기 위하여 검사 또는 사법경찰관으로부터 이 법에 정한 죄의 참고인으로 출석을 요구받은 자가 정당한 이유없이 2회 이상 출석요구에 불응한 때에는 관할법원판사의 구속영장을 발부받아 구인할 수 있다.(제18조).
구속기간의 연장	① 특수직무유기죄(제11조), 무고날조죄(제12조)를 제외한 나머지 모든 사범에 대하여 검사와 사법경찰관에게 각각 일반형사범의 구속기간보다 1회씩 더 연장할 수 있도록 규정하고 있다(제19조). ② 국가보안법 제19조의 규정에도 불구하고 국가보안법 **제7조(찬양·고무 등), 제10조의 죄(불고지죄)** 에 대하여는 헌법재판소의 위헌결정(헌재 1992.4.14. 선고90헌마82결정)에 따라 본법에 의한 구속기간의 추가연장이 불가능하다.

(4) 범인의 사회복귀 및 범죄예방 도모

형의 감면범위 확대	다음 각호의 1에 해당한 때에는 그 형을 감경 또는 면제한다. 1. 이 법의 죄를 범한 후 자수한 때 2. 이 법의 죄를 범한 자가 이 법의 죄를 범한 타인을 고발하거나 타인이 이 법의 죄를 범하는 것을 방해한 때
공소보류 제도	국가보안법 제20조【공소보류】① 검사는 이 법의 죄를 범한 자에 대하여 형법 제51조의 사항을 참작하여 공소제기를 보류할 수 있다. ② 제1항에 의하여 **공소보류를 받은 자가 공소의 제기 없이 2년을 경과한 때에는 소추할 수 없다.** ③ 공소보류를 받은 자가 법무부장관이 정한 감시·보도에 관한 규칙에 위반한 때에는 공소보류를 취소할 수 있다. ④ 제3항에 의하여 공소보류가 취소된 경우에는 형사소송법 제208조의 규정에 불구하고 동일한 범죄사실로 재구속할 수 있다.

알파 124 　보안관찰

1 　보안관찰처분 대상자

보안관찰 해당범죄	형법	내란목적살인죄(제88조), 동미수범(제89조), 동예비·음모·선동·선전(제90조), 외환유치죄(제92조), 여적(제93조), 모병이적(제94조), 시설제공이적(제95조), 시설파괴이적(제96조), 물건제공이적(제97조), 간첩죄(제98조)와 제92조 내지 제98조의 죄 중 일반이적죄(제99조)를 제외한 각 죄의 미수범(제100조)과 예비·음모·선전(제101조) 등
	군형법	반란(제5조), 반란목적 군용물 탈취(제6조), 미수범(제7조), 예비·음모·선동·선전(제8조), 반란불보고(제9조 제2항), 군용시설등파괴(제12조), 간첩(제13조), 일반이적죄(제14조), 미수범(제15조), 예비·음모·선동·선전(제16조) 등
	국가보안법	반국가단체목적수행(제4조), 자진지원·금품수수(제5조), 잠입탈출(제6조), 편의제공(제9조) 등
	해당범죄 ×	① 형법상 : **내란죄**, **일반이적죄**, **전시군수계약불이행죄** ② 군형법상 : **단순반란불보고죄** ③ 국가보안법상 : **회합·통신죄**, **반국가단체구성죄**, **찬양고무죄**
보안관찰처분 대상자	\multicolumn{2}{l}{• 보안관찰해당범죄 또는 이와 경합된 범죄 • 금고 이상의 형의 선고를 받고 그 형기 합계가 3년 이상인 자 • 형의 전부 또는 일부의 집행을 받은 자}
기간	\multicolumn{2}{l}{보안관찰기간의 기간은 **2년**이며, 법무부장관은 검사의 청구가 있고 보안관찰처분심의위원회의 의결을 거쳐 그 기간을 갱신할 수 있다(보안관찰법 제5조).}

2 　보안관찰처분의 결정절차

(1) 대상자의 신고

교도소 내 신고	보안관찰처분대상자는 **출소 2개월 전**까지 교도소 등의 장을 경유하여 거주예정지 경찰서장에게 보안관찰처분대상자 신고를 해야 한다.
출소 후 신고	보안관찰처분대상자는 **출소 후 7일 내**에 거주예정지 관할 경찰서장에게 출소 사실을 신고해야 한다.

(2) 보안관철처분의 청구

검사의 청구 및 불청구	검사는 사안의 조사를 종결한 때에는 법무부장관에게 보안관찰청구를 하여야 한다. 다만, 보안관찰처분 청구의 필요가 없다고 인정하는 경우에는 그 청구를 하지 아니하는 조치를 할 수 있다.

(3) 보안관찰처분의 결정

심사 (법무부장관)		① 법무부장관은 처분청구서와 자료에 의하여 청구된 사안을 심사하는데, 이 경우 청구사안의 심사를 위하여 필요한 때는 법무부 소속 공무원에게 조사하게 할 수 있다. ② 법무부장관은 심사 후 지체 없이 보안관찰심의위원회에 그 사안을 회부하여야 하는데, 이 경우 조사의 명을 받은 공무원의 의견을 첨부할 수 있다.
심의·의결 (보안관찰처분 심의위원회)	구성	① 보안관찰처분에 관한 사안을 심의·의결하기 위하여 법무부에 보안관찰처분심의위원회(이하 "위원회"라 한다)를 둔다. ② 위원회는 위원장 1인과 6인의 위원으로 구성한다. ③ **위원장은 법무부차관**이 되고, 위원은 학식과 덕망이 있는 자로 하되, 그 과반수는 변호사의 자격이 있는 자이어야 한다. ④ 위원은 법무부장관의 제청으로 대통령이 임명 또는 위촉한다. ⑤ 위촉된 위원의 임기는 2년으로 한다. 다만, 공무원인 위원은 그 직을 면한 때에는 위원의 자격을 상실한다. ⑥ 위원 중 공무원이 아닌 위원도 이 법 기타 다른 법률의 규정에 의한 벌칙의 적용에 있어서는 공무원으로 본다. ⑦ 위원장은 위원회의 회무를 통리하고 위원회를 대표하며, 위원회의 회의를 소집하고 그 의장이 된다. ⑧ 위원장이 사고가 있을 때에는 미리 그가 지정한 위원이 그 직무를 대행한다. ⑨ 위원회의 회의는 위원장을 포함한 재적위원 과반수의 출석으로 개의하고 출석위원 과반수의 찬성으로 의결한다.
결정 (법무부장관)	결정 권자	① 보안관찰처분에 관한 결정은 위원회의 의결을 거쳐 법무부장관이 행한다. ② 법무부장관은 위원회의 의결과 다른 결정을 할 수 없다. 다만, 보안관찰처분대상자에 대하여 위원회의 의결보다 유리한 결정을 하는 때에는 그러하지 아니하다.
	불복	법무부장관의 결정을 받은 자가 그 결정에 이의가 있을 때에는 행정소송법이 정하는 바에 따라 그 결정이 **집행된 날부터 60일 이내에** 서울고등법원에 소를 제기할 수 있다. 다만, 제11조의 규정에 의한 면제결정신청에 대한 기각결정을 받은 자가 그 결정에 이의가 있을 때에는 **그 결정이 있는 날부터 60일 이내에** 서울고등법원에 소를 제기할 수 있다.

(4) 보안관찰처분의 기간갱신

개념		① 보안관찰처분의 기간은 2년으로 한다. ② 법무부장관은 검사의 청구가 있는 때에는 보안관찰처분심의위원회의 의결을 거쳐 그 기간을 갱신할 수 있다.
절차	검사의 조치	검사는 기간만료 3월 전까지 관할 경찰서장의 피보안관찰과 동태조사서, 보안관찰처분 사안기록(특히 정기 또는 수시 동태보고서)등 관계자료를 종합하여 기간 갱신 필요 유무를 판단하여야 한다.
	경찰서장의 조치	경찰서장은 처분만료 3월 전까지 동태조사서를 4부 작성하여 시도경찰청, 경찰청, 검찰청에 1부씩 송부하는데, 기간갱신사안에 대하여도 반드시 용의자를 조사하는 등 기간갱신 여부 결정에 필요한 조치를 취하여야 한다.
기간갱신의 청구		검사는 늦어도 보안관찰처분 기간만료 2월 전까지 법무부장관에게 보안관찰처분 기간갱신을 청구하여야 하는데, 기간갱신에 관한 청구인원사실 및 의견서 기재는 보안관찰처분 청구의 예에 따른다.
기간갱신의 불청구		검사는 기간갱신 청구의 필요가 없다고 인정하는 경우에는 그 청구를 하지 아니하는 조치를 할 수 있다.

3 보안관찰처분의 집행

검사의 지휘		보안관찰처분의 집행은 결정서 등본을 첨부하여 검사가 서면으로 관할 경찰서장에게 지휘하여 실시한다.
등본의 교부		① 관할 경찰서장은 피보안관찰자에게 결정서 등본을 교부하고 그때부터 집행이 개시된다.
보안관찰 처분의 집행중지	결정 절차	피보안관찰자가 **도주하거나 1월 이상 소재불명**인 경우, 관할 경찰서장이 검사에게 집행중지를 신청한다. 이때 검사는 집행중지결정 후 지체 없이 법무부장관에게 보고하여야 한다.
	결정 효과	집행중지 결정일로부터 집행중지 결정이 취소될 때까지 보안관찰처분 기간의 진행이 정지되는데, 보안관찰처분의 재집행을 위하여 검사는 집행중지 결정 취소와 동시에 잔여기간에 대한 집행지휘를 하여야 한다.

4 피보안관찰자의 신고의무

최초신고 (피보안관찰자 신고)	피보안관찰자는 결정서 **등본을 받은 날로부터 7일 이내**에 주거지 관할 지구대장을 거쳐 관할 경찰서장에게 피보안관찰자신고(원적, 본적, 실제로 생활하는 거처, 본인 및 가족의 재산상태, 직장의 소재지 및 연락처, 학력, 경력 등)를 하여야 한다.	
정기신고	피보안관찰자는 결정서 등본을 교부받은 날이 속한 달로부터 **매 3월**이 되는 달의 말일까지 3월간의 주요활동사항, 통신·회합한 다른 보안관찰처분 대상자의 인적사항과 그 일시 장소 및 내용, 3월간에 행한 여행에 관한 사항 등을 지구대장을 거쳐 관할 경찰서장에게 정기적으로 신고하여야 한다.	
수시신고	변동사항 보고	피보안관찰자는 최초 신고사항에 변동이 있는 때에는 **7일 이내**에 지구대장을 거쳐 관할 경찰서장에게 변동사항을 신고하여야 한다.
	주거지 이전 여행신고	피보안관찰자는 **주거지를 이전**하거나 **국외여행, 10일 이상의 국내여행**을 하고자 할 때에는 미리 지구대장을 거쳐 관할 경찰서장에게 신고하여야 하며, 주거지 이전 또는 국내 여행신고를 받은 경찰서장은 그 사실을 이전 예정지 또는 여행 목적지 관할 경찰서장에게 통보하여야 한다.
	신고불이행시의 조치	피보안관찰자가 위 신고를 하지 아니할 때에는 경찰서장은 즉시 관할 검사에게 보고하고, 피보안관찰자가 계속 신고를 거부할 때에는 특별한 사정이 없는 한 보안관찰법 위반으로 입건·수사하여야 한다.

[헌법불합치, 2017헌바479, 2021.6.24, 보안관찰법(1989. 6. 16. 법률 제4132호로 전부개정된 것) 제6조 제2항 전문 및 제27조 제2항 중 제6조 제2항 전문에 관한 부분은 각 헌법에 합치되지 아니한다. 위 법률조항들은 2023. 6. 30.을 시한으로 개정될 때까지 계속 적용한다.]

5 보안관찰처분의 면제결정

개요	보안관찰처분대상자 중 일정한 요건을 갖춘 자에 대하여 보안관찰처분을 하지 아니하는 결정을 의미하며, 보안관찰처분대상자 또는 피보안관찰자의 **면제신청**이나 **검사가 직권**으로 하는 면제청구에 의하여 보안관찰처분심의위원회의 심의·의결을 거쳐 법무부장관이 면제결정을 한다.
면제요건 및 절차	제11조(보안관찰처분의 면제) ① 법무부장관은 보안관찰처분대상자중 다음 각호의 요건을 갖춘 자에 대하여는 보안관찰처분을 하지 아니하는 결정(이하 "免除決定"이라 한다)을 할 수 있다. 　1. 준법정신이 확립되어 있을 것 　2. 일정한 주거와 생업이 있을 것 　3. 대통령령이 정하는 신원보증이 있을 것 ② 법무부장관은 제1항의 요건을 갖춘 보안관찰처분대상자의 신청이 있을 때에는 부득이한 사유가 있는 경우를 제외하고는 **3월내에 보안관찰처분면제여부를 결정하여야 한다.** ③ 검사는 제1항제1호 및 제2호의 요건을 갖춘 보안관찰처분대상자의 정상을 참작하여 위험성이 없다고 인정되는 때에는 법무부장관에게 면제결정을 청구할 수 있다. ④ 면제결정을 받은 자가 그 면제결정요건에 해당하지 아니하게 된 때에는 검사의 청구에 의하여 법무부장관은 면제결정을 취소할 수 있다. ⑤ 면제결정과 면제결정청구, 면제결정취소청구 및 그 결정에 대하여는 보안관찰처분청구 및 심사결정에 관한 규정을 준용한다.

면제요건 및 절차	⑥ 보안관찰처분의 면제결정을 받은 자는 그때부터 이 법에 의한 보안관찰처분대상자 또는 피보안관찰자로서의 의무를 면한다.
	
	시행령 제14조(보안관찰처분 면제결정 신청등) ① 법 제11조제2항의 규정에 의한 보안관찰처분 면제결정 신청을 하고자 하는 보안관찰처분대상자는 **관할경찰서장에게** 다음 각호의 서류를 첨부한 보안관찰처분면제결정신청서(전자문서로 된 신청서를 포함한다)를 제출하여야 한다. 이 경우 관할경찰서장은 「전자정부법」 제36조제1항에 따른 행정정보의 공동이용을 통하여 보안관찰처분대상자의 주민등록표 등본을 확인하여야 하며, 보안관찰처분대상자가 확인에 동의하지 아니하는 경우에는 이를 첨부하도록 하여야 한다.
	  1. 법령을 준수할 것을 맹세하는 서약서
	  2. 주거가 일정함을 인정할 수 있는 서류(주민등록표 등본으로 주거를 확인할 수 없는 경우로 한정한다)
	  3. 재직증명서 기타 생업이 일정함을 인정할 수 있는 서류
	  4. 2인이상의 신원보증인의 신원보증서
	② 관할경찰서장은 제1항의 규정에 의한 신청서를 접수한 때에는 **20일이내에** 전과관계를 증명할 수 있는 서류와 의견서를 첨부하여 **검사에게 송부하여야 한다.**
	③ 검사는 제2항의 규정에 의하여 신청서와 관계서류를 송부받은 때에는 **20일이내에** 의견서를 첨부하여 **법무부장관에게 송부하여야 한다.**
	④ 제1항제4호의 규정에 의한 신원보증인이 될 수 있는 자는 보안관찰처분대상자가 아닌 자로서 다음 각호의 1에 해당하는 자이어야 한다.
	  1. 주거지의 읍·면·동·리·통·반의 장
	  2. 신청인이 근무하는 직장의 장
	  3. 법 제20조제3항의 규정에 의하여 거소제공을 받은 때에는 그 제공된 사회복지시설등의 장
	  4. 기타 학식과 덕망이 있는 자(선거에 의하여 취임하는 공무원을 제외한다)
	⑤ 검사는 법 제11조제3항의 규정에 의한 보안관찰처분면제결정 청구를 함에 있어서는 보안관찰처분면제결정청구서에 보안관찰처분대상자가 법 제11조제1항제1호 및 제2호에 해당한다는 의견서와 기타 필요한 서류를 첨부하여 법무장관에게 제출하여야 한다.

남북교류협력법[시행 2021. 3. 9]

제2조(정의) 이 법에서 사용하는 용어의 뜻은 다음과 같다. 〈개정 2020. 12. 8.〉
1. "출입장소"란 군사분계선 이북지역(이하 "북한"이라 한다)으로 가거나 북한으로부터 들어올 수 있는 군사분계선 이남지역(이하 "남한"이라 한다)의 항구, 비행장, 그 밖의 장소로서 대통령령으로 정하는 곳을 말한다.
2. "교역"이란 남한과 북한 간의 물품, 대통령령으로 정하는 용역 및 전자적 형태의 무체물(이하 "물품등"이라 한다)의 반출·반입을 말한다.
3. "반출·반입"이란 매매, 교환, 임대차, 사용대차, 증여, 사용 등을 목적으로 하는 남한과 북한 간의 물품등의 이동(단순히 제3국을 거치는 물품등의 이동을 포함한다. 이하 같다)을 말한다.
4. "협력사업"이란 남한과 북한의 주민(법인·단체를 포함한다)이 공동으로 하는 환경, 경제, 학술, 과학기술, 정보통신, 문화, 체육, 관광, 보건의료, 방역, 교통, 농림축산, 해양수산 등에 관한 모든 활동을 말한다.

제3조(다른 법률과의 관계) 남한과 북한의 왕래·접촉·교역·협력사업 및 통신 역무(役務)의 제공 등 남한과 북한 간의 상호 교류와 협력(이하 "남북교류·협력"이라 한다)을 목적으로 하는 행위에 관하여는 이 법률의 목적 범위에서 다른 법률에 우선하여 이 법을 적용한다.

제4조(남북교류협력 추진협의회의 설치) 남북교류·협력에 관한 정책을 협의·조정하고, 중요 사항을 심의·의결하기 위하여 통일부에 남북교류협력 추진협의회(이하 "협의회"라 한다)를 둔다.

제9조(남북한 방문)
① 남한의 주민이 북한을 방문하거나 북한의 주민이 남한을 방문하려면 대통령령으로 정하는 바에 따라 통일부장관의 방문승인을 받아야 하며, 통일부장관이 발급한 증명서(이하 "방문증명서"라 한다)를 소지하여야 한다.
② 방문증명서는 유효기간을 정하여 북한방문증명서와 남한방문증명서로 나누어 발급하며, 다음 각 호와 같이 구분한다.
  1. 한 차례만 사용할 수 있는 방문증명서
  2. 유효기간이 끝날 때까지 여러 차례 사용할 수 있는 방문증명서(이하 "복수방문증명서"라 한다)
③ 복수방문증명서의 유효기간은 5년 이내로 하며, 5년의 범위에서 연장할 수 있다.
④ 통일부장관은 방문승인을 하는 경우 대통령령으로 정하는 범위에서 북한 또는 남한에 머무를 수 있는 방문기간(이하 "방문기간"이라 한다)을 부여하여야 하고, 남북교류·협력의 원활한 추진을 위하여 대통령령으로 정하는 바에 따라 북한방문결과보고서 제출 등 조건을 붙일 수 있다.
⑤ 방문승인을 받은 사람은 방문기간 내에 한 차례에 한하여 북한 또는 남한을 방문할 수 있다.
⑥ 복수방문증명서를 발급받은 사람 중 외국을 거치지 아니하고 북한 또는 남한을 직접 방문하는 사람 등 대통령령으로 정하는 사람은 제5항에도 불구하고 방문기간 내에 횟수에 제한없이 북한 또는 남한을 방문할 수 있다. 다만, 방문기간 내에라도 방문 목적이나 경로를 달리하여 방문할 경우에는 통일부장관의 방문승인을 별도로 받아야 한다.
⑦ 통일부장관은 제1항 및 제6항 단서에 따라 방문승인을 받은 사람이 다음 각 호의 어느 하나에 해당하는 경우에는 그 승인을 취소할 수 있다. 다만 제1호의 경우에는 그 승인을 취소하여야 한다.
  1. 거짓이나 그 밖의 부정한 방법으로 방문승인을 받은 경우
  2. 제4항에 따른 조건을 위반한 경우
  3. 남북교류·협력을 해칠 명백한 우려가 있는 경우
  4. 국가안전보장, 질서유지 또는 공공복리를 해칠 명백한 우려가 있는 경우
⑧ 다음 각 호의 어느 하나에 해당하는 사람(이하 "재외국민"이라 한다)이 외국에서 북한을 왕래할 때에는 통일부장관이나 재외공관(在外公館)의 장에게 신고하여야 한다. 다만, 외국을 거치지 아니하고 남한과 북한을 직접 왕래할 때에는 제1항에 따라 발급된 방문증명서를 소지하여야 한다.
  1. 외국정부로부터 영주권을 취득하였거나 이에 준하는 장기체류허가를 받은 사람
  2. 외국에 소재하는 외국법인 등에 취업하여 업무수행의 목적으로 북한을 방문하는 사람
⑨ 제8항에 따른 신고절차 등에 관하여 필요한 사항은 대통령령으로 정한다.

제9조의2(남북한 주민 접촉)
① 남한의 주민이 북한의 주민과 회합·통신, 그 밖의 방법으로 접촉하려면 통일부장관에게 미리 신고하여야 한다. 다만, 대통령령으로 정하는 부득이한 사유에 해당하는 경우에는 접촉한 후에 신고할 수 있다.
② 방문증명서를 발급받은 사람이 그 방문 목적의 범위에서 당연히 인정되는 접촉을 하는 경우 등 대통령령으로 정하는 경우에 해당하면 제1항의 접촉신고를 한 것으로 본다.

③ 통일부장관은 제1항 본문에 따라 접촉에 관한 신고를 받은 때에는 남북교류·협력을 해칠 명백한 우려가 있거나 국가안전보장, 질서유지 또는 공공복리를 해칠 명백한 우려가 있는 경우에만 신고의 수리(受理)를 거부할 수 있다.

④ 제1항 본문에 따른 접촉신고를 받은 통일부장관은 남북교류·협력의 원활한 추진을 위하여 대통령령으로 정하는 바에 따라 북한주민접촉결과보고서 제출 등 조건을 붙이거나, 3년 이내의 유효기간을 정하여 수리할 수 있다. 다만, 대통령령으로 정하는 가족인 북한주민과의 접촉을 목적으로 하는 경우에는 5년 이내의 유효기간을 정할 수 있다.

⑤ 통일부장관은 필요하다고 인정할 경우 제4항에 따른 유효기간을 3년의 범위에서 연장할 수 있다.

⑥ 제1항에 따른 신고의 절차 등에 관하여 필요한 사항은 대통령령으로 정한다.

제10조(외국 거주 동포의 출입 보장) 외국 국적을 보유하지 아니하고 대한민국의 여권(旅券)을 소지하지 아니한 외국 거주 동포가 남한을 왕래하려면 「여권법」 제14조제1항에 따른 여행증명서를 소지하여야 한다.

제12조(남북한 거래의 원칙) 남한과 북한 간의 거래는 국가 간의 거래가 아닌 민족내부의 거래로 본다.

제13조(반출·반입의 승인) ① 물품등을 반출하거나 반입하려는 자는 대통령령으로 정하는 바에 따라 그 물품등의 품목, 거래형태 및 대금결제 방법 등에 관하여 통일부장관의 승인을 받아야 한다. 승인을 받은 사항 중 대통령령으로 정하는 주요 내용을 변경할 때에도 또한 같다.

② 통일부장관은 제1항의 승인 또는 변경승인을 할 때에는 중요하다고 인정되는 사항은 미리 관계 행정기관의 장과 협의하여야 한다.

③ 통일부장관은 제1항에 따라 반출이나 반입을 승인하는 경우 남북교류·협력의 원활한 추진을 위하여 대통령령으로 정하는 바에 따라 반출·반입의 목적 등 조건을 붙이거나, 승인의 유효기간을 정할 수 있다.

④ 통일부장관은 제1항에 따라 반출이나 반입을 승인할 때에는 물품등의 품목, 거래형태 및 대금결제 방법 등에 관하여 일정한 범위를 정하여 포괄적으로 승인할 수 있다.

⑤ 통일부장관은 제1항에 따라 물품등의 반출이나 반입을 승인받은 자(이하 "교역당사자"라 한다)가 다음 각 호의 어느 하나에 해당하는 경우에는 그 승인을 취소할 수 있다. 다만, 제1호의 경우에는 그 승인을 취소하여야 한다.

1. 거짓이나 그 밖의 부정한 방법으로 반출이나 반입을 승인받은 경우
2. 제3항에 따른 조건을 위반한 경우
3. 제14조에 따라 공고된 사항을 위반한 경우
4. 제15조제1항에 따른 조정명령을 따르지 아니한 경우
5. 제15조제3항에 따른 보고를 하지 아니하거나 거짓으로 보고한 경우
6. 남북교류·협력을 해칠 명백한 우려가 있는 경우
7. 국가안전보장, 질서유지 또는 공공복리를 해칠 명백한 우려가 있는 경우

[전문개정 2009. 1. 30.]

제14조(반출·반입 승인대상 물품등의 공고) 통일부장관은 물품등의 반출이나 반입에 관하여 협의회의 의결을 거쳐 다음 각 호의 사항을 미리 공고하여야 한다. 공고한 사항을 변경할 때에도 또한 같다.

제17조(협력사업의 승인 등)

① 협력사업을 하려는 자는 협력사업마다 다음 각 호의 요건을 모두 갖추어 통일부장관의 승인을 받아야 한다. 승인을 받은 협력사업의 내용을 변경할 때에도 또한 같다.

1. 협력사업의 내용이 실현 가능하고 구체적일 것
2. 협력사업으로 인하여 남한과 북한 간에 분쟁을 일으킬 사유가 없을 것
3. 이미 시행되고 있는 협력사업과 심각한 경쟁을 하게 될 가능성이 없을 것
4. 협력사업을 하려는 분야의 사업실적이 있거나 협력사업을 추진할 만한 자본·기술·경험 등을 갖추고 있을 것
5. 국가안전보장, 질서유지 또는 공공복리를 해칠 명백한 우려가 없을 것

② 통일부장관은 제1항의 협력사업의 승인을 하려면 미리 관계 행정기관의 장과 협의하여야 하며, 변경승인을 하려면 중요하다고 인정되는 경우에 한하여 미리 관계 행정기관의 장과 협의하여야 한다.

③ 통일부장관은 제1항에 따라 협력사업의 승인을 하는 경우 남북교류·협력의 원활한 추진을 위하여 대통령령으로 정하는 바에 따라 사업범위 등 조건을 붙이거나 승인의 유효기간을 정할 수 있다.

④ 통일부장관은 제1항에 따라 협력사업의 승인을 받은 자가 다음 각 호의 어느 하나에 해당하면 관계 행정기관의 장과 협의하여 6개월 이내의 기간을 정하여 협력사업의 정지를 명하거나 그 승인을 취소할 수 있다. 다만, 제1호 및 제5호의 경우에는 그 승인을 취소하여야 한다.

1. 거짓이나 그 밖의 부정한 방법으로 협력사업의 승인을 받은 경우
2. 제1항 각 호의 요건을 갖추지 못하게 된 경우
3. 제1항 각 호 외의 부분 후단에 따른 변경승인을 받지 아니하고 협력사업의 내용을 변경한 경우
4. 제3항에 따른 조건을 위반한 경우
5. 협력사업 정지기간 중에 협력사업을 한 경우
6. 제18조제1항에 따른 조정명령을 따르지 아니한 경우
7. 제18조제3항에 따른 보고를 하지 아니하거나 거짓으로 보고한 경우
8. 제25조의4제1항에 따른 조사를 정당한 사유 없이 거부·기피하거나 방해한 경우
9. 협력사업의 승인을 받고 최근 3년간 계속하여 협력사업의 실적이 없는 경우
10. 협력사업의 시행 중 남북교류·협력을 해칠 명백한 우려가 있는 행위를 한 경우
11. 국가안전보장, 질서유지 또는 공공복리를 해칠 명백한 우려가 있는 경우

⑤ 통일부장관은 제4항에 따라 협력사업의 정지를 명하거나 승인을 취소하려면 청문을 실시하여야 한다.

⑥ 제1항부터 제4항까지의 규정에 따른 승인, 협력사업 정지, 승인취소의 절차 등에 관하여 필요한 사항은 대통령령으로 정한다.

알파 125   북한이탈주민의 보호

용어정의	북한이탈주민	군사분계선 이북지역(이하 "북한"이라 한다)에 주소, 직계가족, 배우자, 직장 등을 두고 있는 사람으로서 북한을 벗어난 후 외국 국적을 취득하지 아니한 사람
	보호대상자	이 법에 따라 보호 및 지원을 받는 북한이탈주민
	정착지원시설	보호대상자의 보호 및 정착지원을 위하여 제10조제1항에 따라 설치·운영하는 시설
	보호금품	이 법에 따라 보호대상자에게 지급하거나 빌려주는 금전 또는 물품
기본원칙		① 대한민국은 보호대상자를 인도주의에 입각하여 특별히 보호한다. ② 대한민국은 외국에 체류하고 있는 북한이탈주민의 보호 및 지원 등을 위하여 외교적 노력을 다하여야 한다. ③ 보호대상자는 대한민국의 자유민주적 법질서에 적응하여 건강하고 문화적인 생활을 할 수 있도록 노력하여야 한다. ④ 통일부장관은 북한이탈주민에 대한 보호 및 지원 등을 위하여 북한이탈주민의 실태를 파악하고, 그 결과를 정책에 반영하여야 한다.
보호기준 등		① 보호대상자에 대한 보호 및 지원 기준은 나이, 성별, 세대 구성, 학력, 경력, 자활 능력, 건강상태 및 재산 등을 고려하여 합리적으로 정하여야 한다. ② 이 법에 따른 보호 및 정착지원은 원칙적으로 개인을 단위로 하되, 필요하다고 인정하는 경우에는 대통령령으로 정하는 바에 따라 세대를 단위로 할 수 있다. ③ 보호대상자를 정착지원시설에서 보호하는 기간은 1년 이내로 하고, 거주지에서 보호하는 기간은 5년으로 한다. 다만, 특별한 사유가 있는 경우에는 제6조에 따른 북한이탈주민 대책협의회의 심의를 거쳐 그 기간을 단축하거나 연장할 수 있다.
보호신청등		① 북한이탈주민으로서 이 법에 따른 보호를 받으려는 사람은 재외공관이나 그 밖의 행정기관의 장(각급 군부대의 장을 포함한다. 이하 "재외공관장등"이라 한다)에게 보호를 직접 신청하여야 한다. 다만, 보호를 직접 신청하지 아니할 수 있는 대통령령으로 정하는 사유가 있는 경우에는 그러하지 아니하다. ② 제1항 본문에 따른 보호신청을 받은 재외공관장등은 지체 없이 그 사실을 소속 중앙행정기관의 장을 거쳐 통일부장관과 국가정보원장에게 통보하여야 한다. ③ 제2항에 따라 통보를 받은 국가정보원장은 보호신청자에 대하여 보호결정 등을 위하여 필요한 조사 및 일시적인 신변안전조치 등 임시보호조치를 한 후 지체 없이 그 결과를 통일부장관에게 통보하여야 한다. ④ 국가정보원장은 제3항에 따른 조사 및 임시보호조치를 하기 위한 시설(이하 "임시보호시설"이라 한다)을 설치·운영하여야 한다. ⑤ 제3항에 따른 조사 및 임시보호조치의 내용 및 방법과 제4항에 따른 임시보호시설의 설치·운영에 필요한 사항은 대통령령으로 정한다.

보호결정 등	① 통일부장관은 제7조제3항에 따른 통보를 받으면 협의회의 심의를 거쳐 보호 여부를 결정한다. 다만, 국가안전보장에 현저한 영향을 줄 우려가 있는 사람에 대하여는 국가정보원장이 그 보호 여부를 결정하고, 그 결과를 지체 없이 통일부장관과 보호신청자에게 통보하거나 알려야 한다. ② 제1항 본문에 따라 보호 여부를 결정한 통일부장관은 그 결과를 지체 없이 관련 중앙행정기관의 장을 거쳐 재외공관장등에게 통보하여야 하고, 통보를 받은 재외공관장등은 이를 보호신청자에게 즉시 알려야 한다.

결정기준	① 제8조제1항 본문에 따라 보호 여부를 결정할 때 다음 각 호의 어느 하나에 해당하는 사람은 보호대상자로 결정하지 아니할 수 있다.
	  1. 항공기 납치, 마약거래, 테러, 집단살해 등 국제형사범죄자
	  2. 살인 등 중대한 비정치적 범죄자
	  3. 위장탈출 혐의자
	  4. 삭제 〈2020. 12. 8.〉
	  5. 국내 입국 후 3년이 지나서 보호신청한 사람
	  6. 그 밖에 국가안전보장·질서유지·공공복리에 대한 중대한 위해 발생 우려, 보호신청자의 경제적 능력 및 해외체류 여건 등을 고려하여 보호대상자로 정하는 것이 부적당하거나 보호 필요성이 현저히 부족하다고 대통령령으로 정하는 사람
	② 제1항제5호의 경우 북한이탈주민에게 대통령령으로 정하는 부득이한 사정이 있는 경우에는 그러하지 아니하다.
	③ 통일부장관은 북한이탈주민으로서 제1항 각 호의 어느 하나에 해당하여 보호대상자로 결정되지 아니한 사람에게는 필요한 경우 다음 각 호의 어느 하나에 해당하는 보호 및 지원을 할 수 있다.
	  1. 제11조·제13조·제14조·제16조·제17조의3·제19조·제19조의2·제20조(이 조 제1항제5호에 해당하여 보호대상자로 결정되지 아니한 경우만 해당한다)·제22조 및 제26조의2에 따른 보호 및 특례
	  2. 그 밖에 사회정착에 필요하다고 대통령령으로 정하는 보호 및 지원
	④ 제3항에 따른 보호 및 지원에 관하여 필요한 사항은 대통령령으로 정한다.

신변보호	① 통일부장관은 제22조에 따라 보호대상자가 거주지로 전입한 후 그의 신변안전을 위하여 국방부장관이나 경찰청장에게 협조를 요청할 수 있으며, 협조요청을 받은 국방부장관이나 경찰청장은 이에 협조한다. ② 제1항에 따른 신변보호에 필요한 사항은 통일부장관이 국방부장관, 국가정보원장 및 경찰청장과 협의하여 정한다. 이 경우 해외여행에 따른 신변보호에 관한 사항은 외교부장관과 법무부장관의 의견을 들을 수 있다. ③ 제1항에 따른 신변보호기간은 5년으로 한다. 다만, 통일부장관은 보호대상자의 의사, 신변보호의 지속 필요성 등을 고려하여 협의회 심의를 거쳐 그 기간을 연장할 수 있다.

보호의 변경	① 통일부장관은 보호대상자가 다음 각 호의 어느 하나에 해당하는 경우에는 협의회의 심의를 거쳐 보호 및 정착지원을 중지하거나 종료할 수 있다. 　1. 1년 이상의 징역 또는 금고의 형을 선고받고 그 형이 확정된 경우 　2. 고의로 국가이익에 반하는 거짓 정보를 제공한 경우 　3. 사망선고나 실종선고를 받은 경우 　4. 북한으로 되돌아가려고 기도(企圖)한 경우 　5. 이 법 또는 이 법에 따른 명령을 위반한 경우 　6. 그 밖에 대통령령으로 정하는 사유에 해당한 경우 ② 지방자치단체장은 제1항에 따른 보호대상자의 보호 및 정착지원의 중지 또는 종료나 제5조제3항 단서에 따른 보호 기간의 단축 또는 연장을 행정안전부장관을 거쳐 통일부장관에게 요청할 수 있다. ③ 통일부장관은 제1항에 따라 보호 및 정착지원을 중지 또는 종료하거나 제5조제3항 단서에 따라 보호 기간을 단축 또는 연장한 경우에는 그 사유를 구체적으로 밝혀 해당 보호대상자에게 알려야 하고, 행정안전부장관과 지방자치단체장에게 그 사실을 통보하여야 한다. ④ 법무부장관은 보호대상자에게 제1항제1호의 사유가 발생한 경우 즉시 이를 통일부장관에게 통보하여야 한다. ⑤ 통일부장관은 보호대상자에게 보호변경 사유가 있는지를 확인하기 위하여 관계 기관에 자료를 요청할 수 있다. 이 경우 요청을 받은 관계 기관의 장은 특별한 사유가 없는 한 이에 따라야 한다.

CHAPTER 07 외사경찰

알파 126 　외사일반

1 다문화주의

자유주의적 다문화주의 (동화주의)	① 자유주의적 접근은 차별을 금지하고 사회참여를 위해 기회평등을 보장하며 다수민족과 소수민족간의 차별구조와 불평등 구조를 적극적으로 해체하나, 다문화주의를 정치적 자결권 부여로 해석하지는 않는다. 이러한 입장은 다문화주의를 소수인종과 문화적 소수자에 대한 기회평등이라는 측면에서 다문화정책을 접근한다. ② 자유주의적 다문화주의는 사회통합을 이룩하기 위해 국민국가 내부의 문화적 다양성을 허용하고, 소수 인종집단 고유의 문화와 가치를 인정하지만, 시민생활이나 공적 생활에서는 주류 사회의 문화, 언어, 사회습관에 따를 것을 요구한다.
조합주의적 다문화주의 (다원주의)	① 자유주의적 다문화주의와 급진적 다문화주의의 절충적 형태로서 다문화주의를 결과에 있어서의 평등보장이라는 측면에서 접근한다. ② 문화적 소수자가 현실적으로 문화적 다수자와의 경쟁에서 불리한 위치에 있다는 것을 전제로 하여, 소수집단의 사회참가를 촉진하기 위해 적극적인 재정적·법적 원조를 한다. ③ 다언어방송, 다언어 의사소통, 다언어 문서, 다언어 및 다문화 교육 등 추진, 사적 영역에서 소수민족 학교나 공공단체에 대한 지원.
급진적 다문화주의	① 다문화주의는 '차이에 대한 권리'로 해석되며, 다문화주의는 소수자의 문화적 권리와 결부되어 이해한다. ② 소수집단이 자결의 원칙을 내세워 문화적 공존을 넘어서는 소수민족 집단만의 공동체 건설을 지향한다. ③ 다민족 다문화 사회에서 주류 사회의 문화, 언어, 규범, 가치, 생활양식을 부정하고 독자적인 생활방식을 추구한다. ④ 미국에서의 흑인과 원주민에 의한 격리주의 운동, 아프리카의 소부족 독립운동 등

2 조약의 유형

조약	정식문서로 포괄적 합의를 기록
헌장	국제기구를 구성하거나 특정 제도를 규율하는 국제적 합의
협정	**정치적 요소가 포함되지 않는** 전문적·기술적 주제를 다룸
협약	입법적 성격의 합의
의정서	기본적인 문서에 대한 개정이나 보충적 성격
각서교환	일국대표가 각서를 전달하면 회답각서에 각서의 전부나 중요부분을 확인하고 그 대한 동의를 표시하여 합의를 성립
양해각서	이미 합의된 내용 또는 조약 용어의 개념들을 명확히 하기 위해 상호양해된 사항을 확인·기록
기관간 약정	동일 또는 유사한 업무를 수행하는 기관과 외국의 상대기관 간 법적 구속력이 없는 합의

3 외교관 신분증의 종류

구분	의미	발급대상
신분증 A	Identification Card A (직원신분증)	외교공관의 행정기능, 노무직원, 영사기관의 사무직원, 국제기구 대표사무소 일반직원, 동거할 목적으로 입국한 동반가족
신분증 B	Identification Card B (기타 신분증)	대표부 직원, 군인, 전문가 등 및 동반가족
신분증 C	Consular Card (영사 신분증)	영사기관의 영사관원 및 동반가족
신분증 D	Diplomatic Card (외교관 신분증)	외교공관의 공관장 및 외교직원 및 동반가족
신분증 I	Identification Card (국제기구 신분증)	국제기구 대표사무소 고위직원 및 동반가족

4 국제회의의 종류

Meeting	가장 포괄적 용어
Conference/ Convention	정기집회 등에 사용하는 일반적인 회의 Conference : 참가자들 간 토론회가 많이 열림 Convention : 다수의 주제를 다룸
Forum	제시된 주제에 대한 전문가들이 청중앞에서 벌이는 공개토론회 청중도 질의에 참여하고 사회자가 의견을 종합하는 형태
Symposium	Forum과 유사. 청중에게 질의할 수 있는 기회가 주어짐
Panel Discussion	청중앞에서 사회자의 주도 아래 견해를 발표 또는 반박의 형태로 진행
Seminar	주로 교육목적으로 30명 이하의 참가자가 한 사람의 주도 아래 발표

5 공무국외 여행 허가권자

경찰청장	경찰청 및 부속기관의 총경이상, 고위공무원단 소속공무원, 시도경찰청 및 직할대 소속 경무관이상
경찰청 차장 또는 부속기관장	경찰청 및 부속기관의 경정이하, 별정직 4급이하, 일반직 서기관 이하, 교수
시도경찰청장	시도경찰청 및 직할대 소속 총경이하, 별정직 4급 이하, 일반직 서기관 이하, 경찰서 소속 총경·경정이상
경찰서장	경찰서소속 경감이하 경찰관, 일반직 직원

6 여행경보

	여행경보	해외체류자	해외여행 예정자
1단계	남색경보(여행유의)	신변안전 위험요인 숙지·대비	
2단계	황색경보(여행자제)	신변안전에 특별유의	불필요한 여행 자제
3단계	적색경보(철수권고)	긴급용무가 아닌 한 철수	여행취소·연기
4단계	흑색경보(여행금지)	즉시 대피·철수	여행금지 준수

알파 127 외국인의 대한민국 국적취득(국적법)

출생에 의한 국적취득 (제2조)	① 다음 각호의 어느 하나에 해당하는 자는 출생과 동시에 대한민국 국적(국적)을 취득한다. 　1. 출생 당시에 부 또는 모가 대한민국의 국민인 자 　2. 출생하기 전에 부가 사망한 경우에는 그 사망 당시에 부가 대한민국의 국민이었던 자 　3. 부모가 모두 분명하지 아니한 경우나 국적이 없는 경우에는 대한민국에서 출생한 자 ② 대한민국에서 발견된 기아는 대한민국에서 출생한 것으로 추정한다.
인지에 의한 국적취득 (제3조)	① 대한민국의 국민이 아닌 자(이하 "외국인"이라 한다)로서 대한민국의 국민인 부 또는 모에 의하여 인지된 자가 다음 각호의 요건을 모두 갖추면 법무부장관에게 신고함으로써 대한민국 국적을 취득할 수 있다. 　1. 대한민국의 「민법」상 미성년일 것 　2. 출생 당시에 부 또는 모가 대한민국의 국민이었을 것 ② 제1항에 따라 신고한 자는 그 신고를 한 때에 대한민국 국적을 취득한다.
귀화에 의한 국적취득 (제4조)	① 대한민국 국적을 취득한 사실이 없는 외국인은 **법무부장관의 귀화허가를 받아** 대한민국 국적을 취득할 수 있다. ② 법무부장관은 귀화허가 신청을 받으면 제5조부터 제7조까지의 귀화 요건을 갖추었는지를 심사한 후 그 요건을 갖춘 자에게만 귀화를 허가한다. ③ 제1항에 따라 귀화허가를 받은 자는 법무부장관이 그 허가를 한 때에 대한민국 국적을 취득한다.
일반귀화 요건 (제5조)	외국인이 귀화허가를 받기 위해서는 제6조나 제7조에 해당하는 경우 외에는 다음 각 호의 요건을 갖추어야 한다. 1. 5년 이상 계속하여 대한민국에 주소가 있을 것 1의2. 대한민국에서 영주할 수 있는 체류자격을 가지고 있을 것 2. 대한민국의 「민법」상 성년일 것 3. 법령을 준수하는 등 법무부령으로 정하는 품행 단정의 요건을 갖출 것 4. 자신의 자산(資産)이나 기능(技能)에 의하거나 생계를 같이하는 가족에 의존하여 생계를 유지할 능력이 있을 것 5. 국어능력과 대한민국의 풍습에 대한 이해 등 대한민국 국민으로서의 기본 소양(素養)을 갖추고 있을 것 6. 귀화를 허가하는 것이 국가안전보장·질서유지 또는 공공복리를 해치지 아니한다고 법무부장관이 인정할 것
국적 취득자의 외국 국적 포기 의무 (제10조)	① 대한민국 국적을 취득한 외국인으로서 외국 국적을 가지고 있는 자는 **대한민국 국적을 취득한 날부터 1년 내에 그 외국 국적을 포기하여야 한다.** ② 제1항에도 불구하고 다음 각호의 어느 하나에 해당하는 자는 대한민국 국적을 취득한 날부터 1년 내에 외국 국적을 포기하거나 법무부장관이 정하는 바에 따라 대한민국에서 외국 국적을 행사하지 아니하겠다는 뜻을 법무부장관에게 서약하여야 한다. ③ 제1항 또는 제2항을 이행하지 아니한 자는 그 기간이 지난 때에 대한민국 국적을 상실(喪失)한다.
복수국적자의 국적선택의무 (제12조)	① 만 20세가 되기 전에 복수국적자가 된 자는 만 22세가 되기 전까지, 만 20세가 된 후에 복수국적자가 된 자는 그때부터 2년 내에 제13조와 제14조에 따라 하나의 국적을 선택하여야 한다. 다만, 제10조 제2항에 따라 **법무부장관에게 대한민국에서 외국 국적을 행사하지 아니하겠다는 뜻을 서약한 복수국적자는 제외한다.**

알파 128   외국인의 입국

입국의 자유	영미법계	외국인의 입국을 '국내문제'로 보기 때문에 원칙적으로 입국을 **금지할 수 있다**고 본다.
	대륙법계	외국인의 입국을 '국가의 교통권의 문제'로 보기 때문에 원칙적으로 입국을 **금지할 수 없다**고 본다.
	통상조약을 체결하고 조약에 근거하여 체약당사국이 상호입국을 허용하는 것이 일반적이지만, 통상조약이 체결되어 있지 않은 경우에도 외국인의 입국을 허용하는 것이 일반적이다.	

외국인의 입국	① 외국인이 입국할 때에는 유효한 여권과 법무부장관이 발급한 사증(査證)을 가지고 있어야 한다.
	② 다음 각호의 어느 하나에 해당하는 외국인은 제1항에도 불구하고 **사증 없이 입국할 수 있다.**
	  1. 재입국허가를 받은 사람 또는 재입국허가가 면제된 사람으로서 그 허가 또는 면제받은 기간이 끝나기 전에 입국하는 사람
	  2. 대한민국과 사증면제협정을 체결한 국가의 국민으로서 그 협정에 따라 면제대상이 되는 사람
	  3. 국제친선, 관광 또는 대한민국의 이익 등을 위하여 입국하는 사람으로서 대통령령으로 정하는 바에 따라 따로 입국허가를 받은 사람
	  4. 난민여행증명서를 발급받고 출국한 후 그 유효기간이 끝나기 전에 입국하는 사람		

사증	① 제7조에 따른 사증은 1회만 입국할 수 있는 단수사증(單數査證)과 2회 이상 입국할 수 있는 복수사증(複數査證)으로 구분한다. ② 법무부장관은 사증발급에 관한 권한을 대통령령으로 정하는 바에 따라 **재외공관의 장에게 위임할 수 있다.** ③ 사증발급에 관한 기준과 절차는 법무부령으로 정한다.		

입국의 금지등	① **법무부장관은** 다음 각호의 어느 하나에 해당하는 외국인에 대하여는 입국을 금지할 수 있다.
	  1. 감염병환자, 마약류중독자, 그 밖에 공중위생상 위해를 끼칠 염려가 있다고 인정되는 사람
	  2. 「총포·도검·화약류등 단속법」에서 정하는 총포·도검·화약류 등을 위법하게 가지고 입국하려는 사람
	  3. 대한민국의 이익이나 공공의 안전을 해치는 행동을 할 염려가 있다고 인정할 만한 상당한 이유가 있는 사람
	  4. 경제질서 또는 사회질서를 해치거나 선량한 풍속을 해치는 행동을 할 염려가 있다고 인정할 만한 상당한 이유가 있는 사람
	  5. 사리 분별력이 없고 국내에서 체류활동을 보조할 사람이 없는 정신장애인, 국내체류비용을 부담할 능력이 없는 사람, 그 밖에 구호(救護)가 필요한 사람
	  6. **강제퇴거명령을 받고 출국한 후 5년이 지나지 아니한 사람**
	  7. 1910년 8월 29일부터 1945년 8월 15일까지 사이에 다음 각목의 어느 하나에 해당하는 정부의 지시를 받거나 그 정부와 연계하여 인종, 민족, 종교, 국적, 정치적 견해 등을 이유로 사람을 학살·학대하는 일에 관여한 사람
	    가. 일본 정부
	    나. 일본 정부와 동맹관계에 있던 정부
	    다. 일본 정부의 우월한 힘이 미치던 정부
	  8. 제1호부터 제7호까지의 규정에 준하는 사람으로서 법무부장관이 그 입국이 적당하지 아니하다고 인정하는 사람
	② 법무부장관은 입국하려는 외국인의 본국(本國)이 제1항 각호 외의 사유로 국민의 입국을 거부할 때에는 그와 동일한 사유로 그 외국인의 입국을 거부할 수 있다.		

알파 129	상륙

승무원 상륙	① 출입국항에 정박 중인 선박 등의 외국인 승무원(대한민국 안에서 새로이 승무원이 되는 자를 포함)이 다른 선박에 옮겨 타거나 휴양 등의 목적으로 상륙하는 것을 말하며, 선박 등의 장 또는 운수업자나 본인의 신청에 의하여 **15일 한도 내**에서 그 상륙을 허가할 수 있다. ② 다만, 출입국관리법 제11조(입국의 금지)에 규정된 전염병환자, 마약류중독자, 총포·도검 등 소지 우려자, 정신장애자·방랑자·빈곤자 기타 사유에 해당되는 외국인에 대해서는 상륙을 금지할 수 있다.
긴급 상륙	긴급상륙이란 선박 등에 타고 있는 외국인이 **질병** 기타의 사고로 인한 치료 등을 위하여 긴급히 상륙하는 것을 말하며, 그 선박 등의 장 또는 운수업자의 신청에 의하여 **30일 한도 내**에서 그 상륙을 허가할 수 있다.
재난 상륙	재난상륙이란 **조난한 선박 등에** 타고 있는 외국인(승무원 포함)을 긴급히 구조할 필요가 있다고 인정될 때, 그 선박의 장 또는 운수업자 등의 신청에 의하여 **30일 범위 내**에서 상륙허가를 하는 것을 말한다.
관광 상륙	관광을 목적으로 대한민국과 외국 해상을 국제적으로 순회(巡廻)하여 운항하는 여객운송선박 중 법무부령으로 정하는 선박에 승선한 외국인승객에 대하여 그 선박의 장 또는 운수업자가 상륙허가를 신청하면 **3일의 범위에서** 승객의 관광상륙을 허가할 수 있다.
난민 임시 상륙	난민임시상륙이란 선박 등에 타고 있는 외국인이 그 생명·신체 또는 신체의 자유를 침해받을 공포가 있는 영역으로부터 도피하여 곧바로 대한민국에 비호(庇護)를 신청하는 경우의 상륙을 말하며, 그 외국인을 상륙시킬 만한 상당한 이유가 있다고 인정되는 때에는 **법무부장관의 승인**을 얻어 **90일 범위 내**에서 허가할 수 있다. 이 경우 법무부장관은 **외교부장관과 협의**하여야 한다.

상륙은 각각 허가기간만큼 연장이 가능

알파 130	여권법

종류	① 여권의 종류는 일반여권·관용여권과 외교관여권으로 하되, 이를 각각 1회에 한하여 외국여행을 할 수 있는 여권(이하 "**단수여권**"이라 한다)과 유효기간만료일까지 횟수에 제한 없이 외국여행을 할 수 있는 여권(이하 "**복수여권**"이라 한다)으로 구분할 수 있다. ② 관용여권과 외교관여권의 발급대상자는 대통령령으로 정한다.

여권 유효기간	① 제4조에 따른 여권의 종류별 유효기간은 다음 각호와 같다.
	  1. 일반여권 : 10년 이내
	  2. 관용여권 : 5년 이내
	  3. 외교관여권 : 5년 이내
	② 여권의 종류별 유효기간의 설정 등에 필요한 사항은 대통령령으로 정한다.

여권의
발급 등의
거부·제한
(제12조)
	① 외교부장관은 다음 각 호의 어느 하나에 해당하는 사람에 대하여는 여권의 발급 또는 재발급을 거부할 수 있다. 〈개정 2013.3.23., 2017.3.21.〉
	  1. **장기 2년 이상의 형(刑)에 해당하는 죄로 인하여 기소(起訴)**되어 있는 사람 또는 **장기 3년 이상의 형에 해당하는 죄로 인하여 기소중지 또는 수사중지(피의자 중지로 한정한다)되거나 체포영장·구속영장이 발부된 사람 중 국외에 있는 사람**
	  2. 제24조부터 제26조까지에 규정된 죄를 범하여 형을 선고받고 그 집행이 종료되지 아니하거나 집행을 받지 아니하기로 확정되지 아니한 사람
	  3. 제2호 외의 죄를 범하여 금고 이상의 형을 선고받고 그 집행이 종료되지 아니하거나 그 집행을 받지 아니하기로 확정되지 아니한 사람
	  4. 국외에서 대한민국의 안전보장·질서유지나 통일·외교정책에 중대한 침해를 야기할 우려가 있는 경우로서 다음 각 목의 어느 하나에 해당하는 사람
	② 외교부장관은 제1항제4호에 해당하는 사람인지의 여부를 판단하려고 할 때에는 미리 법무부장관과 협의하고 제18조에 따른 여권정책심의위원회의 심의를 거쳐야 한다. 〈개정 2013.3.23.〉
	③ 외교부장관은 다음 각 호의 어느 하나에 해당하는 사람에 대하여는 그 사실이 있는 날부터 1년 이상 3년 이하의 기간 동안 여권의 발급 또는 재발급을 제한할 수 있다.
	  1. 제1항제2호에서 규정하는 죄를 범하여 그 형의 집행을 종료하거나 그 형의 집행을 받지 아니하기로 확정된 사람
	  2. 외국에서의 위법한 행위 등으로 국위(國威)를 크게 손상시킨 사실이 재외공관 또는 관계 행정기관으로부터 통보된 사람
	④ 외교부장관은 제1항이나 제3항에 따라 여권의 발급 또는 재발급이 거부되거나 제한된 사람에 대하여 긴급한 인도적 사유 등 대통령령으로 정하는 사유가 있는 경우에는 해당 사유에 따른 여행목적에만 사용할 수 있는 여권을 발급할 수 있다.

사무대행
(제21조)
	① 외교부장관은 여권 등의 발급, 재발급과 기재사항변경에 관한 사무의 일부를 대통령령으로 정하는 바에 따라 **지방자치단체의 장에게 대행하게 할 수 있다.**
	② 여권 등의 발급, 재발급과 기재사항변경을 신청하려는 사람은 그의 주소지를 관할하지 아니하는 지방자치단체의 장에게도 이를 신청할 수 있다.
	③ 외교부장관은 제20조에 따른 여권 등의 직접 회수에 관한 권한을 대통령령으로 정하는 바에 따라 다음 각호로 정하는 사람으로 하여금 대행하게 할 수 있다.
	  1. 외교부·지방자치단체의 소속 공무원 중 여권 등의 발급에 관한 사무를 담당하는 사람
	  2. 국가경찰공무원이나 자치경찰공무원
	  3. 출입국관리나 세관업무에 종사하는 사람으로서 사법경찰관리의 직무를 행하는 사람
	④ 제3항에 따라 권한을 대행하는 공무원은 그 권한을 증명하는 증표를 지니고 이를 관계인에게 내보여야 한다.
	⑤ 외교부장관은 제22조 제2항의 수수료 수입만으로는 제1항의 사무를 대행하는 데 필요한 경비를 충당할 수 없는 지방자치단체에 대하여는 국고에서 그 부족분을 보조할 수 있다.

알파 131 사증(VISA)

1 사증(VISA)

의의	외국에 여행하고자 하는 자에게 목적지 국가에서 발급하는 입국허가
발급권자	① 제7조에 따른 사증은 1회만 입국할 수 있는 단수사증(單數查證)과 2회 이상 입국할 수 있는 복수사증(複數查證)으로 구분한다. ② 법무부장관은 사증발급에 관한 권한을 대통령령으로 정하는 바에 따라 재외공관의 장에게 위임할 수 있다. ③ 사증발급에 관한 기준과 절차는 법무부령으로 정한다.

무사증 입국	• 재입국허가를 받고 재입국허가기간이 만료되기 전에 입국하는 자
	• 대한민국과 사증면제협정을 체결한 국가의 국민으로서 그 협정에 의하여 면제대상이 되는 자
	• 국제친선·관광 또는 대한민국의 이익 등을 위하여 입국하는 자로서 대통령령이 정하는 바에 따라 입국허가를 받은 자
	  a. 외국정부 또는 국제기구의 업무를 수행하는 자로서 부득이한 사유로 사증을 가지지 아니하고 입국허가를 받은 자
	  b. 법무부령이 정하는 기간(**30일을 초과하지 않는 기간**) 내에 대한민국을 관광 또는 통과할 목적으로 입국하고자 하는 자
	  c. 기타 법무부장관이 대한민국의 이익 등을 위하여 그 입국이 필요하다고 인정하는 자
	• 난민여행증명서를 발급받고 출국하여 그 유효기간이 만료되기 전에 입국하는 자

사증의 유효기간	① 단수사증 : 발급일로부터 **3개월** 이내
	② 복수사증
	  • 체류자격 중 외교(A-1), 공무(A-2), 협정(A-3)에 해당하는 자 : 발급일로부터 **3년** 이내
	  • 방문취업(H-2)에 해당하는 자의 복수사증 : 5년 이내
	  • 복수사증 발급협정 등에 의하여 발급된 복수사증 : 협정상의 기간
	  • 상호주의 기타 국가이익 등을 고려하여 발급된 복수사증 : 법무부장관이 따로 정하는 기간

[별표 1] 〈개정 2015.6.15.〉

1회에 부여하는 체류자격별 체류기간의 상한(제18조의2관련)

체류자격(기호)	1회에 부여하는 체류기간의 상한	체류자격(기호)	1회에 부여하는 체류기간의 상한
1. 외교(A-1)	재임기간	18. 무역경영(D-9)	2년
2. 공무(A-2)	공무수행기간	18의2. 구직(D-10)	6개월
3. 협정(A-3)	신분존속기간 또는 협정상의 체류기간	19. 교수(E-1)	5년
		20. 회화지도(E-2)	2년
4. 사증면제(B-1)	협정상의 체류기간	21. 연구(E-3)	5년
5. 관광통과(B-2)	법무부장관이 따로 정하는 기간	22. 기술지도(E-4)	5년
6. 일시취재(C-1)	90일	23. 전문직업(E-5)	5년
7. 삭제〈2011.12.23〉		24. 예술흥행(E-6)	2년
8. 단기방문(C-3)		25. 특정활동(E-7)	3년
9. 단기취업(C-4)		25의2. 삭제〈2007.6.1〉	
10. 문화예술(D-1)	2년	25의3. 비전문취업(E-9)	3년
11. 유학(D-2)	2년	25의4. 선원취업(E-10)	1년
12. 기술연수(D-3)	2년	26. 방문동거(F-1)	2년
		27. 거주(F-2)	5년
		28. 동반(F-3)	동반하는 본인에 정하여진 기간
		28의2. 재외동포(F-4)	3년
13. 일반연수(D-4)	2년	28의3. 영주(F-5)	상한 없음
		28의4. 결혼이민(F-6)	3년
14. 취재(D-5)	2년	29. 기타(G-1)	1년
15. 종교(D-6)	2년	30. 관광취업(H-1)	협정상의 체류기간
16. 주재(D-7)	3년	31. 방문취업(H-2)	3년
17. 기업투자(D-8)	영 별표 1의 17. 기업투자(D-8)의 가목에 해당하는 사람: 5년 영 별표 1의 17. 기업투자(D-8)의 나목·다목에 해당하는 사람: 2년		

2 출입국관리법 시행령 [별표 1의2] - 장기체류자격(제12조 관련)〈개정 2019. 12. 24.〉

체류자격 (기호)	체류자격에 해당하는 사람 또는 활동범위
1. 외교 (A-1)	대한민국정부가 접수한 외국정부의 외교사절단이나 영사기관의 구성원, 조약 또는 국제관행에 따라 외교사절과 동등한 특권과 면제를 받는 사람과 그 가족
2. 공무 (A-2)	대한민국정부가 승인한 외국정부 또는 국제기구의 공무를 수행하는 사람과 그 가족
3. 협정 (A-3)	대한민국정부와의 협정에 따라 외국인등록이 면제되거나 면제할 필요가 있다고 인정되는 사람과 그 가족
5. 유학 (D-2)	전문대학 이상의 교육기관 또는 학술연구기관에서 정규과정의 교육을 받거나 특정 연구를 하려는 사람
15. 회화지도 (E-2)	법무부장관이 정하는 자격요건을 갖춘 외국인으로서 외국어전문학원, 초등학교 이상의 교육기관 및 부설어학연구소, 방송사 및 기업체 부설 어학연수원, 그 밖에 이에 준하는 기관 또는 단체에서 외국어 회화지도에 종사하려는 사람
19. 예술흥행 (E-6)	수익이 따르는 음악, 미술, 문학 등의 예술활동과 수익을 목적으로 하는 연예, 연주, 연극, 운동경기, 광고·패션 모델, 그 밖에 이에 준하는 활동을 하려는 사람
21. 비전문취업 (E-9)	「외국인근로자의 고용 등에 관한 법률」에 따른 국내 취업요건을 갖춘 사람(일정 자격이나 경력 등이 필요한 전문직종에 종사하려는 사람은 제외한다)
26. 재외동포 (F-4)	「재외동포의 출입국과 법적 지위에 관한 법률」 제2조제2호에 해당하는 사람(단순 노무행위 등 이 영 제23조제3항 각 호에서 규정한 취업활동에 종사하려는 사람은 제외한다)
27. 결혼이민 (F-6)	가. 국민의 배우자 나. 국민과 혼인관계(사실상의 혼인관계를 포함한다)에서 출생한 자녀를 양육하고 있는 부 또는 모로서 법무부장관이 인정하는 사람 다. 국민인 배우자와 혼인한 상태로 국내에 체류하던 중 그 배우자의 사망이나 실종, 그 밖에 자신에게 책임이 없는 사유로 정상적인 혼인관계를 유지할 수 없는 사람으로서 법무부장관이 인정하는 사람

알파 132 외국인의 출국정지

① 범죄의 수사를 위하여 그 출국이 부적당하다고 인정되는 자(사형, 무기, 장기 3년 이상의 징역 또는 금고에 해당하는 범죄 혐의로 수사를 받고 있거나 그 소재를 알 수 없어서 기소중지결정이 된 사람)
② 형사재판에 계속 중인 자
③ 징역형 또는 금고형의 집행이 종료되지 아니한 자
④ 대통령령으로 정하는 금액 이상의 벌금 또는 추징금을 납부하지 아니한 자
   1. 벌금 : 1천만원
   2. 추징금 : 2천만원
⑤ 대통령령으로 정하는 금액(5천만원 이상의 국세·관세 또는 3천만원 이상의 지방세)를 정당한 사유 없이 그 납부기한까지 납부하지 아니한 자
⑥ 그 밖에 제1호 내지 제5호에 준하는 자로서 대한민국의 이익이나 공공의 안전 또는 경제질서를 해할 우려가 있어 그 출국이 부적당하다고 법무부령이 정하는 자
   • 2억 이상의 국세포탈혐의로 세무조사를 받고 있는 자
   • 20억원 이상의 허위 세금계산서 또는 계산서를 발행한 혐의로 세무조사를 받고 있는 자
   • 그 밖에 법무부장관이 그 출국이 국가안보나 외교관계에 현저하게 해할 염려가 있다고 인정하는 자

알파 133 외국인의 체류

체류자격의 부여·변경·연장	부여	① 다음 각 호의 어느 하나에 해당하는 외국인이 제10조에 따른 체류자격을 가지지 못하고 대한민국에 체류하게 되는 경우에는 다음 각 호의 구분에 따른 기간 이내에 대통령령으로 정하는 바에 따라 체류자격을 받아야 한다. 　1. 대한민국에서 출생한 외국인 : 출생한 날부터 90일 　2. 대한민국에서 체류 중 대한민국의 국적을 상실하거나 이탈하는 등 그 밖의 사유가 발생한 외국인 : 그 사유가 발생한 날부터 60일 ② 제1항에 따른 체류자격 부여의 심사기준은 법무부령으로 정한다.
	변경	① 대한민국에 체류하는 외국인이 그 체류자격과 다른 체류자격에 해당하는 활동을 하려면 대통령령으로 정하는 바에 따라 미리 법무부장관의 체류자격 변경허가를 받아야 한다. 〈개정 2020. 6. 9.〉 ② 제31조제1항 각 호의 어느 하나에 해당하는 사람으로서 그 신분이 변경되어 체류자격을 변경하려는 사람은 신분이 변경된 날부터 30일 이내에 법무부장관의 체류자격 변경허가를 받아야 한다. ③ 제1항에 따른 체류자격 변경허가의 심사기준은 법무부령으로 정한다.

체류자격의 부여·변경· 연장	연장	① 외국인이 체류기간을 초과하여 계속 체류하려면 대통령령으로 정하는 바에 따라 체류기간이 끝나기 전에 법무부장관의 체류기간 연장허가를 받아야 한다. 〈개정 2020. 6. 9.〉 ② 제1항에 따른 체류기간 연장허가의 심사기준은 법무부령으로 정한다. 〈신설 2020. 6. 9.〉
여권등의 휴대 및 제시		① 대한민국에 체류하는 외국인은 항상 여권·선원신분증명서·외국인입국허가서·외국인등록증 또는 상륙허가서(이하 "여권등"이라 한다)를 지니고 있어야 한다. 다만, 17세 미만인 외국인의 경우에는 그러하지 아니하다. ② 제1항 본문의 외국인은 출입국관리공무원이나 권한 있는 공무원이 그 직무수행과 관련하여 여권등의 제시를 요구하면 여권등을 제시하여야 한다. ▎**출입국관리법** 제27조(여권등의 휴대 및 제시) ① 대한민국에 체류하는 외국인은 항상 여권·선원신분증명서·외국인입국허가서·외국인등록증 또는 상륙허가서(이하 "여권등"이라 한다)를 지니고 있어야 한다. 다만, 17세 미만인 외국인의 경우에는 그러하지 아니하다. ② 제1항 본문의 외국인은 출입국관리공무원이나 권한 있는 공무원이 그 직무수행과 관련하여 여권등의 제시를 요구하면 여권등을 제시하여야 한다. 제98조(벌칙) 다음 각 호의 어느 하나에 해당하는 사람은 **100만원 이하의 벌금**에 처한다. 1. 제27조에 따른 여권등의 휴대 또는 제시 의무를 위반한 사람 2. 제36조제1항에 따른 체류지 변경신고 의무를 위반한 사람
체류 및 활동범위		① 외국인은 그 체류자격과 체류기간의 범위에서 대한민국에 체류할 수 있다. ② 대한민국에 체류하는 외국인은 이 법 또는 다른 법률에서 정하는 경우를 제외하고는 정치활동을 하여서는 아니 된다. ③ 법무부장관은 대한민국에 체류하는 외국인이 정치활동을 하였을 때에는 그 외국인에게 서면으로 그 활동의 중지명령이나 그 밖에 필요한 명령을 할 수 있다.

알파 134 외국인의 등록

대상	① 외국인이 **입국한 날부터 90일을 초과**하여 대한민국에 체류하려면 대통령령으로 정하는 바에 따라 **입국한 날부터 90일 이내**에 그의 체류지를 관할하는 **지방출입국·외국인관서의 장에게 외국인등록을 하여야 한다.** 다만, 다음 각호의 어느 하나에 해당하는 외국인의 경우에는 그러하지 아니하다.
	  1. 주한외국공관(대사관과 영사관을 포함한다)과 국제기구의 직원 및 그의 가족
	  2. 대한민국정부와의 협정에 따라 외교관 또는 영사와 유사한 특권 및 면제를 누리는 사람과 그의 가족
	  3. 대한민국정부가 초청한 사람 등으로서 법무부령으로 정하는 사람
	② 제23조에 따라 체류자격을 받는 사람으로서 **그날부터 90일을 초과**하여 체류하게 되는 사람은 제1항에도 불구하고 **체류자격을 받는 때**에 외국인등록을 하여야 한다.
	③ 제24조에 따라 **체류자격 변경허가를 받는 사람**으로서 **입국한 날부터 90일을 초과**하여 체류하게 되는 사람은 제1항에도 불구하고 **체류자격 변경허가를 받는 때**에 외국인등록을 하여야 한다.
	④ 지방출입국·외국인관서의 장은 제1항부터 제3항까지의 규정에 따라 외국인등록을 한 사람에게는 대통령령으로 정하는 방법에 따라 개인별로 고유한 등록번호(이하 "외국인등록번호"라 한다)를 부여하여야 한다.

등록증의 발급	① 제31조에 따라 외국인등록을 받은 지방출입국·외국인관서의 장은 대통령령으로 정하는 바에 따라 그 외국인에게 외국인등록증을 발급하여야 한다. **다만, 그 외국인이 17세 미만인 경우에는 발급하지 아니할 수 있다.** ② 제1항 단서에 따라 외국인등록증을 발급받지 아니한 외국인이 17세가 된 때에는 90일 이내에 체류지 관할 지방출입국·외국인관서의 장에게 외국인등록증 발급신청을 하여야 한다.

알파 135　외국인의 강제퇴거

① 지방출입국·외국인관서의 장은 이 장에 규정된 절차에 따라 다음 각 호의 어느 하나에 해당하는 외국인을 대한민국 밖으로 강제퇴거시킬 수 있다. 〈개정 2012.1.26., 2014.3.18., 2016.3.29.〉
  1. 유효한 여권과 법무부장관이 발급한 사증(査證) 없이 입국한 자
  2. 허위초청 등의 행위로 입국한 외국인
  3. 입국금지 사유가 입국 후에 발견되거나 발생한 사람
  4. 제12조제1항·제2항 또는 제12조의3을 위반한 사람
  5. 제13조제2항에 따라 지방출입국·외국인관서의 장이 붙인 허가조건을 위반한 사람
  6. 제14조제1항, 제14조의2제1항, 제15조제1항, 제16조제1항 또는 제16조의2제1항에 따른 허가를 받지 아니하고 상륙한 사람
  7. 제14조제3항(제14조의2제3항에 따라 준용되는 경우를 포함한다), 제15조제2항, 제16조제2항 또는 제16조의2제2항에 따라 지방출입국·외국인관서의 장 또는 출입국관리공무원이 붙인 허가조건을 위반한 사람
  8. 제17조제1항·제2항, 제18조, 제20조, 제23조, 제24조 또는 제25조를 위반한 사람
  9. 제21조제1항 본문을 위반하여 허가를 받지 아니하고 근무처를 변경·추가하거나 같은 조 제2항을 위반하여 외국인을 고용·알선한 사람
  10. 제22조에 따라 법무부장관이 정한 거소 또는 활동범위의 제한이나 그 밖의 준수사항을 위반한 사람
  10의2. 제26조를 위반한 외국인
  11. 제28조제1항 및 제2항을 위반하여 출국하려고 한 사람
  12. 제31조에 따른 외국인등록 의무를 위반한 사람
  12의2. 제33조의2를 위반한 외국인
  13. **금고** 이상의 형을 선고받고 석방된 사람
  14. 그 밖에 제1호부터 제10호까지, 제10호의2, 제11호, 제12호, 제12호의2 또는 제13호에 준하는 사람으로서 법무부령으로 정하는 사람

알파 136 국민의 입출국

출국의 금지 (제4조)	① 법무부장관은 다음 각호의 어느 하나에 해당하는 국민에 대하여는 **6개월 이내**의 기간을 정하여 출국을 금지할 수 있다.
	  1. 형사재판에 계속(係屬) 중인 사람
	  2. 징역형이나 금고형의 집행이 끝나지 아니한 사람
	  3. 대통령령으로 정하는 금액 이상의 벌금이나 추징금을 내지 아니한 사람
	  4. 대통령령으로 정하는 금액 이상의 국세·관세 또는 지방세를 정당한 사유 없이 그 납부기한까지 내지 아니한 사람
	  5. 그 밖에 제1호부터 제4호까지의 규정에 준하는 사람으로서 대한민국의 이익이나 공공의 안전 또는 경제질서를 해칠 우려가 있어 그 출국이 적당하지 아니하다고 법무부령으로 정하는 사람
	② 법무부장관은 **범죄 수사를 위하여 출국이 적당하지 아니하다고 인정되는 사람에 대하여는 1개월 이내**의 기간을 정하여 출국을 금지할 수 있다. 다만, 다음 각 호에 해당하는 사람은 그 호에서 정한 기간으로 한다.
	  1. 소재를 알 수 없어 **기소중지 또는 수사중지(피의자중지로 한정한다)된 사람** 또는 도주 등 특별한 사유가 있어 수사진행이 어려운 사람: 3개월 이내
	  2. **기소중지 또는 수사중지(피의자중지로 한정한다)**된 경우로서 체포영장 또는 구속영장이 발부된 사람: 영장 유효기간 이내
	③ 중앙행정기관의 장 및 법무부장관이 정하는 관계 기관의 장은 소관 업무와 관련하여 제1항 또는 제2항 각호의 어느 하나에 해당하는 사람이 있다고 인정할 때에는 법무부장관에게 출국금지를 요청할 수 있다.
	④ 출입국관리공무원은 출국심사를 할 때에 제1항 또는 제2항에 따라 출국이 금지된 사람을 출국시켜서는 아니 된다.
	⑤ 제1항부터 제4항까지에서 규정한 사항 외에 출국금지기간과 출국금지절차에 관하여 필요한 사항은 대통령령으로 정한다.

국민의 입국	① 국민이 대한민국 밖의 지역으로부터 대한민국에 입국(이하 "입국"이라 한다)하고자 할 때에는 유효한 여권을 가지고 입국하는 출입국항에서 출입국관리공무원의 입국심사를 받아야 한다. 다만, 부득이한 사유로 출입국항으로 입국할 수 없는 때에는 사무소장 또는 출장소장의 허가를 받아 출입국항 외의 장소에서 출입국관리공무원의 입국심사를 받은 후 입국할 수 있다. ② 출입국관리공무원은 국민이 유효한 여권을 잃어버리거나 기타의 사유로 이를 가지지 아니하고 입국하고자 할 때에는 확인절차를 거쳐 입국하게 할 수 있다.

알파 137 외교사절의 특권과 면제

1 외교사절의 특권과 면제

불가침권 (특권)	신체·명예의 불가침권	• 생명·신체의 안전뿐만 아니라 신체의 자유까지도 포함된다. • 외교관은 어떠한 형태의 체포 또는 구금도 당하지 아니한다. • 정당방위 또는 접수국의 질서와 안녕을 위해 긴급히 필요한 경우, 일시적으로 구속할 수 있으나 긴급한 필요가 없는 경우 즉시 석방해야 한다.
	공관의 불가침권	• 접수국의 관헌은 외교사절의 요구나 동의 없이는 출입할 수 없으며, 다만 화재나 전염병발생 등 긴급을 요하는 경우에는 동의 없이도 출입할 수 있다. 이는 국제적 관습으로 인정되고 있다. • 공관뿐 아니라, 개인주택·승용차·보트·비행기 등 교통수단도 불가침의 특권을 가지므로 아무리 검문검색을 철저히 한다고 하지만 외교관의 신체를 수색하고, 외교관 탑승 승용차를 검색하면 안 된다. • 공관의 범죄인비호권은 인정되지 않는다.
	문서의 불가침권	• 외교공관의 문서(공문서 및 사문서)와 서류는 언제, 어디서나 불가침이며 수색·검열·압수되거나 그 제시가 요구되지 아니한다. • 다만, 문서가 간첩행위의 서증인 경우 또는 사절과 동일한 국적의 간첩이 주재국에서 절취 또는 복사한 문서로서 그것을 접수국이 입수한 경우에는 불가침권을 상실한다.

치외법권
(면제권)
	재판권의
	면제
		① 형사재판권
		  • 원칙적으로 접수국은 외교사절에 대해 형사재판권을 행사할 수 없으므로, 외교사절에 대하여 소추·체포·구금하거나 처벌할 수 없다.
		  • 외교사절의 소환을 요구하거나 퇴거를 요구할 수 있을 뿐이며, 긴급시에는 일시적으로 신체의 자유를 구속할 수 있고, 외교사절의 특권이 포기되거나 자격을 상실한 경우에는 소추·처벌할 수 있다. 참고로 주한미군은 형사재판권이 면제되지 않고 SOFA규정에 따라 한국법원에 재판권이 부여될 때에는 한국 형사법에 의해 처벌받는다.
		② 민사재판권
		  • 원칙적으로 외교사절을 상대로 민사소송을 제기할 수 없을 뿐 아니라 수리할 수도 없으며, 강제집행이나 손해배상청구 등도 일체 허용되지 않는다.
		  • 예외적으로 외교사절이 본국정부의 허가를 얻어 면제권을 포기하고 자진출소·응소하는 경우 또는 외교사절 개인의 부동산 소유·영업·상속재산·손해배상 등에 관한 소송의 경우에는 재판에 응할 수 있다.
		  • 외교사절이라 할지라도 다음의 경우에는 민사 및 행정재판권으로부터 **면제되지 않는다**(비엔나협약 제31조 제1항). – **개인부동산에 관한 소송, 상속에 관한 소송, 공무 이외의 영업 및 상업활동에 관한 소송**
		③ 증언의무 : 원칙적으로 외교사절은 민·형사사건을 불문하고 법정에 출석하여 증언할 의무가 없음은 물론 공관 내에서 증언할 의무도 없다. 재판 당사자로서의 증언의무는 면제되지 않으나, 당사자가 아닌 경우에는 면제된다. 다만, 예외적으로 자발적으로 행하는 것은 아니다.

경찰권의 면제	• 외교사절이 교통법규에 위반한 경우 일반범칙자와 같이 범칙금납부고지서를 발부한다. • 범칙금을 미납하여 즉결심판에 회부되면 소환을 요구할 수 있으며 불응시 외교부 의전장실에 통보하여 해당 외국공관이 공한(公翰)을 통해 사유를 들어 요청해 오는 경우 사정을 참작 면제 처리할 수 있다.
과세권의 면제	원칙적으로 외교사절은 접수국의 과세권으로부터 면제되므로 인적·물적 또는 국세·지방세를 불문하고 조세로부터 면제된다. 그러나 예외적으로 **간접세·사유부동산에 대한 조세·상속세 및 개인영업상의 투자에 관한 등록세·법원의 수수료 등은 면제되지 않는다.** 또한 모든 노무에 대한 수수료, 전기·수도·가스 등 공익사업의 사용료를 부과할 수 있으나 실제로는 국제예의상 면제되는 경우가 많다.

2 외교특권

대상	세부대상	신체의 불가침	재판권의 면제			근거
			형사	행정	민사	
외교관	공관장 외교직원	公 + 私	公 + 私	公 + 私	公 + 私	외교관계 비엔나협약
행정기능직원	사무 및 기능직	公 + 私	公 + 私	公	公	
노무직원	운전원, 청소부등	公	公	公	公	
영사관원	총영사, 영사	公 + 私	公	公	公	영사관계 비엔나협약
사무직원	영사기관 행정기술 업무 종사자	인정 ×	公	公	公	

3 공관원

공관장		대사, 대사대리
공관직원	외교직원	공사, 참사관, 각급 서기관, 각종 주재관 등 외교관신분이 부여된 자
	행정·기능직원	부기사(簿記士), 개인비서, 속기사(速記士), 타자수, 기록보관사, 교섭사 등
	노무직원	요리사, 운전사, 사환, 하인 등
개인사용인		사용(私用) 노무종사자로 공관직원의 가사에 종사

4 외교사절과 영사의 특권·면제 비교

구분	외교사절	영사
성질	정치적 기관(정치목적)	통상기관(경제목적)
외교교섭	가능	불가능
아그레망	필요	불요
임무개시	신임장의 제출	위임장의 제출(인가장의 발부)
신체의 불가침	포괄적(안전을 위한 일시적 구속 가능)	공무에 한해서(체포·구속·기소 가능)
공관	외교공관은 통상 접수국의 수도에 한 곳뿐임	영사관은 여러 개가 존재할 수 있음
파견국이나 접수국의 원수변경	직무종료사유	종료하지 않음
공관의 불가침	포괄적(공·사저)	공관만 향유(추후 보상을 전제로 징발할 수 있다)
문서의 불가침	포괄적(공·사문서)	공문서만 보호(영사직원의 입회하에 개봉 요구할 수 있다)
면제권	포괄적 향유	공무상 행위만 해당

알파 138   국제형사경찰기구

의의	• 국제형사경찰기구는 ICPO(The International Criminal Police Organization)를 번역한 것으로 일반적으로 'interpol'로 더 잘 알려져 있다. • 국제범죄의 예방과 진압을 위해 인터폴 헌장과 국내법이 허용하는 범위 내에서 회원국 상호가 필요한 각종 정보와 자료를 교환하고, 또한 범인체포 및 인도에 있어서 상호 신속·원활한 협조관계를 유지하는 형사경찰의 국제공조수사기구이다. 한편 **인터폴의 공용어는 영어, 프랑스어, 스페인어, 아랍어이다.** • 기구본부(사무총국)는 **프랑스 리용시에** 두고 있으며, 각 회원국은 사무총국 또는 회원 간의 연락 및 협조요청에 주요한 창구가 되는 국가중앙사무국을 설치 운영하고 있다.
발전과정	① 1914년 모나코에서 국제형사경찰회의(International Criminal Police Congress)가 개최되어 국제범죄 기록보관소 설립, 범죄인 인도절차의 표준화 등에 대하여 논의하였는데 이것이 국제경찰협력의 기초가 되었다. ② 1923년 비엔나에서 제2차 국제형사경찰회의가 개최되어 국제형사경찰위원회(International Criminal Police Commission : ICPC)가 창설되었으며 이는 국제형사경찰기구의 전신이라 할 수 있다.(전세계적인 기구가 아니라 유럽대륙에 한정) ③ 1956년 비엔나에서 제25차 국제형사경찰위원회가 개최되어 국제형사경찰기구(ICPO)가 발족하였고, 당시 사무총국을 파리에 두었다. ④ 1971년 국제연합에서 정부간 국제기구로 인정되었다. ⑤ 1996년 국제연합총회에서 옵저버 지위를 부여받았다. ⑥ 국가중앙사무국(National Central Bureau)은 회원국에 설치된 상설 경찰협력부서로 우리나라의 경우 경찰청 외사국 외사수사과 인터폴계에 설치되어 있다.
회원국 간의 협력원칙	① **주권의 존중** : 경찰협력은 각 회원국 경찰기관들이 자국의 영토 내에서 국내법에 따라 행하는 통상적인 업무수행의 범위 내에서만 협조함을 원칙으로 한다. ② **일반형법의 집행** : 인터폴의 활동범위는 일반범죄와 관련된 범죄의 예방과 진압에 국한하고 정치·군사·종교·인종적 사항에 관해서는 어떠한 관여나 활동을 배제한다. ③ **보편성** : 모든 회원국은 타 회원국과 협력할 수 있으며, 그러한 협력은 지리적 또는 언어적 요소에 의해 방해받아서는 안 된다. ④ **평등성** : 모든 회원국은 **재정 분담금의 규모와 관계없이** 동일한 혜택과 지위을 받을 수 있다. ⑤ **타 기관과의 협력** : 각 회원국은 국가중앙사무국을 통해 일반범죄의 예방과 진압에 관여하고 있는 타 국가기관과도 협조할 수 있다. ⑥ **협력방법의 융통성** : 협조방식은 규칙성·계속성이 있어야 하나 회원국의 국내실정을 충분히 고려하여 협조의 방식을 변경할 수 있다.

알파 139 인터폴 국제수배서

적색수배서 (Red Notice : Form 1)	• 일반형법을 위반하여 체포영장이 발부된 범죄인에 대하여 **범죄인 인도를 목적**으로 하는 경우에 발행된다. ▎**인터폴 적색수배의 요청기준** 장기 2년 이상 징역이나 금고에 해당하는 죄를 범하여 체포영장·구속영장이 발부된 자 중 • 살인, 강도, 강간 등 강력범죄 관련사범 • 조직폭력, 전화금융사기 등 조직범죄 관련 사범 • 다액(5억 원 이상) 경제사범 • 사회적 파장 및 사안의 중대성을 고려하여 수사관서에서 특별히 적색수배를 요청한 중요사범
청색수배서 (Blue Notice : Form 2)	• 청색수배서는 일반 형법을 위반하여 체포영장이 발부되어 피수배자의 **신원과 소재확인**을 목적으로 수배자의 도피처가 명확한 경우에 한하여 발행, 특정 회원국에 통보된다.
녹색수배서 (Green Notice : Form 3)	• 여러 국가에서 상습적으로 범행하였거나 또는 범행할 가능성이 있는 국제범죄자의 **동향을 파악**하여 사전에 그 범행을 방지할 목적으로 발행하는 것으로 전과의 정도·범죄의 종류·국제범죄조직원 여부 등을 고려하여 중요한 국제적 범죄자라고 판단되는 경우에 한하여 발행한다(상습 국제범죄자 발견시 계속 동향을 감시하여 범죄행위를 사전에 예방조치하고, 어떤 범법행위가 있으면 사무총국 및 수배요청국에 통보하여 외교절차를 밟아 해결).
황색수배서 (Yellow Notice : Form 4)	• 황색수배서는 가출인의 소재확인 또는 기억상실자 등의 신원을 확인할 목적으로 발행되는 것
흑색수배서 (Black Notice : Form 5)	• 사망자의 신원을 확인할 수 없거나 또는 사망자가 가명을 사용하였을 경우 정확한 신원을 파악할 목적으로 발행
장물수배서 (Stolen Property Notice)	• 도난당하거나 또는 불법으로 취득한 것으로 보이는 물건, 문화재(미술품, 고대유물 등)에 대해 수배를 하는 것으로 상품적 가치 및 문화적 가치 등을 고려하여 발행
Orange Notice (보안경고)	• 2004년부터 폭발물, 테러범(위험인물) 등에 대한 보안을 경고하기 위해 발행
범죄수법수배서 (자주색 수배서) (Modus Operandi Sheets)	• 세계 각국에서 범인들이 범행시 사용한 새로운 범죄수법 등을 사무총국에서 집중 관리하고 각 회원국에 배포하여 수사기관이 범죄예방과 수사자료에 활용케 하고 또한 경찰교육기관에서 교육자료로 이용할 목적으로 발행
UN 수배서 (Interpol-UN)	UN과 Interpol이 협력하여 국제테러범 및 테러단체에 대한 제재를 목적으로 발행

알파 140 국제형사사법공조

1 기본원칙

상호주의	형사사법공조에 있어 외국이 사법공조를 해주는 만큼 자국도 동일하거나 유사한 범위 내에서 공조요청에 응한다는 원칙이다. 형사사법공조조약이 체결되어 있지 않은 경우 상호주의에 따라 먼저 향후 동일·유사한 공조요청이 있으면 응한다는 상호보증을 받아야 한다.
쌍방가벌성의 원칙	형사사법공조의 대상이 되는 범죄는 피요청국과 요청국 모두에서 처벌 가능한 범죄여야 한다는 원칙이다.
특정성의 원칙	요청국이 공조에 따라 취득한 증거를 공조요청의 대상이 된 범죄 이외의 수사나 재판에 사용하여서는 안 된다는 의미와 피요청국의 증인 등이 공조요청에 따라 요청국에 출두한 경우 피요청국을 출발하기 이전의 행위로 인해 구금·소추를 비롯한 어떠한 자유도 제한받지 않는다는 의미를 포함하는 원칙이다.

2 공조의 범위 및 제한

공조법상의 임의적 공조거절 사유

다음 각 호의 어느 하나에 해당하는 경우에는 공조를 하지 아니할 수 있다.
1. 대한민국의 주권, 국가안전보장, 안녕질서 또는 미풍양속을 해칠 우려가 있는 경우
2. 인종, 국적, 성별, 종교, 사회적 신분 또는 특정 사회단체에 속한다는 사실이나 정치적 견해를 달리한다는 이유로 처벌되거나 형사상 불리한 처분을 받을 우려가 있다고 인정되는 경우
3. 공조범죄가 정치적 성격을 지닌 범죄이거나, 공조요청이 정치적 성격을 지닌 다른 범죄에 대한 수사 또는 재판을 할 목적으로 한 것이라고 인정되는 경우
4. 공조범죄가 대한민국의 법률에 의하여는 범죄를 구성하지 아니하거나 공소를 제기할 수 없는 범죄인 경우
5. 이 법에 요청국이 보증하도록 규정되어 있음에도 불구하고 요청국의 보증이 없는 경우

대한민국에서 수사가 진행 중이거나 재판에 계속(係屬)된 범죄에 대하여 외국의 공조요청이 있는 경우에는 그 수사 또는 재판 절차가 끝날 때까지 공조를 연기할 수 있다.

3 공조절차

외교부장관의 조치 (제14조)	외교부장관은 요청국으로부터 형사사건의 수사에 관한 공조요청을 받았을 때에는 공조요청서에 관계 자료 및 의견을 첨부하여 법무부장관에게 송부하여야 한다.

법무부장관의 조치
(제15조)
	① 공조요청서를 받은 법무부장관은 공조요청에 응하는 것이 타당하다고 인정하는 경우에는 제2항의 경우를 제외하고는 다음 각 호의 어느 하나의 조치를 하여야 한다. 〈개정 2021. 1. 5.〉
	  1. 공조를 위하여 적절하다고 인정되는 지방검찰청 검사장(이하 "검사장"이라 한다) 또는 고위공직자범죄수사처장에게 관계 자료를 송부하고 공조에 필요한 조치를 하도록 명하거나 요구하는 것
	  2. 제9조제3항의 경우에는 수형자가 수용되어 있는 교정시설의 장에게 수형자의 이송에 필요한 조치를 명하는 것
	② 법무부장관은 공조요청이 법원이나 검사 또는 고위공직자범죄수사처장이 보관하는 소송서류의 제공에 관한 것일 경우에는 그 서류를 보관하고 있는 법원이나 검사 또는 고위공직자범죄수사처장에게 공조요청서를 송부하여야 한다. 〈개정 2021. 1. 5.〉
	③ 법무부장관은 이 법 또는 공조조약에 따라 공조할 수 없거나 공조하지 아니하는 것이 타당하다고 인정하는 경우 또는 공조를 연기하려는 경우에는 외교부장관과 협의하여야 한다. 〈개정 2013. 3. 23.〉

검사장 등의 조치 (제16조)	제15조제1항제1호에 따른 명령 또는 요구를 받은 검사장 또는 고위공직자범죄수사처장은 소속 검사에게 공조에 필요한 자료를 수집하거나 그 밖에 필요한 조치를 하도록 명하여야 한다. 〈개정 2021. 1. 5.〉
검사 등의 처분 (제17조)	① 검사는 공조에 필요한 자료를 수집하기 위하여 관계인의 출석을 요구하여 진술을 들을 수 있고, 감정·통역 또는 번역을 촉탁할 수 있으며, 서류나 그 밖의 물건의 소유자·소지자(所持者) 또는 보관자에게 그 제출을 요구하거나, 행정기관이나 그 밖의 공사단체(公私團體)에 공조에 필요한 사실을 조회하거나 필요한 사항의 보고를 요구할 수 있다. ② 검사는 공조에 필요한 경우에는 판사에게 청구하여 발급받은 영장에 의하여 압수·수색 또는 검증을 할 수 있다. ③ 검사는 요청국에 인도하여야 할 증거물 등이 법원에 제출되어 있는 경우에는 법원의 인도허가 결정을 받아야 한다. ④ 검사는 사법경찰관리를 지휘하여 제1항의 수사를 하게 할 수 있고, 사법경찰관은 검사에게 신청하여 검사의 청구로 판사가 발부한 영장에 의하여 제2항에 따른 압수·수색 또는 검증을 할 수 있다.
관할 법원 (제20조)	① 제17조제2항에 따른 영장 청구와 제18조에 따른 증인신문 청구는 그 검사가 소속한 지방검찰청 또는 고위공직자범죄수사처에 대응하는 지방법원의 판사에게 하여야 한다. 〈개정 2021. 1. 5.〉 ② 제17조제3항에 따른 증거물 등의 인도허가 청구는 그 증거물 등이 제출되어 있는 법원에 하여야 한다.

알파 141   범죄인인도

1 인도의 제한

범죄인 인도사건의 전속관할 (제3조)	이 법에 규정된 범죄인의 인도심사 및 그 청구와 관련된 사건은 서울고등법원과 서울고등검찰청의 전속관할로 한다.
인도조약과의 관계 (제3조의2)	범죄인 인도에 관하여 인도조약에 이 법과 다른 규정이 있는 경우에는 그 규정에 따른다.
상호주의(제4조)	인도조약이 체결되어 있지 아니한 경우에도 범죄인의 인도를 청구하는 국가가 같은 종류 또는 유사한 인도범죄에 대한 대한민국의 범죄인 인도청구에 응한다는 보증을 하는 경우에는 이 법을 적용한다.
인도에 대한 원칙 (제5조)	대한민국 영역에 있는 범죄인은 이 법에서 정하는 바에 따라 청구국의 인도청구에 의하여 소추, 재판 또는 형의 집행을 위하여 청구국에 인도할 수 있다.
쌍방가벌성의 원칙 최소한 중요성원칙 (제6조)	대한민국과 청구국의 법률에 따라 인도범죄가 사형, 무기징역, 무기금고, 장기 1년 이상의 징역 또는 금고에 해당하는 경우에만 범죄인을 인도할 수 있다.
유용성의 원칙 (제7조)	유용성의 원칙이란 범인인도가 범죄사실을 처벌할 수 있다는 데 기초하는 것이 아니라 실제로 처벌하기 위하여 필요하다는 데 기초하고 있으므로, 인도가 실제로 유용해야 한다는 원칙이다. 시효에 걸렸다든지 사면을 내린 경우에는 인도할 필요가 없다는 뜻이다.

정치범불인도
(제8조)
	• 인도범죄가 정치적 성격을 지닌 범죄이거나 그와 관련된 범죄인 경우에는 범죄인을 인도하여서는 아니 된다. 다만, 인도범죄가 다음 각호의 어느 하나에 해당하는 경우에는 그러하지 아니하다.
	  1. 국가원수·정부수반 또는 그 가족의 생명·신체를 침해하거나 위협하는 범죄
	  2. 다자 간 조약에 따라 대한민국이 범죄인에 대하여 재판권을 행사하거나 범죄인을 인도할 의무를 부담하고 있는 범죄
	  3. 여러 사람의 생명·신체를 침해·위협하거나 이에 대한 위험을 발생시키는 범죄
	• 인도청구가 범죄인이 범한 정치적 성격을 지닌 다른 범죄에 대하여 재판을 하거나 그러한 범죄에 대하여 이미 확정된 형을 집행할 목적으로 행하여진 것이라고 인정되는 경우에는 범죄인을 인도하여서는 아니 된다.
	
	▎**정치범죄의 예외**
	일반적으로 인도의 대상이 된다. 이와 같은 국제범죄의 유형에는 ㉠ UN헌장에서 규정하고 있는 침략행위, ㉡ UN총회에서 결의한 Nuremberg 원칙에 포함된 인류에 반하는 죄, ㉢ 집단살해, ㉣ 전쟁범죄, ㉤ 해적행위, ㉥ 항공기납치, ㉦ 노예, 인신매매, 기타 부녀자·아동 거래, ㉧ 국제법 보호대상 인물과 민간인의 납치, ㉨ 위조, ㉩ 마약거래, ㉪ 인종차별, ㉫ 고문 등이 있다.

자국민불인도의 원칙 (제9조)	• 일반적으로 대륙법계 국가들은 채택하고 있다. 이에 반해 영미법계 국가들은 자국민불인도의 원칙을 규정하지 않고 있다. 그러나 영미법계 국가들도 상호주의를 적용하는 관계로 자국민불인도의 원칙이 적용되고 있다. • 우리나라는 범죄인인도법 제9조에 자국민불인도의 원칙을 규정하고 있다. 다만, 외교상 구체적인 경우에 있어서 인도의 필요성이 있을 수 있으므로 내국인의 인도를 절대적 거절사유로 정하지 아니하고 **임의적 거절사유**로 규정하고 있다.
특정성의 원칙 (제10조)	인도된 범죄인이 다음 각호의 어느 하나에 해당하는 경우를 제외하고는 인도가 허용된 범죄 외의 범죄로 처벌받지 아니하고 제3국에 인도되지 아니한다는 청구국의 보증이 없는 경우에는 범죄인을 인도하여서는 아니 된다. 1. 인도가 허용된 범죄사실의 범위에서 유죄로 인정될 수 있는 범죄 또는 인도된 후에 범한 범죄로 범죄인을 처벌하는 경우 2. 범죄인이 인도된 후 청구국의 영역을 떠났다가 자발적으로 청구국에 재입국한 경우 3. 범죄인이 자유롭게 청구국을 떠날 수 있게 된 후 45일 이내에 청구국의 영역을 떠나지 아니한 경우 4. 대한민국이 동의하는 경우
군사범불인도의 원칙 (법규정 ×)	• 군사범죄란 군사적 의무관계에서 기인하는 범죄행위를 말하며 탈영, 항명 등이 대표적이다. • 그러나 군대 내에서의 범죄라 하더라도 일반범죄로서의 성격도 동시에 갖고 있는 직권남용, 가혹행위, 절도와 같은 범죄는 인도대상이 된다. • 우리나라는 군사범불인도의 원칙은 **명문으로 규정하고 있지 않다.**

절대적 인도거절사유	임의적 인도거절사유
• 대한민국 또는 청구국의 법률에 의하여 인도범죄에 관한 공소시효 또는 형의 시효가 완성된 경우 • **인도범죄에 관하여** 대한민국 법원에서 재판계속 중이거나 재판이 확정된 경우 • 범죄인이 인도범죄를 행하였다고 의심할 만한 상당한 이유가 없는 경우. 다만, 인도범죄에 관하여 청구국에서 유죄의 재판이 있는 때에는 그러하지 아니하다. • 범죄인이 인종·종교·국적·성별·정치적 신념 또는 특정 사회단체에 속함 등을 이유로 처벌되거나 그 밖의 불이익한 처분을 받을 염려가 있다고 인정되는 경우	• 범죄인이 대한민국 국민인 경우 • 인도범죄의 전부 또는 일부가 대한민국 영역 안에서 행하여진 경우 • 범죄인이 **인도범죄 외의 범죄에 관하여** 대한민국 법원에 재판이 계속 중인 경우 또는 형의 선고를 받고 그 집행을 종료하지 아니하거나 면제받지 아니한 경우 • 범죄인이 인도범죄에 관하여 제3국(청구국이 아닌 외국을 말한다. 이하 같다)에서 재판을 받고 처벌되었거나 처벌받지 아니하기로 확정된 경우 • 인도범죄의 성격과 범죄인이 처한 환경 등에 비추어 범죄인을 인도함이 비인도적이라고 인정되는 경우

2 인도심사절차

인도청구서의 접수	범죄인인도는 원칙적으로 조약이 체결되어 있는 국가가 외교경로를 통하여 **범죄인인도 청구서**를 보냄으로써 청구하고, 조약이 체결되어 있지 않은 국가에는 **상호보증서**를 첨부하여 청구한다. **인도청구는 외교경로를 통하는 것이 원칙**이지만 조약에 별도의 규정이 있는 경우 **외교경로를 통하지 않고 법무부로 긴급인도구속청구도 가능**하다.
외교부장관의 조치	외교부장관은 청구국으로부터 범죄인의 인도청구를 받은 때에는 인도청구서와 관련자료를 법무부장관에게 송부하여야 한다.
인도심사청구명령 (법무부장관)	• 법무부장관은 외교부장관으로부터 인도청구서 등을 받은 때에는 이를 서울고등검찰청검사장에게 송부하고 소속검사로 하여금 서울고등법원에 범죄인의 인도허가 여부에 관한 심사를 청구하도록 명하여야 한다. 다만, 인도조약 또는 이 법의 규정에 의하여 범죄인을 인도할 수 없거나 인도하지 아니하는 것이 상당하다고 인정되는 때에는 그러하지 아니하다. • 법무부장관은 인도심사청구명령을 하지 아니하는 경우에는 그 사실을 외교부장관에게 통지하여야 한다.
인도심사청구 (검사)	• 검사는 법무부장관의 인도심사청구명령이 있는 때에는 지체 없이 법원에 인도심사를 청구하여야 한다. 다만, 범죄인의 소재를 알 수 없는 경우에는 그러하지 아니하다. • 범죄인이 인도구속영장에 의하여 구속된 때에는 구속된 날로부터 3일 이내에 인도심사를 청구하여야 한다. • 인도심사의 청구는 서면으로 하고, 관계자료를 첨부하여야 한다. • 검사는 인도심사의 청구를 한 때에는 그 청구서의 부본을 범죄인에게 송부하여야 한다.
인도심사 (법원)	• 법원은 인도심사의 청구를 받은 때에는 지체 없이 인도심사를 개시하여야 한다. • **법원은 범죄인이 인도구속영장에 의하여 구속 중인 때에는 구속된 날로부터 2월 이내에 인도심사에 관한 결정을 하여야 한다.** • 범죄인은 인도심사에 관하여 변호인의 조력을 받을 수 있다. • 「형사소송법」 제33조의 규정은 제3항의 경우에 이를 준용한다. • 법원은 인도심사에 관한 결정을 하기 전에 범죄인과 그의 변호인에게 의견을 진술할 기회를 주어야 한다. 다만, 인도심사청구각하결정 또는 인도거절결정을 하는 경우에는 그러하지 아니하다. • 법원은 인도심사에 있어서 필요하다고 인정하는 때에는 증인을 신문할 수 있고, 감정·통역 또는 번역을 명할 수 있다.

법원의 결정	• 법원은 인도심사의 청구에 대하여 다음의 구분에 따라 결정을 하여야 한다.
	  1. 인도심사의 청구가 적법하지 아니하거나 취소된 때에는 인도심사청구각하결정
	  2. 범죄인을 인도할 수 없다고 인정되는 때에는 인도거절결정
	  3. 범죄인을 인도할 수 있다고 인정되는 때에는 인도허가결정
	• 결정에는 이유를 명시하여야 한다.
	• 결정은 그 주문을 검사에게 통지함으로써 효력을 발생한다.
	• 법원은 결정을 한 때에는 지체 없이 검사 및 범죄인에게 결정서의 등본을 송달하고, 검사에게 관계서류를 반환하여야 한다.

인도청구의 경합	• 법무부장관은 2 이상의 국가로부터 동일 또는 상이한 범죄에 관하여 동일한 범죄인에 대한 인도청구가 있는 경우에는 범죄인을 인도할 국가를 결정하여야 하며, 필요한 경우 외교부장관과 협의할 수 있다. • 결정을 함에 있어서는 인도범죄의 발생일시·장소·중요성, 인도청구일자, 범죄인의 국적 및 거주지 등을 참작하여야 한다.

CHAPTER 08 기타활동

알파 142 경찰교육훈련

학교교육	신임 교육	경찰공무원으로 신규채용된 자로서 임용 전 신임교육을 받지 아니한 자는 신규채용된 경우 신임교육을 받아야 한다. 다만, 경사 이상의 경찰공무원으로 신규채용된 자로서 기본교육과정을 받은 자는 그러하지 아니한다. ① 소양교육 ② 직무수행에 필요한 기초지식 ③ 실무에 필요한 법규 등 ④ 체력연마와 무술훈련
	기본 교육	경정·경감·경위 및 경사(경정·경감·경위 및 경사 승진후보자명부에 등재된 자 포함)는 해당 계급별 기본교육을 받아야 하며, 경찰청장이 정하는 바에 의하여 교육훈련대상자로 선발된 총경(총경 승진후보자명부에 등재된 자 포함)은 기본교육으로 치안정책교육을 받아야 한다.
	전문 교육	**경정 이하** 경찰공무원은 직무와 관련된 전문교육을 받아야 한다. 전문교육과정은 매년도 경찰교육훈련 계획에 의한다.
위탁교육		① 위탁교육이라 함은 경찰공무원법 제17조 제3항의 규정에 의하여 재직경찰관들을 국내외의 교육기관에 위탁하여 교육을 받게 하는 것을 말한다. ② 위탁교육을 이수한 자는 교육훈련 결과보고서를 그 이수 후 출근하는 날로부터 30일 안에 경찰청장에게 제출하여야 한다.
직장훈련		직장훈련이라 함은 경찰기관의 장이 소속 경찰공무원의 직무수행능력을 향상시키기 위하여 일상 업무를 통하여 행하는 훈련

알파 143　가상공간의 경찰활동

사이버범죄의 특징	① 범행동기 측면의 특징 : 게임이나 단순한 유희, 경제적 이익의 취득, 보복, 정치적 목적이나 산업경쟁, 지적 모험심의 추구에서 범행의 동기를 엿볼 수 있다. ② 행위자 측면의 특징 : 컴퓨터 전문가 또는 경영 내부자인 경우가 많고, 행위자의 연령이 낮으며 초범이 많고, 죄의식의 희박과 익명성을 과신한다. ③ 범행(행위) 측면의 특징 　• 발각과 입증의 곤란 　• 반복성과 계속성 : 프로그램의 변경이 없는 한 같은 지시와 명령이 입력된 컴퓨터는 동일한 범행결과를 반복하여 출력한다. 　• 자동성과 광범성 : 통신망의 범위에 따라 자동적으로 광범위한 장소에 동시 다발적으로 행하여질 수 있다. 　• 범의(犯意) 확정의 어려움 ④ 경찰정보화 교육자료에 의한 사이버범죄의 특징 : ① 비대면성, ② 익명성, ③ 전문성과 기술성, ④ 시간적·공간적 무제약성, ⑤ 빠른 전파성과 천문학적 재산피해, ⑥ 죄의식의 희박, ⑦ 발견과 증명, 고의 입증의 곤란 등이 있다.
사이버범죄의 수사단계	① 수사첩보수집(또는 신고) → ② 피해증거 확보 → ③ 접속기록 확보 → ④ 접속자 확인의 절차를 따른다.
사이버범죄 단속의 어려움	① 개개인에 대한 피해가 경미하다는 이유로 발생건에 비하여 신고되지 않는 경우가 많다. ② 일반적인 현실세계의 범죄보다 고의의 입증이 어려움, 발각 자체가 쉽지 않고 실력과시를 위한 초범인 경우가 많은데다 대개의 경우 죄의식이 희박하다. ③ 다양한 경로를 통해 범행이 동시다발·반복적으로 이루어진 경우 범죄 자체를 특정하기 어렵다. ④ 범죄가 지능화되어 각국의 온라인 수사망을 빠져나가는 경우가 많다.
사이버범죄의 단속법규의 한계	① 법적 근거나 적용할 죄명이 없어 피해가 방치되는 경우가 많고 동일 행위가 여러 법률에 중복되어 단속에 혼선을 빚을 수 있다. ② 온라인을 통한 정보제공자가 개인정보를 남용하는 행위 혹은 불필요한 개인정보를 수집하는 행위에 대한 객관적 규제가 없어 형평성 시비가 생길 수 있다. ③ 법적 근거는 있으나 단속기준이 시대상황이나 개인주관에 따라 달라 혼란과 혼동을 야기하는 경우가 많다. ④ 인터넷의 큰 특징은 개개인이 정보의 수요자이자 공급자일 수 있다는 점인데, 모든 정보제공을 국가에서 통제한다는 것은 권위주의적 발상이라는 논란이 제기될 수 있고 현실적으로 불가능한 일이다.

▶ FBI 컴퓨터 수법

종류	내용
자료변조	입력되는 순간에 절취, 삭제, 변경, 추가하는 방법
쌀라미	조그마한 이익을 긁어모으는 방법
트로이 목마	범죄자만이 아는 명령문을 삽입하여 이를 이용하는 방법
트랩도어	개발과정에서 검증하기 위한 프로그램을 삭제하지 않고 이용
슈퍼잽핑	만능키와 같은 프로그램을 부정하게 이용
부정명령은닉 (Logic Bomb)	조건이 충족될 때 자동으로 부정행위가 이루어지도록 하는 방법
스카벤징	정보체계 주변에서 정보를 획득하는 방법. 쓰레기 모으기
전송시 은닉과 위장	자격이 없는 자가 자격이 있는 것으로 은닉하거나 위장하여 컴퓨터를 무단으로 사용하는 방법
부정접속	불법적으로 선로에 접속하여 자료를 절취하는 방법
시뮬레이션 모델링	시험이나 시뮬레이션하는 것처럼 하면서 실제로 부정행위를 자행하는 방법
비동기성의 침범	컴퓨터 운영체계의 비동기성을 이용하여 부정행위를 자행

알파 144   경찰홍보

1 종류

협의의 홍보 (Public Relations)	유인물, 팸플릿 등 각종 매체를 통해 개인이나 단체의 좋은 점을 일방적으로 알리는 활동을 의미한다.
공공관계 (Public Relations)	조직의 활동에 대한 공중의 태도를 평가하고 조직의 정책·사업에 대한 공중의 이해·협력과 신뢰를 확보하여 이를 유지·증진시키기 위한 관리활동
지역공동체관계 (Community Relations)	미국에서 발달한 개념으로 지역사회 내의 각종 기관(미디어, 관공서, 교육기관, 병원 등), 단체 및 주민들과 유기적인 연락 및 협조체제를 구축·유지하여 지역사회 각계각층의 요구에 부응하는 경찰활동을 하는 동시에 경찰활동의 긍정적인 측면을 지역사회에 널리 알리는 종합적인 지역사회 홍보체계를 의미한다.
언론관계 (Press Relations)	신문, 잡지, TV나 라디오의 뉴스 프로그램의 보도기능에 대응하는 활동으로 대개 사건·사고에 대한 기자들의 질의에 답하는 대응적이고 **소극적인 홍보활동**으로 경찰의 언론관계 종사자들은 대개 부정적인 보도를 막고 긍정적인 보도를 늘리는 것을 주목적으로 하고 있다.
대중매체관련 (Media Relations)	언론관계의 대상과 범위가 확대되고 발전된 보다 종합적인 홍보활동으로 신문·방송 및 영상물 등 각종 대중매체 제작자와 긴밀한 협조관계를 구축·유지하여 대중매체의 필요를 충족시켜 주는 한편, 경찰의 긍정적인 측면을 널리 알리는 활동이며 대중매체에 대한 종합적인 이해와 전문적 지식이 필요한 **적극적 홍보활동**이 경찰관보다는 전직 언론인·문화산업 종사자 등 전문가를 채용하여 활용하는 것이 국제적 추세이다.
기업식 경찰홍보	소비자주권시대를 맞아 경찰업무의 서비스 개념, 즉 주민을 소비자로 보는 관점에서 발단한 개념이다. 사설 경비업체의 증가와 더불어 경찰이 더 이상 치안활동의 독점자가 아니라는 인식이 확산되면서 영·미를 중심으로 발달한 매우 적극적인 홍보활동이다. 일반기업이 행하는 것과 같이 유료광고를 내고 친근한 상징물(character)을 개발하여 전파하는 등 조직 이미지를 고양하여 이를 통해 높아진 주민 지지도를 바탕으로 예산 획득과 경찰활동에 대한 협력확보 등의 목적을 달성하기 위한 계획적인 홍보활동이다.

2 경찰과 대중매체

Sir Robert Mark	단란하고 행복스럽지는 않더라도, 오래 지속되는 결혼생활에 비유
Crandon	"경찰과 대중매체는 서로를 필요로 하기 때문에 둘 사이에는 공생관계가 발달한다"고 주장
Ericson	경찰과 대중매체는 서로 얽혀서 범죄와 정의, 사회질서의 현실을 해석하고 규정짓는 사회기구의 역할 수행

알파 145   언론보도와 피해구제

1 언론에 의한 피해의 구제방안(언론중재 및 피해구제 등에 관한 법률)

정정보도청구권	① 사실적 주장에 관한 언론보도 등이 진실하지 아니함으로 인하여 피해를 입은 자(이하 "피해자"라 한다)는 **해당 언론보도 등이 있음을 안 날부터 3개월 이내**에 그 언론보도 등의 내용에 관한 정정보도를 언론사·인터넷뉴스서비스사업자 및 인터넷멀티미디어 방송사업자(이하 "언론사 등"이라 한다)에게 청구할 수 있다. 다만, **해당 언론보도 등이 있은 후 6개월이 경과한 때**에는 그러하지 아니하다. ② 제1항의 청구에는 **언론사 등의 고의·과실이나 위법성을 요하지 아니한다.**
반론보도청구권	① 사실적 주장에 관한 언론보도 등으로 인하여 피해를 입은 자는 그 보도내용에 관한 반론보도를 언론사 등에 청구할 수 있다. ② 제1항의 청구에는 언론사 등의 고의·과실이나 위법함을 요하지 아니하며, 보도내용의 진실 여부를 불문한다.
추후보도청구권	① 언론 등에 의하여 범죄혐의가 있거나 형사상의 조치를 받았다고 보도 또는 공표된 자는 그에 대한 형사절차가 무죄판결 또는 이와 동등한 형태로 종결된 때에는 그 사실을 안 날부터 3월 이내에 언론사 등에 이 사실에 관한 추후보도의 게재를 청구할 수 있다.

2 조정 등 절차

정정보도청구권의 행사	① 정정보도 청구는 언론사등의 대표자에게 서면으로 하여야 하며, 청구서에는 피해자의 성명·주소·전화번호 등의 연락처를 적고, 정정의 대상인 언론보도등의 내용 및 정정을 청구하는 이유와 청구하는 정정보도문을 명시하여야 한다. 다만, 인터넷신문 및 인터넷뉴스서비스의 언론보도등의 내용이 해당 인터넷 홈페이지를 통하여 계속 보도 중이거나 매개 중인 경우에는 그 내용의 정정을 함께 청구할 수 있다.
	② 제1항의 청구를 받은 언론사등의 대표자는 **3일 이내에 그 수용 여부에 대한 통지를 청구인에게 발송하여야 한다.** 이 경우 정정의 대상인 언론보도등의 내용이 방송이나 인터넷신문, 인터넷뉴스서비스 및 인터넷 멀티미디어 방송의 보도과정에서 성립한 경우에는 해당 언론사등이 그러한 사실이 없었음을 입증하지 아니하면 그 사실의 존재를 부인하지 못한다.
	③ 언론사등이 제1항의 청구를 수용할 때에는 지체 없이 피해자 또는 그 대리인과 정정보도의 내용·크기 등에 관하여 협의한 후, 그 청구를 받은 날부터 **7일 내**에 정정보도문을 방송하거나 게재(인터넷신문 및 인터넷뉴스서비스의 경우 제1항 단서에 따른 해당 언론보도등 내용의 정정을 포함한다)하여야 한다. 다만, 신문 및 잡지 등 정기간행물의 경우 이미 편집 및 제작이 완료되어 부득이할 때에는 다음 발행 호에 이를 게재하여야 한다.
	④ 다음 각 호의 어느 하나에 해당하는 사유가 있는 경우에는 언론사등은 정정보도 청구를 거부할 수 있다.
	  1. 피해자가 정정보도청구권을 행사할 정당한 이익이 없는 경우
	  2. 청구된 정정보도의 내용이 명백히 사실과 다른 경우
	  3. 청구된 정정보도의 내용이 명백히 위법한 내용인 경우

	4. 정정보도의 청구가 상업적인 광고만을 목적으로 하는 경우 5. 청구된 정정보도의 내용이 국가·지방자치단체 또는 공공단체의 공개회의와 법원의 공개재판절차의 사실보도에 관한 것인 경우
조정신청	정정보도청구등과 손해배상의 조정신청은 제14조 제1항(제16조 제3항에 따라 준용되는 경우를 포함한다) 또는 제17조 제1항의 기간 이내에 서면이나 구술 그 밖에 대통령령으로 정하는 바에 따라 전자문서 등의 방법으로 하여야 하며, 피해자가 먼저 언론사 등에 정정보도청구등을 한 경우에는 피해자와 언론사 등 사이에 **협의가 불성립된 날부터 14일 이내에 하여야 한다.**
조정	① 조정은 관할 중재부에서 한다. 관할구역을 같이 하는 중재부가 여럿일 경우에는 중재위원회 위원장이 중재부를 지정한다. ② 조정은 신청 접수일부터 14일 이내에 하여야 하며, 중재부의 장은 조정신청을 접수하였을 때에는 지체 없이 조정기일을 정하여 당사자에게 출석을 요구하여야 한다. ③ 제2항의 출석요구를 받은 신청인이 2회에 걸쳐 출석하지 아니한 경우에는 조정신청을 취하한 것으로 보며, 피신청 언론사등이 2회에 걸쳐 출석하지 아니한 경우에는 조정신청 취지에 따라 정정보도등을 이행하기로 합의한 것으로 본다. ④ 제2항의 출석요구를 받은 자가 천재지변이나 그 밖의 정당한 사유로 출석하지 못한 경우에는 그 사유가 소멸한 날부터 3일 이내에 해당 중재부에 이를 소명(疏明)하여 기일 속행신청을 할 수 있다. 중재부는 속행신청이 이유 없다고 인정하는 경우에는 이를 기각(棄却)하고, 이유 있다고 인정하는 경우에는 다시 조정기일을 정하고 절차를 속행하여야 한다. ⑧ 조정은 비공개를 원칙으로 하되, 참고인의 진술청취가 필요한 경우 등 필요하다고 인정되는 경우에는 중재위원회규칙으로 정하는 바에 따라 참석이나 방청을 허가할 수 있다. ⑨ 조정절차에 관하여는 이 법에서 규정한 것을 제외하고는 「민사조정법」을 준용한다. ⑩ 조정의 절차와 중재부의 구성방법, 그 관할, 구술신청의 방식과 절차, 그 밖에 필요한 사항은 중재위원회규칙으로 정한다.
직권조정결정	당사자 사이에 합의가 이루어지지 아니한 경우 또는 신청인의 주장이 이유 있다고 판단되는 경우 중재부는 당사자들의 이익 그 밖의 모든 사정을 참작하여 신청취지에 반하지 않는 한도 안에서 직권으로 조정에 갈음하는 결정을 할 수 있다. 이 경우 조정신청 **접수일부터 21일 이내에 하여야 한다.**
합의 등의 효력	조정결과 당사자 간에 합의가 성립하거나 제19조 제3항의 규정에 따라 합의가 이루어진 것으로 간주되는 때 및 제22조 제1항의 규정에 의한 직권조정결정에 이의신청이 없는 때에는 **재판상 화해와 동일한 효력이 있다.**

3 언론중재위원회

설치 및 구성	① 언론등의 보도 또는 매개(이하 "언론보도등"이라 한다)로 인한 분쟁의 조정·중재 및 침해사항을 심의하기 위하여 언론중재위원회(이하 "중재위원회"라 한다)를 둔다.
	② 중재위원회는 40명 이상 90명 이내의 중재위원으로 구성하며, 중재위원은 다음 각 호의 사람 중에서 문화체육관광부장관이 위촉한다. 이 경우 제1호부터 제3호까지의 위원은 각각 중재위원 정수의 5분의 1 이상이 되어야 한다.
	  1. 법관의 자격이 있는 사람 중에서 법원행정처장이 추천한 사람
	  2. 변호사의 자격이 있는 사람 중에서 「변호사법」 제78조에 따른 대한변호사협회의 장이 추천한 사람
	  3. 언론사의 취재·보도 업무에 10년 이상 종사한 사람
	  4. 그 밖에 언론에 관하여 학식과 경험이 풍부한 사람
	④ 중재위원회에 위원장 1명과 2명 이내의 부위원장 및 2명 이내의 감사를 두며, 각각 중재위원 중에서 호선(互選)한다.

임기	위원장·부위원장·감사 및 중재위원의 임기는 각각 3년으로 하며, 한 차례만 연임할 수 있다.
회의 및 정족수	중재위원회의 회의는 재적위원 과반수의 출석과 출석위원 과반수의 찬성으로 의결한다.

2024 조용석 알파로직 경찰학

초 판 인 쇄　2023년 03월 27일
초 판 발 행　2023년 03월 31일
편 저 자　조용석
발 행 인　최창호
등　　　록　제2016-000065호
발 행 처　주식회사 좋은책
주　　　소　서울시 관악구 관악로12길 10, 3층
교재문의　TEL) 02-871-7720 / FAX) 02-871-7721
I S B N　979-11-6348-561-2 (13350)

본서의 무단 전재·복제 행위는 저작권법에 의거하여 5년 이하의 징역 또는
5천만원 이하의 벌금에 처하거나 이를 병과할 수 있습니다.

저자와의 협의하에 인지를 생략합니다.

정가 32,000원